普通高等学校管理科学与工程类学科专业核心课程教材

管理运筹学

（第五版）

韩伯棠　　主编

高等教育出版社·北京

内容简介

本书第一版作为教育部"高等教育面向 21 世纪教学内容和课程体系改革计划"的研究成果和"面向 21 世纪课程教材"于 2000 年出版，2005 年、2010 年和 2015 年分别进行了修订。本书 2002 年被教育部评为全国普通高等学校优秀教材一等奖，2004 年被教育部高等学校管理科学与工程类专业教学指导委员会推荐为该学科的本科核心课程教材，被教育部推荐为研究生教学用书，2011 年被教育部评为普通高等教育精品教材，2013 年被北京市教育委员会评为北京高等教育经典教材。

这次修订在第四版的基础上，秉承前四版的特点，强调为应用而学，并在应用中学懂的教学理念；强调用运筹学方法使用配套软件解决实际管理中的问题，并基于课堂教学的经历，以及读者的建议，对第四版作了内容和文字的修订，并对"管理运筹学"软件进行了提升，推出了"管理运筹学"3.5 版软件，使其环境适应性更强，功能更完备，操作更简便易学。为了适应笔记本电脑不配置光驱的现实情况，读者可以按书后附页说明从网上下载"管理运筹学"3.5 版软件。

本书已建立了相应的资源平台。在一些章节的页面中设置有二维码，扫描可直接收看相应章节的视频讲授，教学要求、重点难点、参考试卷和其他教学文件等相关资料可到"管理运筹学"国家精品资源共享课相应页面查看。

与本书相关的、由本书作者主持的国家精品资源共享课"管理运筹学"和国家精品在线开放课程"管理运筹学"已经登录"爱课程"网（www.icourses.cn）。读者也可以在爱课程网上在线学习"管理运筹学"课程。

本书为教师提供了习题答案、案例解析和电子教案等教辅、教学参考资料，请按书后提供的说明来获取。

本书可作为高等学校管理学各专业的教材，也可供其他专业选用。

图书在版编目（CIP）数据

管理运筹学/韩伯棠主编. --5 版. --北京：高等教育出版社, 2020.3（2025.7 重印）

ISBN 978-7-04-052723-0

Ⅰ.①管… Ⅱ.①韩… Ⅲ.①管理学-运筹学-高等学校-教材 Ⅳ.①C931.1

中国版本图书馆 CIP 数据核字（2019）第 201654 号

Guanli Yunchouxue

策划编辑	童 宁 杨世杰	责任编辑	杨世杰	封面设计	赵 阳	版式设计	于 婕
插图绘制	于 博	责任校对	马鑫蕊	责任印制	张益豪		

出版发行	高等教育出版社	网 址	http://www.hep.edu.cn
社 址	北京市西城区德外大街 4 号		http://www.hep.com.cn
邮政编码	100120	网上订购	http://www.hepmall.com.cn
印 刷	北京鑫海金澳胶印有限公司		http://www.hepmall.com
开 本	787mm×1092mm 1/16		http://www.hepmall.cn
印 张	34.25	版 次	2000 年 7 月第 1 版
字 数	780 千字		2020 年 3 月第 5 版
购书热线	010-58581118	印 次	2025 年 7 月第 19 次印刷
咨询电话	400-810-0598	定 价	69.80 元

本书如有缺页、倒页、脱页等质量问题，请到所购图书销售部门联系调换

版权所有 侵权必究

物 料 号 52723-A0

总　前　言

　　为适应我国经济社会发展需要,保证高等学校管理科学与工程类本科专业人才培养基本质量,我司委托高等学校管理科学与工程类学科专业教学指导委员会对管理科学与工程类四个本科专业:工程管理、工业工程、信息管理与信息系统、管理科学专业的教学内容和课程体系等问题进行系统研究,确定了上述四个专业的核心课程和专业主干课程,提出了这些课程的教学基本要求(经济学课程建议采用工商管理类的宏观经济学和微观经济学的教学基本要求),并编写相应教材。各门课程的教学基本要求及相应教材由高等教育出版社 2004 年秋季陆续出版,供各高等学校选用。

教育部高等教育司

2004 年 9 月

第 1 版 序

　　自从我国恢复管理教育以来,运筹学就成为所有管理专业的专业基础课或学位课,所有学习管理的本科生、研究生都经过了运筹学的训练,这对培养学生的思维方式和提高我国企业管理者的素质,都起到了很好的作用。

　　然而,在我国管理教育长期的教学过程中,却在一定程度上存在着"重数学,轻管理"的倾向,也就是说,在运筹学的教学中,教师往往比较侧重基本原理和算法的讲授,而对如何从实际问题出发,抽象出运筹学的问题,以及如何解释运筹学的计算结果注意不够。而这恰恰应该是管理教育应该教给学生的关键所在,也是数学知识在实际管理工作中应用尤其应该注意的问题。

　　工商管理教育中,对运筹学的教学进行改革,已经是发达国家摸索了很长时间的事情。对工商管理领域中的应用型专门人才,比如 MBA 这种务实型管理人才,在运筹学的教学中更需要加强实际问题到运筹学问题的抽象过程以及数学计算结果到实际意义这一"头"一"尾"。本书作者韩伯棠同志多年从事管理教学及人才培养方面的工作,他在运筹学的教学改革中大量吸收和借鉴了发达国家管理学院运筹学教学方面的优秀教学内容及方法,在自己的教学实践中进行了三年的尝试,积累了丰富的经验,并在此基础上编成了这本教材。我谨借此机会向大家推荐本教材,相信它会在我国管理教育的改革中发挥应有的作用。

赵纯均

全国 MBA 教育指导委员会副主任

清华大学经济管理学院第一副院长

1999 年 12 月

第 5 版编者的话

从《管理运筹学》第 1 版 2000 年出版至今,已近二十个年头了。在这些年里,《管理运筹学》在读者和同仁的帮助下不断地改进、提高和修订。现在又迎来了《管理运筹学》第 5 版的出版。

在与读者和同仁陪伴的近二十年中,本书取得了一系列的收获:2002 年被教育部评为全国普通高等学校优秀教材一等奖;2004 年被教育部推荐为研究生教学用书,并被教育部高等学校管理科学与工程类专业教学指导委员会推荐为本学科本科核心课程教材;2011 年被教育部评为全国普通高等教育精品教材;2013 年被北京市教育委员会评为北京市高等教育经典教材。

在本修订版重印之际,正值我国进入全面建设社会主义现代化国家新征程、向第二个百年奋斗目标进军的关键时刻。管理运筹学作为决策的一门应用科学,应在推动我国社会发展中发挥重要作用。本教材的编写遵循了党的二十大报告提出的创新、高质量发展、绿色发展和共同富裕等建设中国特色社会主义国家的核心理念,更加注重与实际情况相结合。

为了进一步适应不断发展的网络环境,满足读者日益增长的学习需求,在第 4 版的基础上,我们对本书做了如下的修订:在对策论中其他类型的对策论简介增加了当前经济管理领域中所关注的一些内容;对全书大部分案例进行了更新,使其更具时代气息;为了进一步提高读者分析问题和解决问题的能力,全书增加了七十余道习题;同时推出了"管理运筹学"3.0 版软件的升级版 3.5 版,进一步优化了使用软件的便利性,并在存储论中增加了"随机需求的定期检查存储量模型"的求解模块;此外,为了适应目前笔记本电脑基本都不自带光驱的情况,"管理运筹学"3.5版软件放置在高等教育出版社的网站上,供读者下载并安装使用。

这次修订仍秉承了前 4 版的特点,强调为应用而学,在应用中学懂的教学理念;强调用运筹学方法使用配套软件解决实际管理中的问题;强调紧密结合我国工商管理的实际;把书中某些较难的理论采用"独立化"的方法将其隔离(所谓独立化,是指书中带 * 的章节可以跳过不学,而不影响其他章节的学习),以供不同数学基础的读者选用。

以本书主编为带头人的国家优秀教学团队讲授的课程"管理运筹学"作为教育部国家精品资源共享课和国家精品在线开放课程顺利登陆"爱课程"网站(www.icourses.cn)。作为本书的重要教学资源,"管理运筹学"课程以信息化平台为支撑,为不同知识背景、水平的高校学生和社会学习人员提供了教学思想、教学内容、教学方法和教学过程等相关资料。同时,为学生自主学习提供了在线课程讲授、重点难点分析、参考试卷下载和自测习题库等资源。在"爱课程"网和高等教育出版社网站平台上,本教材的开放性、深入性和启发性进一步加强。扫描本教材相关章节页面上的二维码可以直接访问和浏览相关内容。

这次修订后的教材,仍向教师提供案例解析、习题答案和电子教案等教辅教参。请需要的授课教师按照书后提供的说明来获取。

赵先教授、钟华副教授、侯福均教授、王建才教授、姜莹博士、韩磊博士、惠红旗教授、艾凤义副教授和张平淡教授参与了本次书稿的修订、教辅教参的编写与软件的制作。魏子翔、潘秀珍、史莹莹、赵欣、王冬、岐洁、丁韦娜、徐德英、霍聪聪、高丽娜、类骁、李燕、陈永广、程嘉许和陈婧也为此次修订付出了辛勤劳动,在此表示感谢。

同时对高等教育出版社杨世杰编辑深表谢意,感谢他的辛勤付出和热心帮助。

由于本人水平所限,书中的缺点和疏漏在所难免,敬请读者和同仁指正。

韩伯棠
于北京理工大学
2019 年 9 月
(2024 年 5 月修订)

第1版编者的话

《管理运筹学》一书终于出版了,这对于一个既"忙"又"懒"的人来说不是一件小事。

出版这本书的动力首先来源于我国管理教育界的前辈对我国管理教育改革的极端的负责和真诚的奉献,以及他们对我国管理教育的后来者的关怀与培养。记得1996年10月在合肥召开的教育部高等学校管理类专业教学指导委员会会议上,我谈到有关管理运筹学的改革和编写教材的打算时,教学指导委员会主任委员赵纯均教授不仅发表了激情洋溢的讲话给我鼓劲,打气,还欣然答应为本书写序。会后赵纯均教授和华中理工大学的陈荣秋教授对本书的编写提出了许多宝贵的指导性意见。以后每每开会相遇时,他们总要关切地询问起教改和教材编写的情况。前辈给了我出版本书的责任、勇气和力量。

其次,出版这本书的动力来源于学生。每当我和我的学生共同进行运筹学教改实践时,他们都急切地希望本书早日出版。不能满足学生要求的老师不是好老师,有这么多学生推着,这本书看来是非写不可了。

最后,写这本书的动力来源于我国现阶段工商管理对运筹学知识的需要。看到一些工商企业应用管理运筹学的知识创造出几十万乃至几百万的财富时,作者的心里除了高兴之外,更多的是催促着自己:快把书写完吧!

正因为有这些动力,才使得本性"懒惰"又有"忙"作为借口,但还有管理教育工作者责任感的作者,断断续续坚持着把书写完,今天终于如释重负了。这也就是为什么这本书经历了从1996年到1999年漫长的时间,但最后还是写出来的真正原因所在。

本书特色主要有三点:

第一,与我国工商管理的实际紧密结合。本书在编著过程中针对我国工商企业的实际情况,用实际例子来阐明运筹学的理论与方法。本书还编写了20个案例。作者要特别感谢北京大学光华管理学院的王其文教授给本书提供了一个非常精彩的案例。其余的案例都由北京理工大学MBA学员和工程硕士学员根据他们所在企业的实际情况编写而成。这些学员是高旭东、曹小东、金成海、王金才、仇泽钧、张志明、张爱山、姚文莉、王飞、芦缤、季文胜、秦勇、任真、孙延、汤建、张洋、祝冬、罗中、荣晓莺、李涛、耿立恩、武威强、尧传华(排名不分先后),在此谨向他们表示最衷心的感谢。

第二,本书配有相应的计算机软件——"管理运筹学"。书中的例题、习题绝大多数都可以用"管理运筹学"软件来求解。硕士生罗剑波、艾凤义、王天梅和本科生孟朗在"管理运筹学"软件的制作过程中做了大量的工作,董一民副教授和王景光博士对软件的制作进行了指导和帮助,在此向他们致以真诚的谢意。

第三,在将"管理运筹学"软件与工商管理实际的例子和案例相结合的基础上,本书在编写中重点强调如何把工商管理中的实际问题抽象为计算机能识别的运筹学模型,以及如何把计算机求得的结果应用到工商管理的实践中去。这也就是所谓的抓好计算机的两头——"入口"和"出口"。

本书在编写过程中尽量做到深入浅出,通俗易懂,并对书中某些较难理解的理论采用了"独立化"方法将其隔离起来,这样既利于那些数理基础较好的读者学习理解,也利于那些数理基础较差的读者能够完全跳过这些内容而不影响其对本书其余部分的学习。本书的第五章和第六章就是采用这种方式处理的。

在本书出版之际,我对高等教育出版社的陈薇女士和傅英宝先生深表谢意,感谢他们的鼓励和无私的帮助。

由于水平所限,书中缺点错误在所难免,敬请读者提出宝贵的意见。

韩伯棠

1999 年 10 月于北京理工大学

目　录

第一章　绪论

运筹学是一门应用科学,至今还没有统一的定义.本书是为高等学校管理学各专业的学生和实际管理工作人员而编,从管理实际出发把运筹学看作一种解决实际问题的方法.不妨以我国出版的管理百科全书中的定义来定义运筹学:"运筹学是应用分析、试验、量化的方法,对经济管理系统中人力、物力、财力等资源进行统筹安排,为决策者提供有依据的最优方案,以实现最有效的管理."当然除了管理领域外,在其他领域中运筹学也是适用的.为示区别,本书取名为"管理运筹学".

我国古代有很多有关运筹学的思想方法的典故.例如,齐王赛马,丁渭修皇宫和沈括运军粮的故事就充分说明了我国不仅很早就有了朴素的运筹思想,而且已在生产实践中运用了运筹方法.但是运筹学作为一门新兴的学科是在第二次世界大战期间才出现的.当时英美成立了"运作研究"(Operational Research)小组,通过科学方法的运用成功地解决了许多非常复杂的战略和战术问题.例如,如何合理运用雷达和战机有效地对付德军的空袭;对商船如何进行编队护航,使船队遭受德国潜艇攻击时损失最小;在各种情况下如何调整反潜深水炸弹的爆炸深度,才能增加对德国潜艇的杀伤力等.

第二次世界大战以后,从事这项工作的许多专家转到了经济部门、民用企业、大学或研究所,继续从事决策的数量方法的研究,运筹学作为一门学科逐步形成并得以迅速发展.第二次世界大战后的运筹学主要在以下两方面得到了发展:其一,运筹学的方法论得到了快速的发展,形成了运筹学的许多分支,如数学规划(线性规划、非线性规划、整数规划、目标规划、动态规划、随机规划等)、图论与网络、排队论、存储论、维修更新理论、搜索论、可靠性和质量管理等.1947年由丹捷格(George Dantgig)提出的求解线性规划问题的单纯形法是运筹学发展史上最重大的进展之一;其二,由于电子计算机的迅猛发展和广泛应用,使得运筹学的方法论能成功地、及时地解决大量经济管理中的决策问题.计算机的发展推进了运筹学的发展、普及和应用,使得运筹学不仅仅为"运作研究"小组那样的专家所掌握和使用,也成为广大管理工作者进行最优决策和有效管理的常用工具之一.

教学视频:绪论

§1.1 决策、定量分析与管理运筹学

决策是人们在政治、经济、技术和日常生活中普遍存在的一种选择方案的行为,是管理中经常发生的一种活动.决策活动在问题解决的过程中占据着极其重要的地位,这可以从问题解决的过程及决策活动的过程中看出.问题解决的过程由以下七个步骤完成:

(1)认清问题;

(2)找出一些可供选择的方案;

(3)确定目标或评估方案的标准;

(4)评估各个方案;

(5)选出一个最优的方案;

(6)执行此方案;

(7)进行后评估:问题是否得到圆满解决.

决策过程由问题解决过程的前五个步骤所组成.决策的重要性正如诺贝尔奖获得者西蒙所说的"管理就是决策",也就是说,管理的核心是决策.

对于决策的五个步骤,我们可以把前三个步骤,即认清问题,找出一些可供选择的方案,以及确定目标或评估方案的标准,归结为形成问题的阶段;把后两个步骤,即评估各个方案和选出一个最优方案,归结为分析问题的阶段.在分析阶段,我们可以进行定性与定量的分析.定性分析要基于管理者的判断和经验.当管理者对所决策的问题具有丰富经验或者所决策的问题相对比较简单时,问题的决策就倚重于定性分析;反之,当管理者缺乏这方面的经验或者要解决的问题相当复杂时,那么定量分析在管理者的最后的决策中将担任非常重要的角色.

所谓定量分析,就是基于能刻画问题本质的数据和数量关系,建立能描述问题的目标、约束及其关系的数学模型,通过一种或多种数量方法,找到最好的解决方案.

定性分析能力可以通过管理者的实践和经验的积累不断提高;而定量分析能力的提高则需要学习管理运筹学的思想与方法.管理者掌握了管理运筹学,并了解管理运筹学在决策过程中的重要地位,将对提高其决策能力有极大的帮助.

§1.2 运筹学的分支

运筹学按要解决的问题的差别,归结为一些不同类型的数学模型.这些数学模型构成了运筹

教学视频:决策、定量分析与管理运筹学的关系及运筹学的分支

学的各个分支.本书将涉及如下一些分支：

（1）线性规划.线性规划是一种解决在线性约束条件下追求最大或最小的线性目标函数的方法.例如,当管理者在现有的条件下追求最大利润或在完成任务的前提下追求最小成本的时候,如果现有的条件(或完成任务的前提)的约束可以用数学上变量的线性等式或不等式来表示,最大利润(或最小成本)的目标也可以用变量的线性函数来表示,那么这样的问题就可以用线性规划的方法来解决.

（2）整数线性规划.整数线性规划是一种解决特殊线性规划问题的方法.它要求某些决策变量的解为整数.

（3）目标规划.是解决存在多个目标的最优化问题的方法,它把多目标决策问题转化为线性规划问题来解决.

（4）图与网络模型.在这种模型中把研究对象用点表示,对象之间的关系用边(或弧)来表示,点边的集合构成了图.这种特殊的模型可以使我们解决很多诸如系统设计、项目进度安排管理等方面的问题.

（5）存储论.存储论研究在各种供应与需求的条件下,应当在什么时候,提出多大的订货批量来补充存储,使得订购费、库存费以及缺货所带来的损失的费用的总和最小等问题.

（6）排队论.排队论是解决排队服务系统工作过程优化的模型.它可以帮助管理者对一些包括排队问题的运作系统做出更好的决策.

（7）对策论.对策论是用于解决具有对抗性局势的模型.在这类模型中,参与对抗的各方都有一些策略可供选择,该模型为对抗各方提供获得最优对策的方法.

（8）排序与统筹方法.该方法研究在含有某些先后顺序工序的工程中如何排序以及如何制定和控制工作计划和进度表,使得完成全部工程所需的总时间最少或最经济等问题.

（9）决策分析.该方法是在决策环境不确定和存在风险的情况下对几种备选方案进行决策的准则和方法.

（10）动态规划.这是一种解决多阶段决策过程最优化的方法.它把困难的多阶段决策问题分解成一系列相互联系的较容易解决的单阶段决策问题,通过解决这一系列单阶段决策问题来解决多阶段决策问题.

（11）预测.预测是一种可以用于预见公司未来的方法,分为定性和定量两种方法.本书只介绍定量预测方法.

教学视频：管理运筹学在工商管理中的应用及教学软件

§1.3 运筹学在工商管理中的应用

在工商管理中运筹学的应用涉及以下方面.

（1）生产计划.使用运筹学方法从总体上确定适应需求的生产、储存和劳动力安排等计划,以谋求最大的利润或最小的成本,主要用线性规划、整数规划以及模拟方法来解决此类问题.例如,巴基斯坦一家重型制造厂用线性规划安排生产计划,节省了10%的生产费用.此外,还有运筹学在生产作业计划、日程表的编排、合理下料、配料问题、物料管理等方面的应用.

（2）库存管理.存储论应用于多种物资库存量的管理,确定某些设备合理的能力或容量以及适当的库存方式和库存量.例如,美国某机器制造公司应用存储论之后节省了18%的费用.

（3）运输问题.用运筹学中有关运输问题的方法,可以确定最小成本的运输线路、物资调拨、运输工具调度以及建厂地址选择等.例如,印度巴罗达市对公共汽车行车路线和时刻表进行研究并改进后,该市公共汽车载运系数提高了11%,减少了10%使用车辆,既节省了成本又改善了交通拥挤的状况.

（4）人事管理.可以用运筹学方法对人员的需求和获得情况进行预测;确定适合需求的人员编制;用指派问题对人员合理分配;用层次分析法等方法确定人才评价体系等.

（5）市场营销.可把运筹学方法用于广告预算和媒介的选择、竞争性的定价、新产品的开发、销售计划的制订等方面.例如,美国杜邦公司从20世纪50年代起就非常重视运筹学在市场营销上的应用.

（6）财务和会计.这里涉及预测、贷款、成本分析、定价、证券管理、现金管理等,使用较多的运筹学方法为统计分析、数学规划、决策分析等.

另外,运筹学还成功地应用于设备维修、更新和可靠性分析,项目的选择与评价,工程优化设计,信息系统的设计与管理,以及各种城市紧急服务系统的设计与管理上.

我国从1957年开始把运筹学应用于交通运输、工业、农业等行业,并取得了很大的成功.例如,为了解决粮食的合理调运问题,粮食部门提出了"图上作业法".为了解决邮递员合理投递问题,管梅谷提出了"中国邮路问题"的解法.在工业生产中推广了合理下料、机床负荷分配等方法.在纺织业中用排队论方法解决了细纱车间劳动组织以及最优折布长度等问题.在农业中也研究了作业布局、劳动力分配和打麦场设置等问题.在钢铁行业,投入产出法首先得到了应用.排队论、图论在研究矿山、港口、电信以及线路设计方面都有应用.统筹法的应用在建筑业、大型设备维修计划等方面也取得了长足的进展.优选法也在我国得到了大力推广.讲到统筹法和优选法的推广、应用和普及,不得不提我国著名的数学大师华罗庚先生,他从20世纪60年代开始直至1985年去世,长期致力于优选法和统筹法的推广、应用和普及,使我国的社会主义建设取得了可观的经济效益.

国际运筹与管理科学协会（INFORMS）及其下属的管理科学实践学会（College for the Practice of the Management Sciences）主持评定的弗兰茨·厄德曼（Franz Edelman）奖久负盛

名.该奖是为奖励运筹学在管理中应用的卓越成就而设立的.该奖每年评选一次,在对大量富有竞争力的入围者进行艰苦的评审后,一般将有六位优胜者进入决赛.表 1-1 列出了部分优胜者项目.自 1972 年至 2017 年,Franz Edelman 奖项入围项目获利累计超过 2 570 亿美元.

表 1-1

组织	应用	效果
美国联邦通信委员会（FCC）	分布式优化无线频谱的拍卖流程	无线频谱供应商产生了近 200 亿美元营收,电视广播公司获得超过 100 亿美元的营收,减少了 73 亿美元美国联邦财政赤字
假日退休（Holiday Retirement）	改善美国 300 多个高级生活社区的定价模式	使年收入达到约 10 亿美金,实现同时为每个社区的每个单元提供最优定价
联合包裹服务公司（UPS）	精简化和现代化的提货和交付运营的系统货物流技术（PFT,package flow technologies）和称为 ORION（on road integrated optimization and navigation）的高级优化系统	每年节省 3 亿~4 亿美元,并通过建立有效的航线,减少行驶里程和燃油消耗,每年减少 100 000 吨二氧化碳排放量
先正达（Syngenta）	结合先进的随机优化分析,创建最佳的大豆育种策略,并结合植物育种知识战略性地调整其优化植物育种过程	2012 年至 2016 年节省超过 2.87 亿美元
美国疾病防控中心（CDC）	为根除脊髓灰质炎使用集成分析模型做更好的决策	有效提高疫苗的利用率,节省数百万美元,推动全球根除小儿麻痹症行动
配对捐赠联盟	利用优化匹配克服肾脏配对的不相容性	2006—2014 年拯救了 220 个生命
美国能源局	水电发电量和水路优化	提高大坝安全性、供电可靠性,可以根据风电和太阳能电源的资源量及时调整水力发电量
格雷迪卫生系统	改进医院急诊部门的工作效率和护理流程	在亚特兰大市医院减少病人 33% 住院天数,减少急诊科的非急诊护理 32%,急诊效率提高 16.2%,实现医院年营业收入 1.9 亿美元（增长 72%）
澳大利亚国家宽带网络	优化光纤网络设计	节约 3.75 亿美元建设成本,使光纤服务模块的设计从原先的 145 天变为 16 天

组织	应用	效果
推特（Twitter）	利用用户推荐系统提高用户参与质量	10 亿美元的年收入绝大部分来自该系统的产品推荐，1/8 的新用户关系都依赖于该系统
荷兰三角洲工程委员	将荷兰防洪保护标准从 10 个限定为 3 个	减少 78 亿欧元投资成本
宝钢集团	新型优化算法和决策支持系统（DSSs）取代人工规划	2007—2012 年累计产生 7 681 万美元效益，提高 16.8% 的 IT 和运营管理能力，二氧化碳排放量每年下降 585 770 吨
雪佛龙（Chevron）	饲料采购、产品销售、资本投资决策工具	年收入将近 10 亿美元
戴尔（Dell）	挖掘整个价值链进行渠道转型	企业解决方案和服务占公司收入的 1/3 和利润的 50%，世界财富 500 强公司 95% 以上依靠其 IT 解决方案和服务
克罗格（Kroger）	设计仿真优化模型优化 1 950 个药店的库存管理	无库存处方每年减少 1.5 万例，降低库存 1.2 亿美元，人力成本每年减少 8 000 万美元
麦克森（McKesson）	利用解决方案系统 SCSM 提出优化医药全供应链管理决策	2009—2013 年节省了 10 亿美元的承诺资本
TNT 快递	建立基于事实的全球供应链优化决策系统（GO）	2008—2011 年节省超过 2.07 亿欧元
卡尔森酒店集团（CRHG）	通过需求管理和价格优化使利润最大化	2008 年开始收入每年达到 2%~4% 的高速增长，每年增收 1 600 万美元
惠普	决策分析帮助企业进行商业转型	2002—2012 年电子商务业务翻三番

　　本书的目的就是要在工商企业管理者与运筹学之间架起一座桥梁，帮助工商企业的管理者进一步了解运筹学，告诉他们在工商管理工作中如何使用运筹学更好地进行决策，创造更好的效益.

§1.4　学习管理运筹学必须使用相应的计算机软件，必须注重学以致用的原则

　　先来看一个例子. 一家公司的总经理助理是一位刚刚毕业的 MBA，他把所学到的运筹学知

识应用到该公司的业务中,针对公司的设备分销工作,建立了一个较为科学的存储模型,理顺了公司的业务关系.经过了三个月的实践,为公司节省成本 35.15 万元.同时有一个更值得我们深思的问题,该公司的领导成员中学习过运筹学课程的占一半以上,有的还是曾经从事数学研究的专业人员,他们对这个存储模型并不陌生,但是谁也没把运筹学应用到公司的管理中来.为什么学过运筹学的经理却不应用它呢? 产生这个问题的原因是什么呢? 我们的管理运筹学教学将从中得到什么启示呢?

原因有很多种,其中最重要的是观念上的原因.第一,这些企业领导对运筹学的理解是片面的,他们所学的运筹学基本上停留在基本概念、基本理论这个层面上,重点放在严密的定理证明、繁琐的计算方法,而不是应用上.第二,他们对于运筹学的理解是陈旧的,用 20 世纪六七十年代甚至 50 年代的观点来看待现在的运筹学.从 20 世纪六七十年代到现在,运筹学不仅在方法论上得到了很大的发展,更重要的是运筹学所使用的工具也得到了质的飞跃.在 20 世纪五六十年代用人工计算的方法需要经过长时间的、复杂繁重的、艰苦的工作才能求解的运筹学问题,或者根本没法求解的运筹学问题,现在可以用计算机软件很快求解.而一些企业领导人还认为只有那些由数学家、物理学家、管理学家组成的团队才有资格用运筹学方法去解决管理中的问题.他们认为运筹学方法太复杂,太深奥,不好学,不易用,是曲高和寡的"阳春白雪".在他们的观念中运筹学的学习与应用没有随着现代科技的发展而发展.实际上即使原本是曲高和寡的"阳春白雪",也会随着现代科技的发展(例如,卡拉 OK 机和 DVD 的出现)而发展,也会得到推广而流行起来.科技的发展在运筹学的发展与应用中起到了非常重要的作用,我们也可以从这一角度来理解 20 世纪六七十年代著名数学家华罗庚先生为什么在推广运筹学方法时选择了统筹法与优选法.首先由于这两种方法的应用对当时的国民经济建设起到了非常重要的推动作用,但也因为受到当时科技条件限制,只能推广这样的算法相对简单的运筹学方法.

一些企业家的错误观念反映出我们的管理运筹学教学中存在的问题以及改革的方向.为了使管理运筹学在工商管理中发挥应有的作用,管理运筹学的教学也要更紧密地跟踪现代科技的发展,充分使用现代化设备,更加注重学以致用的原则.

我们要把管理运筹学的教学放到现代科技,尤其是计算机和信息化的迅速发展与应用的背景中来,在教学中要充分地使用计算机软件.计算机是人类的"助手",只要"助手"能做的就尽量让"助手"做,人类不要仅做"助手"能做的工作,尤其不要做那些"助手"做得比人类更好的工作.显然,我们都清楚计算机在计算方面的能力要比人类强得多,用计算机计算比用手工更快,更准确,更方便.在学习运筹学时,学习一些计算的方法和原理是必要的,但是千万不要陷于复杂繁琐的算法之中,要紧的是如何做好"助手"不能做的工作,这里包括抓好计算机的两头:"入口"和"出口",即命令计算机如何工作(把实际问题概括为计算机能识别的模型,然后输入计算机),以及把计算机求得的结果应用到实际中去(理解计算机输出的信息,能对这些信息进行灵敏度分析和调整以解决实际问题).要尽量借助于相应的计算机软件解决管理问题.

为了形象地说明科技发展的影响,可以举一个例子.一个人怎样才能从北京到乌鲁木齐去呢？假如这件事发生在 100 多年前，我们应该告诉他，应如何选购马匹、马车，以及如何挑选马夫、保镖，还应告诉他如何准备银两、粮草、衣物，如何根据天气、地理和社会诸因素来确定行车路线和行程，等等．这是一件非常复杂的事．但是如果此事发生在科技飞速发展的今天，如果我们还告诉他这些东西，他肯定不愿意听，也绝对不会去做这些事情．现在我们只要告诉他应如何去北京机场和出乌鲁木齐机场，如何订购机票，应该提前多少时间去机场，以及飞机在乌鲁木齐机场着陆后如何下机领取行李，出机场后如何到达所要去的目的地．在飞行过程中需要你决策的也就是当空中小姐给你送饮料和食品时，到底是选择热饮还是冷饮，是中餐还是西餐．你完全不必为了一次旅行，而去攻读空气动力学、喷气发动机设计与构造、飞行器驾驶手册等．这些就是科技发展给旅行所带来的变化．

我们要把管理运筹学的教学与当前工商管理的实践紧密结合起来，要认识到学习管理运筹学的目的是用运筹学的方法去解决工商管理中的问题，而不是为学习运筹学而学习运筹学．在学习管理运筹学的方法时，一定要结合工商管理中的实际问题，在解决工商管理的实际问题中来学习运筹学方法．

在本书的编写过程中，对随书发行的计算机软件进行了第四次修改，更加方便学生学习和解决问题．同时，为了方便和促进学生的学习，本书尽量用实例或例子来介绍管理运筹学的方法，使学生在解决问题的过程中学会运筹学方法，也使学生更深刻地理解学习运筹学方法的目的是为了应用，是为了解决工商管理中的实际问题．

第二章　线性规划的图解法

线性规划是运筹学的一个重要分支.它是现代科学管理的重要手段之一,是帮助管理者做出决策的一个有效的方法.一些典型的线性规划在管理上的应用举例如下:

(1) 合理利用线材问题.现有一批长度一定的钢管,由于生产的需要,要求截出不同规格的钢管若干.试问应如何下料,既可以满足生产的需要,又使得使用的钢管的数量最少?

(2) 配料问题.由若干种不同价格不同成分含量的原料,用不同的配比混合调配出一些不同价格不同规格的产品,在原料供应量的限制和保证产品成分含量的前提下,如何获取最大的利润?

(3) 投资问题.如何从不同的投资项目中选出一个投资方案,使得投资的回报最大?

(4) 产品生产计划.如何合理充分地利用现有的人力、物力、财力,做出最优的产品生产计划,使得工厂获利最大?

(5) 劳动力安排,尤其是服务性行业的劳动力安排.某单位由于工作需要,在不同时间段需要不同数量的劳动力,在每个劳动力每个工作日只能连续工作八小时的规则下,如何安排劳动力,才能用最少的劳动力来满足工作的需要?

(6) 运输问题.一个公司有若干个生产单位与销售单位,根据各生产单位的产量及销售单位的销量,如何制定调运方案,将产品运到各销售单位而总的运费最小?

以上这些问题,利用线性规划方法都能成功地加以解决.当然线性规划在管理上的应用远不止这些,但通过这些例子我们可以看到线性规划问题的一些共同的特点.首先,在以上的每个例子中都有要求达到某些数量上的最大化或最小化的目标.例如,合理利用线材问题是要求使用原材料最少;配料问题是要求利润最大;投资问题是要求投资回报最大;等等.在所有线性规划的问题中某些数量上的最大化或最小化就是线性规划问题的目标.其次,所有线性规划问题都是在一定的约束条件下来追求其目标的.例如,合理利用线材问题是在满足生产需要的一定数量不同规格的钢管的约束下来追求原材料钢管的最小使用量.而在配料问题中是在原料供应量的限制和保证产品成分含量的约束下来追求最大利润的.

教学视频:线性规划问题的提出

§2.1　问题的提出

例1　某工厂在计划期内要安排 Ⅰ, Ⅱ 两种产品的生产.生产单位产品所需的设备台时及 A, B 两种原材料的消耗以及资源的限制如表 2-1 所示.

表 2-1

	产品 Ⅰ	产品 Ⅱ	资源限制
设备	1	1	300 台时
原料 A	2	1	400 kg
原料 B	0	1	250 kg

工厂每生产 1 单位产品 Ⅰ 可获利 50 元,每生产 1 单位产品 Ⅱ 可获利 100 元,问工厂应分别生产多少单位产品 Ⅰ 和产品 Ⅱ 才能获利最多?

解　这个问题可以用下面的数学模型来加以描述.工厂目前要决策的问题是生产多少单位产品 Ⅰ 和生产多少单位产品 Ⅱ,把这个要决策的问题用变量 x_1, x_2 来表示,则称 x_1 和 x_2 为决策变量,决策变量 x_1 为生产产品 Ⅰ 的数量,决策变量 x_2 为生产产品 Ⅱ 的数量.可以用 x_1 和 x_2 的线性函数形式来表示工厂所要求的最大利润的目标:

$$\max z = 50x_1 + 100x_2,$$

其中 max 为最大化的符号(最小化符号为 min);50 和 100 分别为单位产品 Ⅰ 和单位产品 Ⅱ 的利润,z 称为目标函数。同样也可以用 x_1 和 x_2 的线性不等式来表示问题的约束条件.台时数方面的限制可以表示为

$$x_1 + x_2 \leqslant 300.$$

同样,原材料的限量可以表示为

$$2x_1 + x_2 \leqslant 400,$$
$$x_2 \leqslant 250.$$

除了上述约束条件外,显然还应该有 $x_1 \geqslant 0, x_2 \geqslant 0$,因为产品 Ⅰ 和产品 Ⅱ 的产量是不能取负值的.综上所述,就得到了例 1 的数学模型:

$$\max z = 50x_1 + 100x_2;$$

满足约束条件:
$$x_1 + x_2 \leqslant 300,$$
$$2x_1 + x_2 \leqslant 400,$$
$$x_2 \leqslant 250,$$
$$x_1 \geqslant 0, x_2 \geqslant 0.$$

由于上述数学模型的目标函数为变量的线性函数,约束条件也为变量的线性等式或不等式,故此模型称之为线性规划.如果目标函数是变量的非线性函数,或约束条件中含有变量的非线性等式或不等式,这样的数学模型则称之为非线性规划.

把满足所有约束条件的解称为该线性规划的可行解.把使得目标函数值最大(即利润最大)的可行解称为该线性规划的最优解,此目标函数值称为最优目标函数值,简称最优值.

从例1中可以看出一般线性规划问题的建模过程:

(1) 理解要解决的问题.明确在什么条件下,要追求什么目标.

(2) 定义决策定量.每一个问题都用一组决策变量$(x_1, x_2, \cdots, x_n)$表示某一方案,当这组决策变量取具体值时就代表一个具体方案,一般这些变量取值是非负的.

(3) 用决策变量的线性函数形式写出所要追求的目标,即目标函数,按问题的不同,要求目标函数实现最大化或最小化.

(4) 用一组决策变量的线性等式或不等式来表示在解决问题过程中所必须遵循的约束条件.

满足(2)(3)(4)三个条件的数学模型称之为线性规划的数学模型,其一般形式为

$$\max(\min) \ z = c_1 x_1 + c_2 x_2 + \cdots + c_n x_n;$$

满足约束条件:

$$a_{11} x_1 + a_{12} x_2 + \cdots + a_{1n} x_n \leqslant (=, \geqslant) b_1,$$
$$a_{21} x_1 + a_{22} x_2 + \cdots + a_{2n} x_n \leqslant (=, \geqslant) b_2,$$
$$\cdots\cdots\cdots\cdots$$
$$a_{m1} x_1 + a_{m2} x_2 + \cdots + a_{mn} x_n \leqslant (=, \geqslant) b_m,$$
$$x_1, x_2, \cdots, x_n \geqslant 0.$$

§2.2 图解法

对于只包含两个决策变量的线性规划问题,可以用图解法来求解.图解法简单直观,有助于了解线性规划问题求解的基本原理.在以x_1, x_2为坐标轴的直角坐标系里,图上任意一点的坐标就代表了决策变量x_1, x_2的一组值,也就代表了一个具体的决策方案.

下面以例1为例介绍图解法的解题过程.例1的每个约束条件都代表一个半平面,如约束条件$x_1 + x_2 \leqslant 300$代表以直线$x_1 + x_2 = 300$为边界的左下方的半平面,也即这个半平面上的任一点都满足约束条件$x_1 + x_2 \leqslant 300$,而其余的点都不满足这个约束条件.同时满足约束条件$x_1 \geqslant 0, x_2 \geqslant 0$, $x_1 + x_2 \leqslant 300, 2x_1 + x_2 \leqslant 400, x_2 \leqslant 250$的点,必然落在这五个半平面的公共部分(包括五条边界线),这五个半平面及其公共部分如图2-1所示.公共部分的每一点(包括边界线上的点)都是这个线性规划的可行解,而此公共部分是例1的线性规划问题的可行解的集合,称为可行域.

教学视频:图解法

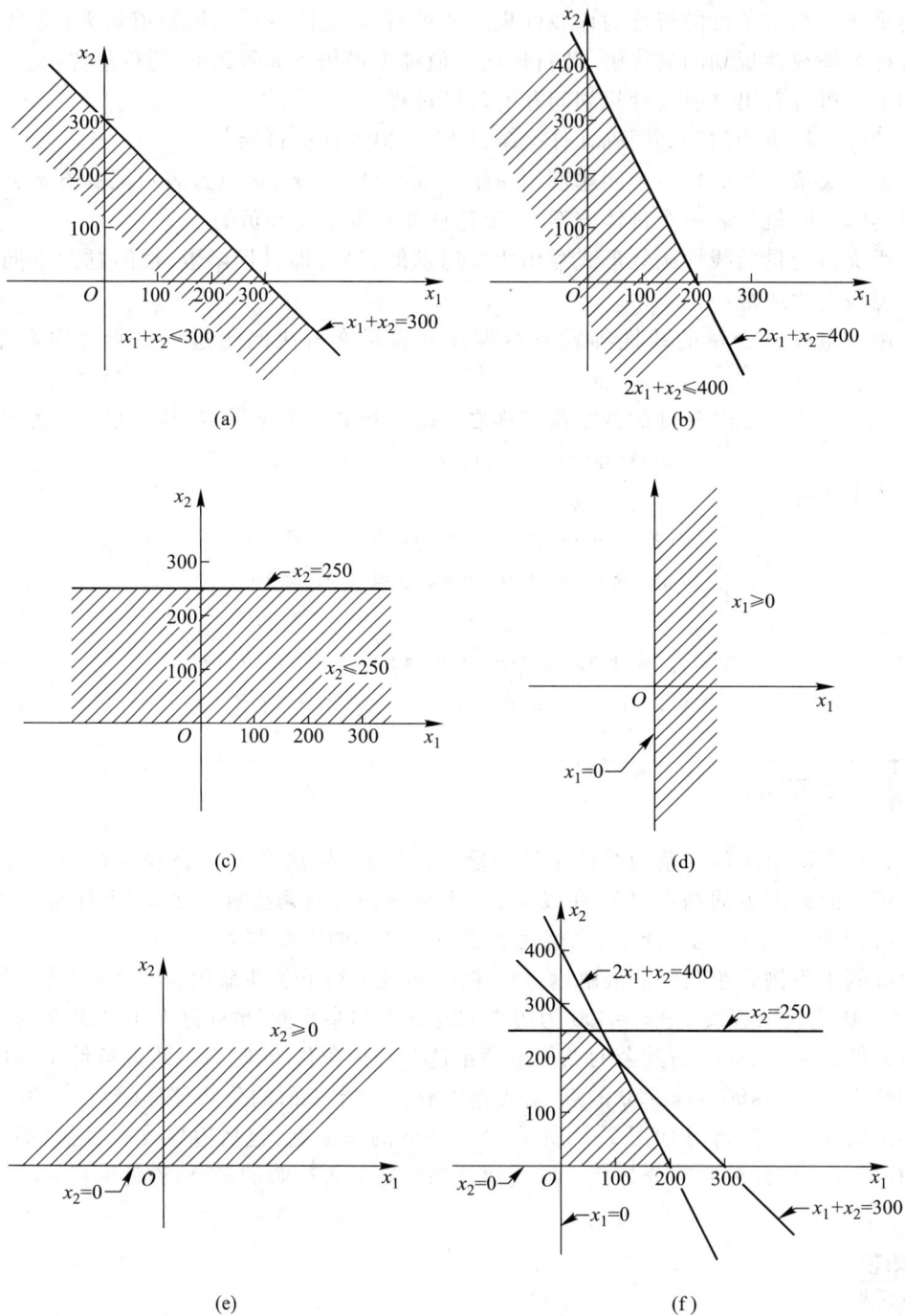

图 2-1

可行域的几何形状由于问题不同可以千变万化,但是可行域的几何结构都是凸集.所谓凸集,要求集合中的任何两点的连线段落在这个集合中.例如,平面上的矩形与圆,空间中的平行六面体与椭球体,以及例1中的公共部分都是凸集.

目标函数 $z=50x_1+100x_2$,当 z 取某一数值时,也可以用直线在图上表示. z 取不同的值就可以得到不同的直线,但不管 z 怎样取值,所得直线的斜率是不变的,故对应于不同 z 值所得的不同的直线都是互相平行的.由于对于 z 的某一取值所得的直线上的每一点都具有相同的目标函数值,故称它为"等值线".如图 2-2 所示,当 z 的取值逐渐增大时,直线 $z=50x_1+100x_2$ 沿其法线方向向右上方移动,同时由于要满足全部约束条件,因此决策变量一定要处在其公共部分.当直线 $z=50x_1+100x_2$ 移动到 B 点时, z 值在可行域的边界上实现了最大化.这样就得到了例1的最优解为 B 点, B 点的坐标为 $(50,250)$,因此最佳决策为 $x_1=50$, $x_2=250$,此时 $z=27\,500$.这说明该厂的最优生产计划方案是生产产品 I 50 单位,生产产品 II 250 单位,可得最大利润 27 500 元.

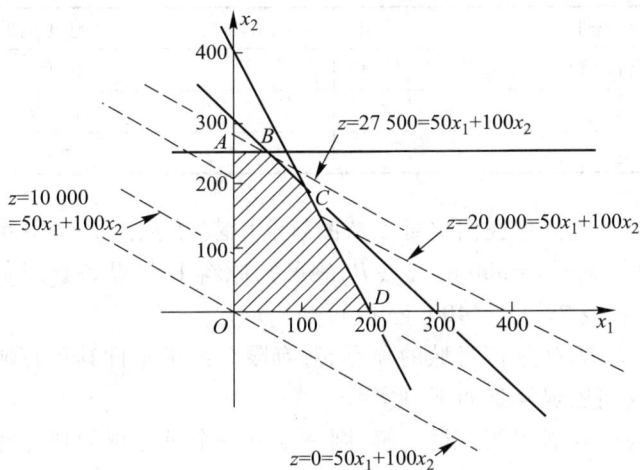

图 2-2

下面来看一下在最优生产方案下资源消耗的情况:把 $x_1=50$, $x_2=250$ 代入约束条件得

设备台时: $1\times50+1\times250=300$;

原料 A: $2\times50+1\times250=350$(kg);

原料 B: $0\times50+1\times250=250$(kg).

这表明,生产 50 单位产品 I 和 250 单位产品 II 将消耗完所有可使用的设备台时数和原料 B,但对原料 A 来说只消耗了 350 kg,还有 $400-350=50$ kg 没有使用.在线性规划中,一个"≤"约束条件中没使用的资源或能力称之为松弛量.例如,在生产 50 单位产品 I 和 250 单位产品 II 的最优方案中,对设备台时资源来说其松弛量为 0,对原料 B 来说其松弛量也为 0,而对原料 A 来说其松弛量为 50 kg.

为了把一个线性规划标准化,需要有代表没使用的资源或能力的变量,称之为松弛变量,记为 s_i.显然这些松弛变量对目标函数不会产生影响,可以在目标函数中把这些松弛变量的系数看

成零,加了松弛变量后我们得到如下的数学模型:

$$\max z = 50x_1 + 100x_2 + 0s_1 + 0s_2 + 0s_3;$$

约束条件:
$$x_1 + x_2 + s_1 = 300,$$
$$2x_1 + x_2 + s_2 = 400,$$
$$x_2 + s_3 = 250,$$
$$x_1, x_2, s_1, s_2, s_3 \geqslant 0.$$

像这样把所有的约束条件都写成等式,称为线性规划模型的标准化,所得结果称为线性规划的标准形式.在标准形式中 b_j(右边常量)都要大于等于零,若某个 b_j 小于零,只要在方程两边都乘以 -1 即可.

对例 1 的最优解 $x_1 = 50, x_2 = 250$ 来说,松弛变量的值如表 2-2 所示.

表 2-2

约束条件	松弛变量的值
设备台时数	$s_1 = 0$
原料 A	$s_2 = 50$
原料 B	$s_3 = 0$

关于松弛变量值的一些信息我们也可以从图解法中获得.从图 2-2 中我们知道例1的最优解位于直线 $x_2 = 250$ 与直线 $x_1 + x_2 = 300$ 的交点 B,故可知原料 B 和设备台时数的松弛变量即 s_3 和 s_1 都为零,而 B 点不在直线 $2x_1 + x_2 = 400$ 上,故可知 $s_2 > 0$.

在图 2-2 中,A, B, C, D, O 是可行域的顶点,对有限个约束条件其可行域的顶点也是有限的.从例 1 的求解过程中我们还观察到如下事实:

(1)如果某一个线性规划问题有最优解,则一定有一个可行域的顶点对应最优解.

(2)线性规划存在有无穷多个最优解的情况.若将例 1 中的目标函数变为 $z = 50x_1 + 50x_2$,则可见代表目标函数的直线平移到最优位置后将和直线 $x_1 + x_2 = 300$ 重合.此时不仅顶点 B, C 都是最优解,而且线段 BC 上的所有点都是最优解,这样最优解就有无穷多个了.当然这些最优解都对应着相同的最优值 $50x_1 + 50x_2 = 15\ 000$.

(3)线性规划存在无界解,即无最优解的情况.对下述线性规划问题:

$$\max z = x_1 + x_2;$$

约束条件:
$$x_1 - x_2 \leqslant 1,$$
$$-3x_1 + 2x_2 \leqslant 6,$$
$$x_1 \geqslant 0, x_2 \geqslant 0.$$

用图解法求解结果,如图 2-3 所示.从图中可以看到,该问题可行域无界,目标函数值可以增大到无穷大,成为无界解,即无最优解.出现这种情况,一般说明线性规划模型有错误,该模型中忽略了一些实际存在的必要的约束条件.

(4)线性规划存在无可行解的情况.若在例 1 的数学模型中再增加一个约束条件

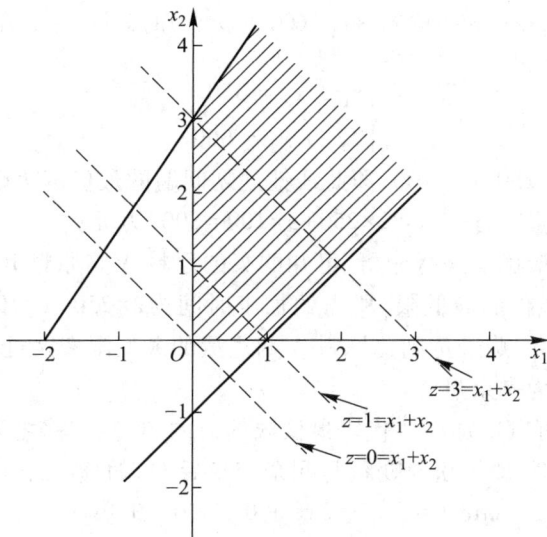

图 2-3

$$4x_1+3x_2 \geqslant 1\,200,$$

显然新的线性规划的可行域为空域,即不存在满足所有约束条件的 x_1 和 x_2,当然更不存在最优解了.出现这种情况是由于约束条件自相矛盾导致的建模错误.

下面给出一个求目标函数最小化的线性规划问题.

例 2 某公司生产某产品,共需要 A,B 两种原料至少 350 t(A,B 两种原料有一定替代性),其中原料 A 至少购进 125 t.但由于 A,B 两种原料的规格不同,各自所需的加工时间也是不同的,加工每吨原料 A 需要 2 h,加工每吨原料 B 需要 1 h,而公司总共有 600 个加工时数.又知道每吨原料 A 的价格为 2 万元,每吨原料 B 的价格为 3 万元,试问在满足生产需要的前提下,在公司加工能力的范围内,如何购买 A,B 两种原料,使得购进成本最低?

解 设 x_1 为购进原料 A 的数量,x_2 为购进原料 B 的数量.此线性规划的数学模型如下:

$$\min f = 2x_1+3x_2;$$

约束条件:
$$x_1+x_2 \geqslant 350,$$
$$x_1 \geqslant 125,$$
$$2x_1+x_2 \leqslant 600,$$
$$x_1 \geqslant 0, x_2 \geqslant 0.$$

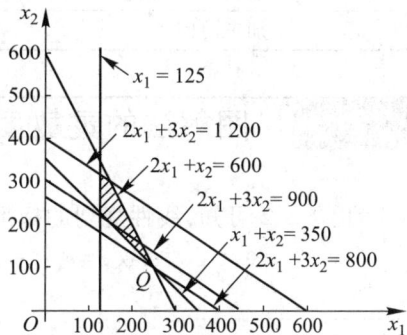

图 2-4

用图解法来解此题,首先得到此线性问题的可行域为图 2-4 中的阴影部分.

再来看目标函数 $f=2x_1+3x_2$,它在坐标平面上可表示为以 f 为参数,以 $-\frac{2}{3}$ 为斜率的一族平行线,如图 2-4 所示.这族平行线随着 f 值的减小向左下方平移.当移动到 Q 点(即直线 $x_1+x_2=350$ 与 $2x_1+x_2=600$ 的交点)时,目标函数在可行域内取最小值.Q 点的坐标可以从线性方程组

$$\begin{cases} x_1 + x_2 = 350 \\ 2x_1 + x_2 = 600 \end{cases}$$

中求出,得 Q 点坐标为 $x_1=250$,$x_2=100$,即此线性规划问题的最优解为购买原料 A 250 t,购买原料 B 100 t,可使成本最小,即 $2x_1+3x_2=2\times250+3\times100=800$(万元).

对此线性规划问题的最优解进行分析,可知购买的原料 A 与原料 B 的总量为 $1\times250+1\times100=350$ (t),正好达到约束条件的最低限,所需的加工时间为 $2\times250+1\times100=600$(h),正好达到加工时间的最高限.而原料 A 的购进量则比原料 A 购进量的最低限多购进了 $250-125=125$ (t),这个超过量在线性规划中称为剩余量.

对于"≥"约束条件,可以增加一些代表最低限约束的超过量,称之为剩余变量,从而把"≥"约束条件变为等式约束条件.加了松弛变量与剩余变量后例 2 的数学模型为

$$\min f = 2x_1 + 3x_2 + 0s_1 + 0s_2 + 0s_3;$$

约束条件：
$$x_1+x_2-s_1=350,$$
$$x_1-s_2=125,$$
$$2x_1+x_2+s_3=600,$$
$$x_1,x_2,s_1,s_2,s_3\geqslant0.$$

从约束条件中可以知道 s_1,s_2 为剩余变量,s_3 为松弛变量(s 是 slack 和 surplus 的第 1 个字母).上式中所有的约束条件也都为等式,故这也是线性规划问题的标准形式,此问题的最优解为 $x_1=250$,$x_2=100$,其松弛变量及剩余变量的值如表 2-3 所示.

表 2-3

约束条件	松弛变量及剩余变量的值
原料 A 与原料 B 的总量	$s_1=0$
原料 A 的数量	$s_2=125$
加工时间	$s_3=0$

§2.3　图解法的灵敏度分析

由 §2.2 可知,线性规划的标准形式可写为

$$\max z=c_1x_1+c_2x_2+\cdots+c_nx_n$$

教学视频:图解法的灵敏度分析

$$（或 \min f=c_1x_1+c_2x_2+\cdots+c_nx_n）;$$

约束条件：
$$a_{11}x_1+a_{12}x_2+\cdots+a_{1n}x_n=b_1,$$
$$a_{21}x_1+a_{22}x_2+\cdots+a_{2n}x_n=b_2,$$
$$\cdots\cdots\cdots\cdots$$
$$a_{m1}x_1+a_{m2}x_2+\cdots+a_{mn}x_n=b_m,$$
$$x_1,x_2,\cdots,x_n\geq0.$$

其中 c_i 为第 i 个决策变量 x_i 在目标函数中的系数；a_{ij} 为第 i 个约束条件中第 j 个决策变量 x_j 的系数；b_j 为第 j 个约束条件中的常数项，要求 $b_j\geq0$，当 $b_j<0$ 时，可在方程两边都乘以 -1 而使 $b_j\geq0$. §2.2 所提到的松弛变量和剩余变量都可以看成决策变量，也可以用 x_i 表示而不用 s_i 表示.

所谓灵敏度分析就是在建立数学模型和求得最优解之后，研究线性规划的一些系数 c_i,a_{ij},b_j 的变化对最优解产生什么影响？灵敏度分析是非常重要的，首先是因为 c_i,a_{ij},b_j 这些系数都是估计值和预测值，不一定非常精确；再则即使这些系数值在某一时刻是精确值，它们也会随着市场条件的变化而变化，不会一成不变.例如，原材料价格、商品售价、加工能力、劳动力价格等的变化都会影响这些系数，有了灵敏度分析就不必为了应付这些变化而不停地建立新的模型和求新的最优解，也不会由于系数估计和预测的精确性而对所求得的最优解存有不必要的怀疑.下面用图解法的灵敏度分析对目标函数中的系数 c_i 以及约束条件中的常数项 b_j 进行灵敏度分析.

一、目标函数中的系数 c_i 的灵敏度分析

让我们以例1为例来看一下 c_i 的变化是如何影响其最优解的.从例1中知道生产一个单位的产品Ⅰ可以获利 50 元（$c_1=50$），生产一个单位的产品Ⅱ可以获利 100 元（$c_2=100$）.在目前的生产条件下求得生产产品Ⅰ50 单位，生产产品Ⅱ250 单位可以获得最大利润.当产品Ⅰ，Ⅱ中的某一产品的单位利润增加或减少时，生产者往往都能意识到为了获取最大利润就应该增加或减少这一产品的产量，也就是改变最优解，但是往往不能精确地定出这一产品利润变化的上限与下限，使得利润在这个范围内变化时其最优解不变，即仍然生产 50 单位的产品Ⅰ和 250 单位的产品Ⅱ而使获利最大.下面就用图解法定出其上限与下限.

从图 2-5 中可以看出只要目标函数的斜率在直线 e（设备约束条件）的斜率与直线 f（原料 B 的约束条件）的斜率之间变化时，坐标为 $x_1=50,x_2=250$ 的顶点 B 就仍然是最优解.如果目标函数的直线按逆时针方向旋转，当目标函数的斜率等于直线 f 的斜率时，可知直线 AB 上的任一点都是其最优解.如果继续按逆时针方向旋转，可知 A 点为其最优解.如果目标函数直线按顺时针方向旋转，当目标函数的斜率等于直线 e 的斜率时，可知直线 BC 上的任一点都是其最优解.如果继续按顺时针方向旋转，

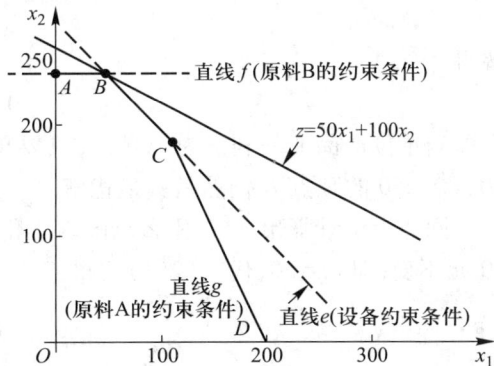
图 2-5

当目标函数的斜率在直线 e 的斜率与直线 g 的斜率之间时,顶点 C 为其最优解.当目标函数的斜率等于直线 g 的斜率时,直线 CD 上的任一点都是其最优解.如果再继续按顺时针方向旋转,可知顶点 D 为其最优解.直线 e 的方程为

$$x_1 + x_2 = 300.$$

用斜截式可以表示为

$$x_2 = -x_1 + 300.$$

可知直线 e 的斜率为-1,同样直线 f,直线 g 也可以用斜截式分别表示为

$$x_2 = 0x_1 + 250,$$
$$x_2 = -2x_1 + 400.$$

可知直线 f 的斜率为 0,直线 g 的斜率为-2,而且目标函数

$$z = c_1 x_1 + c_2 x_2$$

用斜截式也可以表示为

$$x_2 = -\frac{c_1}{c_2}x_1 + \frac{z}{c_2}.$$

可知目标函数的斜率为$-\dfrac{c_1}{c_2}$.这样当

$$-1 \leqslant -\frac{c_1}{c_2} \leqslant 0 \tag{2.1}$$

时,顶点 B 仍然是其最优解.为了计算出 c_1 在什么范围内变化时顶点 B 仍然是其最优解,我们假设单位产品 Ⅱ 的利润为 100 元不变,即 $c_2 = 100$,则有

$$-1 \leqslant -\frac{c_1}{100} \leqslant 0.$$

解得

$$0 \leqslant c_1 \leqslant 100.$$

也即当单位产品 Ⅱ 的利润为 100 元,只要单位产品 Ⅰ 的利润在 0 到 100 元之间变化,坐标 $x_1 = 50$,$x_2 = 250$ 的顶点 B 仍然是其最优解.

同样为了计算出 c_2 在什么范围内变化时顶点 B 仍然是其最优解,假设单位产品 Ⅰ 的利润为 50 元不变,即 $c_1 = 50$,代入(2.1)式得

$$-1 \leqslant -\frac{50}{c_2} \leqslant 0. \tag{2.2}$$

从左边不等式可得

$$-c_2 \leqslant -50,$$
$$c_2 \geqslant 50. \tag{2.3}$$

从右边的不等式可得

$$0 < c_2 \leqslant +\infty. \tag{2.4}$$

综合(2.3)式和(2.4)式得到(2.2)式的等价不等式

$$50 \leqslant c_2 \leqslant +\infty.$$

即当单位产品 I 的利润为 50 元,而单位产品 II 的利润只要大于等于 50 元时,顶点 B 仍为其最优解.

同样在 c_1 和 c_2 中一个值确定不变时,可求出另一个值的变化范围,使其最优解在 C 点(或在 D 点,或在 A 点).

如果当 c_1 和 c_2 都变化时,则可以通过(2.1)式判断 B 点是否仍为其最优解.例如,当 $c_1 = 60$,$c_2 = 55$ 时,因为 $-\dfrac{c_1}{c_2} = -\dfrac{60}{55}$,不满足(2.1)式,可知 B 点已不是其最优解了,但 -2(直线 g 的斜率)$\leqslant \dfrac{-60}{55} \leqslant -1$(直线 e 的斜率),所以此时 C 点(坐标为 $x_1 = 100, x_2 = 200$)为其最优解.

二、约束条件中常数项 b_j 的灵敏度分析

当约束条件中常数项 b_j 变化时,其线性规划的可行域也将发生变化,这样就可能引起最优解的变化.为了说明这方面的灵敏度分析,不妨假设例 1 中的设备台时数增加了 10 个台时,共有 310 个台时,这样例 1 中的设备台时数的约束条件就变为

$$x_1 + x_2 \leqslant 310.$$

由于增加了 10 个台时,它的可行域就扩大了,如图 2-6 所示.

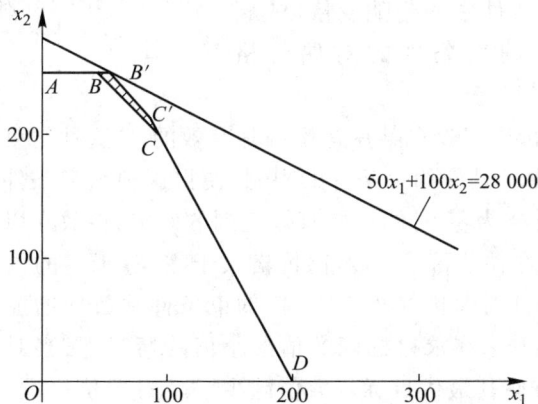

图 2-6

新的可行域为 $OAB'C'D$.由于目标函数及各约束条件的直线的斜率都不变,所以可知最优解由 B 点(直线 $x_2 = 250$ 与直线 $x_1 + x_2 = 300$ 的交点)变为 B′点(直线 $x_2 = 250$ 与直线 $x_1 + x_2 = 310$ 的交点).B′点的坐标即为方程组

$$\begin{cases} x_2 = 250 \\ x_1 + x_2 = 310 \end{cases}$$

的解,解得 B' 点的坐标为 $x_1 = 60$, $x_2 = 250$,这样获得的最大利润为 $50 \times 60 + 100 \times 250 = 28\ 000$(元),比原来获得的最大利润 27 500 元增加了 $28\ 000 - 27\ 500 = 500$(元),这是由于增加了 10 个台时的设备而获得的.这样每增加一个台时的设备就可以多获得 $\dfrac{500}{10} = 50$(元)的利润.

像这样在约束条件常数项中增加一个单位而使最优目标函数值得到改进的数量称之为这个约束条件的对偶价格.从上面的讨论可知,设备对偶价格为 50 元/台时.也就是说如果增加或减少若干个台时,那么总利润将增加或减少若干个 50 元.

下面来看如果例 1 中的原料 A 增加 10 kg,将会对最优解和最优值产生什么影响.

从图 2-7 可以看到由于原料 A 增加了 10 kg,使例 1 中的原料 A 的约束条件变为

$$2x_1 + x_2 \leqslant 410,$$

也使得此线性规划的可行域扩大了,增加了图 2-7 中的阴影部分,但是并不影响它的最优解和最优值.它的最优解仍是 B 点,它的最优值仍然是 27 500,没有任何的改进.这样原料 A 的对偶价格就为零.其实这个问题不需要通过计算就很容易理解.由于生产 50 单位产品 I,250 单位产品 II 时(即 $x_1 = 50$, $x_2 = 250$),原料 A 还有 50 kg 没有使用(即松弛变量 $s_2 = 50$),如果我们再增加 10 kg 原料 A,也只不过增加库存而已,不会再增加利润,故原料 A 的对偶价格为零.所以当某约束条件中的松弛变量(或剩余变量)不为零时,这个约束条件的对偶价格就为零.

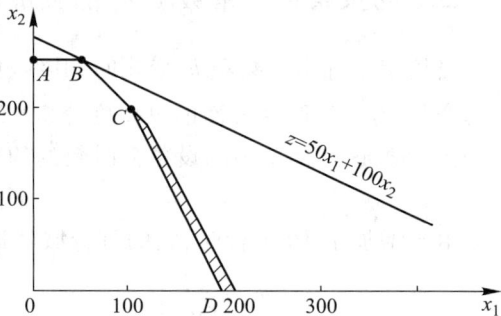

图 2-7

某一约束条件的对偶价格仅仅在某一范围内是有效的.当这种约束条件的资源不断地获得,使得其 b_i 值不断增大时,由于其他约束条件的限制,使得这种约束条件的资源用不完,即其松弛变量不为零,导致其对偶价格为零.对偶价格有效范围的确定,将放在以后几章讨论.

在求目标函数最大值的情况下,除了对偶价格大于零、等于零的情况外,还存在着对偶价格小于零的情况.当某约束条件对偶价格小于零时,约束条件常数项增加一个单位,就使得其最优目标函数值减少一个对偶价格.在求目标函数值最小值的情况下,当对偶价格大于零时,约束条件常数项增加一个单位,就使其最优目标函数值减少一个对偶价格;当对偶价格等于零时,约束条件常数项增加一个单位,并不影响其最优目标函数值;当对偶价格小于零时,约束条件常数项增加一个单位,就使得其最优目标函数值增加一个对偶价格.综上所述,当约束条件常数项增加一个单位时,有

(1) 如果对偶价格大于零,则其最优目标函数值得到改进,即求最大值时,最优目标函数值变得更大;求最小值时,最优目标函数值变得更小.

（2）如果对偶价格小于零，则其最优目标函数值变坏，即求最大值时，最优目标函数值变小了；求最小值时，最优目标函数值变大了．

（3）如果对偶价格等于零，则其最优目标函数值不变．

习　题

1. 考虑下面的线性规划问题：

$$\max z = 2x_1 + 3x_2;$$

约束条件：

$$x_1 + 2x_2 \leqslant 6,$$
$$5x_1 + 3x_2 \leqslant 15,$$
$$x_1, x_2 \geqslant 0.$$

（1）画出其可行域．

（2）当 $z = 6$ 时，画出等值线 $2x_1 + 3x_2 = 6$．

（3）用图解法求出其最优解以及最优目标函数值．

2. 用图解法求解下列线性规划问题，并指出属于哪一类解（唯一最优解、无穷多最优解、无界解、无可行解）．

（1）

$$\min f = 6x_1 + 4x_2;$$

约束条件：

$$2x_1 + x_2 \geqslant 1,$$
$$3x_1 + 4x_2 \geqslant 3,$$
$$x_1, x_2 \geqslant 0.$$

（2）

$$\max z = 4x_1 + 8x_2;$$

约束条件：

$$2x_1 + 2x_2 \leqslant 10,$$
$$-x_1 + x_2 \geqslant 8,$$
$$x_1, x_2 \geqslant 0.$$

（3）

$$\max z = x_1 + x_2;$$

约束条件：

$$8x_1 + 6x_2 \geqslant 24,$$
$$4x_1 + 6x_2 \geqslant -12,$$
$$2x_2 \geqslant 4,$$
$$x_1, x_2 \geqslant 0.$$

（4）

$$\max z = 3x_1 - 2x_2;$$

约束条件：

$$x_1 + x_2 \leqslant 1,$$
$$2x_1 + 2x_2 \geqslant 4,$$
$$x_1, x_2 \geqslant 0.$$

（5）

$$\max z = 3x_1 + 9x_2;$$

约束条件：

$$x_1 + 3x_2 \leqslant 22,$$
$$-x_1 + x_2 \leqslant 4,$$
$$x_2 \leqslant 6,$$
$$2x_1 - 5x_2 \leqslant 0,$$

$$x_1, x_2 \geq 0.$$

（6）

$$\max z = 3x_1 + 4x_2;$$

约束条件：

$$-x_1 + 2x_2 \leq 8,$$

$$x_1 + 2x_2 \leq 12,$$

$$2x_1 + x_2 \leq 16,$$

$$2x_1 - 5x_2 \leq 0,$$

$$x_1, x_2 \geq 0.$$

3. 将下述线性规划问题化成标准形式：

（1）

$$\max f = 3x_1 + 2x_2;$$

约束条件：

$$9x_1 + 2x_2 \leq 30,$$

$$3x_1 + 2x_2 \leq 13,$$

$$2x_1 + 2x_2 \leq 9,$$

$$x_1, x_2 \geq 0.$$

（2）

$$\min f = 4x_1 + 6x_2;$$

约束条件：

$$3x_1 - x_2 \geq 6,$$

$$x_1 + 2x_2 \leq 10,$$

$$7x_1 - 6x_2 = 4,$$

$$x_1, x_2 \geq 0.$$

（3）

$$\min f = -x_1 - 2x_2;$$

约束条件：

$$3x_1 + 5x_2 \leq 70,$$

$$-2x_1 - 5x_2 = 50,$$

$$-3x_1 + 2x_2 \geq 30,$$

$$x_1 \leq 0, -\infty \leq x_2 \leq +\infty.$$

（提示：可以令 $x_1' = -x_1$，这样可得 $x_1' \geq 0$。同样可以令 $x_2' - x_2'' = x_2$，其中 $x_2', x_2'' \geq 0$。可见当 $x_2' \geq x_2''$ 时，$x_2 \geq 0$；当 $x_2' \leq x_2''$ 时，$x_2 \leq 0$，即 $-\infty \leq x_2 \leq +\infty$。这样原线性规划问题可以化为含有决策变量 x_1', x_2', x_2'' 的线性规划问题，这里决策变量 $x_1', x_2', x_2'' \geq 0$。）

4. 考虑下面的线性规划问题：

$$\max z = 10x_1 + 5x_2;$$

约束条件：

$$3x_1 + 4x_2 \leq 9,$$

$$5x_1 + 2x_2 \leq 8,$$

$$x_1, x_2 \geq 0.$$

（1）用图解法求解．

（2）写出此线性规划问题的标准形式．

（3）求出此线性规划问题的两个松弛变量的值．

5. 考虑下面的线性规划问题：

$$\min f = 11x_1 + 8x_2;$$

约束条件：

$$10x_1 + 2x_2 \geq 20,$$

$$3x_1 + 3x_2 \geq 18,$$

$$4x_1 + 9x_2 \geqslant 36,$$
$$x_1, x_2 \geqslant 0.$$

（1）用图解法求解.

（2）写出此线性规划问题的标准形式.

（3）求出此线性规划问题的三个剩余变量的值.

6. 考虑下面的线性规划问题：

$$\max f = 2x_1 + 3x_2;$$

约束条件：

$$x_1 + x_2 \leqslant 10,$$
$$2x_1 + x_2 \geqslant 4,$$
$$x_1 + 3x_2 \leqslant 24,$$
$$2x_1 + x_2 \leqslant 16,$$
$$x_1, x_2 \geqslant 0.$$

（1）用图解法求解.

（2）假定 c_2 值不变，求出使其最优解不变的 c_1 值的变化范围.

（3）假定 c_1 值不变，求出使其最优解不变的 c_2 值的变化范围.

（4）当 c_1 值从 2 变为 4，c_2 值不变时，求出新的最优解.

（5）当 c_1 值不变，c_2 值从 3 变为 1 时，求出新的最优解.

（6）当 c_1 值从 2 变为 2.5，c_2 值从 3 变为 2.5 时，其最优解是否变化？为什么？

7. 某家具公司生产甲、乙两种型号的组合柜，每种柜需要两种工艺（制白坯和油漆）.甲型号组合柜需要制白坯 6 工时，油漆 8 工时；乙型号组合柜需要制白坯 12 工时，油漆 4 工时.已知制白坯工艺的生产能力为 120 工时/天，油漆工艺的生产能力为 64 工时/天，甲型号组合柜单位利润为 200 元，乙型号组合柜单位利润为 240 元.

问该公司如何安排这两种产品的生产，才能获得最大的利润？最大利润是多少？

8. 要将两种大小不同的钢板裁成 A，B，C 三种规格，每张钢板可同时裁得三种规格成品的块数如表 2-4 所示.

表 2-4

规格类型 钢板类型	A 规格	B 规格	C 规格
第一种钢板	1	2	1
第二种钢板	1	1	3

已知第一种钢板每张 1 000 元，第二种钢板每张 2 000 元，现需要 A，B，C 三种规格的成品各 13，15，27 块，问如何裁剪，使所用钢板费用最小？

9. 某人承揽一项业务，需做文字标牌 2 个，绘画标牌 4 个，现有两种规格的原料，甲种规格每张 300 元，可做文字标牌 1 个，绘画标牌 2 个，乙种规格每张 200 元，可做文字标牌 2 个，绘画标牌 1 个，求两种规格的原料各用多少张，才能既完成业务又使总的费用最小？

10. 某蔬菜收购点租用车辆，将 100 吨新鲜黄瓜运往某市销售，可供租用的大卡车和农用车分别为 10 辆和 20 辆，若每辆卡车载重 8 吨，运费 960 元，每辆农用车载重 2.5 吨，运费 360 元，问大卡车和农用车这两种车各租多少辆时，可全部运完黄瓜，且运费最低？最低费用为多少？

11. 某木器厂生产圆桌和衣柜两种产品,现有两种木料,第一种有 72 m³,第二种有 56 m³,假设生产每种产品都需要两种木料.生产一张圆桌需用第一种木料 0.18 m³,第二种木料 0.08 m³,可获利润 60 元,生产一个衣柜需用第一种木料 0.09 m³,第二种 0.28 m³,可获利润 100 元,木器厂在现有木料情况下,圆桌和衣柜应各生产多少,才能使所获利润最多?

12. 某公司正在制造两种产品(产品 I 和产品 II),每天的产量分别为 30 个和 120 个,利润分别为 500 元/个和 400 元/个.公司负责制造的副总经理希望了解是否可以通过改变这两种产品的数量而提高公司的利润.公司各个车间的加工能力和制造单位产品所需的加工工时如表 2-5 所示.

表 2-5

车间	产品 I	产品 II	车间的加工能力(每天加工工时数)
1	2	0	300
2	0	3	540
3	2	2	440
4	1.2	1.5	300

(1) 假设生产的全部产品都能销售出去,用图解法确定最优产品组合,即确定使得总利润最大的产品 I 和产品 II 的每天的产量.

(2) 在(1)所求得的最优产品组合中,在四个车间中哪些车间的能力还有剩余?剩余多少?这在线性规划中称为剩余变量还是松弛变量?

(3) 四个车间加工能力的对偶价格各为多少?即四个车间的加工能力分别增加一个加工时数时能给公司带来多少额外的利润?

(4) 当产品 I 的利润不变时,产品 II 的利润在什么范围内变化,此最优解不变?当产品 II 的利润不变时,产品 I 的利润在什么范围内变化,此最优解不变?

(5) 当产品 I 的利润从 500 元/个降为 450 元/个,而产品 II 的利润从 400 元/个增加为 430 元/个时,原来的最优产品组合是否还是最优产品组合?如有变化,新的最优产品组合是什么?

13. 某公司受委托,准备把 120 万元投资基金 A 和 B,其中基金 A 的单位投资额为 50 元,年回报率为 10%,基金 B 的单位投资额为 100 元,年回报率为 4%.委托人要求每年的年回报金额至少达到 6 万元.据测定单位基金 A 的投资风险指数为 8,单位基金 B 的投资风险指数为 3,风险指数越大表明投资风险越大.委托人要求在基金 B 中的投资额不少于 30 万元.

(1) 为了使的投资风险指数最小,该公司应该在基金 A 和 B 中各投资多少?这时每年的回报金额是多少?

(2) 如果不考虑风险,为了使总的投资回报金额最大,应该如何投资?

第三章 线性规划问题的计算机求解

在本章中将介绍如何使用计算机软件包求解线性规划问题.计算机软件包将帮助管理人员免去大量繁琐的计算,使得原先只有专家学者才能掌握的运筹学成为广大管理工作者解决工商管理中的问题的一个有效的、方便的、常用的工具.

本章介绍的是与本书配套的"管理运筹学"3.5版软件包,此软件包可以解决大量的管理运筹学问题.本章的重点放在如何读懂计算机输出的关于线性规划问题的求解和灵敏度分析的信息,以解决工商管理中的实际问题.

解决线性规划问题的软件包分两种:一种是大规模的软件包.它可以用来解决复杂的包含数千个决策变量和数千个约束条件的大型的线性规划问题.这些用手工的方式几年甚至几十年都解决不了的问题,用这种软件包只需要几分钟就可以解决了.另一种是用于 PC 机的软件包.它们有很好的界面,使用方便,是由科研机构和软件公司为解决包含数百个决策变量的线性规划问题而开发的."管理运筹学"3.5 就属于这种软件,在 PC 机里使用它可以解决包含 100 个决策变量 50 个约束条件的线性规划问题.它可以解决工商管理中大量的线性规划问题.

§3.1 "管理运筹学"软件的操作方法

"管理运筹学"3.5 版是"管理运筹学"3.0 版的升级版.它包括线性规划、运输问题、整数规划(0-1 整数规划、纯整数规划、混合整数规划和指派问题)、目标规划、对策论、最短路径、最小生成树、最大流量、最小费用最大流、关键路径、存储论、排队论、决策分析、预测问题和层次分析法,共 15 个子模块.

"管理运筹学"3.5 版包含了 3.0 版的所有计算功能.修正了 3.0 版存在的一些问题.该版本计算更精确、更迅速,其可视化界面让人机交互更加方便,操作简便易学.同时,为了解决笔记本计算机无光驱无法安装软件的问题,我们提供了"管理运筹学"3.5 版的线上下载资源,读者可通过教材提供的链接下载后安装使用。

"管理运筹学"软件可以解决本书中的绝大多数问题.下面来演示如何用"管理运筹学"软件解决第二章例 1 的线性规划问题.

教学视频:"管理运筹学"软件操作方法 1

首先在主菜单中选择线性规划模型,在屏幕上就会出现线性规划页面,如图 3-1 所示.

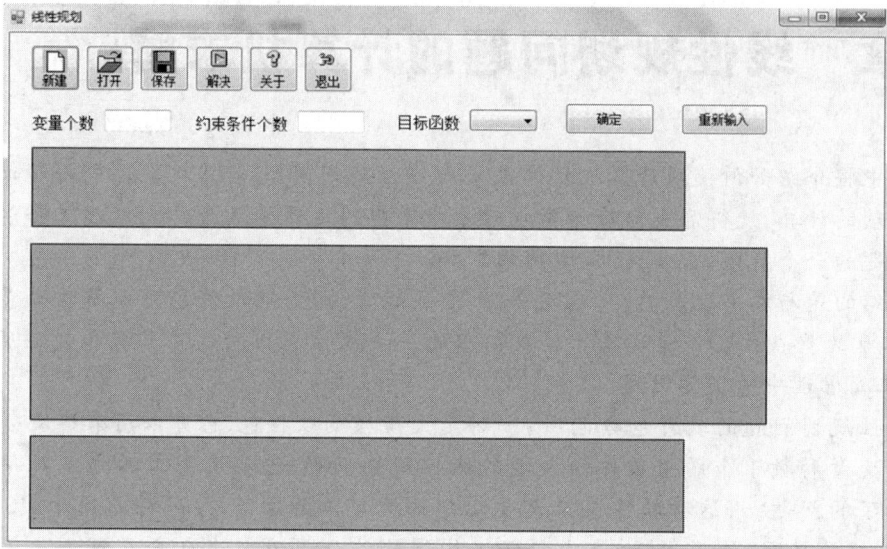

图 3-1

在点击"新建"按钮以后,按软件的要求输入目标函数个数和约束条件个数,输入目标函数及约束条件的各变量的系数和 b 值,并选择好"≥""≤"或"="号,如图 3-2 所示.

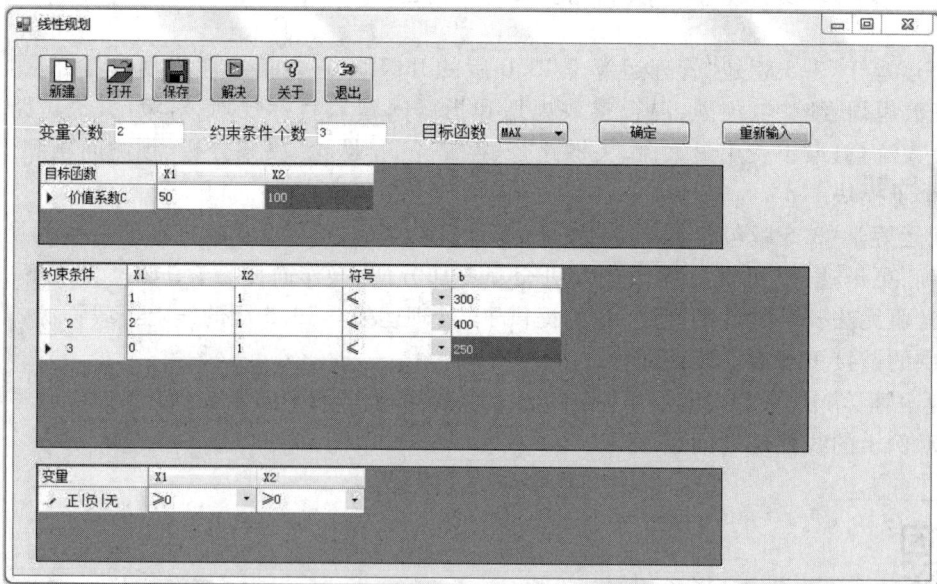

图 3-2

在输入中要注意以下几点:

(1) 输入的系数可以是整数、小数,但不能是分数,要把分数先化为小数再输入.

(2) 输入前先要合并同类项.

当约束条件输入完毕后,请点击"解决"按钮,屏幕上将显现线性规划问题标准形式,及计算步骤界面,如图 3-3a 所示,把这个界面关闭,就得到结果,如图 3-3b 所示.

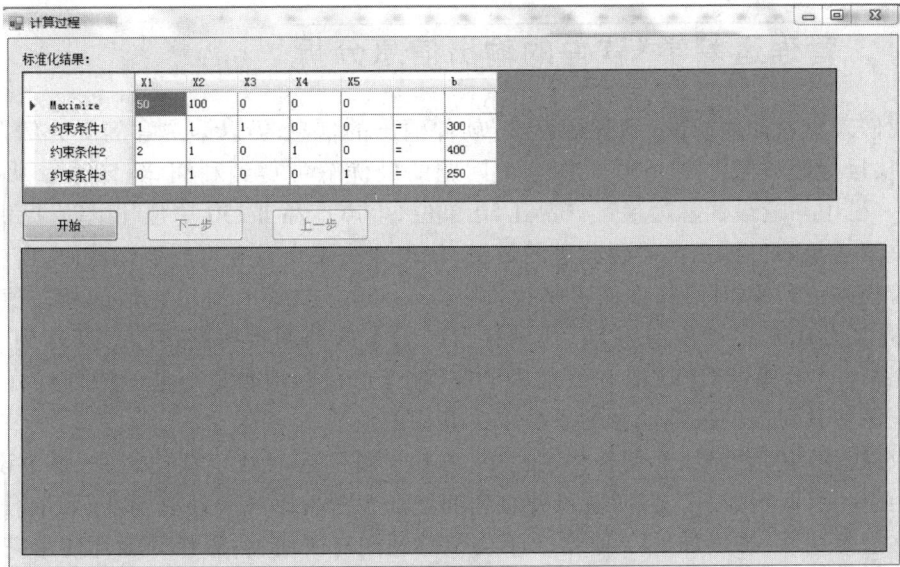

图 3-3a

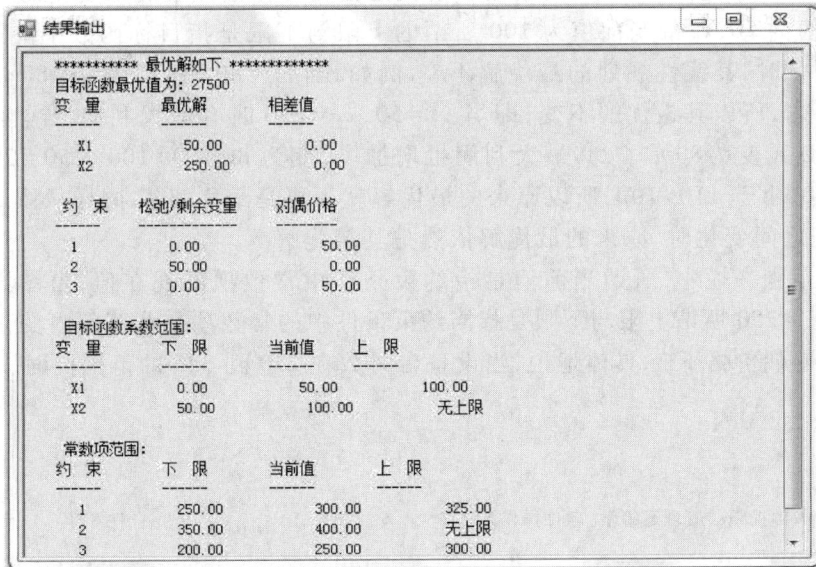

图 3-3b

如果不关闭图 3-3a 所显示的界面,点击"开始"按钮,并持续按动界面中的"下一步"按钮,界面将呈现求解的每个步骤.直至得到结果,使读者更易掌握线性规划计算的全过程;为方便软件计算,本线性规划使用了大 M 法以及数值分析方法,在线性规划问题逐步运算过程会有所体现.由于篇幅限制,本软件只显示最多 10 个变量、10 个约束条件的线性规划问题计算的全过程,对于更多的变量和约束条件的线性规划问题,本书只显示计算的最终结果.

§3.2 "管理运筹学"软件的输出信息分析

下面我们来学习如何读懂"管理运筹学"软件输出的信息.仍以第二章例 1 为例,如图 3-3b 所示,首先从目标函数值为 27 500 可知这个问题的最优解可得到利润 27 500 元.从变量、最优解、相差值一栏中知道最优解为生产产品 I 50 单位,生产产品 II 250 单位.相差值提供的数值表示相应的决策变量的目标系数需要改进的数量,使得该决策变量有可能取正数值,当决策变量已取正数值时相差值为零.对第二章例 1 来说,由于 $x_1 = 50$,$x_2 = 250$,所以它们的相差值都为零.不妨假设 x_1 的值为 0,x_1 的相差值为 20,则只有当产品 I 的利润再提高 20 元,即达到 $50 + 20 = 70$(元)时,产品 I 才可能生产,即 x_1 才可能大于零.对于求目标函数最小值的线性规划问题,所谓的改进就应该使其对应的决策变量的系数减少其相差值.

在约束、松弛/剩余变量、对偶价格这栏中,可知设备的台时数全部使用完,每个设备台时的对偶价格为 50 元,即增加一个台时就可使总利润增加 50 元;原料 A 还有 50 kg 没有使用,原料 A 的对偶价格当然为零,即增加 1 kg 原料 A 不会使总利润有所增加;原料 B 全部使用完,原料 B 的对偶价格为 50 元,即增加1 kg 原料 B 就可使总利润增加 50 元.

在目标函数系数范围一栏中,所谓的当前值是指在目标函数中决策变量的当前系数值.例如,x_1 的当前值为 50,x_2 的当前值为 100.所谓的上限与下限是指目标函数中决策变量的系数在此范围内变化时,其线性规划的最优解不变.例如,当 $c_1 = 80$ 时,因为 $0 \leqslant 80 \leqslant 100$,在 x_1 的系数变化范围内,所以其最优解不变,即当 $x_1 = 50$,$x_2 = 250$ 时有最大利润.当然由于产品 I 的单位利润由 50 元变为80元了,其最大利润也增加了,变为 $80 \times 50 + 100 \times 250 = 29\ 000$(元).但是如果 $c_1 = 110$,由于 $110 > 100$,所以原来的最优解就不再是最优解了.同样从图 3-3b 可知,当 c_2 在 50 与 $+\infty$ 之间变化时,原来的最优解依然是其最优解.

在常数项范围一栏中,所谓当前值是指约束条件中常数项的现在值,由图 3-3b 可知 $b_1 = 300$,$b_2 = 400$,$b_3 = 250$.所谓上限与下限是指当约束条件中的常数项在此范围内变化时,与其对应的约束条件的对偶价格不变.具体地说,当设备台时数在 250 到 325 的范围内时,其对偶价格都

为 50 元;当原料 A 的数量在 350 到 $+\infty$ 范围内时,其对偶价格都为零;当原料 B 的数量在 200 到 300 的范围内时,其对偶价格都为 50 元.例如,在第二章例 1 中若设备台时数和原料 A 的数量不变,即 $b_1 = 300, b_2 = 400$ 时,原料 B 变为 280 kg,由于 $200 \leqslant 280 \leqslant 300$,所以原料 B 的对偶价格仍为 50 元,则新的最大利润值应为 $27\,500 + 30 \times 50 = 27\,500 + 1\,500 = 29\,000$(元).

以上讨论的计算机输出的关于目标函数系数及约束条件中常数项的灵敏度分析都是基于这样一个重要假设:当一个系数发生变化时,其他系数保持不变.以上讨论的所有的目标函数系数及约束条件中常数项的变化范围只适合于单个系数变化的情况.那么当两个或更多的系数都发生变化时,怎么来进行灵敏度分析呢?下面向大家介绍一个百分之一百法则.

我们先以第二章例 1 为例看一看如何用百分之一百法则对两个目标函数系数同时变化进行灵敏度分析.第二章例 1 中原来每件产品 I 和产品 II 的利润分别为 50 元和 100 元,现在由于市场情况的变化,每件产品 I 和产品 II 的利润分别变为 74 元和 78 元,那么这个线性规划问题的最优解发生变化吗?为了解决这个问题,我们首先来定义"允许增加量"和"允许减少量"这两个术语.对一个目标函数的决策变量系数,所谓允许增加量是指该系数在上限范围内的最大增加量,所谓的允许减少量是指该系数在下限范围内的最大减少量.

从图 3-3b 中可知目标函数中 x_1 的系数的上限为 100,故 c_1 的允许增加量为

$$上限 - 现在值 = 100 - 50 = 50;$$

而 x_2 的下限为 50,故 c_2 的允许减少量为

$$现在值 - 下限 = 100 - 50 = 50.$$

我们定义 c_i 的允许增加(减少)百分比为 c_i 的增加量(减少量)除以 c_i 的允许增加量(允许减少量)所得到的值.这样我们可以计算出 c_1 的允许增加百分比为 $(74-50)/50 = 48\%$,c_2 的允许减少百分比为 $(100-78)/50 = 44\%$,c_1 的允许增加百分比与 c_2 的允许减少百分比之和为 $48\% + 44\% = 92\%$.

目标函数决策变量系数的百分之一百法则:对于所有变化的目标函数决策变量系数,当其所有允许增加百分比和允许减少百分比之和不超过百分之一百时,最优解不变.

因为 c_1 的允许增加百分比与 c_2 的允许减少百分比之和为 92%,不超过 100%,所以当每件产品 I 利润增加为 74 元,每件产品 II 利润减少为 78 元时,此线性规划最优解仍然为产品 I 生产 50 件,产品 II 生产 250 件(即 $x_1 = 50, x_2 = 250$),此时最大利润为 $74 \times 50 + 78 \times 250 = 3\,700 + 19\,500 = 23\,200$(元).

同样有约束条件中常数项的百分之一百法则:对于所有变化的约束条件中的常数项,当其所有允许增加百分比和允许减少百分比之和不超过百分之一百时,其对偶价格不变.其中 b_j 的允许增加(减少)百分比的定义同 c_i 的允许增加(减少)百分比一样,为 b_j 的增加量(减少量)除以 b_j 的允许增加量(减少量)所得到的值.

仍以第二章例 1 为例来说明如何用约束条件中常数项的百分之一百法则进行灵敏度分析.不妨设设备台时数从 300 台时增加为 315 台时,而原料 A 从 400 kg 减少到 390 kg,原料 B 从 250 kg 减少到 240 kg,这样我们可以得到它们的允许增加(减少)百分比分别为 $\frac{15}{25} = 60\%, \frac{10}{50} = 20\%, \frac{10}{50} = 20\%$,所以它们的允许增加百分比与允许减少百分比和为 $60\% + 20\% + 20\% = 100\%$,从以上约束条件中

常数项的百分之一百法则可知此线性规划的对偶价格不变.又从对偶价格可知 $50×15-0×10-50×10$ $=250$(元),则最大利润增加了 250 元,为 27 750 元.

在使用百分之一百法则进行灵敏度分析时,要注意以下三点:

(1)当允许增加量(减少量)为无穷大时,则对于任一个增加量(减少量),其允许增加(减少)百分比都看成零.

(2)百分之一百法则是判断最优解或对偶价格是否发生变化的充分条件,但不是必要条件.也就是说,当其允许增加百分比和允许减少百分比之和不超过 100% 时,其最优解或对偶价格不变;但是当其允许增加百分比和允许减少百分比之和超过 100% 时,我们并不知道其最优解或对偶价格是否发生变化.

(3)百分之一百法则不能应用于目标函数决策变量系数和约束条件中常数项同时变化的情况,在这种情况下,只有重新求解.

下面用"管理运筹学"软件来分析第二章例 2,其数学模型如下:

$$\min f = 2x_1 + 3x_2;$$

约束条件:

$$x_1 + x_2 \geq 350, \tag{1}$$
$$x_1 \geq 125, \tag{2}$$
$$2x_1 + x_2 \leq 600, \tag{3}$$
$$x_1 \geq 0, x_2 \geq 0.$$

用"管理运筹学"软件可以得到输出信息,如图 3-4 所示.

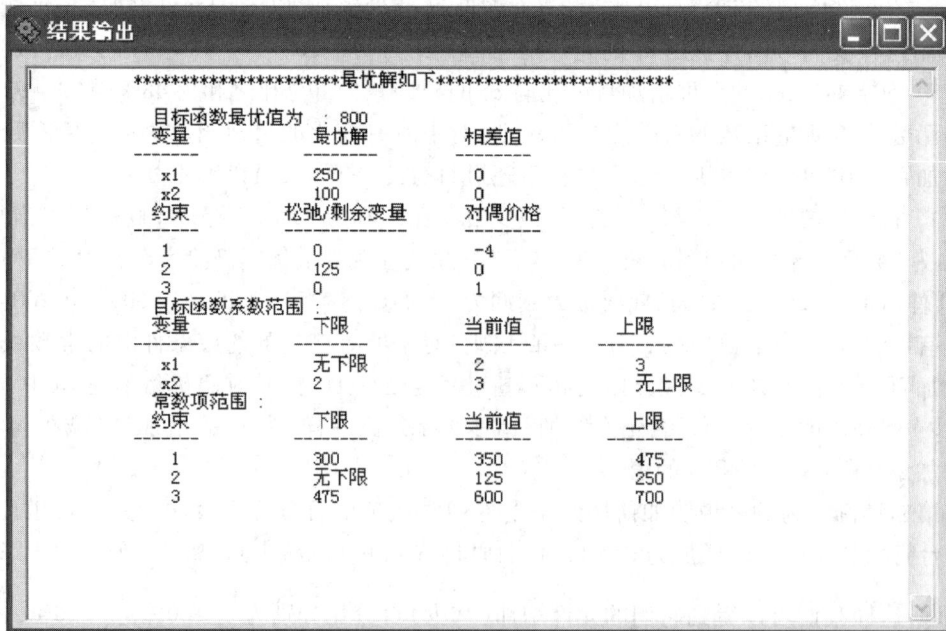

图 3-4

从图 3-4 可知,当购进原料 A 250 t($x_1=250$),原料 B 100 t($x_2=100$)时,购进成本最低,为 800 万元.在松弛/剩余变量栏中,约束条件(2)的值为 125,它表示对原料 A 的最低需求,由于此约束为大于等于,这样可知原料 A 的剩余变量值为 125.同样可知约束条件(1)(对所有原料的总需要量)的剩余变量值为零,约束条件(3)(加工时数的限制)的松弛变量值为零.

在对偶价格一栏中,可知约束条件(3)(加工时数)的对偶价格为 1 万元,也就是说如果把加工时数从 600 h 增加到 601 h,则总成本将得到改进(因为对偶价格为正值),由 800 万元减少为 $800-1=799$(万元).也可知约束条件(1)(原料 A 和 B 的总量的下限)的对偶条件为 -4 万元,也就是说如果把购进原料 A 和 B 的总量的下限从 350 t 增加到 351 t,那么总成本将加大(因为对偶价格为负值),由 800 万元增加到 $800+4=804$(万元).当然如果减少对原料 A 和 B 的总量的下限,如把原料 A 和 B 的总量的下限从 350 t 减少到 349 t,那么总成本将得到改进,由 800 万元减少到 $800-4=796$(万元).

在目标函数系数范围这一栏中,知道当 c_2(目标函数中 x_2 的系数)不变,而 c_1(目标函数中 x_1 的系数)在 $-\infty$ 到 3 范围内变化时,最优解不变;当 c_1 不变,c_2 在 2 到 $+\infty$ 范围内变化时,最优解不变.

在常数项范围一栏中,知道当约束条件(1)的常数项(原料 A 和原料 B 的总量的下限)在 300 到 475 范围内变化,而其他约束条件的常数项不变时,约束条件(1)的对偶价格不变,仍为 -4.当约束条件(2)的常数项(原料 A 的需求量的下限)在 $-\infty$ 到 250 范围内变化,而其他约束条件的常数项不变时,约束条件(2)的对偶价格不变,仍为 0.当约束条件(3)的常数项(加工时数的上限)在 475 到 700 范围内变化,而其他约束条件的常数项不变时,约束条件(3)的对偶价格不变,仍为 1.

在本章快结束时,还有两点需要提醒大家注意:

(1) 在部分文献中常常使用"影子价格"这个术语.当约束条件中的常数项增加一个单位时,最优目标函数值增加的数量称为影子价格.对照对偶价格的定义:当约束条件中的常数项增加一个单位时最优目标函数值改进的数量,可知当求目标函数的最大值时,增加的数量就是改进的数量,所以影子价格就等于对偶价格;而当求目标函数的最小值时,改进的数量应该是减少的数量,所以影子价格即为负的对偶价格.

(2) "管理运筹学"软件可以解决含有 100 个决策变量 50 个约束方程的线性规划问题,可以解决工商管理中大量的问题.如果想要解决更大的线性规划问题,可以使用由芝加哥大学的 L. E. Schrage 开发的 LINDO 计算机软件包的 PC 机版本 LINDO/PC.

习 题

1. 见第二章习题 7,设 x,y 分别为甲、乙两种柜的日产量.目标函数:
$$\max z = 200x + 240y;$$

约束条件：

$$6x+12y\leqslant 120, \qquad x+2y\leqslant 20,$$
$$8x+4y\leqslant 64, \qquad\qquad\quad 2x+y\leqslant 16,$$
$$x\geqslant 0, \qquad\qquad 即 \qquad x\geqslant 0,$$
$$y\geqslant 0. \qquad\qquad\qquad y\geqslant 0.$$

使用"管理运筹学"软件，求得计算机解如图 3-5 所示.

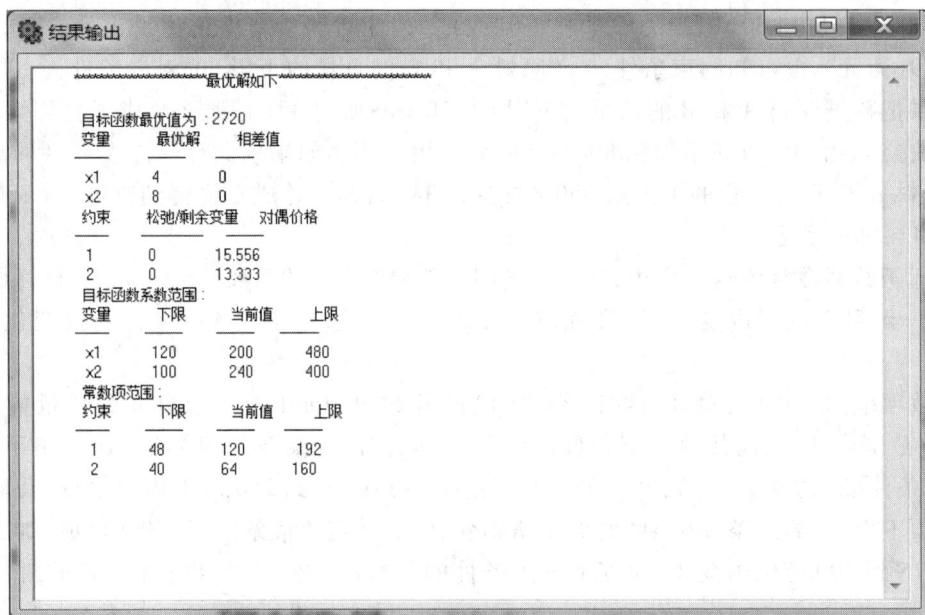

图 3-5

根据图 3-5 回答下面的问题：

（1）甲、乙两种柜的日产量是多少？这时最大利润是多少？

（2）图 3-5 中的对偶价格 13.333 的含义是什么？

（3）对图 3-5 中的常数项范围的上、下限的含义给予具体说明，并阐述如何使用这些信息.

（4）若甲组合柜的利润变为 300，最优解变不变？为什么？

2.见第二章习题 8，设需裁第一种钢板 x 张，第二种钢板 y 张，所用钢板费用 z（千元）.目标函数：

$$\min z=x+2y;$$

约束条件：

$$x+y\geqslant 13,$$
$$2x+y\geqslant 15,$$
$$x+3y\geqslant 27,$$
$$x\geqslant 0,$$
$$y\geqslant 0.$$

使用"管理运筹学"软件，求得计算机解如图 3-6 所示.

根据图 3-6 回答下面的问题：

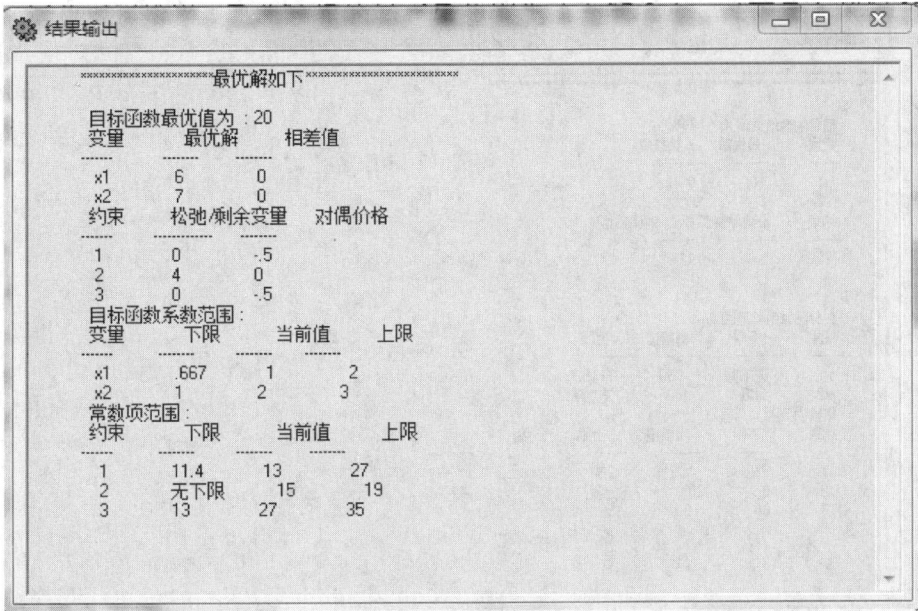

图 3-6

(1) 在最优的决策下,需要裁第一种和第二种钢板各多少张?

(2) 在什么情况下第一个约束即需要 A 种规格的成品个数的对偶价格不变?

(3) 松弛变量中的 4 表示什么含义?

3. 见第二章习题 10,设租用大卡车 x 辆,农用车 y 辆,最低运费为 z 元.目标函数:

$$\min z = 960x + 360y;$$

约束条件:

$$0 \leqslant x \leqslant 10,$$
$$0 \leqslant y \leqslant 20,$$
$$8x + 2.5y \geqslant 100.$$

使用"管理运筹学"软件,求得计算机解如图 3-7 所示.

根据图 3-7 回答下面的问题:

(1) 松弛变量中的 12 是什么含义?

(2) 当 c_1 不变时,c_2 在什么范围内变化,最优解不变?

(3) 每增加一辆大卡车对总目标值有什么影响?

4. 见第二章习题 9,设用甲种规格原料 x 张,乙种规格原料 y 张,所用原料的总费用是 z(百元).目标函数:

$$\min z = 3x + 2y;$$

约束条件:

$$x + 2y \geqslant 2,$$
$$2x + y \geqslant 4,$$
$$x \geqslant 0,$$
$$y \geqslant 0.$$

使用"管理运筹学"软件,求得计算机解如图 3-8 所示.

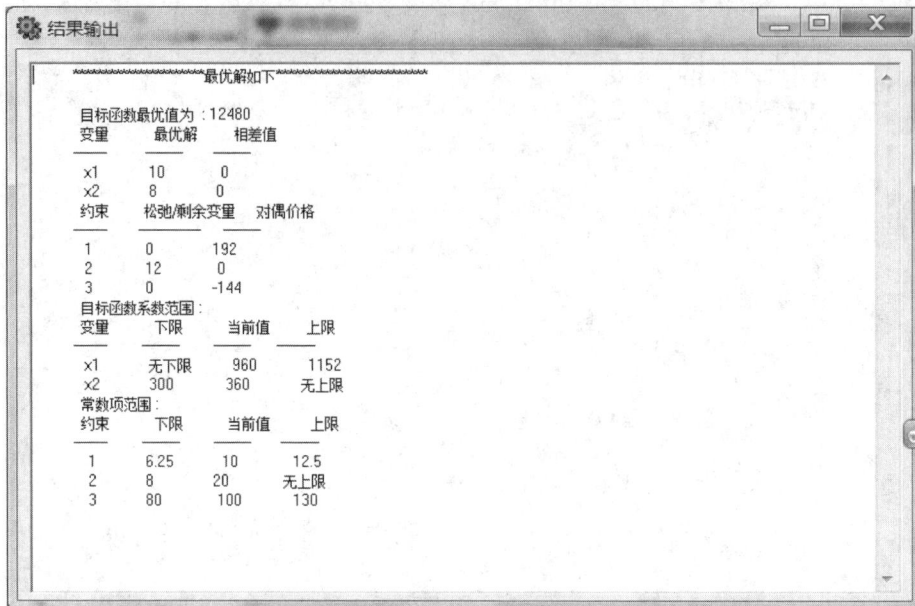

```
结果输出                                                        □ ⊡ ✕

****************最优解如下****************

目标函数最优值为：12480
变量        最优解        相差值

x1          10           0
x2          8            0
约束       松弛/剩余变量   对偶价格

1           0           192
2           12          0
3           0           -144
目标函数系数范围：
变量        下限        当前值       上限

x1         无下限        960        1152
x2         300         360        无上限
常数项范围：
约束        下限        当前值       上限

1          6.25        10         12.5
2          8           20         无上限
3          80          100        130
```

图 3-7

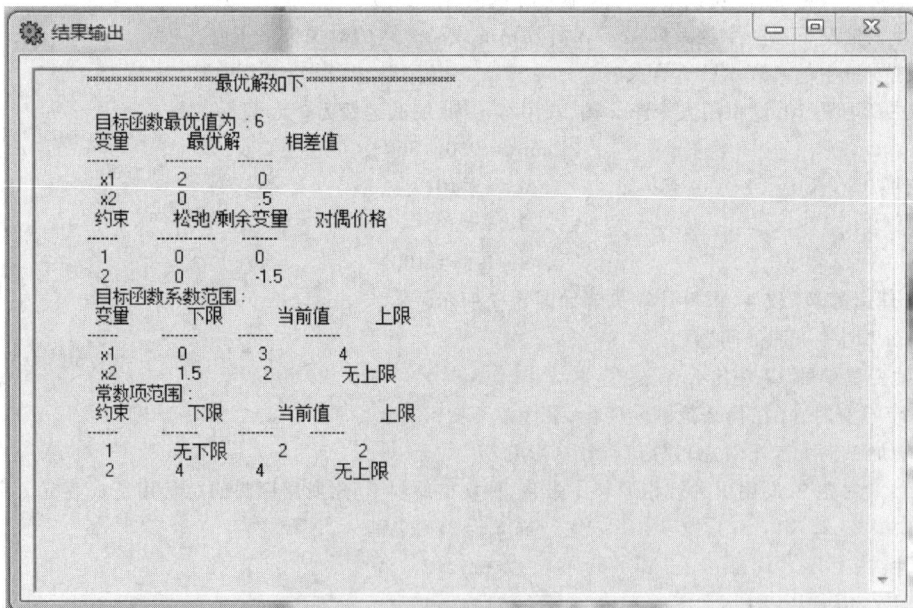

```
结果输出                                                        □ ⊡ ✕

****************最优解如下****************

目标函数最优值为：6
变量        最优解        相差值

x1          2           0
x2          0          .5
约束       松弛/剩余变量   对偶价格

1           0           0
2           0          -1.5
目标函数系数范围：
变量        下限        当前值       上限

x1          0           3          4
x2          1.5         2          无上限
常数项范围：
约束        下限        当前值       上限

1          无下限        2          2
2           4           4         无上限
```

图 3-8

（1）甲、乙规格的原料各用多少张,总费用最少？最少费用是多少？

（2）约束 1 的常数项范围中的上下限是什么含义？

5. 见第二章习题 11，设圆桌和衣柜的生产件数分别为 x、y，所获利润为 z。目标函数：

$$\max z = 60x + 100y;$$

约束条件：

$$
\begin{aligned}
&0.18x + 0.09y \leq 72, &&2x + y \leq 800, \\
&0.08x + 0.28y \leq 56, \quad\text{即}\quad &&2x + 7y \leq 1\,400, \\
&x \geq 0, &&x \geq 0, \\
&y \geq 0. &&y \geq 0.
\end{aligned}
$$

使用"管理运筹学"软件，求得计算机解如图 3-9 所示。

```
■ 结果输出                                    —   □   ×

********** 最优解如下 **********
目标函数最优值为：31000
  变  量       最优解        相差值

    X1         350.00        0.00
    X2         100.00        0.00

  约  束    松弛/剩余变量    对偶价格

    1          0.00         203.70
    2          0.00         291.67

目标函数系数范围：
  变  量      下  限       当前值      上  限

    X1        28.57        60.00      200.00
    X2        30.00       100.00      210.00

常数项范围：
  约  束      下  限       当前值      上  限

    1         18.00        72.00      126.00
    2         32.00        56.00      224.00
```

图 3-9

根据图 3-9 回答下面的问题：

（1）圆桌和衣柜的生产件数分别是多少？这时最大利润是多少？

（2）相差值中 0 代表什么意思？

（3）如果生产圆桌的利润变为 75 元，衣柜利润变为 90 元，最优解变不变？如果变最优解是多少？

6. 见第二章第 12 题，设 x_1 为产品 I 每天的产量，x_2 为产品 II 每天的产量，可以建立下面的线性规划模型：

$$\max z = 500x_1 + 400x_2;$$

约束条件：

$$
\begin{aligned}
&2x_1 \leq 300, \\
&3x_2 \leq 540, \\
&2x_1 + 2x_2 \leq 440, \\
&1.2x_1 + 1.5x_2 \leq 300, \\
&x_1, x_2 \geq 0.
\end{aligned}
$$

使用"管理运筹学"软件,得到的计算机解如图 3-10 所示.

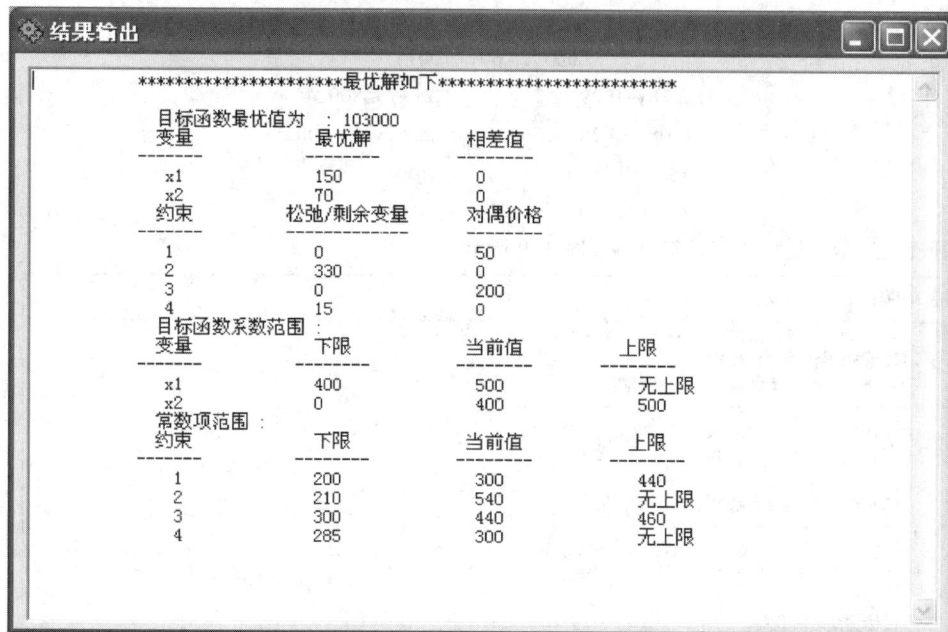

图 3-10

根据图 3-10 回答下面的问题:

(1)最优解即最优产品组合是什么?此时最大目标函数值即最大利润为多少?

(2)哪些车间的加工工时数已使用完?哪些车间的加工工时数还没用完?其松弛变量即没用完的加工工时数为多少?

(3)四个车间的加工工时的对偶价格各为多少?请对此对偶价格的含义予以说明.

(4)如果请你在这四个车间中选择一个车间进行加班生产,你会选择哪个车间?为什么?

(5)目标函数中 x_1 的系数 c_1,即每单位产品 I 的利润值,在什么范围内变化时,最优产品的组合不变?

(6)目标函数中 x_2 的系数 c_2,即每单位产品 II 的利润值,从 400 元提高为 490 元时,最优产品组合变化了没有?为什么?

(7)请解释约束条件中的常数项的上限与下限.

(8)第 1 车间的加工工时数从 300 增加到 400 时,总利润能增加多少?这时最优产品的组合变化了没有?

(9)第 3 车间的加工工时数从 440 增加到 480 时,从图 3-10 中我们能否求得总利润增加的数量?为什么?

(10)当每单位产品 I 的利润从 500 元降至 475 元,而每单位产品 II 的利润从 400 元升至 450 元时,其最优产品组合(即最优解)是否发生变化?请用百分之一百法则进行判断.

(11)当第 1 车间的加工工时数从 300 增加到 350,而第 3 车间的加工工时数从 440 降到 380 时,用百分之一百法则能否判断原来的对偶价格是否发生变化?如不发生变化,请求出其最大利润.

7. 见第二章第 13 题(1),设 x_A 为购买基金 A 的数量,x_B 为购买基金 B 的数量,可以建立下面的线性规划模型:

$$\min f = 8x_A + 3x_B;$$

约束条件：
$$50x_A + 100x_B \leq 1\,200\,000,$$
$$5x_A + 4x_B \geq 60\,000,$$
$$100x_B \geq 300\,000,$$
$$x_A, x_B \geq 0.$$

使用"管理运筹学"软件，求得计算机解如图 3-11 所示.

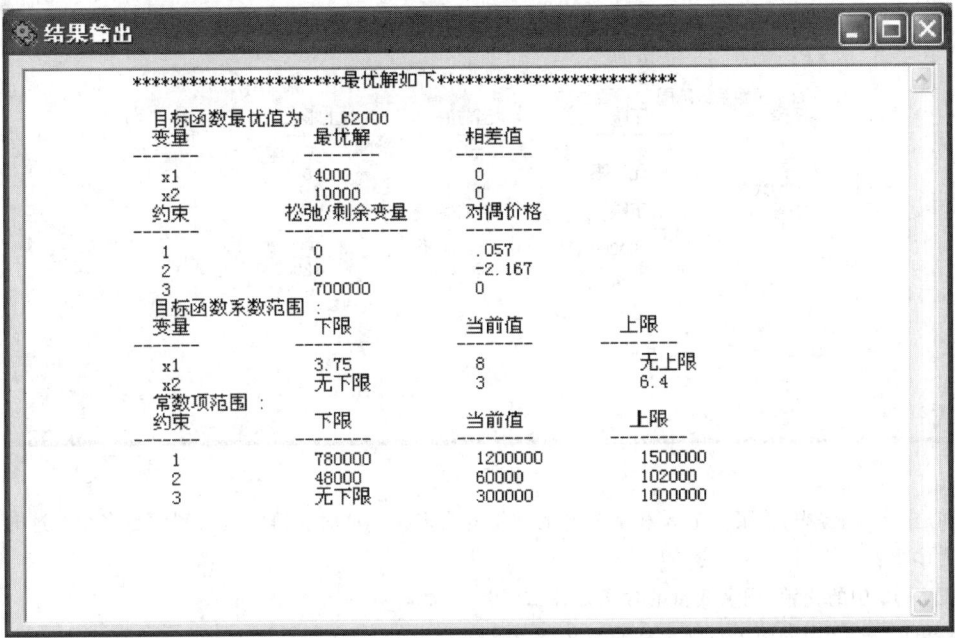

图 3-11

根据图 3-11，回答下列问题：

(1) 购买基金 A 和基金 B 的数量各为多少？这时总的投资风险指数为多少？

(2) 请对图 3-11 中的三个对偶价格的含义给予解释.

(3) 图 3-11 中的松弛/剩余变量的含义是什么？

(4) 请对图 3-11 中的目标函数系数范围上、下限给予具体的解释说明，并阐述如何使用这些信息.

(5) 请对图 3-11 中的常数项范围的上、下限给予具体解释，并阐述应如何使用这些信息.

(6) 当每单位基金 A 的风险指数从 8 降为 6，而每单位基金 B 的风险指数从 3 上升为 5 时，用百分之一百法则能否断定其最优解是否发生变化？为什么？

8. 见第二章第 13 题(2)，仍设 x_A 为购买基金 A 的数量，x_B 为购买基金 B 的数量，建立的线性规划模型如下：
$$\max z = 5x_A + 4x_B;$$

约束条件：
$$50x_A + 100x_B \leq 1\,200\,000,$$
$$100x_B \geq 300\,000,$$
$$x_A, x_B \geq 0.$$

使用"管理运筹学"软件，求得计算机解如图 3-12 所示.

根据图 3-12，回答下列问题：

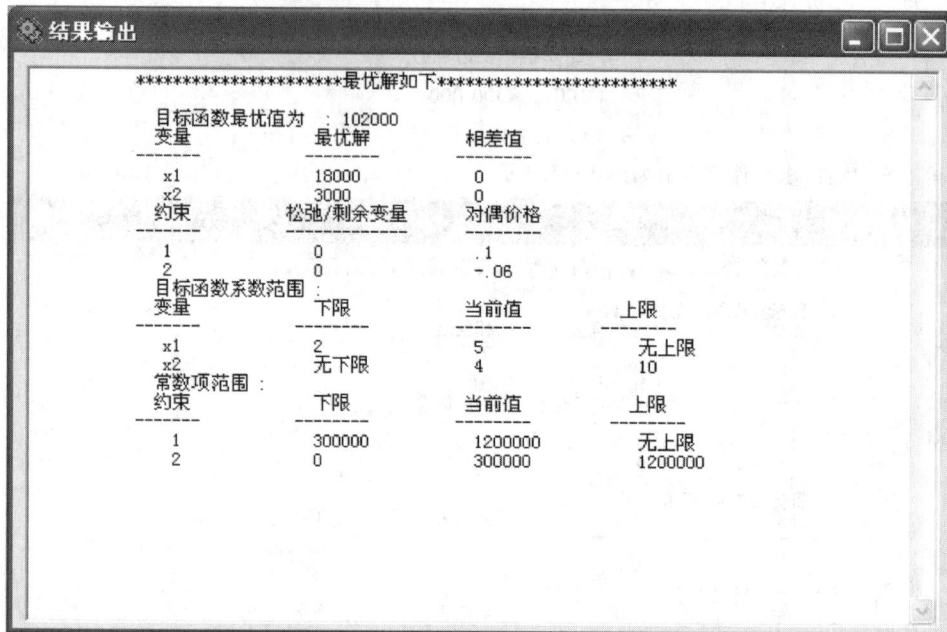

图 3-12

（1）在这个最优解中,购买基金 A 和基金 B 的数量各为多少？这时获得的最大利润是多少？这时总的投资风险指数为多少？

（2）图 3-12 中的松弛/剩余变量的含义是什么？

（3）请对图 3-12 中的两个对偶价格的含义给予解释.

（4）请对图 3-12 中的目标函数范围中的上、下限的含义给予具体说明,并阐述如何使用这些信息.

（5）请对图 3-12 中的常数项范围的上、下限的含义给予具体说明,并阐述如何使用这些信息.

（6）当投资总金额从 1 200 000 元下降到 600 000 元,而在基金 B 上至少投资的金额从 300 000 元增加到 600 000元时,其对偶价格是否发生变化？为什么？

9. 考虑下面的线性规划问题:

$$\max z = 2x_1 + x_2 - x_3 + x_4;$$

约束条件:

$$x_1 - x_2 + 2x_3 + x_4 \geqslant 2,$$
$$x_1 - 3x_2 + x_3 - x_4 \leqslant 4,$$
$$2x_2 + x_3 + 2x_4 \leqslant 3,$$
$$x_1, x_2, x_3, x_4 \geqslant 0.$$

其计算机求解的结果如图 3-13 所示.

根据图 3-13 回答下列问题:

（1）请指出其最优解及其最优目标函数值.

（2）哪些约束条件起到了约束的作用？它们的对偶价格各为多少？请给予说明.

（3）如果请你选择一个约束条件,将它的常数项增加一个单位,你将选择哪一个约束条件？这时最优目标函数值将是多少？

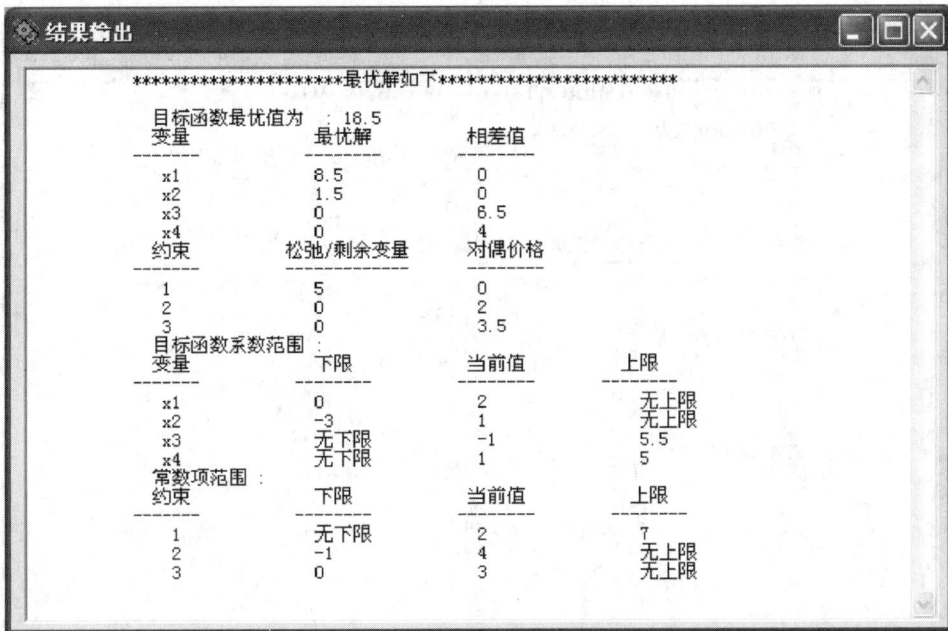

```
结果输出                                              _ □ ✕

*******************最优解如下*******************
        目标函数最优值为    ： 18.5
        变量          最优解          相差值
        ─────        ─────        ─────
        x1           8.5            0
        x2           1.5            0
        x3           0              6.5
        x4           0              4
        约束        松弛/剩余变量      对偶价格
        ─────        ─────        ─────
        1            5              0
        2            0              2
        3            0              3.5
    目标函数系数范围
        变量         下限        当前值         上限
        ─────      ─────      ─────       ─────
        x1          0           2          无上限
        x2          -3          1          无上限
        x3        无下限        -1          5.5
        x4        无下限         1           5
    常数项范围
        约束         下限        当前值         上限
        ─────      ─────      ─────       ─────
        1         无下限         2            7
        2          -1           4          无上限
        3           0           3          无上限
```

图 3-13

（4）请问在目标函数中 x_3 的系数在什么范围内变化时，其最优解不变？这时其最优目标函数值是否发生变化？为什么？

（5）请问在目标函数中 x_1 的系数在什么范围内变化时，其最优解不变？这时其最优目标函数值是否发生变化？为什么？

10. 考虑下面的线性规划问题：

$$\min z = 16x_1 + 16x_2 + 17x_3;$$

约束条件：

$$x_1 + x_3 \leqslant 30,$$

$$0.5x_1 - x_2 + 6x_3 \geqslant 15,$$

$$3x_1 + 4x_2 - x_3 \geqslant 20,$$

$$x_1, x_2, x_3 \geqslant 0.$$

其计算机求解结果如图 3-14 所示.

根据图 3-14，回答下列问题：

（1）第二个约束方程的对偶价格是一个负数（为 -3.622），它的含义是什么？

（2）x_2 的相差值为 0.703，它的含义是什么？

（3）当目标函数中 x_1 的系数从 16 降为 15，而 x_2 的系数从 16 升为 18 时，最优解是否发生变化？

（4）当第一个约束条件的常数项从 30 减少到 15，而第二个约束条件的常数项从 15 增加到 80 时，你能断定其对偶价格是否发生变化吗？为什么？

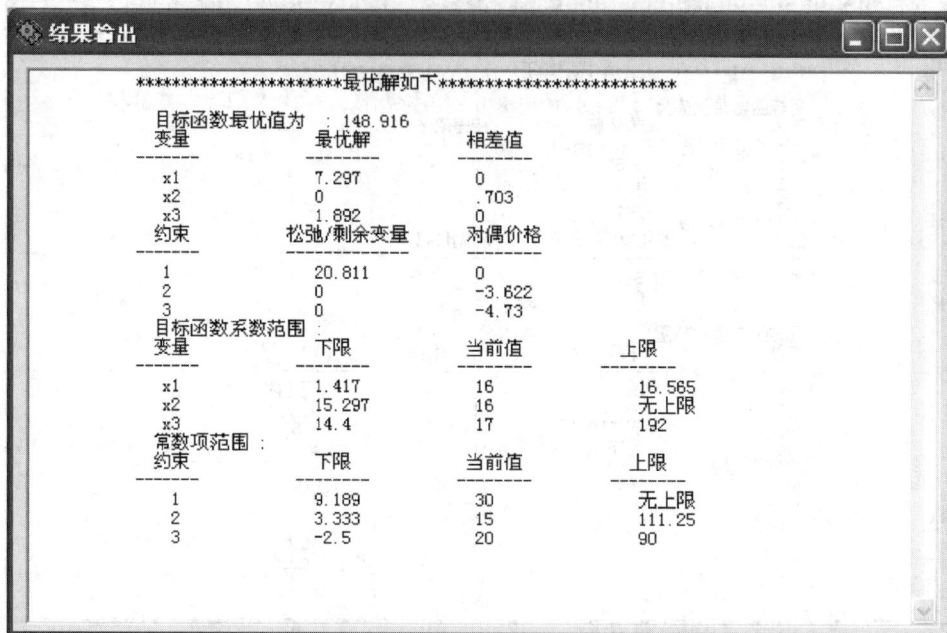

```
⚙ 结果输出                                                    [_] [□] [✕]

        ********************最优解如下********************
        目标函数最优值为  ：148.916
        变量              最优解              相差值

        x1              7.297               0
        x2              0                   .703
        x3              1.892               0
        约束            松弛/剩余变量        对偶价格

        1              20.811               0
        2              0                   -3.622
        3              0                   -4.73
        目标函数系数范围
        变量            下限          当前值         上限

        x1            1.417          16          16.565
        x2            15.297         16          无上限
        x3            14.4           17          192
        常数项范围：
        约束          下限          当前值         上限

        1            9.189          30          无上限
        2            3.333          15          111.25
        3            -2.5           20          90
```

图 3-14

第四章　线性规划在工商管理中的应用

通过线性规划的图解法,我们对线性规划的求解及灵敏度分析的基本概念、基本原理已有所了解;又通过线性规划问题的计算机求解,掌握了用计算机软件这一有效工具去求解线性规划问题及其灵敏度分析.现在我们来研究线性规划在工商管理中的应用,解决工商管理中的实际问题.

§4.1　人力资源分配的问题

例1　某昼夜服务的公交线路每天各时间段内所需司机和乘务人员人数如表4-1所示.

表 4-1

班次	时间	所需人数	班次	时间	所需人数
1	6：00—10：00	60	4	18：00—22：00	50
2	10：00—14：00	70	5	22：00—2：00	20
3	14：00—18：00	60	6	2：00—6：00	30

设司机和乘务人员分别在各时间段开始时上班,并连续工作 8 h,问该公交线路应怎样安排司机和乘务人员,既能满足工作需要,又使配备司机和乘务人员的人数最少?

解　设 x_i 表示第 i 班次时开始上班的司机和乘务人员人数,这样可以知道在第 i 班次工作的人数应包括第 $i-1$ 班次时开始上班的人数和第 i 班次时开始上班的人数,如有 $x_1+x_2 \geqslant 70$.又要求这六个班次时开始上班的所有人员最少,即要求 $x_1+x_2+x_3+x_4+x_5+x_6$ 最小,这样建立如下的数学模型:

$$\min \ x_1 + x_2 + x_3 + x_4 + x_5 + x_6;$$

约束条件：
$$x_1+x_6 \geqslant 60,$$
$$x_1+x_2 \geqslant 70,$$
$$x_2+x_3 \geqslant 60,$$

$$x_3 + x_4 \geqslant 50,$$
$$x_4 + x_5 \geqslant 20,$$
$$x_5 + x_6 \geqslant 30,$$
$$x_1, x_2, x_3, x_4, x_5, x_6 \geqslant 0.$$

用"管理运筹学"软件可以求得此问题的最优解：$x_1 = 50, x_2 = 20, x_3 = 50, x_4 = 0, x_5 = 20, x_6 = 10$，一共需要司机和乘务人员 150 人.

例 2　一家中型的百货商场对售货员的需求经过统计分析如表 4-2 所示.

表 4-2

时间	所需售货员人数	时间	所需售货员人数
星期一	15	星期五	31
星期二	24	星期六	28
星期三	25	星期日	28
星期四	19		

为了保证售货员充分休息，要求售货员每周工作五天，休息两天，并要求休息的两天是连续的，问应该如何安排售货员的休息日期，既满足工作需要，又使配备的售货员的人数最少？

解　设 x_1 为星期一开始休息的人数，x_2 为星期二开始休息的人数……x_6 为星期六开始休息的人数，x_7 为星期日开始休息的人数.我们的目标是要求售货员的总数最少.因为每个售货员都工作五天，休息两天，所以只要计算出连续休息两天的售货员人数，也就计算出了售货员的总数.把连续休息两天的售货员按照开始休息的时间分成 7 类，各类的人数分别为 x_1，$x_2, \cdots, x_7$，则目标函数为

$$x_1 + x_2 + x_3 + x_4 + x_5 + x_6 + x_7.$$

再按照每天所需售货员的人数写出约束条件.例如，星期日需要 28 人，而商场中的全体售货员中除了星期六开始休息和星期日开始休息的人外都应该上班，即有 $x_1 + x_2 + x_3 + x_4 + x_5 \geqslant 28$，这样就建立了如下的数学模型：

$$\min \ x_1 + x_2 + x_3 + x_4 + x_5 + x_6 + x_7;$$

约束条件：

$$x_1 + x_2 + x_3 + x_4 + x_5 \geqslant 28,$$
$$x_2 + x_3 + x_4 + x_5 + x_6 \geqslant 15,$$
$$x_3 + x_4 + x_5 + x_6 + x_7 \geqslant 24,$$
$$x_4 + x_5 + x_6 + x_7 + x_1 \geqslant 25,$$
$$x_5 + x_6 + x_7 + x_1 + x_2 \geqslant 19,$$
$$x_6 + x_7 + x_1 + x_2 + x_3 \geqslant 31,$$
$$x_7 + x_1 + x_2 + x_3 + x_4 \geqslant 28,$$
$$x_1, x_2, x_3, x_4, x_5, x_6, x_7 \geqslant 0.$$

用"管理运筹学"软件很容易求得此问题的最优解: $x_1=12, x_2=0, x_3=11, x_4=5, x_5=0, x_6=8$, $x_7=0$,目标函数的最小值为 36.也就是说我们配备 36 个售货员,并安排 12 人在星期一和星期二休息;安排 11 人在星期三和星期四休息;安排 5 人在星期四和星期五休息;安排 8 人在星期六和星期日休息.这样的安排既能满足工作需要,又使配备的售货员最少.

"管理运筹学"软件对此问题的解如图 4-1 所示.

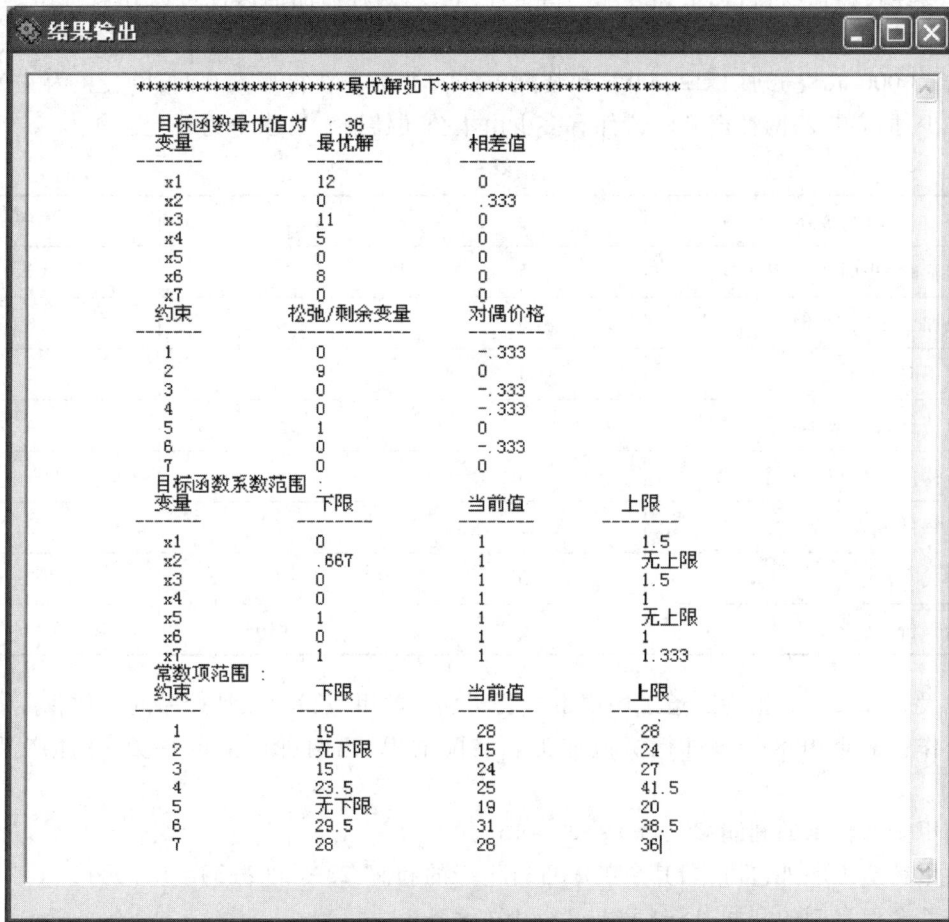

```
结果输出                                          _ □ ×
*********************最优解如下********************
     目标函数最优值为  : 36
  变量              最优解           相差值

   x1               12              0
   x2               0              .333
   x3               11              0
   x4               5               0
   x5               0               0
   x6               8               0
   x7               0               0
  约束            松弛/剩余变量       对偶价格

   1                0             -.333
   2                9               0
   3                0             -.333
   4                0             -.333
   5                1               0
   6                0             -.333
   7                0               0
  目标函数系数范围:
  变量              下限            当前值           上限

   x1               0               1             1.5
   x2              .667             1             无上限
   x3               0               1             1.5
   x4               0               1              1
   x5               1               1             无上限
   x6               0               1              1
   x7               1               1            1.333
  常数项范围:
  约束              下限            当前值           上限

   1               19              28              28
   2              无下限            15              24
   3               15              24              27
   4              23.5             25             41.5
   5              无下限            19              20
   6              29.5             31             38.5
   7               28              28              36
```

图 4-1

往往一些服务行业的企业对人力资源的需求一周内像例 2 所描述的那样变化,而每天的各时间段的需求又像例 1 所描述的那样变化,在保证工作人员每天工作 8 h,每周连续休息两天的情况下,如何安排能使人员的编制最小呢?

我们只要用例 1 的方法,分别求出周一,周二……周六,周日每天的人员的需求,再用例 2 的方法,即可求出该公司的最小编制.

§4.2 生产计划的问题

例 3 某公司面临一个是外包协作还是自行生产的问题.该公司有甲、乙、丙三种产品,这三种产品都要经过铸造、机械加工和装配三道工序.甲、乙两种产品的铸件可以外包协作,亦可以自行生产,但产品丙必须由本厂铸造才能保证质量.有关情况如表 4-3 所示,公司中可利用的总工时为:铸造 8 000 h,机械加工 12 000 h 和装配 10 000 h.为了获得最大利润,甲、乙、丙三种产品各应生产多少件? 甲、乙两种产品的铸件有多少由本公司铸造? 有多少为外包协作?

表 4-3

工时与成本	甲	乙	丙
每件铸造工时/小时	5	10	7
每件机械加工工时/小时	6	4	8
每件装配工时/小时	3	2	2
自行生产铸件每件成本/元	3	5	4
外包协作铸件每件成本/元	5	6	—
机械加工每件成本/元	2	1	3
装配每件成本/元	3	2	2
每件产品售价/元	23	18	16

解 设 x_1, x_2, x_3 分别为三道工序都由本公司加工的甲、乙、丙三种产品的件数,x_4, x_5 分别为由外包协作铸造再由本公司进行机械加工和装配的甲、乙两种产品的件数.每件产品的利润如下:

产品甲全部自制的利润:$23-(3+2+3)=15$(元);

产品甲铸造工序外包协作,其余工序自行生产的利润:$23-(5+2+3)=13$(元);

产品乙全部自制的利润:$18-(5+1+2)=10$(元);

产品乙铸造工序外包协作,其余工序自行生产的利润:$18-(6+1+2)=9$(元);

教学视频:生产计划的问题 1

教学视频:生产计划的问题 2

产品丙的利润:16−(4+3+2)= 7(元).

建立数学模型如下:

$$\max 15x_1+10x_2+7x_3+13x_4+9x_5;$$

约束条件:

$$5x_1+10x_2+7x_3\le 8\,000(铸造),$$

$$6x_1+4x_2+8x_3+6x_4+4x_5\le 12\,000(机械加工),$$

$$3x_1+2x_2+2x_3+3x_4+2x_5\le 10\,000(装配),$$

$$x_1,x_2,x_3,x_4,x_5\ge 0.$$

用"管理运筹学"软件进行计算,计算结果如图 4-2 所示.从这个结果我们知道最大利润为 29 400 元,其最优的生产计划为全部由自己生产的产品甲 1 600 件,铸造工序外包协作而其余工序自行生产的产品乙 600 件.从相差值一栏中可知,如果全部由自己生产的产品乙的单位利润再增加 2 元,达到每件 12 元,那么全部自制的产品乙才有可能生产.同样产品丙的利润要再增加 13.1 元,达到每件利润 20.1 元,产品丙才有可能生产;铸造工序外包协作而其余工序自行生产的产品甲利润再增加 0.5 元,达到 13.5 元,才有可能生产.从对偶价格栏可知铸造每工时的对偶价格为 0.3 元,机械加工每工时的对偶价格为 2.25 元,装配每工时的对偶价格为 0.这样如果有人以低于铸造和机械加工的对偶价格来提供铸造及机械加工的工时则可以购入来获取差价.同样如果有人要购买该公司的铸造与机械加工的工时,则出价扣除成本外,还必须高于其对偶价

```
****************最优解如下********************
目标函数最优值为    :29400
变量              最优解              相差值

x1               1600               0
x2               0                  2
x3               0                  13.1
x4               0                  .5
x5               600                0
约束              松弛/剩余变量        对偶价格

1                0                  .3
2                0                  2.25
3                4000               0
目标函数系数范围
变量              下限        当前值        上限

x1               14         15          无上限
x2               无下限       10          12
x3               无下限       7           20.1
x4               无下限       13          13.5
x5               8.667       9           10
常数项范围  :
约束              下限        当前值        上限

1                0          8000        10000
2                9600       12000       20000
3                6000       10000       无上限
```

图 4-2

格,否则就不宜出售.至于装配每工时的对偶价格为 0,这是由于在此生产计划下还有 4 000 个装配工时没有用完.从常数项范围栏可知,当铸造工时在 0 到 10 000 小时之间变化时其对偶价格都为 0.3 元;当机械加工工时在 9 600 到 20 000 小时内变化时,其对偶价格都为 2.25 元;当装配工时在 6 000 到 +∞ 内变化时,其对偶价格都为 0.从目标函数系数范围一栏中,我们知道,当全部自己生产的每件产品甲的利润在 14 元到 +∞ 内变化时,其最优解不变;全部自己生产的每件产品乙的利润只要不超过 12 元,其最优解不变;当每件产品丙的利润不超过 20.1 元时,其最优解不变;当铸造工序外包协作而其余工序自行生产的每件产品甲的利润不超过 13.5 元时,其最优解不变;当铸造工序外包协作而其余工序自行生产的每件产品乙的利润在 8.667 元到 10 元内变化时,其最优解不变.在这里,当某产品利润变化时都假设其余产品的利润是不变的.

例 4　永久机械厂生产 I,II,III 三种产品.每种产品均要经过 A,B 两道加工工序.设该厂有两种规格的设备能完成工序 A,它们以 A_1,A_2 表示;有三种规格的设备能完成工序 B,它们以 B_1,B_2,B_3 表示.产品 I 可在工序 A 和 B 的任何规格的设备上加工.产品 II 可在工序 A 的任何一种规格的设备上加工,但完成工序 B 时,只能在设备 B_1 上加工.产品 III 只能在设备 A_2 与 B_2 上加工.已知在各种设备上加工的单件工时、各种设备的有效台时以及满负荷操作时的设备费用如表 4-4 所示.另外已知产品 I,II,III 的原料单价分别为 0.25 元/件,0.35 元/件和 0.50 元/件,销售单价分别为 1.25 元/件,2.00 元/件和 2.80 元/件.要求制定最优的产品加工方案,使该厂利润最大.

表 4-4

设备	产品单件工时			设备的有效台时	满负荷时的设备费用
	I	II	III		
A_1	5	10		6 000	300
A_2	7	9	12	10 000	321
B_1	6	8		4 000	250
B_2	4		11	7 000	783
B_3	7			4 000	200

解　设 x_{ijk} 表示产品 i 在工序 j(工序 A 用 1 表示,工序 B 用 2 表示)的设备 k 上加工的数量.例如,x_{123} 表示产品 I 在工序 B 上用设备 B_3 加工的数量.这样我们有约束条件:

$5x_{111}+10x_{211} \leqslant 6\ 000$(设备 A_1),

$7x_{112}+9x_{212}+12x_{312} \leqslant 10\ 000$(设备 A_2),

$6x_{121}+8x_{221} \leqslant 4\ 000$(设备 B_1),

$4x_{122}+11x_{322} \leqslant 7\ 000$(设备 B_2),

$7x_{123} \leqslant 4\ 000$(设备 B_3),

$x_{111}+x_{112}-x_{121}-x_{122}-x_{123}=0$(产品 I 在工序 A,B 上加工的数量相等),

$x_{211}+x_{212}-x_{221}=0$(产品 II 在工序 A,B 上加工的数量相等),

$x_{312}-x_{322}=0$(产品 III 在工序 A,B 上加工的数量相等),

$x_{ijk}\geq0(i=1,2,3;j=1,2;k=1,2,3)$.

本题的目标是要使利润最大化,利润的计算公式如下:

$$利润=\sum_{i=1}^{3}\left[(销售单价-原料单价)\times该产品件数\right]-$$

$$\sum_{j=1}^{5}(每台时的设备费用\times该设备实际使用的总台时).$$

这样我们得到

max $(1.25-0.25)(x_{111}+x_{112})+(2-0.35)(x_{211}+x_{212})+(2.80-0.5)x_{312}-$

$\dfrac{300}{6\,000}(5x_{111}+10x_{211})-\dfrac{321}{10\,000}(7x_{112}+9x_{212}+12x_{312})-$

$\dfrac{250}{4\,000}(6x_{121}+8x_{221})-\dfrac{783}{7\,000}(4x_{122}+11x_{322})-$

$\dfrac{200}{4\,000}(7x_{123}).$

经过整理得到

max $0.75x_{111}+0.775\,3x_{112}+1.15x_{211}+1.361\,1x_{212}+1.914\,8x_{312}-$

$0.375x_{121}-0.5x_{221}-0.447\,4x_{122}-1.230\,4x_{322}-0.35x_{123}.$

使用"管理运筹学"软件可得到此问题的最优解:

$x_{111}=1\,200,x_{112}=230.049\,2,x_{211}=0,x_{212}=500,x_{312}=324.138,$

$x_{121}=0,x_{221}=500,x_{122}=858.620\,6,x_{322}=324.138,x_{123}=571.428\,6.$

最优值为 1 146.600 5.

由于本题要求的决策变量的单位是件,所以答案应该是整数.本题与例1,例2,例3实质上都是整数规划问题,但是这类问题可以作为线性规划问题来解,有些(如例1,例2,例3)答案是整数,而有些(如本题)答案是非整数,可以将答案舍入成整数,从而得到满意的结果.例如,如果我们用"管理运筹学"软件的整数规划的部分来解本题,得到的答案为 $x_{111}=1\,200,x_{112}=230,$ $x_{211}=0,x_{212}=500,x_{312}=324,x_{121}=0,x_{221}=500,x_{122}=859,x_{322}=324,x_{123}=571$,最优值为1 146.362 2.其最优解正好与四舍五入上述线性规划结果一样.两种方法的最优值也相差无几,只差不到0.3元.本书第八章将整数规划作为一章来讲解.在该章中,将告诉我们哪些整数问题可以用线性规划模型求解,哪些问题必须用整数规划模型解决.

本问题的最优方案为生产产品 I 1 430件,产品 I 第 A 道工序由设备 A₁ 加工 1 200 件,由

设备 A_2 加工 230 件.产品 Ⅰ 的第 B 道工序由设备 B_2 加工 859 件,由设备 B_3 加工 571 件.生产产品 Ⅱ 500 件,它的第 A 道工序全部由设备 A_2 加工,它的第 B 道工序全部由设备 B_1 加工.生产产品 Ⅲ 324 件,其第 A 道工序全部由设备 A_2 加工,其第 B 道工序全部由设备 B_2 加工,这样能使工厂获得最大利润 1 146.362 2 元.

§4.3　套裁下料问题

例 5　某工厂要做 100 套钢架,每套钢架需要长度分别为 2.9 m,2.1 m 和 1.5 m 的圆钢各一根.已知原料每根长 7.4 m,问应如何下料,可使所用原料最省?

解　最简单的做法是在每根原材料上截取 2.9 m,2.1 m 和 1.5 m 的圆钢各一根组成一套,每根原材料省下料头 0.9 m.为了做 100 套钢架,需要原材料 100 根,共有 90 m 的料头.若改用套裁则可以节约不少原材料.为了找到一个省料的套裁方案,我们可以列出所有可能的下料方案如表 4-5 所示,以供套裁用.

表 4-5

下料数/根　　方案 长度/ m	Ⅰ	Ⅱ	Ⅲ	Ⅳ	Ⅴ	Ⅵ	Ⅶ	Ⅷ
2.9	1	2	0	1	0	1	0	0
2.1	0	0	2	2	1	1	3	0
1.5	3	1	2	0	3	1	0	4
合计/m	7.4	7.3	7.2	7.1	6.6	6.5	6.3	6.0
料头/m	0	0.1	0.2	0.3	0.8	0.9	1.1	1.4

为了用最少的原材料得到 100 套钢架,需要混合使用表 4-5 中的几种下料方案,设按方案 Ⅰ,Ⅱ,Ⅲ,Ⅳ,Ⅴ,Ⅵ,Ⅶ,Ⅷ 下料的原材料根数分别为 $x_1,x_2,x_3,x_4,x_5,x_6,x_7,x_8$ 可列出下面的数学模型:

$$\min x_1+x_2+x_3+x_4+x_5+x_6+x_7+x_8;$$

教学视频:套裁下料问题

约束条件：
$$x_1+2x_2+x_4+x_6 \geqslant 100,$$
$$2x_3+2x_4+x_5+x_6+3x_7 \geqslant 100,$$
$$3x_1+x_2+2x_3+3x_5+x_6+4x_8 \geqslant 100,$$
$$x_1,x_2,x_3,x_4,x_5,x_6,x_7,x_8 \geqslant 0.$$

用"管理运筹学"软件,我们很容易得到最优下料方案,按方案Ⅰ下料 30 根,按方案Ⅱ下料 10 根,按方案Ⅳ下料 50 根(即 $x_1=30, x_2=10, x_3=0, x_4=50, x_5=0, x_6=x_7=x_8=0$),只需 90 根原材料(即目标函数最小值为 90)即可制造 100 套钢架.

如果所有可能的下料方案太多,我们可以先设计出较好的几个下料方案.所谓较好,首先要求每个方案下料后的料头较短;其次要求这些方案的总体能裁下所有各种规格的圆钢,并且不同方案有着不同的各种所需圆钢的比.这样套裁即使不是最优解,也是次优解,也能满足对各种不同规格圆钢的需要并达到省料的目的.例如我们选取前 5 种下料方案供套裁用,进行建模求解,也可以得到上述的最优解.

注意,在建立此数学模型时,约束条件用大于等于号比用等于号要好.因为有时在套用一些下料方案时可能会多出一根或几根某种规格的圆钢,但它可能是最优方案.如果用等于号,这个下料方案就不是可行解了.约束条件用大于等于号时,本来目标函数求所用原材料最少和求料头最少是一样的,但由于在第一个下料方案中料头为零,无论按第一下料方案下多少根料,料头都为零,所以目标函数就一定要求所用原材料最少.

像例 5 那样在一个定长度的原料上裁出不同长度的产品,是一个线裁问题,如果在一个一定形状的面积上,裁出不同形状的产品,这是一个面裁问题.当然,类似地还有体裁问题.

例 5 告诉了我们用套裁下料的方法解决线裁优化问题,是否可以推广到面裁、体裁呢?答案是肯定的,我们只要像例 5 那样,设计出一些较好的下料方案,然后用类似的线性规划模型,即可解决这些问题.

如果把例 5 中只有一种规格(长度)的原材料拓展为有多种规格(长度)的原材料,那应该如何解决问题? 请读者自己思考。

§4.4　配料问题

例 6 某工厂要用三种原料 1,2,3 混合调配出三种不同规格的产品甲、乙、丙,产品的规格要求、产品的单价、每天能供应的原材料数量及原材料单价如表 4-6 和表 4-7 所示.该厂应如何安排生产,才能使利润最大?

教学视频:配料问题

表 4-6

产品名称	规格要求	单价/(元·kg⁻¹)
甲	原材料 1 不少于 50% 原材料 2 不超过 25%	50
乙	原材料 1 不少于 25% 原材料 2 不超过 50%	35
丙	不限	25

表 4-7

原材料名称	每天最多供应量/kg	单价/(元·kg⁻¹)
1	100	65
2	100	25
3	60	35

解 设 x_{ij} 表示第 i（我们分别用 1,2,3 表示产品甲、乙、丙）种产品中原材料 j 的含量.例如, x_{23} 就表示产品乙中第 3 种原材料的含量,我们的目标是要使利润最大,利润的计算公式如下:

$$利润 = \sum_{i=1}^{3}（销售单价 \times 该产品的数量）- \sum_{j=1}^{3}（每种原料单价 \times 使用原料数量）.$$

故得

$$\max 50(x_{11}+x_{12}+x_{13})+35(x_{21}+x_{22}+x_{23})+25(x_{31}+x_{32}+x_{33})-$$
$$65(x_{11}+x_{21}+x_{31})-25(x_{12}+x_{22}+x_{32})-35(x_{13}+x_{23}+x_{33})$$
$$= -15x_{11}+25x_{12}+15x_{13}-30x_{21}+10x_{22}-40x_{31}-10x_{33}.$$

从表 4-6 可知

$$x_{11} \geqslant 0.5(x_{11}+x_{12}+x_{13}),$$
$$x_{12} \leqslant 0.25(x_{11}+x_{12}+x_{13}),$$
$$x_{21} \geqslant 0.25(x_{21}+x_{22}+x_{23}),$$
$$x_{22} \leqslant 0.5(x_{21}+x_{22}+x_{23}).$$

从表 4-7 中可知加入产品甲、乙、丙的原材料不能超过原材料的供应数量的限额,所以有

$$x_{11}+x_{21}+x_{31} \leqslant 100,$$
$$x_{12}+x_{22}+x_{32} \leqslant 100,$$
$$x_{13}+x_{23}+x_{33} \leqslant 60.$$

通过整理得到此问题的约束条件:

$$0.5x_{11}-0.5x_{12}-0.5x_{13} \geqslant 0,$$
$$-0.25x_{11}+0.75x_{12}-0.25x_{13} \leqslant 0,$$
$$0.75x_{21}-0.25x_{22}-0.25x_{23} \geqslant 0,$$

$$-0.5x_{21}+0.5x_{22}-0.5x_{23}\leqslant 0,$$
$$x_{11}+x_{21}+x_{31}\leqslant 100,$$
$$x_{12}+x_{22}+x_{32}\leqslant 100,$$
$$x_{13}+x_{23}+x_{33}\leqslant 60,$$
$$x_{ij}\geqslant 0(i=1,2,3;j=1,2,3).$$

此问题的数学模型如下：
$$\max z=-15x_{11}+25x_{12}+15x_{13}-30x_{21}+10x_{22}-40x_{31}-10x_{33}.$$

约束条件：
$$0.5x_{11}-0.5x_{12}-0.5x_{13}\geqslant 0,$$
$$-0.25x_{11}+0.75x_{12}-0.25x_{13}\leqslant 0,$$
$$0.75x_{21}-0.25x_{22}-0.25x_{23}\geqslant 0,$$
$$-0.5x_{21}+0.5x_{22}-0.5x_{23}\leqslant 0,$$
$$x_{11}+x_{21}+x_{31}\leqslant 100,$$
$$x_{12}+x_{22}+x_{32}\leqslant 100,$$
$$x_{13}+x_{23}+x_{33}\leqslant 60,$$
$$x_{ij}\geqslant 0(i=1,2,3;j=1,2,3).$$

此线性规划的计算机解为 $x_{11}=100$，$x_{12}=50$，$x_{13}=50$，其余的 $x_{ij}=0$，也就是说每天只生产产品甲 200 kg，分别需要用第 1 种原料 100 kg，第 2 种原料 50 kg，第 3 种原料 50 kg，可使工厂获利最大。

例 7 汽油混合问题。一种汽油的特性可用两种指标描述，用"辛烷数"来定量描述其点火性，用"蒸气压力"来定量描述其挥发性。某炼油厂有标号为 1,2,3,4 的 4 种标准汽油，其特性和库存量如表 4-8 所示。将这 4 种标准汽油混合，可得到标号为 1,2 的两种航空汽油，这两种航空汽油的性能指标及产量需求如表4-9所示。

表 4-8

标准汽油	辛烷数	蒸气压力/$(g \cdot cm^{-2})$	库存量/L
1	107.5	7.11×10^{-2}	380 000
2	93.0	11.38×10^{-2}	265 200
3	87.0	5.69×10^{-2}	408 100
4	108.0	28.45×10^{-2}	130 100

表 4-9

航空汽油	辛烷数	蒸气压力/$(g \cdot cm^{-2})$	产量需求/L
1	不小于 91	不大于 9.96×10^{-2}	越多越好
2	不小于 100	不大于 9.96×10^{-2}	不少于 250 000

应如何根据库存情况适量混合各种标准汽油，既满足航空汽油的性能指标，又使 2 号航空汽

油满足需求,并使得 1 号航空汽油产量最高?

解 设 x_{ij} 为标号为 i 的航空汽油中所用标号为 j 的标准汽油的数量(单位:L),这样可知 $x_{11}+x_{12}+x_{13}+x_{14}$ 为 1 号航空汽油的总产量,其总产量要求越多越好,所以有

$$\max x_{11}+x_{12}+x_{13}+x_{14}.$$

至于约束条件,根据有关库存量和产量指标有

$$x_{21}+x_{22}+x_{23}+x_{24}\geqslant 250\,000,$$
$$x_{11}+x_{21}\leqslant 380\,000,$$
$$x_{12}+x_{22}\leqslant 265\,200,$$
$$x_{13}+x_{23}\leqslant 408\,100,$$
$$x_{14}+x_{24}\leqslant 130\,100,$$
$$x_{ij}\geqslant 0(i=1,2;j=1,2,3,4).$$

我们再来列出有关辛烷数和蒸气压力的约束条件.

物理学中的"分压定律"可叙述如下:"设有一种混合气体由 n 种气体组成.设混合气体的压强为 p,所占总容积为 V,各组成成分的压强及其所占容积分别为 $p_1,p_2,\cdots,p_n$ 及 $v_1,v_2,\cdots,v_n$,则 $pV=\sum_{j=1}^{n}p_jv_j$".用此分压定律可写出有关蒸气压强的约束条件.

1 号航空汽油的蒸气压强不能大于 9.96×10^{-2} g/cm^2,即有

$$\frac{7.11\times 10^{-2}x_{11}+11.38\times 10^{-2}x_{12}+5.69\times 10^{-2}x_{13}+28.45\times 10^{-2}x_{14}}{x_{11}+x_{12}+x_{13}+x_{14}}\leqslant 9.96\times 10^{-2}.$$

经过整理得

$$2.85x_{11}-1.42x_{12}+4.27x_{13}-18.49x_{14}\geqslant 0.$$

同样,可以得到有关 2 号航空汽油的蒸气压强的约束条件为

$$2.85x_{21}-1.42x_{22}+4.27x_{23}-18.49x_{24}\geqslant 0.$$

同样可以写出有关辛烷数的约束条件,对于 1 号航空汽油有

$$\frac{107.5x_{11}+93x_{12}+87x_{13}+108x_{14}}{x_{11}+x_{12}+x_{13}+x_{14}}\geqslant 91.$$

经整理得

$$16.5x_{11}+2x_{12}-4x_{13}+17x_{14}\geqslant 0.$$

对于 2 号航空汽油有

$$7.5x_{21}-7x_{22}-13x_{23}+8x_{24}\geqslant 0.$$

综上所述得到此问题的数学模型:

$$\max x_{11}+x_{12}+x_{13}+x_{14};$$

约束条件: $x_{21}+x_{22}+x_{23}+x_{24}\geqslant 250\,000,$

$$x_{11}+x_{21}\leqslant 380\,000,$$

$$x_{12}+x_{22}\leqslant 265\ 200,$$
$$x_{13}+x_{23}\leqslant 408\ 100,$$
$$x_{14}+x_{24}\leqslant 130\ 100,$$
$$2.85x_{11}-1.42x_{12}+4.27x_{13}-18.49x_{14}\geqslant 0,$$
$$2.85x_{21}-1.42x_{22}+4.27x_{23}-18.49x_{24}\geqslant 0,$$
$$16.5x_{11}+2x_{12}-4x_{13}+17x_{14}\geqslant 0,$$
$$7.5x_{21}-7x_{22}-13x_{23}+8x_{24}\geqslant 0,$$
$$x_{ij}\geqslant 0(i=1,2,;j=1,2,3,4).$$

用"管理运筹学"软件可求得此问题的最优解为 $x_{11}=261\ 966.078$, $x_{12}=265\ 200$, $x_{13}=315\ 672.219$, $x_{14}=90\ 561.688$, $x_{21}=118\ 033.906$, $x_{22}=0$, $x_{23}=92\ 427.758$, $x_{24}=39\ 538.309$, 且有 $\max(x_{11}+x_{12}+x_{13}+x_{14})=933\ 399.938$. 也就是说, 用 1 号标准汽油 261 966.078 L, 2 号标准汽油 265 200 L, 3 号标准汽油 315 672.219 L, 4 号标准汽油 90 561.688 L, 混合成 933 399.938 L 1 号航空汽油; 用 1 号标准汽油 118 033.906 L, 2 号标准汽油 0 L, 3 号标准汽油 92 427.758 L, 4 号标准汽油 39 538.309 L 混合成 250 000 L 2 号航空汽油, 这是既满足 2 号航空汽油的产量需求, 又使 1 号航空汽油的产量为最高的最优方案.

§4.5　投资问题

例 8　某部门现有资金 200 万元, 今后五年内考虑给以下的项目投资:

项目 A: 从第一年到第五年每年年初都可投资, 当年末能收回本利 110%.

项目 B: 从第一年到第四年每年年初都可以投资, 次年末收回本利 125%, 但规定每年最大投资额不能超过 30 万元.

项目 C: 第三年初需要投资, 到第五年末能收回本利 140%, 但规定最大投资额不能超过 80 万元.

项目 D: 第二年初需要投资, 到第五年末能收回本利 155%, 但规定最大投资额不能超过 100 万元.

据测定每次投资 1 万元的风险指数如表 4-10 所示.

表 4-10

项　　目	风险指数(每次投资 1 万元)	项　　目	风险指数(每次投资 1 万元)
A	1	C	4
B	3	D	5.5

教学视频: 投资问题

（1）应如何确定这些项目每年的投资额,从而使得第五年末拥有资金的本利金额最大?

（2）应如何确定这些项目每年的投资额,从而使得第五年末拥有资金的本利在330万的基础上总的风险系数最小?

解 （1）这是一个连续投资的问题.

① 确定变量.

设 x_{ij} 为第 i 年初投资于项目 j 的金额（单位:万元）,根据给定条件,将变量列于表4-11中.

表 4-11

年份 项目	1	2	3	4	5
A	x_{1A}	x_{2A}	x_{3A}	x_{4A}	x_{5A}
B	x_{1B}	x_{2B}	x_{3B}	x_{4B}	
C			x_{3C}		
D		x_{2D}			

② 约束条件.

因为项目A每年都可以投资,并且当年末都能收回本息,所以该部门每年都应把资金投出去,手中不应当有剩余的呆滞资金,因此

第一年:该部门年初有资金200万元,故有

$$x_{1A}+x_{1B}=200.$$

第二年:因第一年给项目B的投资要到第二年末才能收回,所以该部门在第二年初拥有资金仅为项目A在第一年投资额所收回的本息 $110\% x_{1A}$,故有

$$x_{2A}+x_{2B}+x_{2D}=1.1x_{1A}.$$

第三年:第三年初的资金额是从项目A第二年投资和项目B第一年投资所回收的本息总和 $1.1x_{2A}+1.25x_{1B}$,故有

$$x_{3A}+x_{3B}+x_{3C}=1.1x_{2A}+1.25x_{1B}.$$

第四年:同以上分析,可得

$$x_{4A}+x_{4B}=1.1x_{3A}+1.25x_{2B}.$$

第五年: $\qquad x_{5A}=1.1x_{4A}+1.25x_{3B}.$

另外,对项目B,C,D的投资额的限制有

$$x_{iB}\leqslant 30 \qquad (i=1,2,3,4),$$
$$x_{3C}\leqslant 80,$$
$$x_{2D}\leqslant 100.$$

③ 目标函数.

此问题要求在第五年末该部门所拥有的资金额达到最大,即目标函数最大化,则可以表示为

$$\max z = 1.1x_{5A} + 1.25x_{4B} + 1.40x_{3C} + 1.55x_{2D},$$

这样可以得到如下数学模型：

$$\max z = 1.1x_{5A} + 1.25x_{4B} + 1.40x_{3C} + 1.55x_{2D};$$

约束条件：

$$x_{1A} + x_{1B} = 200,$$
$$x_{2A} + x_{2B} + x_{2D} = 1.1x_{1A},$$
$$x_{3A} + x_{3B} + x_{3C} = 1.1x_{2A} + 1.25x_{1B},$$
$$x_{4A} + x_{4B} = 1.1x_{3A} + 1.25x_{2B},$$
$$x_{5A} = 1.1x_{4A} + 1.25x_{3B},$$
$$x_{iB} \leq 30 \ (i = 1,2,3,4),$$
$$x_{3C} \leq 80,$$
$$x_{2D} \leq 100,$$
$$x_{ij} \geq 0.$$

用"管理运筹学"软件很容易求得此问题的解：

$$x_{5A} = 33.5, \quad x_{4B} = 30, \quad x_{3C} = 80, \quad x_{2D} = 100,$$
$$x_{1A} = 170, \quad x_{1B} = 30, \quad x_{2A} = 57, \quad x_{2B} = 30,$$
$$x_{3A} = 0, \quad x_{3B} = 20.2, \quad x_{4A} = 7.5.$$

这时第五年末拥有的资金的本利(即目标函数的最大值)为 341.35 万元,用"管理运筹学"软件所求得的结果如图 4-3 所示.

从计算机求得的结果中还可以得到很多其他信息.对偶价格栏中第 1 个至第 5 个约束方程表示对项目 A 的投资:第一年初增加或减少投资 1 万元,将导致第五年末拥有资金的本利增加或减少 1.664 万元,第一年投资额为 200 万;第二年初增加或减少投资 1 万元,将导致第五年末拥有资金的本利增加或减少 1.513 万元,第二年的投资额来自第一年投资于项目 A 而收回的 110% 的本利;同样可知第三年初、第四年初、第五年初增加或减少投资 1 万元,将导致第五年末拥有资金的本利分别增加或减少 1.375 万元、1.210 万元、1.1 万元;从第 6 个至第 9 个约束方程对偶价格栏中可知:如果第一年、第二年、第三年、第四年项目 B 的投资额的限制放松或收缩 1 万元指标,将导致第五年末拥有的资金的本利分别增加或减少 0.055 万元、0 万元、0 万元、0.040 万元;从第 10 个和第 11 个约束方程对偶价格栏可知:项目 C 和项目 D 的投资额的限制放松或收缩 1 万元的指标,将导致第五年末拥有的资金的本利分别增加或减少 0.025 万元、0.037 万元.第四栏是关于保持对偶价格不变的约束条件中常数项的变化范围的,当某一个约束条件的常数项在此范围内变化而其他约束条件的常数项不变时,对偶价格不变.例如,第一年初现有资金为 190 万元,从图中可知,190 万元处于保持对偶价格不变的约束条件的常数项的变化范围内,故可以从其对偶价格计算出第五年末所拥有的资金的本利总数为

$$341.35 - (200 - 190) \times 1.664$$
$$= 341.35 - 10 \times 1.664$$
$$= 341.35 - 16.64$$
$$= 324.71 (万元).$$

结果输出

```
*****************最优解如下*****************

目标函数最优值为 ： 341.35
变量              最优解              相差值
——————          ——————          ——————
x1                170                0
x2                57                 0
x3                0                  .044
x4                7.5                0
x5                33.5               0
x6                30                 0
x7                30                 0
x8                20.2               0
x9                30                 0
x10               80                 0
x11               100
约束            松弛/剩余变量          对偶价格
——————         ——————             ——————
1                 0                  1.664
2                 0                  1.513
3                 0                  1.375
4                 0                  1.21
5                 0                  1.1
6                 0                  .055
7                 0                  0
8                 9.8                0
9                 0                  .04
10                0                  .025
11                0                  .037
```

(a)

结果输出

```
目标函数系数范围：
变量             下限            当前值            上限
——————         ——————         ——————         ——————
x1             无下限             0              .055
x2             无下限             0              0
x3             无下限             0              .044
x4             0                0              .04
x5             0                1.1            1.12
x6             -.055            0              无上限
x7             0                0              无上限
x8             -.044            0              0
x9             1.21             1.25           无上限
x10            1.375            1.4            无上限
x11            1.513            1.55           无上限
常数项范围：
约束             下限            当前值            上限
——————         ——————         ——————         ——————
1              183.306          200            208.099
2              -18.364          0              8.909
3              -20.2            0              9.8
4              -7.5             0              无上限
5              -33.5            0              无上限
6              0                30             81.818
7              24               30             48.364
8              20.2             30             无上限
9              0                30             37.5
10             70.2             80             100.2
11             91.091           100            118.364
```

(b)

图 4-3

注：这里 $x_1 = x_{1A}$，$x_2 = x_{2A}$，$x_3 = x_{3A}$，$x_4 = x_{4A}$，$x_5 = x_{5A}$，$x_6 = x_{1B}$，$x_7 = x_{2B}$，$x_8 = x_{3B}$，$x_9 = x_{4B}$，$x_{10} = x_{3C}$，$x_{11} = x_{2D}$.

但若第一年初现有资金低于变化下限时,则需要重新建模求解.当几个约束条件的常数项同时变化时则可用百分之一百法则判断原来的对偶价格是否保持不变.

在第三栏中列出了目标函数中变量系数的变化范围,当 x_{5A}, x_{4B}, x_{3C} 和 x_{2D} 中的一个变量在此范围内变化时,即项目 A 的第五年、项目 B 的第四年、项目 C 的第三年、项目 D 的第二年投资在第五年末的收回本利的百分比中的一个在此范围变化时,最优解保持不变.超出这个范围,就要重新建模求解.当几个系数同时变化时要用百分之一百法则判断.在这里要说明的是在目标函数中变量 x_{1A}, x_{1B}, x_{2A}, x_{2B}, x_{3A}, x_{3B}, x_{4A} 的系数都为零,这主要是我们把这些变量的投资收回本利的百分比对第五年的贡献都体现在约束条件里,而没体现在目标函数中,所以我们没法用其目标函数的系数对其进行收回本利百分比的灵敏度分析.

(2)所设变量与(1)相同,其目标为风险最小,即

$$\min f = x_{1A} + x_{2A} + x_{3A} + x_{4A} + x_{5A} + 3(x_{1B} + x_{2B} + x_{3B} + x_{4B}) + 4x_{3C} + 5.5x_{2D}.$$

在问题(1)的约束条件中加上要求第五年末拥有资金本利在 330 万元之上的条件就得到问题(2)的约束条件:

$$x_{1A} + x_{1B} = 200,$$
$$x_{2A} + x_{2B} + x_{2D} - 1.1x_{1A} = 0,$$
$$x_{3A} + x_{3B} + x_{3C} - 1.1x_{2A} - 1.25x_{1B} = 0,$$
$$x_{4A} + x_{4B} - 1.1x_{3A} - 1.25x_{2B} = 0,$$
$$x_{5A} - 1.1x_{4A} - 1.25x_{3B} = 0,$$
$$x_{iB} \leqslant 30 \quad (i=1,2,3,4),$$
$$x_{3C} \leqslant 80,$$
$$x_{2D} \leqslant 100,$$
$$1.1x_{5A} + 1.25x_{4B} + 1.40x_{3C} + 1.55x_{2D} \geqslant 330,$$
$$x_{ij} \geqslant 0.$$

用"管理运筹学"软件求得的结果如图 4-4 所示.

从图 4-4 可知此问题的最优解为

$x_{1A} = 200,$	$x_{2A} = 128.056,$	$x_{3A} = 140.861,$
$x_{4A} = 154.948,$	$x_{5A} = 170.442,$	$x_{3C} = 0,$
$x_{2D} = 91.944,$	$x_{1B} = x_{2B} = x_{3B} = x_{4B} = 0.$	

此时其投资的风险系数最小,为 1 299.999.

从图 4-4 中的相差值中可知,如果 $x_{iB}(i=1,2,3,4)$ 的风险系数至少减少 0.5,即降为 2.5 或 2.5 以下,则可以考虑对项目 B 的第 i 年的投资,否则就不对其投资.在第二栏的第 12 个约束方程的剩余变量栏中的数值为零,而其对偶价格为 -10,说明了用此方案第五年末的本利的回收正好为 330 万元,如果要提高(或减少)1 万元回收,则要增加(或减少)10

结果输出

```
*********************最优解如下*********************
目标函数最优值为   ：  1299.999
变量              最优解            相差值
-------          --------         --------
x1               200              0
x2               128.056          0
x3               140.861          0
x4               154.948          0
x5               170.442          0
x6               0                .5
x7               0                .5
x8               0                .5
x9               0                .5
x10              0                0
x11              91.944
约束             松弛/剩余变量      对偶价格
-------          --------         --------
1                0                10
2                0                10
3                0                10
4                0                10
5                0                10
6                30               0
7                30               0
8                30               0
9                30               0
10               80               0
11               8.056            0
12               0                -10
```

(a)

结果输出

```
目标函数系数范围 ：
变量              下限              当前值            上限
-------          --------         --------         --------
x1               无下限            1                1.5
x2               1                1                1.859
x3               .307             1                1
x4               .37              1                1
x5               .427             1                1
x6               2.5              3                无上限
x7               2.5              3                无上限
x8               2.5              3                无上限
x9               2.5              3                无上限
x10              4                4                无上限
x11              4.641            5.5              5.5
常数项范围 ：
约束             下限              当前值            上限
-------          --------         --------         --------
1                199.57           200              204.904
2                -.473            0                5.394
3                -.52             0                5.934
4                -.572            0                6.527
5                -.629            0                7.18
6                0                30               无上限
7                0                30               无上限
8                0                30               无上限
9                0                30               无上限
10               0                80               无上限
11               91.944           100              无上限
12               322.102          330              330.692
```

(b)

图 4-4

个风险系数值.而 1,2,3,4,5 的约束方程中的对偶价格都为 10,表明在第一,二,三,四,五年对 A 项目都增加(或减少)投资 1 万元,就会减少(或增加)10 个风险系数值.目标函数系数范围栏指出了当某个项目的风险系数在此范围内变化,而其他风险系数不变时,最优解不变.第四栏指出了当某个约束条件中常数项在此范围内变化,而其他约束条件中常数项不变时,所有对偶价格值都不变.请读者自己阐述它的含义.

习 题

1. 某锅炉制造厂,要制造一种新型锅炉 10 台,需要原材料直径为 63.5mm 的锅炉钢管,每台锅炉需要不同长度的锅炉钢管数量如表 4-12 所示.

表 4-12

规格/mm	需要数量/根	规格/mm	需要数量/根
2 640	80	1 770	420
1 651	350	1 440	10

库存的原材料的长度只有 5 500 mm 一种规格,问如何下料,才能使总的用料根数最少? 需要多少根原材料?

2. 现有两种大小不同厚度一样的木板若干,木匠需将它们裁成 A、B、C 三种规格,每张木板可同时裁得三种规格的小木板的块数如表 4-13 所示.

表 4-13

种类 \ 规格(块数)	A	B	C
第一种木板	1	2	1
第二种木板	1	1	3

第一种木板的面积为 1 m²,第二种木板的面积为 2 m²,现在需要 A、B、C 三种规格的成品各 12、15、27 块,问各裁这两种木板多少张,可得所需的三种规格成品,且使所用木板面积最小?

3. 某快餐店坐落在一个旅游景点中.这个旅游景点远离市区,平时游客不多,而在每个星期六游客猛增.快餐店主要为旅客提供低价位的快餐服务.该快餐店雇用了两名正式职工,正式职工每天工作 8 h.其余工作由临时工来担任,临时工每班工作 4 h.在星期六,该快餐店从上午 11 时开始营业到晚上 10 时关门.根据游客就餐情况,在星期六每个营业小时所需职工数(包括正式工和临时工)如表 4-14 所示.

已知一名正式职工 11 点开始上班,工作 4 h 后,休息 1 h,而后再工作 4 h;另一名正式职工 13 点开始上班,工作 4 h 后,休息 1 h,而后再工作 4 h.又知临时工每小时的工资为 4 元.

表 4-14

时间	所需职工数	时间	所需职工数
11：00—12：00	9	17：00—18：00	6
12：00—13：00	9	18：00—19：00	12
13：00—14：00	9	19：00—20：00	12
14：00—15：00	3	20：00—21：00	7
15：00—16：00	3	21：00—22：00	7
16：00—17：00	3		

（1）在满足对职工需求的条件下，如何安排临时工的班次，使得使用临时工的成本最小？

（2）这时付给临时工的工资总额为多少？一共需要安排多少临时工的班次？请用剩余变量来说明应该安排一些临时工的 3 h 工作时间的班次，可使得总成本更小.

（3）如果临时工每班工作时间可以是 3 h，也可以是 4 h，那么应如何安排临时工的班次，使得使用临时工的总成本最小？这样比（1）能节省多少费用？这时要安排多少临时工班次？

4. 某学校网络中心从 8：00—24：00 需要有人值班，且一天中不同时段所需值班人数如表 4-15 所示.

表 4-15

序号	时段	所需人数
1	8：00—12：00	10 人
2	12：00—16：00	18 人
3	16：00—20：00	15 人
4	20：00—24：00	12 人

网络中心的员工由全职和兼职两类人员组成.全职人员每小时工资 20 元，兼职人员每小时工资 16 元.全职人员在以下任意一轮班次中连续工作 8 h：8：00—16：00、12：00—20：00、16：00—24：00；兼职人员在表中任一时段的班次连续工作 4 h.

（1）请制定一个方案，在满足不同时段值班人数需求的前提下使网络中心成本最小；

（2）如果任何时候全职人员的数量必须超过兼职人员数量的 2 倍，方案如何改变？

5. 某工厂生产五种产品（$i=1,2,\cdots,5$），上半年各月对每种产品的最大市场需求量为 d_{ij}（$i=1,2,\cdots,5;j=1,2,\cdots,6$）.已知每件产品的单件售价为 S_i 元，生产每件产品所需工时为 a_i，单件成本为 C_i 元，该工厂上半年各月正常生产工时为 r_j（$j=1,2,\cdots,6$），各月内允许的最大加班工时为 r_j'，C_i' 为加班单件成本.又每月生产的各种产品如当月销售不完，可以库存，库存费用为 H_i（元/件·月）.假设 1 月初所有产品的库存为零，要求 6 月底各产品库存量分别为 k_i 件.现要求为该厂制订一个生产计划，在尽可能利用生产能力的条件下，获取最大利润，试写出此模型.

6. 前进电器厂生产 A，B，C 三种产品，有关资料如表 4-16 所示.

表 4-16

产品	材料消耗（kg/件）	台时消耗（台时/件）	产品利润（元/件）	市场容量/件
A	1.0	2	10	200
B	1.5	1.2	12	250
C	4.0	1	14	100
资源限制	2 000 kg	1 000 台时		

（1）在资源限量及市场容量允许的条件下，如何安排生产使获利最多？

（2）说明 A，B，C 三种产品的市场容量的对偶价格以及材料、台时的对偶价格的含义，并对其进行灵敏度分析.如要开拓市场应当首先开拓哪种产品的市场？如要增加资源，则应在什么价位上增加机器台时数和材料数量？

7. 某咨询公司受厂商的委托对新上市的一种产品进行消费者反应的调查.该公司采用了挨户调查的方法，委托他们调查的厂商以及该公司的市场研究专家对该调查提出下列几点要求：

（a）必须调查 2 000 户家庭.

（b）在晚上调查的户数和白天调查的户数相等.

（c）至少应调查 700 户有孩子的家庭.

（d）至少应调查 450 户无孩子的家庭.

调查一户家庭所需费用如表 4-17 所示.

表 4-17

家 庭	白 天 调 查	晚 上 调 查
有孩子	25 元	30 元
无孩子	20 元	24 元

（1）请用线性规划方法，确定白天和晚上调查这两种家庭的户数，使得总调查费最少.

（2）对白天和晚上调查两种家庭的费用进行灵敏度分析.

（3）对调查的总户数，有孩子家庭和无孩子家庭的最少调查数进行灵敏度分析.

8. 某著名儿童学习机公司想在全国投放广告，开展促销活动.该公司雇用 A 广告公司来帮助设计此次促销活动.A 广告公司确定该学习机最有效的三种广告媒体分别为：周末儿童节目的电视广告；儿童教育导向的网络新媒体上的广告；家庭教育导向的杂志上的广告.这三种广告每次投放的预期广告受众数量分别为 100 万人、60 万人和 50 万人.假设以下费用均按照广告投放次数收费，三种广告每次投放的设计和管理费用、媒体的广告费用如表 4-18 所示.

表 4-18

成本分类	成本（万元/次）		
	儿童节目电视广告	网络新媒体广告	杂志广告
设计和管理费用	10	3	5
媒体的广告费用	30	15	10

该儿童学习机公司计划用于支付给 A 广告公司的设计和管理费用不超过 100 万元,并预留了另外的 400 万元作为各媒体的广告投放费用.另外,该产品的主要目标客户群为儿童和儿童家长,这三种广告每次投放能到达目标客户的数量以及本次促销活动最低要求到达目标客户的数量如表 4-19 所示.

表 4-19

目标客户	广告到达目标客户的数量/(万人·次$^{-1}$)			最低要求数量/万人
	儿童节目电视广告	网络新媒体广告	杂志广告	
儿童	50	10	0	300
儿童家长	10	20	20	500

儿童电视节目广告最多可投放 5 次,其他广告数量无限制,该公司为了使学习机广告的预期受众数量最大,应如何选择广告媒体?

9. 某公司计划在今年内同时出售变频空调机和智能洗衣机,由于这两种产品的市场需求量非常大,有多少就能销售多少,因此该公司要根据实际情况(如资金、劳动力)确定产品的月供应量,以使得总利润达到最大,已知对这两种产品有直接限制的因素是资金和劳动力,通过调查,得到关于这两种产品的有关数据如表 4-20 所示,单位为百元.

表 4-20

资金	单位产品所需资金		月资金供应量
	空调机	洗衣机	
成本	30	20	300
劳动力工资	5	10	110
单位利润	6	8	

试问:怎样确定两种货物的月供应量,才能使总利润达到最大,最大的利润值是多少?

10. 某企业停止了生产一些已经不再获利的产品,这样就产生了一部分剩余生产力.管理层考虑将这些剩余生产力用于新产品Ⅰ,Ⅱ,Ⅲ的生产.可用的机器设备是限制新产品产量的主要因素,具体数据如表 4-21 所示.

表 4-21

机器设备类型	每周可用机器台时数
铣床	500
车床	350
磨床	150

每生产一件各种新产品需要的机器台时数如表 4-22 所示.

表 4-22

机器设备类型	新产品 I	新产品 II	新产品 III
铣床	8	4	6
车床	4	3	0
磨床	3	0	1

三种新产品的单位利润分别为 0.5 元,0.2 元,0.25 元.目标是要确定每种新产品的产量,使得公司的利润最大化.

(1)描述该问题要作出决策的目标、决策的限制条件.

(2)建立该问题的线性规划模型.

(3)若销售部门表示,新产品 I,II 生产多少就能销售多少,而产品 III 最少销售 18 件,试建立此时的线性规划模型并求解.

11. 某公司在今后四个月内需租用仓库堆放物资.每个月所需的仓库面积如表 4-23 所示.

表 4-23

月份	1	2	3	4
所需仓库面积/(100 m^2)	15	10	20	12

当租借合同期限越长时,仓的租借费用享受的折扣优惠也越大,具体数字如表 4-24 所示.

表 4-24

合同租借期限	1个月	2个月	3个月	4个月
合同期内 100 m^2 仓库面积的租借费用/元	2 800	4 500	6 000	7 300

租借仓库的合同每月初都可办理,每份合同具体规定租用面积数和期限.因此该厂可根据需要在任何一个月初办理租借合同,且每次办理,可签一份,也可同时签若干份租用面积和租借期不同的合同.请用线性规划求出一个所付租借费为最小的租借方案.

12. 某企业专门经营某种种子的批发业务,企业现有库容量 5 000 担的仓库,7月1日,企业拥有库存 1 000 担种子,并有资金 20 000 元,估计第三季度种子价格如表 4-25 所示.

表 4-25

月份	进货价(元/担)	出货价(元/担)
7月	2.85	3.1
8月	3.05	3.25
9月	2.9	2.95

如买进的种子当月到货,但需到下月才能卖出,且规定"货到付款".并假设同月的买卖,先卖出再买进.企业希望本季末库存为 2 000 担,问应当采用什么样的买进和卖出策略使 3 个月总的获利最大?

13. 某饲料公司生产雏鸡饲料、蛋鸡饲料、肉鸡饲料三种饲料.这三种饲料是由 A,B,C 三种原料混合而成.产品的规格要求、产品单价、日销售量、原料单价如表 4-26 和表 4-27 所示.

表 4-26

产品名称	规格要求	销售量/t	售价/百元
雏鸡饲料	原料 A 不少于 50% 原料 B 不超过 20%	5	9
蛋鸡饲料	原料 A 不少于 30% 原料 C 不超过 30%	18	7
肉鸡饲料	原料 C 不少于 50%	10	8

表 4-27

原料名称	原料价格/(百元·t^{-1})
A	5.5
B	4
C	5

受资金和生产能力的限制,该公司每天只能生产 30 t 饲料,问如何安排生产计划才能使获利最大?

14. 某化工厂生产 A、B、C 三种产品,每单位产品消耗的工时分别为 1.2、1.8、2.4 小时,生产线每月正常工作时间为 240 小时,生产每单位产品所需原料和每单位产品利润如表 4-28 所示.

表 4-28

原料 产品	甲/kg	乙/kg	利润/元
A	18	9	400
B	14	8	550
C	10	14	700
总量	1 200	1 000	

试分别讨论以下两种情况:

(1) 由于每单位 C 产品的生产会产生 5 kg 副产品 D,这些副产品 D 一部分可以销售,利润为 250 元/kg,剩下的会造成污染,每千克需要排污费 150 元.副产品 D 的需求量为每月不超过 150 kg.应如何确定生产计划,可使总利润最大?

(2) 工厂考虑到产品 C 有污染,决定不生产 C 而准备在另外的三种产品 M、N、O 中选择 1 种或 2 种来进行生产,它们所消耗工时,所需原料甲、乙及利润如表 4-29 所示.

表 4-29

产品	消耗工时/小时	所需原料甲/kg	所需原料乙/kg	利润/元
M	2	20	15	360
N	1.4	13	18	600
O	1.5	12	19	390

应如何确定生产计划,可使总利润最大?

15. 某公司生产 I、II 两种产品,市场对 I、II 两种产品的需求量为:产品 I 在 1—4 月每月需 10 000 件,5—9 月每月 30 000 件,10—12 月每月 100 000 件;产品 II 在 3—9 月每月 15 000 件,其他月每月 50 000 件.该公司生产这两种产品的成本为:产品 I 在 1—5 月内生产每件 5 元,6—12 月内生产每件 4.5 元;产品 II 在 1—5 月内生产每件 8 元,6—12 月内生产每件 7 元.该公司每月生产这两种产品的总和不超过 120 000 件.产品 I 体积为每件 0.2 m³,产品 II 体积为每件 0.4 m³,该公司仓库容量为 15 000 m³,占用公司仓库每月每立方米库容需 1 元.如该公司仓库不足时,可从外面租借,租用外面仓库每月每立方米库容需 1.5 元.试问在满足市场需求的情况下,该厂应如何安排生产,使总的生产加库存费用为最少?

16. 某工厂生产甲、乙两种产品,每种产品在下一年四个季度的需求量如表 4-30 所示.产品甲、乙的生产成本分别为 150 元/件和 200 元/件.两种产品在第一季度初均无库存,且要求在第四季度末每种产品的库存为 150 件.已知该厂每季度设备生产能力为 15 000 小时,生产产品甲、乙每件分别需要 4、3 小时.因更换工艺装备,产品甲在第二季度无法生产.产品允许延期交货,规定产品甲延期交货赔偿费用为每件 20 元/季,产品乙赔偿费用为每件 15 元/季;而生产出来的产品不在本季度交货的,每件每季度的库存费为 5 元.该工厂应如何安排生产,在满足需求和库存要求的前提下,使下一年总费用(生产、库存、缺货)最小?

表 4-30

产品	季度			
	1	2	3	4
甲	1 500	1 500	1 200	1 500
乙	1 500	2 000	1 500	2 500

17. 某石油公司生产和销售两种等级的汽油,分别为标准型和经济型,都通过混合两种原油 X100 和 X220 制成,两种原油每桶成本不同,成分也不同,表 4-31 列出了两种型号的每桶原油的成分及成本.

表 4-31

原油类型	A 成分(%)	B 成分(%)	每桶的成本(美元)
X100	35.0	55.0	90.5
X220	60.0	25.0	115.4

现了解到对该公司的标准汽油的每周需求量至少是 25 000 桶,对经济型汽油的每周需求量至少为 32 000 桶,每桶标准型汽油的成分 A 的含量不低于 45%,每桶经济型汽油的成分 B 的含量不高于 50%,试建立此问题

的线性规划模型.

18. 某电子公司制造四种不同型号的电子计算器:C_1,C_2,C_3,C_4.这四种计算器可以分别由五个不同的生产车间(D_1,D_2,D_3,D_4,D_5)单独制造,但这五个车间单独制造一个计算器所需时间是不同的,如表 4-32 所示.

表 4-32

型号	所需时间/min				
	D_1	D_2	D_3	D_4	D_5
C_1	5	6	4	3	2
C_2	7	—	3	2	4
C_3	6	3	—	4	5
C_4	5	3	—	2	—

该公司销售人员已经规定:

（a）型号 C_1 的生产数不能多于 1 400 个;

（b）型号 C_2 的生产数至少为 300 个,但不能超过 800 个;

（c）型号 C_3 的生产数不能超过 8 000 个;

（d）型号 C_4 的生产数至少为 700 个,而且 C_4 在市场上很畅销,根据该公司的生产能力,无论生产多少都能卖出去.

该公司财会人员报告称:

（a）型号 C_1 每个可得利润 25 元;

（b）型号 C_2 每个可得利润 20 元;

（c）型号 C_3 每个可得利润 17 元;

（d）型号 C_4 每个可得利润 11 元.

这五个车间可用于生产的总时间如表 4-33 所示.

表 4-33

部门	D_1	D_2	D_3	D_4	D_5
时间/min	18 000	15 000	14 000	12 000	10 000

（1）请制定一个生产方案,使得该公司总利润为最大.

（2）对 C_1,C_2,C_3,C_4 四种产品利润和 D_1,D_2,D_3,D_4,D_5 五个车间的可用生产时间做灵敏度分析.

19. 一个合资食品企业面临某种食品 1 至 4 月的生产计划问题.4 个月的需求分别为:4 500 t,3 000 t,5 500 t,4 000 t.目前（1 月初）该企业有 100 个熟练工人,正常工作时每人每月可以完成 40 t,成本为 200 元/t.由于市场需求浮动较大,该企业可通过下列方法调节生产:

（a）利用加班增加生产,但加班生产产品每人每月不能超过 10 t,加班时成本为 300 元/t.

（b）利用库存来调节生产,库存费用为 60 元/(t·月),最大库存能力为 1 000 t.

请为该企业构造一个线性规划模型,在满足需求的前提下使四个月的总费用最小.假定该企业在 1 月初的库存为零,要求 4 月底的库存为 500 t.

案例

案例 1：北方技术大学餐厅削减成本案例

北方技术大学的餐厅每天都会为本校学生提供免费的蔬菜沙拉以均衡学生营养.蔬菜沙拉主要由土豆泥、青豆、洋葱等组成.由于餐厅每天提供蔬菜沙拉成本较大,为削减餐厅成本,餐厅经理决定在保持蔬菜沙拉营养和味道的同时,降低土豆和青豆两种主要材料的成本,以最大限度地降低蔬菜沙拉的制作成本.

餐厅从批发商购买土豆和青豆的价格分别是 8 元/千克和 20 元/千克.学校对蔬菜沙拉的营养标准是:所有学生每顿必须含有 1 800 克蛋白质,800 毫克铁和 10 500 毫克维生素 C. 简单起见,经理假设只有土豆和青豆提供蔬菜的营养成分,土豆和青豆的营养成分及含量如表 4-34 所示.

表 4-34　营养成分说明表

营养成分	土豆/100 克	青豆/100 克
蛋白质	1.5 克	2 克
铁	0.3 毫克	1.2 毫克
维生素 C	12 毫克	10 毫克

根据餐厅厨师建议,为保持蔬菜沙拉味道,每份蔬菜沙拉中土豆的重量至少是青豆的 1.2 倍.鉴于在餐厅吃饭的学生人数较多,餐厅必须购买足够量的土豆和青豆来准备至少 100 千克的蔬菜沙拉.简单起见,假设只有土豆和青豆决定蔬菜沙拉的量,而且购买的土豆和青豆的数量没有上限,因为剩余的土豆和青豆可以后使用,也可以用来准备其他菜肴.

（1）在满足蔬菜沙拉营养、味道和需求基础上,确定学校餐厅每周购买土豆和青豆的数量,使得蔬菜沙拉制作成本最低.

（2）如果学校餐厅降低对蔬菜沙拉味道的要求而改为土豆的重量至少是青豆的 0.5 倍. 基于新配方,试确定餐厅每周购买土豆和青豆的数量,使得蔬菜沙拉制作成本最低.

（3）考虑到蔬菜沙拉的其他成分如洋葱也提供铁,餐厅经理决定将铁的需求量降至 650 毫克. 基于新的营养标准,试确定餐厅每周购买土豆和青豆的数量,使得蔬菜沙拉制作成本最低.

案例 2：优格公司早餐麦片推广案例

优格公司新生产一款儿童早餐麦片.为将此麦片成功地打入市场,优格公司聘请了著名的广告公司奥美为其制定了一系列的宣传活动以实现最大的曝光度.作为报酬,优格公司将支付奥美公司不超过 100 万元的策划费以及额外 400 万元的广告宣传费.奥美公司因此制定了三种宣传方案.

方案 1：在一档儿童节目做电视广告；

方案 2：在一家亲子网站做广告；

方案3:在微信平台做广告.

为确定最有效的广告组合,优格公司决定使用总曝光次数作为衡量广告整体效果的标准,观众每观看一次广告计为一次曝光.奥美公司为此制定了三种方案的初步广告计划,并且预测了每种方案每个广告的预期曝光次数.每种方案的广告成本和曝光数据如表4-35所示.

表4-35　每种方案的广告成本和曝光次数统计表

成本分类	成本/万元		
	每个电视广告	每个网站广告	每个微信广告
广告成本	30	15	10
案划成本	9	3	2
预期的曝光数/万次	70	100	90

每种方案的广告数量不仅受广告成本的预算限制(限额400万元),还受到策划成本的预算限制(限额100万元).

限制1:广告成本400万元;

限制2:策划成本100万元;

由于促销的是儿童早餐麦片,优格公司认为广告应该针对两类观众——儿童和儿童家长.为此,公司对宣传活动提出两个要求.

要求1:一种或另一种形式的广告应该至少被500万个儿童看到;

要求2:一种或另一种形式的广告应该至少被500万个儿童家长看到.

奥美公司估计了每种方案中每个广告贡献的目标观众数量,具体如表4-36所示.

表4-36　每种方案贡献每类观众数目说明表

观众分类	目标观众数量/百万人			
	每个电视广告	每个网站广告	每个微信广告	最低水平
儿童	1.2	0.1	0.2	5
儿童家长	0.2	0.7	0.8	5

为更好地促销产品,优格公司打算从年度广告预算中拨出1 490 000元用于回馈消费者.即消费者在购买商品后将商品的优惠信息转发给他人,并在他们点击观看后即可获得一定奖励金额.方案2和方案3提供此项宣传活动,方案1不提供.每种方案每个广告的奖励金额如表4-37所示.

表4-37　每种方案奖励金额说明表

	奖励金额/万元			
	每个电视广告	每个网站广告	每个微信广告	总金额
奖励金额	0	10	10	149

（1）在满足所有约束条件的同时,试确定每个方案的广告数量以获得最大的曝光度.

（2）如果方案 1 的广告成本由原来每个 30 万元降为每个 25 万元,试确定每个方案的广告数量以获得最大的曝光度.

（3）如果优格公司将策划成本的预算限制提高到 200 万元,试确定每个方案的广告数量以获得最大的曝光度.

案例 3：东升车厂的特种车改装案例

东升车厂主要经营特种车的改装服务,其下个月计划改装两款特种车——警车和运钞车.每改装一辆警车和运钞车分别会为公司带来 3 600 元和 6 000 元盈利.工厂生产经理正在制定下个月的生产计划,即要改装多少辆警车和运钞车才能为工厂带来最大的利润.该工厂每月有 48 000 个工时的改装能力,改装一辆警车需要 6 个工时而改装一辆运钞车需要 9 个工时.改装这两种车的零件均需要供应商提供.受供应商设备改造的影响,下个月东升车厂仅能获得 20 000 个门（10 000 个左侧门和 10 000 个右侧门）的供应.警车与运钞车都使用相同的门部件.此外,特种车的需求预测表明,运钞车的产量应限制在 3 500 辆,而警车在工厂的改装能力范围内没有限制.

（1）确定警车和运钞车的改装数量以使工厂的利润最大.

（2）市场部门提议可以通过促销使下个月运钞车的需求量提高 20%,但需要 50 万的促销费,市场部的提议是否可行?

（3）如果通过加班的方式将车厂的汽车改装能力提高 25%,基于新的改装能力,确定警车和运钞车的改装数量.

案例 4：浙江民富银行网上银行 app 用户需求调查案例

浙江民富银行是一家 2014 年审批成立的民营银行,现已成长为主要面向长三角地区,拥有多家分支机构的中型银行.目前,民富银行正迎来了储蓄业务增长和贷款业务增加的机遇.面对个人消费贷款和中小企业贷款需求,民富银行拟推广网上银行业务,以增加用户的使用便利,方便用户在线交易或贷款申请,迎合当下移动互联网应用的普及,为储户简化申请的环节和手续.

在开展相应移动银行项目前,对于网络银行服务需求进行规范化的分析尤为重要.例如,银行应只允许客户访问账户余额和历史交易记录,还是应制定操作,允许客户通过网络进行存款和取款?银行是否应该提示股票基金价格并允许客户通过移动银行以最低手续费进行在线交易?消费贷款应该由用户提交哪些申请材料?申请的审批环节包括哪些?为此,民富银行决定将需求调查工作进行外包,并且提供了调查要求列表以确保获取项目所需信息.

民富银行将用户划分为四个年龄层:① 18—25 岁客户,收入有限,交易量最小.② 26—40 岁客户,有稳定收入来源,交易频繁,需要为房产和车辆提供大量贷款并投资各种证券.③ 41—50 岁客户,具有一定的收入水平和交易量,并且多为企业法人代表,但是对于网上银行需求不强,没有适应互联网环境.④ 51 岁及以上年龄客户,看重信息和财产安全,对于退休和养老基金的资讯保持很高的关注度.

调查工作拟采访 2 000 名客户,第一年龄层至少占 20%,第二年龄层至少占 27.5%,第三年龄层至少占 15%,第四年龄层至少占 15%.同时,为了反映调查对象对互联网的一般性使用习惯,调查对象至少 15% 来自长三角省会,这些客户的互联网使用率很高,至少 35% 来自地级市,这些客户的使用率是中度的,至少有 20% 的客户来自互联网使用率低的县城.

调查公司进行初步分析后,确定了不同人群的调查成本.所需费用如表 4-38 所示.

表 4-38 单位用户调查费用   单位:元

地区	年龄组			
	18—25	26—40	41—50	51 及以上
长三角省会	38	52	52	40
地级市	42	46	50	50
县城	52	60	60	58

（1）构建满足民富银行调查要求并使成本最小的线性规划模型.

（2）如果调查公司的利润率是成本的 15%,他们会提交什么样的出价?

（3）如果民富银行希望每个地区的每个年龄组中至少有 50 人.调查公司新的出价是多少?

（4）民富银行认为调查公司对 18—25 岁的人口和长三角省会的人口进行了过度抽样,并提出了一个新的约束条件,即 18—25 岁的人群不超过 600 人,并且从长三角省会中的调查不超过 650 人.那么新的报价是多少?

（5）调查公司在完成初步调查后,发现了对于 18—25 年龄段成本确定的偏差,现更新为如表 4-39 所示.

表 4-39 18—25 年龄段人均调查成本

地区	18—25 年龄段人均调查成本/元
长三角省会	52
地级市	54
县城	56

此时成本发生变动,新的出价为多少?

（6）为了得到理想的个体抽样,民富银行提出了更严格的要求,确定了每个人群调查的确切百分比,要求如表 4-40 所示.

表 4-40 更新的用户及所在地比例

分组		人群调查比例
年龄段	18—25	25%
	26—40	35%
	41—50	20%
	51 及以上	20%

分组		人群调查比例
地区	长三角省会	20%
	地级市	50%
	县城	30%

这些新要求会增加多少调查成本?基于 15% 的利润率,调查公司会给出怎样的新报价?

案例 5:北方食品公司投资方案规划

一、背景

北方食品公司为北京市大型现代化肉类食品加工企业,其主营业务为屠宰、加工、批发鲜冻猪肉.公司位于北京南郊.目前公司主要向市区 106 个零售商店批发猪肉,并负责送货.公司经营中存在的主要问题是客户反映公司送货不及时,有时商店营业后货仍未送到,影响客户经营.问题产生的主要原因是冷藏车数量不足,配置不合理,该公司拥有的均为 4 t 冷藏车,每辆车送货 6~8 个零售点,送货时间较长,特别是早上 7 点以后,交通难以保障,致使送货延迟.但准时送货是客户十分看重的服务问题,几次送货不及时就能丢失 1 个客户.公司在 2013 年经营中因此问题曾丢失 10 多个客户.因此,如何保障准时送货成为制约企业发展的瓶颈.为此,公司准备增加冷藏车品种和数量.现就该公司如何在保障送货的前提下最优配置冷藏车问题做一简要探讨.

二、问题简述

北方公司 106 个零售点中,有 50 个点在距工厂半径 5 km 内,送货车 20 min 可以到达其中任一个点;36 个在 10 km 内,送货车 40 min 可以到达其中任一个点;20 个在 10 km 以上,送货车 60 min 可以到达其中任一个点.冷藏车种类有 2 t,4 t 两种.该问题实际是如何用最少的投资(冷藏车)在指定时间内以最少的成本(费用)完成运输任务.该问题包括运输问题、最短路线问题,且各点间距离不等,销量不等.为便于计算,对该问题各类条件做如下简化:

(1) 106 个零售点日销量在 0.3~0.6 t,但大多数在 0.4~0.5 t.为简化计算,设定每个点日销量 0.5 t.

(2) 将 5 km 内点设为 A 类点,10 km 内点设为 B 类点,10 km 以上设为 C 类点.从工厂到 A 类点的时间为 20 min,到 B 类点的时间为 40 min,到 C 类点的时间为 60 min.A 类点间运输时间为 5 min,B 类点间运输时间为 10 min,C 类点间运输时间为 20 min.A 类点与 B 类点之间的运输时间为 25 min,B 类点与 C 类点之间的运输时间为 25 min,A 类点与 C 类点之间的运输时间为 45 min.2 t 和 4 t 的车每点卸货、验收时间均为 15 min.

(3) 工厂从凌晨 4 点开始发货(过早无人接货),车辆发车先后时间忽略不计.因 7 点后交通没有保障,故要求冷藏车必须在 7 点前到达零售点.

(4) 可将该问题看作线性规划中的裁剪问题,将冷藏车可能运输方案作为裁剪方案处理.

已知 4 t 车每台 18 万元,2 t 车每台 12 万元.求出投资最少的配车方案.

案例6：数控车床厂年度产品生产计划的优化研究

一、问题的提出

某市数控车床厂是一家大型数控车床生产国家重点骨干企业，产品主要为数控大车，其中主要明星产品为 CKD61125D，CKD61140D，CKD61125L，CKD61140L，CKD61160L，CKD61180L，产品技术水平高，国内市场占有率大，被广泛用于工程机械、船舶等精尖产业制造，在同类企业中出类拔萃.另一方面，随着经济体制改革的不断深入，企业虽然在生产和管理上不断地调整，但是也面临着遗留的计划经济体制经营习惯和高速发展的全球化市场经济的矛盾.为改变这种局面走全球化道路，厂领导决定进一步提高企业编制产品生产计划的科学性，以提高生产效率应对更大的市场挑战.

二、生产现状及资料分析

数控车床由数控装置、床身、主轴箱、刀架进给系统、尾座、液压系统、冷却系统、润滑系统、排屑器等部分组成.该厂将毛坯生产工艺，即主机制备、配件加工、组装过程渐渐向外扩散，形成专业化生产，以达到规模效益，生产过程主要可以分三大类：主机加工、配件制造、总装.每种产品的单位产值如表4-41所示.

表 4-41

序号	产品型号及产品名称	单位产值/元
1	CKD61125D	20 000
2	CKD61140D	25 000
3	CKD61125L	35 000
4	CKD61140L	50 000
5	CKD61160L	43 000
6	CKD61180L	68 000

另外，生产每件产品所需的主机加工、配件制造、总装工时以及全厂全年能提供的三种总工时如表4-42所示.

表 4-42 　　　　　　　　　　　　　　　　单位：工时

序号	产品型号及产品名称	主机加工	配件制造	总装
1	CKD61125D	9.5	12.5	21
2	CKD61140D	7.8	18.2	20
3	CKD61125L	12.5	23.1	27
4	CKD61140L	12.0	27.7	33
5	CKD61160L	13.7	25.5	45
6	CKD61180L	14.2	30.2	45
	全年提供总工时	120 000	95 000	15 000

产品原材料主要是钛合金、碳钢、不锈钢、塑胶四大类资源，供应科根据历年的统计资料及当年的原材料市场情况，给出了各种原材料的最大供应量，如表 4-43 所示.

表 4-43

原材料名称	钛合金/吨	碳钢/吨	不锈钢/吨	塑胶/吨
最大供应量	30	580	750	450

单位产品原材料消耗情况如表 4-44 所示.

表 4-44

序号	产品型号及名称	钛合金/吨	碳钢/吨	不锈钢/吨	塑胶/吨
1	CKD61125D	0.21	0.32	0.60	0.04
2	CKD61140D	0.20	0.28	0.70	0.05
3	CKD61125L	0.35	0.40	1.02	0.08
4	CKD61140L	0.35	0.45	1.06	0.09
5	CKD61160L	0.55	0.40	0.98	0.12
6	CKD61180L	0.60	0.46	1.12	0.14

根据历年销售情况、权威部门的市场预测及企业近期进行的市场调查结果，预测各种型号的数控机床今年的市场需求量如表 4-45 所示.

表 4-45

序号	产品型号及名称	生产能力/台	市场最大需求量/台
1	CKD61125D	150	150
2	CKD61140D	100	80
3	CKD61125L	80	80
4	CKD61140L	60	50
5	CKD61160L	30	30
6	CKD61180L	30	20

根据以上情况，该企业应如何制定使当年销售收入最高的生产计划方案？

如果四大类原材料钛合金、碳钢、不锈钢、塑胶可以适当增加，那该如何根据影子价格进行生产方案的调整？

*第五章　单纯形法

在第二章里我们用图解法解决了只含有两个决策变量的线性规划的问题,然而由于我们画图的平面只是二维的,对多于两个决策变量的线性规划问题,图解法就显得无能为力了.我们在这一章里介绍由美国数学家 G. B. Dantgig 提出并得到最广泛应用的线性规划的代数算法——单纯形法,这是运筹学发展史上最辉煌的一笔.我们在第三章所介绍的线性规划问题的计算机解法就是基于单纯形法编程来解决可以含有上千个决策变量及上千个约束条件的复杂的线性规划问题.

§5.1　单纯形法的基本思路和原理

单纯形法的基本思路:从可行域中某一个顶点开始,判断此顶点是否是最优解,如不是,则再找另一个使得其目标函数值更优的顶点,称之为迭代,再判断此点是否是最优解,直到找到一个顶点为其最优解,就是使得其目标函数值最优的解,或者能判断出此线性规划问题无最优解为止.

在这里,可行域的顶点已不再像图解法中那样直接可见了.在单纯形法中的可行域的顶点叫做基本可行解,找到的第一个可行域的顶点叫做初始基本可行解.

下面我们通过第二章例 1 的求解来介绍单纯形法是怎样一步一步进行的,以及为什么这样做.

一、找出一个初始基本可行解

在第二章例 1 中我们得到以下数学模型:

$$\max\ 50x_1 + 100x_2;$$

约束条件:

$$x_1 + x_2 \leqslant 300,$$
$$2x_1 + x_2 \leqslant 400,$$
$$x_2 \leqslant 250,$$

---

* 没学过线性代数的读者,可以不学带"*"号的第五章和第六章,不会影响学习其他章节.

教学视频:单纯形法的基本思路和原理

$$x_j \geqslant 0 (j=1,2).$$

在加上松弛变量之后我们可得到此线性规划的标准形式：

$$\max 50x_1 + 100x_2;$$

约束条件：
$$x_1 + x_2 + s_1 = 300,$$
$$2x_1 + x_2 + s_2 = 400,$$
$$x_2 + s_3 = 250,$$
$$x_1, x_2, x_3, s_1, s_2, s_3 \geqslant 0.$$

以上约束条件中有三个约束方程如下：

$$x_1 + x_2 + s_1 = 300,$$
$$2x_1 + x_2 + s_2 = 400,$$
$$x_2 + s_3 = 250.$$

这是由三个五元线性方程组成的方程组，它的系数矩阵为

$$\boldsymbol{A} = (\boldsymbol{p}_1, \boldsymbol{p}_2, \boldsymbol{p}_3, \boldsymbol{p}_4, \boldsymbol{p}_5) = \begin{pmatrix} 1 & 1 & 1 & 0 & 0 \\ 2 & 1 & 0 & 1 & 0 \\ 0 & 1 & 0 & 0 & 1 \end{pmatrix},$$

其中 $\boldsymbol{p}_j$ 为系数矩阵 $\boldsymbol{A}$ 中第 j 列向量. 由于在 $\boldsymbol{A}$ 中存在一个不为零的三阶子式

$$\begin{pmatrix} 1 & 0 & 0 \\ 0 & 1 & 0 \\ 0 & 0 & 1 \end{pmatrix},$$

可知 $\boldsymbol{A}$ 的秩为 3. 因为 $\boldsymbol{A}$ 的秩 m 小于此方程组的变量的个数 n, 从线性代数的知识可知, 此方程组有无数多组解. 为了找到一个初始基本可行解, 先介绍以下几个线性规划的基本概念.

（1）基

已知 $\boldsymbol{A}$ 是约束条件的 $m \times n$ 阶系数矩阵, 其秩为 m. 若 $\boldsymbol{B}$ 是 $\boldsymbol{A}$ 的一个 $m \times m$ 阶非奇异子矩阵（即 $\boldsymbol{B}$ 为可逆矩阵, $|\boldsymbol{B}| \neq 0$）, 则称 $\boldsymbol{B}$ 是线性规划问题中的一个基. $\boldsymbol{B}$ 是由 $\boldsymbol{A}$ 中 m 个线性无关的列向量组成的. 在此例中

$$\begin{pmatrix} 1 & 1 & 1 \\ 2 & 1 & 0 \\ 0 & 1 & 0 \end{pmatrix} \text{与} \begin{pmatrix} 1 & 0 & 0 \\ 0 & 1 & 0 \\ 0 & 0 & 1 \end{pmatrix}$$

都是该线性规划的一个基. 它们都是由 3 个线性无关的系数列向量组成的.

（2）基向量

基 $\boldsymbol{B}$ 中的一列即称为一个基向量. 基 $\boldsymbol{B}$ 中共有 m 个基向量, 在此例中对基

$$\boldsymbol{B} = \begin{pmatrix} 1 & 1 & 1 \\ 2 & 1 & 0 \\ 0 & 1 & 0 \end{pmatrix}$$

来说,

$$\begin{pmatrix} 1 \\ 2 \\ 0 \end{pmatrix}, \begin{pmatrix} 1 \\ 1 \\ 1 \end{pmatrix}, \begin{pmatrix} 1 \\ 0 \\ 0 \end{pmatrix}$$

都是 B 的基向量, B 中只有这三个基向量.

(3) 非基向量

在 A 中除了基 B 之外的任一列称为基 B 的非基向量.在此例中对

$$B_1 = \begin{pmatrix} 1 & 1 & 1 \\ 2 & 1 & 0 \\ 0 & 1 & 0 \end{pmatrix} \text{和} B_2 = \begin{pmatrix} 1 & 0 & 0 \\ 0 & 1 & 0 \\ 0 & 0 & 1 \end{pmatrix}$$

来说,向量 $(1,2,0)^{\mathrm{T}}$ 是基 B_1 的基向量,也是基 B_2 的非基向量.

(4) 基变量

与基向量 p_i 相应的变量 x_i 叫基变量,基变量有 m 个,在此例中 x_1, x_2, s_1 都是 B_1 的基变量,而 s_1, s_2, s_3 是 B_2 的基变量.

(5) 非基变量

与非基向量 p_j 相应的变量 x_j 叫非基变量,非基变量有 $n-m$ 个,在此例中, s_2, s_3 是 B_1 的非基变量,而 x_1, x_2 是 B_2 的非基变量.

由线性代数的知识知道,如果我们在约束方程组系数矩阵中找到一个基,令这个基的非基变量为零,再求解这个 m 元线性方程组就可得到唯一的解,这个解称为线性规划的基本解,在此例中我们不妨找到

$$B_3 = \begin{pmatrix} 1 & 1 & 0 \\ 1 & 0 & 0 \\ 1 & 0 & 1 \end{pmatrix}$$

为 A 的一个基,令这个基的非基变量 x_1, s_2 为零.这时约束方程就变为基变量的约束方程:

$$x_2 + s_1 = 300,$$
$$x_2 = 400,$$
$$x_2 + s_3 = 250.$$

求解得到基变量的唯一一组解: $x_2 = 400, s_1 = -100, s_3 = -150$,再加上非基变量: $x_1 = 0, s_2 = 0$,就得到了此线性规划的一个基本解:

$$x_1 = 0,$$
$$x_2 = 400,$$
$$s_1 = -100,$$
$$s_2 = 0,$$
$$s_3 = -150.$$

由于在这个基本解中 $s_1 = -100, s_3 = -150$,不满足该线性规划 $s_1 \geq 0, s_3 \geq 0$ 的约束条件,显然此解不是此线性规划的可行解.一个基本解可以是可行解,也可以是非可行解,它们之间的主要

区别在于其所有变量的解是否满足非负的条件. 我们把满足非负条件的一个基本解叫做基本可行解, 并把这样的基叫做可行基. 例如, 在本例中我们选基为

$$B_1 = \begin{pmatrix} 1 & 1 & 0 \\ 2 & 0 & 0 \\ 0 & 0 & 1 \end{pmatrix},$$

令其非基变量 x_2, s_2 为零, 这样约束方程就变为基变量的约束方程:

$$x_1 + s_1 = 300,$$
$$2x_1 = 400,$$
$$s_3 = 250.$$

求解得到基变量的唯一解: $s_3 = 250, x_1 = 200, s_1 = 100$, 加上非基变量: $x_2 = 0, s_2 = 0$, 得到一个基本解:

$$x_1 = 200,$$
$$x_2 = 0,$$
$$s_1 = 100,$$
$$s_2 = 0,$$
$$s_3 = 250.$$

由于所有变量的解都大于等于零, 可知此基本解也是基本可行解, B_1 是可行基. 一般来说, 判断一个基是否可行基, 只有在求出其基本解以后, 当其基本解所有变量的解都大于等于零时, 才能断定这个解是基本可行解, 这个基是可行基. 那么我们能否在求解之前就找到一个可行基呢? 也就是说我们能否找到一个基保证在求解之后得到的解一定是基本可行解呢? 由于在线性规划的标准形式中要求 b_j 都大于等于零, 如果我们能找到一个基, 这个基是单位矩阵, 或者说一个基是由单位矩阵的各列向量所组成的 (各列向量的前后顺序无关紧要), 如

$$\begin{pmatrix} 0 & 0 & 1 \\ 1 & 0 & 0 \\ 0 & 1 & 0 \end{pmatrix},$$

那么显然所求得的基本解一定是基本可行解, 这个单位矩阵或由单位矩阵各列向量组成的基一定是可行基. 实际上这个基本可行解中的各个变量或等于某个 b_j 或等于零. 在本例中我们就找到了一个基

$$B_2 = \begin{pmatrix} 1 & 0 & 0 \\ 0 & 1 & 0 \\ 0 & 0 & 1 \end{pmatrix},$$

它是单位矩阵. 令 B_2 的非基变量 x_1, x_2 都为零, 约束方程组就变为

$$s_1 = 300,$$
$$s_2 = 400,$$
$$s_3 = 250.$$

加上非基变量 $x_1 = 0, x_2 = 0$, 我们就得到了该线性规划的一个基本可行解:

$$x_1 = 0,$$
$$x_2 = 0,$$
$$s_1 = 300,$$
$$s_2 = 400,$$
$$s_3 = 250.$$

像这样在第一次找可行基时,所找到的基或为单位矩阵或由单位矩阵的各列向量所组成,称之为初始可行基,其相应的基本可行解叫初始基本可行解.如果找不到单位矩阵或由单位矩阵的各列向量组成的基作为初始可行基,我们将构造初始可行基,具体做法在以后详细讲述.

二、最优性检验

所谓最优性检验就是判断已求得的基本可行解是否是最优解.

1. 最优性检验的依据——检验数 σ_j

一般来说,目标函数中既包括基变量,又包括非基变量.现在我们要求只用非基变量来表示目标函数,只要在约束等式中通过移项等处理就可以用非基变量来表示基变量,然后用非基变量的表示式代替目标函数中的基变量,这样目标函数中就只含有非基变量了,或者说目标函数中基变量的系数都为零.此时目标函数中所有变量的系数即为各变量的检验数,把变量 x_i 的检验数记为 σ_i.显然所有基变量的检验数必为零.在本例中目标函数为 $50x_1 + 100x_2$.由于初始可行解中 x_1, x_2 为非基变量,所以此目标函数已经用非基变量表示了,不需要再代换出基变量了.这样我们可知 $\sigma_1 = 50, \sigma_2 = 100, \sigma_3 = 0, \sigma_4 = 0, \sigma_5 = 0$.

2. 最优解判别定理

在求最大目标函数的问题中,对于某个基本可行解,如果所有检验数 $\sigma_j \leq 0$,则这个基本可行解是最优解,这就是最优解判别定理.下面我们用通俗的说法来解释最优解判别定理.设用非基变量表示的目标函数为如下形式:

$$z = z_0 + \sum_{j \in J} \sigma_j x_j,$$

其中, z_0 为常数项, J 是所有非基变量的下标集.由于所有的 x_j 的取值范围为大于等于零,当所有的 σ_j 都小于等于零时,可知 $\sum_{j \in J} \sigma_j x_j$ 是一个小于等于零的数,要使

$$z = z_0 + \sum_{j \in J} \sigma_j x_j$$

的值最大,显然只有 $\sum_{j \in J} \sigma_j x_j$ 为零.我们把这些 x_j 取为非基变量(即令这些 x_j 的值为零),所求得

教学视频:最优性检验

的基本可行解就使目标函数值最大,为 z_0.在本例中由于 $\sigma_1 = 50, \sigma_2 = 100$,都大于零,显然这个基本可行解不是最优解,实际上让 x_1, x_2 为非基变量(即令其值为 0)是最失策的,x_1, x_2 的取值在大于等于零的范围内,x_1, x_2 取除零以外的任意值都比取零值要好,都能使得目标函数 z 的值比零更大.所以我们要寻找更好的基本可行解.

对于求目标函数最小值的情况,只需把上述定理中的 $\sigma_j \leqslant 0$ 改为 $\sigma_j \geqslant 0$ 即可.

判断无最优解的方法我们将在后面用具体实例予以阐述.

三、基变换

通过检验,我们知道这个初始基本可行解不是最优解.下面介绍如何进行基变换找到一个新的可行基,具体的做法是更换可行基中的一个列向量,得到一个新的可行基,并且求解得到的新的基本可行解使得其目标函数值更优.为了换基就要确定入基变量与出基变量.

1. 入基变量的确定

从最优解判别定理知道,当某个 $\sigma_j > 0$ 时,非基变量 x_j 变为基变量,不取零值可以使目标函数值增大,故我们要选检验数大于 0 的非基变量换到基变量中去(称之为入基变量).若有两个以上的 $\sigma_j > 0$,则为了使目标函数更大些,一般选其中的 σ_j 较大者的非基变量为入基变量,在本例中 $\sigma_2 = 100$ 是检验数中最大的正数,故选 x_2 为入基变量.

2. 出基变量的确定

在确定了 x_2 为入基变量之后,我们要在原来的 3 个基变量 s_1, s_2, s_3 中确定一个出基变量,也就是确定哪一个基变量变成非基变量.如果我们确定 s_1 为出基变量,则新的基变量为 x_2, s_2, s_3,因为非基变量 $x_1 = s_1 = 0$,则从方程组

$$x_2 = 300,$$
$$x_2 + s_2 = 400,$$
$$x_2 + s_3 = 250,$$

求得基本解

$$x_1 = 0,$$
$$x_2 = 300,$$
$$s_1 = 0,$$
$$s_2 = 100,$$
$$s_3 = -50.$$

显然这不是基本可行解,所以 s_1 不能作为出基变量.

如果把 s_3 作为出基变量,则新的基变量为 x_2, s_1, s_2,因为非基变量 $x_1 = s_3 = 0$,我们也可以从方程组

$$x_2 + s_1 = 300,$$
$$x_2 + s_2 = 400,$$
$$x_2 = 250,$$

求出基本解

$$x_1 = 0,$$
$$x_2 = 250,$$
$$s_1 = 50,$$
$$s_2 = 150,$$
$$s_3 = 0.$$

因为此解满足非负条件,是基本可行解,故 s_3 可以确定为出基变量.

能否在求出基本解以前来确定出基变量呢?

下面就来看在找到初始基本可行解和确定入基变量之后,什么样的基变量可以确定为出基变量,或者说出基变量要具备什么条件.

我们把确定出基变量的方法概括如下:把已确定的入基变量在各约束方程中的正的系数除其所在约束方程中的常数项的值,把其中最小比值所在的约束方程中的原基变量确定为出基变量.这样在下一步迭代的矩阵变换中可以确保新得到的 b_j 值都大于等于零.

下面的楷体文字就是对这种方法的一个理论上的证明,读者也可完全跳过这段文字,这并不影响读者进一步的学习.

设线性规划有初始基本可行解

$$\boldsymbol{x} = (b_1, b_2, \cdots, b_m, 0, 0, \cdots, 0),$$

其中,$x_1, x_2, \cdots, x_m$ 为基变量,$x_{m+1}, \cdots, x_n$ 为非基变量,已确定 $x_{m+k} (1 \leq k \leq n-m)$ 为入基变量,可以证明,如果线性规划有最优解,那么在约束方程中 x_{m+k} 的系数中,必存在一个大于零的数,不妨设 $a_{i,m+k}$ 大于零.这样此线性规划的约束方程为

$$x_1 + a_{1,m+1} x_{m+1} + a_{1,m+2} x_{m+2} + \cdots + a_{1,n} x_n = b_1,$$
$$x_2 + a_{2,m+1} x_{m+1} + a_{2,m+2} x_{m+2} + \cdots + a_{2,n} x_n = b_2,$$
$$\cdots\cdots\cdots\cdots$$
$$x_m + a_{m,m+1} x_{m+1} + a_{m,m+2} x_{m+2} + \cdots + a_{m,n} x_n = b_m.$$

此约束方程组可以用增广矩阵表示如下:

$$\begin{pmatrix} 1 & 0 & \cdots & 0 & \cdots & 0 & a_{1,m+1} & a_{1,m+2} & \cdots & a_{1,m+k} & \cdots & a_{1,n} & b_1 \\ 0 & 1 & \cdots & 0 & \cdots & 0 & a_{2,m+1} & a_{2,m+2} & \cdots & a_{2,m+k} & \cdots & a_{2,n} & b_2 \\ \vdots & \vdots & & \vdots & & \vdots & \vdots & \vdots & & \vdots & & \vdots & \vdots \\ 0 & 0 & \cdots & 1 & \cdots & 0 & a_{i,m+1} & a_{i,m+2} & \cdots & a_{i,m+k} & \cdots & a_{i,n} & b_i \\ \vdots & \vdots & & \vdots & & \vdots & \vdots & \vdots & & \vdots & & \vdots & \vdots \\ 0 & 0 & \cdots & 0 & \cdots & 1 & a_{m,m+1} & a_{m,m+2} & \cdots & a_{m,m+k} & \cdots & a_{m,n} & b_m \end{pmatrix}$$

$$\sim \begin{pmatrix}
\dfrac{1}{|a_{1,m+k}|} & 0 & \cdots & 0 & \cdots & 0 & \dfrac{a_{1,m+1}}{|a_{1,m+k}|} & \dfrac{a_{1,m+2}}{|a_{1,m+k}|} & \cdots & \dfrac{a_{1,m+k}}{|a_{1,m+k}|} & \cdots & \dfrac{a_{1,n}}{|a_{1,m+k}|} & \dfrac{b_1}{|a_{1,m+k}|} \\[2ex]
0 & \dfrac{1}{|a_{2,m+k}|} & \cdots & 0 & \cdots & 0 & \dfrac{a_{2,m+1}}{|a_{2,m+k}|} & \dfrac{a_{2,m+2}}{|a_{2,m+k}|} & \cdots & \dfrac{a_{2,m+k}}{|a_{2,m+k}|} & \cdots & \dfrac{a_{2,n}}{|a_{2,m+k}|} & \dfrac{b_2}{|a_{2,m+k}|} \\[2ex]
\vdots & \vdots & & \vdots & & \vdots & \vdots & \vdots & & \vdots & & \vdots & \vdots \\[1ex]
0 & 0 & \cdots & \dfrac{1}{|a_{i,m+k}|} & \cdots & 0 & \dfrac{a_{i,m+1}}{|a_{i,m+k}|} & \dfrac{a_{i,m+2}}{|a_{i,m+k}|} & \cdots & \dfrac{a_{i,m+k}}{|a_{i,m+k}|} & \cdots & \dfrac{a_{i,n}}{|a_{i,m+k}|} & \dfrac{b_i}{|a_{i,m+k}|} \\[2ex]
\vdots & \vdots & & \vdots & & \vdots & \vdots & \vdots & & \vdots & & \vdots & \vdots \\[1ex]
0 & 0 & \cdots & 0 & \cdots & \dfrac{1}{|a_{m,m+k}|} & \dfrac{a_{m,m+1}}{|a_{m,m+k}|} & \dfrac{a_{m,m+2}}{|a_{m,m+k}|} & \cdots & \dfrac{a_{m,m+k}}{|a_{m,m+k}|} & \cdots & \dfrac{a_{m,n}}{|a_{m,m+k}|} & \dfrac{b_m}{|a_{m,m+k}|}
\end{pmatrix}$$

不妨设 $x_i(1 \leqslant i \leqslant m)$ 是我们所要确定的出基变量,这样就可以对增广矩阵进行初等行变换,求出新的基本可行解,然后求出 x_i 成为出基变量的条件.

下面要对增广矩阵进行初等行变换,使得第 $m+k$ 列变换成单位向量 $\boldsymbol{e}_i = (0,0,\cdots,0,1,0,\cdots,0)^{\mathrm{T}}$. 如果第 $m+k$ 列第 s 行元素 $a_{s,m+k}$ 已经为零了,那么就不需要对该行进行初等变换了,可以暂时把该行从增广矩阵中撤下来,等变换完了以后再放回去.这样不妨假设第 $m+k$ 列的所有元素都是不等于零的.

把增广矩阵的每一行都除以这一行的第 $m+k$ 列的元素的绝对值,得到新的增广矩阵,可知新的增广矩阵的第 $m+k$ 列的元素不是 $+1$ 就是 -1.当 $a_{t,m+k}>0$ 时,$\dfrac{a_{t,m+k}}{|a_{t,m+k}|}=1$;当 $a_{t,m+k}<0$ 时,$\dfrac{a_{t,m+k}}{|a_{t,m+k}|}=-1$.通过检验可知增广矩阵的最后一列(常数项列)的每一个元素仍然大于等于零,由于 x_i 为出基变量,x_{m+k} 为入基变量,我们知道新的基变量为 $x_1,x_2,\cdots,x_{i-1},x_{i+1},\cdots,x_m,x_{m+k}$,非基变量为 $x_i,x_{m+1},x_{m+2},\cdots,x_{m+k-1},x_{m+k+1},\cdots,x_n$,令非基变量为零,从增广矩阵的第 i 行可知

$$\frac{a_{i,m+k}}{|a_{i,m+k}|}x_{m+k} = \frac{b_i}{|a_{i,m+k}|}.$$

x_{m+k} 要满足非负的限制,必有 $a_{i,m+k}>0$,此时有

$$x_{m+k} = \frac{b_i}{|a_{i,m+k}|}.$$

为了把增广矩阵的第 $m+k$ 列变换成 $\boldsymbol{e}_i = (0,0,\cdots,0,1,0,\cdots,0)^{\mathrm{T}}$,当第 t 行第 $m+k$ 列元素为 1 时,也就是 $a_{t,m+k}>0$ 时,我们把增广矩阵的第 t 行减去第 i 行的对应元素,使第 t 行第 $m+k$ 列的元素变为零,这时第 t 行的常数项就变为 $\dfrac{b_t}{|a_{t,m+k}|}-\dfrac{b_i}{|a_{i,m+k}|}$;当第 s 行第 $m+k$ 列的元素为 -1 时,也就是 $a_{s,m+k}<0$ 时,只要在第 s 行上加上第 i 行的对应元素,就使第 s 行第 $m+k$ 列的元素变为零,这时第 s 行的常数项就变成为 $\dfrac{b_s}{|a_{s,m+k}|}+\dfrac{b_i}{|a_{i,m+k}|}$.然后再用 $|a_{j,m+k}|$ 乘以增广矩阵的第 j 行($j=1,2,3,\cdots,i-1,i+1,\cdots,m$),这样就得到了新的基本可行解.

当 $j=1,2,\cdots,i-1,i+1,\cdots,n$ 时,有

$$x_j = \begin{cases} \left(\dfrac{b_j}{|a_{j,m+k}|}-\dfrac{b_i}{|a_{i,m+k}|}\right) \cdot |a_{j,m+k}| & (\text{当 } a_{j,m+k}>0), \\[3mm] \left(\dfrac{b_j}{|a_{j,m+k}|}+\dfrac{b_i}{|a_{i,m+k}|}\right) \cdot |a_{j,m+k}| & (\text{当 } a_{j,m+k}<0), \end{cases}$$

以及

$$x_{m+k} = \frac{b_i}{|a_{i,m+k}|},$$

$$x_j = 0 \,(j=i,m+1,m+2,\cdots,m+k-1,m+k+1,\cdots,n).$$

作为基本可行解,必满足非负的限制,所以当 $j=1,2,\cdots,i-1,i+1,\cdots,n$ 时,如果 $a_{j,m+k}>0$,则必有

$$\left(\frac{b_j}{|a_{j,m+k}|}-\frac{b_i}{|a_{i,m+k}|}\right)\cdot|a_{j,m+k}|\geqslant 0.$$

因为 $|a_{j,m+k}|>0$,就有

$$\frac{b_j}{|a_{j,m+k}|}-\frac{b_i}{|a_{i,m+k}|}\geqslant 0,$$

因为 $a_{j,m+k}>0,a_{i,m+k}>0$,上式即为

$$\frac{b_j}{a_{j,m+k}}-\frac{b_i}{a_{i,m+k}}\geqslant 0\quad(j=1,2,\cdots,i-1,i+1,\cdots,n).$$

从上式可以知道,当确定了 x_{m+k} 为入基变量时,若约束方程中 x_{m+k} 的某个系数 $a_{i,m+k}>0$,并且对于约束方程中的所有的 x_{m+k} 的正系数 $a_{j,m+k}$ 都有 $\dfrac{b_j}{a_{j,m+k}}\geqslant\dfrac{b_i}{a_{i,m+k}}$,则可确定其出基变量为 x_i,x_i 是指原来的系数向量为 $\boldsymbol{e}_i$ 的那个基变量,或者说 x_i 是在第 i 个约束方程中的那个基变量.

在本例中约束方程为

$$x_1+x_2+s_1=300,$$
$$2x_1+x_2+s_2=400,$$
$$x_2+s_3=250.$$

在第二步中已经知道 x_2 为入基变量,我们把各约束方程中 x_2 的正的系数除对应的常数项值,得

$$\frac{b_1}{a_{12}}=\frac{300}{1}=300,$$

$$\frac{b_2}{a_{22}}=\frac{400}{1}=400,$$

$$\frac{b_3}{a_{32}}=\frac{250}{1}=250.$$

$\dfrac{b_3}{a_{32}}$ 的值最小,所以可以知道在原基变量中系数向量为 $\boldsymbol{e}_3=(0,0,1)^{\mathrm{T}}$ 的基变量 s_3 为出基变量,这样可知 x_2,s_1,s_2 为基变量,x_1,s_3 为非基变量.令非基变量为零,得

$$x_2+s_1=300,$$
$$x_2+s_2=400,$$
$$x_2=250.$$

求解得到新的基本可行解为

$$x_1 = 0,$$
$$x_2 = 250,$$
$$s_1 = 50,$$
$$s_2 = 150.$$

这时目标函数值为 $50x_1 + 100x_2 = 50 \times 0 + 100 \times 250 = 25\,000$，显然比初始基本可行解 $x_1 = 0$，$x_2 = 0, s_1 = 300, s_2 = 400, s_3 = 250$ 的目标函数值 $50 \times 0 + 100 \times 0 = 0$ 要好得多. 然后我们再检验其最优性，不是最优解还要继续进行基变换，直至找到最优解，或者能够判断出此线性规划无最优解为止.

§5.2　单纯形法的表格形式

为了使单纯形法更加简洁明了，我们常常借助于单纯形法的表格形式.

在讲单纯形法的表格形式之前，先从一般数学模型里推导出检验数 σ_j 的表达式.

可行基为 m 阶单位矩阵的线性规划模型如下(假设其系数矩阵的前 m 列是单位矩阵)：

$$\max z = c_1 x_1 + c_2 x_2 + \cdots + c_n x_n;$$

约束条件：
$$x_1 + a_{1,m+1} x_{m+1} + \cdots + a_{1,n} x_n = b_1,$$
$$x_2 + a_{2,m+1} x_{m+1} + \cdots + a_{2,n} x_n = b_2,$$
$$\cdots\cdots\cdots\cdots$$
$$x_m + a_{m,m+1} x_{m+1} + \cdots + a_{m,n} x_n = b_m,$$
$$x_j \geq 0 \quad (j = 1, 2, \cdots, n).$$

以下用 $x_i(i = 1, 2, \cdots, m)$ 表示基变量，用 $x_j(j = m+1, m+2, \cdots, n)$ 表示非基变量.

把第 i 个约束方程移项，就可以用非基变量来表示基变量 x_i，

$$x_i = b_i - a_{i,m+1} x_{m+1} - a_{i,m+2} x_{m+2} - \cdots - a_{i,n} x_n$$
$$= b_i - \sum_{j=m+1}^{n} a_{ij} x_j \quad (i = 1, 2, \cdots, m).$$

教学视频:单纯形法的表格形式 1

教学视频:单纯形法的表格形式 2

教学视频:单纯形法的表格形式 3

把以上的表达式代入目标函数,就有

$$z = c_1 x_1 + c_2 x_2 + \cdots + c_n x_n = \sum_{i=1}^{m} c_i x_i + \sum_{j=m+1}^{n} c_j x_j$$

$$= \sum_{i=1}^{m} c_i \left(b_i - \sum_{j=m+1}^{n} a_{ij} x_j \right) + \sum_{j=m+1}^{n} c_j x_j$$

$$= \sum_{i=1}^{m} c_i b_i - \sum_{i=1}^{m} c_i \sum_{j=m+1}^{n} a_{ij} x_j + \sum_{j=m+1}^{n} c_j x_j$$

$$= \sum_{i=1}^{m} c_i b_i - \sum_{j=m+1}^{n} \sum_{i=1}^{m} c_i a_{ij} x_j + \sum_{j=m+1}^{n} c_j x_j$$

$$= \sum_{i=1}^{m} c_i b_i + \sum_{j=m+1}^{n} \left(c_j - \sum_{i=1}^{m} c_i a_{ij} \right) x_j$$

$$= z_0 + \sum_{j=m+1}^{n} (c_j - z_j) x_j = z_0 + \sum_{j=m+1}^{n} \sigma_j x_j ,$$

其中,
$$z_0 = \sum_{i=1}^{m} c_i b_i ; \sigma_j = c_j - z_j ;$$

$$z_j = \sum_{i=1}^{m} c_i a_{ij} = c_1 a_{1j} + c_2 a_{2j} + \cdots + c_m a_{mj}$$

$$= (c_1, c_2, \cdots, c_m) \begin{pmatrix} a_{1j} \\ a_{2j} \\ \vdots \\ a_{mj} \end{pmatrix}$$

$$= (c_1, c_2, \cdots, c_m) \boldsymbol{p}_j .$$

上面假设 $x_1, x_2, \cdots, x_m$ 是基变量,即第 i 行约束方程的基变量正好是 x_i,而经过若干次迭代后,基发生了若干次变化,一般不会是上述假设情况了,因此上述计算 z_j 的式子也应改变. 如果迭代后的第 i 行约束方程中的基变量为 x_{Bi}(不一定是 x_i),与 x_{Bi} 相应的目标函数系数为 c_{Bi},而迭代后的系数列向量为 $\boldsymbol{p}_j'(j = 1, 2, \cdots, n)$,则

$$z_j = (c_{B1}, \cdots, c_{Bm}) \boldsymbol{p}_j' = (\boldsymbol{c}_B) \boldsymbol{p}_j' ,$$

其中,$(\boldsymbol{c}_B)$ 是相应的基变量目标函数系数依次组成的有序行向量.

单纯形法的表格形式是把用单纯形法求出基本可行解,检验其最优性,迭代等步骤都用表格的方式来计算求出,其表格的形式有些像增广矩阵,而其计算的方法也大体上使用矩阵的行初等变换.

以下用单纯形表格来求解第二章例 1.

$$\max 50x_1 + 100x_2 + 0 \cdot s_1 + 0 \cdot s_2 + 0 \cdot s_3 ;$$

约束条件:
$$x_1 + x_2 + s_1 = 300 ,$$
$$2x_1 + x_2 + s_2 = 400 ,$$
$$x_2 + s_3 = 250 ,$$
$$x_1, x_2, s_1, s_2, s_3 \geqslant 0.$$

把上面的数据填入表 5-1 所示的单纯形表格.

表 5-1

迭代次数	基变量	c_B	x_1	x_2	s_1	s_2	s_3	b	比值 $\dfrac{b_i}{a_{ij}}$
			50	100	0	0	0		
	s_1	0	1	1	1	0	0	300	$\dfrac{300}{1}$
	s_2	0	2	1	0	1	0	400	$\dfrac{400}{1}$
0	s_3	0	0	①	0	0	1	250	$\dfrac{250}{1}$
	z_j		0	0	0	0	0	$z=0$	
	$\sigma_j=c_j-z_j$		50	100	0	0	0		

表 5-1 的第一列是迭代次数栏,由于这是求初始基本可行解,还没有进行迭代,所以此栏填 0,此表的第一行依次填上此标准形的所有变量,第二行填上这些变量在目标函数中的系数,在下一栏中填上约束方程的系数矩阵,在 b 栏中填上对应的约束方程的常数项,上述两栏合并在一起就是约束方程的增广矩阵.在基变量这一栏中填入每个约束方程中的基变量,如在本例的约束方程的系数矩阵中包含了一个 3×3 单位矩阵,我们即确定了此单位阵为基,相应的变量 s_1,s_2,s_3 为基变量,由于第一个约束方程中只含有基变量 s_1,第二个约束方程中只含有基变量 s_2,第三个约束方程中只含有基变量 s_3,所以在此栏中相应填上 s_1,s_2,s_3,在 s_1,s_2,s_3 右边的 c_B 列中填入这些基变量的目标函数中相应的系数.在 z_j 行中填入各列的 $\sum\limits_{i=1}^{m} c_i a_{ij}$ 的值,也就是把系数矩阵的第 j 列与 c_B 列中对应元素相乘相加所得的值,如 $z_2=0\times1+0\times1+0\times1=0$,所在 z_j 行中的第 2 位数填入 0,在 $\sigma_j=c_j-z_j$ 行中把变量 x_j 在目标函数中系数 c_j 减去所求出的 z_j 所得的值,而 x_j 在目标函数中的系数 c_j 正好写在系数矩阵中的第 j 个向量 $\boldsymbol{p}_j$ 的上端,这样很容易求得 $\sigma_1=50-0=50,\sigma_2=100-0=100$,$\sigma_3=0-0=0,\sigma_4=0-0=0,\sigma_5=0-0=0$.再在 $\boldsymbol{b}$ 栏之下填上 z 的值,z 表示把初始基本可行解代入目标函数所得的目标函数值.z 的值就等于约束方程的常数项 b_i 乘以此约束方程的基变量在目标函数中的系数之和,在这里 $z=300\times0+400\times0+250\times0=0$,故填上 $z=0$.填完表 5-1 我们从基变量这一栏和 b 栏可直接读得初始基本可行解,$s_1=300,s_2=400,s_3=250,x_1=0,x_2=0$(因 x_1,x_2 是非基变量,非基变量取零值),其目标函数值 $z=0$,同时在 $\sigma_j=c_j-z_j$ 一栏中可知 $\sigma_1=50,\sigma_2=100,\sigma_3=\sigma_4=\sigma_5=0$.可知这个基本可行解不是最优解,又因为 $\sigma_2>\sigma_1>0$,故知道在下一步迭代时,应选 x_2 为入基变量.在确定了 x_2 为入基变量之后,把 b 列元素比上对应的 x_2 的正系数作为比值填上,在比值列填上 $\dfrac{300}{1},\dfrac{400}{1},\dfrac{250}{1}$.由于 $\dfrac{250}{1}=250$ 最小,故确定 s_3 为出基变量.我们把入

基变量所在列和出基变量所在行的交点处的元素称为主元,在表 5-1 中可知 $a_{32}=1$ 是主元,我们在主元上画个圈作为标志.

以下进行第一次迭代,基变量为 x_2,s_1,s_2,通过矩阵的行初等变换,求出一个新的基本可行解,具体的做法用行初等变换将 x_2 的系数向量 $\boldsymbol{p}_2$ 变换成单位向量,由于主元在 $\boldsymbol{p}_2$ 的第 3 分量上,所以这个单位向量是 $\boldsymbol{e}_3=(0,0,1)^{\mathrm{T}}$,也就是主元要变成 1.这样我们又得到第 1 次迭代的单纯形表,如表 5-2 所示.

表 5-2

迭代次数	基变量	c_B	x_1	x_2	s_1	s_2	s_3	b	比值 $\dfrac{b_i}{a_{ij}}$
			50	100	0	0	0		
1	s_1	0	①	0	1	0	-1	50	$\dfrac{50}{1}=50$
	s_2	0	2	0	0	1	-1	150	$\dfrac{150}{2}=75$
	x_2	100	0	1	0	0	1	250	
	z_j		0	100	0	0	100	25 000	
	$\sigma_j=c_j-z_j$		50	0	0	0	-100		

在表 5-2 中第 3 个基变量 s_3 已被 x_2 替代,故基变量列中的第 3 个基变量应变为 x_2,注意 x_2 在目标函数中的系数 $c_2=100$,不要填错.由于第 0 次迭代表中的主元 a_{32} 已经等于 1 了,所以增广矩阵的第 3 行就不变,为了使第 1 行的 a_{12} 变为 0,只需把第 3 行乘以 -1 加到第 1 行即可,同样可求得第 2 行.像在第 0 次迭代中那样可求得 z_j,z,σ_j,填入表内,从表上看到第 1 次迭代得到的基本可行解为 $s_1=50,s_2=150,x_2=250,x_1=0,s_3=0$,这时 $z=25\ 000$,又从 $\sigma_1=50>0$ 可知这个基本可行解也不是最优解.从 σ_j 我们知道 σ_1 为最大的正数,可知 x_1 为入基变量,从此值可知 $\dfrac{b_1}{a_{11}}=50$ 为 $\dfrac{b_i}{a_{i1}}$ 中最小的正数,可知 s_1 为出基变量,a_{11} 为主元,这样我们可以进行第 2 次迭代,如表 5-3 所示.

表 5-3

迭代次数	基变量	c_B	x_1	x_2	s_1	s_2	s_3	b	比值
			50	100	0	0	0		
2	x_1	50	1	0	1	0	-1	50	
	s_2	0	0	0	-2	1	1	50	
	x_2	100	0	1	0	0	1	250	
	z_j		50	100	50	0	50	27 500	
	$\sigma_j = c_j - z_j$		0	0	-50	0	-50		

从表 5-3 中可知第 2 次迭代得到的基本可行解为 $x_1 = 50, x_2 = 250, s_1 = 0, s_2 = 50, s_3 = 0$, 这时 $z = 27\ 500$. 由于检验 σ_j 都小于等于零, 此基本可行解为最优解, $z = 27\ 500$ 为最优目标函数值. 这样我们就用单纯形表的方法把这个线性规划问题解决了, 实际上, 我们可以连续地使用单纯形表, 而不必每次迭代都重画一个表头.

§5.3　求目标函数值最小的线性规划问题的单纯形表解法

一、大 M 法

下面我们以第二章例 2 为例阐述如何用单纯形表的方法求解要求目标函数值最小的线性规划问题. 我们已知第二章例 2 的数学模型如下:

$$\min f = 2x_1 + 3x_2;$$

约束条件:

$$x_1 + x_2 \geqslant 350,$$
$$x_1 \geqslant 125,$$
$$2x_1 + x_2 \leqslant 600,$$
$$x_1, x_2 \geqslant 0.$$

教学视频:大 M 法

为了化为标准形式,在约束条件中添加松弛变量和剩余变量得到新的约束条件如下:

$$x_1+x_2-s_1=350,$$
$$x_1-s_2=125,$$
$$2x_1+x_2+s_3=600,$$
$$x_1,x_2,s_1,s_2,s_3\geqslant0.$$

在标准型中并不一定要求求目标函数的最大值或最小值,但是为了使单纯形表解法有一个统一的解法,我们把所有求目标函数最小值的问题化成求目标函数最大值的问题(有些书把所有求目标函数最大值的问题化成求目标函数最小值的问题).只要把目标函数乘以−1,就把原来求目标函数最小值的问题化成了求目标函数最大值的问题.本例就可化为

$$\max\ (-f)=-2x_1-3x_2.$$

为了统一符号,不妨设$z=-f$,这样就写成

$$\max z=-2x_1-3x_2.$$

用单纯形法求解线性规划问题的第一步就是要找到一个初始基本可行解,在标准形式的约束方程的系数矩阵里,我们找不到3阶单位矩阵或3个不同的3阶单位向量e_1,e_2,e_3.注意负的单位向量与单位向量是不同的,用负的单位向量作基向量求得的基本解一般不满足非负条件,不是可行解.在系数矩阵里只有s_3的系数是单位向量e_3.而缺乏e_1,e_2也就是说在第1和第2个约束方程中没有初始基变量,这样我们就分别在第1和第2个约束方程中加上人工变量a_1,a_2,这样的约束条件就变成了如下的形式:

$$x_1+x_2-s_1+a_1=350,$$
$$x_1-s_2+a_2=125,$$
$$2x_1+x_2+s_3=600,$$
$$x_1,x_2,s_1,s_2,s_3,a_1,a_2\geqslant0.$$

这样我们在约束方程的系数矩阵中就可以找到单位向量e_3,e_1,e_2了.这时可知基变量为s_3,a_1,a_2,初始基本可行解为$x_1=0,x_2=0,s_1=0,s_2=0,s_3=600,a_1=350,a_2=125$.

要注意到人工变量是与松弛变量和剩余变量不同的.松弛变量和剩余变量可以取零值,也可以取正值,而人工变量只能取零值.一旦人工变量取正值,那么有人工变量的约束方程和原始的约束方程就不等价了,这样所求得的解就不是原线性规划的解了.为了竭尽全力地要求人工变量为零,我们规定人工变量在目标函数中的系数为$-M$,这里M为任意大的数.这样只要人工变量大于0,所求的目标函数最大值就是一个任意小的数.为了使目标函数实现最大就必须把人工变量从基变量中换出.如果一直到最后,人工变量仍不能从基变量中换出,也就是说人工变量仍不为零,则该问题无可行解.这样此例的目标函数就写为

$$z=-2x_1-3x_2-Ma_1-Ma_2.$$

此例的数学模型如下所示:

$$\max z=-2x_1-3x_2-Ma_1-Ma_2;$$

约束条件：
$$x_1+x_2-s_1+a_1=350,$$
$$x_1-s_2+a_2=125,$$
$$2x_1+x_2+s_3=600,$$
$$x_1,x_2,s_1,s_2,s_3,a_1,a_2\geqslant 0.$$

　　像这样，为了构造初始可行基得到初始可行解，把人工变量"强行"地加到原来的约束方程中去，又为了尽力地把人工变量从基变量中替换出来，就令人工变量在求最大值的目标函数里的系数为$-M$的方法叫做大M法，M叫做罚因子.下面我们就用大M法来求解此题，如表5-4所示.

表 5-4

迭代次数	基变量	c_B	x_1	x_2	s_1	s_2	s_3	a_1	a_2	b	比值
			-2	-3	0	0	0	$-M$	$-M$		
0	a_1	$-M$	1	1	-1	0	0	1	0	350	$\dfrac{350}{1}$
	a_2	$-M$	①	0	0	-1	0	0	1	125	$\dfrac{125}{1}$
	s_3	0	2	1	0	0	1	0	0	600	$\dfrac{600}{2}$
	z_j		$-2M$	$-M$	M	M	0	$-M$	$-M$	$-475M$	
	$\sigma_j=c_j-z_j$		$-2+2M$	$-3+M$	$-M$	$-M$	0	0	0		
1	a_1	$-M$	0	1	-1	1	0	1	-1	225	225
	x_1	-2	1	0	0	-1	0	0	1	125	—
	s_3	0	0	1	0	②	1	0	-2	350	$\dfrac{350}{2}$
	z_j		-2	$-M$	M	$-M+2$	0	$-M$	$M-2$	$-225M-250$	
	c_j-z_j		0	$-3+M$	$-M$	$M-2$	0	0	$2-2M$		
2	a_1	$-M$	0	$\boxed{\dfrac{1}{2}}$	-1	0	$-\dfrac{1}{2}$	1	0	50	$\dfrac{50}{1/2}$
	x_1	-2	1	$\dfrac{1}{2}$	0	0	$\dfrac{1}{2}$	0	0	300	$\dfrac{300}{1/2}$
	s_2	0	0	$\dfrac{1}{2}$	0	1	$\dfrac{1}{2}$	0	-1	175	$\dfrac{175}{1/2}$
	z_j		-2	$-\dfrac{1}{2}M-1$	M	0	$\dfrac{1}{2}M-1$	$-M$		$-50M-600$	
	c_j-z_j		0	$\dfrac{1}{2}M-2$	$-M$	0	$-\dfrac{1}{2}M+1$	0	$-M$		

迭代次数	基变量	c_B	x_1	x_2	s_1	s_2	s_3	a_1	a_2	b	比值
			-2	-3	0	0	0	$-M$	$-M$		
	x_2	-3	0	1	-2	0	-1	2	0	100	
	x_1	-2	1	0	1	0	1	-1	0	250	
3	s_2	0	0	0	1	1	1	-1	-1	125	
	z_j		-2	-3	4	0	1	-4	0	-800	
	c_j-z_j		0	0	-4	0	-1	$-M+4$	$-M$		

从表 5-4 中可知其基本可行解 $x_1=250, x_2=100, s_1=0, s_2=125, s_3=0, a_1=0, a_2=0$ 是本例的最优解,其最优值为 $f=-z=-(-800)=800$,因为第 3 次迭代的所有的检验数都小于等于零.

二、两阶段法

两阶段法是处理人工变量的另一种方法,这种方法是将加入人工变量后的线性规划问题分两阶段求解,仍以上面的例题为例,阐述两阶段法的求解过程.

第一阶段:要判断原线性规划问题是否有基本可行解,方法是先求解下列线性规划问题:

$$\max z=-a_1-a_2;$$

约束条件:
$$x_1+x_2-s_1+a_1=350,$$
$$x_1-s_2+a_2=125,$$
$$2x_1+x_2+s_3=600,$$
$$x_1,x_2,s_1,s_2,s_3,a_1,a_2\geqslant 0.$$

注意,此线性规划问题的约束条件与原线性规划问题一样,而目标是求人工变量的相反数之和的最大值(即求人工变量之和的最小值).如果此值小于零,即说明不存在使所有人工变量都为零的可行解,即原问题无可行解,应停止计算.如果此值为零,即说明存在一个可行解,使得所有的人工变量都为零.

第二阶段:将第一阶段的最终单纯形表中的人工变量(都是非基变量)取消,将目标函数换成

教学视频:两阶段法

原问题的目标函数,把此可行解作为初始解进行计算.具体计算过程如表 5-5 和表 5-6 所示.

表 5-5

迭代次数	基变量	c_B	x_1	x_2	s_1	s_2	s_3	a_1	a_2	b	比值
			0	0	0	0	0	-1	-1		
0	a_1	-1	1	1	-1	0	0	1	0	350	$\frac{350}{1}$
	a_2	-1	①	0	0	-1	0	0	1	125	$\frac{125}{1}$
	s_3	0	2	1	0	0	1	0	0	600	$\frac{600}{2}$
	z_j		-2	-1	1	1	0	-1	-1	-475	
	$\sigma_j=c_j-z_j$		2	1	-1	-1	0	0	0		
1	a_1	-1	0	①	-1	1	0	1	-1	225	$\frac{225}{1}$
	x_1	0	1	0	0	-1	0	0	1	125	—
	s_3	0	0	1	0	2	1	0	-2	350	$\frac{350}{1}$
	z_j		0	-1	1	-1	0	-1	1	-225	
	$\sigma_j=c_j-z_j$		0	1	-1	1	0	0	-2		
2	x_2	0	0	1	-1	1	0	1	-1	225	
	x_1	0	1	0	0	-1	0	0	1	125	
	s_3	0	0	0	1	1	1	-1	-1	125	
	z_j		0	0	0	0	0	0	0	0	
	$\sigma_j=c_j-z_j$		0	0	0	0	0	-1	-1		

第一阶段

从表 5-6 中可知其基本可行解 $x_1=250, x_2=100, s_1=0, s_2=125, s_3=0$ 是本例的最优解,其最优值为 $z=-(-800)=800$,因为最后一次迭代的所有检验数都小于等于零.

表 5-6

迭代次数	基变量	c_B	x_1	x_2	s_1	s_2	s_3	b	比值
			-2	-3	0	0	0		
第二阶段 0	x_2	-3	0	1	-1	1	0	225	$\frac{225}{1}$
	x_1	-2	1	0	0	-1	0	125	—
	s_3	0	0	0	1	①	1	125	$\frac{125}{1}$
	z_j		-2	-3	3	-1	0	-925	
	$\sigma_j=c_j-z_j$		0	0	-3	1	0		
1	x_2	-3	0	1	-2	0	-1	100	
	x_1	-2	1	0	1	0	1	250	
	s_2	0	0	0	1	1	1	125	
	z_j		-2	-3	4	0	1	-800	
	$\sigma_j=c_j-z_j$		0	0	-4	0	-1		

§5.4 几种特殊情况

一、无可行解

例 1 用单纯形表求解下列线性规划问题:

$$\max z=20x_1+30x_2;$$

约束条件:

$$3x_1+10x_2\leqslant 150,$$
$$x_1\leqslant 30,$$
$$x_1+x_2\geqslant 40,$$

教学视频:无可行解和无界解

$$x_1, x_2 \geq 0.$$

解 在上述问题的约束条件中加入松弛变量、剩余变量和人工变量得到

$$\max z = 20x_1 + 30x_2 - Ma_1;$$

约束条件：

$$3x_1 + 10x_2 + s_1 = 150,$$
$$x_1 + s_2 = 30,$$
$$x_1 + x_2 - s_3 + a_1 = 40,$$
$$x_1, x_2, s_1, s_2, s_3, a_1 \geq 0.$$

填入单纯形表计算，如表 5-7 所示.

表 5-7

迭代次数	基变量	c_B	x_1 20	x_2 30	s_1 0	s_2 0	s_3 0	a_1 $-M$	b	比值
0	s_1	0	3	⑩	1	0	0	0	150	$\frac{150}{10}$
	s_2	0	1	0	0	1	0	0	30	—
	a_1	$-M$	1	1	0	0	-1	1	40	$\frac{40}{1}$
	z_j		$-M$	$-M$	0	0	M	$-M$	$-40M$	
	$c_j - z_j$		$20+M$	$30+M$	0	0	$-M$	0		
1	x_2	30	3/10	1	1/10	0	0	0	15	$\frac{15}{3/10}$
	s_2	0	①	0	0	1	0	0	30	$\frac{30}{1}$
	a_1	$-M$	7/10	0	$-1/10$	0	-1	1	25	$\frac{25}{7/10}$
	z_j		$9-\frac{7}{10}M$	30	$3+\frac{M}{10}$	0	M	$-M$	$450-25M$	
	$c_j - z_j$		$11+\frac{7}{10}M$	0	$-3-\frac{M}{10}$	0	$-M$	0		
2	x_2	30	0	1	1/10	$-3/10$	0	0	6	
	x_1	20	1	0	0	1	0	0	30	
	a_1	$-M$	0	0	$-1/10$	$-7/10$	-1	1	4	
	z_j		20	30	$3+\frac{M}{10}$	$11+\frac{7M}{10}$	M	$-M$	$780-4M$	
	$c_j - z_j$		0	0	$-3-\frac{M}{10}$	$-11-\frac{7M}{10}$	$-M$	0		

从第 2 次迭代的检验数来看 σ_j 都小于等于零, 可知第 2 次迭代所得的基本可行解已经是最优解了. 其最优解为 $x_1=30, x_2=6, s_1=0, s_2=0, s_3=0, a_1=4\neq0$, 其最大的目标函数为 $780-4M$. 我们把最优解 $s_3=0, a_1=4$ 代入第 3 个约束方程得 $x_1+x_2-0+4=40$, 即有

$$x_1 + x_2 = 36 \leqslant 40.$$

并不满足原来的约束条件 3, 可知原线性规划问题无可行解, 或者说其可行域为空集, 当然更不可能有最优解了.

像这样只要求出的线性规划问题的最优解里有人工变量大于零, 则此线性规划问题无可行解.

二、无界解

在求目标函数最大值的问题中, 所谓无界解是指在约束条件下目标函数值可以取任意大. 下面我们用单纯形表来求解第二章中的例子.

例 2　用单纯形表求解下面线性规划问题:

$$\max z = x_1+x_2;$$

约束条件:

$$x_1-x_2 \leqslant 1,$$
$$-3x_1+2x_2 \leqslant 6,$$
$$x_1 \geqslant 0, x_2 \geqslant 0.$$

解　在上述问题的约束条件中加入松弛变量, 得标准形式:

$$\max z = x_1+x_2;$$

约束条件:

$$x_1-x_2+s_1 = 1,$$
$$-3x_1+2x_2+s_2 = 6,$$
$$x_1, x_2 \geqslant 0.$$

填入单纯形表计算, 如表 5-8 所示.

表 5-8

| 迭代次数 | 基变量 | c_B | x_1 | x_2 | s_1 | s_2 | b | 比值 |
			1	1	0	0		
0	s_1	0	①	-1	1	0	1	1
	s_2	0	-3	2	0	1	6	—
	z_j		0	0	0	0	0	
	c_j-z_j		1	1	0	0		

续表

迭代次数	基变量	c_B	x_1	x_2	s_1	s_2	b	比值
			1	1	0	0		
1	x_1	1	1	−1	1	0	1	
	s_2	0	0	−1	3	1	9	
	z_j		1	−1	1	0	1	
	c_j-z_j		0	2	−1	0		

从第 1 次迭代的检验数 $\sigma_2=2$ 可知所得的基本可行解 $x_1=1,x_2=0,s_1=0,s_2=9$ 不是最优解.同时我们也知道如果进行第 2 次迭代,那么就选 x_2 为入基变量,但是在选择出基变量时遇到了问题: $\bar{a}_{12}=-1,\bar{a}_{22}=-1$,找不到大于零的 $\bar{a}_{i2}$ 来确定出基变量.事实上如果我们碰到这种情况就可以断定这个线性规划问题是无界的,也就是说在此线性规划的约束条件下,此目标函数值可以取到无限大.从 1 次迭代的单纯形表中,得到约束方程(这是原约束方程经过 1 次选择行变换得到的)

$$x_1-x_2+s_1=1,$$
$$-x_2+3s_1+s_2=9.$$

移项可得

$$x_1=1+x_2-s_1,$$
$$s_2=x_2-3s_1+9.$$

不妨设 $x_2=M,s_1=0$,可得一组解

$$x_1=M+1,$$
$$x_2=M,$$
$$s_1=0,$$
$$s_2=M+9.$$

显然这是此线性规划的可行解,此时目标函数

$$z=x_1+x_2=M+1+M=2M+1.$$

由于 M 可以是任意大的正数,可知此目标函数值无界.

上述例子告诉我们在单纯形表中识别线性规划问题是否无界的方法:在某次迭代的单纯形表中,如果存在着一个大于零的检验数 σ_j,并且该列的系数向量的每个元素 $a_{ij}(i=1,2,\cdots,m)$ 都小于或等于零,则此线性规划问题是无界的,一般来说此类问题的出现是由于建模错误所引起的.

三、无穷多最优解

例 3 用单纯形表求解下面的线性规划问题:

$$\max z = 50x_1 + 50x_2;$$

约束条件:
$$x_1 + x_2 \leqslant 300,$$
$$2x_1 + x_2 \leqslant 400,$$
$$x_2 \leqslant 250,$$
$$x_1 \geqslant 0, x_2 \geqslant 0.$$

解 此题我们已用图解法求出了最优解,现在用单纯形表来求解.

加入松弛变量 s_1, s_2, s_3,我们得到了标准形式:
$$\max z = 50x_1 + 50x_2;$$

约束条件:
$$x_1 + x_2 + s_1 = 300,$$
$$2x_1 + x_2 + s_2 = 400,$$
$$x_2 + s_3 = 250,$$
$$x_1, x_2, s_1, s_2, s_3 \geqslant 0.$$

填入单纯形表计算,如表 5-9 所示.

表 5-9

迭代次数	基变量	c_B	x_1	x_2	s_1	s_2	s_3	b	比值
			50	50	0	0	0		
0	s_1	0	1	1	1	0	0	300	$\dfrac{300}{1}$
	s_2	0	2	1	0	1	0	400	$\dfrac{400}{1}$
	s_3	0	0	①	0	0	1	250	$\dfrac{250}{1}$
	z_j		0	0	0	0	0	0	
	$c_j - z_j$		50	50	0	0	0		
1	s_1	0	①	0	1	0	-1	50	$\dfrac{50}{1}$
	s_2	0	2	0	0	1	-1	150	$\dfrac{150}{2}$
	x_2	50	0	1	0	0	1	250	—
	z_j		0	50	0	0	50	12 500	
	$c_j - z_j$		50	0	0	0	-50		

教学视频:无穷多最优解

续表

迭代次数	基变量	c_B	x_1	x_2	s_1	s_2	s_3	b	比值
			50	50	0	0	0		
2	x_1	50	1	0	1	0	-1	50	—
	s_2	0	0	0	-2	1	1	50	$\dfrac{50}{1}$
	x_2	50	0	1	0	0	1	250	$\dfrac{250}{1}$
	z_j		50	50	50	0	0	15 000	
	c_j-z_j		0	0	-50	0	0		

这样我们求得最优解为 $x_1=50, x_2=250, s_1=0, s_2=50, s_3=0$, 此线性规划问题的最优值为 15 000. 这个最优解是否是唯一的呢? 由于在第 2 次迭代的检验数中除了基变量的检验数 $\sigma_1, \sigma_2, \sigma_4$ 等于零外, 非基变量 s_3 的检验数也等于零, 这样我们可以断定此线性规划问题有无穷多最优解. 不妨把检验数也为零的非基变量选为入基变量进行第 3 次迭代. 可求得另一个基本可行解, 如表 5-10 所示.

表 5-10

迭代次数	基变量	c_B	x_1	x_2	s_1	s_2	s_3	b
			50	50	0	0	0	
3	x_1	50	1	0	-1	1	0	100
	s_3	0	0	0	-2	1	1	50
	x_2	50	0	1	2	-1	0	200
	z_j		50	50	50	0	0	15 000
	c_j-z_j		0	0	-50	0	0	

从检验数可知此基本可行解 $x_1=100, x_2=200, s_1=0, s_2=0, s_3=50$ 也是最优解, 从图解法可知连接这两点的线段上的任一点都是此线性规划的最优解, 不妨用向量 $\mathbf{Z}_1, \mathbf{Z}_2$ 表示上述两个最优解, 即 $\mathbf{Z}_1=(50,250,0,50,0)$, $\mathbf{Z}_2=(100,200,0,0,50)$, 则线段上的任一点可表示为 $\alpha\mathbf{Z}_1+(1-\alpha)\mathbf{Z}_2$, 其中 $0\leqslant\alpha\leqslant1$, 如图 5-1 所示.

在一个已得到最优解的单纯形表中, 如果存在一个非基变量的检验数 σ_s 为零, 当我们把这个非基变量 x_s 作为入基变量进行迭代时, 为什么得到的新的基本解仍为最优解呢?

不妨设出基变量为 x_k, 则原最优单纯形表可表示为

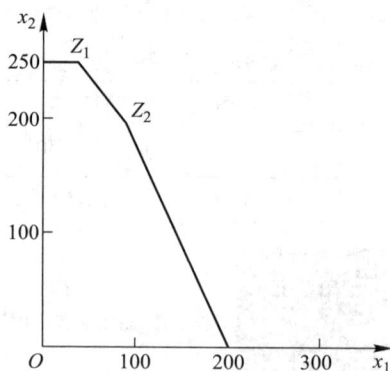

图 5-1

		x_k	$\cdots$	x_s
		c_k	$\cdots$	c_s
x_1	c_1	$\cdots$ 0	$\cdots$	a_{1s}
$\vdots$	$\vdots$	$\vdots$		$\vdots$
x_{k-1}	c_{k-1}	$\cdots$ 0	$\cdots$	$a_{k-1,s}$
x_k	c_k	$\cdots$ 1	$\cdots$	a_{ks}
x_{k+1}	c_{k+1}	$\cdots$ 0	$\cdots$	$a_{k+1,s}$
$\vdots$	$\vdots$	$\vdots$		$\vdots$
x_m	c_m	$\cdots$ 0	$\cdots$	a_{ms}
$\sigma_j = c_j - z_j$		0		0

由此可知 $\sigma_s = 0$，即有 $c_1 a_{1s} + c_2 a_{2s} + \cdots + c_m a_{ms} - c_s = 0$，也就是 $c_s = \sum\limits_{i=1}^{m} c_i a_{is}$.

通过迭代，我们得到了新的单纯形表，其中 x_s 为基变量，而 x_k 为非基变量.我们可得到

		x_k	$\cdots$	x_s
		c_k	$\cdots$	c_s
x_1	c_1	$\dfrac{-a_{1s}}{a_{ks}}$	$\cdots$	0
$\vdots$	$\vdots$	$\vdots$		$\vdots$
x_{k-1}	c_{k-1}	$\dfrac{-a_{(k-1)s}}{a_{ks}}$	$\cdots$	0
x_s	c_s	$1/a_{ks}$	$\cdots$	1
x_{k+1}	c_{k+1}	$\dfrac{-a_{(k+1)s}}{a_{ks}}$	$\cdots$	0
$\vdots$	$\vdots$	$\vdots$		$\vdots$
x_m	c_m	$\dfrac{-a_{ms}}{a_{ks}}$	$\cdots$	0
z_j		z_k	$\cdots$	c_s
$c_j - z_j$		$c_k - z_k$	$\cdots$	0

其中,

$$z_k = \frac{1}{a_{ks}}\Big(\sum_{i=1}^{k-1} -c_i a_{is} + \sum_{i=k+1}^{m} -c_i a_{is} \Big) + \frac{1}{a_{ks}} c_s$$

$$= \frac{1}{a_{ks}}\Big[\Big(-\sum_{i=1}^{m} c_i a_{is} \Big) + c_k a_{ks} \Big] + \frac{1}{a_{ks}} c_s.$$

把 $c_s = \sum\limits_{i=1}^{m} c_i a_{is}$ 代入上式得

$$z_k = \frac{1}{a_{ks}}(-c_s + c_k a_{ks}) + \frac{1}{a_{ks}}c_s = c_k.$$

即可得到

$$c_k - z_k = c_k - c_k = 0.$$

显然,在新的单纯形表中,基变量的检验数为零,用同样方法可证明其他非基变量的检验数不变,仍然小于等于零,这样就证明了新得到的基本可行解仍然是最优解.

这样我们得到了判断线性规划有无穷多最优解的方法:对于某个最优的基本可行解,如果存在某个非基变量的检验数为零,则此线性规划问题有无穷多最优解.

四、退化问题

在单纯形法计算过程中,基变量有时存在两个以上相同的最小比值,这样在下一次迭代中就有一个或几个基变量等于零,这称为退化.

例 4 用单纯形表,求解下列线性规划问题:

$$\max z = 2x_1 + \frac{3}{2}x_3;$$

约束条件:

$$x_1 - x_2 \le 2,$$
$$2x_1 + x_3 \le 4,$$
$$x_1 + x_2 + x_3 \le 3,$$
$$x_1, x_2, x_3 \ge 0.$$

解 加上松弛变量 s_1, s_2, s_3 化为标准形式后,填入单纯形表计算,如表 5-11 所示.

表 5-11

迭代次数	基变量	c_B	x_1	x_2	x_3	s_1	s_2	s_3	b	比值
			2	0	$\frac{3}{2}$	0	0	0		
0	s_1	0	①	-1	0	1	0	0	2	$\frac{2}{1}$
	s_2	0	2	0	1	0	1	0	4	$\frac{4}{2}$
	s_3	0	1	1	1	0	0	1	3	$\frac{3}{1}$
	z_j		0	0	0	0	0	0	0	
	$c_j - z_j$		2	0	$\frac{3}{2}$	0	0	0		

教学视频:退化解

续表

迭代次数	基变量	c_B	x_1 $\;2$	x_2 $\;0$	x_3 $\;\frac{3}{2}$	s_1 $\;0$	s_2 $\;0$	s_3 $\;0$	b	比值
	x_1	2	1	-1	0	1	0	0	2	—
	s_2	0	0	②	1	-2	1	0	0	$\frac{0}{2}$
1	s_3	0	0	2	1	-1	0	1	1	$\frac{1}{2}$
	z_j		2	-2	0	2	2	0	4	
	c_j-z_j		0	2	$\frac{3}{2}$	-2	0	0		
	x_1	2	1	0	$\frac{1}{2}$	0	$\frac{1}{2}$	0	2	$\frac{2}{1/2}$
	x_2	0	0	1	$\left(\frac{1}{2}\right)$	-1	$\frac{1}{2}$	0	0	$\frac{0}{1/2}$
2	s_3	0	0	0	0	1	-1	1	1	—
	z_j		2	0	1	0	1	0	4	
	c_j-z_j		0	0	$\frac{1}{2}$	0	-1	0		

从表中可以看到在 0 次迭代栏中,由于比值 $\dfrac{b_1}{a_{11}}=\dfrac{b_2}{a_{21}}=2$ 为最小比值,导致在第 1 次迭代中出现了退化,基变量 $s_2=0$.又由于第 1 次迭代出现了退化,基变量 $s_2=0$,导致第 2 次迭代所取得的目标函数值并没有得到改善,仍然与第 1 次迭代的一样,都等于 4.像这样继续迭代而得不到目标函数的改善,就降低了单纯形算法的效率,但一般来说还是可以得到最优解的.本题继续计算,如表 5-12 所示.

表 5-12

迭代次数	基变量	c_B	x_1 $\;2$	x_2 $\;0$	x_3 $\;\frac{3}{2}$	s_1 $\;0$	s_2 $\;0$	s_3 $\;0$	b	比值
	x_1	2	1	-1	0	1	0	0	2	$\frac{2}{1}$
	x_3	$\frac{3}{2}$	0	2	1	-2	1	0	0	—
3	s_3	0	0	0	0	①	-1	1	1	$\frac{1}{1}$
	z_j		2	1	$\frac{3}{2}$	-1	$\frac{3}{2}$	0	4	
	c_j-z_j		0	-1	0	1	$-\frac{3}{2}$	0		

续表

迭代次数	基变量	c_B	x_1	x_2	x_3	s_1	s_2	s_3	b	比值
			2	0	$\frac{3}{2}$	0	0	0		
4	x_1	2	1	-1	0	0	1	-1	1	
	x_3	$\frac{3}{2}$	0	2	1	0	-1	2	2	
	s_1	0	0	0	0	1	-1	1	1	
	z_j		2	1	$\frac{3}{2}$	0	$\frac{1}{2}$	1	5	
	$c_j - z_j$		0	-1	0	0	$-\frac{1}{2}$	-1		

这样我们得到了最优解 $x_1 = 1, x_2 = 0, x_3 = 2, s_1 = 1, s_2 = 0, s_3 = 0$，其最优值为 5.但有时出现退化时，即使存在最优解，迭代过程却总是重复某一部分迭代过程，出现了计算过程的循环，目标函数值总是不变，永远达不到最优解.

下面一个是由 E. Beale 给出的循环的例子.

例 5

$$\min f = -\frac{3}{4}x_4 + 20x_5 - \frac{1}{2}x_6 + 6x_7;$$

约束条件：

$$x_1 + \frac{1}{4}x_4 - 8x_5 - x_6 + 9x_7 = 0,$$

$$x_2 + \frac{1}{2}x_4 - 12x_5 - \frac{1}{2}x_6 + 3x_7 = 0,$$

$$x_3 + x_6 = 1,$$

$$x_1, x_2, x_3, x_4, x_5, x_6, x_7 \geqslant 0.$$

这个例子的确存在最优解，但用一般单纯形表法，经过 6 次迭代后得到的单纯形表与第 0 次单纯形表一样，而目标函数都是零，没有任何变化，这样迭代下去，永远达不到最优解.为了避免这种现象，我们介绍勃兰特法则.

首先把松弛变量(剩余变量)、人工变量都用 x_j 表示，一般松弛变量(剩余变量)的下标号列在决策变量之后，人工变量的下标号列在松弛变量(剩余变量)之后，在计算中，遵守以下两个规则：

（1）在所有检验数大于零的非基变量中，选一个下标最小的作为入基变量.

（2）当存在两个和两个以上最小比值时，选一个下标最小的基变量为出基变量.

这样就一定能避免出现循环.

习　题

1. 请判断下列说法是否正确：

（1）使用人工变量法求解标准线性规划问题时，当所有的检验数 $\sigma_j \leqslant 0$，在基变量中仍含有非零的人工变量，表明该线性规划问题无可行解.

（2）用单纯形法求解标准线性规划问题时，与 $\sigma_j < 0$ 对应的变量都可以被选作入基变量.

（3）单纯形法计算中，如不按最小比值原则选取换出变量，则在下一个解中至少有一个基变量的值为负.

（4）单纯形法计算中，选取最大正检验数 σ_k 对应的变量 x_k 作为入基变量，将使目标函数值得到最快的增长.

2. 已知线性规划问题：

$$\max z = x_1 + 3x_2;$$

约束条件：

$$x_1 + x_3 = 5, \tag{1}$$
$$x_1 + x_2 + x_4 \leqslant 10, \tag{2}$$
$$x_2 + x_5 = 4, \tag{3}$$
$$x_1, x_2, x_3, x_4, x_5 \geqslant 0. \tag{4}$$

表 5-13 所列的解均满足约束条件（1）（2）（3），试指出表中哪些是可行解，哪些是基本解，哪些是基本可行解.

表 5-13

决策变量 序号	x_1	x_2	x_3	x_4	x_5
a	2	4	3	0	0
b	10	0	-5	0	4
c	3	0	2	7	4
d	1	4.5	4	0	-0.5
e	0	2	5	6	2
f	0	4	5	2	0

3. 设有线性规划问题：

$$\max z = 10x_1 + 24x_2 + 14x_3$$

约束条件：

$$3x_1 + 4x_2 - x_3 \leqslant 20$$
$$x_1 + 1.2x_2 \leqslant 45$$
$$3x_1 + x_2 - 4x_3 \leqslant 22$$
$$x_1, x_2, x_3 \geqslant 0$$

（1）上面线性规划问题的可行域在哪一个方向是无界的？

（2）不用计算，对这个问题的最优解能得出什么结论？

4. 考虑下面线性规划问题:

$$\max 5x_1 + 9x_2;$$

约束条件:

$$\frac{1}{2}x_1 + x_2 \leq 8,$$

$$x_1 + x_2 \geq 10,$$

$$\frac{1}{4}x_1 + \frac{1}{2}x_2 \geq 6,$$

$$x_1, x_2 \geq 0.$$

（1）写出该线性规划的标准型.

（2）在这个问题的基本解中,将有多少个变量的值取为零? 为什么?

（3）找出 s_1 和 s_2 的值取零的基本解.

（4）找出 x_1 和 s_2 的值取零的基本解.

（5）（3）和（4）的解是基本可行解吗? 为什么?

（6）用图解法验证（3）和（4）的结果中是否有最优解.

5. 将下列线性规划变成标准型:

$$\min z = -4x_1 + 3x_2 - 2x_3 - 7x_4;$$

约束条件:

$$4x_1 + x_2 + 3x_3 - x_4 = -1,$$

$$-x_1 + 3x_2 - x_3 + 6x_4 \leq 18,$$

$$3x_1 - 2x_2 - 4x_3 \geq 2,$$

$$x_1, x_2, x_4 \geq 0, x_3 \text{ 无约束}.$$

其中,对于无约束变量通常用 $x_j = x_j' - x_j''$ 来替换,思考原因以及对 x_j' 和 x_j'' 的正负约束;试说明对于一般的线性规划问题 x_j', x_j'' 能否在基变量中同时出现,为什么?

6. 请考虑表 5-14 所给出的不完全初始单纯形表.

表 5-14

迭代次数	基变量	c_B	x_1	x_2	x_3	s_1	s_2	s_3	b
			6	30	25	0	0	0	
0			3	1	0	1	0	0	40
			0	2	1	0	1	0	50
			2	1	-1	0	0	1	20
	z_j $c_j - z_j$								

（1）把上面的表格填写完整.

（2）按照上面的完整表格,写出此线性规划模型.

（3）这个初始解的基是什么? 写出这个初始解和其对应的目标函数值.

（4）在进行第 1 次迭代时,请确定其入基变量和出基变量,说明理由,并在表格上标出主元.

7. 某线性规划问题用单纯形法迭代时,得到的其中某两步的单纯形表如表 5-15 所示.请将表中空白处的数字填上.

表 5-15

迭代次数	基变量	c_B	x_1	x_2	x_3	x_4	x_5	x_6	x_7	b
			0	6	6	0	0	0	0	
n	x_4	0	8	2	10	1	0	0	0	10
	x_5	0	3	5	9	0	1	0	0	4
	x_7	0	7	6	6	0	0	−1	1	2
	c_j-z_j		0	6	6	0	0	0	0	—
⋮	⋮	⋮	⋮	⋮	⋮	⋮	⋮	⋮	⋮	⋮
$n+i$	x_4	0				1	0	$\frac{1}{3}$	$-\frac{1}{3}$	
	x_5	0				0	1	$\frac{5}{6}$	$-\frac{5}{6}$	
	x_2	6				0	0	$-\frac{1}{6}$	$\frac{1}{6}$	
	c_j-z_j									—
⋮	⋮	⋮	⋮	⋮	⋮	⋮	⋮	⋮	⋮	⋮

8. 考虑下面线性规划问题:

$$\max z = c_1x_1 + c_2x_2 + c_3x_3$$

约束条件:

$$x_1 + 2x_2 + x_3 \leqslant b_1$$
$$3x_1 + 2x_3 \leqslant 2b_2$$
$$x_1 + 4x_2 \leqslant 3b_3$$
$$x_1, x_2, x_3 \geqslant 0$$

用单纯形法求解得最终单纯形表如表 5-16 所示,表中 s_1, s_2, s_3 为松弛变量.

表 5-16

基变量	C_B	x_1	x_2	x_3	s_1	s_2	s_3	b
		c_1	c_2	c_3	0	0	0	
x_2	c_2	−0.25	1	0	0.5	−0.25	0	5
x_3	c_3	1.5	0	1	0	0.5	0	30
s_3	0	2	0	0	−2	1	1	10
c_j-z_j		−4	0	0	−1	−2	0	

(1)写出最优解.

(2)试确定 c_1, c_2, c_3 和 b_1, b_2, b_3 的值.

9. 某一求目标函数极大值的线性规划问题,用单纯形法求解得到某一步的单纯形表如表 5-17 所示,表中 x_j 均为非人工变量.

表 5-17

迭代次数	基变量	c_B	x_1	x_2	x_3	x_4	x_5	x_6	x_7	b
			2	4	-3	4	1	0	0	
	x_3	-3	k_2	0	1	0	0	4	3	k_1
n	x_2	4	1	1	0	-2	0	k_6	1	5
	x_5	1	4	0	0	k_4	1	-2	-1	7
	c_j-z_j		k_3	0	0	k_5	0	-3	-4	

为了使下列说法分别成立,试确定参数 k_1,k_2,k_3,k_4,k_5 的范围.

(1) 现行解为唯一最优解;

(2) 现行解为最优解,但有多重最优解;

(3) 该线性规划问题有可行解,但是目标函数无界;

(4) 该线性规划问题无可行解.

10. 某线性规划问题用单纯形法迭代时,得到其中一步的单纯形表如表 5-18 所示.已知该线性规划的目标函数为 $\max z = 10x_1 + 4x_2$,约束条件形式为 $\leqslant$,其中单纯形表中 x_3, x_4 为松弛变量,表中解代入目标函数之后得 $z = 28$.

表 5-18

迭代次数	基变量	c_B	x_1	x_2	x_3	x_4	b
			10	4	0	0	
	⋮	⋮	⋮	⋮	⋮	⋮	⋮
n	x_3	0	8	b	1	1	12
	x_2	4	a	c	e	g	h
	c_j-z_j		-18	d	f	-4	

(1) 求 a,b,c,d,e,f,g,h 的值;

(2) 表中给出的解是否为最优解?

11. 分别用单纯形法和图解法解下列线性规划问题,并将两者求解过程进行比较.

$$\max z = 4x_1 + x_2;$$

约束条件:

$$x_1 + 3x_2 \leqslant 7,$$
$$4x_1 + 2x_2 \leqslant 9,$$
$$x_1, x_2 \geqslant 0.$$

12. 用单纯形法解下列线性规划问题:

$$\max z = 6x_1 + 5x_2$$

约束条件:

$$x_1 \leqslant 15$$
$$3x_2 \leqslant 18$$

$$3x_1 + 2x_2 \leqslant 18$$
$$x_1, x_2 \geqslant 0$$

另外,请思考:在用单纯形法求解一般线性规划问题时,迭代过程中任何从基变量中替换出来的变量,在紧接着的下一次迭代中,会不会再进入基变量中? 为什么?

13. 用单纯形法解下列线性规划问题:

(1)　　　　　$\max z = 12x_1 + 8x_2 + 5x_3$;

约束条件:　　$3x_1 + 2x_2 + x_3 \leqslant 20$,

$x_1 + x_2 + x_3 \leqslant 11$,

$12x_1 + 4x_2 + x_3 \leqslant 48$,

$x_1, x_2, x_3, \geqslant 0$.

(2)　　　　　$\min f = x_1 + 2x_2 - x_3$;

约束条件:　　$2x_1 + 2x_2 - x_3 \leqslant 4$,

$x_1 - 2x_2 + 2x_3 \leqslant 8$,

$x_1 + x_2 + x_3 \leqslant 5$,

$x_1, x_2, x_3 \geqslant 0$.

14. 用大 M 法求解下列线性规划问题:

$$\max z = 5x_1 + x_2 + 3x_3;$$

约束条件:　　$x_1 + 4x_2 + 2x_3 \geqslant 10$,

$x_1 - 2x_2 + x_3 \leqslant 16$,

$x_1, x_2, x_3 \geqslant 0$.

15. 用单纯形法或大 M 法解下列线性规划问题,并指出问题的解属于哪一类.

(1)　　　　　$\max z = 3x_1 + 12x_2$;

约束条件:　　$2x_1 + 2x_2 \leqslant 11$,

$-x_1 + x_2 \geqslant 8$,

$x_1, x_2 \geqslant 0$.

(2)　　　　　$\min 4x_1 + 3x_2$;

约束条件:　　$2x_1 + \frac{1}{2}x_2 \geqslant 10$,

$2x_1 \geqslant 4$,

$4x_1 + 4x_2 \geqslant 32$,

$x_1, x_2 \geqslant 0$.

(3)　　　　　$\max 2x_1 + 3x_2$;

约束条件:　　$8x_1 + 6x_2 \geqslant 24$,

$3x_1 + 6x_2 \geqslant 12$,

$x_2 \geqslant 5$,

$x_1, x_2 \geqslant 0$.

(4)　　　　　$\max z = 2x_1 + x_2 + x_3$;

约束条件:　　$4x_1 + 2x_2 + 2x_3 \geqslant 4$,

$$2x_1 + 4x_2 \leq 20,$$
$$4x_1 + 8x_2 + 2x_3 \leq 16,$$
$$x_1, x_2, x_3 \geq 0.$$

16. 用两阶段法求解下列线性规划问题:

$$\min z = -2x_1 - x_2 + 2x_3;$$

约束条件:
$$x_1 + x_2 + x_3 = 4,$$
$$-x_1 - x_2 + x_3 \geq -6,$$
$$x_1, x_2 \geq 0, x_3 \text{ 无约束}.$$

17. 试用两阶段法第一阶段的求解,找出下述方程组的一个可行解,并利用计算得到的最终单纯形表说明该方程组有多余方程.

$$x_1 + 3x_2 - x_3 = 2$$
$$3x_1 - x_2 = 3$$
$$4x_1 + 2x_2 - x_3 = 5$$
$$x_1, x_2, x_3 \geq 0$$

*第六章 单纯形法的灵敏度分析与对偶

在第二章里我们用图解法进行了灵敏度分析,在第三章里我们讨论了如何用计算机输出的信息对线性规划问题进行灵敏度分析.在这一章里我们将研究如何利用最优单纯形表进行灵敏度分析.同时在本章中我们还要介绍线性规划问题的对偶问题,以及对偶问题的经济解释.

§6.1 单纯形表的灵敏度分析

一、目标函数中变量系数 c_K 的灵敏度分析

1. 在最终的单纯形表里, x_K 是非基变量

在这种情况下,由于约束方程系数增广矩阵在迭代中只是其本身的行的初等变换,与 c_K 没有任何关系,所以当 c_K 变成 $c_K + \Delta c_K$ 时,在最终单纯形表中其系数的增广矩阵不变.又因为 x_K 是非基变量,所以基变量的目标函数的系数不变,即 $\boldsymbol{c}_B$ 不变,可知 z_K 也不变,只是 c_K 变成了 $c_K + \Delta c_K$.这时 $\sigma_K = c_K - z_K$ 就变成了 $c_K + \Delta c_K - z_K = \sigma_K + \Delta c_K$.要使得原来的最优解仍为最优解,只要 $\sigma_K + \Delta c_K \leqslant 0$ 即可,也就是 c_K 的增量 $\Delta c_K \leqslant -\sigma_K$ 即可.

2. 在最终的单纯形表中, x_K 是基变量

当 c_K 变成 $c_K + \Delta c_K$ 时,同上面一样,可知在最终的单纯形表中的约束方程的增广矩阵不变,但是基变量在目标函数中的系数 $\boldsymbol{c}_B$ 变了,则 $z_j (j=1,2,\cdots,n)$ 一般也变了,不妨设 $\boldsymbol{c}_B = (c_{B1}, c_{B2}, \cdots, c_K, \cdots, c_{Bm})$,当 $\boldsymbol{c}_B$ 变成 $(c_{B1}, c_{B2}, \cdots, c_K + \Delta c_K, \cdots, c_{Bm})$,则

$$z_j = (c_{B1}, c_{B2}, \cdots, c_K, \cdots, c_{Bm})(a'_{1j}, a'_{2j}, \cdots, a'_{kj}, \cdots, a'_{mj})^{\mathrm{T}}$$

就变成了

$$z'_j = (c_{B1}, c_{B2}, \cdots, c_K + \Delta c_K, \cdots, c_{Bm})(a'_{1j}, a'_{2j}, \cdots, a'_{kj}, \cdots, a'_{mj})^{\mathrm{T}}$$
$$= c_{B1} a'_{1j} + c_{B2} a'_{2j} + \cdots + (c_K + \Delta c_K) a'_{kj} + \cdots + c_{Bm} a'_{mj}$$

---

* 没学过线性代数的读者,可以不学带"＊"号的第五章和第六章,不会影响学习其他章节.

$$= c_{B1}a'_{1j} + c_{B2}a'_{2j} + \cdots + c_k a'_{kj} + c_{Bm}a'_{mj} + \Delta c_k a'_{kj}$$
$$= z_j + \Delta c_k a'_{kj}.$$

这样检验数 $\sigma_j(j=1,2,\cdots,m)$ 变成了 σ'_j，有

$$\sigma'_j = c_j - z'_j = c_j - (z_j + \Delta c_k a'_{kj})$$
$$= (c_j - z_j) - \Delta c_k a'_{kj} = \sigma_j - \Delta c_k a'_{kj}.$$

要使最优解不变，只要当 $j \neq k$ 时，$\sigma'_j \leq 0$，也就是

$$\sigma_j - \Delta c_k a'_{kj} \leq 0,$$
$$\Delta c_k a'_{kj} \geq \sigma_j.$$

当 $a'_{kj} > 0$ 时，$\Delta c_k \geq \dfrac{\sigma_j}{a'_{kj}}$，这里 $\dfrac{\sigma_j}{a'_{kj}} \leq 0$；

当 $a'_{kj} < 0$ 时，$\Delta c_k \leq \dfrac{\sigma_j}{a'_{kj}}$，这里 $\dfrac{\sigma_j}{a'_{kj}} \geq 0$.

而当 $j = k$ 时，$\sigma'_k = c_k + \Delta c_k - z'_k = c_k + \Delta c_k - z_k - \Delta c_k \cdot a'_{kk}$，因为 x_k 是基变量，可知 $\sigma_k = 0$，$a'_{kk} = 1$，故知 $\sigma'_k = 0$.

这也就是说，要使最优解不变，对于除了 a'_{kk} 外的所有的小于零的 a'_{kj}，c_k 的增量 Δc_k 都要小于等于 $\dfrac{\sigma_j}{a'_{kj}}$，对于所有大于零的 a'_{kj}，Δc_k 都要大于等于 $\dfrac{\sigma_j}{a'_{kj}}$. 我们用数学式表示使得最优解不变的 Δc 的变化范围为

$$\max\left\{ \left. \frac{\sigma_j}{a'_{kj}} \right| a'_{kj} > 0 \right\} \leq \Delta c_k \leq \min\left\{ \left. \frac{\sigma_j}{a'_{kj}} \right| a'_{kj} < 0 \right\}.$$

下面以第二章例 1 为例，在最终的单纯形表上对 c_j 进行灵敏度分析. 此题的数学模型如下：

$$\max z = 50x_1 + 100x_2;$$

约束条件：
$$x_1 + x_2 \leq 300,$$
$$2x_1 + x_2 \leq 400,$$
$$x_2 \leq 250,$$
$$x_1, x_2 \geq 0.$$

此题在第五章里，我们已得到其最终的单纯形表如表 6-1 所示.

表 6-1

迭代次数	基变量	c_B	x_1	x_2	s_1	s_2	s_3	b
			50	100	0	0	0	
	x_1	50	1	0	1	0	-1	50
2	s_2	0	0	0	-2	1	1	50
	x_2	100	0	1	0	0	1	250

迭代次数	基变量	c_B	x_1	x_2	s_1	s_2	s_3	b
			50	100	0	0	0	
2	z_j		50	100	50	0	50	27 500
	$c_j - z_j$		0	0	-50	0	-50	

我们先对非基变量 s_1 的目标函数的系数 c_3 进行灵敏度分析.

这里 $\sigma_3 = -50$, 所以当 c_3 的增量 $\Delta c_3 \leqslant -(-50)$, 即 $\Delta c_3 \leqslant 50$ 时, 最优解不变, 也就是说 s_1 的目标函数的系数 $c_3' = c_3 + \Delta c_3 \leqslant 0 + 50 = 50$ 时, 最优解不变.

我们再对基变量 x_1 的目标函数的系数 c_1 进行灵敏度分析.

在 a_{11}', a_{12}', a_{13}', a_{14}', a_{15}' 中, 除了 a_{11}' 外还知道 a_{13}' 大于零, a_{15}' 小于零, 可知 $\dfrac{\sigma_3}{a_{13}'} = \dfrac{-50}{1} = -50$, 有 $\max\left\{\dfrac{\sigma_j}{a_{1j}'}\middle| a_{1j}' > 0\right\} = \max\{-50\} = -50$. 同样有

$$\min\left\{\frac{\sigma_j}{a_{1j}'}\middle| a_{1j}' < 0\right\} = \min\left\{\frac{\sigma_5}{a_{15}'}\right\} = \min\left\{\frac{-50}{-1}\right\} = 50.$$

这样可知当 $-50 \leqslant \Delta c_1 \leqslant 50$ 时, 也就是 $50 - 50 \leqslant c_1' = c_1 + \Delta c_1 \leqslant 50 + 50$, 即 $0 \leqslant c_1' \leqslant 100$ 时最优解不变.

我们也可以按以下方法来计算出使最优解不变的 c_1' 的变化范围.

在最终的单纯形表中, 用 c_1' 代替原来的 $c_1 = 50$, 计算如表 6-2 所示.

表 6-2

迭代次数	基变量	c_B	x_1	x_2	s_1	s_2	s_3	b
			c_1'	100	0	0	0	
	x_1	c_1'	1	0	1	0	-1	50
	s_2	0	0	0	-2	1	1	50
2	x_2	100	0	1	0	0	1	250
	z_j		c_1'	100	c_1'	0	$-c_1'+100$	
	$c_j - z_j$		0	0	$-c_1'$	0	$c_1'-100$	

从 $\sigma_3 \leqslant 0$, 得到 $-c_1' \leqslant 0$, 即

$$c_1' \geqslant 0, \tag{6.1}$$

并且从 $\sigma_5 \leqslant 0$, 得到 $c_1' - 100 \leqslant 0$,

$$c_1' \leqslant 100. \tag{6.2}$$

从(6.1)式和(6.2)式我们知道当 $0 \leqslant c_1' \leqslant 100$ 时最优解不变,如果采取了不属于这范围的 c_1',必存在某个检验数 $\sigma_j > 0$,我们可以继续用单纯形表进行迭代,以求出新的最优解.

用最终单纯形表对 c_j 进行灵敏度分析,求得使最优解保持不变的 c_1, c_3 的变化范围,与我们在第三章里用计算机求解所得的结果是一样的,其实"管理运筹学"软件就是按这种方法进行编程,对 c_j 进行灵敏度分析的.

二、约束方程中常数项的灵敏度分析

我们在第三章对线性规划问题的计算机求解中,也曾经对约束方程中常数项 b_j 进行了灵敏度分析.根据计算机输出的表格,我们能够知道,约束方程常数项在什么范围内变化时,其对偶价格不变,那么在用单纯形表对 b_j 进行灵敏度分析时,首先应从单纯形表中找到有关对偶价格的信息.

在第三章里我们给出了对偶价格的定义:约束条件的常数项增加一个单位而使最优目标值得到改进的数量.根据这个定义,我们可以发现约束条件的对偶价格与松弛变量(或剩余变量,或人工变量)的 z_j 有关.下面我们仍以第二章例1为例在其最终单纯形表上找出其约束条件的对偶价格.

此题的最终单纯形表如表6-3所示,这是一个求目标函数最大值的问题.

表 6-3

迭代次数	基变量	c_B	x_1	x_2	s_1	s_2	s_3	b
			50	100	0	0	0	
2	x_1	50	1	0	1	0	-1	50
	s_2	0	0	0	-2	1	1	50
	x_2	100	0	1	0	0	1	250
	z_j		50	100	50	0	50	27 500
	$c_j - z_j$		0	0	-50	0	-50	

从表6-3可以发现设备台时数的约束方程中的松弛变量 s_1 的 z_j 值50正好等于计算机解中设备台时数的对偶价格;原料 A 约束方程中的松弛变量 s_2 的 z_j 值 0 正好等于计算机解中的原料 A 的对偶价格;同样原料 B 的约束方程中的松弛变量 s_3 的 z_j 值50正好等于计算

教学视频:约束方程中常数项的灵敏度分析

机解中的原料 B 的对偶价格.松弛变量的 z_j 值是否等于对应的约束条件的对偶价格呢？回答是肯定的.

首先我们知道在最优解中 $s_2 = 50$ 是基变量,也就是说,原料 A 有 50 kg 没用完,再增加原料 A 是不会带来任何利润的,故原料 A 的对偶价格为零.在最终单纯形表上当松弛变量为基变量时,都有其检验数 σ_j 为零.我们又知道对任何的松弛变量,它在目标函数中的系数 c_j 都为零,那么为基变量的松弛变量的 z_j 也必然为零,因为 $z_j = c_j - \sigma_j = 0 - 0 = 0$,这正确地反映了对于任何为基变量的松弛变量,其所对应的约束条件的对偶价格为零.

下面我们来看一看对于非基变量的松弛变量的 z_j 值是否也正确地给出了与其对应的约束条件的对偶价格.因为对所有松弛变量都有 $c_j = 0$,所以 $z_j = c_j - \sigma_j = -\sigma_j$.在对非基变量的目标函数的灵敏度分析中,我们知道当 $\Delta c_j \leqslant -\sigma_j$ 时最优解不变.也就是说,当 $\Delta c_j \leqslant -\sigma_j$ 时,非基变量仍然为非基变量,仍然为零.这时与其对应的约束条件譬如说设备台时数全部使用完了.只有当 $\Delta c_j \geqslant -\sigma_j$,也就是 $\Delta c_j \geqslant z_j$ 时,对应为非基变量的松弛变量要变成入基变量了.对于设备台时数来说,当其松弛变量在目标函数中系数从零变到 $z_3 = 50$ 时,也就是说只有当余下一个台时数的设备从不能获利变成能获利 50 元时,譬如说别人愿意出价 50 元买一台设备时,我们就不必为生产产品 Ⅰ,Ⅱ 而使用完所有的设备台时了,这正说明了设备台时数的对偶价格就是 $z_3 = 50$ 元.同样我们也可以知道原料 B 的对偶价格为 $z_5 = 50$ 元.

对于含有大于等于号的约束条件,我们为了化成标准形式就添上了剩余变量.这时这个约束条件的对偶价格就和这个剩余变量的 z_j 有关了.只不过当约束条件的常数项增加一个单位时,约束条件更严格了.这将给满足约束条件带来些困难,使最优目标函数值"恶化"而不是改进,故这时约束条件的对偶价格应取 z_j 值的相反数 $-z_j$.

对于含有等于号的约束条件,其约束条件的对偶价格就和该约束方程的人工变量有关了.其约束条件的对偶价格等于此约束方程的人工变量的 z_j 值.

下面给出一个由最终单纯形表对于不同约束类型的对偶价格的取值,如表 6-4 所示.

表 6-4

约束类型	对偶价格的取值
≤	等于这个约束条件对应的松弛变量的 z_j 值
≥	等于与这个约束条件对应的剩余变量的 z_j 值的相反数 $-z_j$
=	等于与这个约束条件对应的人工变量的 z_j 值

从对偶价格的定义可以知道,当对偶价格为正时,它将改进目标函数值.对于求目标函数最大值的线性规划来说,改进就是增加其目标函数值;而对求目标函数最小值的线性规划来说,改进就是减少其目标函数值.当对偶价格为负时,它将"恶化"目标函数值.对求目标函数最大值的线性规划来说,恶化就是减少其目标函数值;而对求目标函数最小值的线性规划来说,"恶化"就是增加其目标函数值.在第三章我们已提及过影子价格的概念,在求目标函数最大值的线性规划

中,对偶价格等于影子价格;而在求目标函数最小值的线性规划中,影子价格为对偶价格的相反数.

由此可以得到表6-5.

表 6-5

约束条件	影子价格的取值	
	求目标函数最大值的线性规划	求目标函数最小值的线性规划
≤	等于与这个约束条件对应的松弛变量的 z_j 值	等于与这个约束条件对应的松弛变量的 z_j 值的相反数 $-z_j$
≥	等于与这个约束条件对应的剩余变量的 z_j 值的相反数 $-z_j$	等于与这个约束条件对应的剩余变量的 z_j 值
=	等于与这个约束条件对应的人工变量 z_j 值	等于与这个约束条件对应的人工变量 z_j 值的相反数 $-z_j$

下面我们就来求出 b_j 的变化范围,b_j 在这个范围内变化时其对偶价格不变.

当 b_j 变成 $b_j'=b_j+\Delta b_j$ 时,由于单纯形表的迭代实际是约束方程的增广矩阵进行初等行变换,b_j 的变化并不影响系数矩阵的迭代,故其最终单纯形表中的系数矩阵没有变化.要使其对偶价格不变,只要原来最终单纯形表中的所有 z_j 值都不变,而 z_j 值是由基变量的系数与系数矩阵中 j 列对应元素相乘所得,即 $z_j=c_B\cdot p_j^T$.这样基变量的系数 c_B 不变,也就是所有的基变量仍然是基变量,即基不变时,原线性规划问题的对偶价格就不变.而要使所有的基变量仍然是基变量只要当 b_j 变化成 $b_j'=b_j+\Delta b_j$ 时,原来的基不变所得到的基本解仍然是可行解,也就是所求得的基变量的值仍然大于等于零.一般地说,由于 b_j 的变化,资源投入起了变化,最优解是变化的.这时我们也可以看出:所谓使其对偶价格不变的 b_j 的变化范围,也就是使其最优解的所有基变量(最优基)不变,且所得的最优解仍然是可行的 b_j 的变化范围.下面我们来看一下当某个 b_k 变成 $b_k'=b_k+\Delta b_k$ 时在原来的最终单纯形表中的基不变的条件下,最终单纯形表会有什么变化.单纯形表的迭代实际上是约束方程的增广矩阵的行的初等变换,b_k 的变化不会影响系数矩阵的迭代,所以最终单纯形表的系数矩阵不变,又已知最终单纯形表中的基不变,可知 c_B 不变,这样 $z_j=c_B\cdot p_j^T$ 也不变,检验数 $\sigma_j=c_j-z_j$,因此也不变,唯一带来变化的只是最终单纯形表中的 b 列,那么 b_k 变化前后的 b 列到底有什么关系呢?

原来的约束方程组不妨用矩阵表示为 $Ax=b$,通过一些单纯形表的迭代变成以 B 为基的最终单纯形表,实际上也就是在原来的约束方程组左乘 B^{-1}.即 $B^{-1}Ax=B^{-1}b$,这里 B^{-1} 是基 B 的逆矩阵,在初始单纯形表里的系数矩阵中的单位矩阵通过迭代在最终单纯形表里正好就变成了 B^{-1},这里可知

$$B^{-1}=\begin{pmatrix} 1 & 0 & -1 \\ -2 & 1 & 1 \\ 0 & 0 & 1 \end{pmatrix},$$

其实迭代过程也是用矩阵初等变换求 B 的逆阵 B^{-1} 的过程.这样在最终单纯形表里系数矩阵就是 $B^{-1}\cdot A$,基变量(记为 x_B)的解就为 $B^{-1}b$,记在单纯形表的 b 列中.当 b_k 变成 $b_k+\Delta b_k$ 时,也就是原来初始单纯形表中的 b 向量变成了 b' 向量,这里

$$b=\begin{pmatrix} b_1 \\ b_2 \\ \vdots \\ b_k \\ \vdots \\ b_m \end{pmatrix}, \quad b'=\begin{pmatrix} b_1 \\ b_2 \\ \vdots \\ b_k+\Delta b_k \\ \vdots \\ b_m \end{pmatrix}=\begin{pmatrix} b_1 \\ b_2 \\ \vdots \\ b_k \\ \vdots \\ b_m \end{pmatrix}+\begin{pmatrix} 0 \\ 0 \\ \vdots \\ \Delta b_k \\ \vdots \\ 0 \end{pmatrix}=b+\begin{pmatrix} 0 \\ 0 \\ \vdots \\ \Delta b_k \\ \vdots \\ 0 \end{pmatrix}.$$

令 $\Delta b=(0,0,\cdots,0,\Delta b_k,0,\cdots,0)^{\mathrm{T}}$,则有 $b'=b+\Delta b$.

这样在最终单纯形表中基变量 x_B 的解就变成了 $x_B'=B^{-1}(b+\Delta b)=B^{-1}b+B^{-1}\Delta b$.要使 x_B' 为可行解,只要 $B^{-1}b+B^{-1}\Delta b\geq 0$ 即可,在此不等式中求出的 Δb_k 的变化范围,就是使得第 k 个约束条件的对偶价格不变的 b_k 的变化范围.

我们知道 $B^{-1}b$ 就是原来最终单纯形表中基变量 x_B 的值,而 $B^{-1}\Delta b$ 项中的 $\Delta b=(0,0,\cdots,0,\Delta b_k,0,\cdots,0)^{\mathrm{T}}$,这样可知 $B^{-1}\Delta b$ 就等于矩阵 B^{-1} 中的第 k 列乘以 Δb_k 所得的结果,即

$$B^{-1}\Delta b=\Delta b_k\cdot D_K.$$

其中 D_K 是 B^{-1} 第 k 列,有

$$D_K=\begin{pmatrix} d_{1k}' \\ d_{2k}' \\ \vdots \\ d_{mk}' \end{pmatrix},$$

则

$$B^{-1}\Delta b=\begin{pmatrix} \Delta b_k\cdot d_{1k}' \\ \Delta b_k\cdot d_{2k}' \\ \Delta b_k\cdot d_{3k}' \\ \vdots \\ \Delta b_k\cdot d_{mk}' \end{pmatrix}.$$

所以新的最优解 x_B' 有

$$x_B'=x_B+B^{-1}\Delta b=\begin{pmatrix} x_{B1} \\ x_{B2} \\ \vdots \\ x_{Bm} \end{pmatrix}+\begin{pmatrix} \Delta b_k\cdot d_{1k}' \\ \Delta b_k\cdot d_{2k}' \\ \vdots \\ \Delta b_k\cdot d_{mk}' \end{pmatrix}.$$

要使 $x_B'\geq 0$,也就是

$$\begin{pmatrix} x_{B1}+\Delta b_k d'_{1k} \\ x_{B2}+\Delta b_k d'_{2k} \\ \vdots \\ x_{Bm}+\Delta b_k d'_{mk} \end{pmatrix} \geq 0,$$

只需要各个分量 $x_{B1}+\Delta b_k d'_{1k} \geq 0, x_{B2}+\Delta b_k d'_{2k} \geq 0, \cdots, x_{Bi}+\Delta b_k d'_{ik} \geq 0, \cdots, x_{Bm}+\Delta b_k d'_{mk} \geq 0$ 即可. 在上述的不等式中求出满足所有不等式的 Δb_k 的范围, 也就确定了 b_k 的变化范围, b_k 在此范围内变化使得其对应的约束条件的对偶价格不变.

用一个数学式子来表示 b_k 的允许变化的范围:

$$\max\left\{ -\frac{x_{Bi}}{d'_{ik}} \,\middle|\, d'_{ik}>0 \right\} \leq \Delta b_k \leq \min\left\{ -\frac{x_{Bi}}{d'_{ik}} \,\middle|\, d'_{ik}<0 \right\}.$$

我们知道初始单纯形表里的系数矩阵中的单位矩阵通过迭代在最终单纯形表里就变成了 $\boldsymbol{B}^{-1}$. 那么 $\boldsymbol{B}^{-1}$ 的第 k 列怎么在最终单纯形表中确认呢? $\boldsymbol{B}^{-1}$ 的第 k 列是由初始单纯形表里的系数矩阵中的单位矩阵中的单位列向量 $\boldsymbol{e}_k$ (这是一个除了第 k 个分量为 1, 其余都为 0 的列向量), 通过迭代在最终单纯形表中就变成了 $\boldsymbol{B}^{-1}$ 的第 k 列. 如果第 k 个约束方程中有松弛变量, 那么这个松弛变量在最终单纯形表上的系数列正好就是 $\boldsymbol{B}^{-1}$ 的第 k 列, 因为这个松弛变量在初始单纯形表上的系数列正好就是单位向量 $\boldsymbol{e}_k$. 如果第 k 个约束方程有剩余变量, 那么 $\boldsymbol{B}^{-1}$ 的第 k 列正好等于这个剩余变量在最终单纯形表上的系数列的相反数, 因为这个剩余变量在初始单纯形表上的系数列正好是单位向量 $\boldsymbol{e}_k$ 的负向量. 如果第 k 个约束方程只有人工变量, 那么 $\boldsymbol{B}^{-1}$ 的第 k 列正好是这个人工变量在最终单纯形表上的系数列, 因为这个人工变量在初始单纯形表上的系数列正好是单位向量 $\boldsymbol{e}_k$.

下面我们仍以第二章例 1 为例在最终单纯形表上对 b_j 进行灵敏度分析. 此题的最终单纯形表如表 6-6 所示.

表 6-6

迭代次数	基变量	c_B	x_1	x_2	s_1	s_2	s_3	b
			50	100	0	0	0	
2	x_1	50	1	0	1	0	-1	50
	s_2	0	0	0	-2	1	1	50
	x_2	100	0	1	0	0	1	250
	z_j		50	100	50	0	50	27 500
	c_j-z_j		0	0	-50	0	-50	

我们对 b_1 进行灵敏度分析, 因为在第一个约束方程中含有松弛变量 s_1, 所以松弛变量在最终

单纯形表中的系数列 $(1,-2,0)^T$ 就是 $\boldsymbol{B}^{-1}$ 的第一列. 因为 $d'_{11}=1>0,d'_{21}=-2<0,x_1=50,x_2=50$，可知

$$\max_i\left\{-\frac{x_{Bi}}{d_{i1}}\cdot\left|d'_{i1}>0\right.\right\}=-\frac{50}{1}=-50，而\min_i\left\{-\frac{x_{Bi}}{d_{i1}}\left|d'_{i1}<0\right.\right\}=\frac{-50}{-2}=25，故有当-50\leqslant\Delta b_1\leqslant25$$ 时，也就是当

$300-50\leqslant b'_1=b_1+\Delta b_1\leqslant300+25$，$250\leqslant b'_1\leqslant325$ 时，第 1 个约束条件对偶价格不变. 结合本例的实际意义即可阐述为：当设备台时数在 250 与 325 之间变化时，该约束条件即设备台时数的对偶价格不变，都为每设备台时 50 元. 这样所得的结果和用计算机计算输出的结果是一样的.

三、约束方程系数矩阵 $\boldsymbol{A}$ 的灵敏度分析

下面分两种情况讨论.

（1）在初始单纯形表上的变量 x_k 的系数列 $\boldsymbol{p}_k$ 改变为 $\boldsymbol{p}'_k$，经过迭代后，在最终单纯形表上 x_k 是非基变量.

由于单纯形表的迭代是约束方程的增广矩阵的行变换，$\boldsymbol{p}_k$ 变成 $\boldsymbol{p}'_k$ 仅仅影响最终单纯形表上的第 k 列数据，包括 x_k 的系数列、z_k 以及 σ_k，这时最终单纯形表上的 x_k 的系数列就变成 $\boldsymbol{B}^{-1}\boldsymbol{p}'_k$，而 z_k 就变成 $\boldsymbol{c}_B\boldsymbol{B}^{-1}\boldsymbol{p}'_k$，新的检验数 $\sigma'_k=c_k-\boldsymbol{c}_B\boldsymbol{B}^{-1}\boldsymbol{p}'_k$.

若 $\sigma'_k\leqslant0$，则原最优解仍然是最优解；若 $\sigma'_k>0$，则继续进行迭代以求出新的最优解.

例 1 以第二章例 1 为基础，设该厂除了生产产品 Ⅰ、Ⅱ 外，现试制成一个新产品 Ⅲ，已知生产产品 Ⅲ 每件需要设备 2 台时，并消耗原料 A 0.5 kg，原料 B 1.5 kg，获利 150 元，问该厂是否应生产该产品和生产多少？

解 这是一个增加一个新的变量的问题. 我们可以把它认为是一个改变变量 x_3 在初始表上的系数列的问题，从 $(0,0,0)^T$ 变成 $(2,0.5,1.5)^T$. 这样在原来的最终表上添上新的一列变量，x_3 的一列，把它放在 s_3 之后的第 6 列上，显然 x_3 是非基变量，在最终表上 $(2,0.5,1.5)$ 就变成了

$$\boldsymbol{B}^{-1}\boldsymbol{p}_6=\begin{pmatrix}1&0&-1\\-2&1&1\\0&0&1\end{pmatrix}\cdot\begin{pmatrix}2\\0.5\\1.5\end{pmatrix}=\begin{pmatrix}2-1.5\\-4+0.5+1.5\\1.5\end{pmatrix}=\begin{pmatrix}0.5\\-2\\1.5\end{pmatrix}.$$

这时 $z_6=50\times0.5+100\times1.5=25+150,\sigma_6=c_6-z_6=150-175=-25$. 如表 6-7 所示，这时新变量的检验数 σ_6 小于零，可知原最优解就是新问题的最优解，即该厂还应该生产产品 Ⅰ 50 件，产品 Ⅱ 250 件，不生产产品 Ⅲ 可得最大利润 27 500 元.

教学视频：约束方程系数矩阵 $\boldsymbol{A}$ 的灵敏度分析

表 6-7

迭代次数	基变量	c_B	x_1	x_2	s_1	s_2	s_3	x_3	b
			50	100	0	0	0	150	
	x_1	50	1	0	1	0	−1	0.5	50
	s_2	0	0	0	−2	1	1	−2	50
	x_2	100	0	1	0	0	1	1.5	250
	z_j		50	100	50	0	50	175	27 500
	c_j-z_j		0	0	−50	0	−50	−25	

例 2　假设例 1 中产品 Ⅲ 的工艺结构有了改进,这时生产 1 件产品 Ⅲ 需要使用设备 1.5 台时,消耗原料 A 为 2 kg,原料 B 为 1 kg,每件产品 Ⅲ 的利润为 160 元,问该厂的原生产计划是否要修改?

解　首先求出 x_3 在最终表上的系数列 $\boldsymbol{B}^{-1}\boldsymbol{p}'_6$(注意,这里 x_3 在原最终单纯形表中都是非基变量).

$$\boldsymbol{B}^{-1}\boldsymbol{p}'_6 = \begin{pmatrix} 1 & 0 & -1 \\ -2 & 1 & 1 \\ 0 & 0 & 1 \end{pmatrix} \cdot \begin{pmatrix} 1.5 \\ 2 \\ 1 \end{pmatrix} = \begin{pmatrix} 1.5-1 \\ 0 \\ 1 \end{pmatrix} = \begin{pmatrix} 0.5 \\ 0 \\ 1 \end{pmatrix},$$

$$z'_6 = (50,0,100)\begin{pmatrix} 0.5 \\ 0 \\ 1 \end{pmatrix} = 125,$$

$$\sigma'_6 = c'_j - z'_6 = 160 - 125 = 35,$$

把上述数据填入表 6-8.

表 6-8

迭代次数	基变量	c_B	x_1	x_2	s_1	s_2	s_3	x_3	b	
			50	100	0	0	0	160		
	x_1	50	1	0	1	0	−1	⓪.5	50	$\dfrac{50}{0.5}$
2	s_2	0	0	0	−2	1	1	0	50	
	x_2	100	0	1	0	0	1	1	250	$\dfrac{250}{1}$
	z_j		50	100	50	0	50	125	27 500	
	c_j-z_j		0	0	−50	0	−50	35		

显然,由于 $\sigma_6>0$,可知此解不是最优解,我们要进行第 3 次迭代,选 x_3 为入基变量,x_1 为出

基变量,如表 6-9 所示.

表 6-9

迭代次数	基变量	c_B	x_1 50	x_2 100	s_1 0	s_2 0	s_3 0	x_3 160	b	
3	x_3	160	2	0	2	0	-2	1	100	—
	s_2	0	0	0	-2	1	①	0	50	$\dfrac{50}{1}$
	x_2	100	-2	1	-2	0	3	0	150	$\dfrac{150}{3}$
	z_j		120	100	120	0	-20	160	31 000	
	c_j-z_j		-70	0	-120	0	20			
4	x_3	160	2	0	-2	2	0	1	200	
	s_3	0	0	0	-2	1	1	0	50	
	x_2	100	-2	1	4	-3	0	0	0	
	z_j		120	100	80	20	0	160	32 000	
	c_j-z_j		-70	0	-80	-20	0	0		

由表 6-9 可知此规划的最优解为 $x_1=0$,$x_2=0$,$s_1=0$,$s_2=0$,$s_3=50$,$x_3=200$,此时,最大目标函数为 32 000 元.也就是说,该厂的新的生产计划为不生产产品 I,II,生产产品 III 200 件,可获最大利润 32 000 元.

（2）在初始表上的变量 x_k 的系数列 $\boldsymbol{p}_k$ 改变为 $\boldsymbol{p}'_k$,经过迭代后,在最终表上 x_k 是基变量,在这种情况下原最优解的可行性和最优解都可能遭到破坏,问题变得十分复杂.一般不去修改原最终表,而是重新计算.

四、增加一个约束条件的灵敏度分析

在原线性规划中增加一个约束条件时,先将原问题最优解的变量值代入新增的约束条件.如果满足,则说明新增的条件没有起到限制作用,故原最优解不变;否则,将新增的约束添入原最终单纯形表中进一步求解.

例 3 仍以第二章例 1 为基础,假如除了在设备台时及原材料 A,B 上对该厂的生产有限制

教学视频:增加一个约束条件的灵敏度分析

外,还有电力供应上的限制.最高供应电量为 5 000 度,而生产一个产品 I 需要用电 10 度,生产一个产品 II 需要用电 30 度.试分析此时该厂获得最大利润的生产计划.

解 先将原问题的最优解 $x_1 = 50, x_2 = 250$ 代入用电量的约束条件

$$10x_1 + 30x_2 \leqslant 5\ 000,$$

得

$$10 \times 50 + 30 \times 250 = 500 + 7\ 500 > 5\ 000,$$

所以原来的最优解不是本例的最优解.

在用电量的约束条件中加入松弛变量 s_4 后得

$$10x_1 + 30x_2 + s_4 = 5\ 000.$$

把这个约束条件加入到原来最终单纯形表上,其中 s_4 为基变量,如表 6-10 所示.

表 6-10

迭代次数	基变量	c_B	x_1	x_2	s_1	s_2	s_3	s_4	b	比值
			50	100	0	0	0	0		
	x_1	50	1	0	1	0	-1	0	50	
	s_2	0	0	0	-2	1	1	0	50	
	x_2	100	0	1	0	0	1	0	250	
	s_4	0	10	30	0	0	0	1	5 000	
	z_j		50	100	50	0	50	0	27 500	
	$\sigma_j = c_j - z_j$		0	0	-50	0	-50	0		

表 6-10 中的 x_1, x_2 不是单位向量,故进行行的线性变换,得到表 6-11.

表 6-11

迭代次数	基变量	c_B	x_1	x_2	s_1	s_2	s_3	s_4	b	比值
			50	100	0	0	0	0		
	x_1	50	1	0	1	0	-1	0	50	
	s_2	0	0	0	-2	1	1	0	50	
	x_2	100	0	1	0	0	1	0	250	
	s_4	0	0	0	-10	0	-20	1	-3 000	
	z_j		50	100	50	0	50	0	27 500	
	$\sigma_j = c_j - z_j$		0	0	-50	0	-50	0		

上表中的 s_4 行的约束可以写为

$$-10s_1 - 20s_3 + s_4 = -3\ 000.$$

上式两边乘以-1,再加上人工变量 a_1 得

$$10s_1 + 20s_3 - s_4 + a_1 = 3\,000.$$

用上式替换表 6-11 中的 s_4 行得到表 6-12.

表 6-12

迭代次数	基变量	c_B	x_1	x_2	s_1	s_2	s_3	s_4	a_1	b	比值
			50	100	0	0	0	0	$-M$		
	x_1	50	1	0	1	0	-1	0	0	50	
	s_2	0	0	0	-2	1	①	0	0	50	
	x_2	100	0	1	0	0	1	0	0	250	
	a_1	$-M$	0	0	10	0	20	-1	1	3 000	
	z_j		50	100	$50-10M$	0	$50-20M$	M	$-M$		
	$\sigma_j = c_j - z_j$		0	0	$10M-50$	0	$20M-50$	$-M$	0		
	x_1	50	1	0	-1	1	0	0	0	100	
	s_3	0	0	0	-2	1	1	0	0	50	
	x_2	100	0	1	2	-1	0	0	0	200	
	a_1	$-M$	0	0	㊿	-20	0	-1	1	2 000	
	z_j		50	100	$150-50M$	$20M-50$	0	M	$-M$		
	$\sigma_j = c_j - z_j$		0	0	$50M-150$	$50-20M$	0	$-M$	0		
	x_1	50	1	0	0	3/5	0	$-1/50$	1/50	140	
	s_3	0	0	0	0	1/5	1	$-2/50$	2/50	130	
	x_2	100	0	1	0	$-1/5$	0	2/50	$-2/50$	120	
	s_1	0	0	0	1	$-2/5$	0	$-1/50$	1/50	40	
	z_j		50	100	0	10	0	3	-3		
	$\sigma_j = c_j - z_j$		0	0	0	-10	0	-3	$-M+3$		

由表 6-12 可知最优解为 $x_1 = 140, x_2 = 120, s_1 = 40, s_3 = 130, s_2 = s_4 = a_1 = 0$,即该工厂在添加了用电限量以后的最优生产计划为产品 Ⅰ 生产 140 件,产品 Ⅱ 生产 120 件.

在学了灵敏度分析之后,我们来看一看如何从“管理运筹学”软件的计算输出去识别线性规划问题有唯一解,还是具有无穷多组解. 从单纯形法我们知道有无穷多组解的识别方法为是否存在一个非基变量的检验数为零,如果存在,则此线性规划有无穷多组解,如不存在,则此线性规划只有唯一解.

我们分两种情况进行讨论.

（1）如果在最终表上检验数为零的非基变量是松弛变量或剩余变量 s_k.显然在计算机输出中没有专门松弛变量与剩余变量栏，但是我们仍然可以从输出中找到它们的信息.首先由于是非基变量，可知在最优解中其值都为零，也就是在计算机输出的约束条件栏里，某一个约束条件的松弛或剩余变量的值为零，又因为这个非基变量的检验数为零，所以这个约束条件的对偶价格为零.反过来说，如果在计算机输出的约束条件栏里有一个约束条件的松弛或剩余变量为零，且其对偶价格也为零，那么我们就可知道有一个非基变量的松弛变量或剩余变量的检验数为零，这个线性规划有无穷多组解.

（2）如果在最终单纯形表上，检验数为零的非基变量是一般决策变量 x_k.我们在对非基变量 x_k 的目标系数 c_k 的灵敏度分析中知道 $\Delta c_k \leqslant \sigma_k$，对任何非基变量 x_i 在计算机输出的相差值一栏中就记录了 σ_i 的值，它表示只有目标函数系数 c_i 的增量改进了 σ_i 的值，x_i 才有可能成为基变量而取正值.因为 $\sigma_k = 0$，所以我们很容易从计算机输出中识别出 x_k，也就是说只要在计算机输出中存在一个取值为零的决策变量并且其相差值也为零，我们就可以确认这个变量就是最终表上检验数为零的非基变量，可知此线性规划有无穷多组解.如果在计算机输出解的信息中不存在上述这两种情况，我们可以断定此线性规划只有唯一最优解.

§6.2　线性规划的对偶问题

每一个线性规划问题，都存在一个与它密切相关的线性规划问题，我们称其中的任一个为原问题，另一个为对偶问题.在这一节中我们将揭示原问题与对偶问题的关系，如何将原问题转化为其对偶问题，如何从原问题的求解的结果中去找到其对偶问题的答案，并介绍对偶问题的经济解释以及对偶单纯形法.

我们先来看一个例题.

例 4　某工厂在计划期内安排 Ⅰ，Ⅱ 两种产品，生产单位产品所需设备 A，B，C 的台时如表 6-13 所示.

表 6-13

	Ⅰ	Ⅱ	资 源 限 量
设备 A	1	1	300 台时
设备 B	2	1	400 台时
设备 C	0	1	250 台时

教学视频:线性规划的对偶问题 1

教学视频:线性规划的对偶问题 2

该工厂每生产一单位产品 I 可获利 50 元,每生产一单位产品 II 可获利 100 元,问工厂应分别生产多少产品 I 和产品 II,才能使工厂获利最多?

此例题与第二章例 1 有相同之处,只不过把原料 A,B 改成了设备 B,设备 C,做这些改动是为了使读者更容易理解.

这个问题的数学模型与第二章的例 1 是一样的,求解的结果也是一样的.

设 x_1 为产品 I 的计划产量,x_2 为产品 II 的计划产量,则有

$$\max z = 50x_1 + 100x_2;$$

约束条件:
$$x_1 + x_2 \leq 300,$$
$$2x_1 + x_2 \leq 400,$$
$$x_2 \leq 250,$$
$$x_1, x_2 \geq 0.$$

现在我们从另一个角度来考虑这个问题.假如有另外一个工厂要求租用该厂的设备 A,B,C,那么该厂的厂长应该如何来确定合理的租金呢?

设 y_1, y_2, y_3 分别为设备 A,B,C 的每台时的租金.为了叙述方便,这里把租金定义为扣除成本后的利润,也就是由于出租可以获得的利润.作为出租者来说,生产单位产品 I 所需各设备的台时总租金不应当低于原利润,即 $y_1 + 2y_2 \geq 50$,否则就不出租,还是用于生产产品 I 以获利 50 元;同样生产一单位产品 II 所需各设备的台时的总租金也不应当低于原利润,即 $y_1 + y_2 + y_3 \geq 100$,否则这些设备台时就不出租,还是用于生产产品 II 以获利 100 元。但对于租用者来说,他要求在满足上述要求的前提下,也就是在出租者愿意出租的前提下尽量要求全部设备台时的总租金越低越好,即 $\min 300y_1 + 400y_2 + 250y_3$,这样我们得到了该问题的数学模型:

$$\min f = 300y_1 + 400y_2 + 250y_3;$$

约束条件:
$$y_1 + 2y_2 \geq 50,$$
$$y_1 + y_2 + y_3 \geq 100,$$
$$y_1, y_2, y_3 \geq 0.$$

这样从两个不同的角度来考虑同一个工厂的最大利润(最小租金)的问题,所建立起来的两个线性规划模型就是一对对偶问题,其中一个叫做原问题,而另外一个就叫对偶问题.

如果我们把求目标函数最大值的线性规划问题当做原问题,则求目标函数最小值的线性规划问题就是对偶问题.下面来研究这两个问题在数学模型上的关系.

(1)求目标函数最大值的线性规划问题中有 n 个变量 m 个约束条件,它的约束条件都是小于等于不等式.而其对偶则是求目标函数为最小值的线性规划问题,有 m 个变量 n 个约束条件,其约束条件都为大于等于不等式.

(2)原问题的目标函数中的变量系数为对偶问题中的约束条件的常数项,并且原问题的目标函数中的第 i 个变量的系数就等于对偶问题中的第 i 个约束条件的常数项.

(3)原问题的约束条件的常数项为对偶问题的目标函数中的变量的系数,并且原问题的第 i 个约束条件的常数项就等于对偶问题的目标函数中的第 i 个变量的系数.

（4）对偶问题的约束条件的系数矩阵 A 是原问题约束条件的系数矩阵的转置 A^T.

设

$$A = \begin{pmatrix} a_{11} & a_{12} & \cdots & a_{1n} \\ \vdots & \vdots & & \vdots \\ a_{m1} & a_{m2} & \cdots & a_{mn} \end{pmatrix},$$

则

$$A^T = \begin{pmatrix} a_{11} & a_{21} & \cdots & a_{m1} \\ \vdots & \vdots & & \vdots \\ a_{1n} & a_{2n} & \cdots & a_{mn} \end{pmatrix}.$$

如果我们用矩阵形式来表示，则原问题为

$$\begin{cases} \max z = cx, \\ Ax \leq b, \\ x \geq 0. \end{cases}$$

其中 A 是 $m \times n$ 矩阵，该问题有 m 个约束条件 n 个变量，$x = (x_1, x_2, \cdots, x_n)^T$，$b = (b_1, b_2, \cdots, b_m)^T$，$c = (c_1, c_2, \cdots, c_n)$.

对偶问题为

$$\begin{cases} \min f = b^T \cdot y, \\ A^T \cdot y \geq c^T, \\ y \geq 0. \end{cases}$$

其中 A^T 是 A 的转置，b^T 是 b 的转置，c^T 是 c 的转置，$y = (y_1, y_2, \cdots, y_m)^T$.

以上问题的原问题我们已在第五章里用单纯形法求出，现在我们用单纯形法求出其对偶问题的解.

加上剩余变量 s_1, s_2 和人工变量 a_1，把此问题化成标准形式：

$$\max (-f) = -300y_1 - 400y_2 - 250y_3 - Ma_1;$$

约束条件：
$$y_1 + 2y_2 - s_1 + a_1 = 50,$$
$$y_1 + y_2 + y_3 - s_2 = 100,$$
$$y_1, y_2, y_3, s_1, s_2, a_1 \geq 0.$$

把上述数据填入单纯形表计算，如表 6-14 所示.

我们得到最优解 $y_1 = 50, y_2 = 0, y_3 = 50, s_1 = 0, s_2 = 0, a_1 = 0, -f$ 的最大值为 $-27\,500$，即目标函数 f 的最小值为 $f = 27\,500$ 元.

表 6-14

迭代次数	基变量	c_B	y_1	y_2	y_3	s_1	s_2	a_1	b	
			-300	-400	-250	0	0	$-M$		
1	a_1	$-M$	1	2	0	-1	0	1	50	$\dfrac{50}{2}$
	y_3	-250	1	1	1	0	-1	0	100	$\dfrac{100}{1}$
	z_j		$-M-250$	$-2M-250$	-250	M	250	$-M$	$-50M-25\,000$	
	c_j-z_j		$M-50$	$2M-150$	0	$-M$	-250	0		
2	y_2	-400	$1/2$	1	0	$-1/2$	0	$1/2$	25	$\dfrac{25}{1/2}$
	y_3	-250	$1/2$	0	1	$1/2$	-1	$-1/2$	75	$\dfrac{75}{1/2}$
	z_j		-325	-400	-250	75	250	-75	$-28\,750$	
	c_j-z_j		25	0	0	-75	-250	$-M+75$		
3	y_1	-300	1	2	0	-1	0	1	50	
	y_3	-250	0	-1	1	1	-1	-1	50	
	z_j		-300	-350	-250	50	250	-50	$-27\,500$	
	c_j-z_j		0	-50	0	-50	-250	$-M+50$		

从上面可知每台时的租金如下:设备 A 为 50 元,设备 B 为 0 元,设备 C 为 50 元.这样把工厂的所有设备出租可获得租金 27 500 元.对出租者来说这些钱不比自己生产所得的利润少,因为满足约束条件;对租用者来说这些租金是出租者愿意出租设备的最小费用,因为这是目标函数的最小值.

通过与原问题的最优解比较,我们发现对偶问题的最优解即最佳租金恰好等于原问题各种设备的对偶价格,这在道理上也能讲得通,各种设备出租的租金应该等于该种设备每台时给工厂所带来的利润,对偶问题的最优值即所有设备总台时数的总租金的最低价正好等于原问题工厂自己安排生产所获得的最大总利润.

以后我们不必解此对偶问题,就可以从原问题的最优单纯形表上得到其对偶问题的最优解,从原问题的资源的对偶价格来得到对偶问题的资源的租金,从原问题的最优目标函数值,即最大利润来得到对偶问题的最优目标函数值,即各种设备总台时数的总租金.反过来也一样,如果我们已求得此对偶问题的最终单纯形表,从表上我们可找到产品 Ⅰ 的对偶价格为 -50 元,也就是说当每件产品 Ⅰ 的利润增加1元,则最低的总租金也就是原问题的总利润将要提高 50 元,这条信息告诉我们工厂最优生产计划为生产 50 件产品 Ⅰ.同样从对偶问题的最终表可找到产品 Ⅱ 的对偶价格为 -250 元,也就是说当每件产品 Ⅱ 的利润增加1元,则最低总租金即原问题的总利润将要提高 250 元,这条信息告诉我们工厂最优生产计划为生产 250 件产品 Ⅱ.从对偶问题的最低总租金27 500元可得到原问题工厂的最大利润为 27 500 元.

这样对于两个有对偶关系的线性规划的问题我们只要求得了其中一个最优解,就可以从这个问题的对偶价格而求得其对偶问题的最优解,知道了其中一个最优值也就找到了其对偶问题的最优值,因为这两个最优值相等.所以以后我们求解一个线性规划问题时,可以把其对偶问题放一起来加以考虑,找一个比较容易求解的来求解,求出了一个问题的最优解同时也就求出了另一个问题的最优解.上述的例题要求租金的合理定价不如我们求解工厂的最大利润,因为求最大利润比较容易,不需要加上人工变量,而求出了最大利润的问题,也就求出了租金合理定价的问题.

前面我们讲了如何写出求最大值(最小值)的线性规划问题的对偶问题,但要求该最大值(最小值)线性规划问题的约束条件都取小于等于号(大于等于号).下面来阐述如何写出任一个线性规划问题的对偶问题.

为了便于阐述,我们不妨以下面的线性规划为例,写出它的对偶问题.

$$\max z = 3x_1 + 4x_2 + 6x_3;$$

约束条件:
$$2x_1 + 3x_2 + 6x_3 \leqslant 440,$$
$$6x_1 - 4x_2 - x_3 \geqslant 100,$$
$$5x_1 - 3x_2 + x_3 = 200,$$
$$x_1, x_2, x_3 \geqslant 0.$$

这是一个求最大值的线性规划问题.为了写出它的对偶问题,我们不妨把它的约束条件都变换成取小于等于号的不等式.显然第一个约束条件已符合要求,不要做任何变动,而第二个约束条件,我们只要两边都乘以-1,使不等号方向改变即可,得

$$-6x_1 + 4x_2 + x_3 \leqslant -100.$$

这样第二个约束条件也就符合要求了.对于第三个约束条件,我们可以用小于等于和大于等于两个约束条件来替代它,即有

$$5x_1 - 3x_2 + x_3 \geqslant 200,$$
$$5x_1 - 3x_2 + x_3 \leqslant 200.$$

显然这两个约束条件与原来第三个约束条件是等价的,我们再把其中的
$$5x_1 - 3x_2 + x_3 \geqslant 200$$
两边都乘以-1,得

$$-5x_1 + 3x_2 - x_3 \leqslant -200,$$

通过上面的一些变换,我们得到了一个和原线性规划等价的线性规划问题:

$$\max z = 3x_1 + 4x_2 + 6x_3;$$

约束条件:
$$2x_1 + 3x_2 + 6x_3 \leqslant 440,$$
$$-6x_1 + 4x_2 + x_3 \leqslant -100,$$
$$5x_1 - 3x_2 + x_3 \leqslant 200,$$
$$-5x_1 + 3x_2 - x_3 \leqslant -200,$$
$$x_1, x_2, x_3 \geqslant 0.$$

这个求最大值的线性规划问题的约束条件都取小于等于号,我们马上可以写出其对偶问题:

$$\min f = 440y_1 - 100y_2 + 200y_3' - 200y_3'';$$

约束条件:

$$2y_1 - 6y_2 + 5y_3' - 5y_3'' \geqslant 3,$$
$$3y_1 + 4y_2 - 3y_3' + 3y_3'' \geqslant 4,$$
$$6y_1 + y_2 + y_3' - y_3'' \geqslant 6,$$
$$y_1, y_2, y_3', y_3'' \geqslant 0.$$

这里 y_3', y_3'' 和 y_1, y_2 一样都是不同的决策变量,为了表示这两个决策变量都来源于原问题的第三个约束条件,记为 y_3', y_3''.

因为在该对偶问题中 y_3' 和 y_3'' 的系数只相差一个符号,我们可以把上面的对偶问题化为

$$\min f = 440y_1 - 100y_2 + 200(y_3' - y_3'');$$

约束条件:

$$2y_1 - 6y_2 + 5(y_3' - y_3'') \geqslant 3,$$
$$3y_1 + 4y_2 + 3(y_3' - y_3'') \geqslant 4,$$
$$6y_1 + y_2 + (y_3' - y_3'') \geqslant 6,$$
$$y_1, y_2, y_3', y_3'' \geqslant 0.$$

进一步,我们可以令 $y_3 = y_3' - y_3''$,这时当 $y_3' \geqslant y_3''$ 时,$y_3 \geqslant 0$,当 $y_3' \leqslant y_3''$ 时,$y_3 \leqslant 0$.这也就是说,尽管 $y_3', y_3'' \geqslant 0$,但 y_3 的取值可以为正,可以为零,可以为负,即 y_3 没有非负限制.

这样我们把原规划的对偶问题化为

$$\min f = 440y_1 - 100y_2 + 200y_3;$$

约束条件:

$$2y_1 - 6y_2 + 5y_3 \geqslant 3,$$
$$3y_1 + 4y_2 + 3y_3 \geqslant 4,$$
$$6y_1 + y_2 + y_3 \geqslant 6,$$
$$y_1, y_2 \geqslant 0, y_3 \text{ 没有非负限制}.$$

对照原线性规划问题,我们可以知道当原线性规划问题的第 i 个约束条件取等号时,则其对偶问题的 i 个决策变量没有非负限制.如果当原线性规划问题中的第 i 个决策变量 x_i 没有非负限制时,我们也可以用 $x_i = x_i' - x_i''$ 进行替换,这里 $x_i' \geqslant 0, x_i'' \geqslant 0$,用类似的方法知道其对偶问题中第 i 个约束条件取等号,这里不做详细论述了.另外值得一提的是用大于等于零的两个决策变量之差来代替无非负限制的决策变量也是求解含有无非负限制的决策变量的线性规划问题的一种方法.下面我们用一个例子来说明如何写出一个任意线性规划问题的对偶问题.

原线性规划问题为

$$\min f = 3x_1 + 9x_2 + 4x_3;$$

约束条件:

$$x_1 + 2x_2 + 3x_3 = 180,$$
$$2x_1 - 3x_2 + x_3 \leqslant 60,$$
$$5x_1 + 3x_2 \geqslant 240,$$
$$x_1 \geqslant 0, x_2 \geqslant 0, x_3 \text{ 无非负限制}.$$

首先在写对偶问题之前,我们先把第二个约束条件两边乘以 -1 得

$$-2x_1 + 3x_2 - x_3 \geqslant -60,$$

然后按照上面的规则,我们可以得到其对偶问题为

$$\max z = 180y_1 - 60y_2 + 240y_3;$$

约束条件:
$$y_1 - 2y_2 + 5y_3 \leqslant 3,$$
$$2y_1 + 3y_2 + 3y_3 \leqslant 9,$$
$$3y_1 - y_2 = 4,$$
$$y_2, y_3 \geqslant 0, y_1 \text{没有非负限制}.$$

§6.3 对偶规划的基本性质

一、对称性

即对偶问题的对偶是原问题.

证 设原问题为

$$\max z = cX;$$

约束条件:
$$AX \leqslant b,$$
$$x_i \geqslant 0. \tag{1}$$

其对偶问题为

$$\min f = b^{\mathrm{T}}Y;$$

约束条件:
$$A^{\mathrm{T}}Y \geqslant c^{\mathrm{T}},$$
$$y_i \geqslant 0. \tag{2}$$

我们把上面的对偶问题改写为

$$\max (-f) = (-b^{\mathrm{T}}Y);$$

约束条件:
$$-A^{\mathrm{T}}Y \leqslant -c^{\mathrm{T}},$$
$$y_i \geqslant 0.$$

这样就可以得到这个问题的对偶:

$$\min (-z) = (-c^{\mathrm{T}})X;$$

约束条件:

教学视频:对偶规划的基本性质

$$-A^{\mathrm{T}}X \geqslant -b^{\mathrm{T}},$$

$$x_i \geqslant 0.$$

则上面的规划可改写为

$$\max z = c^{\mathrm{T}}X;$$

约束条件:
$$A^{\mathrm{T}}X \leqslant b^{\mathrm{T}},$$

$$x_i \geqslant 0.$$

即为原问题.

二、弱对偶性

即对于原问题(1)和对偶问题(2)的可行解 $\hat{X}, \hat{Y}$,都有 $c\,\hat{X} \leqslant b^{\mathrm{T}}\,\hat{Y}$.

证 因为 $\hat{X}$ 是原问题的可行解,所以有

$$A\,\hat{X} \leqslant b \text{ 且 } \hat{x}_i \geqslant 0.$$

$\hat{Y}^{\mathrm{T}}$ 是对偶问题可行解, $\hat{y}_i \geqslant 0$,用 $\hat{Y}^{\mathrm{T}}$ 左乘 $A\,\hat{X} \leqslant b$ 得

$$\hat{Y}^{\mathrm{T}}A\,\hat{X} \leqslant \hat{Y}^{\mathrm{T}}b. \tag{6.3}$$

同样 $\hat{Y}$ 为对偶问题可行解,故有

$$A^{\mathrm{T}}\,\hat{Y} \geqslant c^{\mathrm{T}}, \hat{y}_i \geqslant 0.$$

用 $\hat{X}^{\mathrm{T}}$ 左乘 $A^{\mathrm{T}}\,\hat{Y} \geqslant c^{\mathrm{T}}$ 得

$$\hat{X}^{\mathrm{T}}A^{\mathrm{T}}\,\hat{Y} \geqslant \hat{X}^{\mathrm{T}}c^{\mathrm{T}}.$$

转置得

$$\hat{Y}^{\mathrm{T}}A\,\hat{X} \geqslant c\,\hat{X}. \tag{6.4}$$

从(6.3)式和(6.4)式可得 $\hat{Y}^{\mathrm{T}}b \geqslant c\,\hat{X}$.

由弱对偶性,可得出以下推论:

(1)原问题任一可行解的目标函数值是其对偶问题目标函数值的下界;反之,对偶问题任一可行解的目标函数值是其原问题目标函数值的上界.

(2)如原问题有可行解且目标函数值无界(或具有无界解),则其对偶问题无可行解;反之,对偶问题有可行解且目标函数值无界,则其原问题无可行解(注意:此性质的逆不成立,当对偶问题无可行解时,其原问题或具有无界解或无可行解,反之亦然).

(3)若原问题有可行解而其对偶问题无可行解,则原问题目标函数值无界;反之,对偶问题有可行解而其原问题无可行解,则对偶问题的目标函数值无界.

三、最优性

如果 $\hat{X}$ 是原问题(1)的可行解, $\hat{Y}$ 是对偶问题(2)的可行解,并且

$$c\,\hat{X} = b^{\mathrm{T}}\,\hat{Y},$$

则$\hat{X}$和$\hat{Y}$分别为原问题(1)和对偶问题(2)的最优解.

证　设X^*,Y^*分别为原问题(1)和对偶问题(2)的最优解,则有

$$c\,\hat{X} \leqslant cX^* \text{ 且 } b^{\mathrm{T}}Y^* \leqslant b^{\mathrm{T}}\,\hat{Y}.$$

又因为$c\,\hat{X} = b^{\mathrm{T}}\,\hat{Y}$,故有

$$c\,\hat{X} = cX^* = b^{\mathrm{T}}Y^* = b^{\mathrm{T}}\,\hat{Y}.$$

四、强对偶性

即若原问题(1)及其对偶问题(2)都有可行解,则两者都有最优解,且它们的最优解的目标函数都相等.

证　由于两者都有可行解,从弱对偶的推论(1)可知,原问题与对偶问题的目标函数分别有上界和下界,所以两者都有最优解;同时我们又知道原问题的对偶价格即为对偶问题的一个可行解,并知这个可行解的目标函数值即为原问题的目标函数值,从最优性即可知这个目标函数即为原问题和对偶问题的目标函数值.

五、互补松弛性

在线性规划问题的最优解中,如果对应某一约束条件的对偶变量值为非零,则该约束条件取严格等式;反之,如果约束条件取严格不等式,则其对应的对偶变量一定为零,也即

若$y_i^* > 0$,则有$\displaystyle\sum_{j=1}^{n} a_{ij}x_j^* = b_i$;

若$\displaystyle\sum_{j=1}^{n} a_{ij}x_j^* < b_i$,则有$y_i^* = 0$.

证　从弱对偶性知$c\,\hat{X} \leqslant \hat{Y}^{\mathrm{T}}A\hat{X} \leqslant \hat{Y}^{\mathrm{T}}b$.

因为X^*,Y^*分别为原问题(1)及其对偶问题(2)的最优解,又从最优性$cX^* = Y^{*\mathrm{T}}b$知$Y^{*\mathrm{T}}AX^* = Y^{*\mathrm{T}}b$,即得

$$Y^{*\mathrm{T}}(AX^* - b) = 0.$$

由于$Y^{*\mathrm{T}} \geqslant 0$,$AX^* - b \leqslant 0$,由矩阵乘法可知,行向量$Y^{*\mathrm{T}}$乘以列向量$AX^* - b$时,要使乘积为零向量,则$Y^*$的第$i$个分量$y_i^* > 0$(不为零)时,$AX^* - b$的第$i$个分量$\displaystyle\sum_{j=1}^{n} a_{ij}x_j^* - b_i$必为零,即$\displaystyle\sum_{j=1}^{n} a_{ij}x_j^* - b_i = 0$. 同样,当$\displaystyle\sum_{j=1}^{n} a_{ij}x_j^* - b_i < 0$(不为零)时,$y_i^* = 0$.

§6.4   对偶单纯形法

对偶单纯形法和单纯形法一样都是求解原线性规划问题的一种方法.单纯形法是在保持原问题的所有约束条件的常数大于等于零的情况下,通过迭代,使得所有的检验数都小于等于零,最后求得最优解;而对偶单纯形法则是在保持原问题的所有检验数都小于等于零的情况下,通过迭代,使得所有约束条件的常数项都大于等于零,最后求得最优解.

使用对偶单纯形法时,初始解可以是非可行解,对于一些大于等于号的约束不等式不需要添加人工变量,只要把该不等式两边乘以-1,化成小于等于不等式的约束,就可用对偶单纯形法来求解,简化计算。这是对偶单纯形的优点,但是对偶单纯形法在使用上有很大的局限性,这主要是对大多数线性规划问题,很难找到一个初始解使得其所有检验数都小于等于零,因而这种方法在求解线性规划问题时很少单独应用.但在灵敏度分析中,有时需要用对偶单纯形法,这样可使问题处理简化.

下面就第二章例1为例说明在灵敏度分析时如何使用对偶单纯形法以及对偶单纯形法的求解过程.

在上节对b的灵敏度分析中已知当$250 \leqslant b_1' \leqslant 325$时第一个约束条件的对偶价格不变,现在如果$b_1 = 300$变成$b_1' = 350$了,请问这时第一个约束方程的对偶价格应为多少呢? 对这个问题我们用对偶单纯形法进行求解.

先求出在第2次迭代表上的常数列

$$\boldsymbol{x}_B' = \boldsymbol{x}_B + \boldsymbol{B}^{-1}\Delta\boldsymbol{b} = \begin{pmatrix} 50 \\ 50 \\ 250 \end{pmatrix} + \begin{pmatrix} 1 \cdot \Delta b_1 \\ -2 \cdot \Delta b_1 \\ 0 \cdot \Delta b_1 \end{pmatrix}$$

$$= \begin{pmatrix} 50 \\ 50 \\ 250 \end{pmatrix} + \begin{pmatrix} 1\times 50 \\ -2\times 50 \\ 0\times 50 \end{pmatrix} = \begin{pmatrix} 50 \\ 50 \\ 250 \end{pmatrix} + \begin{pmatrix} 50 \\ -100 \\ 0 \end{pmatrix} = \begin{pmatrix} 100 \\ -50 \\ 250 \end{pmatrix}.$$

代入第2次迭代表,如表6-15所示.

从表6-15可知$b_2 = -50$.如果要按单纯形法解此题,则第一是把此约束方程乘以-1,把b_2化成50,第二再加上人工变量a_1,第三在目标函数上加上罚因子$-M \cdot a_1$,然后再用单纯形法计算,这是很麻烦的.现在由于在此单纯形表上检验数都小于等于零,所以我们可以用对偶单纯形法

教学视频:对偶单纯形法

来做.

（1）确定出基变量，在常数项列中找到一个最小的负常量，则这个负常量所在行的基变量为出基变量，在此例中 $b_2 = -50$ 是最小的负常数，所以 s_2 就确定为出基变量.

表 6-15

迭代次数	基变量	c_B	x_1	x_2	s_1	s_2	s_3	b
			50	100	0	0	0	
	x_1	50	1	0	1	0	−1	100
	s_2	0	0	0	−2	1	1	−50
2	x_2	100	0	1	0	0	1	250
	z_j		50	100	50	0	50	
	$c_j - z_j$		0	0	−50	0	−50	

（2）确定入基变量，在单纯形表中检查出基变量 x_k 所在行的各系数 $a_{kj}(j = 1, 2, \cdots, n)$，如果所有的 a_{kj} 都大于等于零，则无可行解，停止计算，若存在 a_{kj} 为负数，则计算所有为负数的 a_{kj} 与其对应的 σ_j 的比值 $\dfrac{\sigma_j}{a_{kj}}$，求出其中的最小值，即

$$\min_j \left\{ \frac{\sigma_j}{a_{kj}} \middle| a_{kj} < 0 \right\}.$$

确定具有最小比值 $\dfrac{\sigma_j}{a_{kj}}$ 的 x_t 为入基变量，在本例中第二行系数里只有 $a_{23} = -2 < 0$，故取 s_1 为入基变量，这样做可保证所有 σ_j 仍有 $\sigma_j \leqslant 0$.

（3）以 a_{kt} 为主元，按原单纯形法在表中进行迭代运算，得到新的单纯形表，对本例以 a_{23} 为主元，得新的单纯形表，如表 6-16 所示.

表 6-16

迭代次数	基变量	c_B	x_1	x_2	s_1	s_2	s_3	b
			50	100	0	0	0	
	x_1	50	1	0	0	1/2	−1/2	75
	s_1	0	0	0	1	−1/2	−1/2	25
	x_2	100	0	1	0	0	1	250
	z_j		50	100	0	25	75	28 750
	$c_j - z_j$		0	0	0	−25	−75	

表 6-16 是先把第 2 行除以 −2，使得 a_{23} 变成 1，同时也使得 b_2 大于等于零，为 25，再进行初

等行变换使 a_{13} 和 a_{33} 变成零.

（4）检查常数列的值,若都已经非负,那么此解就是最优解了.如果还存在负的常数,请重复（1）至（4）的步骤.在此例中常数列的值都已经非负,所以此时的解 $x_1 = 75, x_2 = 250, s_1 = 25, s_2 = 0,$ $s_3 = 0$ 为最优解,此时第一约束条件即设备台时的对偶价格为零,起了变化.

习　题

1. 考虑下列线性规划:

$$\max z = 20x_1 + 8x_2 + 6x_3;$$

约束条件:

$$8x_1 + 3x_2 + 2x_3 \leqslant 250,$$
$$2x_1 + x_2 \leqslant 50,$$
$$4x_1 + 3x_3 \leqslant 150,$$
$$x_1, x_2, x_3 \geqslant 0.$$

此线性规划的最终单纯形表如表 6-17 所示.

表 6-17

迭代次数	基变量	c_B	x_1	x_2	x_3	s_1	s_2	s_3	b
			20	8	6	0	0	0	
	s_1	0	$-\dfrac{2}{3}$	0	0	1	-3	$-\dfrac{2}{3}$	0
	x_2	8	2	1	0	0	1	0	50
4	x_3	6	$\dfrac{4}{3}$	0	1	0	0	$\dfrac{1}{3}$	50
	z_j		24	8	6	0	8	2	700
	$c_j - z_j$		-4	0	0	0	-8	-2	

（1）计算使最优解不变的 c_1 的变化范围.

（2）计算使最优解不变的 c_2 的变化范围.

（3）计算使最优解不变的 c_{s_2} 的变化范围.

2. 对第五章习题 13(2) 最终单纯形表中的目标函数系数进行灵敏度分析.

（1）计算使得最优解不变的 c_1 的变化范围.

（2）计算使得最优解不变的 c_3 的变化范围.

（3）计算使得最优解不变的 c_2 的变化范围.

3. 见本章习题 1 的线性规划及其最终单纯形表.

（1）求出 b_1 的变化范围,在此范围内其对偶价格不变.

（2）求出 b_2 的变化范围,在此范围内其对偶价格不变.

（3）求出 b_3 的变化范围,在此范围内其对偶价格不变.

4. 对第五章习题 13(2)最终单纯形表的约束方程的常数项进行灵敏度分析.

（1）求出 b_1 的变化范围,在此范围内其最优基不变,且所得的解仍然是可行的.

（2）求出 b_2 的变化范围,在此范围内其最优基不变,且所得的解仍然是可行的.

（3）求出 b_3 的变化范围,在此范围内其最优基不变,且所得的解仍然是可行的.

5. 已知线性规划问题:

$$\min f = 5x_1 - 5x_2 - 13x_3;$$

约束条件:

$$-x_1 + x_2 + 3x_3 \leqslant 20,$$
$$12x_1 + 4x_2 + 10x_3 \leqslant 100,$$
$$x_1, x_2, x_3 \geqslant 0.$$

将问题化为标准型之后求解,最优值为-100,最终单纯形表如表 6-18 所示.

表 6-18

迭代次数	基变量	c_B	x_1	x_2	x_3	x_4	x_5	b
			-5	5	13	0	0	
2	x_2	5	-1	1	3	1	0	20
	x_5	0	16	0	-2	-4	1	20
	c_j-z_j		0	0	-2	-5	0	

（1）写出其最优基矩阵 B 及其逆矩阵 B^{-1};

（2）当 b_2 由 100 变为 60 时,最优解有什么变化?

（3）x_1 的系数列向量由 $\begin{pmatrix} -1 \\ 12 \end{pmatrix}$ 变为 $\begin{pmatrix} 0 \\ 5 \end{pmatrix}$ 的时候,最优解有什么变化?

（4）增加一个约束条件 $x_1+2x_2+x_3 \leqslant 30$,最优解有什么变化?

6. 已知线性规划问题:

$$\max z = 4x_1 + 3x_2 + 2x_3$$

约束条件:

$$4x_1 + x_2 + x_3 \leqslant 15$$
$$6x_1 + 4x_2 + 3x_3 \leqslant 42$$
$$x_1, x_2, x_3 \geqslant 0$$

最优单纯形表如表 6-19 所示.

表 6-19

迭代次数	基变量	c_B	x_1	x_2	x_3	s_1	s_2	b
			4	3	2	0	0	
3	s_1	0	2.5	0	0.25	1	-0.25	4.5
	x_2	3	1.5	1	0.75	0	0.25	10.5
	z_j		4.5	3	2.25	0	0.75	31.5
	c_j-z_j		-0.5	0	-0.25	0	-0.75	

其中, s_1, s_2 分别为第 1, 2 约束方程中的松弛变量.

(1) 请求出最优基不变的 b_1, b_2 的变化范围;

(2) 请求出最优解不变的 c_1, c_2, c_3 的变化范围;

(3) 在原线性规划约束条件的基础上, 增加下面的约束条件:

$$x_1 + 2x_2 + x_3 \leqslant 12$$

其最优解是否变化, 如变化, 请求出最优解.

7. 某公司制造三种产品 A, B, C, 需要两种资源(劳动力和原材料), 要求确定总利润最大的最优生产计划. 该问题的线性规划模型如下:

$$\max z = 3x_1 + x_2 + 5x_3;$$

约束条件:
$$6x_1 + 3x_2 + 5x_3 \leqslant 45(\text{劳动力}),$$
$$3x_1 + 4x_2 + 5x_3 \leqslant 30(\text{原材料}),$$
$$x_1, x_2, x_3 \geqslant 0.$$

其中 x_1, x_2, x_3 是产品 A, B, C 的产量.

这个线性规划问题的最终单纯形表如表 6-20 所示.

表 6-20

迭代次数	基变量	c_B	x_1	x_2	x_3	s_1	s_2	b
			3	1	5	0	0	
	s_1	0	3	-1	0	1	-1	15
	x_3	5	$\frac{3}{5}$	$\frac{4}{5}$	1	0	$\frac{1}{5}$	6
	z_j		3	4	5	0	1	30
	$c_j - z_j$		0	-3	0	0	-1	

(1) 求出使得最优解不变的产品 A 的单位利润变动范围. 问 $c_1 = 2$ 时最优解变不变?

(2) 假定能以 10 元的代价增加 15 个单位的材料, 这样做是否有利?

(3) 求出使劳动力对偶价格不变的 b_1 的变化范围.

(4) 由于技术上的突破, 每单位产品 B 原材料的需要量减少为 2 单位, 这时是否需要改变生产计划? 为什么?

(5) 假如这时, 又试制成新产品 D, 生产一个单位新产品 D 需要劳动力 4 单位, 原材料 3 单位, 而每单位的新产品 D 的利润为 3 元. 请问这时生产计划是否要进行修改? 为什么? 怎样修改?

8. 某食品厂能够生产 3 种食品, 生产食品 A, B, C 每吨产品利润分别为 2.5 万元, 2 万元, 3 万元. 各食品需要经过 3 道工序进行加工完成, 各种食品生产 1 吨所需工时数及各工序可用总工时数如表 6-21 所示.

表 6-21

项目	A 食品	B 食品	C 食品	总工时数
工序 1	8	16	10	350
工序 2	10	5	5	450
工序 3	2	13	5	400

（1）如何充分利用资源，使得厂家获利最大？

（2）为了增加产量，厂家通过各种手段扩大工时数，若工序 1 每增加 10 工时数，需要消耗成本 10 万元，请问这样做是否合算？

（3）若对食品 B 的加工工序进行了改良，生产每吨 B 三种工序用时分别减少了 2 工时、1 工时、2 工时，请问这时最优生产计划是否改变？

（4）现有甲和乙两种新产品，生产每吨产品分别获利 3.2 万元和 3 万元.甲产品每道工序所需工时分别为 4，8，10.乙产品每道工序所需工时分别为 5，8，9.总工时不变的情况下，在生产 A，B，C 产品时可考虑再增加一种产品投产，请问投产哪种新产品更合算？

9. 请对第三章习题 6，7，8，9，10 的"管理运筹学"软件的输出信息进行判断.哪些最优解是唯一的最优解？哪些最优解有无穷多组最优解？为什么？

10. 写出下列线性规划的对偶问题：

（1）

$$\max z = 2x_1 + x_2 + x_3;$$

约束条件：

$$x_1 + x_2 + x_3 \leqslant 10,$$
$$x_1 + 5x_2 + x_3 \leqslant 20,$$
$$x_1, x_2, x_3 \geqslant 0.$$

（2）

$$\min f = 4x_1 + 4x_2 + 2x_3;$$

约束条件：

$$\frac{1}{2}x_1 + 2x_2 + 2x_3 \geqslant 100,$$
$$4x_1 + 6x_2 + 3x_3 \geqslant 200,$$
$$x_1, x_2, x_3 \geqslant 0.$$

11. 写出下列线性规划的对偶问题：

（1）

$$\max z = x_1 + 2x_2 + 5x_3;$$

约束条件：

$$2x_1 + 3x_2 + x_3 \geqslant 10,$$
$$3x_1 + x_2 + x_3 \leqslant 50,$$
$$x_1 + x_3 = 20,$$
$$x_1 \geqslant 0, x_2 \geqslant 0, x_3 \text{ 无非负限制}.$$

（2）

$$\min f = x_1 + 3x_2 + 2x_3;$$

约束条件：

$$x_1 + 2x_2 + 3x_3 \geqslant 6,$$
$$x_1 - x_2 + 2x_3 \leqslant 3,$$
$$-x_1 + x_2 + x_3 = 2,$$
$$x_1 \geqslant 0, x_2 \text{ 无非负限制}, x_3 \leqslant 0.$$

（提示：可以设 $x'_3 = -x_3$ 替代 x_3，这时就有 $x'_3 \geqslant 0$.）

12. 已知线性规划问题：

$$\min f = x_1 + x_2 + x_3 + x_4 + x_5;$$

约束条件：
$$x_1 + x_2 \geqslant 6,$$
$$x_2 + x_3 \geqslant 7,$$
$$x_3 + x_4 \geqslant 8,$$
$$x_4 + x_5 \geqslant 9,$$
$$x_1 + x_5 \geqslant 10,$$
$$x_1, x_2, x_3, x_4, x_5 \geqslant 0.$$

（1）写出该问题的对偶问题；

（2）利用"管理运筹学"软件分别求解原问题和对偶问题；

（3）若是选用单纯形法求解，两个问题选用哪一个求解目标函数最优值更简单？为什么？

13. 已知表 6-22 为求解线性规划问题的最终单纯形表，表中 s_1, s_2 为松弛变量，问题的约束为 $\leqslant$ 形式.

表 6-22

迭代次数	基变量	c_B	x_1	x_2	x_3	s_1	s_2	b
			c_1	c_2	c_3	0	0	
3	x_3	c_3	1	0	1	$\frac{1}{2}$	$-\frac{1}{2}$	5
	x_2	c_2	2	1	0	$\frac{1}{2}$	$\frac{1}{2}$	25
	z_j		3	2	-1	$\frac{1}{2}$	$\frac{3}{2}$	45
	$c_j - z_j$		-1	0	0	$-\frac{1}{2}$	$-\frac{3}{2}$	

（1）写出原线性规划问题；

（2）写出原问题的对偶问题；

（3）直接由表 6-22 写出对偶问题的最优解.

14. 写出以下线性规划问题的对偶问题，考虑用哪一种形式求解相应线性规划问题更简单，并选择合适方法进行求解：

（1）
$$\min f = 2x_1 + 3x_2 + 5x_3;$$

约束条件：
$$3x_1 + 2x_2 + x_3 \geqslant 4,$$
$$x_1 + 3x_2 + x_3 \geqslant 12,$$
$$x_1, x_2, x_3 \geqslant 0.$$

（2）
$$\min f = 2x_1 - 2x_2 + 10x_3;$$

约束条件：
$$2x_1 + 3x_2 + 5x_3 \geqslant 2,$$
$$-3x_1 - x_2 + x_3 \geqslant 3,$$
$$x_1 + 4x_2 + x_3 \geqslant 5,$$

$$x_1, x_2, x_3 \geqslant 0 .$$

15. 判断下列说法是否正确？为什么？

（1）原问题存在可行解，则其对偶问题也一定存在可行解；

（2）原问题解为无界，则其对偶问题无可行解；

（3）对偶问题无可行解，则原问题也一定无可行解；

（4）若原问题和对偶问题都存在可行解，则该线性规划问题一定存在最优解.

16. 用单纯形法求解下列线性规划问题：

$$\min f = x_1 + 2x_2 + 3x_3 ;$$

约束条件：

$$x_1 - x_2 + x_3 \geqslant 4,$$
$$x_1 + x_2 + 2x_3 \leqslant 8,$$
$$x_2 - x_3 \geqslant 2,$$
$$x_1, x_2, x_3 \geqslant 0.$$

17. 已知线性规划问题：

$$\max z = x_1 + 2x_2 ;$$

约束条件：

$$x_1 \leqslant 5 + t,$$
$$x_1 + x_2 \leqslant 10 - t,$$
$$x_2 \leqslant 3 + t,$$
$$x_1, x_2 \geqslant 0.$$

其中 $0 \leqslant t \leqslant 10$，试分析随着 t 的变化，最优解的变化情况.

18. 已知线性规划问题：

$$\max z = (5 + 3t) x_1 + (12 + 2t) x_2 + (10 - t) x_3$$

约束条件：

$$x_1 + x_2 + x_3 \leqslant 30$$
$$2x_1 + 2x_2 + x_3 \leqslant 40$$
$$x_1, x_2, x_3 \geqslant 0$$

其中，$t \geqslant 0$，试分析随着 t 的变化，最优解的变化情况.

19. 已知线性规划问题：

$$\max z = 2x_1 - 3x_2 + x_3$$

约束条件：

$$-2x_1 + x_2 + 2x_3 \leqslant 5$$
$$-x_1 + 4x_2 - x_3 \leqslant 1$$
$$2x_1 + 5x_2 - 2x_3 \leqslant 3$$
$$x_1, x_2, x_3 \geqslant 0$$

试用对偶理论证明上述线性规划问题无最优解.

20. 设有线性规划如下：

$$\max z = 3x_1 + 2x_2 + x_3 + 4x_4$$

约束条件：

$$x_1 + 3x_2 + x_4 \leqslant 10$$
$$2x_1 + x_2 + x_3 \leqslant 8$$
$$3x_2 + 2x_3 + x_4 = 8$$
$$4x_1 + x_2 + x_3 \leqslant 12$$

$$x_1, x_2, x_3 \geq 0, x_4 \text{无约束}$$

（1）写出该问题的对偶问题；

（2）已知原问题最优解为 $X^* = (2,0,0,8)^{\mathrm{T}}$，试根据对偶理论，直接求出对偶问题的最优解.

21. 已知线性规划问题：

$$\max z = 2x_1 + 2x_2 + x_3 + x_4 ;$$

约束条件：

$$x_1 + 2x_2 + 3x_3 + 4x_4 \leq 20,$$

$$4x_1 + 3x_2 + 2x_3 + x_4 \leq 20,$$

$$x_1, x_2, x_3, x_4 \geq 0.$$

其对偶问题的最优解为 $y_1 = \dfrac{1}{10}, y_2 = \dfrac{3}{5}$，目标函数最小值为 14.试用互补松弛定理求解原问题的最优解.

第七章　运输问题

本章将讨论一类重要的特殊线性规划问题——运输问题.由于这类线性规划问题在结构上有特殊性,我们可以用比单纯形法更为简便的解法——表上作业法来求解.与其对应,我们在"管理运筹学"软件里编制了运输问题的程序专门处理这类问题.运输问题在工商管理中有着广泛的应用,这也是我们把运输问题单列为一章的原因.

在这一章里,我们将讨论运输问题的模型、运输问题的计算机解法、运输问题的应用,以及运输问题的表上作业法.

§7.1　运输模型

一般的运输问题就是要解决以下问题:把某种产品从若干个产地调运到若干个销地,在每个产地的供应量与每个销地的需求量已知,并知道各地之间的运输单价的前提下,如何确定一个使得总的运输费用最小的方案.

例1　某公司从两个产地 A_1, A_2 将物品运往三个销地 B_1, B_2, B_3,各产地的产量、各销地的销量和各产地运往各销地的每件物品的运费如表 7-1 所示.

表 7-1

运费单价/元　销地　产地	B_1	B_2	B_3	产量/件
A_1	16	4	16	200
A_2	26	15	5	300
销量/件	150	150	200	

应如何调运,使得总运输费最小?

教学视频:运输模型

解 我们知道 A_1,A_2 两个产地的总产量为 $200+300=500$（件）；B_1,B_2,B_3 三个销地的总销量为 $150+150+200=500$（件），总产量等于总销量，这是一个产销平衡的运输问题.把 A_1,A_2 的产量全部分配给 B_1,B_2,B_3,正好满足这三个销地的需要.

设 x_{ij} 表示从产地 A_i 调运到 B_j 的运输量（$i=1,2;j=1,2,3$），例如，x_{12} 表示由 A_1 调运到 B_2 的物品数量，现将安排的运输量列入表 7-2.

表 7-2

销地\运输量\产地	B_1	B_2	B_3	产量/件
A_1	x_{11}	x_{12}	x_{13}	200
A_2	x_{21}	x_{22}	x_{23}	300
销量/件	150	150	200	500

从表 7-2 可写出此问题的数学模型.

满足产地产量的约束条件为

$$x_{11} + x_{12} + x_{13} = 200,$$
$$x_{21} + x_{22} + x_{23} = 300.$$

满足销地销量的约束条件为

$$x_{11} + x_{21} = 150,$$
$$x_{12} + x_{22} = 150,$$
$$x_{13} + x_{23} = 200.$$

使运输费最小，即

$$\min f = 16x_{11} + 4x_{12} + 16x_{13} + 26x_{21} + 15x_{22} + 5x_{23}.$$

所以此运输问题的线性规划的模型如下：

$$\min f = 16x_{11} + 4x_{12} + 16x_{13} + 26x_{21} + 15x_{22} + 5x_{23};$$

约束条件：

$$x_{11} + x_{12} + x_{13} = 200,$$
$$x_{21} + x_{22} + x_{23} = 300,$$
$$x_{11} + x_{21} = 150,$$
$$x_{12} + x_{22} = 150,$$
$$x_{13} + x_{23} = 200,$$
$$x_{ij} \geqslant 0 \,(i=1,2;j=1,2,3).$$

为了给出一般运输问题的线性规划模型，我们将使用以下的一些符号：

$A_1,A_2,\cdots,A_m$ 表示某种物资的 m 个产地；

$B_1,B_2,\cdots,B_n$ 表示某种物资的 n 个销地；

s_i 表示产地 A_i 的产量;

d_j 表示销地 B_j 的销量;

c_{ij} 表示把物资从产地 A_i 运到销地 B_j 的单位运价.

同样设 x_{ij} 表示从产地 A_i 运到销地 B_j 的运输量,则产销平衡的运输问题的线性规划模型如下所示:

$$\min f = \sum_{i=1}^{m} \sum_{j=1}^{n} c_{ij} x_{ij};$$

约束条件:

$$\sum_{j=1}^{n} x_{ij} = s_i, i = 1, 2, \cdots, m,$$

$$\sum_{i=1}^{m} x_{ij} = d_j, j = 1, 2, \cdots, n.$$

$$x_{ij} \geqslant 0,\text{对所有的 } i \text{ 和 } j.$$

有时上述运输问题的一般模型会发生如下一些变化:

(1) 求目标函数的最大值而不是最小值.有些运输问题中,它的目标是要找出利润最大或营业额最大的调运方案,这时就要求目标函数的最大值了.

(2) 当某些运输线路的运输能力有一定限制时,要在线性规划模型的约束条件上加上运输能力限制的约束条件.例如,从 A_3 运到 B_4 的物品的数量受到运输能力的限制,最多运送 1 000 单位,这时只要在原来的模型上加上约束条件 $x_{34} \leqslant 1\ 000$ 即可.

(3) 当生产总量不等于销售总量,即产销不平衡时,这时将通过增加一个假想仓库或假想产地来化成产销平衡的问题,具体做法将在后面阐述.

§7.2　运输问题的计算机求解

在建立了运输问题的线性规划模型之后,我们可以用"管理运筹学"软件中的线性规划程序来求出其最优解.用线性规划程序来求解运输问题有以下优缺点:优点为计算机输出的信息多,可以进行灵敏度分析,可知运费单价在什么范围内变化对最优解不变,产量、销量的对偶价格是多少,在什么范围内变化时其对偶价格不变;缺点为输入较麻烦,又因为计算机求解线性规划问题的程序相对复杂,故能解决的运输问题的规模相对小一些.为了克服这两个缺点,在"管理运筹学"软件里编制了求解运输问题的程序,用这个程序我们只要输入产地数,各产地的产量,销点数,各销地的销量,以及各产地到各销地的运输单价,立即可得到运输问题的最优解.把例 1 的数

教学视频:运输问题的计算机求解

据输入运输问题程序,立即得到了例 1 的最优解:

$$x_{11} = 50, x_{12} = 150, x_{13} = 0, x_{21} = 100, x_{22} = 0, x_{23} = 200,$$

$$\min f = 5\,000.$$

在上一节中我们讨论的是产销平衡的运输问题,对于产销不平衡的运输问题,我们可以先化为产销平衡的运输问题然后再求解.

例 2 某公司从两个产地 A_1,A_2 将物品运往三个销地 B_1,B_2,B_3,各产地产量和各销地销量以及各产地运往各销地的每件物品的运输费如表 7-3 所示.

表 7-3

运输单价/元 销地 产地	B_1	B_2	B_3	产量/件
A_1	16	4	16	300
A_2	26	15	5	300
销量/件	150	150	200	600 500

应如何组织运输,使总运输费用为最小?

解 例 2 与例 1 比较,只是 A_1 的产量提高到 300 件.这样一来总产量为 300+300 = 600(件),而总销量仍然是 150+150+200 = 500(件),这是一个产大于销的运输问题,为此我们再建立一个假想的销地 B_4,B_4 为产地 A_1,A_2 各自的仓库,B_4 的销量为 100,因为 A_1 把物品放在自己的仓库,A_2 把物品放在自己的仓库都不需要运费,所以可令 $c_{14} = 0$,$c_{24} = 0$.这样就得到了表 7-4 所示的产销平衡与运价表,把产大于销的运输问题化成了产销平衡的运输问题.

表 7-4

运输单价/元 销地 产地	B_1	B_2	B_3	B_4	产量/件
A_1	16	4	16	0	300
A_2	26	15	5	0	300
销量/件	150	150	200	100	600 600

把数据输入"管理运筹学"软件的运输问题程序里,就得到例 2 的最优解:

$$x_{11} = 150, x_{12} = 150, x_{13} = 0, x_{14} = 0,$$

$$x_{21} = 0, x_{22} = 0, x_{23} = 200, x_{24} = 100,$$
$$\min f = 4\,000,$$

其中,x_{14} 是 A_1 放在自己仓库里的物品数量,x_{24} 是 A_2 放在自己仓库里的物品数量.

例 3 某公司从两个产地 A_1,A_2 将物品运往三个销地 B_1,B_2,B_3,各销地的销量以及从产地到销地的每件物品的运输单价如表 7-5 所示.

表 7-5

运输单价/元 产地 ＼ 销地	B_1	B_2	B_3	产量/件
A_1	16	4	16	200
A_2	26	15	5	300
销量/件	250	200	200	500 ＼ 650

例 3 与例 1 相比,只是 B_1,B_2 的销量提高了,这样一来总产量还是 500 件,但总销量却变成了 650 件,这是一个销大于产的问题.为此我们就建立一个假想的产地 A_3,A_3 的产量为 150 件,不过 A_3 生产的物品仅仅是个"空头支票",所以从 A_3 到 B_1,B_2,B_3 的运费当然是零,故 c_{31},c_{32},c_{33} 都为零.在一个运输方案中对于 A_3 调运到 B_1,B_2,B_3 的物品数量 x_{31},x_{32},x_{33} 只是表明 B_1,B_2,B_3 的销量中所欠缺的数量,这样我们得到了表 7-6 所示的产销平衡与运价表,把销大于产的运输问题转化成了产销平衡的运输问题.

表 7-6

运输单价/元 产地 ＼ 销地	B_1	B_2	B_3	产量/件
A_1	16	4	16	200
A_2	26	15	5	300
A_3	0	0	0	150
销量/件	250	200	200	650 ＼ 650

把以上数据输入"管理运筹学"软件,就得到了此运输问题的计算机解:

$$x_{11} = 0, x_{12} = 200, x_{13} = 0,$$
$$x_{21} = 100, x_{22} = 0, x_{23} = 200,$$

$$x_{31} = 150, x_{32} = 0, x_{33} = 0,$$
$$\min f = 4\ 400,$$

其中 x_{31}, x_{32}, x_{33} 分别为销地 B_1, B_2, B_3 欠缺的物品的数量.

如果我们要写出产销不平衡运输问题的线性规划模型,我们只要先按上面的做法把产销不平衡的运输问题化成产销平衡的运输问题,再按上节所给的一般产销平衡的运输问题的线性规划模型,即可写出产销不平衡运输问题的线性规划模型.

实际上为了更方便地求出运输问题的解,"管理运筹学"软件中的运输问题的部分,在程序上已做了这样的设计,使程序能自动处理产销不平衡的运输问题,而不必在输入数据前先化成产销平衡的问题.在这一节中安排了化产销不平衡为产销平衡的内容是为产销不平衡问题的线性规划模型的建立和以后的表上作业法做准备的.

§7.3 运输问题的应用

一、产销不平衡的运输问题

例4 石家庄北方研究院有三个区,即一区、二区、三区,每年分别需要生活用煤和取暖用煤 3 000 t,1 000 t,2 000 t,由河北临城、山西盂县两处煤矿负责供应.这两处煤矿的价格相同,煤的质量也基本相同.两处煤矿能供应北方研究院的煤的数量,山西盂县为 4 000 t,河北临城为 1 500 t,由煤矿至北方研究院的单位运价(元/t)如表 7-7 所示.

表 7-7 单位:元/t

运输单价 \ 销地 产地	一区	二区	三区
山西盂县	280	170	100
河北临城	160	100	275

由于需大于供,经院研究平衡决定一区供应量可减少 0~300 t,二区需要量应全部满足,三区供应量不少于 1 650 t.试求总运费为最低的调运方案.

解 根据题意,作出产销平衡与运价表,如表 7-8 所示.

在表中为了化成产销平衡的运输问题,我们增加了假想生产点这一行,产量为 500 t.为了区别必须满足的调运量与可以不满足的调运量,我们把一区分成二列,一列为一区$_1$,它的销量是必须要满足的 2 700 t,另一列为一区$_2$,它的销量是可以不满足的 300 t.为了必须满足 2 700 t,我们把假想生产点到一区$_1$的运价定为大 M(是一个足够大的正数).如果假想生产点调运到一区$_1$的煤炭量为 $x_{31}>0$,则为此付出的运费将为 $M \cdot x_{31}$,是个很大的正数,这显然不符合总运费最小的目标,这样就保证了 $x_{31}=0$.但对于 c_{32} 我们就可以定为零,因为假想生产点并没有煤炭运出,运价当然为零,又因为 x_{32} 可以为正数,所以 300 t 煤炭可以不满足.另外 $c_{12}=c_{11}=280$,$c_{22}=c_{21}=160$.对三区也进行了同样的处理.由于二区的煤炭必须都满足,所以不需要分两列,并令 $c_{33}=M$.(注:表中的 M,可以输入一个足够大的基数如 1 000 即可)把数据输入软件,我们就得到了如下最优调运方案:$x_{11}=$ 1 200,$x_{13}=1 000$,$x_{14}=1 650$,$x_{15}=150$,$x_{21}=1 500$,$x_{32}=300$,$x_{35}=200$,其余变量都为零,总运费为 926 000 元.也就是说,山西盂县运 1 200 t 给一区,运 1 000 t 给二区,运 1 800 t 给三区,河北临城运 1 500 t 给一区.这样最小运费为 926 000 元.

表 7-8

单位运价/元 销地 产地	石家庄北方研究院					供应量/t
	一区$_1$	一区$_2$	二区	三区$_1$	三区$_2$	
山西盂县	280	280	170	100	100	4 000
河北临城	160	160	100	275	275	1 500
假想生产点	M	0	M	M	0	500
需求量/t	2 700	300	1 000	1 650	350	6 000 / 6 000

例5 设有三个化肥厂供应四个地区的农用化肥.假定等量的化肥在这些地区使用效果相同.各化肥厂年产量、各地区年需求量及从各化肥厂到各地区运送单位化肥的运价如表 7-9 所示,试求出总的运费最节省的化肥调拨方案.

解 这是一个产销不平衡的运输问题,总产量为 160 万吨,四个地区的最低需求为 110 万吨.最高需求为无限.根据现有产量,在满足 Ⅰ,Ⅱ,Ⅳ 三个地区的最低需求量的前提下,第 Ⅳ 地区的最高需求改为 60 万吨,总的最高需求为 210 万吨.为了求得平衡,在产销平衡表上增加一个假想的化肥厂 D,其年产量为 50 万吨.由于各地区的需要量包含两个部分,如地区 Ⅰ,其中 30 万吨是最低需求,必须满足,不能由假想的化肥厂 D 供给,令其运价为 M;而另一部分 20 万吨可以不满足,故可以由假想化肥厂 D 供给,令其运价为零.对需求分两种情况的地区,实际上可按两个地区看待,这样得到表 7-10 所示的产销平衡与运价表.

表 7-9

运输单价（元/吨）＼销地＼产地	I	II	III	IV	产量/万吨
A	16	13	22	17	50
B	14	13	19	15	60
C	19	20	23	—	50
最低需求/万吨	30	70	0	10	
最高需求/万吨	50	70	30	不限	

表 7-10

运输单价（元/吨）＼销地＼产地	I′	I″	II	III	IV′	IV″	产量/万吨
A	16	16	13	22	17	17	50
B	14	14	13	19	15	15	60
C	19	19	20	23	M	M	50
D	M	0	M	0	M	0	50
销量/万吨	30	20	70	30	10	50	210 / 210

输入"管理运筹学"软件即可得到最优调运方案,如表 7-11 所示(注:表中的 M 只要输入一个足够大的正数如 10 000 即可).

表 7-11 单位/万吨

运输量＼销地＼产地	I′	I″	II	III	IV′	IV″	产量
A			50				50
B			20		10	30	60
C	30	20	0				50
D				30		20	50
销量	30	20	70	30	10	50	210 / 210

最小总运费为 2 460 万元.

如果例 5 中不是求大于供,而是供大于求,三个化肥厂由于仓库库存量限制等原因,每个厂的产量中有一部分必须运往销地,而另一部分可运出也可库存,那该怎么解决呢?(提示:我们可把每个化肥厂的产量分解为必须运往销地的产量和可运出也可库存的产量,在产销平衡与运价表中把 A、B、C 三个产地分成 A、A′,B、B′,C、C′六个产地,销地也增加一个假想的销地(即各自的仓库)B_4,根据是否必须运往销地在 B_4 列中填上 M 或零).

例 6　有如下的运输问题:某个产地的货物将发生储存费用,其中 1,2,3 产地的单位存储费分别为 3,2,1 元.假定产地 2 的物资必须至少运出 28 个单位,产地 3 至少运出 17 个单位,试求解使得此运输问题费用最小的运输方案,具体运输费用如表 7-12 所示.

表 7-12　　　　　　　　　　　　　　　　单位:元

运输单价　销地＼产地	1	2	3	产量
1	4	5	3	20
2	5	3	4	30
3	3	5	2	20
销量	20	30	10	60 / 70

这是一个产大于销的运输问题.根据题意做出产销平衡与运价表,如表 7-13 所示.

表 7-13

运输单价　销地＼产地	1	2	3	4(库存)	产量
1	4	5	3	3	20
2	5	3	4	M	28
2′	5	3	4	2	2
3	3	5	2	M	17
3′	3	5	2	1	3
销量	20	30	10	10	70 / 70

在表中,为了化成产销平衡的运输问题,增加了库存这一列。销量为 10,用以区别必须运走的量和可以库存的量.我们把产地 2 和产地 3 都分成了 2 行,即 2、2′和 3、3′,2 行的产量 28 单位与 3 行的产量 17 单位必须运走,不能库存,所以其单位运价定为 M,而 2′行与 3′行产量分别为 2单位和 3 单位,其单位运价分别为其单位存储费 2 元和 1 元.把表 7-13 的数据输入软件,即得到如下最优方案:

$x_{11}=13,x_{14}=7,x_{22}=28,x_{32}=2,x_{41}=7,x_{43}=10,x_{54}=3$,其余变量均为 0,总运费为 207 元.也就是说,产地 1 运 13 单位给销地 1,其余 7 单位库存;产地 2 运 30 单位给销地 2;产地 3 运 7 单位给销地 1,运 10 单位给销地 3,其余 3 单位库存.

二、生产与储存问题

例 7 某厂按合同规定须于当年每个季度末分别提供 10,15,25,20 台同一规格的柴油机.已知该厂各季度的生产能力及生产每台柴油机的成本如表 7-14 所示.又如果生产出来的柴油机当季不交货,每台每积压一个季度需储存、维护等费用 0.15 万元.要求在完成合同的情况下,做出使该厂全年生产(包括储存、维护)费用最小的决策.

表 7-14

季　　度	生产能力/台	单位成本/万元
Ⅰ	25	10.8
Ⅱ	35	11.1
Ⅲ	30	11.0
Ⅳ	10	11.3

解 由于每个季度生产出来的柴油机不一定当月交货,故设 x_{ij} 为第 i 季度生产的第 j 季度交货的柴油机的数目.

由合同规定,各季度交货数必须满足

$$\begin{cases} x_{11}=10, \\ x_{12}+x_{22}=15, \\ x_{13}+x_{23}+x_{33}=25, \\ x_{14}+x_{24}+x_{34}+x_{44}=20. \end{cases}$$

各季度生产的柴油机数目都不能超过各季度的生产能力,故又有

$$\begin{cases} x_{11}+x_{12}+x_{13}+x_{14}\leqslant 25, \\ x_{22}+x_{23}+x_{24}\leqslant 35, \\ x_{33}+x_{34}\leqslant 30, \\ x_{44}\leqslant 10. \end{cases}$$

教学视频:生产与储存问题

设 c_{ij} 是第 i 季度生产的第 j 季度交货的每台柴油机的实际成本，c_{ij} 应该是该季度单位成本加上储存、维护等费用，c_{ij} 值如表 7-15 所示.

表 7-15
单位：万元

i ＼ j	I	II	III	IV
I	10.8	10.95	11.10	11.25
II		11.10	11.25	11.40
III			11.00	11.15
IV				11.30

这样此问题的目标函数可写成

$$f = 10.8x_{11} + 10.95x_{12} + 11.10x_{13} + 11.25x_{14} + 11.10x_{22} +$$
$$11.25x_{23} + 11.40x_{24} + 11.00x_{33} + 11.15x_{34} + 11.30x_{44}.$$

我们把目标函数和以上的约束条件以及 x_{ij} 非负限制放在一起，就建立起此问题的线性规划模型.把它输入"管理运筹学"软件，我们就可以得到结果.

如果我们写出此问题的产销平衡与运价表并输入运输问题的软件，我们也可以立即得到结果.这时由于产大于销，我们可以加上一个假想的需求 D（实际上，不加这个假想需求 D，此软件也能自动平衡产销，求解），并注意到当 $i>j$ 时，$x_{ij}=0$，所以应令对应的 $c_{ij}=M$.产销平衡与运价表如表 7-16 所示.

表 7-16

运输单价/万元 ＼ 销地 ＼ 产地	I	II	III	IV	D	产量/台
I	10.8	10.95	11.10	11.25	0	25
II	M	11.10	11.25	11.40	0	35
III	M	M	11.00	11.15	0	30
IV	M	M	M	11.30	0	10
销量/台	10	15	25	20	30	100 / 100

在输入数据时，关于 M 我们可以选择相对表中的价格足够大的正数如 1 000 即可，从计算机输出的信息我们得到最优解，如表 7-17 所示，其最优值为 773 万元.

表 7-17   单位:台

运输量 销地 产地	I	II	III	IV	D	产量
I	10	15	0			25
II		0		5	30	35
III			25	5		30
IV				10		10
销量	10	15	25	20	30	

例 8 光明仪器厂生产电脑绣花机是以销定产的.1—6 月份各月的生产能力、合同销量和单台电脑绣花机平均生产费用如表 7-18 所示.又已知上年末库存 103 台绣花机.如果当月生产出来的机器当月不交货,则需要运到分厂库房,每台增加运输成本 0.1 万元,每台机器每月的平均仓储费、维护费为 0.2 万元.在 7—8 月份销售淡季,全厂停产 1 个月,因此在 6 月份完成销售合同后还要留出库存 80 台.加班生产机器每台增加成本 1 万元.问应如何安排 1—6 月份的生产使总的生产(包括运输、仓储、维护)费用最少?

表 7-18

月份	正常生产能力/台	加班生产能力/台	销量/台	单台费用/万元
1	60	10	104	15
2	50	10	75	14
3	90	20	115	13.5
4	100	40	160	13
5	100	40	103	13
6	80	40	70	13.5

解 这是一个生产储存问题,可以化为运输问题来做.根据已知条件可列出产销平衡与运价表,如表 7-19 所示.制定此表主要考虑如下条件:

(1)1—6 月份合计生产能力(包括上年末储存量)为 743 台,销量为 707 台,产大于销 36 台,所以在销地栏中设一个假想销地(仓库),其销量实为不安排生产的剩余生产能力.

(2)上年末库存 103 台,只有仓储费和运输费,我们把它列在序号 0 行里.

表 7-19

单价/万元 生产月 \ 销售月	1月	2月	3月	4月	5月	6月	假想销地	正常	加班
0	0.3	0.5	0.7	0.9	1.1	1.3	0	103	
1	15	15.3	15.5	15.7	15.9	16.1	0	60	
1'	16	16.3	16.5	16.7	16.9	17.1	0		10
2	M	14	14.3	14.5	14.7	14.9	0	50	
2'	M	15	15.3	15.5	15.7	15.9	0		10
3	M	M	13.5	13.8	14.0	14.2	0	90	
3'	M	M	14.5	14.8	15.0	15.2	0		20
4	M	M	M	13	13.3	13.5	0	100	
4'	M	M	M	14	14.3	14.5	0		40
5	M	M	M	M	13	13.3	0	100	
5'	M	M	M	M	14	14.3	0		40
6	M	M	M	M	M	13.5	0	80	
6'	M	M	M	M	M	14.5	0		40
销量/台	104	75	115	160	103	150	36	743	743

（3）6月份的需求除了70台销量外还要80台库存,其需求应为80+70=150(台).

（4）产销平衡与运价表中,生产时间中的序号1—6表示1—6月份正常生产情况,序号1'—6'表示1—6月份加班生产情况.

用"管理运筹学"软件解得结果是1—6月份最低总生产(包括运输、仓储、维护)费用为8 307.5万元,每月的生产销售安排如表7-20所示.

表 7-20　　　　　　　　　　　　　　　　　　　单位:台

运输量 生产月 \ 销售月	1月	2月	3月	4月	5月	6月	假想销量
0	63	15	5	20			

续表

运输量 \ 销售月 \ 生产月	1月	2月	3月	4月	5月	6月	假想销量
1	41						19
1'							10
2		50					
2'		10					
3			90				
3'			20				
4				100			
4'				40			
5					63	37	
5'					40		
6						80	
6'						33	7

三、转运问题

所谓的转运问题是运输问题的一个扩充,在原来的运输问题中的产地(也称发点)、销地(也称收点)之外还增加了中转点.在运输问题中我们只允许物品从发点运往收点,而在转运问题中,我们允许把物品从一个发点运往另一个发点或中转点或收点,也允许把物品从一个中转点运往另一个中转点或发点或收点,还允许把物品从一个收点运往另一个收点或中转点或发点.

在每一个发点的供应量一定,每一个收点的需求量一定,每两个点之间的运输单价已知的条件下,如何进行调运使得总的运输费用最小.

例 9 某仪器采购网欲向腾飞电子仪器公司采购电子仪器,以交付其位于南京、济南、南昌以及青岛的网购订单。采购合同规定运输费由腾飞电子仪器公司承担.该公司在大连和广州有两个分厂,大连分厂每月生产 400 台某种仪器,广州分厂每月生产 600 台某种仪器.该公司在上

教学视频:转运问题

海与天津有两个销售公司负责对南京、济南、南昌与青岛四个城市的仪器供应.又因为大连与青岛相距较近,公司同意大连分厂也可以向青岛直接供货,这些城市间的每台仪器的运输费用我们标在图 7-1 两个城市间的箭头上,单位为百元,问应该如何调运仪器,使得总的运输费最低?

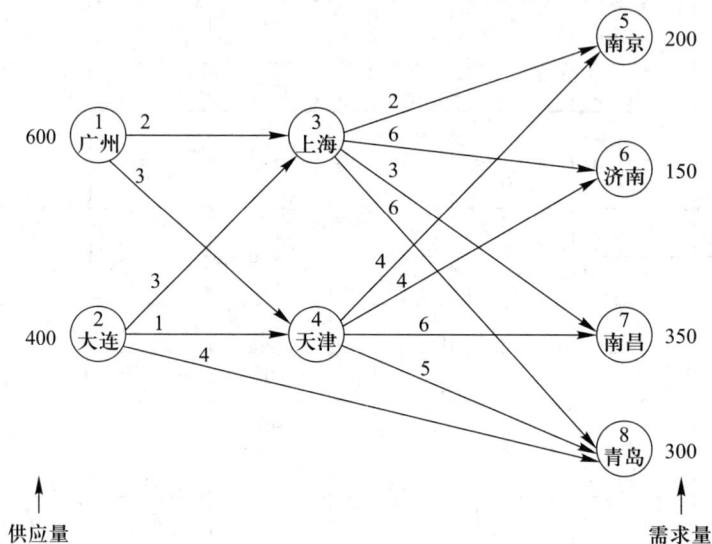

图 7-1

解 如图 7-1 所示,我们用 1 代表广州;2 代表大连;3 代表上海;4 代表天津;5 代表南京;6 代表济南;7 代表南昌;8 代表青岛.

设 x_{ij} 表示从 i 到 j 的调运量,如 x_{36} 表示从上海运到济南的仪器台数.

从网络图上我们可以写出其目标函数:

$$f = 2x_{13} + 3x_{14} + 3x_{23} + x_{24} + 2x_{35} + 6x_{36} + 4x_{45} + 3x_{37} +$$
$$6x_{38} + 4x_{46} + 6x_{47} + 5x_{48} + 4x_{28}.$$

对发点 1(广州)我们可以写其供应量的约束条件:

$$x_{13} + x_{14} \leq 600.$$

同样对发点 2,其也受供应量之约束:

$$x_{23} + x_{24} + x_{28} \leq 400.$$

站点 3 是个中转点,它把所收到的仪器又都分送下去,它收到的仪器数等于它送出的仪器数,即

$$-x_{13} - x_{23} + x_{35} + x_{36} + x_{37} + x_{38} = 0.$$

同样,对中转点 4 有

$$-x_{14} - x_{24} + x_{45} + x_{46} + x_{47} + x_{48} = 0.$$

对收点 5 来说,它收到的仪器数应正好等于它的需求量 200,故有

$$x_{35} + x_{45} = 200.$$

同样有

$$x_{36}+x_{46}=150.$$
$$x_{37}+x_{47}=350.$$
$$x_{28}+x_{38}+x_{48}=300.$$

这样可得到该问题的线性规划模型如下：

$$\min f = 2x_{13}+3x_{14}+3x_{23}+x_{24}+2x_{35}+6x_{36}+3x_{37}+$$
$$6x_{38}+4x_{45}+4x_{46}+6x_{47}+5x_{48}+4x_{28};$$

约束条件：

$$x_{13}+x_{14}\leqslant 600,$$
$$x_{23}+x_{24}+x_{28}\leqslant 400,$$
$$-x_{13}-x_{23}+x_{35}+x_{36}+x_{37}+x_{38}=0,$$
$$-x_{14}-x_{24}+x_{45}+x_{46}+x_{47}+x_{48}=0,$$
$$x_{35}+x_{45}=200,$$
$$x_{36}+x_{46}=150,$$
$$x_{37}+x_{47}=350,$$
$$x_{28}+x_{38}+x_{48}=300,$$
$$x_{ij}\geqslant 0, 对所有的 i,j.$$

用"管理运筹学"软件求解得到结果如下：

$$x_{13}=550, x_{14}=50, x_{23}=0, x_{24}=100,$$
$$x_{35}=200, x_{36}=0, x_{37}=350, x_{38}=0,$$
$$x_{45}=0, x_{46}=150, x_{47}=0, x_{48}=0,$$
$$x_{28}=300.$$

最小的运输费用为 4 600 百元.

对于转运问题的一般线性规划的模型如下：

$$\min \sum_{对所有的弧} c_{ij}x_{ij};$$

约束条件：

对发点 i 有 $\quad \sum_{所有流出量} x_{ij} - \sum_{所有流入量} x_{ij} = s_i,$

对于中转点有 $\quad \sum_{所有流出量} x_{ij} - \sum_{所有流入量} x_{ij} = 0,$

对于收点 j 有 $\quad \sum_{所有流入量} x_{ij} - \sum_{所有流出量} x_{ij} = d_j,$

$$x_{ij}\geqslant 0, 对所有的 i 和 j.$$

其中, c_{ij} 为从 i 点运到 j 点的单位运价, s_i 为发点 i 的供应量, d_j 为收点 j 的需求量.

我们也可以用产销平衡与运价表使用"管理运筹学"软件的运输问题来解决转运问题.

例 10 某公司有三个分厂生产某种物资,分别运往四个地区的销售公司去销售.有关分厂的产量、各销售公司的销量及运价如表 7-21 所示,求使总的运费最少的调运方案.

这是一个普通的产销平衡问题,但是如果假定:

(1) 每个分厂的物资不一定直接发运到销地,可以从其中几个产地集中一起运.

(2) 运往各销地的物资可以先运给其中几个销地,再转运给其他销地.

(3) 除产销之外,还有几个中转站,在产地之间、销地之间或产地与销地之间转运.

表 7-21

运输单价/百元 \\ 销地 \\ 产地	B_1	B_2	B_3	B_4	产量/t
A_1	3	11	3	10	7
A_2	1	9	2	8	4
A_3	7	4	10	5	9
销量/t	3	6	5	6	20 / 20

各产地、销地、中转站及相互之间每吨物资的运价如表 7-22 所示,问在考虑产销之间直接运输和非直接运输的各种可能方案的情况下,如何将三个分厂生产的物资运往销售公司,才使总的运费最少?

表 7-22

		产 地			中 转 站				销 地			
		A_1	A_2	A_3	T_1	T_2	T_3	T_4	B_1	B_2	B_3	B_4
产地	A_1		1	3	2	1	4	3	3	11	3	10
	A_2	1		—	3	5	—	2	1	9	2	8
	A_3	3	—		1	—	2	3	7	4	10	5
中转站	T_1	2	3	1		1	3	2	2	8	4	6
	T_2	1	5	—	1		1	1	4	5	2	7
	T_3	4	—	2	3	1		2	1	8	2	6
	T_4	3	2	3	2	1	2		1	—	2	6
销地	B_1	3	1	7	2	4	1	1		1	4	2
	B_2	11	9	4	8	5	8	—	1		2	1
	B_3	3	2	10	4	2	2	4	4	2		3
	B_4	10	8	5	6	7	4	6	2	1	3	

解 从表 7-22 可以看出,从 A_1 到 B_2 直接运费单价为 11(百元),但从 A_1 经 A_3 到 B_2,运价仅

为 3+4＝7(百元).从 A₁ 经 T₂ 到 B₂ 只需 1+5＝6(百元);而从 A₁ 到 B₂ 的最佳途径为 A₁→A₂→B₁→B₂,运价只是 1+1+1＝3(百元),可见转运问题比一般运输问题复杂.现在我们把此转运问题化成一般运输问题,要做如下处理:

(1) 由于问题中的所有产地、中转站、销地都可以看成产地,也可以看成销地,因此整个问题可以看成一个有 11 个产地 11 个销地的扩大的运输问题.

(2) 对扩大的运输问题建立运价表,将表中不可能的运输方案用任意大的正数 M 代替.

(3) 所有中转站的产量等于销量也即流入量等于流出量.由于运费最少时不可能出现一批物资来回倒运的现象,所以每个中转站的转运量不会超过 20 t,可以规定 T₁,T₂,T₃,T₄ 的产量和销量均为 20 t.由于实际的转运量

$$\sum_{j=1}^{n} x_{ij} \le s_i, \quad \sum_{i=1}^{m} x_{ij} \le d_j,$$

这里 s_i 表示 i 点的流出量,d_j 表示 j 点的流入量.对中转点来说,按上面规定 $s_i = d_j = 20$.

这样可以在每个约束条件中增加一个松弛变量,x_{ii} 相当于一个虚构的中转站,其意义就是自己运给自己.$20 - x_{ii}$ 就是每个中转站的实际转运量,x_{ii} 的对应运价 $c_{ii} = 0$.

(4) 扩大了的运输问题中,原来的产地与销地由于也具有转运作用,所以同样在原来的产量与销量的数字上加上 20 t,即三个分厂的产量改为 27 t,24 t,29 t,销量均为 20 t,四个销地每天的销量改为 23 t,26 t,25 t,26 t,产量均为 20 t,同时引进 x_{ii} 为松弛变量.表 7-23 为扩大了的运输问题产销平衡与运价表.

表 7-23

产地＼销地	A₁	A₂	A₃	T₁	T₂	T₃	T₄	B₁	B₂	B₃	B₄	产量/t
A₁	0	1	3	2	1	4	3	3	11	3	10	27
A₂	1	0	M	3	5	M	2	1	9	2	8	24
A₃	3	M	0	1	M	2	3	7	4	10	5	29
T₁	2	3	1	0	1	3	2	2	8	4	6	20
T₂	1	5	M	1	0	1	1	4	5	2	7	20
T₃	4	M	2	3	1	0	2	1	8	2	4	20
T₄	3	2	3	2	1	2	0	1	M	2	6	20
B₁	3	1	7	2	4	1	1	0	1	4	2	20
B₂	11	9	4	8	5	8	M	1	0	2	1	20
B₃	3	2	10	4	2	5	2	4	2	0	3	20
B₄	10	8	5	6	7	4	6	2	1	3	0	20
销量/t	20	20	20	20	20	20	20	23	26	25	26	240／240

用"管理运筹学"软件进行计算,得到其最优解如表 7-24 所示,其最小运输费为 6 800 元.

表 7-24　　　　　　　　　　　　　　　　　　　　单位：t

调运量/销地＼产地	A₁	A₂	A₃	T₁	T₂	T₃	T₄	B₁	B₂	B₃	B₄	产量
A₁	20	7										27
A₂		13						6		5		24
A₃			20	3					6			29
T₁				17				3				20
T₂					20							20
T₃						20						20
T₄							20					20
B₁								14			6	20
B₂									20			20
B₃										20		20
B₄										20		20
销量	20	20	20	20	20	20	20	23	26	25	26	240／240

从表 7-24 可知，A₁ 把 7 t 产量先运到 A₂，此时它加上 A₂ 的 4 t 产量一共有 11 t，其中 6 t 运给 B₁，5 t 运给 B₃；A₃ 把 3 t 通过中转站 T₁ 运给了 B₁，6 t 直接运给了 B₂，这样 B₁ 一共收到了 9 t，其多余的 6 t 转运给 B₄，这是最佳运输方案，总运费只有 6 800 元。

*§7.4　运输问题的表上作业法

表上作业法是一种求解运输问题的特殊方法，其实质是单纯形法．它是针对运输问题变量多（如有 20 个产地 30 个销地的运输问题就有 20×30＝600 个变量），结构独特的情况，大大简化了计算过程的求解方法，它的计算过程如下：

这里假设所有的运输问题都是产销平衡的，至于产销不平衡的运输问题可以先化为产销平衡的问题再求解．

（1）找出初始基本可行解．

　＊　本节可以不看，不会影响其他章节的学习．

对于有 m 个产地 n 个销地的产销平衡的问题,从其线性规划的模型上可知,在它的约束条件中有 m 个关于产量的约束方程和 n 个关于销量的约束方程,共有 $m+n$ 个约束方程,但由于产销平衡,前 m 个约束方程之和等于后 n 个约束方程之和,所以其模型最多只有 $m+n-1$ 个独立的约束方程.实际上其正好是 $m+n-1$ 个独立的约束方程,也就是说其系数矩阵的秩为 $m+n-1$,即运输问题有 $m+n-1$ 个基变量,找出初始基本可行解,就是在 $m \times n$ 产销平衡表上给出 $m+n-1$ 个数字格,其相应的调运量就是基变量,格子中所填写的值即为基变量的值.

(2)求各非基变量的检验数,即在表上计算除了上述的 $m+n-1$ 个数字格以外的空格的检验数,来判别问题是否达到最优解,如已是最优解,则停止计算,否则转到下一步.在运输问题中都存在最优解.

(3)确定入基变量与出基变量,找出新的基本可行解.在表上用闭回路法调整.

(4)重复(2)和(3)直至得到最优解.

以上运算都可以在表上完成,下面通过例子来说明表上作业法计算步骤.

例 11 喜庆食品公司有三个生产面包的分厂 A_1,A_2,A_3,有四个销售公司 B_1,B_2,B_3,B_4,其各分厂每日的产量、各销售公司每日的销量以及各分厂到各销售公司的单位运价如表 7-25 所示,在表中产量与销量的单位为 t,运价的单位为百元/t.问该公司在满足各销点的需求量的前提下应如何调运产品,使总运费最少?

表 7-25

运价 百元/t 产地\销地	B_1	B_2	B_3	B_4	产量/t
A_1	3	11	3	10	7
A_2	1	9	2	8	4
A_3	7	4	10	5	9
销量/t	3	6	5	6	20 / 20

我们用表上作业法来解此题,这是一个产销平衡的运输问题,表 7-25 已经是产销平衡和运价表了,不需要再设假想产地和销地了.

一、确定初始基本可行解

我们在产销平衡与运价表上找出初始基本可行解,为了把初始基本可行解与运价区分开,我们把运价放在每一栏的右上角,在每一栏的中间写上初始基本可行解(调运量),如表 7-26 所示.

1. 西北角法

先从表的左上角(即西北角)的变量 x_{11} 开始分配运输量,并使 x_{11} 取尽可能大的值,这里发点

表 7-26

产地＼销地	B_1		B_2		B_3		B_4		产　量
A_1		3		11		3		10	~~7~~ ~~4~~ 0
	3		4						
A_2		1		9		2		8	~~4~~ ~~2~~ 0
			2		2				
A_3		7		4		10		5	~~9~~ ~~6~~ 0
					3		6		
销量	~~3~~ 0		~~6~~ ~~2~~ 0		~~5~~ ~~3~~ 0		~~6~~ 0		

A_1 的产量为 7，B_1 的销量为 3，x_{11} 只能取 3，即

$$x_{11} = \min(7,3) = 3.$$

　　由于 x_{11} 为 3，所以 x_{21} 与 x_{31} 必为零.令 x_{21} 与 x_{31} 为非基变量，这样我们在 x_{11} 格里填上 3，并把 B_1 的销量与 A_1 的产量都减去 3 填入销量、产量处，把原来的销量、产量划去.新填上的销量、产量表示在 $x_{11}=3$（即 A_1 运给 B_1 3 t）情况下，B_1 还需要的销量与 A_1 还能供应的产量，这时 A_1 还能供应 4 t，而 B_1 销量为 0，已不需要从 $A_2，A_3$ 再运入了，这样我们就可把 B_1 列划去了.于是产销平衡与运价表上（简称运输表）只剩下 3×3 矩阵了，这时 x_{12} 为西北角了，同样我们取 x_{12} 为尽可能大的值，知 $x_{12}=\min(4,6)=4$.

　　取 $x_{12}=4$ 填入，把 A_1 的产量改为 $4-4=0$，把 B_2 的销量改为 $6-4=2$ 填上，并划去 A_1 这一行；同样找到西北角 x_{22}，取 $x_{22}=\min(4,2)=2$，改写 A_2 产量为 2，B_2 销量为 0，并划去 B_2 列；继续下去，取 $x_{23}=\min(2,5)=2$，改写 A_2 产量为 0，B_3 销量为 3，划去 A_2 行；再取 $x_{33}=\min(3,9)=3$，改写 A_3 产量为 6，B_3 销量为 0，并划去 B_3 列；最后取 $x_{34}=\min(6,6)=6$ 填上，A_3 的产量，B_4 的销量都改写为 0，并划去 A_3 行.这样就得到了一个初始基本可行解，有 $m+n-1=3+4-1=6$ 个基变量，其中 $x_{11}=3，x_{12}=4，x_{22}=2，x_{23}=2，x_{33}=3，x_{34}=6$，此时，其总运输费用为 $3\times3+11\times4+9\times2+2\times2+10\times3+5\times6=135$（百元）.

教学视频：确定初始基本可行解

2. 最小元素法

我们再来介绍确定初始基本可行解的另一个方法.

西北角法是对西北角的变量分配运输量,而最小元素法的做法是就近供应,即对单位运价最小的变量分配运输量.我们仍以本题为例确定初始基本可行解,如表 7-27 所示.

表 7-27

销地\产地	B₁	B₂	B₃	B₄	产量
A₁	[3]	[11]	[3] 4	[10] 3	~~7~~ ~~3~~ 0
A₂	[1] 3	[9]	[2] 1	[8]	~~4~~ ~~1~~ 0
A₃	[7]	[4] 6	[10]	[5] 3	~~9~~ ~~3~~ 0
销量	~~3~~ 0	~~6~~ 0	~~5~~ ~~4~~ 0	~~6~~ ~~3~~ 0	

在表 7-27 上找到单位运价最小的 x_{21} 开始分配运输量,并使 x_{21} 取尽可能大的值.这里发点 A_2 产量为 4,收点 B_1 销量为 3,取 $x_{21}=\min(4,3)=3$,把 x_{21} 所在空格上填上 3,以后把 x_{ij} 所在空格记为 x_{ij},把 A_2 的产量改写为 $4-3=1$,把 B_1 的销量改写为 $3-3=0$,并把 B_1 列划去.在所剩下的 3×3 矩阵里找到运价最小的变量 x_{23},取 $x_{23}=\min(1,5)=1$,A_2 产量改为 $1-1=0$,B_3 的销量改为 $5-1=4$,并把 A_2 行划去.在剩下的矩阵里找到运价最小的变量 x_{13},取 $x_{13}=\min(7,4)=4$,A_1 产量改为 3,B_3 销量改为 0,并划去 B_3 列.在剩下的矩阵里找到运价最小的变量 x_{32},取 $x_{32}=\min(9,6)=6$,A_3 产量改为 $9-6=3$,B_2 的销量改为 $6-6=0$,并把 B_2 列划去.在剩下的表中找到运价最小的变量 x_{34},取 $x_{34}=\min(3,6)=3$,A_3 产量改为 $3-3=0$,B_4 的销量改为 $6-3=3$,并划去 A_3 行.在剩下的表中找到运价最小的变量 x_{14},取 $x_{14}=\min(3,3)=3$,A_1 产量改为 0,B_4 的销量改为 0,并划去 A_1 行.这就得到了一个初始基本可行解,有 6 个基变量,其中 $x_{13}=4$,$x_{14}=3$,$x_{21}=3$,$x_{23}=1$,$x_{32}=6$,$x_{34}=3$,其总运费为 $3\times4+10\times3+1\times3+2\times1+4\times6+5\times3=86$.一般用最小元素法求得的初始基本可行解比用西北角法求得的初始基本可行解总运费要少一些.这样从用最小元素法求得的初始基本可行解出发求最优解迭代次数可能少一些.

另外在求初始基本可行解时要注意两个问题:

(1)当我们取定 x_{ij} 的值之后,会出现 A_i 的产量与 B_j 的销量都改为零的情况,这时只能划去

A_i 行或 B_j 列,但不能同时划去 A_i 行与 B_j 列.

(2)用最小元素法时,可能会出现只剩一行或一列的所有格均未填数或未被划掉的情况,此时在这一行或这一列中除去已填上的数外填上一个零,不能按空格划掉.这样可以保证填过数或零的格为 $m+n-1$ 个,即保证基变量的个数为 $m+n-1$ 个.

二、最优解的判别

这里介绍两种检验已得的运输方案是否是最优解的方法:一个是闭回路法,另一个是位势法.

1. 闭回路法

所谓闭回路是在已给出的调运方案的运输表上从一个代表非基变量的空格出发,沿水平或垂直方向前进,只有碰到代表基变量的填入数字的格才能向左或右转 90°(当然也可以不改变方向)继续前进,这样继续下去,直至回到出发的那个空格,由此形成的封闭的折线叫做闭回路.一个空格存在唯一的闭回路.

所谓的闭回路法,就是对于代表非基变量的空格(其调运量为零),把它的调运量调整为 1,由于产销平衡的要求,我们必须对这个空格的闭回路的顶点的调运量加上或减去 1.最后我们计算出由于这些变化给整个运输方案的总运费带来的变化.其增加值或减少值作为该空格的检验数填入该空格,如果所有代表非基变量的空格的检验数,也即非基变量的检验数都大于等于零,也就是任一个非基变量变成基变量都会使得总运费增加(对于求目标函数最大值的线性规划问题是要求所有检验数都小于等于零),那么原基本可行解就是最优解了,否则要进一步迭代以找出最优解.

我们不妨对本例用最小元素法求出的初始基本解中的非基变量 x_{11} 来加以说明,如表 7-28 所示.

我们先从空格(即非基变量)x_{11} 出发,找到一个闭回路如表 7-28 所示,这个闭回路有 4 个顶点,除 x_{11} 为非基变量外,其余的 x_{13}, x_{23}, x_{21} 都是基变量.现在把 x_{11} 的调运量从零增加为 1 t,运费增加了 3 百元,为了 A_1 产量平衡,x_{13} 就减少 1 t,运费减少了 3 百元.为了 B_3 的销量平衡,x_{23} 就增加了 1 t,运费增加 2 百元。为了 A_2 的产量与 B_1 的销量平衡,x_{21} 就减少 1 t,运费减少 1 百元.这样调整之后,运费增加了 $3-3+2-1=1$(百元).这就说明了 x_{11} 为非基变量,其值为零是对的选择.如果让 x_{11} 变为基变量,则运费要增加,这时我们把运费增加值 1 填入此空格作为 x_{11} 的检验数,为了与调整量加以区别我们在 1 上加圈为①.

表 7-28

产地 \ 销地	B₁	B₂	B₃	B₄	产 量
A₁	①	3	3　4		7
A₂	3　1		2　1		4
A₃					9
销量	3	6	5	6	

同样我们可以用闭回路法求出 x_{22} 的检验数,我们从空格 x_{22} 出发,找到一个闭回路如表 7-29 所示,这个闭回路有 6 个顶点,除 x_{22} 外都是基变量。我们把这个闭回路的 6 个顶点,依次编号,x_{22} 为第一个顶点,x_{23} 为第二顶点,x_{13} 为第三顶点,x_{14} 为第四顶点,x_{34} 为第五顶点,x_{32} 为第六顶点.我们把奇数顶点运价之和减去偶数顶点运价之和,所得值即为如果 x_{22} 增加 1 t 运输所引起的总运输费用的增加值,此值即为 x_{22} 的检验数.x_{22} 的检验数即为 $9+3+5-(2+10+4)=1$,我们在表上的 x_{22} 处(即 x_{22} 的所在格)写上检验数①.

表 7-29

产地 \ 销地	B₁	B₂	B₃	B₄	产 量
A₁			3　4	10　3	7
A₂		①　9	2　1		4
A₃		4　6		5　3	9
销量	3	6	5	6	

这样我们可找出所有非基变量的检验数,如表 7-30 所示.

表 7-30

空 格	闭 回 路	检 验 数
x_{11}	x_{11}———x_{13}———x_{23}———x_{21}———x_{11}	1
x_{12}	x_{12}———x_{14}———x_{34}———x_{32}———x_{12}	2
x_{22}	x_{22}———x_{23}———x_{13}———x_{14}———x_{34}———x_{32}———x_{22}	1
x_{24}	x_{24}———x_{23}———x_{13}———x_{14}———x_{24}	−1
x_{31}	x_{31}———x_{34}———x_{14}———x_{13}———x_{23}———x_{21}———x_{31}	10
x_{33}	x_{33}———x_{34}———x_{14}———x_{13}———x_{33}	12

用闭回路法求检验数,需要给每一个空格找一条闭回路,当产销点很多时这种计算很繁琐. 下面介绍一种较为简便的方法——位势法.

2. 位势法

所谓位势法,是指对运输表上的每一行赋予一个数值 u_i,对每一列赋予一个数值 v_j,它们的数值是由基变量 x_{ij} 的检验数 $\lambda_{ij} = c_{ij} - u_i - v_j = 0$ 所决定的,则非基变量 x_{ij} 的检验数 λ_{ij} 就可用公式 $\lambda_{ij} = c_{ij} - u_i - v_j$ 求出.

下面我们用位势法对本例用最小元素法求出的初始基本可行解求检验数.对给出的初始基本可行解作一个表,如表 7-31 所示,把原来表中的最后一列的产量改成 u_i 值,最后一行的产量改为 v_j 值,表中每一栏的右上角仍表示运价,栏中表示调运量,栏中无数值的表示此栏为非基变量,调运量为零.

表 7-31

产 地 \ 销 地	B_1	B_2	B_3	B_4	u_i
A_1	① 3	② 11	4 ⌐3	3 ⌐10	0
A_2	3 ⌐1	① 9	1 ⌐2	⊝1 8	−1
A_3	⑩ 7	6 ⌐4	⑫ 10	3 ⌐5	−5
v_j	2	9	3	10	

我们先给 u_1 赋一个任意数值,不妨令 $u_1 = 0$,则从基变量 x_{13} 的检验数 $\lambda_{13} = c_{13} - u_1 - v_3 = 0$,求得 $v_3 = c_{13} - u_1 = 3 - 0 = 3$.

同样

从 $\lambda_{14} = c_{14} - u_1 - v_4 = 0$, 求得 $v_4 = c_{14} - u_1 = 10 - 0 = 10$;

从 $\lambda_{23} = c_{23} - u_2 - v_3 = 0$, 求得 $u_2 = c_{23} - v_3 = 2 - 3 = -1$;

从 $\lambda_{34} = c_{34} - u_3 - v_4 = 0$, 求得 $u_3 = c_{34} - v_4 = 5 - 10 = -5$;

从 $\lambda_{21} = c_{21} - u_2 - v_1 = 0$, 求得 $v_1 = c_{21} - u_2 = 1 - (-1) = 2$;

从 $\lambda_{32} = c_{32} - u_3 - v_2 = 0$, 求得 $v_2 = c_{32} - u_3 = 4 - (-5) = 9$.

把所得的 $u_1, u_2, u_3, v_1, v_2, v_3, v_4$ 值填入表 7-31, 利用所求得的 u_i 与 v_j 值来计算非基变量的检验数:

$\lambda_{11} = c_{11} - u_1 - v_1 = 3 - 0 - 2 = 1$;

$\lambda_{12} = c_{12} - u_1 - v_2 = 11 - 0 - 9 = 2$;

$\lambda_{22} = c_{22} - u_2 - v_2 = 9 - (-1) - 9 = 1$;

$\lambda_{24} = c_{24} - u_2 - v_4 = 8 - (-1) - 10 = -1$;

$\lambda_{31} = c_{31} - u_3 - v_1 = 7 - (-5) - 2 = 10$;

$\lambda_{33} = c_{33} - u_3 - v_3 = 10 - 3 - (-5) = 12$.

把检验数填入上表, 显然用位势法求得的检验数与用闭回路法求得的检验数是一样的. 位势法的理论依据在这里省略不讲.

三、改进运输方案的办法——闭回路调整法

我们已知当表中某个非基变量(即非基变量所在的空格)的检验数为负值时, 表明未得最优解, 要进行调整. 我们在所有为负值的检验数中, 选其中最小的负检验数, 以它对应的非基变量为入基变量, 如在本例中因为 $\lambda_{24} = -1$, 选非基变量 x_{24} 为入基变量, 并以 x_{24} 所在格为出发点作一个闭回路, 如表 7-32 所示.

表 7-32

产地＼销地	B₁	B₂	B₃	B₄	产 量
A₁			4(+1)	3(-1)	7
A₂	3		1(-1)	(+1)	4
A₃		6		3	9
销量	3	6	5	6	

由于 $\lambda_{24} = -1$, 表明增加 1 个单位的 x_{24} 的运输量, 就可以使总运输减少 1. 我们应尽量多增加

x_{24}的运输量,但为了保证运输方案的可行性(即所有调运量必须大于等于零),所以在以出发点x_{24}所在空格为 1 的闭回路顶点的序号中,找出所有偶数的顶点的调运量:$x_{14}=3$,$x_{23}=1$,取其中的最小值为x_{24}的值,即$x_{24}=\min(3,1)=1$.为了使产销平衡,把闭回路上所有的偶数顶点的运输量都减少这个值,而闭回路上其他的奇数顶点的运输量都增加这个值,即得到了调整后的运输方案,如表 7-33 所示.

表 7-33

销地 运输量 产地	B_1	B_2	B_3	B_4	产　　量
A_1			5	2	7
A_2	3			1	4
A_3		6		3	9
销量	3	6	5	6	

对此表给出的运输方案,我们用位势法进行检验,如表 7-34 所示.

表 7-34

销　地 产　地	B_1	B_2	B_3	B_4	u_i
A_1	⓪ 3	② 11	5 3	2 10	0
A_2	3 1	② 9	① 2	1 8	-2
A_3	⑨ 7	6 4	⑫ 10	3 5	-5
v_j	3	9	3	10	

　　表中带圈的数字是非基变量的检验数,可知所有检验数都大于等于零(基变量的检验数都等于零),此解是最优解,这时最小总运输费为 85 百元,具体的运输方案如下:A_1分厂运 5 t 到销售公司 B_3,运 2 t 给销售公司 B_4;A_2 分厂运 3 t 给销售公司 B_1,运 1 t 给销售公司 B_4;A_3 分厂运 6 t 给销售公司B_2,运 3 t 给销售公司 B_4.

四、如何找多个最优方案

　　与单纯形表法一样,表上作业法求解运输问题也会存在多个最优方案的情况,这对决策者来说是很重要的,他可以考虑与模型无关的其他因素,而确定最后的方案.

识别有无多个最优解的方法与单纯形表法一样,只需看最优方案中是否存在非基变量的检验数为零.如在本例表中给出的最优运输方案中 x_{11} 的检验数 $\lambda_{11}=0$,可知此运输问题有多个最优解,为求得另一个最优解,只要把 x_{11} 作为入基变量,调整运输方案,就可得到另一个最优方案,如表 7-35 所示.

表 7-35

销地 产地	B_1	B_2	B_3	B_4	
A_1	$(+2)$		5	$2(-2)$	
A_2	$3(-2)$			$1(+2)$	
A_3		6		3	

新的最优方案如表 7-36 所示.

表 7-36

销地 产地	B_1	B_2	B_3	B_4	
A_1	2		5		
A_2	1			3	
A_3		6		3	

最小运费为

$$3\times2+1\times1+4\times6+3\times5+8\times3+5\times3$$
$$=6+1+24+15+24+15$$
$$=85(百元).$$

习 题

1. 请判断下列说法是否正确,如果错误请写出正确说法.

(1) 在运输问题中,如果单位运价表的某一行或某一列元素分别加上一个常数,最优调运方案不会发生变化.

(2) 产地数和销地数相等的运输问题是产销平衡运输问题.

(3) 在运输问题中出现退化现象,是指代表基变量的数字格的数目等于 m+n.

(4) 运用表上作业法求解运输问题最后一定能找到一个最优解.

2. 某同学求解煤炭运输问题时,分别给出如表 7-37、表 7-38、表 7-39 所示运输方案,请问这三种方案能否作为表上作业法求解的初始解？为什么？

表 7-37

产地＼销地	1	2	3	4	产量
1	10				10
2		12		3	15
3	3		10	7	20
销量	13	12	10	10	

表 7-38

产地＼销地	1	2	3	4	产量
1			10		10
2		12		3	15
3	13			7	20
销量	13	12	10	10	

表 7-39

产地＼销地	1	2	3	4	产量
1		5	5		10
2				15	15
3	13	2	5		20
销量	13	7	10	15	

3. 某集团在全市拥有四个分公司,员工数分别为 300 人、300 人、200 人、200 人.本着人性化管理的理念,考虑为员工定制牛奶,现准备通过三家牛奶供应商为各分公司配送牛奶,三家公司可提供的配送量分别为 500 个、200 个、400 个.由于距离原因,相应的单位运价如表 7-40 所示.请问如何定制牛奶使总费用最小.

表 7-40　牛奶配送单位运价表　　　　　　　　　　　单位:元

供应商＼分公司	分公司 1	分公司 2	分公司 3	分公司 4
供应商 1	0.3	0.7	0.6	0.4
供应商 2	0.2	0.4	0.3	0.2

续表

供应商 \ 分公司	分公司 1	分公司 2	分公司 3	分公司 4
供应商 3	0.4	0.3	0.8	0.5

4. 山东省 3 个主要苹果产地将苹果销往 3 个地区,其产销平衡表和单位运价表如表 7-41 所示,试用最小元素法求得初始解,使得总运费最少.判断该初始解是否为最优解,并求出最优解.

表 7-41　产销平衡表及单位运价表

产地 \ 销地	1	2	3	产量
1	5	2	8	110
2	3	4	2	140
3	3	5	7	50
销量	90	100	110	

5. 某公司在三个地方有三个分厂,生产同一种产品,其产量分别为 300 箱、400 箱、500 箱.需要供应四个地方的销售,这四地的产品需求分别为 400 箱、250 箱、350 箱、200 箱.三个分厂到四个销地的单位运价如表 7-42 所示.

表 7-42

产地 \ 销地	甲	乙	丙	丁
1 分厂	21	17	23	25
2 分厂	10	15	30	19
3 分厂	23	21	20	22

(1) 应如何安排运输方案,使得总运费为最小?

(2) 如果 2 分厂的产量从 400 箱提高到了 600 箱,那么应如何安排运输方案,使得总运费为最小?

(3) 如果销地甲的需求从 400 箱提高到 550 箱,而其他情况都同(1),那该如何安排运输方案,使得运费为最小?

6. 某大型医用设备制造商,在不同地方开设了 3 个工厂 A_1,A_2,A_3,现需从这 3 个工厂将医用设备运至设在全国各地的 4 个仓库 B_1,B_2,B_3,B_4,并希望总运费最小.表 7-43 列出了 3 个工厂的供应量和 4 个仓库的需求量,以及各工厂至仓库的单位运价(单位:元/件).

表 7-43

单位运价 / 仓库 / 工厂	B₁	B₂	B₃	B₄	产量(件)
A₁	50	120	70	150	90
A₂	30	80	40	120	50
A₃	90	50	130	60	100
销量(件)	40	70	60	70	240 / 240

（1）给出最优调运方案.

（2）若产地 A_2 在原来的基础上增加供应量 35 件,且产地 A_2 因仓库容量限制,85 件设备必须全部运出去;产地 A_1,A_3 因为保管设备需要增加单位保管费分别为 90 和 60(单位:元/件).给出此时的最优调运方案.

7. 已知运输问题的产销平衡表、单位运价表及最优调运方案如表 7-44、表 7-45 所示.

表 7-44 产销平衡表及最优调运方案

	销地 1	销地 2	销地 3	销地 4	产量
产地 1	5		10		15
产地 2	10			15	25
产地 3		5		5	10
销量	15	5	10	20	

表 7-45 单位运价表

	B₁	B₂	B₃	B₄
A₁	3	11	3	12
A₂	1	9	2	8
A₃	7	4	10	5

（1）从 $A_2 \to B_1$ 的单位运价 c_{21} 在什么范围内变化时,上述最优调运方案不变?

（2）当 $A_2 \to B_3$ 的单位运价 c_{23} 变为何值时,有无穷多最优调运方案.

8. 某建材加工企业 2013 年年底接到 170 万单位的订单,期限一年.该企业在本市拥有四个加工点、三个仓库,建材在加工点完成后放入仓库进行存储.2014 年年初仓库库存为零,正常生产时各加工点每年产量分别为 50 万、20 万、40 万、60 万;若加工生产,仓库的容量分别为 50 万、90 万、40 万.单位运价表如表 7-46 所示,找出总运费最小的方案.

表 7-46　单位运价表　　　　　　　　　　　　　　　　　单位:元

仓库 ＼ 加工点	加工点 1	加工点 2	加工点 3	加工点 4
仓库 1	9	6	7	11
仓库 2	15	9	6	8
仓库 3	5	4	11	11

9. 某公司需去不同的工厂采购 A,B,C,D 四种规格的台灯,其中 A,B,C,D 四种规格台灯的采购量分别为 300 件,450 件,200 件,350 件.有三个工厂甲,乙,丙可供应上述规格的台灯,供应数量分别为 500 件,550 件,250 件.由于这些工厂台灯质量、运价以及销售情况不一,预计售出后的利润(元/件)也不同,详情见表 7-47.请帮助该公司确定一个预期盈利最大的采购方案.

表 7-47

利润/件 ＼ 规格 ＼ 工厂	A	B	C	D	产量
甲	11	9	7	4	500
乙	6	3	8	9	550
丙	8	5	4	3	250
销量	300	450	200	350	

10. 某县政府现有一批物资,存放在 A,B 两个仓库内,对 4 个镇进行分配.A 仓库存放物资 40 万吨,B 仓库存放物资 50 万吨;甲镇需求量为 32 万吨,乙镇需求量为 30 万吨,丙镇需求量为 35 万吨.由于需大于求,考虑各镇的发展情况,决定甲镇的供应量至少为 29 万吨,乙镇需全部满足,丙镇供应量至多减少 8 万吨.单位运价表如表 7-48 所示,试求物资全部分配完的情况下总运费最小的调运方案.

表 7-48　单位运价表　　　　　　　　　　　　　　　　　单位:万元/万吨

产地 ＼ 销地	甲	乙	丙
A	16	17	23
B	20	24	17

11. 某公司有甲、乙、丙、丁四个分厂生产同一种产品,产量为 300 t,500 t,400 t,100 t,供应 Ⅰ、Ⅱ、Ⅲ、Ⅳ、Ⅴ、Ⅵ六个地区的需要,各地区的需要量分别为 300 t,250 t,350 t,200 t,250 t,150 t.由于原料、工艺、技术的差别,各厂每吨产品的成本分别为 1.3 万元、1.4 万元、1.35 万元、1.5 万元.又由于行情不同,各地区销售价分别为每吨 2.0 万元、2.2 万元、1.9 万元、2.1 万元、1.8 万元、2.3 万元.已知从各分厂运往各销售地区每吨运价如表 7-49 所示.

表 7-49 单位:万元

产地 \ 销地	I	II	III	IV	V	VI
甲	0.4	0.5	0.3	0.4	0.4	0.1
乙	0.3	0.7	0.9	0.5	0.6	0.3
丙	0.6	0.8	0.4	0.7	0.5	0.4
丁	0.7	0.4	0.3	0.7	0.4	0.7

从上面可知销大于产.如果要求第 I 和第 II 个销地至少供应 150 t;第 V 个销地的需要必须全部满足;第 III,第 IV 和第 VI 个销地只要求供应量不超过需求量.请确定一个运输方案使该公司获利最多.

说明:通过计算及假设生产点戊,并把求最大值改为求最小值,可得下面产销平衡表(表 7-50).

表 7-50

产地 \ 销地 利润	I	I′	II	II′	III	IV	V	VI	产量
甲	−0.3	−0.3	−0.4	−0.4	−0.3	−0.4	+0.1	−0.9	300
乙	−0.3	−0.3	−0.1	−0.1	+0.4	−0.2	+0.2	−0.6	500
丙	−0.05	−0.05	−0.05	−0.05	−0.15	−0.05	+0.05	−0.55	400
丁	+0.2	+0.2	−0.3	−0.3	−0.1	+0.1	+0.1	−0.1	100
戊	M	O	M	O	O	O	M	O	200
销量	150	150	150	100	350	200	250	150	1 500

由于计算软件不接受负值的输入,因此我们在每个单位利润上加上 1,把利润变为正值,得到的最优解与原问题同解,但最优值要减去 1 乘以总运输量,再取相反数,即为最大利润.

输入数据如表 7-51.

表 7-51

产地 \ 销地 利润	I	I′	II	II′	III	IV	V	VI	产量
甲	0.7	0.7	0.6	0.6	0.7	0.6	1.1	0.1	300
乙	0.7	0.7	0.9	0.9	1.4	0.8	1.2	0.4	500
丙	0.95	0.95	0.95	0.95	0.85	0.95	1.05	0.45	400
丁	1.2	1.2	0.7	0.7	0.9	1.1	1.1	0.9	100
戊	M	O	M	O	O	O	M	O	200
销量	150	150	150	100	350	200	250	150	1 500

计算结果见表 7-52.

表 7-52

	1	2	3	4	5	6	7	8
1	0	0	150	0	0	0	0	150
2	150	150	0	0	0	200	0	0
3	0	0	0	0	150	0	250	0
4	0	0	0	100	0	0	0	0
5	0	0	0	0	200	0	0	0

最小值为 935.

$$935 - 1 \times 1\,300 = -365$$

所以最大利润为 365.

12. 某造船厂根据合同从当年起连续三年末各提供五条规格型号相同的大型客货轮.该厂这三年内生产大型客货轮的能力及每艘客货轮的成本如表 7-53 所示.

表 7-53

年　度	正常生产时间内可完成的客货轮数	加班生产时间内可完成的客货轮数	正常生产时每艘成本/万元
1	3	3	600
2	4	2	700
3	2	3	650

已知加班生产时,每艘客货轮成本比正常高出 10%,又知造出来的客货轮如当年不交货,每艘每积压一年所造成的积压损失为 60 万元.在签订合同时,该厂已积压了两艘未交货的客货轮,而该厂希望在第三年末完成合同后还能储存一艘备用.问该厂应如何安排每年客货轮的生产量,使在满足上述各项要求的情况下,总的生产费用为最少?

13. 甲、乙两个煤矿分别生产煤炭 500 万吨、600 万吨,供应 A,B,C,D 四个发电厂的需要,各电厂的用煤量分别为 300,200,500,100(万吨).已知煤矿之间、煤矿与电厂之间以及各电厂之间的相互运输单价如表 7-54,表 7-55 和表 7-56 所示.煤炭可以直接运达,也可经转运抵达,试确定从煤矿到各电厂间煤炭的最优调运方案.

表 7-54

运输单价/万元　到　从	甲	乙
甲	0	100
乙	80	0

表 7-55

运输单价/万元 从 \ 到	A	B	C	D
甲	150	200	180	240
乙	80	210	60	170

表 7-56

运输单价/万元 从 \ 到	A	B	C	D
A	0	60	110	80
B	70	0	140	50
C	110	130	0	90
D	90	50	85	0

14. 某电脑制造商从 A,B 两个城市购买零部件,分别运到三个不同的工厂 E,F,G 进行加工,中途经过两个中转站 C 和 D,其中中转站 C 的容量限制为 1 200.已知:A 城市和 B 城市可提供的零部件数量分别为 1 600 和 2 400,工厂 E,F,G 的需求量分别为 1 000,1 500,1 500,具体的运价如图 7-2 所示.

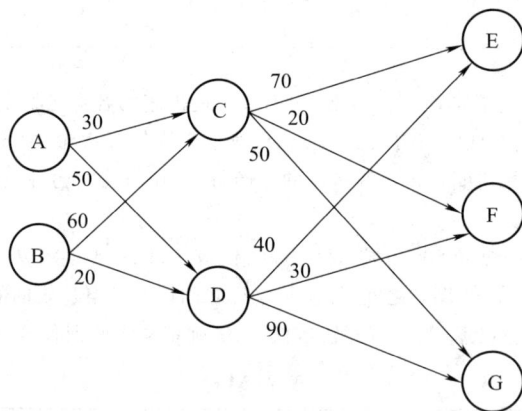

图 7-2

(1) 建立使总运输成本之和最小的调运数学模型.

(2) 试将问题转化为可用表上作业法计算的产销平衡表.

15. 某自行车制造公司设有两个装配厂,且在四地有四个销售公司,公司想要定出各家销售公司需要的自行车应由哪个厂装配,以保证公司获取最大利润,已知表 7-57,表 7-58 和表 7-59 所列的数据.

表 7-57

装 配 厂	A	B
产量(供应量)	1 100	1 000
每辆装配费	45	55

表 7-58

销售公司	1	2	3	4
需要(需求量)	500	300	550	650

表 7-59

运输单价 销售公司 装配厂	1	2	3	4
A	9	4	7	19
B	2	18	14	6

请建立一个运输模型,以决定自行车装配和分配的最优方案.

16. 已知某运输问题的产量、销量及运输单价如表 7-60 所示.

表 7-60

运输单价 销地 产地	1	2	3	产 量
甲	8	7	4	15
乙	3	5	9	25
销量	20	10	20	

(1) 用最小元素法求出此运输问题的初始解.

(2) 用表上作业法求出此运输问题的最优解.

(3) 此运输方案只有一个最优解,还是具有无穷多最优解?为什么?

(4) 如果销地 1 的销量从 20 增加为 30,其他数据都不变,请用表上作业法求出其最优运输方案.

案 例

案例7：报刊征订、推广费用的节省问题

一、问题的来源、提出

中国图书进出口总公司的主营业务之一是中文书刊对国外出口业务,由中文书刊出口部及两个分公司负责.就中文报刊而言,每年 10—12 月为下一年度报刊订阅的征订期。在此期间,为巩固老订户,发展新订户,要向国外个人、大学图书馆、科研机构等无偿寄发小礼品和征订宣传推广材料.

中国图书进出口总公司在深圳、上海设有分公司,总公司从形成内部竞争机制,提高服务质量的角度考虑,允许这两家分公司也部分经营中文报刊的出口业务.但为维护公司整体利益,避免内部恶性竞争,公司对征订期间三个部门寄发征订材料的工作作了整体安排(详见表 7-61).日本、韩国以及中国香港地区集中了该公司的绝大部分中文报刊订户,根据订户数分布数量的不同,寄发征订材料的数量也不同,对此公司也作了安排(详见表 7-62).

一般情况下,这些材料无论由三家中哪个部门寄出,征收订户的效果大致相同;同时,无论读者向哪个部门订阅,为总公司创造的利益均是大致一样的.但由于各部门邮途距离不同,邮寄方式及人工费用不同,导致从各部门寄往各地的费用也不同(详见表 7-63).

表 7-61

部门	份数/册
中文书刊出口部	15 000
深圳分公司	7 500
上海分公司	7 500
总　　计	30 000

表 7-62

国家和地区	份数/册
日本	15 000
中国香港	10 000
韩国	5 000
总计	30 000

表 7-63

	日本	中国香港	韩国
中文书刊出口部	10.20	7	9
深圳分公司	12.50	4	14
上海分公司	6	8	7.50

由于寄发量大且每份材料的寄发费用较高,导致在每年征订期,发往日本、韩国以及中国香港特别行政区三地读者的征订材料费用很高昂,大大加重了经营成本.为此,如何在服从公司总体安排的前提下合理规划各部门的寄发数量,从而使总费用最省就成为一项有意义、值得研究的课题,根据所学运筹学知识,尝试对以上问题进行探讨.

二、数据的获得

从 2013 年征订期,获得如表 7-61,表 7-62 和表 7-63 所示的数据.

要求做出一个公司整体的中文书刊征订材料的邮运方案,使得公司总的邮运费最小.

案例 8:益腾医药研发工作分配问题

益腾是一家拥有 20 年制药历史的国际生物医药公司,旗下拥有一款颇受市场好评的治疗高血压的创新药,在过去多年里为公司带来了巨大的销售利润.由于手握这款药物的专利,因此益腾并未继续在此方面进行创新研发的资金投入.但这款药物的专利将在 5 年后到期,一旦专利到期,仿制药公司推出的仿制药品将会以低价迅速挤占品牌药销量的 75%.因此,未雨绸缪,益腾认为如果此时开始进行相关的研发工作,那么找到一款治疗高血压的类似成功药物的可能性将会很高.

益腾的研发主管在研究了市场需求后,分析现有药物的缺陷,并采访了相关医学研究领域的专家后,决定同步开展五个独立的研发项目,具体如下:

项目 1:一种不会引发严重情绪波动的抗抑郁药;

项目 2:一种治疗躁郁症的药物;

项目 3:一种副作用低的女性避孕药;

项目 4:一种作用于免疫系统的预防艾滋病疫苗;

项目 5:一种更有效的降血压药.

为了保证项目的成功,公司决定招募 5 个科学研发机构进行研发.每个机构的团队按照研发周期提供每个项目的单位研发周期报价(单位:百万元)并公布团队可提供的研发时长.益腾结合科学的医药研发经验,为避免过度投入,给每个项目设定了研发时长限制.如表 7-64 所示.

表 7-64 单位:百万元

	A 机构	B 机构	C 机构	D 机构	E 机构	研发时长限制/天
项目 1	2.2	1.7	1.8	1.5	1.1	400
项目 2	1.5	1.3	1.2	1.6	1.8	350

续表

	A 机构	B 机构	C 机构	D 机构	E 机构	研发时长限制/天
项目 3	2.3	2.1	3.0	2.2	3.1	300
项目 4	1.7	1.0	2.1	2.0	2.7	280
项目 5	1.3	2.4	2.0	2.0	1.9	400
可提供研发时长/天	300	400	450	270	360	

公司开始思考在以下情形中如何进行决策:

（1）根据提供的报价,益腾该如何安排机构参与研发才能使总体成本最低?（假设此时允许一个项目由多个团队参与进行合作研发）

（2）C 机构目前正在考虑接受其他医药研发项目,如果 C 机构从此项目招标中退出,公司将考虑放弃掉研发成本最高的项目,那么哪个项目将被排除在外?

（3）此时公司考虑将暂停合作研发,转向由公司研发机构单独研发. C 机构得知此消息后决定改变他们的报价,新的报价如表 7-65 所示.

表 7-65　　　　　　　　　　　　　　　　　　　单位:百万元

项目 1	1.5
项目 2	1.3
项目 3	2.6
项目 4	3.0
项目 5	2.5
可提供研发时长/天	300

此时,公司应该如何安排研发工作?（提示:结合 0-1 规划的指派问题）

（4）益腾深入分析了五个机构负责人的背景,公司决定保证一些机构的研究时长并且限制一些机构不能参与到某些项目工作中.

D 机构没有研究免疫方面的经验,所以无法参与项目 4,并且主要负责人由于其家族有躁郁症病史,因此也不适合作为项目 2. A 机构也不具备免疫系统和心血管系统研究经验,因此也不适合参与项目 4 和 5. 最后,E 机构由于负责人的家族抑郁病史也导致其不适合从事项目 1. B 机构和 C 机构之前和益腾签署了合约,益腾决定至少保证他们各自有 300 周期参与到项目中. 由于上述机构参与项目发生变化,因此他们的报价也发生改变.

同时,为了弥补科研时间的不足,益腾重新招募了两个国外科研团队 F 和 G 参与研发工作,出于某些原因,他们不愿意参与项目 3 的研发工作. 表 7-66 列出了 7 个团队及其报价.

表 7-66   单位：百万元

	A	B	C	D	E	F	G	研发时长/天
项目 1	2.5	1.7	1.8	1.7	无法参与	1.2	1.8	400
项目 2	2.0	1.3	1.2	无法参与	2.0	1.5	1.1	350
项目 3	2.5	2.1	3.0	2.5	3.5	无法参与	无法参与	300
项目 4	无法参与	1.0	2.1	无法参与	3.0	1.5	1.9	280
项目 5	无法参与	2.4	2.0	2.5	2.3	2.4	2.3	400
可提供研发时长/天	200	400	450	190	330	280	200	

那么此时如何分配可以使成本最低？

案例 9：运输模型在竖向设计中的应用

一、引言

在拉动我国经济下一轮增长的因素中，基础设施的建设举足轻重.尤其是住房改革后，安居工程和房地产开发的热潮更是紧锣密鼓，此起彼伏.针对这一蓬勃市场的大好形势和良好的发展前景，山西省实景有限公司结合自身建筑设计和计算机技术的双重优势，果断组织技术人员，着手立项"竖向设计软件"的设计和开发，经过两个多月的艰苦努力，已经取得了阶段性的可喜成果——在实际的工程设计中，以前一个人大约需要一个月来计算土方的工作量，现在用该软件只需三个小时，即约半天的工夫.这充分显示了计算机技术代替手工劳动辅助设计的优越性和威力.但是，土方的计算和平衡还仅仅是"竖向设计"的一部分工作，还没有包括该挖的土应该送到哪里去，也还没有说明该填的土应该从哪里来.也就是说，目前的"竖向设计"软件还没有解决应该解决的"挖方和填方"的最小运输的求解问题.当然，据了解，这一问题就是在实际工程中也还没有很好地解决，大多是施工人员"拍脑袋"说了算，至今尚未运用"运筹学"这种科学的方法.

二、问题描述

常言道："百年大计，设计为本"，强调了设计的先决性和重要性.毫无疑问，对任何一个开发商来说，在保证安全的前提下，任何一个设计的好坏、优劣就完全取决于该设计的经济与否.而经济效果又常常以土方挖、填及运输是否节省来衡量.因此，土方的计算、平衡和运输是关系竖向设计是否经济合理的决定性尺度，也是建设工程总造价概算、预算中的重要组成部分.也就是说，能否在软件中实现"挖方量"、"填方量"的最优(少)造价将直接决定"竖向设计软件"今后能否有广阔的市场前景.

土方计算的方法很多，但常用的是"方格法"，即把规划范围地面划分成若干正方格.方格每边长 5 m，10 m 或 20 m，依照要求的计算结果的精细程度决定.格的角点为十字交叉的点，称十字点.十字点的右下方写现状标高，右上方写设计标高，左上方写现状与设计高差，差数标以"+"、"−"号，"+"代表填土深度，"−"代表挖土深度.然后按照一定的计算公式计算出每一块地块 i 的挖方量 x_i 和填方量 y_i.每一块地块的填挖量计算完毕，在填挖数字前用"+"代表填方，"−"代表挖方，然后列表计算(见图 7-3). 一般说来,竖向设计经济与否,总土方量(ABS(x_i)+ABS(y_i))是一个重要指标,越小越经济,而且最好有 $x_i+y_i=0$ 成立,或把填挖方之差控制在 5%~10% 以内. 这些填挖的土方量都是按实方计算的,当下一步计算土方的运输量时,还必须乘以一个涨方系数 k,因为运输时为松散状态,其体积较密实状态(实方)有所膨胀. 表 7-67 是常用涨方(土方松土)系数表.

表 7-67

土　壤	涨方系数/%
非黏性土壤	1.5~2.5
黏性土壤	1.03~1.05
岩石类土壤	1.10~1.15

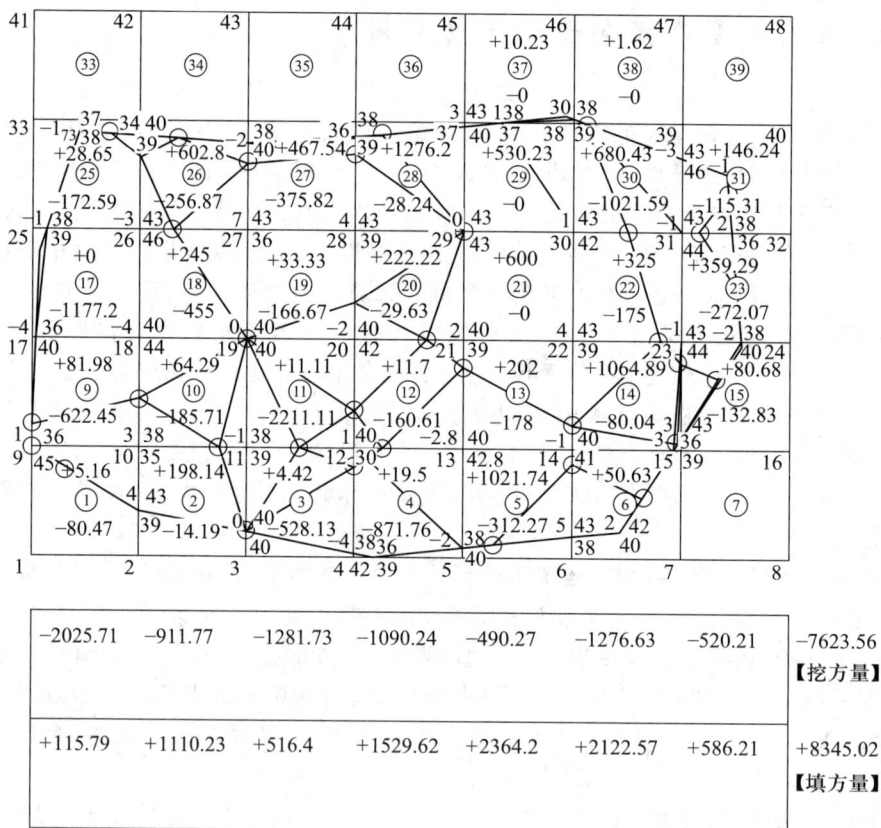

图 7-3

三、数学模型

我们已经知道,土方工程有三个重要指标,一是土方总量最小,二是挖方填方量基本相抵,三是求解最小的土方运输量.前两个问题已经基本解决,下面的模型就将解决第三个问题.

把挖方的地块设想成生产基地,把填方的地块设想成销售基地,并且把运价简化为两地块之间的距离,第三个问题就转化为如何制定调运方案,将挖方地块挖出的土运到需填方的地块,使总运费最小的运输问题.我们用数学语言描述如下:

已知有 m 个生产地点 A_i(挖方地块*),$i=1,2,\cdots,m$.可供应某种物资(土壤),其供应量(挖方量)A_i,有 n 个销地 B_j(填方地块),其需要量(填方量)分别为 B_j,$j=1,2,\cdots,n$.从 A_i 到 B_j 运输单位物资的运价为 c_{ij},k 表示涨方系数.这些数据可汇总于表 7-68 中.

表 7-68

销地 产地	1	2	$\cdots$	n	产量
1	c_{11}	c_{12}	$\cdots$	c_{1n}	a_1
2	c_{21}	c_{22}	$\cdots$	c_{2n}	a_2
$\vdots$			$\vdots$		$\vdots$
m	c_{m1}	c_{m2}	$\cdots$	c_{mn}	a_m
销量	b_1	b_2	$\cdots$	b_n	

若用 x_{ij} 表示从 A_i 到 B_j 的运量,那么,在产销(填挖)平衡的条件下,要求得总运费最小的调运方案,即求解以下数学模型:

$$\min f = \sum c_{ij} x_{ij}.$$

约束条件:

$$\sum x_{ij} = k \cdot b_j, j=1,2,\cdots,n,$$
$$\sum x_{ij} = k \cdot a_i, i=1,2,\cdots,m,$$
$$x_{ij} \geqslant 0.$$

案例 10:电商物流配送中心方案设计

互联网和新的通信模式的飞速发展使得人们的消费模式也发生了翻天覆地的变化.2017 年中国网络零售市场交易规模达 71 751 亿元,相比 2016 年的 51 556 亿元,同比增长 39.17%.突起的网络购物大军滋养了电商平台的茁壮成长,阿里巴巴、京东、苏宁等购物平台家喻户晓.随着网络购物模式的日益完善,消费者从刚开始的价格需求不断向产品品质需求转型,消费者从质量和时效上逐渐追求更深层的购物体验.物流作为购物体验的重要来源,也不断在进化发展.随着电商平台自建或整合物流的崛起,从传统网络型配送模式(收件→转运→转运→派件)向仓配模式(前置仓→派件)的转型已成大势所趋.电商自建物流以仓配模式进行配送,提前备货将异地件转化成同城件,省去干线环节提升时效,仓储高自动化分拣保证快速出库的同时也保证了分拣破损率较低.无论从配送质量还是时效性来看,电商平台自建或整合物流的仓配模式更能充分满足消费者对物流服务的新需求.在这样的背景

---

* 本案例中"挖方地块"与"挖方量"用同一记号;"填方地块"与"填方量"用同一记号.

下,以自建物流为代表的京东等一批电商平台迅速崛起.

考虑到货仓的建造或租赁、人力、交通的成本越来越高,电商平台的自建物流选址成为保证用户体验的重要决策问题.选址离网络消费者密集地点越近显然越能够快速将货物运送到消费者手中,但是网络消费者的分散度也越来越高,不能无休止地建立仓储物流中心,如何在保证日常供货量的情况下,还能够尽量提高配送效率成为电商平台需要考虑的问题.

现有大型电商平台需要满足由 3 个大型城市 7 个中小型城市构成的重要城市群的日常购物需求,在城市群的腹地和周边已经相继构建了 5 个仓储物流中心.通过网络购物人群跟踪调查,现在给出 10 个城市的网络购物消费者的数量以及较为固定的购物需求,如表 7-69 所示.

表 7-69

城市	城市类型	网络购物消费者/万人	每人次消费品快递件数/(件·人$^{-1}$)
1	大型	908	0.98
2	大型	872	1.12
3	大型	850	1.31
4	中小型	361	0.97
5	中小型	293	1.02
6	中小型	201	1.23
7	中小型	198	0.89
8	中小型	160	1.15
9	中小型	110	0.95
10	中小型	92	1.13

电商平台的仓储物流中心在尽量满足每个城市消费者的日常购物需求的同时,要求保持较高的总体物流体验.以距离为标尺,创储物流中心与目的城市距离越远则可以认为相同的货物送货越慢,相应的每一位消费者的用户体验越差,不予配送被认定为最差体验.表 7-70 给出了 5 个仓储物流中心与各个城市之间的距离以及各仓储物流中心的货物存储限度.

表 7-70

	储量	1	2	3	4	5	6	7	8	9	10
A	888	32	46	70	42	27	38	40	60	16	56
B	900	47	53	45	25	56	31	63	45	52	13
C	760	22	54	68	46	67	23	52	56	24	34
D	1 520	45	75	25	56	22	45	57	35	23	56
E	1 000	32	55	62	53	21	11	23	34	44	21

根据以上信息分析,5 个仓储物流中心该如何配送其总成本最小?如果仓储中心 C 要进行改造,要求将其货物全部送出,该如何调整配送方案?

第八章　整数规划

在前面讨论的线性规划问题中,最优解可能是整数,也可能不是整数,但对于某些实际问题,要求答案必须是整数.例如,所求的解是安排上班的人数,按某个方案裁剪钢材的根数,生产机器的台数等.对于求整数解的线性规划问题,不是用四舍五入法或去尾法对线性规划的非整数解加以处理都能解决的,而要用整数规划的方法加以解决.

在整数规划中,如果所有的变量都为非负整数,则称之为纯整数规划问题,如果只有一部分变量为非负整数,则称之为混合整数规划问题.在整数规划中,如果变量的取值只限于 0 和 1,这样的变量我们称之为 0-1 变量.在纯整数规划和混合整数规划问题中,常常会有一些变量是 0,1 变量,如果所有变量都是 0,1 变量,则称之为 0-1 规划.

本章我们把整数规划限定在整数线性规划里.

§8.1　整数规划的图解法

例 1　某公司拟用集装箱托运甲、乙两种货物,这两种货物每件的体积、重量、可获利润以及托运所受限制如表 8-1 所示.

表 8-1

货物	每件体积/立方英尺*	每件重量/百千克	每件利润/百元
甲	195	4	2
乙	273	40	3
托运限制	1 365	140	

甲种货物至多托运 4 件,问两种货物各托运多少件,可使获得利润最大.

解　设 x_1, x_2 分别为甲、乙两种货物托运的件数,显然 x_1, x_2 是非负的整数,这是一个(纯)整数规划的问题,其数学模型如下所示:

---

*　1 立方米 = 35.314 7 立方英尺,即 1 立方英尺 = 0.028 3 立方米.

教学视频:整数规划的图解法

$$\max z = 2x_1 + 3x_2;$$

约束条件：

$$195x_1 + 273x_2 \leqslant 1\ 365,$$

$$4x_1 + 40x_2 \leqslant 140,$$

$$x_1 \leqslant 4,$$

$$x_1, x_2 \geqslant 0,$$

$$x_1, x_2\ 为整数.$$

如果将上述线性规划中的最后一个约束条件：x_1, x_2 为整数去掉，它是一个线性规划的问题，我们用图解法来解这个整数规划问题，及其与它相应的线性规划问题，并把它们的最优解加以比较.

在图 8-1 中的阴影部分是上述整数规划相应的线性规划的可行域，而图中画"×"号的点是整数规划的可行点.

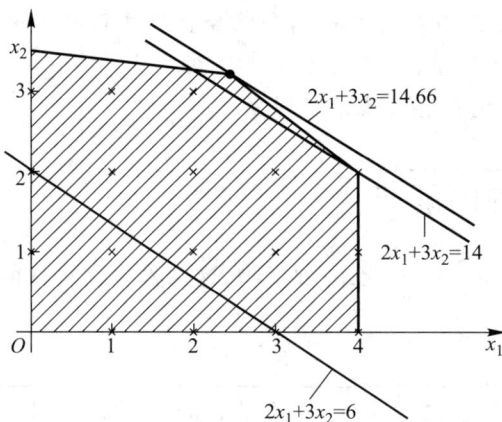

图 8-1

平移目标函数的等值线，得相应的线性规划的最优解为 $x_1 = 2.44, x_2 = 3.26$，目标函数的最优值为 14.66，这个解显然不是整数规划的可行解.同样把目标函数的等值线尽量向右上方平移以便取得最大值，同时又必须过整数规划可行点，可得整数规划的最优解 $x_1 = 4, x_2 = 2$，这时其最优目标函数值为 14，这个整数规划的最优解并不可以对相应的线性规划的不为整数的最优解运用四舍五入法或去尾法或进一法而得到.当我们对相应的线性规划的最优解进行四舍五入或去尾法得 $x_1 = 2, x_2 = 3$，这时目标函数值为 13，并不是此整数规划的最优解.当我们对相应的线性规划的最优解进行进一法时取 $x_1 = 3, x_2 = 3$，或取 $x_1 = 2, x_2 = 4$ 或取 $x_1 = 3, x_2 = 4$ 都不是此整数规划的可行解.

从此例题我们可以看到：由于相应的线性规划的可行域包含了其整数规划的可行点，可得到如下的性质.

性质 1　任何求最大目标函数值的纯整数规划或混合整数规划的最大目标函数值小于或等

于相应的线性规划的最大目标函数值;任何求最小目标函数值的纯整数规划或混合整数规划的最小目标函数值大于或等于相应的线性规划的最小目标函数值.

一般来说,当一个整数问题,用线性规划模型求得的最优解的小数部分占的比例很小时(如第四章例 4 那样)我们一般可以用舍入法对其最优解进行处理,使其仍为可行解,这个结果即使不是最优解,也是次优解.这样处理是合适的,但像本章例 1 所示的那样,用线性规划模型求得的最优解 $x_1 = 2.44$;$x_2 = 3.26$.其小数部分 0.44 和 0.26.在最优解 2.44 和 3.26 中的比例较大,这种情况下,用线性规划模型来求解,是不合适的,必须用整数规划模型来解.

§8.2 整数规划的计算机求解

用图解法求解整数规划的问题时,一是慢,二是只能解决两个变量的整数规划.要解决整数规划问题使用计算机软件包是个最实用最有效的办法.

对于变量数少,约束条件数也少的整数规划问题,我们仍可以用"管理运筹学"软件来解决.对于变量数和约束条件数过大的整数规划问题,我们也可购买相应的微机软件包来解决它们.

下面来演示如何使用"管理运筹学"软件来解决整数规划的问题.

例 2 求解下面的整数规划问题:

$$\max z = 3x_1 + x_2 + 3x_3;$$

约束条件:

$$-x_1 + 2x_2 + x_3 \leqslant 4,$$
$$4x_2 - 3x_3 \leqslant 2,$$
$$x_1 - 3x_2 + 2x_3 \leqslant 3,$$
$$x_1, x_2, x_3 \geqslant 0,$$
$$x_1, x_2, x_3 \text{ 为整数}.$$

解 用"管理运筹学"软件解此题,首先在主菜单上选择整数规划,屏幕上会出现问题类型选择页面,如图 8-2 所示.

当你作出选择后,屏幕出现的页面与线性规划页面基本相同,只是请注意每个变量的类型,尤其对于混合整数规划的问题.

对于例 2,我们在问题类型选择菜单中应选择纯整数规划问题,然后输入模型数据,点击"解决"按钮,便得到表 8-2 所示的计算机解.

最优目标函数值:23.

表 8-2

变　量	值
x_1	5
x_2	2
x_3	2

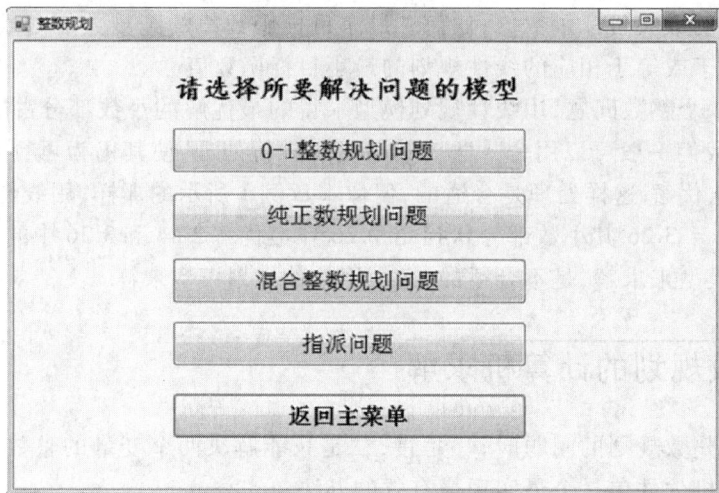

图 8-2

例 3 求解下面的混合整数规划问题:

$$\max z = 3x_1 + x_2 + 3x_3;$$

约束条件:

$$-x_1 + 2x_2 + x_3 \leqslant 4,$$
$$4x_2 - 3x_3 \leqslant 2,$$
$$x_1 - 3x_2 + 2x_3 \leqslant 3,$$
$$x_3 \leqslant 1,$$
$$x_1, x_2, x_3 \geqslant 0, x_1, x_3 \text{ 为整数}.$$

解 此题约束条件中的 $x_3 \leqslant 1, x_3 \geqslant 0$ 且 x_3 是 0-1 变量,此混合整数规划问题也可以写成

$$\max z = 3x_1 + x_2 + 3x_3;$$

约束条件:

$$-x_1 + 2x_2 + x_3 \leqslant 4,$$
$$4x_2 - 3x_3 \leqslant 2,$$
$$x_1 - 3x_2 + 2x_3 \leqslant 3,$$
$$x_1, x_2, x_3 \geqslant 0,$$

并且 x_1 为整数,x_3 为 0-1 变量.

在问题类型选择页面上应选择混合整数规划问题,输入数据时,要注意输入变量的类型是整数变量、0-1 变量还是实数变量.点击"解决"按钮,便得到计算机解如下:$x_1 = 4, x_2 = 1.25, x_3 = 1$;第一个约束条件的松弛变量为 4.5,第二个约束条件的松弛变量为 0,第三个约束条件的松弛变量为 0.75;最优目标函数为 16.25.

§8.3　整数规划的应用

一、投资场所的选择

例 4　京成畜产品公司计划在市区的东、西、南、北四区建立销售门市部,拟议中有 10 个位置 $A_i (i = 1, 2, 3, \cdots, 10)$ 可供选择,考虑到各地区居民的消费水平及居民居住密集度,规定:

在东区由 A_1, A_2, A_3 三个点至多选择两个;

在西区由 A_4, A_5 两个点中至少选一个;

在南区由 A_6, A_7 两个点中至少选一个;

在北区由 A_8, A_9, A_{10} 三个点中至少选两个.

A_i 各点的设备投资及每年可获利润由于地点不同都是不一样的,预测情况如表 8-3 所示.

表 8-3　　　　　　　　　　　　　　　　　　　　　　　　　　　单位:万元

	A_1	A_2	A_3	A_4	A_5	A_6	A_7	A_8	A_9	A_{10}
投资额	100	120	150	80	70	90	80	140	160	180
利润	36	40	50	22	20	30	25	48	58	61

投资总额不能超过 720 万元,问应选择哪几个销售点,可使年利润为最大?

解　设 0-1 变量 $x_i = \begin{cases} 1, & \text{当 } A_i \text{ 点被选用;} \\ 0, & \text{当 } A_i \text{ 点没被选用.} \end{cases}$

这样我们可建立如下的数学模型:

$$\max z = 36x_1 + 40x_2 + 50x_3 + 22x_4 + 20x_5 + 30x_6 + \\ 25x_7 + 48x_8 + 58x_9 + 61x_{10};$$

约束条件:　$100x_1 + 120x_2 + 150x_3 + 80x_4 + 70x_5 + 90x_6 +$

$$80x_7 + 140x_8 + 160x_9 + 180x_{10} \leqslant 720,$$

$$x_1 + x_2 + x_3 \leqslant 2,$$

$$x_4 + x_5 \geqslant 1,$$

$$x_6 + x_7 \geqslant 1,$$

$$x_8 + x_9 + x_{10} \geqslant 2,$$

教学视频:投资场所的选择

$x_i \geq 0$ 且 x_i 为 0-1 变量，$i=1,2,3,\cdots,10$.

把上述模型输入"管理运筹学"软件，即得到此问题的最优解如下：

最优目标函数值为 245.

最优解为 $x_1=1, x_2=1, x_3=0, x_4=0, x_5=1,$
$x_6=1, x_7=0, x_8=0, x_9=1, x_{10}=1.$

此结果告诉我们要在 $A_1, A_2, A_5, A_6, A_9, A_{10}$ 6 个地点建立销售门市部，既满足规定，又在投资不超过 720 万元情况（实际投资额为 $100+120+70+90+160+180=720$（万元））下，获得了最大利润 245 万元.

二、固定成本问题

例 5 高压容器公司制造小、中、大三种尺寸的金属容器，所用资源为金属板、劳动力和机器设备，制造一个容器所需的各种资源的数量如表 8-4 所示.

表 8-4

资　　源	小号容器	中号容器	大号容器
金属板/t	2	4	8
劳动力/(人·月$^{-1}$)	2	3	4
机器设备/(台·月$^{-1}$)	1	2	3

不考虑固定费用，每种容器售出一只所得的利润分别为 4 万元，5 万元，6 万元，可使用的金属板有 500 t，劳动力有 300 人/月，机器有 100 台/月，此外，不管每种容器制造的数量是多少，都要支付一笔固定的费用：小号为 100 万元，中号为 150 万元，大号为 200 万元.现在要制定一个生产计划，使获得的利润为最大.

解 这是一个整数规划的问题.

设 x_1, x_2, x_3 分别为小号容器、中号容器和大号容器的生产数量.

各种容器的固定费用只有在生产该种容器时才投入，为了说明固定费用的这种性质，设

$$y_i = \begin{cases} 1, & \text{当生产第 } i \text{ 种容器即 } x_i > 0 \text{ 时；} \\ 0, & \text{当不生产第 } i \text{ 种容器即 } x_i = 0 \text{ 时.} \end{cases}$$

这样求扣除了固定费用的最大利润的目标函数可以写为

$$\max z = 4x_1 + 5x_2 + 6x_3 - 100y_1 - 150y_2 - 200y_3.$$

教学视频：固定成本问题、指派问题、分布系统设计

约束条件首先可以写出受金属板、劳动力以及机器设备等资源限制的三个不等式:

$$2x_1 + 4x_2 + 8x_3 \leqslant 500,$$
$$2x_1 + 3x_2 + 4x_3 \leqslant 300,$$
$$x_1 + 2x_2 + 3x_3 \leqslant 100.$$

然后,为了避免出现某种容器不投入固定费用就生产这样一种不合理的情况,因而必须加上以下的约束条件:

$$x_1 \leqslant y_1 M,$$
$$x_2 \leqslant y_2 M,$$
$$x_3 \leqslant y_3 M.$$

这里 M 是充分大的数. 从一个容器至少要 2 个劳动力约束条件可知,各种容器的制造数量不会超过 200 台,我们可以取大 M 为 200,即得

$$x_1 \leqslant 200y_1,$$
$$x_2 \leqslant 200y_2,$$
$$x_3 \leqslant 200y_3.$$

当 y_i 等于零,即对第 i 种容器不投入固定费用时,从 $x_i \leqslant 200y_i$,即得 $x_i \leqslant 0$,则第 i 种容器必不能生产;当 y_i 等于 1 即对第 i 种容器投入固定费用时,从 $x_i \leqslant 200y_i$,即得 $x_i \leqslant 200$,则第 i 种容器生产的数量要小于等于 200. 这是合理的.

综上所述,得到此问题的数学模型如下:

$$\max z = 4x_1 + 5x_2 + 6x_3 - 100y_1 - 150y_2 - 200y_3;$$

约束条件:
$$2x_1 + 4x_2 + 8x_3 \leqslant 500,$$
$$2x_1 + 3x_2 + 4x_3 \leqslant 300,$$
$$x_1 + 2x_2 + 3x_3 \leqslant 100,$$
$$x_1 - My_1 \leqslant 0,$$
$$x_2 - My_2 \leqslant 0,$$
$$x_3 - My_3 \leqslant 0,$$
$$x_1, x_2, x_3 \geqslant 0, \qquad y_1, y_2, y_3 \text{ 为 0-1 变量.}$$

把上述模型输入"管理运筹学"软件,即得到如下结果:最大目标函数值为 300,最优解为 $x_1 = 100, x_2 = 0, x_3 = 0$,也就是说生产 100 台小容器可得最大利润 300 万元,并从计算机输出得到如下信息:第 1 约束条件的松弛变量为 300,即有 300 t 金属板没用;第 2 约束的松弛变量为 100,即劳动力富余 100 人/月;第 3 约束条件松弛变量为零,即机器设备全用完.

三、指派问题

我们常常会遇到这样的问题:有 n 项不同的任务,恰好 n 个人可分别承担这些任务,但由于每人特长不同,完成各项任务的效率等情况也不同. 现假设必须指派每个人去完成一项任务,怎样把 n 项任务指派给 n 个人,使得完成 n 项任务的总的效率最高,这就是指派问题.

例 6 有四个工人,要分别指派他们完成四项不同的工作,每人做各项工作所消耗的时间如表 8–5 所示,问应如何指派工作,才能使总的消耗时间为最少?

表 8–5

所需时间/小时 工作\n工 人	A	B	C	D
甲	15	18	21	24
乙	19	23	22	18
丙	26	17	16	19
丁	19	21	23	17

解 引入 0–1 变量 x_{ij},并令

$$x_{ij} = \begin{cases} 1, & \text{当指派第 } i \text{ 人去完成第 } j \text{ 项工作时;} \\ 0, & \text{当不指派第 } i \text{ 人去完成第 } j \text{ 项工作时.} \end{cases}$$

为使总消耗时间为最少可以写为

$$\min z = 15x_{11} + 18x_{12} + 21x_{13} + 24x_{14} + 19x_{21} + 23x_{22} +$$
$$22x_{23} + 18x_{24} + 26x_{31} + 17x_{32} + 16x_{33} +$$
$$19x_{34} + 19x_{41} + 21x_{42} + 23x_{43} + 17x_{44}.$$

每人只能干一项工作的约束条件可以写为

$$x_{11} + x_{12} + x_{13} + x_{14} = 1 (\text{甲只能干一项工作}),$$
$$x_{21} + x_{22} + x_{23} + x_{24} = 1 (\text{乙只能干一项工作}),$$
$$x_{31} + x_{32} + x_{33} + x_{34} = 1 (\text{丙只能干一项工作}),$$
$$x_{41} + x_{42} + x_{43} + x_{44} = 1 (\text{丁只能干一项工作}).$$

每项工作只能由一个人干的约束条件可以写为

$$x_{11} + x_{21} + x_{31} + x_{41} = 1 (\text{A 工作只能一个人干}),$$
$$x_{12} + x_{22} + x_{32} + x_{42} = 1 (\text{B 工作只能一个人干}),$$
$$x_{13} + x_{23} + x_{33} + x_{43} = 1 (\text{C 工作只能一个人干}),$$
$$x_{14} + x_{24} + x_{34} + x_{44} = 1 (\text{D 工作只能一个人干}).$$

再加上约束条件:x_{ij} 为 0–1 变量,对 $i = 1,2,3,4$,$j = 1,2,3,4$.以上就组成了此整数规划问题的数学模型.

我们将以上的数学模型输入"管理运筹学"软件的整数规划,就可得到如下结果:$x_{21} = 1$,$x_{12} = 1$,$x_{33} = 1$,$x_{44} = 1$,其最小目标函数值为 70,也就是说安排乙干 A 工作,甲干 B 工作,丙干 C 工作,丁干 D 工作,这时总消耗时间为最少,即 70 小时.

对于有 m 个人 n 项任务的一般的指派问题,设

$$x_{ij} = \begin{cases} 1, & \text{当第 } i \text{ 人去完成 } j \text{ 项工作时}; \\ 0, & \text{当第 } i \text{ 人不去完成 } j \text{ 项工作时}. \end{cases}$$

并设 c_{ij} 为第 i 人去完成 j 项任务的成本(如所需时间,费用等),则一般的指派问题的模型可以写为

$$\min z = \sum_{i=1}^{m} \sum_{j=1}^{n} c_{ij} \cdot x_{ij};$$

约束条件:

$$\sum_{j=1}^{n} x_{ij} \leqslant 1, i = 1, 2, \cdots, m,$$

$$\sum_{i=1}^{m} x_{ij} = 1, j = 1, 2, \cdots, n,$$

$$x_{ij} \text{ 为 } 0-1 \text{ 变量,对所有的 } i \text{ 和 } j.$$

因为 m 不一定等于 n,当 $m > n$,即人数多于任务数时,就有人没有任务,所以前面 m 个约束条件都是"小于等于1",这是说每个人至多承担一项任务,而后面 n 个约束条件说明每项工作正好有一人承担,所以都是"等于1". 当 $n > m$ 时,这时需要设假想的 $n-m$ 个人便获得可行解.

实际上,不管 $m = n$,还是 $m > n$ 或者 $n > m$,我们都可以用"管理运筹学"中的"指派问题"的程序加以解决,只要输入:1.人数;2.任务数;3.每个人完成各项任务的成本,就可立即得到最优解与最优值.

还有一种指派问题叫多重指派问题,它与一般的指派问题的区别在于:一般的指派问题中每个人至多承担一项任务,而多重指派问题中一个人可以根据自己能力的大小承担一项、二项或更多项的任务,这时约束条件中的前 m 个条件不是 $\sum_{j=1}^{n} x_{ij} \leqslant 1, i = 1, 2, \cdots, m$,而改为 $\sum_{j=1}^{n} x_{ij} \leqslant a_i, i = 1, 2, \cdots, m$,其中 a_i 是第 i 个人至多承担的任务的项目数,对于不同的 i, a_i 可以是不一样的.

四、分布系统设计

例7 某企业在 A_1 地已有一个工厂,其产品的生产能力为 30 千箱,为了扩大生产,打算在 A_2, A_3, A_4, A_5 地中再选几个地方建厂.已知在 A_2 地建厂的固定成本为 175 千元,在 A_3 地建厂的固定成本为 300 千元,在 A_4 地建厂的固定成本为 375 千元,在 A_5 地建厂的固定成本为 500 千元,另外,A_1 的产量,A_2, A_3, A_4, A_5 建成厂的产量,那时销地的销量以及产地到销地的单位运价(每千箱运费)如表 8-6 所示.(1)问应该在哪几个地方建厂,在满足销量的前提下,使得其总的固定成本和总的运输费用之和最小;(2)如果由于政策要求必须在 A_2, A_3 地建一个厂,应在哪几个地方建厂?

解 (1)设 x_{ij} 为从 A_i 运往 B_j 的运量(单位:千箱),

$$y_i = \begin{cases} 1, & \text{当 } A_i \text{ 厂址被选中时}; \\ 0, & \text{当 } A_i \text{ 厂址没被选中时}. \end{cases}$$

则此问题的固定成本及总运输费最小的目标可写为

$$\min z = 175y_2 + 300y_3 + 375y_4 + 500y_5 + 8x_{11} + 4x_{12} +$$
$$3x_{13} + 5x_{21} + 2x_{22} + 3x_{23} + 4x_{31} +$$
$$3x_{32} + 4x_{33} + 9x_{41} + 7x_{42} +$$
$$5x_{43} + 10x_{51} + 4x_{52} + 2x_{53},$$

其中前 4 项为固定投资额,后面的项为运输费用.

对 A_1 厂来说其产量限制的约束条件可写成

$$x_{11} + x_{12} + x_{13} \leqslant 30.$$

表 8-6

运输单价/千元 产地\销地	B_1	B_2	B_3	产量/千箱
A_1	8	4	3	30
A_2	5	2	3	10
A_3	4	3	4	20
A_4	9	7	5	30
A_5	10	4	2	40
销量/千箱	30	20	20	

但是对 A_2,A_3,A_4,A_5 准备选址建设的新厂来说,只有当选为厂址建设,才会有生产量,所以它们的产量限制的约束条件写成

$$x_{21} + x_{22} + x_{23} \leqslant 10y_2,$$
$$x_{31} + x_{32} + x_{33} \leqslant 20y_3,$$
$$x_{41} + x_{42} + x_{43} \leqslant 30y_4,$$
$$x_{51} + x_{52} + x_{53} \leqslant 40y_5.$$

至于满足销量的约束条件可写为

$$x_{11} + x_{21} + x_{31} + x_{41} + x_{51} = 30,$$
$$x_{12} + x_{22} + x_{32} + x_{42} + x_{52} = 20,$$
$$x_{13} + x_{23} + x_{33} + x_{43} + x_{53} = 20.$$

再加上 $x_{ij} \geqslant 0$ 及 y_i 为 0-1 变量的约束就得到了此问题的数学模型.

用计算机我们可以求得如下最优解:

$y_5 = 1, x_{52} = 20, x_{53} = 20, x_{11} = 30$,其余变量均为零,最优值为 860(千元).

(2) 我们只要在以上模型上加上一个约束条件:$y_2 + y_3 = 1$,就得到了问题(2)的数学模型,用计算机可求得最优解如下:$y_2 = 1, y_4 = 1, x_{22} = 10, x_{41} = 30, x_{12} = 10, x_{13} = 20$,其余变量均为零,最优

值为 940(千元).

五、投资问题

例 8 某公司在今后五年内考虑给下列项目投资,已知:

项目 A:从第一年到第四年每年年初需要投资,并于次年回收本利 115%,但要求第一年投资最低金额为 4 万元,第二、三、四年不限.

项目 B:第三年初需要投资,到第五年末能回收本利 128%,但规定最低投资金额为 3 万元,最高金额为 5 万元.

项目 C:第二年初需要投资,到第五年末能回收本利 140%,但规定其投资额或为 2 万元或为 4 万元,或为 6 万元或为 8 万元.

项目 D:五年内每年年初可购买公债,于当年归还,并加利息 6%,此项投资金额不限.

该部门现有资金 10 万元,问它应如何确定给这些项目的每年投资额,使到第五年末拥有的资金本利总额为最大?

解 (1) $x_{iA}, x_{iB}, x_{iC}, x_{iD}(i=1,2,3,4,5)$ 分别表示第 i 年年初给项目 A,B,C,D 的投资额,设 y_{iA}, y_{iB},是 0-1 变量,并规定

$$y_{ij} = \begin{cases} 1, & \text{当第 } i \text{ 年给 } j \text{ 项目投资时,} \\ 0, & \text{当第 } i \text{ 年不给 } j \text{ 项目投资时,} \end{cases} \quad i=1,3; j=A,B.$$

设 y_{2C} 是个非负整数变量,并规定

$$y_{2C} = \begin{cases} 4, & \text{当第 2 年投资 C 项目 8 万元时,} \\ 3, & \text{当第 2 年投资 C 项目 6 万元时,} \\ 2, & \text{当第 2 年投资 C 项目 4 万元时,} \\ 1, & \text{当第 2 年投资 C 项目 2 万元时,} \\ 0, & \text{当第 2 年不投资 C 项目时.} \end{cases}$$

根据给定条件,将投资额列于表 8-7 中.

(2) 下面来写约束条件.

由于项目 D 每年都可以投资,且投资金额不限,当年末可收回本息,所以该公司每年应把所有资金全部投出去,即投资额应等于手中拥有的资金,因此

第一年:该公司第一年初拥有 100 000 元,所以有

$$x_{1A} + x_{1D} = 100\,000.$$

第二年:因第一年给项目 A 的投资要到第二年年末才能回收,所以该公司在第二年年初只

有项目 D 在第一年回收的本息 $x_{1D}(1+6\%)$，于是第二年的投资分配是

$$x_{2A} + x_{2C} + x_{2D} = 1.06x_{1D}.$$

第三年：第三年年初的资金是从项目 A 第一年投资及项目 D 第二年投资所回收的本利总和 $1.15x_{1A}+1.06x_{2D}$，于是第三年资金分配为

$$x_{3A} + x_{3B} + x_{3D} = 1.15x_{1A} + 1.06x_{2D}.$$

第四年：同上分析，可得

$$x_{4A} + x_{4D} = 1.15x_{2A} + 1.06x_{3D}.$$

第五年：

$$x_{5D} = 1.15x_{3A} + 1.06x_{4D}.$$

表 8-7

投资额 年份 项目	1	2	3	4	5
A	x_{1A}	x_{2A}	x_{3A}	x_{4A}	
B			x_{3B}		
C		$x_{2C} = 20\,000y_{2C}$			
D	x_{1D}	x_{2D}	x_{3D}	x_{4D}	x_{5D}

此外对项目 A 的投资额的规定知道

$$x_{1A} \geqslant 40\,000y_{1A},$$
$$x_{1A} \leqslant 200\,000y_{1A},$$

从上面的约束条件知道，当 $y_{1A}=0$，即第 1 年不给 A 项目投资时，有

$$x_{1A} \geqslant 0,$$
$$x_{1A} \leqslant 0,$$

即 x_{1A} 必取零，当 $y_{1A}=1$，即第 1 年给 A 项目投资时，有

$$x_{1A} \geqslant 40\,000,$$
$$x_{1A} \leqslant 200\,000,$$

这里的 200 000 是一个足够大的正数，使第 1 年给 A 项目的投资额不会超过它.

另外对项目 B 的投资额的规定同样有

$$x_{3B} \leqslant 50\,000y_{3B},$$
$$x_{3B} \geqslant 30\,000y_{3B},$$

从此约束条件也可以知道：当 $y_{3B}=0$ 时，有 $x_{3B}=0$，而当 $y_{3B}=1$ 时，有 $50\,000 \geqslant x_{3B} \geqslant 30\,000$.

对项目 C 的投资额的规定也可知

$$x_{2C} = 20\,000y_{2C},$$

$$y_{2C} \leqslant 4 \text{ 且 } y_{2C} \text{ 为非负整数.}$$

（3）目标就是要求第五年末手中拥有的资金为最大，可写为

$$\max z = 1.15x_{4A} + 1.40x_{2C} + 1.28x_{3B} + 1.06x_{5D}.$$

（4）此问题的数学模型如下：

$$\max z = 1.15x_{4A} + 1.40x_{2C} + 1.28x_{3B} + 1.06x_{5D};$$

约束条件：

$$x_{1A} + x_{1D} = 100\,000,$$
$$-1.06x_{1D} + x_{2A} + x_{2C} + x_{2D} = 0,$$
$$-1.15x_{1A} - 1.06x_{2D} + x_{3A} + x_{3B} + x_{3D} = 0,$$
$$-1.15x_{2A} - 1.06x_{3D} + x_{4A} + x_{4D} = 0,$$
$$-1.15x_{3A} - 1.06x_{4D} + x_{5D} = 0,$$
$$x_{1A} - 40\,000y_{1A} \geqslant 0,$$
$$200\,000y_{1A} - x_{1A} \geqslant 0,$$
$$x_{3B} - 30\,000y_{3B} \geqslant 0,$$
$$50\,000y_{3B} - x_{3B} \geqslant 0,$$
$$x_{2C} - 20\,000y_{2C} = 0,$$
$$y_{2C} \leqslant 4,$$
$$x_{iA}, x_{iB}, x_{iC}, x_{iD} \geqslant 0, i = 1,2,3,4,5,$$
$$y_{2C} \text{ 为非负整数,}$$
$$y_{1A}, y_{3B} \text{ 为 0-1 变量.}$$

把模型输入"管理运筹学"软件即得最优值：

147 879.234.

$x_{2C} = 60\,000,$

$x_{3B} = 49\,905.641,$

$x_{1A} = 43\,396.23,$

$x_{1D} = 56\,603.777,$

$y_{3B} = 1,$

$y_{2C} = 3,$

$y_{1A} = 1.$

六、0-1 整数变量在构建模型中的一些特殊作用

正如上面的例子所示,由于引入了整数变量,尤其是 0-1 变量,可以把实际管理中无法归结为线性规划模型的问题,建立其整数规划的模型.

1. 解决固定成本问题

正如例 5 所示,x_j,c_j 分别表示产品 j 的生产数量和单个产品的变动成本;k_j 为与产量无关的固定成本.其求生产成本最小的整数规划模型为

$$\min z = \sum_{j=1}^{n} (c_j x_j + k_j y_j) ;$$

约束条件: 其他原始限制条件,

$$x_j \leqslant M y_j$$
$$x_j \geqslant 0, y_j = 0 \text{ 或 } 1.$$

这里 y_j 为 0-1 变量,M 为一个充分大的数,不等式 $x_j \leqslant M y_j$ 是为了避免出现不投入固定成本就生产的这样一种不合理情况.

2. 解决选择取值问题

正如例 7 所示,约束条件的右端项可能是 n 个值($b_1, b_2, \cdots, b_n$)中的某一个(例 7 中 A_2 的产量 b_2 可能为 10 千箱,也可能为 0 千箱),即

$$f(x_1, x_2, \cdots, x_n) = \sum_{j=1}^{n} a_j x_j \leqslant b_1, \text{或 } b_2, \text{或 } b_3, \cdots, \text{或 } b_n$$

则这样的约束条件可表示为

$$f(x_1, x_2, \cdots, x_n) \leqslant \sum_{i=1}^{n} b_i y_i,$$
$$y_1 + y_2 + \cdots + y_n = 1.$$

这里 y_i 为 0-1 变量

$$y_i = \begin{cases} 1 & \text{当约束右端项为 } b_i \\ 0 & \text{否则} \end{cases}$$

3. 解决 n 个变量中选取 k 个变量的问题

正如例 4、例 6 所示:

a) n 个取 1 个 $\sum_{j=1}^{n} x_j = 1, x_j = 0 \text{ 或 } 1$

b）n 个中取 k 个 $\qquad\qquad \sum_{j=1}^{n} x_j = k, x_j = 0$ 或 1

若 n 个至少取 k 个,则改为 $\qquad \sum_{j=1}^{n} x_j \geqslant k, x_j = 0$ 或 1

若 n 个至多取 k 个,则改为 $\qquad \sum_{j=1}^{n} x_j \leqslant k, x_j = 0$ 或 1

4. 解决变量离散数值的问题

正如例 8 所示,$x_{2c} = 20\,000 y_{2c}$

这里 $y_{2c} \leqslant 4$ 且 y_{2c} 为非负整数,而更一般的情况如下:

$$\begin{cases} x = \sum_{j=1}^{m} c_j y_j & y_j = 0 \text{ 或 } 1 \\ \sum_{j=1}^{m} y_j = 1 \end{cases}$$

5. 解决部分约束的问题

在这种情况下,m 个约束条件只有 k 个起作用. 不妨设 m 个约束条件可表示为

$$\sum_{j=1}^{n} a_{ij} x_j (i = 1, 2, \cdots, m)$$

设

$$y_i = \begin{cases} 1 & \text{假定第 } i \text{ 个约束条件不起作用} \\ 0 & \text{假定第 } i \text{ 个约束条件起作用} \end{cases}$$
$$(i = 1, 2, \cdots, m)$$

则

$$\begin{cases} \sum_{j=1}^{n} a_{ij} x_j \leqslant b_i + M y_i (i = 1, 2, \cdots, m) \\ y_1 + y_2 + \cdots + y_m = m - k \end{cases}$$

式中 M 为任意大的正数

该式就表明 m 个约束条件中有 $m-k$ 个的右端项为 b_i+M,不起约束作用,故只有 k 个约束条件真正起作用.

作为特例,当这 m 个约束条件为互斥条件时,这里的 $k = 1$.

6. 解决逻辑关系约束的问题

比较典型的逻辑关系是 if-then 的关系:若第一个约束成立,则第二个约束也必须成立;若第一个约束不成立,则第二个约束也可以不成立. 这种关系可以描述如下:

若 $f(x) < 0$ 成立,则 $g(x) \leqslant 0$ 必须成立;若 $f(x) < 0$ 不成立,则 $g(x)$ 无限制.

引入一个 0-1 变量来解决这一逻辑关系

$$f(x) \geqslant -M(1-y) \qquad\qquad (8.1)$$
$$g(x) \leqslant My \qquad\qquad (8.2)$$

式中 y 为 0-1 变量, M 为一个充分大的数.

显然,若 $f(x)<0$, y 必不能为 1,否则与(8.1)矛盾,因此 $y=0$,同时有 $g(x)\leq 0$.若 $f(x)\geq 0$, y 的取值已无关紧要.因为 y 取任何值,约束(8.2)都可满足,所以 y 的取值可由(8.2)控制, $g(x)$ 的取值不受任何限制.

七、关于灵敏度分析的讨论

相对一般的线性规划问题来说,灵敏度分析对于整数规划显得尤为重要.在整数规划中,某个参数很小的变化可能会使最优值产生相对较大的变化.为了便于理解,我们来看一个简单的投资产出最大化问题的线性规划模型.其中含有 4 个投资方案和一个预算资金的约束.

$$\max 50x_1+80x_2+100x_3+150x_4;$$

约束条件:
$$31x_1+50x_2+70x_3+90x_4\leq 120,$$
$$x_i \text{ 为 0-1 变量},$$
$$i=1,2,3,4.$$

我们可以很容易地求得本题的最优解,即 $x_1=0$, $x_2=1$, $x_3=1$, $x_4=0$.这时最优值 $z^*=180$,但当预算资金增加 1 万元(即从 120 万元变为 121 万元)时,其最优解为 $x_1=1$, $x_2=0$, $x_3=0$, $x_4=1$,最优值 $z^*=200$.即预算中增加 1 万元会导致产出增加 20 万元,可见,最优值对条件参数有极高的灵敏度.

但是,很多运筹学软件(包括"管理运筹学"软件)的灵敏度分析都是为线性规划问题设计的,不能用在整数规划问题中.要解决整数规划问题的灵敏度分析,通常需要高速计算机的帮助.在这种条件的限制下,通常建议在实施最优解前对参数稍加修改,多解几次.

§8.4　整数规划的分枝定界法

分枝定界法是求解整数规划的一种常用的有效的方法,它既能解决纯整数规划的问题,又能解决混合整数规划的问题.大多数求解整数规划的商用软件就是基于分枝定界法而编制成的.

分枝定界法是先求解整数规划相应的线性规划问题.如果其最优解不符合整数条件,则求出整数规划的上下界用增加约束条件的方法,并把相应的线性规划的可行域分成子区域(称为分枝),再求解这些子区域上的线性规划问题,不断缩小整数规划的上下界的距离,最后取得整数规划的最优解.

教学视频:整数规划的分枝定界法

现用下例来加以说明.

例 9　用分枝定界法求解整数规划

$$\max 2x_1 + 3x_2;$$

约束条件：

$$195x_1 + 273x_2 \leqslant 1\,365,$$
$$4x_1 + 40x_2 \leqslant 140,$$
$$x_1 \leqslant 4,$$
$$x_1, x_2 \geqslant 0,$$

并且 x_1, x_2 为整数.

解　（1）先求出其相应的线性规划的解,即求解线性规划 1：

$$\max 2x_1 + 3x_2;$$

约束条件：

$$195x_1 + 273x_2 \leqslant 1\,365,$$
$$4x_1 + 40x_2 \leqslant 140,$$
$$x_1 \leqslant 4,$$
$$x_1, x_2 \geqslant 0.$$

求得其最优目标函数值 $z_1 = 14.66$,最优解为 $x_1 = 2.44, x_2 = 3.26$. 显然这不是整数规划的可行解.

（2）确定整数规划的最优目标函数值 z^* 初始上界 $\bar{z}$ 和下界 $\underline{z}$.

从性质 1 可知线性规划的最优目标函数值 14.66 是该整数规划的最优目标函数值 z^* 的上界 $\bar{z}$,即 $\bar{z} = 14.66$.

再用观察法求出该整数规划的一个可行解,并求得其目标函数值,作为该整数规划的最优目标函数值的下界 $\underline{z}$,因为该整数规划的约束方程的变量系数大于等于零,且约束不等式都为小于等于号,显然相应线性规划 1 的最优解用去尾法处理后所得的解一定是整数规划的可行解,即 $x_1 = 2, x_2 = 3$ 是该整数规划的可行解,则得到其目标函数值 $2 \times 2 + 3 \times 3 = 13$ 为其最优目标函数值的下界,即 $\underline{z} = 13$.

（3）将一个线性规划问题分为两枝,并求解.

在线性规划 1 的最优解的两个非整数变量 $x_1 = 2.44, x_2 = 3.26$ 中挑选一个最远离整数的那个变量 $x_1 = 2.44$,我们知道,如果 x_1 取整数值,那么 x_1 可以由 $x_1 \leqslant 2$ 或 $x_1 \geqslant 3$ 中取值.这样在线性规划 1 中分别增加上面的两个约束,可将线性规划 1 分解为两枝:线性规划 2 和线性规划 3,其中

线性规划 2：

$$\max 2x_1 + 3x_2;$$

约束条件：

$$195x_1 + 273x_2 \leqslant 1\,365,$$
$$4x_1 + 40x_2 \leqslant 140,$$
$$x_1 \leqslant 4,$$
$$x_1 \leqslant 2,$$
$$x_1, x_2 \geqslant 0.$$

我们可得其最优目标函数值 $z_2 = 13.90$, 其最优解为 $x_1 = 2, x_2 = 3.30$.

线性规划 3:

$$\max 2x_1 + 3x_2;$$

约束条件:
$$195x_1 + 273x_2 \leqslant 1\,365,$$
$$4x_1 + 40x_2 \leqslant 140,$$
$$x_1 \leqslant 4,$$
$$x_1 \geqslant 3,$$
$$x_1, x_2 \geqslant 0.$$

求得其最优目标函数值 $z_3 = 14.58$, 其最优解为 $x_1 = 3, x_2 = 2.86$.

（4）修改整数规划的最优目标函数的上、下界.

从（3）可知当 $x_1 \leqslant 2$ 整数规划的最优目标函数值不会超过 13.90. 而当 $x_1 \geqslant 3$ 时整数规划的最优目标函数值不会超过 14.58. 综上所述, 不论 x_1 取什么值, 即撤销对 x_1 的额外的限制, 该整数规划的最优目标函数值不会超过 14.58, 这样我们可以将其上界 $\bar{z} = 14.66$ 修改为 $\bar{z} = 14.58$, 取线性规划 2, 3 的最优目标函数值的最大值.

在线性规划 2 中可知存在整数规划可行解 $x_1 = 2, x_2 = 3$, 其目标函数值为 $2 \times 2 + 3 \times 3 = 13$, 在线性规划 3 中可知存在可行解 $x_1 = 3, x_2 = 2$, 其目标函数值为 $2 \times 3 + 3 \times 2 = 12$, 同样我们撤销对 x_1 是大于等于 3 或是小于等于 2 的额外的限制, 我们知道在该整数规划中存在可行解 $x_1 = 2, x_2 = 3$, 其目标函数值为 13, 即有 $\underline{z} = 13$, 取线性规划 2, 3 中的整数可行解的目标函数值的最大值.

注意在分枝定界求解过程中, 为了求出最优整数解, 我们要不断缩小其最优目标函数值上界与下界的距离, 故通过分枝要使得其上界越来越小, 而其下界则越来越大.

通过对上、下界的修改, 上下界的距离有所缩小, 但 $\bar{z} \neq \underline{z}$, 所以还要继续分枝.

（5）在线性规划 2 与线性规划 3 中选择一个上界最大的线性规划, 即线性规划 3 进行分枝. 线性规划 3 的最优解为 $x_1 = 3, x_2 = 2.86$, 显然 $x_2 = 2.86$ 与整数距离最远, 我们把 x_2 分成 $x_2 \leqslant 2$ 和 $x_2 \geqslant 3$ 这两种情况, 这样线性规划 3 分解成线性规划 4 与线性规划 5 如下:

线性规划 4:

$$\max 2x_1 + 3x_2;$$

约束条件:
$$195x_1 + 273x_2 \leqslant 1\,365,$$
$$4x_1 + 40x_2 \leqslant 140,$$
$$x_1 \leqslant 4,$$
$$x_1 \geqslant 3,$$
$$x_2 \leqslant 2,$$
$$x_1, x_2 \geqslant 0.$$

求得此线性规划的最优解为 $x_1 = 4, x_2 = 2$, 其最优目标函数值为 $z_4 = 14$.

线性规划 5:

$$\max 2x_1 + 3x_2;$$

约束条件：
$$195x_1 + 273x_2 \leqslant 1\,365,$$
$$4x_1 + 40x_2 \leqslant 140,$$
$$x_1 \leqslant 4,$$
$$x_1 \geqslant 3,$$
$$x_2 \geqslant 3,$$
$$x_1, x_2 \geqslant 0.$$

线性规划 5 无可行解.

（6）进一步修改整数规划最优目标函数值 z^* 的上、下界.

由于线性规划 1 分枝为线性规划 2 与 3,而线性规划 3 又分枝为线性规划 4,5.也就是线性规划 1 分枝为线性规划 2,4,5.我们从线性规划 2,4,5 来进一步修改整数规划最优目标函数值 z^* 的上、下界.

因为线性规划 2 的最优目标函数值为 13.90,线性规划 4 的最优目标函数值为 14.而线性规划 5 无可行解,可知整数规划的最优目标值 z^* 的上界可修改为 14.即 $\bar{z} = 14$,取线性规划 2,4,5 的最优目标函数值的最大值.

又因为在线性规划 2 中存在整数可行解 $x_1 = 2$, $x_2 = 3$,其目标函数值为 13,在线性规划 4 中存在整数可行解 $x_1 = 4$, $x_2 = 2$,其目标函数值为 14,而线性规划 5 无可行解.可知整数规划的最优目标函数值 z^* 的下界可修改为 14,即 $\underline{z} = 14$.取线性规划 2,4,5 中的整数可行解的目标函数值的最大值.

我们有如下的性质 2.

性质 2　当整数规划的最优目标函数值 z^* 的上界 $\bar{z}$ 等于其下界 $\underline{z}$ 时,该整数规划的最优解已被求出,这个整数规划的最优解即为其目标函数值取此下界的对应线性规划的整数可行解.

在此例题中由于 $\bar{z} = \underline{z} = 14$,可知此整数规划的最优目标函数值 $z^* = 14$,其最优解为 $x_1 = 4$, $x_2 = 2$.

用图 8-3 表示例 9 的求解过程与求解结果.

从以上解题过程可得用分枝定界法求解目标函数值最大的整数规划的步骤.

我们将求解的整数规划问题称为问题 A,将与其相应的线性规划问题称为问题 B.

第一步：求解问题 B,可得以下情况之一：

① B 没有可行解,则 A 也没有可行解,求解过程停止.

② B 有最优解,且符合问题 A 的整数条件,则 B 的最优解即为 A 的最优解,求解过程停止.

③ B 有最优解,但不符合 A 的整数条件,记其目标函数值为 z_1.

第二步,确定 A 的最优目标函数值 z^* 的上下界,其上界即为 z_1, $\bar{z} = z_1$,再用观察法找到 A 的一个整数可行解,求其目标函数值作为 z^* 的下界,记为 $\underline{z}$.

第三步,判断 $\bar{z}$ 是否等于 $\underline{z}$.如果 $\bar{z} = \underline{z}$,则整数规划的最优解即为其目标函数值等于 $\underline{z}$ 的 A 的那个整数可行解.如果 $\bar{z} \neq \underline{z}$,则进行第四步工作.

第四步,在 B 的最优解中选一个最远离整数要求的变量,不妨设此变量为 $x_j = b_j$,以 $[b_j]$ 表示

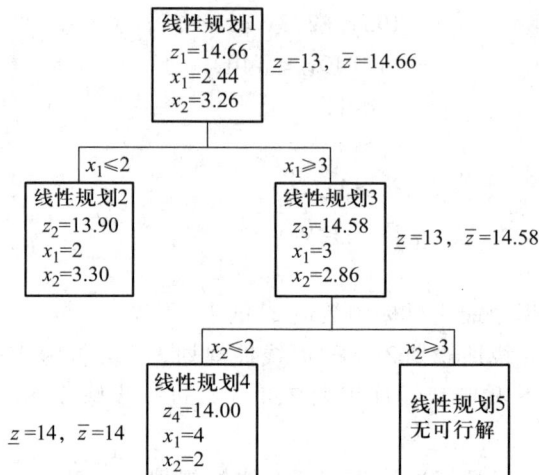

图 8-3

小于 b_j 的最大整数,构造两个约束条件:

$$x_j \leqslant \left[b_j \right]$$

和

$$x_j \geqslant \left[b_j \right] + 1.$$

将此两个约束条件分别加入问题 B,得到 B 的两个分枝 B_1 和 B_2.

第五步,求解分枝 B_1,B_2.

修改 A 问题的最优目标函数值 z^* 的上下界 $\bar{z}$ 和 $\underline{z}$.

取 B_1,B_2 的最优目标函数值的最大值为新的上界 $\bar{z}$ 的值.

用观察法取 B_1,B_2 问题中的各一个整数可行解并选择其中一个较大的目标函数值作为新的下界 $\underline{z}$ 的值.

第六步,比较与剪枝.各分枝的最优目标函数中若有小于 $\underline{z}$ 者,则剪掉这枝(用打×表示),即以后不再考虑了.若大于 $\underline{z}$,则不符合整数条件,则重复第三步至第六步,直至 $\bar{z} = \underline{z}$,求出最优解为止.

对于求目标函数值最小的整数规划的求解步骤也与上述基本相似,只是:

① 把线性规划 B 的最优解作为整数规划最优目标函数值 z^* 的下界 $\underline{z}$.把 B 问题中的一个整数可行解的目标函数值作为 z^* 的上界 $\bar{z}$.

② 在第五步中,应取 B_1,B_2 的最优目标函数值的最小值作为新的下界 $\underline{z}$ 的值.同时取 B_1,B_2 问题中的各一个整数可行解,并选择其中一个较大的目标函数值作为新的上界 $\bar{z}$ 的值.

如用分枝定界法求解混合整数问题,则分枝过程只针对有整数要求的变量进行,而不管没有整数要求的变量怎样取值,其求解过程基本上与纯整数规划的求解过程相同.

§8.5 0-1 规划的解法

由于 0-1 规划的每一个变量的取值只限于 0 和 1,因此求解 0-1 规划问题,我们最容易想到的方法就是穷举法,即检查每个变量取值为 0 或 1 的所有组合,找出满足全部约束条件的所有组合,并比较目标函数的值,以求得最优解.对于变量个数为 n,约束条件为 m 个的 0-1 规划,变量的取值有 2^n 个组合.我们要进行 $2^n \times m$ 次计算以检查是否满足约束条件.同时还要进行 2^n 次目标函数的计算,并比较.当 n 比较大时,这种方法几乎是不可能的.例如,当 $n = 10, m = 5$ 时,我们就要进行 $2^{10} = 1\ 024$ 次目标函数值的计算,和 $1\ 024 \times 5 = 5\ 120$ 次约束条件的检查.因此,产生了隐枚举法,即只要检查全部变量组合中的一部分,就能求得问题的最优解.分枝定界法也是一种隐枚举法.

下面,我们以一个求目标函数最大值、一个求目标函数最小值的两个问题为例,来说明 0-1 规划的一种隐枚举法的思路和解法.

例 10 有以下 0-1 规划

$$\max z = 4x_1 + x_2 + 5x_3;$$

约束条件:

$$2x_1 + 3x_2 - x_3 \leq 3, \tag{1}$$
$$x_1 + 3x_2 + 2x_3 \geq 2, \tag{2}$$
$$x_1 + 2x_2 \leq 2, \tag{3}$$
$$3x_1 + 2x_2 + x_3 \geq 2, \tag{4}$$
$$x_i = 1 \text{ 或 } 0; i = 1, 2, 3.$$

解 求解时,先试探着找出一个可行解,容易看到 $X_1 = (0, 1, 1)$,算得 $z_1 = 6$.

这是一个求最大值的问题,当然希望目标值越大越好,则增加一个约束条件:

$$4x_1 + x_2 + 5x_3 \geq 6, \tag{0}$$

后加的条件称为过滤条件,原问题的约束条件就变成了 5 个.这样好像增加了检查可行性的工作量.其实,由于目标函数本来就要计算,计算量并没有增加.该题用穷举法,3 个变量共有 $2^3 = 8$ 个解.原来有 4 个约束条件,因此需要做 $8 \times 4 = 32$ 次运算,加上目标函数的计算,总共 40 次.增加过滤条件(0),按以下方法即可减少运算次数.将 5 个约束条件按(0)~(4)的顺序排好,如表 8-8 所示,将 8 个解依次代入约束条件的左侧,求出其目标函数值,看其是否符合过滤条件.如不符合就不必再检查其他约束条件.同样,在依次检查其他约束条件时,前面的条件不合适,就不必再检查后面的条件.由此减少了运算次数.计算过程如表 8-8 所示,实际运算次数为 13 次.

教学视频:0-1 规划的解法

表 8-8

解 (x_1, x_2, x_3)	约束条件左边值					是否满足条件		z 值
	(0)	(1)	(2)	(3)	(4)	是(√)	否(×)	
(1,1,1)	10	4					×	
(1,1,0)	5						×	
(1,0,1)	9	1	3	1	4	√		9
(1,0,0)	4						×	
(0,1,1)	6						×	
(0,1,0)	1						×	
(0,0,1)	5						×	
(0,0,0)	0						×	

在运算过程中,若遇到某一可行解的 z 值超过条件(0)的右边值,应改变条件(0),使右边值为迄今为止的最大值.如表 8-8 所示,当检查到点(1,0,1)时,$z = 9$,所以将条件(0)换成

$$4x_1 + x_2 + 5x_3 \geqslant 9$$

这样,点(0,1,1)虽然满足 $4x_1 + x_2 + 5x_3 \geqslant 6$,但由于过滤条件的改变,它就不是可行解了,不用对其进一步检查.对过滤条件的改进,减少了计算量.

在求最大值问题的计算过程中,可以按目标函数系数的大小依次递减顺序排列.在此例中,目标函数可重新改写为 $z = 5x_3 + 4x_1 + x_2$.由于该问题的最大值上限不会超过 $z = 10$(即 $x_3 = 1, x_1 = 1$,$x_2 = 1$ 时),又因为 $x_3 = 1, x_1 = 1, x_2 = 1$ 不是可行解,故最大值上限也就不会超过 $z = 9$(即 $x_3 = 1$,$x_1 = 1, x_2 = 0$ 时).可验证 $x_3 = 1, x_1 = 1, x_2 = 0$ 为可行解,故它也是该问题的最优解.

在此例中,

$$\max z = 5x_3 + 4x_1 + x_2;$$

约束条件:

$$5x_3 + 4x_1 + x_2 \geqslant 6, \tag{0}$$
$$-x_3 + 2x_1 + 3x_2 \leqslant 3, \tag{1}$$
$$2x_3 + x_1 + 3x_2 \geqslant 2, \tag{2}$$
$$x_1 + 2x_2 \leqslant 2, \tag{3}$$
$$x_3 + 3x_1 + 2x_2 \geqslant 2. \tag{4}$$

解题过程见表 8-9.

表 8-9

解 (x_3, x_1, x_2)	约束条件左边值					是否满足条件		z 值
	(0)	(1)	(2)	(3)	(4)	是(√)	否(×)	
(1,1,1)	10	4					×	
(1,1,0)	9	1	3	1	4	√		9

可见这样的计算就更加简化了,只运算了 7 次.

例 11 有以下 0-1 规划

$$\min z = 5x_1 + 3x_2 + x_3;$$

约束条件:
$$3x_1 - 2x_2 + 5x_3 \leqslant 6, \qquad (1)$$
$$4x_1 + 4x_2 + 3x_3 \geqslant 3, \qquad (2)$$
$$2x_1 + x_2 + x_3 \geqslant 2, \qquad (3)$$
$$x_i = 1 \ 或 \ 0; i = 1, 2, 3.$$

解 此问题是求目标函数的最小值.

目标函数仍按 x_i 系数的递减顺序排列.此题已这样排列,无须改变.由上式可知,目标函数值的下限为 $z = 0$(即 $X = (0,0,0)$ 时).其余 z 值由低到高依次为 $z = 1$(即 $X = (0,0,1)$ 时)、$z = 3$(即 $X = (0,1,0)$ 时)……为找出可行解,逐渐增加过滤条件(即目标函数)的右边值.只要一找到可行解,该解即为最优解.

计算过程如表 8-10 所示.

表 8-10

解 (x_1, x_2, x_3)	约束条件左边值				是否满足条件		z 值
	(0)	(1)	(2)	(3)	是(√)	否(×)	
(0,0,0)	0	0	0			×	
(0,0,1)	1	5	3	1		×	
(0,1,0)	3	-2	4	1		×	
(0,1,1)	4	3	7	2	√		4

这样,我们求得了最优解 $X = (0,1,1)$.这时,$z = 4$.

习 题

1. 请判断下列说法是否正确:

(1) 整数规划的最优解是先求相应的线性规划的最优解然后取整得到.

(2) 部分变量要求是整数的规划问题称为纯整数规划.

(3) 求最大值问题的目标函数值是各分枝函数值的上界.

(4) 变量取 0 或 1 的规划是整数规划.

(5) 整数规划的可行解集合是离散型集合.

2. 求解下列整数规划问题:

(1)
$$\max z = 5x_1 + 8x_2;$$

约束条件:
$$x_1 + x_2 \leqslant 6,$$
$$5x_1 + 9x_2 \leqslant 45,$$

$x_1, x_2 \geq 0$,且为整数.

（2）

$$\max z = 3x_1 + 2x_2;$$

约束条件：

$$2x_1 + 3x_2 \leq 14,$$
$$2x_1 + x_2 \leq 9,$$
$$x_1, x_2 \geq 0,且 x_1 为整数.$$

（3）

$$\max z = 7x_1 + 9x_2 + 3x_3;$$

约束条件：

$$-x_1 + 3x_2 + x_3 \leq 7,$$
$$7x_1 + x_2 + 3x_3 \leq 38,$$
$$x_1, x_2, x_3 \geq 0,并且 x_1 为整数,x_3 为 0-1 变量.$$

3. 现要将一些不同类型的货物装到一条货船上.这些货物的单位重量、单位体积、冷藏要求、可燃性指数都不相同,它们由表 8-11 给出.

表 8-11

货　号	单 位 重 量	单 位 体 积	冷 藏 要 求	可燃性指数	价　值
1	20	1	需要	0.1	5
2	5	2	不要	0.2	10
3	10	3	不要	0.4	15
4	12	4	需要	0.1	18
5	25	5	不要	0.2	25

该船可以装载的总重量为 400 000 kg,总体积为 50 000 m^3,可以冷藏的总体积为 10 000 m^3,容许的可燃性指数的总和不能超过 750.目标是希望装载的货物取得最大的价值(注:装到船上的各种货物的件数只能是整数).

4. 某银行准备用不超过 900 万的投资,完成在东海市 C 区、D 区、E 区、F 区、G 区 5 个城区的网点扩展.共有 14 个位置 $A_i(i=1,2,3,\cdots,14)$ 可以选择,考虑到各地区的居民消费水平和居住密度,规定：

在 C 区 A_1, A_2, A_3, A_4 四个点中最多选择三个;

在 D 区 A_5, A_6, A_7 三个点中最少选择两个;

在 E 区 A_8, A_9 两个点中至少选择一个;

在 F 区 A_{10}, A_{11} 两个点中至少选择一个;

在 G 区 A_{12}, A_{13}, A_{14} 三个点中最少选择两个.

各个位置的投资额和利润也有所不同,具体情况如表 8-12 所示.

表 8-12

位置	A_1	A_2	A_3	A_4	A_5	A_6	A_7	A_8	A_9	A_{10}	A_{11}	A_{12}	A_{13}	A_{14}
投资额	100	80	110	120	70	90	80	140	160	150	130	60	80	70
利润	34	52	24	30	35	23	46	59	60	40	28	25	35	40

应选择哪几个位置,可使总的年利润最大?

5. 三年内有五项工程可以考虑施工.每项工程的期望收入和年度费用(单位:万元)如表 8-13 所示.

已知每一项工程一旦被选定都需要三年时间完成,请选出使三年末总收入最大的那些工程.

表 8-13

工 程	费 用			收 入
	第一年	第二年	第三年	
1	5	1	8	20
2	4	7	10	40
3	3	9	2	20
4	7	4	1	15
5	8	6	10	30
可用基金	25	25	25	

6. 奥运会上最令人激动的水上比赛项目应该是 200 米混合泳接力项目,现某个代表队有 5 名队员,他们各泳姿的比赛成绩如表 8-14 所示(单位:s).

表 8-14

泳姿	A_1	A_2	A_3	A_4	A_5
仰泳	36.3	33.1	33.8	37.0	35.4
蛙泳	42.4	34.2	32.2	34.7	31.8
蝶泳	33.3	28.5	38.9	30.4	33.6
自由泳	29.2	26.4	29.6	28.5	31.1

如何选拔队员才能使比赛成绩最好?

7. 某公司需要制造 2 000 件某种产品,这种产品可利用 A,B,C 设备的任意一个设备加工,已知每种设备的生产准备费用,生产该产品的单件耗电量、成本,以及每种设备的最大加工数量如表 8-15 所示.

表 8-15

设 备	生产准备费/元	耗电量(度/件)	生产成本(元/件)	生产能力/件
A	100	0.5	7	800
B	300	1.8	2	1 200
C	200	1.0	5	1 400

(1) 如果总用电量限制在 2 000 度时,请制定一个成本最低的生产方案.

(2) 如果总用电量限制在 2 500 度时,请制定一个成本最低的生产方案.

(3) 如果总用电量限制在 2 800 度时,请制定一个成本最低的生产方案.

(4) 如果总用电量没有限制,请制定一个成本最低的生产方案.

8. 一个公司考虑到北京、上海、广州和武汉四个城市设立库房,这些库房负责向华北、华中、华南三个地区供货,每个库房每月可处理货物 1 000 件.在北京设库房每月成本为 4.5 万元,上海为 5 万元,广州为 7 万元,武汉为 4 万元.每个地区的月平均需求量为:华北每月 500 件,华中每月 800 件,华南每月 700 件.发运货物的费用(单位:

元)如表 8-16 所示.

表 8-16

	华　北	华　中	华　南
北京	200	400	500
上海	300	250	400
广州	600	350	300
武汉	350	150	350

公司希望在满足地区需求的条件下使平均月成本为最小,且还要满足以下条件:

(1)如果在上海设库房,则必须也在武汉设库房.

(2)最多设两个库房.

(3)武汉和广州不能同时设库房.

请写出一个满足上述要求的整数规划的模型,并求出最优解.

9.某牛奶生产厂商有两个制造厂 1 和 2,同时拥有三个销售点 1,2 和 3.由于市场需求的扩大,该厂商决定在两个备选制造厂 3 和 4 中选择一个来兴建新厂,新厂建成后,每月需要的固定维护成本分别为 10 万元和 12 万元.各制造厂的产量以及运往销售点每箱牛奶所需的费用如表 8-17 所示.

表 8-17

制造厂	产量(万箱/月)	运费(元/箱)		
		销售点 1	销售点 2	销售点 3
1	50	4	3	3
2	60	7	5	8
3	20	2	3	10
4	20	4	5	3

各销售网点需求量如表 8-18 所示.

表 8-18

销售点	需求量(万箱/月)
1	40
2	60
3	30

建立使总成本最低的整数规划模型,并求解.

10.安排 4 个人去做 4 项不同的工作.每个工人完成各项工作所消耗的时间(单位:分钟)如表 8-19 所示.

表 8-19

消耗时间　工作　　　工人	A	B	C	D
甲	20	19	20	28
乙	18	24	27	20
丙	26	16	15	18
丁	17	20	24	19

（1）应指派哪个工人去完成哪项工作,可使总的消耗时间为最少?

（2）如果把(1)中的消耗时间数据看成创造效益的数据.那么应如何指派,可使得总的效益最大?

（3）如果在(1)中再增加一项工作 E,甲、乙、丙、丁 4 人完成工作 E 的时间分别为 17,20,15,16 分钟,那么应指派这 4 人干哪 4 项工作,使得这 4 人总的消耗时间为最少?

（4）如果在(1)中再增加一个人戊,他们完成 A,B,C,D 工作的时间分别为 16,17,20,21 分钟,这时应指派哪 4 个人去干这 4 项工作,使得总的消耗时间最少?

11. 某航空公司经营 A,B,C 三个城市之间的航线,这些航线每天班机起飞与到达时间如表 8-20 所示.设飞机在机场停留损失费用大致与停留时间的平方成正比,又每架飞机从降落到下班起飞至少需要 2 小时准备时间,请用指派问题的方法,求出一个使停留费用损失为最小的飞行方案.

表 8-20

航 班 号	起 飞 城 市	起 飞 时 间	到 达 城 市	到 达 时 间
101	A	9:00	B	12:00
102	A	10:00	B	13:00
103	A	15:00	B	18:00
104	A	20:00	C	24:00
105	A	22:00	C	2:00(次日)
106	B	4:00	A	7:00
107	B	11:00	A	14:00
108	B	15:00	A	18:00
109	C	7:00	A	11:00
110	C	15:00	A	19:00
111	B	13:00	C	18:00
112	B	18:00	C	23:00
113	C	15:00	B	20:00
114	C	7:00	B	12:00

12. 某翻译部门现有 4 名员工可随时安排工作,部门接到任务,有 5 种不同语言的资料需要翻译.4 名人员均掌握 5 种语言,熟悉程度均不相同,其翻译时间如表 8-21 所示.要求每名员工至少安排一件翻译任务,求部门如何安排翻译任务,使全部翻译任务完成的总时间最少?

表 8-21

时间/小时 \ 任务 员工	英语	法语	日语	德语	韩语
甲	16	19	22	25	20
乙	20	24	23	19	22
丙	27	18	17	20	18
丁	19	20	22	16	15

13. 某生产厂商有两个厂区,这两个厂区每周会产生 500 吨和 1 300 吨的固体废物,现在 3 家废物处理厂分别用 3 种方式(焚烧、掩埋和肥化)处理废物,两个厂区到 3 家废物处理厂的运费以及其他成本和限制条件如表 8-22 所示.

表 8-22

		焚烧	掩埋	肥化	应处理量(吨)
厂区 1	运费(元/吨)	7	5	3	500
厂区 2		4	12	8	1 300
固定成本(元/周)		1 950	1 150	3 800	
变动成本(元/吨)		8	6	12	
处理能力(吨/周)		1 000	500	1 300	

求厂商处理固体废物总费用最小的方案.

14. 某商场举办活动,活动规则如下:

给定 5 种重量不同的商品,各商品数量不限,要求参加者挑选商品的重量不超过 3kg、体积不超过 $2m^3$,挑选商品的总价值最大者获胜.问如何获胜?各个商品的重量、体积单价如表 8-23 所示.

表 8-23

属性 \ 商品	1	2	3	4	5
重量/kg	0.4	0.7	0.9	1.1	1.3
体积/m^3	0.4	0.5	0.2	0.5	0.6
单价/元	120	140	200	150	210

15. 商家拟在 S_1, S_2, S_3 三个选址上投资建店,表 8-24 中给出了商家的需求,为使获利最大,该商家应如何选择?

表 8-24

项目	S_1	S_2	S_3	需求
获利（万元）	2	1	4	
仓库容量（立方千米）	2	3	2	4
交通方便指数	2	2	1	3
人流量指数	1	2	2	3
物资运输费用（千元）	0	4	1	4

16. 公司初步安排 5 位领导对 5 位优秀员工进行家访，每位领导都要安排访问任务，各领导到各员工家的距离如表 8-25 所示. 如何安排家访，使得总距离最小？

表 8-25

距离/千米　员工 领导	员工 1	员工 2	员工 3	员工 4	员工 5
领导 1	30	42	40	38	44
领导 2	46	56	48	38	32
领导 3	58	42	72	48	26
领导 4	68	44	58	56	38
领导 5	64	40	70	58	34

17. 某公司假期安排员工出去爬山，有甲、乙、丙、丁四家旅行社可供选择，正值黄金周各家旅行社都只剩一部车可用，其车辆使用费分别为 1 000 元/车、2 000 元/车、2 500 元/车和 1 500 元/车，各车分别可坐 60 人、80 人、100 人、55 人. 各旅行社拥有不同程度的优惠门票，分别为每人 22 元、19 元、17 元和 21 元. 公司现有 190 人，问如何安排可使公司花费最少.

18. 某科研小组有四个正在进行的项目，按照目前的人力、资金分配情况来看，这四个项目分别可以在 16，22，18 和 24 周内完成. 现在管理部门希望可以提前完工，因此决定追加 35 000 元的资金分给这四个项目，并且规定追加的资金只能以 5 000 元为单位进行分配，每个项目在追加后的完成日期变化具体如表 8-26 所示.

表 8-26

追加资金（元）	项目完成日期（周）			
	项目一	项目二	项目三	项目四
0	16	22	18	24
5 000	13	16	14	20
10 000	10	13	12	18
15 000	9	11	10	16

续表

追加资金（元）	项目完成日期（周）			
	项目一	项目二	项目三	项目四
20 000	8	9	9	14
25 000	7	8	8	12
30 000	6	7	7	11
35 000	5	7	6	10

如何确定资金分配方案才能使所需的完成日期最短？试建立整数规划模型.

19. 用分枝定界法求解下列问题

$$\max z = 10x_1 + 7x_2;$$

约束条件：

$$3x_1 + 5x_2 \leqslant 24;$$

$$9x_1 + 4x_2 \leqslant 40;$$

$$x_1, x_2 \geqslant 0, 且 x_1, x_2 为整数.$$

案　例

案例 11：内部沟通不畅带来公司网络的重新整合

光辉公司是一家专业的家电制造商，一直为国内各经销商供货.由于内部沟通的混乱，一年内损失了 25% 的家电市场占有量.公司的统计数据指出，过去 12 个月间，生产线的生产率稳步增长.同时期，错过或延迟的订单也显著增加.不能按时交货使光辉失去了大量客户.

调查发现，市场和销售部门不与制造部门沟通，因此制造主管不知道生产什么种类什么型号的家电来完成订单.制造部门总监希望保持工厂运转，因此生产线持续生产家电，而不管该种类、型号是否已被订购.成品被送到仓库，但市场和销售主管不知道仓库中家电的数量、种类和型号.他们试图与仓库管理人员沟通，以确定库存中的成品家电是否可以完成订单，但很少收到答复.

为了解决这一问题，公司决定将公司范围内的计算机网络进行重新设计并整合，以确保所有部门都能访问关键文档，并且能够轻松地相互通信.由于内部网的重新整合将导致当前通信基础设施的巨大变化，预计系统中会出现一些漏洞，员工也会遇到一些阻力，因此希望逐步安装内部网.时间表和需求表分别如表 8-27、表 8-28 所示.

表 8-27

第一个月	第二个月	第三个月	第四个月	第五个月
宣传				
	销售部并网			

续表

第一个月	第二个月	第三个月	第四个月	第五个月
		制造部并网		
			仓库并网	
				市场部并网

表 8-28

部门	人员数量
销售部	80
制造部	250
仓库	40
市场部	80

公司要求:在第一个月,不让任何部门整合进企业内部网.只传播有关该部门的信息,并从员工那里获得认可.在第二个月,把销售部门整合进内部网,因为销售部门从客户那里收集到了所有重要的信息.在第三个月,把制造部门整合到内部网上.在第四个月,将仓库整合进内部网.在第五个月,再把市场部整合进内部网.表 8-28 列出了每个部门需要访问内部网的员工数量.

基于以上需求,公司需要为内部网络购买服务器.员工将连接到公司服务器,并将信息下载到自己的台式计算机上.表 8-29 详细说明了可用服务器的类型、每个服务器支持的员工数量以及每个服务器的成本.

表 8-29

序号	服务器类型	服务器支持同时接入的人员数	服务器单价
1	联想 ThinkStation P410	30 人	1.06 万元
2	联想 ThinkStation P520	60 人	1.64 万元
3	HPML350 Gen10	200 人	3.30 万元
4	IBM K1 Power S914	2 000 人	7 万元

公司要求信息主管决定购买什么服务器以及何时购买它们,以最大限度地降低成本,并确保公司有足够的服务器容量来遵循内部网的实施时间表.例如,可以在第一个月购买一台大型服务器来支持所有员工,或者在第一个月购买几台小型服务器来支持所有员工,或者每月购买一台小型服务器来支持每个新员工组访问内部网.

同时,有两个服务器供应商愿意为光辉公司提供折扣.HP(惠普公司)愿意为购买的每台服务器提供 10% 的折扣,但前提是在第一个月购买服务器.IBM 愿意在前两个月内为购买的所有服务器提供 25% 的折扣.在第一个月内可以花的钱有限,只有 3.20 万元可用于购买服务器.最后,第一个月宣传部门至少需要一台服务器.

（1）首先评估每月购买的服务器数量和类型.针对每个月,制定一个整数规划模型,以确定应在该月购买哪些服务器,以最大限度地降低该月的成本,并保证用户接入量.每个月应该购买多少、哪些类型的服务器?总成本是多少?

（2）信息主管指出,如果在最初的几个月里购买了一台更大的服务器来支持最后几个月的用户,可能会节省开支.因此,公司决定评估整个计划期间要购买的服务器数量和类型.制定一个整数规划模型,以确定应在哪个月内购买哪些服务器,以最大限度地降低总成本并支持所有新用户.每个月应该购买多少、哪些类型的服务器?总成本是多少?

（3）为什么使用第一种方法的答案与使用第二种方法的答案不同?

案例 12:关于北京福达食品有限公司直销系统的设计

北京福达食品公司是合资企业,以前的经营战略重点是"肉鸡主产品出口为导向",产品主要销往日本、阿拉伯国家,但近几年国际市场竞争激烈,各国越来越依赖于竞争价格来维持或扩大市场占有率,各国间的竞争变成了成本的较量.美国、巴西等国依据距离优势,产品以低价大量销往欧洲、非洲各国,并有向亚洲发展的趋势.在这些方面上我们国内没有明显优势,这些原因导致我国出口势头大为减弱.而在国内,随着我国人民生活水平的不断提高,居民的生活质量有了很大变化,肉类消费结构从改革开放前基本单一的猪肉消费结构转变为现在的猪、牛、羊、禽并存的消费结构,近年以来鸡肉人均消费量逐年递增,增长速度达 8.28%.不过,与其他国家比较,我国鸡肉人均消费水平依然很低,远远落后于发达国家,同世界平均水平相比也相差较远,说明我国鸡肉市场潜力较大.而北京作为中国的首都,更是在人口、环境、人均收入等方面有极大的市场潜力.因此,新形势下,公司确立了"肉鸡主产品北京市内销和出口并重"的经营战略,并以北京为中心,渗透周边地区,大力开拓外埠市场.

在北京市场,近几年居民生活收入水平不断提高,对方便食品、冷冻食品的需求大增,人们越来越重视生活质量.人们对自身健康的重视,促使含胆固醇较低的鸡肉产品等高蛋白低脂肪的肉制品日益取代了含胆固醇较高的猪肉产品.为适应市场的变化,公司率先在北京市场推出鲜鸡系列产品.通过几年的努力,这种新的消费观念,以其更方便、更富有营养的优势,已被广大消费者接受和喜爱,迅速占领了市场,与此同时,各鸡肉生产厂家之间的竞争日趋激烈.如何保持和巩固已有市场并发展新的客户已变得日益急迫.过去传统的销售方式已不能适应市场发展的要求.为此,公司调整分销渠道,计划建立一种新型的垂直渠道系统,即把自身与中间商需要结合起来,通过某些共同行动共同受益.

建立直销系统就是在这种情况下提出的.在目前公司人员、经费都较困难的情况下,如果能与信誉良好的中间商联手,通过联合建立直销店的形式,以低于零售商价格的直销价格面对消费者销售.那么,一方面,消费者可以买到真正物美价廉的产品,利于在消费者心中提高产品知名度,树立良好的公司形象;另一方面,可以依据互惠互利的原则同中间商建立一种稳定的关系,从而在扶持其发展的同时,稳定了公司的销售渠道,并可以此为出发点,发展公司多系列产品市场.通过市场调研,公司计划在朝阳区、海淀区、东城区、西城区、大兴区、丰台区、通州区等地建立直销店,选取信誉好且居民消费较为集中地区的中间商,本着共同发展的原则,双方协商由公司对其设备、广告、促销等方面进行投资,采用统一样式对其售货柜台进行包装,由其负责销售地点、人员、宣传操作,并负责销售公司鲜鸡产品和其他系列产品,以求树立统一的公司形象,达到提高品牌知名度、扩大市场份额的目的.

通过对成本、收入、利润的研究,发现只有选择日销售量在 300 kg 以上规模的中间商,才会有较好的效益.这样的中间商经统计:朝阳区有 8 家,海淀区有 5 家,东城区有 3 家,西城区有 4 家,大兴区有 3 家,丰台区有 5 家,通州区有 2 家,公司计划在此 30 家中间商中选择,假定在朝阳区至多建 5 家,至少建 3 家直销店,在海淀区至多建 4 家,至少建 2 家,在东城区至多建 1 家,在西城区至多建 2 家,在大兴区至多建 1 家,在丰台区至多建 4 家,至少 2 家,通州区至多建 1 家.

每家设备投资及每年销售额由于地区不同都是不一样的,预测情况见表 8-30.

表 8-30

中间商所在地区	海淀	朝阳	东城	西城	大兴	丰台	通州
每家投资额/万元	7	5.5	6.5	6	5.5	4.5	4
每家销售额/万元	210	175	200	200	180	150	130

但总投资额不能超过 100 万元,如何建点,才能使销售收入最大?

案例 13:北京安居房地产开发有限责任公司投资项目分析

北京安居房地产开发有限责任公司,系北京市梁天房地产开发经营总公司控股的有限责任公司,也是总公司系统内的房地产开发骨干企业,主要从事北京市内的房地产开发建设、出售、出租、工程勘察设计、工程承包、装饰工程等主营业务和批发、零售、代销建筑材料、机械电器设备等兼营业务,注册资金 1 000 万元.安居公司响应总公司提出的"团结、奋进、求实、奉献"的企业精神,先后开发了恩济庄等 6 个小区,安居公司领导班子及全体职工本着"质量第一"的原则,严把工程质量关,创造出一批市优工程.安居公司这种对社会负责的态度得到了业内人士和客户的高度赞扬.

随着我国社会主义市场经济的深入发展以及房地产业中竞争的日益激烈,安居公司领导号召全体职工在搞好本职工作的基础上,努力学习市场经济的知识,加强风险意识,提高企业管理水平,并对未来的开发项目作出可行性研究,充分发挥决策的作用.因此,财务部门基于公司确立的这个方向,对今后三年可能投资的项目进行了一次优选.资料如表 8-31 和表 8-32 所示.

表 8-31

项目名称	建筑面积/万 m²	2019 年年初投资/万元	2020 年年初投资/万元	2021 年年初投资/万元
A	25	106 250	37 500	43 750
B	20	95 000	15 000	30 000
C	40	64 000	24 000	12 000
D	20	50 000	25 000	35 000
E	65	56 000	42 000	32 000
合计		371 250	143 500	152 750

表 8-32

项目名称	建筑面积/万 m²	2019 年年末产出/万元	2020 年年末产出/万元	2021 年年末产出/万元
A	25	55 000	75 000	95 000
B	20	30 000	100 000	73 000
C	40	0	120 000	40 000
D	20	70 000	0	84 000
E	65	32 500	67 000	50 000
合计		187 500	362 000	342 000

安居公司在 2018 年年末有资本 280 000 万元,并要求:

(1) 进行投资的项目总开工面积不得低于 120 万 m²,并且要求全部在 2021 年年末竣工验收.

(2) 项目 E 必须上马.

(3) 各年年末项目总产出可以在下一年初继续投入,以弥补资金的不足.

另外,如果公司有剩余的资金可投资到另一个项目,每年能回收资金的本利 110%,如果公司欠缺资金可用贷款方式补足,贷款每年利息为 12%,问公司应如何运作,可使 2021 年时的总产出为最大?

案例 14:现代艺术作品展览展品分配

某文化发展公司想要投资 200 万美元资助即将在芝加哥艺术馆举办的现代艺术作品展览. 该公司艺术总监与艺术馆馆长一起策划展览. 该展览计划一年后开始开放,展品将保留两个月. 艺术家名单、作品以及每件作品的价格如表 8-33 所示.

表 8-33

艺术家	序号	作品名称	作品描述	价格
William	1	完美的他	金属丝网人体雕塑	$15 万
	2	责任	金属丝网驴雕塑	$12.5 万
	3	调节器	金属丝网剑与盾雕塑	$6.25 万
Rose	4	混沌	计算机生成的不规则图形	$20 万
	5	控制	不规则图形与计算机代码相交错的图形	$25 万
	6	禁锢	笼子的笔墨画	$20 万
	7	天真	小孩的笔墨画	$27.5 万
Charles	8	地球	覆盖着垃圾的球体雕塑	$35 万
	9	废品	各种包装材料拼贴画	$28.75 万

艺术家	序号	作品名称	作品描述	价格
Tendy	10	静寂	全蓝色水彩画	$10 万
	11	黎明前的黑暗	全黑色背景、中心有白色点的水彩画	$11.25 万
Robert	12	空	全黑色油画	$7.5 万
	13	希望	全黄色油画	$7.5 万
Harry	14	商店	商店橱窗的照片写实画	$42.5 万
	15	摩托车	摩托车的照片写实画	$37.5 万
Martin	16	娱乐	广告宣传页拼贴画	$20 万
	17	反射	镜子（被认为是雕塑）	$8.75 万
	18	胜利	马的木雕	$22.5 万
Rocky	19	我	照片写实自画像（绘画）	$25 万
	20	我 2	立体派自画像（绘画）	$25 万
	21	我 3	表现主义者的自画像（绘画）	$25 万
Mark	22	超越	月球殖民地的科幻油画	$32.5 万
	23	先驱	航天飞机上三名宇航员的油画	$32.5 万
Vincent	24	智慧	印第安酋长的笔墨画	$12.5 万
	25	神奇	土著舞蹈的笔墨画	$17.5 万
	26	生活	大峡谷油画	$22.5 万
Peter	27	大提琴	立体主义的大提琴绘画	$20 万
	28	蔬菜	一盘蔬菜的立体派绘画	$20 万
Lisa	29	我的名字	Lisa 的卡通拼贴画	$15 万
	30	自恋	Lisa 的照片拼贴画	$15 万
David	31	金玉其外	金门大桥的水彩画	$2.5 万
	32	岩石	山脉的水彩画	$2.5 万
	33	蜿蜓	大街的水彩画	$2.5 万
	34	梦想	芝加哥艺术馆的水彩画	$2.5 万

　　公司对展览有一定的要求,认为大多数人缺乏足够的艺术知识和艺术风格,希望展览能够提升观众的审美水平.希望观众能意识到拼贴画是一种艺术形式,但由于艺术总监认为拼贴画几乎不需要什么天赋,因此,决定展览只包括一个拼贴画.此外,艺术总监希望观众将三维金属丝网雕塑中的细

线与二维计算机生成的绘图中的细线进行比较. 因此,他希望两类艺术品同时出现在展览中. 此外,公司想让观众接触到所有的绘画风格,但又限制展示的绘画数量,以实现绘画和其他艺术形式之间的平衡. 因此,决定至少包括一幅照片写实绘画、至少一幅立体派绘画、至少一幅表现主义绘画、至少一幅水彩画和至少一幅油画. 同时,绘画的数量不超过其他艺术形式数量的两倍.

公司对艺术家的选择有一定的偏好. David 作为公司的签约作家,公司希望该作家的绘画都要包括在展览中. Tendy 的两幅画都要展出. 展览中 Harry 和 Rocky 的作品数量相同,且每人至少展示一幅. Lisa 的作品只能展出一件.

艺术馆馆长需要代表不同的艺术家群体,吸引广大观众,并创造一个政治上正确的展览. 为了推进环保主义,决定将"地球"和"废品"这两个作品中的一个或两个包括在内. 为了推进美国本地人的权利,决定将至少一幅 Vincent 的作品包括在内. 为了推进科学观念,决定至少包括以下几件作品中的两件:"混沌"、"控制"、"超越"和"先驱".

考虑到艺术馆的空间有限,艺术馆只能容纳 4 座雕塑,20 幅拼贴画和绘画作品.

基于以上情况,探讨以下问题:

(1) 考虑到现有作品以及公司和艺术馆的具体要求,制定一个 0-1 整数规划模型,在不超出预算的情况下最大限度地增加展览中展示的作品数量. 展示了多少件? 展示了哪些作品?

(2) 为了确保展览吸引公众的注意,艺术馆要求展览至少包括 15 件展品. 制定一个 0-1 整数规划模型,使展览成本最小化,同时展示至少 15 件作品,且满足公司和艺术馆的要求. 这个展览要多少钱? 展示了哪些作品? 公司是否需要追加投资? 追加多少?

(3) 某独立投资人了解到,展览中至少需要 15 件作品. 他提议支付除 200 万美元之外的最低金额,以确保展品中准确展示 15 件作品,但要求展示 Rose 的所有作品. 该投资人要付多少钱? 展示了哪些作品?

案例 15:安州市某乡作物种植计划的制定

安州市近郊某乡共有可耕地 1 000 亩,其中沙质土地 200 亩,黏质土地 300 亩,中性土地 500 亩,主要种植 3 类作物:第 1 类是以小麦为主的粮食类作物,第 2 类是蔬菜类,第 3 类是经济作物,以本地特产玫瑰花为代表作物.乡政府希望能制定一个使全乡总收益最大的作物种植计划,据此指导各作业小组和农户安排具体生产计划.

研究所面临的困难是缺乏历史统计资料及定量数据,只能靠实地调研及与有经验的老农交谈而获得.因此建立的模型及计算结果只能作为乡政府做决策的参考,但整个思路和运作过程无疑为科学决策起到了良好的示范作用.

为了简化问题,只考虑小麦、玫瑰花作为粮食作物和经济作物的代表,蔬菜则以当地出产的主要品种为基础测算出每亩的收益及成本的平均值.

每亩土地的费用主要统计和测算外购化肥、劳力工时、灌溉用水及用电等可以计算的部分,每亩的收益也是根据可能收集到的数据如交公购粮、收购玫瑰花以及在农贸市场上出售蔬菜所得销售收入的平均值,均为近似值.通过以上调研和数据处理得到表 8-34.

表 8-34

作物种类	费用（元/亩）			收益（元/亩）
	沙质土地	黏质土地	中性土地	
小麦	100	80	75	150
蔬菜	150	145	140	250
玫瑰花	130	130	120	225

为防止作物的单一种植倾向，在保证全乡留有足够口粮的基础上，各种作物种植应协调发展．根据前些年的种植情况及取得的效益，乡政府认为小麦、蔬菜、玫瑰花三种作物的播种面积比例以大致 $2:1:1$ 为宜．按全乡 1 000 亩种植面积计算，可设定三种作物种植面积的最高限额分别为 500，250，250 亩．目标函数 z 取总收益，要求最大化．试通过建立优化模型给出当前条件下的最优种植方案，并进行结果分析及进一步讨论．

第九章　目标规划

在前面的章节中,每一个案例都只有单一的目标,例如,最大利润或最小成本.但在实际管理问题中,会有很多的多目标问题,如工厂选址问题.目标规划是解决存在多个目标的最优化问题的方法,它把多目标决策问题转化为线性规划来求解.本章将介绍目标规划的求解方法.

在实际工程和生活中,会有很多的多目标问题.例如,在设计一个导弹时,既要射程最远,又要燃料最省.再如,当一个公司在为一个新的工厂选址时,如果仅考虑土地成本和建筑成本,那管理者只要选择一个能使总成本最小的地点就可以了,但实际上考虑的因素还会包括该地点能否雇佣到素质高的员工以及运输是否方便等诸多条件.类似这样的问题称为多目标决策问题.

§9.1　目标规划问题举例

例1　企业生产.

不同企业的生产目标是不同的.多数企业追求最大的经济效益.但随着环境问题的日益突出,可持续发展已经成为全社会所必须考虑的问题.因此,企业生产就不能再像以前那样只考虑企业利润,必须承担起社会责任,要考虑环境污染、社会效益、公众形象等多个方面.兼顾好这几者关系,企业才可能保持长期的发展.

例2　商务活动.

企业在进行盈亏平衡预算时,不能只集中在一种产品上,因为某一种产品的投入和产出仅仅是企业所有投入和产出的一部分.因此,需要用多产品的盈亏分析来解决具有多个盈亏平衡点的决策问题(多产品的盈亏平衡点往往是不一致的).

例3　投资.

企业投资时不仅仅要考虑收益率,还要考虑风险.通常,风险大的投资其收益率更高.因此,企业管理者只有在对收益率和风险承受水平有明确的期望值时,才能得到满意的决策.

例4　裁员.

同样,企业裁员时要考虑很多可能彼此矛盾的因素.裁员的首要目的是压缩人员开支,但在人人自危时员工的忠诚度就很难保证,此外,员工的心理压力、工作压力等都会增加,这可能会产生负面影响.

例5　营销.

营销方案的策划和执行存在多个目标.既希望能达到立竿见影的效果,又希望营销的成本控制在某一个范围内.此外,营销活动的深入程度也决定了营销效果的好坏和持续时间.

§9.2 有优先权的目标规划的图解法

例 6 一位投资商有一笔资金准备购买股票.资金总额为 90 000 元,目前可选的股票有 A 和 B 两种(可以同时投资于两种股票).其价格以及年收益率和风险系数如表 9-1 所示.

表 9-1

股票	价格/元	年收益/(元·年$^{-1}$)	风险系数
A	20	3	0.5
B	50	4	0.2

从表 9-1 可知,股票 A 的收益率为 $(3/20)\times100\% = 15\%$,股票 B 的收益率为 $4/50\times100\% = 8\%$,A 的收益率比 B 大,但同时 A 的风险也比 B 大.这符合高风险高收益的规律.

试求一种投资方案,使得一年的总投资风险不高于 700,且投资收益不低于 10 000 元.

分析

如果全部资金用来购买股票 A,则年收益为 $(90\ 000/20)\times3 = 13\ 500$,风险为 $(90\ 000/20)\times0.5 = 2\ 250$.虽然收益高于 10 000 元,但同时风险也超过了 700.如果全部资金用来购买股票 B,则年收益为 $(90\ 000/50)\times4 = 7\ 200$,风险为 $(90\ 000/50)\times0.2 = 360$.显然,风险虽然满足要求,但年收益没有达到预期目标的 10 000 元.可见,把全部资金投入到某一种股票的方案是不可行的.

上述问题属于目标规划问题.它有两个目标变量:一是限制风险,一是确保收益.在求解之前,应首先考虑两个目标的优先权.

假设第一个目标(即限制风险)的优先权比第二个目标(确保收益)大,这意味着求解过程中必须首先满足第一个目标,然后在此基础上尽量满足第二个目标.

建立模型:

设 x_1,x_2 分别表示投资商所购买的股票 A 和股票 B 的数量.

首先考虑资金总额的约束:总投资额不能高于 90 000 元,即

$$20x_1 + 50x_2 \leqslant 90\ 000.$$

注意 资金总额的约束是刚性约束,是不允许突破的,这和以下的约束条件是有区别的。

一、约束条件

再来考虑风险约束:总风险不能超过 700.投资的总风险为 $0.5x_1 + 0.2x_2$.引入两个变量 d_1^+ 和 d_1^-,建立等式如下:

$$0.5x_1 + 0.2x_2 = 700 + d_1^+ - d_1^-.$$

其中,d_1^+ 表示总风险高于 700 的部分,d_1^- 表示总风险少于 700 的部分,$d_1^+, d_1^- \geqslant 0$.

目标规划中把 d_1^+, d_1^- 这样的变量称为偏差变量.偏差变量的作用是允许约束条件不被精确

满足.例如,对投资组合($x_1 = 4\,500, x_2 = 0$),总风险为 2 250,则 $d_1^+ = 1\,550, d_1^- = 0$.它反映了总风险比 700 多了 1 550.注意,如果 $d_1^+ > 0$,则 $d_1^- = 0$;如果 $d_1^- > 0$,则 $d_1^+ = 0$.

把等式转换,可得到

$$0.5x_1 + 0.2x_2 - d_1^+ + d_1^- = 700.$$

再来考虑年收入:

年收入为 $3x_1 + 4x_2$.

引入变量 d_2^+ 和 d_2^-,分别表示年收入超过与低于 10 000 的数量.于是,第 2 个目标可以表示为

$$3x_1 + 4x_2 - d_2^+ + d_2^- = 10\,000.$$

二、有优先权的目标函数

本问题中第一个目标的优先权比第二个目标大,即最重要的目标是满足风险不超过 700.分配给第一个目标较高的优先权 P_1,分配给第二个目标较低的优先权 P_2.

目标规划在求解中首先考虑优先权高的目标.本例中,第一步:在只考虑第一个目标的前提下求解;第二步:把在第一步求得的最优函数值作为约束条件,考虑第二个目标的前提下求解.注意:第二步所得的解很可能和第一步所得的解不同,但不能改变第一个目标的最优值.类似地,如果有很多个不同优先权的目标 $P_1, P_2, P_3, \cdots$,在对较低优先权的目标求解时不能改变优先权比它高的目标的最优值.

针对每一个优先权,应当建立一个单一目标的线性规划模型.首先建立具有最高优先权的目标的线性规划模型,求解;然后再按照优先权逐渐降低的顺序分别建立单一目标的线性规划模型,方法是在原来模型的基础上修改目标函数,并把原来模型求解所得的目标最优值作为一个新的约束条件加入到当前模型中,并求解.

例 6 中第一个目标是风险不超过 700,这意味着超过 700 的程度越低越好,最好是刚刚达到 700.注意,并不是求风险最小,自然当风险为 0 的时候风险最小;而是仅仅要求风险尽量不超过 700.从另一个角度讲,就是希望超出 700 的程度尽量小,最好为 0.因此可知第一个线性规划模型的目标函数是 $\min d_1^+$.

三、图解法

1. 针对优先权最高的目标建立线性规划

建立线性规划模型如下:

$$\min d_1^+;$$

约束条件:
$$20x_1 + 50x_2 \leqslant 90\,000,$$
$$0.5x_1 + 0.2x_2 - d_1^+ + d_1^- = 700,$$
$$3x_1 + 4x_2 - d_2^+ + d_2^- = 10\,000,$$
$$x_1, x_2, d_1^+, d_1^- \geqslant 0.$$

首先找到满足约束条件 $20x_1+50x_2 \leqslant 90\,000$ 的可行域,如图 9-1 所示.

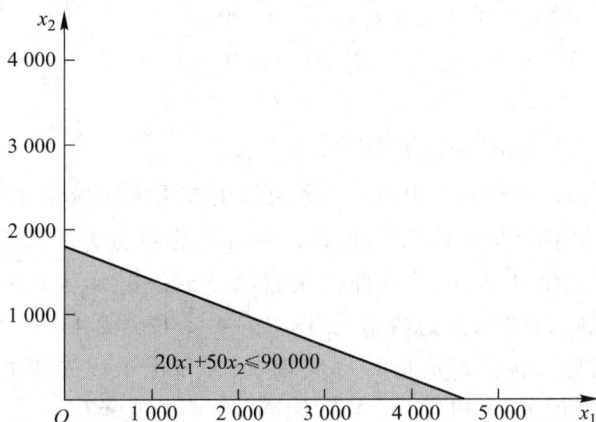

图 9-1

再考虑约束 $0.5x_1+0.2x_2-d_1^++d_1^-=700$. 当 $d_1^+=d_1^-=0$ 时,约束变成 $0.5x_1+0.2x_2=700$. d_1^+ 的最小值是 0. 如图 9-2 所示,阴影区域内 $d_1^+=0$,即风险小于或等于 700,同时也满足 $20x_1+50x_2 \leqslant 90\,000$. 约束 $3x_1+4x_2-d_2^++d_2^-=10\,000$ 暂时不起作用.

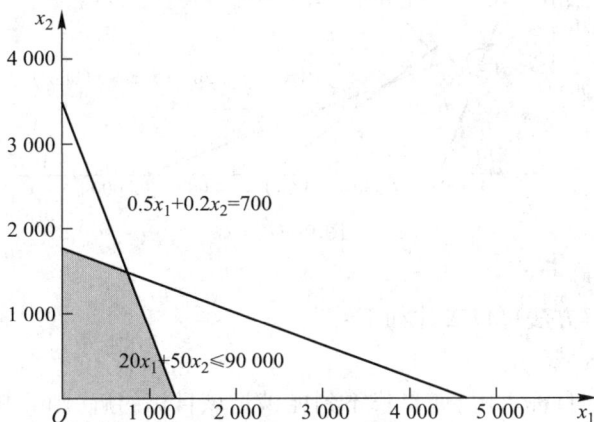

图 9-2

2. 针对优先权次高的目标建立线性规划

优先权次高(P_2)的目标是总收益超过 10 000. 如果总收益未超过 10 000,要追求总收益尽量接近于 10 000,即 $\min d_2^-$. 如果总收益超过 10 000,则有 $d_2^-=0$. 在原线性规划基础上添加约束 $d_1^+=0$,目的是保证在求解过程中不改变优先权高的最优目标值.

建立线性规划如下:

$$\min d_2^-;$$

约束条件：
$$20x_1 + 50x_2 \leqslant 90\ 000,$$
$$0.5x_1 + 0.2x_2 - d_1^+ + d_1^- = 700,$$
$$3x_1 + 4x_2 - d_2^+ + d_2^- = 10\ 000,$$
$$d_1^+ = 0,$$
$$x_1, x_2, d_1^+, d_1^-, d_2^+, d_2^- \geqslant 0.$$

如图 9-3,从图中可知,$3x_1+4x_2=10\ 000$ 这条直线的左下方区域中 $d_2^->0$,右上方区域中 $d_2^-=0$,右上方区域可以使得 d_2^- 获得最小值为 0,但该区域和阴影部分并无重合.因此,可知只能接受 $d_2^->0$ 的解.从阴影区域可知使 d_2^- 最小的点即两条直线 $0.5x_1+0.2x_2=700$ 和 $20x_1+50x_2=90\ 000$ 的交点(810,1 476).总风险为 700,而总收益为 $3\times810+4\times1\ 476=2\ 430+5\ 904=8\ 334<10\ 000$,故没有达到第二个目标.本例中,优先权高的目标实现了,并付出了优先权低的目标没有实现的代价.如果采用运筹学软件进行求解,可知 $d_1^+=d_1^-=0$,$d_2^+=0$,$d_2^-\approx1\ 667$.

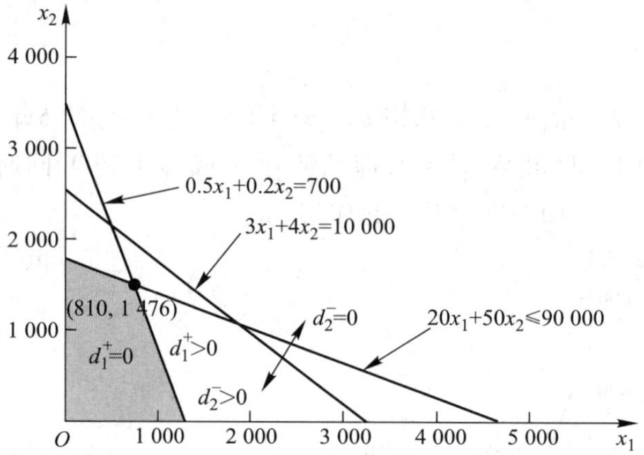

图 9-3

目标规划的这种求解方法可以表述如下：
(1) 确定解的可行区域.
(2) 对优先权最高的目标求解,如果找不到能满足该目标的解,则寻找最接近该目标的解.
(3) 对优先权次之的目标进行求解.注意：必须保证优先权高的目标不变.
(4) 重复第 3 步,直至所有优先权的目标求解完.

四、目标规划模型的标准化

例 6 中对两个不同优先权的目标单独建立线性规划进行求解.为简便,把它们用一个模型来表达：
$$\min P_1(d_1^+) + P_2(d_2^-);$$

约束条件：
$$20x_1+50x_2 \leqslant 90\ 000,$$
$$0.5x_1+0.2x_2-d_1^++d_1^-=700,$$

$$3x_1 + 4x_2 - d_2^+ + d_2^- = 10\ 000,$$

$$x_1, x_2, d_1^+, d_1^-, d_2^+, d_2^- \geqslant 0.$$

注意 目标函数中 P_1 和 P_2 并不是权重,仅仅是表示两个目标的优先权.对于具有更多优先权的目标在建立模型时可以采用类似的方法.

§9.3 复杂情况下的有优先权的目标规划

上一节以具有 2 个优先权的目标的例子作了分析.本节探讨存在 2 个以上优先权的更复杂的目标规划问题.

例 7 一工艺品厂商手工生产某两种工艺品 A,B,已知生产一件产品 A 需要耗费人力 2 工时,生产一件产品 B 需要耗费人力 3 工时.A,B 产品的单位利润分别为 250 元和 125 元.为了最大效率地利用人力资源,确定生产的首要任务是保证人员高负荷生产,要求每周总耗费人力资源不能低于 600 工时,但也不能超过 680 工时的极限;次要任务是要求每周的利润超过 70 000 元;在前两个任务的前提下,为了保证库存需要,要求每周产品 A 和 B 的产量分别不低于 200 和 120 件,因为 B 产品比 A 产品更重要,不妨假设 B 完成最低产量 120 件的重要性是 A 完成 200 件的重要性的 2 倍.

试求如何安排生产?

解 本问题中有 3 个不同优先权的目标,不妨用 P_1, P_2, P_3 表示从高至低的优先权.

对应 P_1 有两个目标:每周总耗费人力资源不能低于 600 工时,也不能超过 680 工时;

对应 P_2 有一个目标:每周的利润超过 70 000 元;

对应 P_3 有两个目标:每周产品 A 和 B 的产量分别不低于 200 和 120 件.

下面分别讨论.

每周总耗费人力资源不能超过 680 工时,即要求 d_1^+ 最小;不能低于 600 工时,即要求 d_2^- 最小.假设这两个目标同等重要,优先权 P_1 对应的目标是 $\min d_1^+ + d_2^-$.约束条件为

$$2x_1 + 3x_2 - d_1^+ + d_1^- = 680; 2x_1 + 3x_2 - d_2^+ + d_2^- = 600.$$

对应 P_2 的目标,得到约束条件 $250x_1 + 125x_2 - d_3^+ + d_3^- = 70\ 000$. $d_3^- = 0$ 时,每周的利润超过 70 000,当 $d_3^- > 0$ 时,每周的利润少于 70 000,因此优先权 P_2 对应的目标是 $\min d_3^-$.

同样可对优先权 P_3 建立对应的目标函数和约束条件.

因为 B 完成最低产量 120 件的重要性是 A 完成 200 件的重要性的 2 倍,因此,优先权 P_3 对应的目标是 $\min d_4^- + 2d_5^-$.这里 2 和 1,我们叫做罚数权重,表示偏离各目标的严重程度.

采用简化模式,最终得到目标规划如下:

$$\min P_1(d_1^+) + P_1(d_2^-) + P_2(d_3^-) + P_3(d_4^-) + P_3(2d_5^-);$$

约束条件:

$$2x_1 + 3x_2 - d_1^+ + d_1^- = 680, \qquad \text{对应第 1 个目标,}$$

$$2x_1+3x_2-d_2^++d_2^-=600, \qquad 对应第2个目标,$$
$$250x_1+125x_2-d_3^++d_3^-=70\,000, \qquad 对应第3个目标,$$
$$x_1-d_4^++d_4^-=200, \qquad 对应第4个目标,$$
$$x_2-d_5^++d_5^-=120, \qquad 对应第5个目标,$$
$$x_1,x_2,d_1^+,d_1^-,d_2^+,d_2^-,d_3^+,d_3^-,d_4^+,d_4^-,d_5^+,d_5^-\geqslant 0.$$

该目标规划我们可以化解为多步线性规划问题来求解.

首先考虑 P_1,建立线性规划模型如下:

$$\min\ d_1^++d_2^-;$$

约束条件:
$$2x_1+3x_2-d_1^++d_1^-=680,$$
$$2x_1+3x_2-d_2^++d_2^-=600,$$
$$250x_1+125x_2-d_3^++d_3^-=70\,000,$$
$$x_1-d_4^++d_4^-=200,$$
$$x_2-d_5^++d_5^-=120,$$
$$x_1,x_2,d_1^+,d_1^-,d_2^+,d_2^-,d_3^+,d_3^-,$$
$$d_4^+,d_4^-,d_5^+,d_5^-\geqslant 0.$$

求解可得

$x_1=0,x_2=200,d_1^+=0,d_1^-=80,d_2^+=0,d_2^-=0,d_3^+=0,d_3^-=45\,000,d_4^+=0,d_4^-=200,d_5^+=80,d_5^-=0,$ 目标函数 $d_1^++d_2^-=0.$

再考虑 P_2,把前一个线性规划目标函数得到的最优值作为新增约束条件,建立线性规划模型如下:

$$\min\ d_3^-;$$

约束条件:
$$2x_1+3x_2-d_1^++d_1^-=680,$$
$$2x_1+3x_2-d_2^++d_2^-=600,$$
$$250x_1+125x_2-d_3^++d_3^-=70\,000,$$
$$x_1-d_4^++d_4^-=200,$$
$$x_2-d_5^++d_5^-=120,$$
$$d_1^++d_2^-=0,$$
$$x_1,x_2,d_1^+,d_1^-,d_2^+,d_2^-,d_3^+,d_3^-,$$
$$d_4^+,d_4^-,d_5^+,d_5^-\geqslant 0.$$

求解可得

$x_1=270,x_2=20,d_1^+=0,d_1^-=80,d_2^+=0,d_2^-=0,d_3^+=0,d_3^-=0,d_4^+=70,d_4^-=0,d_5^+=0,d_5^-=100,$ 目标函数 $d_3^-=0.$

类似地,对 P_3 建立对应的线性规划模型(把上一优先权的目标函数最优值作为新增约束条

件),模型如下:

$$\min\ d_4^- + 2d_5^-;$$

约束条件:

$$2x_1 + 3x_2 - d_1^+ + d_1^- = 680,$$
$$2x_1 + 3x_2 - d_2^+ + d_2^- = 600,$$
$$250x_1 + 125x_2 - d_3^+ + d_3^- = 70\ 000,$$
$$x_1 - d_4^+ + d_4^- = 200,$$
$$x_2 - d_5^+ + d_5^- = 120,$$
$$d_1^+ + d_2^- = 0,$$
$$d_3^- = 0,$$
$$x_1, x_2, d_1^+, d_1^-, d_2^+, d_2^-, d_3^+, d_3^-,$$
$$d_4^+, d_4^-, d_5^+, d_5^- \geqslant 0.$$

求解可得

$x_1 = 250, x_2 = 60, d_1^+ = 0, d_1^- = 0, d_2^+ = 80, d_2^- = 0, d_3^+ = 0, d_3^- = 0, d_4^+ = 50, d_4^- = 0, d_5^+ = 0, d_5^- = 60$,目标函数 $d_4^- + 2d_5^- = 120$。

可见,目标1、目标2、目标3和目标4达到了,但目标5有一些偏差。实际问题中,多目标规划问题很难实现所有目标都能达到的情况。

如果我们用"管理运筹学"软件,我们只要在目标规划的子模型中输入目标规划的数据即可得到上述的结果,并请注意该输入栏中决策变量的个数是不包括偏差变量的决策变量的个数。在例7中应输入2;在输入栏中优先级数是指目标函数中共有多少个优先权等级,在例7中应输入3;在输入栏中目标约束个数是指含偏差变量的约束条件的个数;在输入栏中绝对约束个数是指不含偏差变量的约束条件的个数。并且在目标规划的子程序中所有的偏差变量 d_i^- 和 d_i^+ 都非负。

§9.4 加权目标规划

加权目标规划是另一种解决多目标决策问题的方法,其基本方法是通过量化的方法分配给每个目标偏离的严重程度一个罚数权重,然后建立总的目标函数,该目标函数表示的目标是要使每个目标函数与各自目标的加权偏差之和最小,假设所有单个的目标函数及约束条件都符合线性规划的要求,那么,整个问题就可以表述为一个线性规划问题。

如果在例7中我们对每周总耗费的人力资源超过680工时或低于600工时的每工时罚数权重定为7;每周利润低于70 000元时,每元的罚数权重为5;每周产品A产量低于200件时每件罚数权重为2,而每周产品B产量低于120件时每件罚数权重为4,则其目标变为

$$\min\ 7d_1^+ + 7d_2^- + 5d_3^- + 2d_4^- + 4d_5^-.$$

这就变成了一个普通的单一目标的线性规划问题:

$$\min\ 7d_1^+ + 7d_2^- + 5d_3^- + 2d_4^- + 4d_5^-;$$

约束条件:

$$2x_1 + 3x_2 - d_1^+ + d_1^- = 680,$$
$$2x_1 + 3x_2 - d_2^+ + d_2^- = 600,$$
$$250x_1 + 125x_2 - d_3^+ + d_3^- = 70\,000,$$
$$x_1 - d_4^+ + d_4^- = 200,$$
$$x_2 - d_5^+ + d_5^- = 120,$$
$$x_1, x_2, d_1^+, d_1^-, d_2^+, d_2^-, d_3^+, d_3^-, d_4^+, d_4^-, d_5^+, d_5^- \geqslant 0.$$

加权目标规划和优先权目标规划都是解决目标规划问题的方法,加权目标规划的关键是:寻找一个将罚数相对准确地分配给各个目标来表示各目标对总目标的影响的严重程度,以便实现总目标尽可能好的各个目标平衡的解.对某个具体问题来说,如能做到这点,加权目标规划显然比优先权目标规划更精确一些.但这对管理者来说并不容易做到.相对来说,评价各目标对总目标的重要性的顺序显得较为容易了.故优先权目标规划适用范围比加权目标规划更广一些,可行性更强一些.

习　题

1. 请判断下列说法是否正确:

(1) 要求不超过第一目标值、恰好完成第二目标值,目标函数为 $\mathrm{Min}\ P_1 d_1^+ + P_2(d_2^- + d_2^+)$.

(2) 目标规划中应同时包括绝对约束和目标约束.

(3) 目标规划中任意一个目标约束中的正负偏差变量不可能同时为正数.

(4) 目标规划中正偏差取正值,负偏差取负值.

(5) 只含目标约束的目标规划模型一定存在满意解.

2. 某工厂试对产品 A,B 进行生产.市场需求并不是很稳定,因此对每种产品分别预测了在销售良好和销售较差时的预期利润.这两种产品都经过甲、乙两台设备加工.已知产品 A 和 B 分别在甲和乙设备上的单位加工时间,甲、乙设备的可用加工时间以及预期利润如表 9-2 所示,要求首先是保证在销售较差时,预期利润不少于 5 千元,其次是要求销售良好时,预期利润尽量达到 1 万元.试建立目标规划模型并求解.

表 9-2

单位加工时间／h 产品 设备	A	B	可用时间/h
甲	4	3	45
乙	2	5	30
销售良好时的预期利润(百元/件)	8	6	
销售较差时的预期利润(百元/件)	5	5	

3. 某公司生产商品混凝土,其车间生产能力为 25 吨/小时,每天工作 8 小时,现有 2 个施工现场分别需要商品混凝土 A 120 吨,商品混凝土 B 100 吨,两种混凝土的构成、单位利润及企业所拥有的原料如表 9-3 所示,现公司三管理部门提出目标及其优先等级如下:

(1) 保持车间满负荷运转;

(2) 每天加班不超过 3 小时;

(3) 产量尽量满足两工地需求;

(4) 力争实现利润 3 万元/天.

表 9-3

每吨所需材料/吨　　混凝土　材料	A	B	现有资源/吨
水泥	0.40	0.50	155
沙	0.60	0.50	145
单位利润(元/天)	150	100	

试建立目标规划模型并求解.

4. 某机床生产厂商有 4 个产地 A_1,A_2,A_3,A_4,3 个销地 B_1,B_2,B_3,其供需数量和单位运费如表 9-4 所示(单位:千元).

表 9-4

	B_1	B_2	B_3	供给量
A_1	5	7	5	10
A_2	4	4	8	5
A_3	4	6	10	6
A_4	3	4	8	11
需求量	12	16	18	

经营决策中要求所有的产地的产品必须全部运出,希望达到目标及其优先等级如下:

目标 1:销地 B_1,B_2 至少得到它需求量的 50%;

目标 2:必须满足销地 B_3 全部需求量;

目标 3:由于客观原因,要尽量减少 A_4 到 B_2 的送货量;

目标 4:若最高期望运费 130 元,并尽可能减少运输费用.

该厂商应如何拟定方案以满足以上目标?

5. 某人有一笔资金计划用来买投资基金,拥有的资金总额为 10 000 元,目前计划买两种基金,其价格和收益以及风险系数如表 9-5 所示.

表 9-5

基金	价格/元	收益(元/年)	风险系数
A	25	4	0.7
B	45	5	0.4

试求一种投资方案,使得一年的总投资风险不高于 350,且投资收益不低于 1 250 元,其中要求前面目标的优先权高于后面目标.

6. 某食品厂商为了推销其生产的营养品,准备在两周内发动一次广告活动,在电视、报纸和广播三种媒介上发布广告.有关这三种媒介的数据如表 9-6 所示.

表 9-6

媒介类别	广告影响的人数/万	广告费(元/次)	最大的广告次数
电视	20	2 500	10
报纸	10	500	20
广播	5	300	15

活动的目标有:

第 1 优先权:

目标:广告影响人数至少达到 400 万.

第 2 优先权:

目标:电视广告的次数至少占所有广告次数的 30%.

第 3 优先权:

目标:广播的次数不能超过所有广告次数的 20%.

第 4 优先权:

目标:广告费用限制在 2 万元以内.

试建立本问题的目标规划并求解.

7. 某化工厂生产两种用于轮船上的黏合剂 A 和 B.这两种黏合剂的强度不同,所需的加工时间也不同.生产 1 升的 A 需要 20 分钟,生产 1 升的 B 需要 25 分钟,这两种黏合剂都以一种树脂作为原料,1 升树脂可以制造 1 升 A,或者 1 升 B.树脂的保质期是 2 周,目前树脂的库存为 300 升.已知正常工作下每周有 5 个工作日,每个工作日有 8 个工时.工厂期望达到有以下不同优先权的目标:

第 1 优先权:

目标 1:保持工厂满负荷运转;

目标 2:加班时间控制在 20 工时以内;

第 2 优先权:

目标 3:至少生产 100 升 A;

目标 4:至少生产 120 升 B;

第 3 优先权:

目标 5:使用完所有的树脂.

设第 1,2 优先权所对应的两个目标的重要程度相同.

（1）试建立本问题的目标规划.

（2）用图解法求解.

8. 某一工厂计划生产甲、乙两种产品,该两种产品需要在 A,B,C,D 四种设备上进行加工,同时要求 B,C,D 设备严禁超时使用.工艺表如表 9-7 所示.

表 9-7

每件产品的加工时间/h　　　产品　　　　设备	甲	乙	加工能力/h
A	3	2	45
B	2	4	30
C	3	2	40
D	1	3	25
单位利润/元	20	25	

该厂要求及其优先等级如下:

（1）力求使利润指标不低于 250 元;

（2）甲乙两种产品的生产量尽可能保持在 0.75：1 的比例;

（3）设备 A 既要求充分使用,又尽可能不加班.

如何安排工艺使得计划期内的总利润为最大?

9. 某公司的员工工资有四级,根据公司业务的发展情况,准备招收部分新员工,并将部分员工的工资提升一级.提级后编制是计划编制,允许有变化,其中 1 级员工中有 10% 要退休.公司目前各级别人员情况如表 9-8 所示.

表 9-8

级别	1	2	3	4
工资/千元	9	6	4	3
现有员工数/人	10	20	40	30
编制员工数/人	10	22	52	30

公司领导的目标及其优先等级如下:

目标 1:提级后在职员工工资总额不能超过 550 千元;

目标 2:各级员工不要超过定编人数;

目标 3:各级员工的升级面不少于现在人数的 15%;

目标 4:总提级面不大于现有员工的 20%,但尽可能多提.

公司应如何拟定方案以满足以上目标?

10. 某工厂有甲、乙两车间,可以生产录音机和电视机两种产品,甲、乙两车间生产的限制条件以及两种产品的利润和费用如表 9-9 所示.

表 9-9

	录音机	电视机	每月可用工时	车间管理费
甲	3 小时	2 小时	120 小时	80 元/小时
乙	1 小时	3 小时	150 小时	20 元/小时
检验销售费	30 元/台	50 元/台		

估计下一季度内每月可以销售录音机 50 台,电视机 80 台,工厂制定的月度目标及其优先等级为:

目标1:检验销售费每月不超过 5 000 元;

目标2:每月售出录音机不少于 50 台;

目标3:甲、乙车间的生产工时得到充分利用(重要性权重按两个车间每小时管理费用的比例确定);

目标4:甲车间加班不超过 20 小时;

目标5:每月销售电视机不少于 80 台.

利用目标规划模型确定该厂为达到以上目标的月度计划生产数.

11. 某企业生产 A,B,C 三种产品,装配工作在同一条线上完成.三种产品的工作消耗分别为 5 小时,8 小时和 12 小时.生产线的正常工作时间为每月 1 500 小时.三种产品出售后,每种可分别获利 500 元,550 元和 700 元,每月预计销量为 300 台,80 台和 100 台,公司的业务目标及其优先等级如下:

目标1:利润指数不低于每月 160 000 元;

目标2:充分利用生产能力;

目标3:加班时间不超过 100 小时;

目标4:产量以预计销量为标准.

为了确定生产计划,建立该问题的目标规划模型.

12. 某汽车装配厂生产两种汽车零配件,需要经过两道主要工序进行加工.已知这两种产品的单价以及耗费工时如表 9-10 所示.

表 9-10

	产品 A	产品 B
利润/元	4	3
第 1 道工序/min	10	10
第 2 道工序/min	20	50

因两道工序的加工能力存在瓶颈问题,因此要对它们的总加工工时加以控制.

工厂在制定下一个周期的工作计划时,希望达到以下目标:

目标1:对于第 1 道工序,总加工时间不超过 60 小时;

目标2:对于第 2 道工序,总加工时间要不超过 180 小时;

目标3:利润不少于 1 300 元.

(1) 假设目标 1 和目标 2 的优先权为 P_1,且重要程度相等;目标 3 的优先权为 P_2,$P_1>P_2$,建立目标规划模

型并求解;

(2) 如果不考虑目标 1 和目标 2,仅仅把它们加工时间的最大限度分别为 60 小时和 180 小时作为约束条件,而以利润最大化为目标,该如何安排生产?结果与(1)的解是否相同?分析原因.

(3) 如果设目标 3 的优先权为 P_1,目标 1 和目标 2 的优先权为 P_2,用图解法求解.分析解是否与(1)所得的解相同.

13. 在环境污染日益得到重视的今天,越来越多的企业开始注重工业废水污水排污.某纸张制造厂生产一般类型纸张的利润为 300 元/吨,每吨纸产生的工业废水的处理费为 30 元;生产某种特种纸张的利润为 500 元/吨,每吨特种纸产生的工业废水的处理费为 40 元.

该纸张制造厂近期目标如下:

目标 1:纸张利润不少于 15 万;

目标 2:工业废水的处理费用不超过 1 万元.

(1) 设目标 1 的优先权为 P_1,目标 2 的优先权为 P_2,$P_1>P_2$,建立目标规划模型并用图解法求解.

(2) 若目标 2 的优先权为 P_1,目标 1 的优先权为 P_2,建立目标规划模型并求解.所得的解是否与(1)中的解相同?

(3) 若目标 2 的罚数权重为 5,目标 1 的罚数权重为 2,建立加权目标规划模型求解.

14. 某厂装配甲、乙两种洗衣机,每装配一台洗衣机需要占用装配线 1.5 小时,装配线每周计划开动 45 个小时.预计市场每周甲种洗衣机的销量是 30 台,每台可获利 80 元;乙种洗衣机的销量是 25 台,每台可获利 95 元.确定该厂的目标是:

第一优先级:尽可能利用装配线;

第二优先级:加班时间不超过 8 小时;

第三优先级:为满足市场需求,因为乙种洗衣机获利高,取其加权系数为 1.5.

请建立模型,求得利润最大时的装配计划.

15. 某厂计划生产甲、乙两种产品,资料如表 9-11 所示.

表 9-11

每件产品消耗材料 资源 产品	甲	乙	资源限制
钢材/吨	8	4	2 800
煤炭/吨	5	3	1 400
设备台时/小时	4	8	1 800
每件利润/元	100	120	

该厂对生产计划的要求及其优先等级如下:

(1) 完成或超额完成利润指标 30 000 元;

(2) 甲产品不超过 200 件,乙产品不低于 120 件;

(3) 现有钢材全部用完.

请建立模型,制定生产计划,使得获得的利润最大.

16. 某公司生产三种产品,三种产品的单位利润、所需的劳动力及投入的成本情况如表9-12所示.

表 9-12

产品	利润(元/件)	所需工人(人/万件)	投入成本(元/件)
A	16	7	6
B	12	4	8
C	12	5	10

现在要确定三种产品的生产计划,并且公司设定了如下目标及其优先等级:

目标1:总利润不低于130万元;

目标2:现有工人45名,要充分利用现有员工,但尽可能不要安排加班;

目标3:希望总投资不要超过60万元.

(1) 根据以上目标确定满意的生产计划.

(2) 如果将以上三个目标的权重设置为低于总利润目标为5;低于现有工人利用目标为4;超过现有工人利用目标为2;超过投资目标为3,试确定该厂的生产计划.

案例

案例16:昌义集团零售商选择

昌义集团有两分公司 G_1 和 G_2.该公司的业务是向零售商供应煤炭和乙醇.为对各个公司进行业务考核,要求将零售商分给两个分公司,由分公司给只属于它的零售商供货.这种划分要求尽可能使 G_1 占有 45% 的市场份额, G_2 占有 55% 的市场份额.零售商共有 25 家,记作 S_1 — S_{25}.按地域又将零售商划分为三个区, S_1 — S_8 在一区, S_9 — S_{18} 在二区, S_{19} — S_{25} 在三区,并将发展前景好的零售商分为 A 类,其余的归为 B 类.各零售商目前估计占有的销售量及各供货点的情况如表9-13所示.

表 9-13

区域	零售商	煤炭销量/吨	供货点数/个	乙醇销量/吨	分类
一区	S_1	8	10	32	A
	S_2	12	36	410	A
	S_3	13	42	80	B
	S_4	16	23	150	B
	S_5	10	10	6	A
	S_6	19	24	180	B
	S_7	12	25	15	A
	S_8	20	50	200	B

区域	零售商	煤炭销量/吨	供货点数/个	乙醇销量/吨	分类
二区	S_9	8	18	100	A
	S_{10}	10	52	20	B
	S_{11}	16	20	53	A
	S_{12}	18	100	2	A
	S_{13}	17	8	8	A
	S_{14}	18	16	100	B
	S_{15}	21	32	110	A
	S_{16}	23	98	112	A
	S_{17}	35	52	500	B
	S_{18}	42	20	10	A
三区	S_{19}	5	10	52	B
	S_{20}	15	20	30	A
	S_{21}	14	15	70	A
	S_{22}	24	10	65	B
	S_{23}	38	20	28	A
	S_{24}	36	16	30	A
	S_{25}	29	18	42	B

按照公司的要求,两个分公司在下列 7 个方面的比例都要近似 45/55,其优先等级如下:

P1:货店总数;

P2:乙醇市场占有份额;

P3:一区的煤炭市场占有份额;

P4:二区的煤炭市场占有份额;

P5:三区的煤炭市场占有份额;

P6:A 类零售商数;

P7:B 类零售商数;

请根据以上目标确定满意的供应计划.

案例 17:天天公司招聘

天天公司是一家集采购与外贸于一体的大型公司,它在北京和天津都有自己的分支机构.现公司拟在下一年度招聘三个专业的职工 170 人.具体招聘计划见表 9-14.

表 9-14

专业	采购管理		市场管理		财务管理	
人员	20	25	30	20	40	35
城市	北京	天津	北京	天津	北京	天津

应聘人员经严格审核,初选了 180 人.按适合从事专业、本人意愿专业和希望工作城市共分为 6 大类,见表 9-15.

表 9-15

类别	人数	适合专业	意愿专业	意愿城市
1	25	采购、市场	采购	北京
2	35	市场、财务	市场	北京
3	20	采购、财务	采购	天津
4	40	采购、财务	财务	天津
5	34	市场、财务	财务	北京
6	26	财务	财务	天津

公司招聘目标及其优先等级如下:

P1:集团按计划录用在各城市适合从事该专业的职员;

P2:80%以上人员能够从事意愿专业;

P3:80%以上的人员能去意愿城市.

第十章　动态规划

动态规划是解决多阶段决策过程最优化问题的一种方法.这种方法把困难的多阶段决策问题变换成一系列互相联系较容易的单阶段问题,解决了这一系列较容易的单阶段问题,也就解决了这个困难的多阶段决策问题.

用动态规划可以解决管理中的最短路问题、装载问题、库存问题、资源分配问题、生产过程最优化问题.

根据时间参量是离散的变量还是连续的变量,可以把动态规划的模型分为离散决策过程和连续决策过程;根据决策过程的演变是确定性的还是随机性的,动态规划又可分为确定性的决策过程和随机性的决策过程,组合起来就有离散确定性、离散随机性、连续确定性、连续随机性四种决策过程.本章主要介绍离散确定性的决策过程,同时,在动态规划应用(2)中也将介绍离散随机性和连续确定性的决策过程.

§10.1　多阶段决策过程最优化问题举例

最短路径问题:

例 1　如图 10-1 所示,给定一个运输网络,两点之间连线上的数字表示两点间的距离,试求一条从 A 到 E 的运输线路,使总距离为最短.

为了解决这个问题,首先来定义一下阶段.定义第一阶段是以 A 点为始点,而以距离 A 点正好一个弧远的点(B_1, B_2, B_3, B_4)为终点;第二阶段是以与 A 点距离一弧远的点(B_1, B_2, B_3, B_4)为始点,以与 A 点距离两个弧远的点(C_1, C_2, C_3)为终点;第三阶段以与 A 距离两个弧远的点(C_1, C_2, C_3)为始点,以与 A 距离三个弧远的点(D_1, D_2)为终点;第四阶段以与 A 距离三个弧远的点(D_1, D_2)为始点,以与 A 距离四个弧的点(E)为终点.显然这是一个四阶段决策过程的最优化问题.用动态规划来解这个问题,就是要把这个四阶段的决策问题,化成一系列较容易解决的单阶段决策的问题,当然每个单阶段的决策是整个决策过程的一个环节,因为它不仅仅影响该阶段的

效果(距离),还要影响到下阶段的初始状态(从哪一点出发).

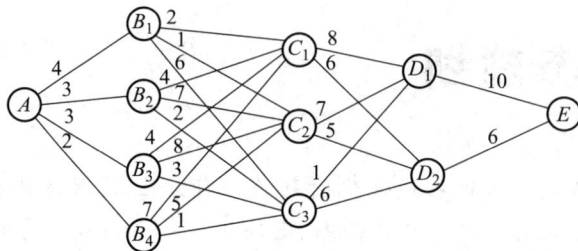

图 10-1

在决策过程中我们将用到最优化原理,这个最优化原理在最短路上的应用可阐述如下:

从最短路上的每一点到终点的部分道路,也一定是从该点到终点的最短路.

下面我们来求解例1.我们从最后一个阶段开始,从终点向始点方向逐阶段逆推,找出各点到终点的最短路,当逆推到始点时,也即找到了从始点到终点的全过程的最短路,这种从后向前逆推的方法叫逆序解法.

从第四阶段开始,在第四阶段中有两个始点 D_1 和 D_2,终点只有一个点为 E 点,这样不管始点是 D_1 还是 D_2,最佳终点我们都将选择 E 点,并知道从 D_1 到 E 的距离为 10,从 D_2 到 E 的距离为 6,这样尽管我们不知道全过程的最短路径是否经过 D_1(或 D_2),但如果此最短路经过 D_1(或 D_2),那么此最短路的下一步必是从 $D_1(D_2)$ 到 E.第四阶段的结果我们用下面的表格10-1表示.

表 10-1

	阶 段 4		
本阶段始点(状态)	本阶段各终点(决策)	到 E 的最短距离	本阶段最优终点(最优决策)
	E		
D_1	10	10	E
D_2	6	6	E

第三阶段:

在第三阶段中有三个始点 C_1,C_2,C_3,终点有 D_1 和 D_2,我们知道以 C_1 为始点,如果 C_1 经 D_1 到 E,则从 C_1 到 E 的距离为 8+10=18;如果 C_1 经 D_2 到 E,则从 C_1 到 E 的距离为 6+6=12.显然以 C_1 为始点,我们必选择 D_2 为终点.

虽然我们不知道全过程的最短路是否经过 C_1,但如果经过 C_1 点则此最短路必选 C_1—D_2—E 的路线,同样我们可以对 C_2,C_3 进行类似的讨论,结果见表 10-2.

表 10-2

本阶段始点 （状态）	本阶段各终点（决策）		到 E 的最 短距离	本阶段最优终点 （最优决策）
阶 段 3				
	D_1	D_2		
C_1	$8+10=18$	$6+6=12$	12	D_2
C_2	$7+10=17$	$5+6=11$	11	D_2
C_3	$1+10=11$	$6+6=12$	11	D_1

从表 10-2 知,如果全过程的最短路经过 C_2 则此最短路必走 C_2—D_2—E 的路线;如果全过程的最短路经过 C_3,则此最短路必走 C_3—D_1—E 的路线.

第二阶段:

在第二阶段中有 4 个始点 B_1, B_2, B_3, B_4,终点有 C_1, C_2, C_3.可知以 B_1 为始点,如果 B_1 经 C_1 到 E,则从 B_1 到 E 的距离为 $2+12=14$;如果 B_1 经 C_2 到 E,则从 B_1 到 E 的距离为 $1+11=12$;如果 B_1 经 C_3 到 E,则从 B_1 到 E 的距离为 $6+11=17$.显然以 B_1 为始点,必选择 C_2 为终点,虽然我们不知道过程的最短路是否经过 B_1,但如果经过 B_1,则此最短路必走 B_1—C_2—D_2—E.同样我们可以对 B_2, B_3 进行类似的讨论,结果见表 10-3.

表 10-3

本阶段始点 （状态）	本阶段各终点（决策）			到 E 的 最短距离	本阶段最优终点 （最优决策）
阶 段 2					
	C_1	C_2	C_3		
B_1	$2+12=14$	$1+11=12$	$6+11=17$	12	C_2
B_2	$4+12=16$	$7+11=18$	$2+11=13$	13	C_3
B_3	$4+12=16$	$8+11=19$	$3+11=14$	14	C_3
B_4	$7+12=19$	$5+11=16$	$1+11=12$	12	C_3

从表 10-3 可知,如果全过程的最短路经过 B_2,则此最短路必走 B_2—C_3—D_1—E;如果全过程的最短路经过 B_3,则此最短路必走 B_3—C_3—D_1—E;如果全过程的最短路经过 B_4,则此最短路必走 B_4—C_3—D_1—E.

第一阶段:

在第一阶段中只有一个始点 A,终点有 B_1, B_2, B_3, B_4.可知从 A 为始点,如果 A 经 B_1 到 E,则从 A 到 E 的距离为 $4+12=16$;如果 A 经 B_2 到 E,则从 A 到 E 的距离为 $3+13=16$;如果 A 经 B_3 到 E,则从 A 到 E 的距离为 $3+14=17$;如果 A 经 B_4 到 E,则从 A 到 E 的距离为 $2+12=14$.如表 10-4 所示.

表 10-4

阶　段　　1						
本阶段始点	本阶段终点（决策）				到 E 的	本阶段最优终点
（状态）	B_1	B_2	B_3	B_4	最短距离	（最优决策）
A	$4+12=16$	$3+13=16$	$3+14=17$	$2+12=14$	14	B_4

这样我们得到了此问题最短路：

$$A\text{—}B_4\text{—}C_3\text{—}D_1\text{—}E$$

最短路的长度为 14.

利用动态规划的方法，我们不仅求出了全过程的最短路，我们还求出了图上的任一点到 E 的最短路.例如要求 B_2 到 E 的最短路，我们就可从表 10-3 可知 B_2 到 E 的最短距离为 13，最短路为 $B_2\text{—}C_3\text{—}D_1\text{—}E$（关于 $C_3\text{—}D_1$，查看表 10-2，关于 $D_1\text{—}E$，查看表 10-1）.我们把每一点到 E 的最短距离标在每个点上，如图 10-2 所示.

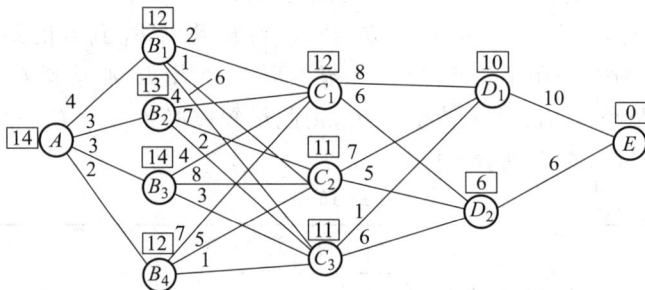

图 10-2

最短路的问题，我们也可以用"管理运筹学"软件来求解.

§10.2　基本概念、基本方程与最优化原理

一、基本概念

1. 阶段

用动态规划方法求解问题时，首先将问题的全过程适当地分成若干个互相联系的阶段，以便

能按一定的次序去求解.一般是根据时间与空间的自然特征去划分阶段,如例 1 就是按照与 A 点的距离来划分四个阶段.

2. 状态

状态是指每个阶段开始时所处的自然状况或客观条件.在例 1 中某个阶段的状态就是某个阶段的始点.它既是这个阶段的始点又是前一个阶段的终点.通常第 n 阶段有若干个状态,我们用状态变量 s_n 来描述它,在例 1 中第 2 阶段有 4 个状态(始点),即状态变量 s_2 可取 4 个值 B_1, B_2,B_3,B_4,记为 $s_2 = \{B_1,B_2,B_3,B_4\}$.

3. 决策

决策是某一阶段内的抉择,第 n 阶段的决策与第 n 个阶段的状态有关,通常用 $x_n(s_n)$ 表示第 n 阶段处于 s_n 状态时的决策变量,而这个决策又决定了第 $n+1$ 阶段的状态.以例 1 为例,$x_2(B_1) = C_2$ 表示第 2 阶段处于 B_1 为始点的状态下选择了由 B_1 到 C_2 的决策(即选择 C_2 为第 2 阶段的终点).当然在第 n 阶段在某种状态下可以有不同的决策,我们也可以 $x_2(B_1) = C_1$,也可以 $x_2(B_1) = C_3$.

4. 策略

由所有各阶段的决策组成的决策函数序列称为全过程策略,简称策略,记为 $p_{1,n}(s_1)$.能够达到总体最优的策略叫做最优策略.从第 k 个阶段开始到最后阶段的决策组成的决策函数序列称为 k 子过程策略,简称 k 子策略,记为 $p_{k,n}(s_k)$.

5. 指标函数

指标函数是衡量全过程策略或 k 子过程策略优劣的数量指标,指标函数的最优值称之为最优指标函数,记作 $f_1(s_1)$ 或 $f_k(s_k)$,其中 $f_1(s_1)$ 为全过程上的最优指标函数,$f_k(s_k)$ 为 k 子过程上的最优指标函数.在例 1 中,指标是指从某点到终点的距离,其最优指标是指从某点到终点的最短距离.从图 10-2 可知 $f_1(s_1) = f_1(A) = 14$,$f_2(B_2) = 13$,$f_3(C_3) = 11$,即从 A 到终点 E 的最短距离为 14;从 B_2 到终点 E 的最短距离为 13;从 C_3 到终点 E 的最短距离为 11.我们把第 j 阶段的阶段指标记为 $r_j(s_j, x_j)$,它表示在第 j 阶段的 s_j 的状态下作出 x_j 决策的指标值.在例 1 中 $r_2(B_3, C_2) = 8$,它表示在第 2 阶段以 B_3 为始点,选择 C_2 为终点,则从 B_3 到 C_2 的距离为 8.

6. 状态转移方程

我们已知第 $n+1$ 阶段的状态是由第 n 阶段的状态和第 n 阶段的决策所决定的,用方程的形式表示这种关系为

$$s_{n+1} = T_n(s_n, x_n),$$

称之为状态转移方程,其中函数关系 T_n 因问题的不同而不同.例如,在例 1 中

$$s_3 = C_1 = T_2(B_2, C_1)$$

表示当第 2 阶段的状态(始点)为 B_2,决策(终点)为 C_1 时,则第 3 阶段的状态(始点)为 C_1.

二、基本方程

对于 n 阶段的动态规划问题,在求子过程上的最优指标函数时,k 子过程与 $k+1$ 子过程有如

下递推关系：

$$\begin{cases} f_k(s_k) = \min\{r_k(s_k, x_k) + f_{k+1}(s_{k+1})\}, k = n, n-1, \cdots, 2, 1, \\ \text{终点条件：} f_{n+1}(s_{n+1}) = 0. \end{cases}$$

其中第一式子里的求最小值是指在 s_k 的状态下，在所有作出的各种决策 x_k 中，取一个第 k 阶段的指标值 $r_k(s_k, x_k)$ 与以 x_k 为第 $k+1$ 状态的 $k+1$ 子过程的最优指标函数值之和中的最小值，在例1 中从图 10-1 可知

$$f_2(B_1) = \min\{r_2(B_1, x_2) + f_3(s_3)\}$$
$$= \min\begin{cases} r_2(B_1, C_1) + f_3(C_1) \\ r_2(B_1, C_2) + f_3(C_2) \\ r_2(B_1, C_3) + f_3(C_3) \end{cases}$$
$$= \min\begin{cases} 2 + 12 \\ 1 + 11 \\ 6 + 11 \end{cases} = \min\begin{cases} 14 \\ 12 \\ 17 \end{cases}$$
$$= 12.$$

对于求指标函数最大的动态规划问题的基本方程则把 min 改为 max 就行了.

三、最优化原理

作为整个过程的最优策略具有如下的性质：不管在此最优策略上的某个状态以前的状态和决策如何，对该状态来说，以后的所有决策必定构成最优子策略.也就是说最优策略的任一子策略都是最优的.对最短路问题来说，即为从最短路上的任一点到终点的部分道路（最短路上的子路）也一定是从该点到终点的最短路（最短子路）.

§10.3 动态规划应用(1)

当状态变量和决策变量只取离散值，过程的演变方式为确定性时，这种动态规划问题就称为离散确定性动态规划问题.

一、资源分配问题

例 2 某公司拟将某种设备5台，分配给所属的甲、乙、丙三个工厂，各工厂获得此设备后，预

教学视频：资源分配问题

测可创造的利润如表 10-5 所示,问这 5 台设备应如何分配给这 3 个工厂,使得所创造的总利润为最大?

表 10-5

盈 利 工 厂 设备台数		甲厂	乙厂	丙厂
0		0	0	0
1		3	5	4
2		7	10	6
3		9	11	11
4		12	11	12
5		13	11	12

解 将问题按工厂分为三个阶段,甲、乙、丙三厂分别编号为 1,2,3.设

s_k = 分配给第 k 个厂至第 3 个厂的设备台数($k = 1,2,3$).

x_k = 分配给第 k 个工厂的设备台数.

已知 $$s_1 = 5,$$

并有

$$s_2 = T_1(s_1, x_1) = s_1 - x_1,$$
$$s_3 = T_2(s_2, x_2) = s_2 - x_2.$$

从 s_k 与 x_k 的定义,可知

$$s_3 = x_3.$$

以下我们从第三阶段开始计算.

第三阶段:

显然将 $s_3(s_3 = 0,1,2,3,4,5)$ 台设备都分配给第 3 工厂时,也就是 $s_3 = x_3$ 时,第 3 阶段的指标值(即第 3 厂的盈利)为最大,即

$$\max_{x_3} r_3(s_3, x_3) = r_3(s_3, s_3).$$

由于第 3 阶段是最后的阶段,故有

$$f_3(s_3) = \max_{x_3} r_3(s_3, x_3) = r_3(s_3, s_3).$$

其中 x_3 可取值为 0,1,2,3,4,5.其数值计算见表 10-6.其中 x_3^* 表示取 3 子过程上最优指标值 $f_3(s_3)$ 时的 x_3 的决策即为最优决策,例如在表 10-6 中可知当 $s_3 = 4$ 时,有 $r_3(4,4) = 12$;有 $f_3(4) = 12$,此时 $x_3^* = 4$,即当 $s_3 = 4$ 时,此时取 $x_3 = 4$(把 4 台设备分配给第 3 厂)是最优决策,此时阶段指标值(盈利值)为 12,最优 3 子过程最优指标值也为 12.

表 10-6

s_3 \ x_3	$r_3(s_3,x_3)$						$f_3(s_3)$	x_3^*
	0	1	2	3	4	5		
0	0	—	—	—	—	—	0	0
1	—	4	—	—	—	—	4	1
2	—	—	6	—	—	—	6	2
3	—	—	—	11	—	—	11	3
4	—	—	—	—	12	—	12	4
5	—	—	—	—	—	12	12	5

第二阶段:

当把 $s_2(s_2=0,1,2,3,4,5)$ 台设备分配给第 2 工厂和第 3 工厂时,则对每个 s_2 值,有一种最优分配方案,使最大盈利即最优 2 子过程最优指标函数值为

$$f_2(s_2) = \max_{x_2}[r_2(s_2,x_2) + f_3(s_3)].$$

因为 $s_3 = s_2 - x_2$,上式也可写成

$$f_2(s_2) = \max_{x_2}[r_2(s_2,x_2) + f_3(s_2 - x_2)],$$

其中 x_2 可取值 $0,1,2,3,4,5$,其数值计算如表 10-7 所示.

表 10-7

s_2 \ x_2	$r_2(s_2,x_2)+f_3(s_2-x_2)$						$f_2(s_2)$	x_2^*
	0	1	2	3	4	5		
0	$\overline{0+0}$	—	—	—	—	—	0	0
1	0+4	$\overline{5+0}$	—	—	—	—	5	1
2	0+6	5+4	$\overline{10+0}$	—	—	—	10	2
3	0+11	5+6	$\overline{10+4}$	11+0	—	—	14	2
4	0+12	$\overline{5+11}$	$\overline{10+6}$	11+4	11+0	—	16	1,2
5	0+12	5+12	$\overline{10+11}$	11+6	11+4	11+0	21	2

在 $s_2=4$ 的这一行里,当 $x_2=1$ 时,

$$r_2(s_2,x_2) + f_3(s_2 - x_2) = r_2(4,1) + f_3(4-1)$$
$$= r_2(4,1) + f_3(3) = 5 + 11 = 16,$$

这里 $r_2(4,1)$ 从表 10-5 中可知,把 1 台设备交给乙厂所得盈利数即可,知 $r_2(4,1)=5$,这里 $f_3(4-1)=f_3(3)$,从表 10-6 查 $f_3(3)$ 即可知 $f_3(3)=11$.同样可知:当 $x_2=2$ 时,可知 $r_2(s_2,x_2)+f_3(s_2-x_2)=r_2(4,2)+f_3(4-2)=r_2(4,2)+f_3(2)=10+6=16$;当 $x_2=0$ 时,$r_2(4,0)+f_3(4-0)=0+12=12$;当

$x_2 = 3$ 时, $r_2(4,3) + f_3(4-3) = 11+4$; 当 $x_2 = 4$ 时, $r_2(4,4) + f_3(4-4) = 11+0 = 11$; 由于 $s_2 = 4$, 不可能分 2 厂 5 台设备, 故 $x_2 = 5$ 时, $r_2(4,5) + f_3(4-5)$ 栏空着不填. 从这些数值中取最大值即得 $f_2(4)$, 即有 $f_2(4) = 16$. 在此行中我们在取最大值的 $r_2(s_2, x_2) + f_3(s_2 - x_2)$ 上面加一横以示区别, 也可知这时 x_2 的最优决策为 1 或 2.

第一阶段:

把 $s_1(s_1 = 5)$ 台设备分配给第 1, 第 2, 第 3 厂时, 最大盈利为

$$f_1(5) = \max_{x_1} [r_1(5, x_1) + f_2(5 - x_1)],$$

其中 x_1 可取值 $0, 1, 2, 3, 4, 5$. 数值计算见表 10-8.

表 10-8

s_1 \ x_1	$r_1(5, x_1) + f_2(5-x_1)$						$f_1(x)$	x_1^*
	0	1	2	3	4	5		
5	$\overline{0+21}$	3+16	$\overline{7+14}$	9+10	12+5	13+0	21	0, 2

然后按计算表格的顺序推算, 可知最优分配方案有两个:

(1) 由于 $x_1^* = 0$, 根据 $s_2 = s_1 - x_1^* = 5-0 = 5$, 查表 10-7, 可知 $x_2^* = 2$, 再由 $s_3 = s_2 - x_2^* = 5-2 = 3$, 求得 $x_3^* = s_3 = 3$. 即分配给甲厂 0 台, 乙厂 2 台, 丙厂 3 台.

(2) 由于 $x_1^* = 2$, 根据 $s_2 = s_1 - x_1^* = 5-2 = 3$, 查表 10-7 可知 $x_2^* = 2$, 再由 $s_3 = s_2 - x_2^* = 3-2 = 1$, 求得 $x_3^* = s_3 = 1$, 即分配给甲厂 2 台, 乙厂 2 台, 丙厂 1 台.

这两种分配方案都能得到最高的总盈利 21 万元.

二、背包问题

所谓的背包问题是指对于 N 种具有不同重量和不同价值的物品, 在携带物品总重量限制的情况下, 决定这 N 种物品中每一种物品多少数量装入背包内, 使得装入背包物品的总价值最大.

例 3 某咨询公司有 10 个工作日可以去处理四种类型的咨询项目, 每种类型的咨询项目中待处理的客户数量、处理每个客户所需工作日数以及所获得的利润如表 10-9 所示. 显然该公司在 10 天内不能处理完所有的客户, 它可以自己挑选一些客户, 其余的请其他咨询公司去做, 该咨询公司应如何选择客户使得在这 10 个工作日中获利最大?

教学视频: 背包问题

表 10-9

咨询项目类型	待处理客户数	处理每个客户所需工作日数	处理每个客户所获利润
1	4	1	2
2	3	3	8
3	2	4	11
4	2	7	20

解 用动态规划来求解此题.

我们把此问题分成四个阶段,第一阶段我们决策将处理多少个第一种咨询项目类型中的客户,第二阶段决策将处理多少个第二种咨询项目类型中的客户,第三阶段、第四阶段我们也将作出类似的决策.我们设

s_k＝分配给第 k 种咨询项目到第四种咨询项目的所有客户的总工作日(第 k 阶段的状态变量).

x_k＝在第 k 种咨询项目中处理客户的数量(第 k 阶段的决策变量).

已知 $$s_1 = 10,$$

并有

$$s_2 = T_1(s_1, x_1) = s_1 - x_1,$$
$$s_3 = T_2(s_2, x_2) = s_2 - 3x_2,$$
$$s_4 = T_3(s_3, x_3) = s_3 - 4x_3.$$

并从 s_k 与 x_k 的定义可知 $s_4 = 7x_4$.

从第四阶段开始计算:

显然将 s_4 个工作日($s_4 = 0, 1, \cdots, 10$)尽可能分配给第四类咨询项目,即 $x_4 = \lfloor s_4/7 \rfloor$ 时,第四阶段的指标值为最大,其中,$\lfloor s_4/7 \rfloor$ 表示取不大于 $s_4/7$ 的最大整数,符号$\lfloor \rfloor$为取整符号,故有

$$\max_{x_4} r_4(s_4, x_4) = r_4(s_4, \lfloor s_4/7 \rfloor).$$

由于第四阶段是最后的阶段,故有

$$f_4(s_4) = \max_{x_4} r_4(s_4, x_4) = r_4(s_4, \lfloor s_4/7 \rfloor).$$

因为 s_4 至多为 10,所以 x_4 的取值可为 0 或 1,其数值计算见表 10-10.

表 10-10

s_4 \ x_4	$r_4(s_4, x_4)$		$f_4(s_4)$	x_4^*
	0	1		
0	$\overline{0}$	—	0	0
1	$\overline{0}$	—	0	0

s_4 \ x_4	$r_4(s_4,x_4)$		$f_4(s_4)$	x_4^*
	0	1		
2	$\overline{0}$	—	0	0
3	$\overline{0}$	—	0	0
4	$\overline{0}$	—	0	0
5	$\overline{0}$	—	0	0
6	$\overline{0}$	—	0	0
7	0	$\overline{20}$	20	1
8	0	$\overline{20}$	20	1
9	0	$\overline{20}$	20	1
10	0	$\overline{20}$	20	1

第三阶段:

当把 $s_3(s_3=0,1,2,3,\cdots,10)$ 个工作日分配给第四类和第三类咨询项目时,则对每个 s_3 值,都有一种最优分配方案,使其最大盈利即最优 3 子过程最优指标函数值为

$$f_3(s_3) = \max_{x_3}[r_3(s_3,x_3) + f_4(s_4)].$$

因为 $s_4 = s_3 - 4x_3$,

$$f_3(s_3) = \max_{x_3}[r_3(s_3,x_3) + f(s_3 - 4x_3)].$$

因为 s_3 至多为 10,所以 x_3 的取值只能为 0,1,2.其数值计算见表 10-11.

表 10-11

s_3 \ x_3	$r_3(s_3,x_3) + f(s_3-4x_3)$			$f_3(s_3)$	x_3^*
	0	1	2		
0	$\overline{0+0}$	—	—	0	0
1	$\overline{0+0}$	—	—	0	0
2	$\overline{0+0}$	—	—	0	0
3	$\overline{0+0}$	—	—	0	0
4	0+0	$\overline{11+0}$	—	11	1
5	0+0	$\overline{11+0}$	—	11	1
6	0+0	$\overline{11+0}$	—	11	1
7	$\overline{0+20}$	11+0	—	20	0

s_3 \ x_3	$r_3(s_3,x_3)+f(s_3-4x_3)$			$f_3(s_3)$	x_3^*
	0	1	2		
8	0+20	11+0	$\overline{22+0}$	22	2
9	0+20	11+0	$\overline{22+0}$	22	2
10	0+20	11+0	$\overline{22+0}$	22	2

第二阶段:

同样对每个 s_2 值都有一种最优分配方案,使其最大盈利即最优 2 子过程最优指标函数值为

$$f_2(s_2) = \max_{x_2}[r_2(s_2,x_2) + f_3(s_3)].$$

因为 $s_3 = s_2 - 3x_2$,故有

$$f_2(s_2) = \max_{x_2}[r_2(s_2,x_2) + f_3(s_2 - 3x_2)].$$

因为 s_2 至多为 10,故 x_2 只能取值为 0,1,2,3,数值计算见表 10-12.

表 10-12

s_2 \ x_2	$r_2(s_2,x_2)+f_3(s_2-3x_2)$				$f_2(s_2)$	x_2^*
	0	1	2	3		
0	$\overline{0+0}$	—	—	—	0	0
1	$\overline{0+0}$	—	—	—	0	0
2	$\overline{0+0}$	—	—	—	0	0
3	0+0	$\overline{8+0}$	—	—	8	1
4	$\overline{0+11}$	8+0	—	—	11	0
5	$\overline{0+11}$	8+0	—	—	11	0
6	0+11	8+0	$\overline{16+0}$	—	16	2
7	$\overline{0+20}$	8+11	16+0	—	20	0
8	$\overline{0+22}$	8+11	16+0	—	22	0
9	0+22	8+11	16+0	$\overline{24+0}$	24	3
10	0+22	$\overline{8+20}$	16+11	24+0	28	1

第一阶段:

我们已知 $s_1 = 10$,又因为 $s_2 = s_1 - x_1$,同样有

$$f_1(s_1) = \max_{x_1}[r_1(s_1,x_1) + f_2(s_1 - x_1)].$$

$$f_1(10) = \max_{x_1}[r_1(10,x_1) + f_2(10 - x_1)].$$

因为 $s_1=10$,故 x_1 可取值为 $0,1,2,\cdots,10$;其数值计算见表 10-13.

表 10-13

x_1 s_1	$r_1(10,x_1)+f_2(10-x_1)$					$f_1(s_1)$	x_1^*
	0	1	2	3	4		
10	$\overline{0+28}$	2+24	4+22	6+20	8+16	28	0

从表 10-13 可知 $f_1(10)=28$,$x_1^*=0$,从而得 $s_2=10-x_1^*=10-0=10$,在表 10-12 的 $s_2=10$ 的这一行可知 $x_2^*=1$,由 $s_3=s_2-3x_2^*=10-3=7$,再由表 10-11 的 $s_3=7$ 的这一行可知 $x_3^*=0$,最后由 $s_4=s_3-x_3^*=7-0=7$,查表 10-10 的 $s_4=7$ 的这一行得 $x_4^*=1$,综上所述得最优解为:$x_1^*=0,x_2^*=1,x_3^*=0,x_4^*=1$,此时最大盈利为 28.

现在我们不妨假设该咨询公司的工作计划有所改变,只有 8 个工作日而不是 10 个工作日来处理这四类咨询项目,那么该咨询公司该如何选择客户使得获利最大呢? 我们不必从头开始重做这个问题,而只要在第一阶段上把 s_1 改成 8,重新计算就可得到结果,如表 10-14 所示,这是动态规划解题的一个好处.

表 10-14

x_1 s_1	$r_1(8,x_1)+f_2(8-x_1)$					$f_1(s_1)$	x_1^*
	0	1	2	3	4		
8	$\overline{0+22}$	$\overline{2+20}$	4+16	6+11	8+11	22	0;1

同上一样可从表 10-14,表 10-12,表 10-11,表 10-10 得到两组最优解如下:

$$\text{I}:\begin{cases}x_1^*=0,\\x_2^*=2,\\x_3^*=0,\\x_4^*=0.\end{cases}\quad\text{II}:\begin{cases}x_1^*=1,\\x_2^*=0,\\x_3^*=0,\\x_4^*=1.\end{cases}$$

它们的最优值(即最大盈利)都为 22.

一旦咨询公司的工作日不是减少而是增加了,那么我们不仅要重新计算第一阶段,而且要在第二、第三、第四阶段的计算表上补上增加的工作日的新的信息,也可得到新的结果.

实际上,背包问题我们也可以用整数规划来求解,如果背包携带物品重量的限制为 W,这 N 种物品中第 i 种物品的重量为 w_i,价值为 c_i,第 i 种物品的总数量为 n_i,我们可以设 x_i 表示携带第 i 种物品的数量,则其数学模型为

$$\max f=\sum_{i=1}^{N}c_ix_i;$$

约束条件：
$$\sum_{i=1}^{N} w_i x_i \leq W,$$
$$x_i \leq n_i (i = 1, 2, \cdots, N),$$
$$x_i \geq 0 \text{ 且为整数}.$$

我们不妨用此模型去求解例 3,也一定得出同样的结果.

三、生产与存储问题

例 4 某公司为主要电力公司生产大型变压器,由于电力公司采取预订方式购买,所以该公司可以预测未来几个月的需求量.为确保需求,该公司为新的一年前四个月制定一项生产计划,这四个月的需求如表 10-15 所示.

生产成本随着生产数量而变化.调试费为 4,除了调试费用外,每月生产的头两台各花费为 2,后两台各花费为 1.最大生产能力每月为 4 台,生产成本如表 10-16 所示.

表 10-15

月份 n	需求量 d_n/台
1	2
2	4
3	1
4	3

表 10-16

生产件数	总成本
0	0
1	6
2	8
3	9
4	10

每台变压器在仓库中由这个月存到下个月的储存费为 1,仓库的最大储存能力为 3 台,另外,知道在 1 月 1 日时仓库里存有一台变压器,要求在 4 月 30 日仓库的库存量为零.试问该公司应如何制定生产计划,使得四个月的生产成本和储存总费用最少?

教学视频:生产与存储问题

解 我们按月份来划分阶段,第 i 个月为第 i 阶段($i=1,2,3,4$).

设 s_k 为第 k 阶段期初库存量($k=1,2,3,4$);

x_k 为第 k 阶段的生产量($k=1,2,3,4$);

d_k 为第 k 阶段需求量($k=1,2,3,4$),这已在表 10-15 中告诉我们.

因为下个月的库存量等于上个月的库存量加上上个月的产量减去上个月的需求量,我们就得到了如下状态转移方程:

$$s_2 = s_1 + x_1 - d_1,$$

因为 $s_1 = 1$,故有

$$s_2 = 1 + x_1 - d_1,$$

$$s_3 = s_2 + x_2 - d_2,$$

$$s_4 = s_3 + x_3 - d_3,$$

$$s_5 = s_4 + x_4 - d_4.$$

因为 $s_5 = 0$,故有

$$0 = s_4 + x_4 - d_4.$$

由于必须要满足需求,则有

$$s_k + x_k \geq d_k \quad (k=1,2,3,4),$$

通过移项得到

$$x_k \geq d_k - s_k.$$

另一方面,第 k 阶段的生产量 x_k 必不大于同期的生产能力(4 台),也不大于第 k 阶段至第四阶段的需求之和与第 k 阶段期初库存量之差,否则第 k 阶段的生产量就要超过从第 k 阶段至第四阶段的总需求,故有

$$x_k \leq \min\left[\left(\sum_{i=k}^{4} d_i \right) - s_k, 4 \right].$$

以下我们从第四阶段开始计算:

从以上的状态转移方程 $0 = s_4 + x_4 - d_4$,可知 $x_4 = d_4 - s_4 = 3 - s_4$,这样就有

$$f_4(s_4) = \min_{x_4} r_4(s_4, x_4) = r_4(s_4, 3 - s_4).$$

这里的阶段指标 $r_n(s_n, x_n)$ 可以分成两部分,即生产成本与储存费,即为

$$r_n(s_n, x_n) = c_n(x_n) + h_n(s_n, x_n).$$

由于第四阶段末要求库存为零,即有 $h_4(s_4, x_4) = 1 \times 0 = 0$,这样可得

$$f_4(s_4) = r_4(s_4, 3 - s_4) = c_4(3 - s_4) + h_4(s_4, 3 - s_4) = c_4(3 - s_4).$$

对于每个 s_4 的可行值,$f_4(s_4)$ 的值列于表 10-17.

表 10-17

s_4 / x_4	$r_4(s_4,3-s_4)=c_4(3-s_4)$				$f_4(s_4)$	x_4^*
	0	1	2	3		
0	—	—	—	9	9	3
1	—	—	8	—	8	2
2	—	6	—	—	6	1
3	0	—	—	—	0	0

表中当 $s_4=0$ 时,可知第四阶段要生产 $x_4=3-s_4=3$ 台,从表 10-16 可知总成本为 9,同样可以算出当 s_4 为 1,2,3 时的情况,结果已列于表10-17中.

第三阶段:

此时有: $r_3(s_3,x_3)=c_3(x_3)+h_3(s_3,x_3)=c_3(x_3)+1\times(s_3+x_3-d_3)$.

因为 $s_4=s_3+x_3-d_3$,以及 $d_3=1$,所以有

$$f_3(s_3)=\min_{1-s_3\leqslant x_3\leqslant\min(4-s_3,4)}[c_3(x_3)+1\times(s_3+x_3-1)+f_4(s_4)]$$
$$=\min_{1-s_3\leqslant x_3\leqslant\min(4-s_3,4)}[c_3(x_3)+1\times(s_3+x_3-1)+f_4(s_3+x_3-1)].$$

例如,当第三阶段初库存量 $s_3=1$ 时,生产量 x_3 为 2 时,则 $s_3+x_3-d_3=1+2-1=2$,所以生产成本为 8,第三阶段末库存为 2 时,储存费为 $1\times2=2$,而 $f_4(s_4)=f_4(s_3+x_3-d_3)=f_4(2)$,查 10-17 表可知 $f_4(2)=6$,这样可知 $r_3(1,2)+f_4(2)=8+2+6=16$,填入表 10-18 中 $s_3=1,x_3=2$ 的栏内,其他结果如表10-18所示.

表 10-18

s_3 / x_3	$r_3(s_3,x_3)+f_4(s_3+x_3-1)$					$f_3(s_3)$	x_3^*
	0	1	2	3	4		
0	—	6+0+9	8+1+8	9+2+6	10+3+0	13	4
1	0+0+9	6+1+8	8+2+6	9+3+0	—	9	0
2	0+1+8	6+2+6	8+3+0	—	—	9	0
3	0+2+6	6+3+0	—	—	—	8	0

第二阶段:

因为 $d_2=4,s_3=s_2+x_2-d_2$,所以有

$$f_2(s_2)=\min_{4-s_2\leqslant x_2\leqslant\min(8-s_2,4)}[r_2(s_2,x_2)+f_3(s_3)]$$
$$=\min_{4-s_2\leqslant x_2\leqslant\min(8-s_2,4)}[c_2(x_2)+h_2(s_2,x_2)+f_3(s_3)]$$
$$=\min_{4-s_2\leqslant x_2\leqslant\min(8-s_2,4)}[c_2(x_2)+1\times(s_2+x_2-d_2)+f_3(s_2+x_2-d_2)]$$
$$=\min_{4-s_2\leqslant x_2\leqslant\min(8-s_2,4)}[c_2(x_2)+1\times(s_2+x_2-4)+f_3(s_2+x_2-4)].$$

计算结果如表 10-19 所示.

表 10-19

x_2 / s_2	\multicolumn{5}{c|}{$r_2(s_2,x_2)+f_3(s_2+x_2-4)$}	$f_2(s_2)$	x_2^*
	0	1	2	3	4		
0	—	—	—	—	$\overline{10+0+13}$	23	4
1	—	—	—	$9+0+13$	$\overline{10+1+9}$	20	4
2	—	—	$8+0+13$	$\overline{9+1+9}$	$10+2+9$	19	3
3	—	$6+0+13$	$\overline{8+1+9}$	$9+2+9$	$10+3+8$	18	2

第一阶段：

因为 $d_1=2, s_1=1, s_1+x_1-d_1=s_2$，故有

$$f_1(s_1)=f_1(1)=\min_{1\leqslant x_1\leqslant 4}\left[r_1(s_1,x_1)+f_2(s_2)\right]$$
$$=\min_{1\leqslant x_1\leqslant 4}\left[c_1(x_1)+1\times(1+x_1-2)+f_2(1+x_1-2)\right].$$

计算结果见表 10-20.

表 10-20

x_1 / s_1	\multicolumn{5}{c|}{$r_1(s_1,x_1)+f_2(s_1+x_1-2)$}	$f_1(s_1)$	x_1^*
	0	1	2	3	4		
1	—	$\overline{6+0+23}$	$\overline{8+1+20}$	$9+2+19$	$10+3+18$	29	1；2

利用递推关系可以从表 10-20，表 10-19，表 10-18 和表 10-17 得到两组最优解：

$$
\text{I}：\begin{cases}x_1=1,\\x_2=4,\\x_3=4,\\x_4=0.\end{cases}
\qquad
\text{II}：\begin{cases}x_1=2,\\x_2=4,\\x_3=0,\\x_4=3.\end{cases}
$$

这时有最低总成本 29.

四、系统可靠性问题

例 5 某科研项目组由三个小组用不同的手段分别研究，它们失败的概率各为 0.40，0.60，

0.80.为了减少三个小组都失败的可能性,现决定给三个小组中增派两名高级科学家,到各小组后,各小组科研项目失败概率如表 10-21 所示.

表 10-21

高级科学家	小　　　组		
	1	2	3
0	0.40	0.60	0.80
1	0.20	0.40	0.50
2	0.15	0.20	0.30

问如何分派科学家才能使三个小组都失败的概率(即科研项目最终失败的概率)最小?

解 用逆序算法.设

阶段:每个研究小组为一个阶段,如表 10-22 所示.

表 10-22

阶段	1	2	3
小组	1	2	3

决策变量 x_n:分配给第 n 小组的高级科学家数目,相应的失败概率为 $P_n(x_n)$;

状态变量 s_n:在阶段 n 时可分配于阶段 $n, n+1, \cdots, 3$ 的高级科学家人数.

递推关系:

$$f_3^*(s_3) = \min_{x_3 \leqslant s_3} \{ P_3(x) \},$$

$$f_n^*(s_n) = \min_{x_n \leqslant s_n} \{ P_n(x_n) \cdot f_{n+1}^*(s_n - x_n) \}, \quad n = 1, 2.$$

计算:

当 $n = 3$ 时,如表 10-23 所示.

表 10-23

s_3	$f_3^*(s_3)$	x_3^*
0	0.80	0
1	0.50	1
2	0.30	2

当 $n = 2$ 时,如表 10-24 所示.

表 10-24

s_2 \ x_2	$f_2(s_2)=P_2(x_2)\cdot f_3^*(s_2-x_2)$			$f_2^*(s_2)$	x_2^*
	0	1	2		
0	0.48			0.48	0
1	0.30	0.32		0.30	0
2	0.18	0.20	0.16	0.16	2

当 $n=1$ 时，如表 10-25 所示.

表 10-25

s_1 \ x_1	$f_1(s_1)=P_1(x_1)\cdot f_2^*(s_1-x_1)$			$f_1^*(s_1)$	x_1^*
	0	1	2		
2	0.064	0.060	0.072	0.060	1

最优解为 $x_1^*=1,x_2^*=0,x_3^*=1$；科研项目最终失败的概率为 0.060.

*§10.4　动态规划应用（2）

一、连续确定性动态规划

对于状态变量和决策变量只取连续值，过程的演变方式为确定性时，这种动态规划问题就称为连续确定性动态规划问题.

机器负荷分配问题：

例 6 一种机器能在高低两种不同的负荷状态下工作.设机器在高负荷下生产时，产量函数为 $P_1=8u_1$，其中 u_1 为在高负荷状态下生产的机器数目，年完好率为 $a=0.7$，即到年底有 70% 的机器保持完好.在低负荷下生产时，产量函数为 $P_2=5u_2$，其中 u_2 为在低负荷状态下生产的机器数目，年完好率为 $b=0.9$.设开始生产时共有 1 000 台完好的机器，请问每年应该如何把完好机器分配给高、低两种负荷下生产，才能使得 5 年内生产的产品总产量最高.

解 建立动态规划模型：

教学视频：连续确定性动态规划及例题

分为 5 个阶段,每个阶段为 1 年.设状态变量 s_k 表示在第 k 阶段初拥有的完好机器数目;$k = 1,2,3,4,5$.

决策变量 x_k 表示第 k 阶段中分配给高负荷状态下生产的机器数目;$k = 1,2,3,4,5$.显然 $s_k - x_k$ 为分配给低负荷状态下生产的机器数目.

状态转移方程为

$$s_{k+1} = 0.7x_k + 0.9(s_k - x_k),$$

阶段指标

$$r_k(s_k, x_k) = 8x_k + 5(s_k - x_k),$$

最优指标函数

$$f_k(s_k) = \max_{0 \leqslant x_k \leqslant s_k} \{8x_k + 5(s_k - x_k) + f_{k+1}(s_{k+1})\},\text{其中 } k = 1,2,3,4,5.$$

$$f_6(s_6) = 0.$$

第 5 阶段:

$$f_5(s_5) = \max_{0 \leqslant x_5 \leqslant s_5} \{8x_5 + 5(s_5 - x_5) + f_6(s_6)\}$$

$$= \max_{0 \leqslant x_5 \leqslant s_5} \{8x_5 + 5(s_5 - x_5)\}.$$

因为 $f_5(s_5)$ 是 x_5 的线性单调增函数,故有 $x_5^* = s_5$,于是有 $f_5(s_5) = 8s_5$.

第 4 阶段:

$$f_4(s_4) = \max_{0 \leqslant x_4 \leqslant s_4} \{8x_4 + 5(s_4 - x_4) + f_5(s_5)\}$$

$$= \max_{0 \leqslant x_4 \leqslant s_4} \{8x_4 + 5(s_4 - x_4) + 8s_5\}$$

$$= \max_{0 \leqslant x_4 \leqslant s_4} \{8x_4 + 5(s_4 - x_4) + 8[0.7x_4 + 0.9(s_4 - x_4)]\}$$

$$= \max_{0 \leqslant x_4 \leqslant s_4} \{13.6x_4 + 12.2(s_4 - x_4)\}.$$

同样,$f_4(s_4)$ 是 x_4 的线性单调增函数,有 $x_4^* = s_4$,$f_4(s_4) = 13.6s_4$.

对前几个阶段以此类推,可得

$$x_3^* = s_3, f_3(s_3) = 17.52s_3,$$

$$x_2^* = 0, f_2(s_2) = 20.768s_2,$$

$$x_1^* = 0, f_1(s_1) = 23.691\,2s_1.$$

因为期初共有完好机器 1 000 台,故 $s_1 = 1\,000$.有 $f_1(s_1) = 23.691\,2s_1 = 23\,691.2$,即 5 年最大的产量为 23 691 台.

把结果整理,得最优解为 $x_1^* = 0, x_2^* = 0, x_3^* = s_3, x_4^* = s_4, x_5^* = s_5$.这意味着前两年应把年初完好机器完全投入低负荷生产,后三年应把年初完好机器完全投入高负荷生产.

下一步工作是确定每年初的状态,按照从前向后的顺序依次计算出每年年初完好的机器数目.已知 $s_1 = 1\,000$,根据状态转移方程,有

$$s_2 = 0.7x_1^* + 0.9(s_1 - x_1^*) = 0.9s_1 = 900,$$

$$s_3 = 0.7x_2^* + 0.9(s_2 - x_2^*) = 0.9s_2 = 810,$$

$$s_4 = 0.7x_3^* + 0.9(s_3 - x_3^*) = 0.7s_3 = 567,$$

$$s_5 = 0.7x_4^* + 0.9(s_4 - x_4^*) = 0.7s_4 = 397,$$

$$s_6 = 0.7x_5^* + 0.9(s_5 - x_5^*) = 0.7s_5 = 278.$$

上面所讨论的最优策略过程,初始端状态 $s_1 = 1\,000$ 台是固定的,终点状态 s_6 没有要求.这种情况下得到最优决策称为初始端固定终点自由的最优策略.

如果终点附加一定的条件,则问题就称为"终端固定问题".例如,规定在第 5 年度结束时仍要保持 500 台机器完好(而不是 278 台),应如何安排生产才能使得总产量最大?

下面来分析:

根据终点条件有

$$s_6 = 0.7x_5 + 0.9(s_5 - x_5) = 500,可得 x_5 = 4.5s_5 - 2\,500.$$

显然,由于固定了终点的状态,x_5 的取值受到了约束.因此有

$$f_5(s_5) = \max\{8(4.5s_5 - 2\,500) + 5(s_5 - 4.5s_5 + 2\,500)\} = 18.5s_5 - 7\,500.$$

类似,

$$f_4(s_4) = \max_{0 \leqslant x_4 \leqslant s_4} \{8x_4 + 5(s_4 - x_4) + f_5(s_5)\}$$

$$= \max_{0 \leqslant x_4 \leqslant s_4} \{8x_4 + 5(s_4 - x_4) + 18.5s_5 - 7\,500\}$$

$$= \max_{0 \leqslant x_4 \leqslant s_4} \{21.65s_4 - 0.7x_4 - 7\,500\}.$$

容易解得 $x_4^* = 0$,$f_4(s_4) = 21.65s_4 - 7\,500$.

以此类推,得

$$x_3^* = x_2^* = x_1^* = 0,$$

$$f_3(s_3) = 24.485\,5s_3 - 7\,500,$$

$$f_2(s_2) = 27.036\,95s_2 - 7\,500,$$

$$f_1(s_1) = 29.333\,255s_1 - 7\,500.$$

再采用顺序方法递推计算各年的状态,有

$$s_1 = 1\,000,$$

$$s_2 = 0.7x_1^* + 0.9(s_1 - x_1^*) = 0.9s_1 = 900,$$

$$s_3 = 0.7x_2^* + 0.9(s_2 - x_2^*) = 0.9s_2 = 810,$$

$$s_4 = 0.7x_3^* + 0.9(s_3 - x_3^*) = 0.9s_3 = 729,$$

$$s_5 = 0.7x_4^* + 0.9(s_4 - x_4^*) = 0.9s_4 = 656.$$

可见,为了使终点完好的机器数量增加到 500 台,需要安排前四年中全部完好机器都要投入低负荷生产,且在第 5 年,有 $x_5^* = 4.5s_5 - 2\,500 = 4.5 \times 656 - 2\,500 = 452$(台)投入高负荷生产,204 台投入低负荷生产.

相应的最优指标为

$$f_1(s_1) = 29.333\,255s_1 - 7\,500 = 21\,833.255.$$

可以看到,因为增加了附加条件,总产量 $f_1(s_1)$ 要比终点自由情况下的产量要低.

二、离散随机性动态规划

随机型的动态规划是指状态的转移律是不确定的,即对给定的状态和决策,下一阶段的到达状态是具有确定概率分布的随机变量,这个概率分布由本阶段的状态和决策完全确定.随机型动态规划的基本结构如图 10-3 所示.

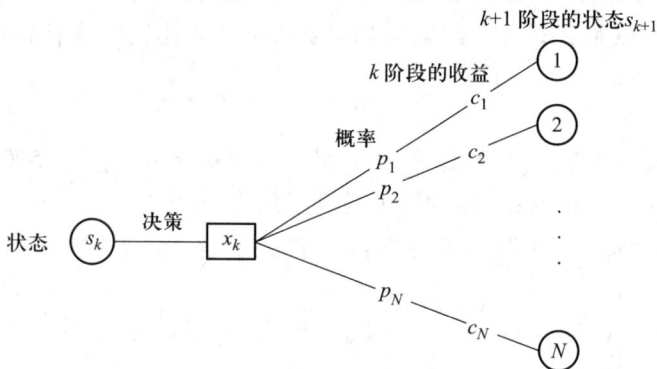

图 10-3

图中 N 表示第 $k+1$ 阶段可能的状态数,$p_1,p_2,\cdots,p_N$ 为给定状态 s_k 和决策 x_k 的前提下,可能达到下一个状态的概率.c_i 为从 k 阶段状态 s_k 转移到 $k+1$ 阶段状态为 i 时的指标函数值.

在随机性的动态规划问题中,由于下一阶段到达的状态和阶段的效益值不确定,只能根据各阶段的期望效益值进行优化.

例7 某公司承担一种新产品研制任务,合同要求三个月内交出一件合格的样品,否则将索赔 20 百元.根据有经验的技术人员估计,试制品合格的概率为 0.4,每次试制一批的装配费为 2 百元,每件产品的制造成本为 1 百元.每次试制的周期为 1 个月.问该如何安排试制,每次生产多少件,才能使得期望费用最小?

解 把三次试制当作三个阶段($k=1,2,3$),决策变量 x_k 表示第 k 次生产的产品的件数;状态变量 s_k 表示第 k 次试制前是否已经生产出合格品,如果有合格品,则 $s_k=0$;如果没有合格品,记 $s_k=1$.最优函数 $f_k(s_k)$ 表示从状态 s_k,决策 x_k 出发的第 k 阶段以后的最小期望费用,故有 $f_k(0)=0$.

教学视频:离散随机性动态规划及例题

生产出一件合格品的概率为 0.4,所以生产 x_k 件产品都不合格的概率为 0.6^{x_k},至少有一件合格品的概率为 $1-0.6^{x_k}$,故有状态转移方程为

$$\begin{cases} p(s_{k+1}=1)=0.6^{x_k}, \\ p(s_{k+1}=0)=1-0.6^{x_k}. \end{cases}$$

用 $C(x_k)$ 表示第 k 阶段的费用,第 k 阶段的费用包括制造成本和装配费用,故有

$$C(x_k)=\begin{cases} 2+x_k, & x_k>0, \\ 0, & x_k=0. \end{cases}$$

根据状态转移方程以及 $C(x_k)$,可得到

$$f_k(1)=\min_{x_k}\{c(x_k)+(1-0.6^{x_k})f_{k+1}(0)+0.6^{x_k}f_{k+1}(1)\}$$
$$=\min_{x_k}\{c(x_k)+0.6^{x_k}f_{k+1}(1)\}.$$

如果 3 个月后没有试制出一件合格品,则要承担 2 000 元的罚金,因此有 $f_4(1)=20$.

当 $k=3$ 时,计算如表 10-26 所示.

表 10-26

s_3 \ x_3	\multicolumn{7}{c}{$C(x_3)+20\times0.6^{x_3}$}	$f_3(s_3)$	x_3^*
	0	1	2	3	4	5	6		
0	0	—	—	—	—	—	—	0	0
1	20	15	11.2	9.32	8.59	8.56	8.93	8.56	5

当 $k=2$ 时,计算如表 10-27 所示.

表 10-27

s_2 \ x_2	\multicolumn{5}{c}{$C(x_2)+8.56\times0.6^{x_2}$}	$f_2(s_2)$	x_2^*
	0	1	2	3	4		
0	0	—	—	—	—	0	0
1	8.56	8.14	7.08	6.85	7.11	6.85	3

当 $k=1$ 时,计算如表 10-28 所示.

表 10-28

s_1 \ x_1	\multicolumn{4}{c}{$C(x_1)+6.85\times0.6^{x_1}$}	$f_1(s_1)$	x_1^*
	0	1	2	3		
1	6.85	7.11	6.46	6.48	6.46	2

上面三个表中并没有列出 x_k 取更大数值的情况,因为可以证明以后的 $C(x_k)+0.6^{x_k}f_{k+1}(1)$ 的

值是对 x_k 单调增加的.

因此得到的最优策略是,在第 1 个阶段试制 2 件产品;如果都不合格,在第 2 阶段试制 3 件产品;如果仍都不合格,则在第 3 个阶段试制 5 件产品.该策略得到的最小的期望费用为 6.46 百元.

随机采购问题:

例 8　某公司打算在 5 周内采购一批原料,未来 5 周内的原料的价格有三种,这些价格的出现概率可以估计,如表 10−29 所示.该部分由于生产需要,必须在 5 周内采购这批原料.如果第一周价格很高,可以等到第 2 周;同样的,第 2 周如果仍对价格不满意,可以等到第 3 周;类似地,未来几周都可能选择购买或者等待,但必须保证第 5 周时采购了该原料.试问该选择哪种采购方案,才能使得采购费用最小?

表 10−29

价　　格	概　　率
500	0.3
600	0.3
700	0.4

解　建立动态规划.按照采购周期分为 5 个阶段,将每周的价格看作该阶段的状态.假设状态变量 s_k 表示第 k 周的实际价格,决策变量 x_k 表示第 k 周是否采购的 0−1 变量.如决定采购,则 $x_k = 1$;如选择等待,则 $x_k = 0$.用 s_k^E 表示第 k 周等待,而在以后采取最优决策时采购价格的期望值.

根据定义,$s_k^E = Ef_{k+1}(s_{k+1}) = 0.3f_{k+1}(500) + 0.3f_{k+1}(600) + 0.4f_{k+1}(700)$.

动态规划基本方程如下:

$$f_k(s_k) = \min\{s_k, s_k^E\}.$$

第五阶段:

因为如果前 4 周都没有买,那第 5 周必须购买,因此有 $f_5(s_5) = s_5$,即 $f_5(500) = 500$,$f_5(600) = 600$,$f_5(700) = 700$.

第四阶段:

下面考虑第 4 周的情况.

如第 4 周购买,则需花费 s_4;如果不买,则必须在第 5 周购买.在第 5 周采购的费用的期望值为

教学视频:随机采购问题

$$s_4^E = 0.3f_5(500) + 0.3f_5(600) + 0.4f_5(700)$$
$$= 0.3 \times 500 + 0.3 \times 600 + 0.4 \times 700$$
$$= 610.$$

于是 $f_4(s_4) = \min\{s_4, s_4^E\} = \min\{s_4, 610\}$，有

$$f_4(s_4) = \begin{cases} 500, & \text{当 } s_4 = 500, \\ 600, & \text{当 } s_4 = 600, \\ 610, & \text{当 } s_4 = 700. \end{cases}$$

故第 4 周的最优决策为

$$x_4 = \begin{cases} 1, & \text{当 } s_4 = 500 \text{ 或 } 600, \\ 0, & \text{当 } s_4 = 700. \end{cases}$$

同理,考虑第 3 周的最优决策.

第三阶段:

如果第 3 周采购,则需花费 s_3;也要和第 3 周后再采购的费用的期望值作比较.

$$s_3^E = 0.3f_4(500) + 0.3f_4(600) + 0.4f_4(700)$$
$$= 0.3 \times 500 + 0.3 \times 600 + 0.4 \times 610$$
$$= 574.$$

于是, $f_3(s_3) = \min\{s_3, s_3^E\} = \min\{s_3, 574\}$,有

$$f_3(s_3) = \begin{cases} 500, & \text{当 } s_3 = 500, \\ 574, & \text{当 } s_3 = 600 \text{ 或 } 700. \end{cases}$$

故第 3 周的最优决策为

$$x_3 = \begin{cases} 1, & \text{当 } s_3 = 500, \\ 0, & \text{当 } s_3 = 600 \text{ 或 } 700. \end{cases}$$

第二阶段:

同理可得

$$f_2(s_2) = \begin{cases} 500, & \text{当 } s_2 = 500, \\ 551.8, & \text{当 } s_2 = 600 \text{ 或 } 700. \end{cases}$$

故第 2 周的最优决策为

$$x_2 = \begin{cases} 1, & \text{当 } s_2 = 500, \\ 0, & \text{当 } s_2 = 600 \text{ 或 } 700. \end{cases}$$

第一阶段:

同理可得

$$f_1(s_1) = \begin{cases} 500, & \text{当 } s_1 = 500, \\ 536.26, & \text{当 } s_1 = 600 \text{ 或 } 700. \end{cases}$$

第 1 周的最优决策为

$$x_1 = \begin{cases} 1, & \text{当 } s_1 = 500, \\ 0, & \text{当 } s_1 = 600 \text{ 或 } 700. \end{cases}$$

由上可知,最优的采购策略为:在第 1,2,3 周的市场价格为 500 时,应该立即采购,否则等待;在第 4 周时,若市场价格为 500 或 600 时,应该采购,否则等待.若等到第 5 周,只能采购.

习 题

1. 请判断下列说法是否正确:

(1) 对于一个动态规划问题,应用顺序和逆序解法可能会得出不同的最优解.

(2) 在用逆序解法求解动态规划问题时,$f_k^*(s_k)$ 表示从第 k 个阶段到最后一个阶段的最优解.

(3) 在动态规划中,问题的阶段等于问题中子问题的数目.

2. 石油输送管道铺设最优方案的选择问题:如图 10-4 所示,其中 A 为出发点,E 为目的地,B,C,D 分别为三个必须建立油泵加压站的地区,其中的 $B_1,B_2,B_3;C_1,C_2,C_3;D_1,D_2$,分别为可供选择的各站站点.图中的线段表示管道可铺设的位置,线段旁的数字为铺设管线所需要的费用.问如何铺设管道才使总费用最小?

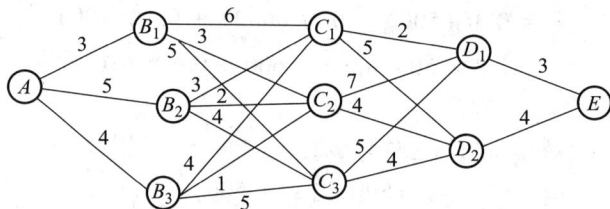

图 10-4

3. 某推销员从 A 城到 E 城推销化妆品,途经 $B_1,B_2;C_1,C_2,C_3;D_1,D_2,D_3,D_4$,分别为可供选择的各站站点.图 10-5 中数字为城市间的最短距离,问如何选择路线才能使得距离最短?

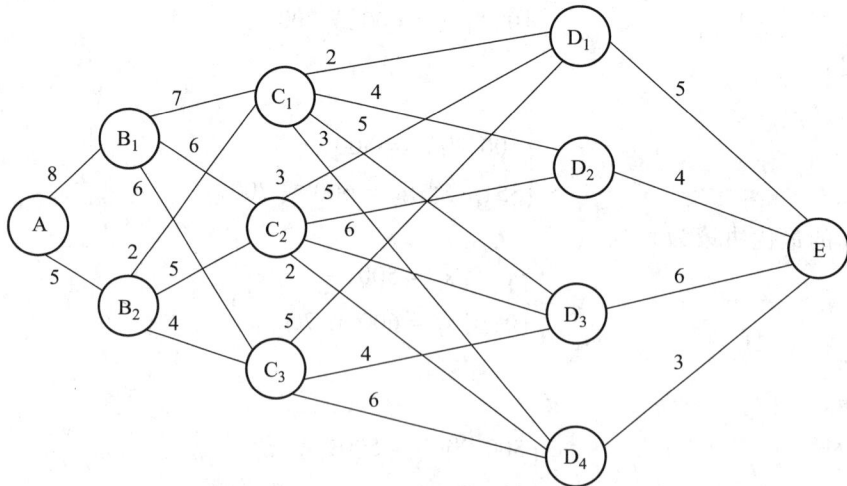

图 10-5

4. 某仓库占地 100m^2,现将甲、乙、丙三种货物运入仓库内,每件占地面积分别为 3m^2,4m^2,5m^2,现已知售卖三种货物可得到的利润分别为 40 元、50 元、60 元,请问该仓库应如何装入甲、乙、丙三种货物使得获利最大?

5. 某 4 个元件串联的部件,为了提高部件的可靠性,每个元件可以由 1,2 或 3 个并联单件组成.对于元件 k ($k=1,2,3,4$)配备有 j 个并联单件($j=1,2,3$),可靠性 R_{kj} 和成本 C_{kj} 如表 10-30 所示.假设组件的总成本允许为 15,那么如何确定每个部件的单件的数量以使系统具有最高的可靠性?

表 10-30

j	$k=1$		$k=2$		$k=3$		$k=4$	
	R_{1j}	C_{1j}	R_{2j}	C_{2j}	R_{3j}	C_{3j}	R_{4j}	C_{4j}
1	0.6	5	0.6	2	0.9	3	0.8	3
2	0.7	6	0.8	4			0.82	5
3	0.85	7						

6. 某公司有资金 400 万元,向 A,B,C 三个项目追加投资,三个项目可以有不同的投资额度,相应的效益值如表 10-31 所示,问如何分配资金,才使总效益值最大?

表 10-31　　　　　　单位:万元

效益值　　　投资额 项目	0	100	200	300	400
A	47	51	59	71	76
B	49	52	61	71	78
C	46	70	76	88	88

7. 某公司拟将 500 万元的资本投入所属的甲、乙、丙三个工厂进行技术改造,各工厂获得投资后年利润将有相应的增长,增长额如表 10-32 所示.试确定 500 万元资本的分配方案,以使得公司总的年利润增长额最大.

表 10-32　　　　　　单位:万元

投资额	100	200	300	400	500
甲	20	70	90	120	140
乙	60	110	120	130	130
丙	40	60	100	120	120

8. 某公司与用户签订了 4 个月的交货合同如表 10-33 所示.

表 10-33

月 份	合同数量/百台
1	1
2	2
3	5
4	3

该公司的最大生产能力为每月4百台,该厂的存货能力为3百台.已知每百台的生产费用为20 000元,在进行生产的月份,工厂要支出固定费用8 000元,仓库的保管费每百台每月2 000元,假定开始时及4月交货后都无存货,问各月应生产多少台产品,才能满足交货任务的前提下,使得总费用最小?

9. 某供应商对客户定制的产品制定了4个季度的生产计划.据统计,未来一年内,客户对产品的订货量如表10-34所示.该供应商生产每批产品固定费用为3 000元,不生产则不支出.产品变动成本为每件1 000元,最大生产能力为6件,若每个季度末未售出的产品存储费用为每件500元,且第一季度初和最后一个季度末的库存量为0,则该供应商应如何安排每个季度的生产与库存,才能保证客户订货量,且总成本最小?

表 10-34

季度	订货量
1	2
2	3
3	2
4	4

10. 某鞋店销售一种雪地防潮鞋,根据以往的销售经验,此种鞋的销售季节是从11月1日至3月31日.下个销售季节各月的需求预测值如表10-35所示.

表 10-35

月份	11	12	1	2	3
需求/双	30	30	40	20	20

该鞋店的此种鞋完全从外部生产商进货,进货价每双4元.进货批量的基本单位是箱,每箱10双.由于存贮空间的限制,每次进货不超过5箱.对应不同的订货批量,进价享受一定的数量折扣,具体数值如表10-36所示.

表 10-36

进货批量	1箱	2箱	3箱	4箱	5箱
数量折扣	0%	5%	10%	20%	20%

假设需求是按一定速度均匀发生的,订货不需时间,但订货只能在月初办理一次,每次订货的采购费(与采购数量无关)为10元.月存贮费按每月月底鞋的存量计,每双0.2元.由于订货不需时间,所以销售季节外的其他月份的存贮量为0.试确定最佳的进货方案,以使得总的费用最小.

11. 某工厂生产三种产品,各种产品的重量与利润如表 10-37 所示.现将三种产品运往市场出售.运输能力总量不超过 10 t,问如何安排运输使得总利润为最大?

表 10-37

种 类	单件重量/t	单件利润/元
1	2	100
2	3	140
3	4	180

12. 某港口有某种设备 125 台,根据估计,这种设备 5 年后将被其他新设备所代替.如该设备在高负荷下工作,年损坏率为 50%,年利润为 10 万元;如在低负荷下工作,年损坏率为 20%,年利润为 6 万元.问应如何安排这些装卸设备的生产负荷,才能使得 5 年内获得的利润最大?

13. 某工厂有 1 000 台大型加工机器,用于加工甲、乙两种产品.根据以往的经验,这些设备都用于加工甲产品时,每月损坏率为 30%;用于加工乙产品时,每月损坏率为 10%,且损坏后当年无法恢复.每台机器用于加工甲产品时,每月可以获利 800 元,用于加工乙产品则每月获利 500 元,问如何安排甲乙两种产品的设备台时,才能使得 5 个月的获利最大?

14. 设有 600 万元资金用来扩建四个工厂.已知每个工厂的利润增长额同投资数额的大小有关,如表 10-38 所示.试确定对四个工厂的投资额,使得总的利润增长额最大.

表 10-38   单位:万元

利润增长额＼投资额＼工厂	0	100	200	300	400	500	600
1	0	20	42	60	75	85	90
2	0	25	45	57	65	70	73
3	0	18	39	61	78	90	95
4	0	28	47	65	74	80	85

15. 某快餐店计划在某城市的三个区建立 5 个分店.由于各个区的地理位置、交通状况以及居民的构成等因素不同,因此各区的经营状况也有差异.经营者通过市场调查后,估计了在不同区建立分店的利润,如表 10-39 所示.试问在各区应建立多少分店,使得总利润最大.

表 10-39

利润	一 区	二 区	三 区
分店数 0	0	0	0
分店数 1	3	5	4
分店数 2	7	10	7
分店数 3	12	14	9
分店数 4	14	16	10
分店数 5	15	16	11

16. 考虑某设备在今后 5 年内的更新问题.在每年年初要决定是否继续使用原来设备还是更新.如果继续使用,要承担维修费用.维修费用具体金额如表 10-40 所示.

表 10-40　　　　　　　　　　　　　　　　单位:万元

使用年数	0~1	1~2	2~3	3~4	4~5
年维修费用	5	6	8	11	18

如果选择更新设备,需要购买新设备,费用如表 10-41 所示.

表 10-41　　　　　　　　　　　　　　　　单位:万元

年	1	2	3	4	5
成本	11	11	12	12	13

已知设备已经使用了 1 年,问在每年年初采取何种策略,使得 5 年内的维修费用和购买设备的总成本最小.

17. 某企业欲采购一种设备,以保证第 6 周生产的需要.根据过去的采购经验,预计该原料今后每周的价格如表 10-42 所示.问如何制定采购策略,才能期望该设备的采购价格最低?

表 10-42

价格/元	概　　率
500	0.25
550	0.35
600	0.4

18. 某五金厂拟在今后三周采购某原料,事先估计出来的价格及相关概率如表 10-43 所示.

表 10-43

价格/万元	16	18	20
概率	0.3	0.3	0.4

由于生产需要,该厂必须在今后三周内采购,如果第一周价格高,可在后面第二、第三周采购,以此类推.但第三周必须采购成功.试用动态规划逆序法求出最优采购策略及最低期望价格.

19. 某公司承担一种新产品试制任务,合同要求三个月内交出一台合格的样品,否则将赔偿 1 500 元.根据历史经验,试制时投产一台合格的概率为 1/3,投产一批的准备结束费用为 250 元,每台试制费用为 100 元.若投产一批后全部不合格,可再投入一批试制,但每投一批的周期为 1 个月.试确定每批投产多少台,使得总的试制费用的期望值最小.

20. 某项工程有三个设计方案,根据对这三个方案的评估,这些方案不能按期完成的概率分别为 0.6,0.7 和 0.9.为使这三个方案中至少有一个完成,决定追加 2 万元.追加资金后,各方案完不成的概率如表 10-44 所示.请问如何分配资金,才能使至少完成其中一个方案的概率最大?

表 10-44

追加资金/万元	各方案的不能按期完成的概率		
	1	2	3
0	0.6	0.7	0.9
1	0.3	0.55	0.7
2	0.2	0.3	0.4

21. 某销售企业代销某种商品.该企业的仓库容量为 900 件.该企业每月初订货,月底到货.企业决定自己的代销数量.已知 1—4 月份的单位货物的采购成本以及销售价格如表10-45所示.1 月初库存为 200 件,试安排每个月的采购量和代销数量,使得四个月的总利润最大.

表 10-45   单位:万元

月　份	采购成本	销售价格
1	40	45
2	38	42
3	40	40
4	42	41

22. 某厂为扩大生产能力,拟订购某种成套设备 4~6 套,以分配给所管辖的三个分厂使用.预计各分厂在分到不同套数的设备以后,每年创造的利润会有所不同,具体数据如表10-46所示.问该厂应订购几套设备并如何分配才能使每年预计利润总额最大?

表 10-46

套数 利润/万元 分厂	0	1	2	3	4	5	6
1	0	3	5	6	7	6	5
2	0	4	6	7	8	9	10
3	0	2	5	9	8	8	7

23. 用动态规划求解

$$\max z = x_1 \times x_2^2 \times x_3$$

$$\begin{cases} x_1 + x_2 + x_3 = 36 \\ x_1, x_2, x_3 \geqslant 0 \end{cases}$$

案　例

案例 18：鸡蛋硬度之王争霸赛

计算机的应用就是利用计算机解决人类生产生活中的实际问题,计算机语言是其中重要的工具.对实际问题进行建模之后,用计算机语言与计算机对话进行求解.现阶段国内外各名校为了鼓励学生进行计算机应用的创新建立了各种"程序在线评测系统",国内比较有名的有 POJ 北京大学程序在线测评、ACM 杭州电子科技大学在线测评等,国内外公司也各有自己的平台,如微软,谷歌,百度等,为计算机对实际问题的解决提供了充足的案例和方法,同时也为筛选和评判计算机个人应用能力水平提供了标准.

下面是在各个系统和互联网公司招聘考试中经常遇到的一个经典的动态规划题目:

××镇举行了一个奇怪的比赛:鸡蛋硬度之王争霸赛.参赛者为镇上所有的农场主,每位农场主手持两枚各自农场产的鸡蛋,比赛的内容是看谁家的鸡蛋最硬.他们采用了一种原始的办法测试鸡蛋硬度:从一定的高度扔鸡蛋,如果鸡蛋从台阶的第 a 层摔下来没摔破,但是从 a+1 层摔下来时摔破了,那么就说这个鸡蛋的硬度是 a.为了增加该问题的逻辑性,假设鸡蛋可以重复投掷,而不会影响其最终硬度.如果有一个 100 层的台阶,要求每个农场主只有两个鸡蛋参加比赛,并假设每个农场主的两个鸡蛋的硬度是一样的,此外,每个农场主都从第一层开始,逐步向上一次一次扔鸡蛋,最坏的情况是鸡蛋的硬度刚好为 100,农场主需要一枚鸡蛋扔 100 次.请问如何安排扔这两枚鸡蛋,使得在扔的次数最少的情况下,保证能够测试出该农场主自家鸡蛋的硬度?

第十一章 图与网络模型

借助于图与网络模型及其分析技术可以成功地解决很多管理问题,如运输系统的设计、信息系统的设计以及工程进度安排问题等.在本章中我们将介绍如何用图与网络模型解决最短路、最小生成树、最大流以及最小费用最大流的问题(我们在"管理运筹学"软件中编制了相应的程序,可以解决这些问题).

§11.1　图与网络的基本概念

在图论中图是由点和边构成的,可以反映一些对象之间的关系.

例如,在一个人群中,相互认识这个关系我们可以用图来表示,图 11-1 就是一个表示这种关系的图.

在图 11-1 中,我们用七个点分别表示赵、钱、孙、李、周、吴、陈七人,图论中的点通常记为 v_i,故这七人分别用 $v_1, v_2, \cdots, v_7$ 表示.用这七个点之间的连线来反映他们之间相互认识的关系,这连线称为边,图论中的边通常记为 e_i,故这些边分别用 $e_1, e_2, \cdots, e_5$ 表示,例如图 11-1 中赵与钱有连线而赵与周没有连线,说明了赵与钱相互认识,而赵与周却互相不认识.从上面的例子可以看到图可以很好地描述和刻画反映对象之间的特定关系,如果我们用语言文字而不是用图来描述反映图 11-1 中七个人的关系,那么我们可能要费很多的口舌,花很多的笔墨,却不见得能达到图11-1的简单明了的效果.当然图论不仅仅要描述对象之间关系,还要研究特定关系之间的内在规律.在一般情况下图中点的相对位置如何和点与点之间连线的长短曲直,对于反映对象之间的关系并不重要.例如,对赵等七人的相互认识的关系我们也可以用图 11-2 来表示,可见图论的图与几何图、工程图是不一样的.

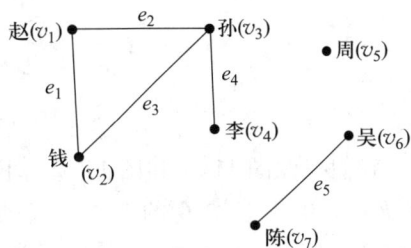

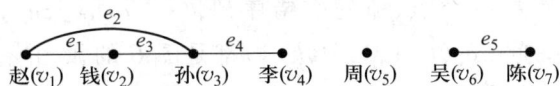

图 11-1

图 11-2

如果我们把上面的例子中"相互认识"的关系改成"认识"的关系,那么只用两点的连线就很难刻画他们之间的关系了.例如,周认识赵,而赵却不认识周.这时我们可以引入一个带箭头的连线,称之为弧.图论中的弧,通常记为 a_i,对于周认识赵我们可以用一条箭头对着赵的弧来表示,图 11-3 就是一个反映另一种七人"认识"关系的图.

在图 11-3 中"相互认识"我们用两条反向的弧来表示."A 认识 B",我们用一条连接 A,B,箭头指向 B 的弧来表示.

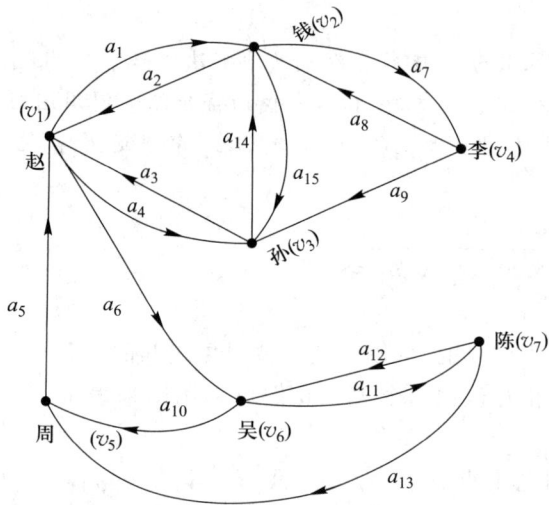

图 11-3

我们把像图 11-1 和图 11-2 那样由点和边构成的图叫无向图(简称图),无向图记作为 $G=(V,E)$,其中 V 是图 G 的点集合,E 是图 G 的边集合;像图 11-3 那样由点和弧构成的图叫有向图,有向图记为 $D=(V,A)$,其中 V 为图 D 的点集合,A 为图 D 的弧集合.无向图是一种特殊的有向图,无向图的边实际就等价于两条反向的弧.

在无向图 G 中,如果存在一个点、边的交错序列 $(v_{i_1},e_{i_1},v_{i_2},e_{i_2},\cdots,v_{i_{k-1}},e_{i_{k-1}},v_{i_k})$,其中 $v_{i_t}(t=1,2,\cdots,k)$ 都是图 G 的点,$e_{i_t}(t=1,2,\cdots,k-1)$ 都是图 G 的边,并且边 e_{i_t} 的始点为 v_{i_t},终点为 $v_{i_{t+1}}$,记为 $e_{i_t}=(v_{i_t},v_{i_{t+1}})$,则称这一点、边的交错序列为连接 v_{i_1} 和 v_{i_k} 的链,记为 $(v_{i_1},v_{i_2},\cdots,v_{i_k})$.若 $v_{i_1}=v_{i_k}$,则称之为圈.例如,在图 11-1 中,(v_1,v_2,v_3) 就是一条链,而 (v_1,v_2,v_3,v_1) 就是一个圈.对一个无向图 G,若任何两个不同的点之间,至少存在一条链,则称 G 是连通图.

在有向图 D 中,如果存在一个点、弧的交错序列,$(v_{i_1},a_{i_1},v_{i_2},a_{i_2},\cdots,v_{i_{k-1}},a_{i_{k-1}},v_{i_k})$,其中 $v_{i_t}(t=1,2,\cdots,k)$ 都是图 G 的点,$a_{i_t}(t=1,2,\cdots,k-1)$ 都是图 G 的弧,并有弧 a_{i_t} 的始点为 v_{i_t},终点为 $v_{i_{t+1}}$,记为 $a_{i_t}=(v_{i_t},v_{i_{t+1}})$,则称这一点、弧的交错序列为从 v_{i_1} 到 v_{i_k} 的一条路,记为 $(v_{i_1},v_{i_2},\cdots,v_{i_k})$.若路的第一个点和最后一点相同,则称之为回路.例如,在图 11-3 中 $(v_2,v_3,v_1,v_6,v_7,v_5)$ 就是从 v_2 到 v_5 的一条路,而 (v_1,v_6,v_7,v_5,v_1) 就是一个回路.

对一个无向图 G 的每一条边 (v_i,v_j),如果相应的有一个数 w_{ij},则称这样的图 G 为赋权图,w_{ij} 称为边 (v_i,v_j) 上的权.

同样地对于有向图 D 的每一条弧,如果相应有一个数 c_{ij},也称这样的图 D 为赋权图,c_{ij} 称为弧(v_i,v_j)上的权.

我们在赋权的有向图 D 中指定了一点,称为发点(记为 v_s),指定另一点为收点(记为 v_t),其余的点称为中间点,并把 D 中的每一条弧的赋权数 c_{ij} 称为弧(v_i,v_j)的容量,这样的赋权有向图 D 就称为网络.

§11.2 最短路问题

最短路问题是对一个赋权的有向图 D(其赋权根据具体问题的要求可以是路程的长度、成本的花费等)中的指定的两个点 v_s 和 v_t,找到一条从 v_s 到 v_t 的路,使得这条路上所有弧的权数的总和最小,这条路被称为从 v_s 到 v_t 的最短路,这条路上所有弧的权数的总和被称为从 v_s 到 v_t 的距离.

在第十章我们用动态规划的方法解决了一个赋权无向图的最短路的问题.现在我们用图和网络的方法来解决一般的最短路的问题.

一、求解最短路的 Dijkstra 算法

Dijkstra 算法适用于每条弧的赋权数 c_{ij} 都大于等于零的情况,Dijkstra 算法也称为双标号法.所谓双标号,也就是对图中的点 v_j 赋予两个标号(l_j,k_j),第一个标号 l_j 表示从起点 v_s 到 v_j 的最短路的长度,第二个标号 k_j 表示在 v_s 至 v_j 的最短路上 v_j 前面一个邻点的下标,从而找到 v_s 到 v_t 的最短路及 v_s 与 v_t 的距离.

现在给出此算法的基本步骤.

(1) 给起点 v_1 以标号$(0,s)$,表示从 v_1 到 v_1 的距离为 0,v_1 为起点.

(2) 找出已标号的点的集合 I,没标号的点的集合 J,以及弧的集合 $\{(v_i,v_j)|v_i\in I,v_j\in J\}$,这里这个弧的集合是指所有从已标号的点到未标号的点的弧的集合.

(3) 如果上述弧的集合是空集,则计算结束.如果 v_t 已标号(l_t,k_t),则 v_s 到 v_t 的距离即为 l_t,而从 v_s 到 v_t 的最短路径,则可以从 v_t 反向追踪到起点 v_s 而得到.如果 v_t 未标号,则可以断言不存在从 v_s 到 v_t 的有向路.

如果上述的弧的集合不是空集,转下一步.

(4) 对上述弧的集合中的每一条弧,计算

$$s_{ij}=l_i+c_{ij}.$$

在所有的 s_{ij} 中,找到其值为最小的弧,不妨设此弧为(v_c,v_d),则给此弧的终点以双标号(s_{cd},c),返回步骤(2).

若在步骤(4)中,使得 s_{ij} 值为最小的弧有多条,则这些弧的终点既可以任选一个标定,也可以都予以标定,若这些弧中的有些弧的终点为同一点,则此点应有多个双标号,以便最后可找到多条最短途径.

例 1 求图 11-4 中 v_1 到 v_6 的最短路.

解 （1）给起始点 v_1 标以 $(0,s)$，表示从 v_1 到 v_1 的距离为 $0,v_1$ 为起始点.

（2）这时已标定点集合 $I = \{v_1\}$，未标定点的集合 $J = \{v_2,v_3,v_4,v_5,v_6\}$，弧集合 $\{(v_i,v_j) \mid v_i \in I, v_j \in J\} = \{(v_1,v_2),(v_1,v_3),(v_1,v_4)\}$，并有

$$s_{12} = l_1 + c_{12} = 0 + 3 = 3,$$
$$s_{13} = l_1 + c_{13} = 0 + 2 = 2,$$
$$s_{14} = l_1 + c_{14} = 0 + 5 = 5,$$
$$\min(s_{12},s_{13},s_{14}) = s_{13} = 2.$$

这样我们给弧 (v_1,v_3) 的终点 v_3 标以 $(2,1)$，表示从 v_1 到 v_3 的距离为 2，并且在 v_1 到 v_3 的最短路径中 v_3 的前面一个点是 v_1.

（3）这时 $I = \{v_1,v_3\}$，$J = \{v_2,v_4,v_5,v_6\}$，弧集合 $\{(v_i,v_j) \mid v_i \in I, v_j \in J\} = \{(v_1,v_2),(v_1,v_4),(v_3,v_4)\}$，并有

$$s_{34} = l_3 + c_{34} = 2 + 1 = 3.$$
$$\min(s_{12},s_{14},s_{34}) = s_{12} = s_{34} = 3.$$

这样我们给弧 (v_1,v_2) 的终点 v_2 标以 $(3,1)$，表示从 v_1 到 v_2 的距离为 3，并且在 v_1 到 v_2 的最短路径中 v_2 的前面的一个点是 v_1；我们给弧 (v_3,v_4) 的终点 v_4 标以 $(3,3)$，表示从 v_1 到 v_4 的距离为 3，并且在 v_1 到 v_4 的最短路径中 v_4 的前面的一个点是 v_3.

（4）这时 $I = \{v_1,v_2,v_3,v_4\}$，$J = \{v_5,v_6\}$，弧集合 $\{(v_i,v_j) \mid v_i \in I, v_j \in J\} = \{(v_2,v_6),(v_4,v_6)\}$，并有

$$s_{26} = l_2 + c_{26} = 3 + 7 = 10,$$
$$s_{46} = l_4 + c_{46} = 3 + 5 = 8,$$
$$\min(s_{26},s_{46}) = s_{46} = 8.$$

这样给点 v_6 标以 $(8,4)$，表示从 v_1 到 v_6 的距离是 8，并且在 v_1 到 v_6 的最短路径中 v_6 的前面的一个点是 v_4.

（5）这时 $I = \{v_1,v_2,v_3,v_4,v_6\}$，$J = \{v_5\}$，弧集合 $\{(v_i,v_j) \mid v_i \in I, v_j \in J\} = \varnothing$，计算结束.

此时 $J = \{v_5\}$，也即 v_5 还未标号，说明从 v_1 到 v_5 没有有向路.

（6）得到了一族最优结果.

根据终点 v_6 的标号 $(8,4)$ 可知从 v_1 到 v_6 的距离是 8，其最短路径中 v_6 的前面一点是 v_4，从 v_4 的标号 $(3,3)$ 可知 v_4 的前面一点是 v_3，从 v_3 的标号 $(2,1)$ 可知 v_3 的前面一点为 v_1，即此最短路径为 $v_1 \rightarrow v_3 \rightarrow v_4 \rightarrow v_6$.

同样，我们可以从各点 v_i 的标号得到 v_1 至 v_i 的距离及 v_1 至 v_i 的最短路径，由于 v_5 没能标号，所以不存在从 v_1 到 v_5 的有向路，例 1 的各点的标号见图 11-5.

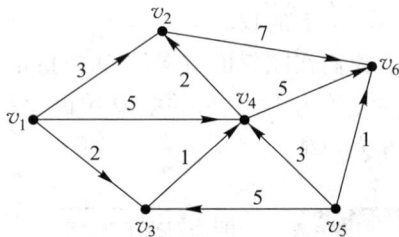

二、最短路问题的应用

例 2 电信公司准备在甲、乙两地沿路架设一条光缆线,问如何架设使其光缆线路最短? 图 11-6 给出了甲、乙两地间的交通图,图中的点 $v_1, v_2, \cdots, v_7$ 表示 7 个地名,其中 v_1 表示甲地,v_7 表示乙地,点之间的连线(边)表示两地之间的公路,边所赋的权数表示两地间公路的长度(单位为 km).

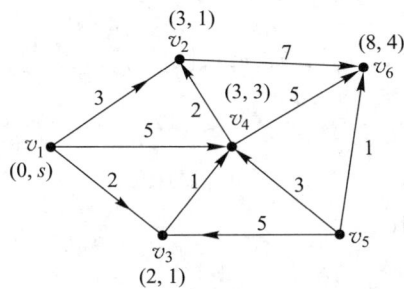

图 11-5

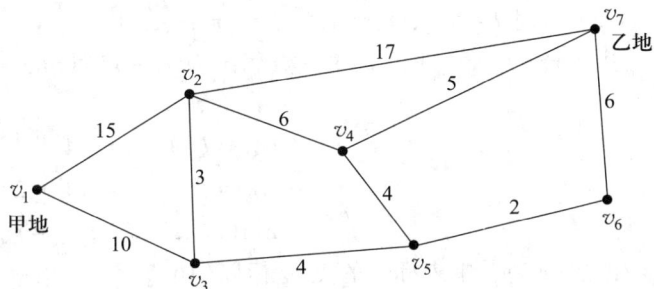

图 11-6

解 因为公路的长度与行走的方向无关.例如,不管你是从 v_1 走到 v_2,还是从 v_2 走到 v_1,v_1,v_2 之间的长度都是 15,所以这是一个求无向图的最短路的问题.如果我们把无向图的每一边 (v_i, v_j) 都用方向相反的两条弧 (v_i, v_j) 和 (v_j, v_i) 代替,就把无向图化成有向图,即可用 Dijkstra 算法来求解.其实我们可以直接在无向图上用 Dijkstra 算法来求解.只要在算法中把从已标号的点到未标号的点的弧的集合改成已标号的点到未标号的点的边的集合即可,注意弧是有方向的,而边是无方向的.

(1) 给起始点 v_1 标号为 $(0, s)$.

(2) $I = \{v_1\}$,$J = \{v_2, v_3, v_4, v_5, v_6, v_7\}$.

边的集合 $\{[v_i, v_j] \mid v_i, v_j$ 两点中一点属于 I,而另一点属于 $J\} = \{[v_1, v_2], [v_1, v_3]\}$,并有

$$s_{12} = l_1 + c_{12} = 0 + 15 = 15,$$
$$s_{13} = l_1 + c_{13} = 0 + 10 = 10,$$
$$\min(s_{12}, s_{13}) = s_{13} = 10.$$

给边 $[v_1, v_3]$ 中的未标号的点 v_3 标以 $(10, 1)$ 表示从 v_1 到 v_3 的距离为 10,并且在 v_1 到 v_3 的最短路径上 v_3 的前面的点为 v_1.

(3) 这时 $I = \{v_1, v_3\}$,$J = \{v_2, v_4, v_5, v_6, v_7\}$.

边集合 $\{[v_i, v_j] \mid v_i, v_j$ 中一点属于 I,另一点属于 $J\} = \{[v_1, v_2], [v_3, v_2], [v_3, v_5]\}$,并有

$$s_{32} = l_3 + c_{32} = 10 + 3 = 13,$$
$$s_{35} = l_3 + c_{35} = 10 + 4 = 14,$$
$$\min(s_{12}, s_{32}, s_{35}) = s_{32} = 13.$$

给边 $[v_3, v_2]$ 中未标号的点 v_2 标以 $(13, 3)$.

（4）这时 $I = \{v_1, v_3, v_2\}, J = \{v_4, v_5, v_6, v_7\}$.

边集合 $\{[v_i, v_j] \mid v_i, v_j$ 中一点属于 I，另一点属于 $J\} = \{[v_3, v_5], [v_2, v_4], [v_2, v_7]\}$，并有

$$s_{24} = l_2 + c_{24} = 13 + 6 = 19,$$
$$s_{27} = l_2 + c_{27} = 13 + 17 = 30,$$
$$\min(s_{35}, s_{24}, s_{27}) = s_{35} = 14.$$

给边 $[v_3, v_5]$ 中未标号的点 v_5 标以 $(14, 3)$.

（5）这时 $I = \{v_1, v_2, v_3, v_5\}, J = \{v_4, v_6, v_7\}$.

边集合 $\{[v_i, v_j] \mid v_i, v_j$ 中一点属于 I，另一点属于 $J\} = \{[v_2, v_4], [v_5, v_4], [v_2, v_7][v_5, v_6]\}$，并有

$$s_{54} = l_5 + c_{54} = 14 + 4 = 18,$$
$$s_{56} = l_5 + c_{56} = 14 + 2 = 16,$$
$$\min(s_{24}, s_{54}, s_{27}, s_{56}) = s_{56} = 16.$$

给边 $[v_5, v_6]$ 中未标号的点 v_6 标以 $(16, 5)$.

（6）这时 $I = \{v_1, v_2, v_3, v_5, v_6\}, J = \{v_4, v_7\}$.

边集合 $\{[v_i, v_j] \mid v_i, v_j$ 中一点属于 I，另一点属于 $J\} = \{[v_2, v_4], [v_2, v_7], [v_5, v_4], [v_6, v_7]\}$，并有

$$s_{67} = l_6 + c_{67} = 16 + 6 = 22,$$
$$\min(s_{24}, s_{27}, s_{54}, s_{67}) = s_{54} = 18.$$

给边 $[v_5, v_4]$ 中未标号的点 v_4 标以 $(18, 5)$.

（7）这时 $I = \{v_1, v_2, v_3, v_4, v_5, v_6\}, J = \{v_7\}$.

边集合 $\{[v_i, v_j] \mid v_i, v_j$ 中一点属于 I，另一点属于 $J\} = \{[v_2, v_7], [v_4, v_7], [v_6, v_7]\}$，并有

$$s_{47} = l_4 + c_{47} = 18 + 5 = 23,$$
$$\min(s_{27}, s_{47}, s_{67}) = s_{67} = 22.$$

给边 $[v_6, v_7]$ 中未标号的点 v_7 标以 $(22, 6)$.

（8）此时 $I = \{v_1, v_2, v_3, v_4, v_5, v_6, v_7\}, J = \varnothing$.

边集合 $\{[v_i, v_j] \mid v_i, v_j$ 中一个属于 I，另一个属于 $J\} = \varnothing$，计算结束.

（9）得到最短路.

从 v_7 的标号 $(22, 6)$，可知从 v_1 到 v_7 的最短距离为 22km，其最短路径中 v_7 的前一点为 v_6，从 v_6 的标号 $(16, 5)$ 可知 v_6 的前一点为 v_5，从 v_5 的标号 $(14, 3)$ 可知 v_5 的前一点为 v_3，从 v_3 的标号 $(10, 1)$ 可知 v_3 的前一点为 v_1，即其最短路径为 $v_1 \to v_3 \to v_5 \to v_6 \to v_7$. 此例题的每点的标号见图11-7.

实际中我们还可以从各点的标号找到 v_1 到各点的距离，以及从 v_1 到各点最短路径. 例如，从 v_4 的标号 $(18, 5)$ 可知 v_1 到 v_4 的距离为 18，并可找到 v_1 到 v_4 的最短路径为 $v_1 \to v_3 \to v_5 \to v_4$.

例3 设备更新问题. 某公司使用一台设备，在每年年初，公司就要决定是购买新的设备还是继续使用旧设备. 如果购置新设备，就要支付一定的购置费，当然新设备的维修费用就低. 如果继

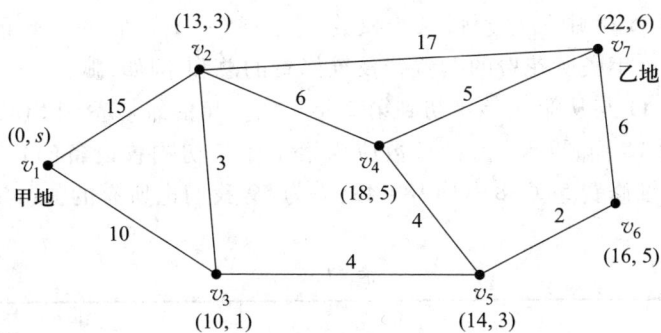

图 11-7

续使用旧设备,这样可以省去了购置费,但维修费用就高了.现在需要我们制定一个五年之内的更新设备的计划,使得五年内购置费和维修费总的支付费用最小.这种设备每年年初的价格如表 11-1 所示.

表 11-1

年份	1	2	3	4	5
年初价格	11	11	12	12	13

还已知使用不同时间(年)的设备所需要的维修费如表 11-2 所示.

表 11-2

使用年数	0~1	1~2	2~3	3~4	4~5
每年维修费用	5	6	8	11	18

解 我们可以把求得总费用最少的设备更新计划问题,化为最短路的问题.用点 v_i 表示"第 i 年年初购进一台新设备",我们加设了 v_6 点可以理解为第 5 年年底,从 v_i 到 $v_{i+1}, \cdots, v_6$ 各画一条弧,弧 (v_i, v_j) 表示在第 i 年年初购进的设备一直使用到第 j 年年初,即第 $j-1$ 年年底.此最短路问题如图 11-8 所示.

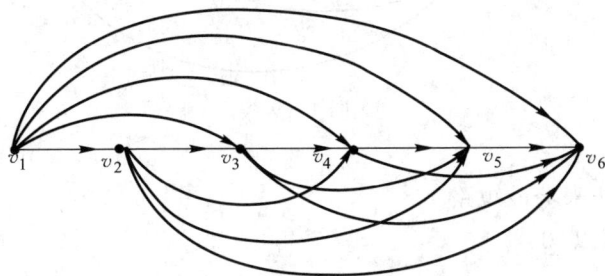

图 11-8

下面我们将对图 11-8 中的每条弧赋予权数.对于弧 (v_i, v_j),它的权数即为从第 i 年年初购进设备使用到第 $j-1$ 年年底所花费的购置费及维修费的总和.例如,弧 (v_2, v_3) 的权数应为第 2 年年初购置设备的价格 11 与从第 2 年年初到第 2 年年底一年的维修费用 5(因为设备使用年数在 0～1 之间)之和,应为 16.而弧 (v_1, v_6) 的权数应为第 1 年年初购置设备的费用 11 与从第 1 年初到第 5 年年底 5 年的维修费 5+6+8+11+18=48,应为 59.我们把所有的弧 (v_i, v_j) 的权数 c_{ij} 计算出来,如表 11-3 所示.

表 11-3

c_{ij} i \\ j	1	2	3	4	5	6
1	—	16	22	30	41	59
2	—	—	16	22	30	41
3	—	—	—	17	23	31
4	—	—	—	—	17	23
5	—	—	—	—	—	18
6	—	—	—	—	—	—

我们把权数 c_{ij} 赋到图 11-8 上,得到图 11-9,这样我们只要在图 11-9 上,求出一条从 v_1 到 v_6 的最短路,就找到了 5 年之内总的支付费用最少的设备更新计划.

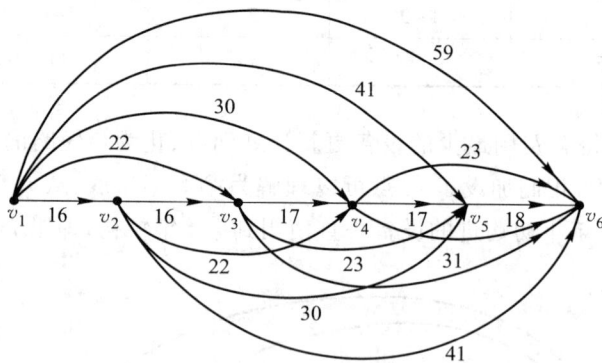

图 11-9

我们用 Dijkstra 算法来求最短路.

(1)给起始点 v_1 标以 $(0, s)$.

(2)这时 $I = \{v_1\}$,$J = \{v_2, v_3, v_4, v_5, v_6\}$.

弧集合 $\{(v_i, v_j) \mid v_i \in I, v_j \in J\} = \{(v_1, v_2), (v_1, v_3), (v_1, v_4), (v_1, v_5), (v_1, v_6)\}$,并有

$$s_{12} = l_1 + c_{12} = 0 + 16 = 16,$$
$$s_{13} = l_1 + c_{13} = 0 + 22 = 22,$$
$$s_{14} = l_1 + c_{14} = 0 + 30 = 30,$$
$$s_{15} = l_1 + c_{15} = 0 + 41 = 41,$$
$$s_{16} = l_1 + c_{16} = 0 + 59 = 59,$$
$$\min(s_{12}, s_{13}, s_{14}, s_{15}, s_{16}) = s_{12} = 16.$$

给弧 (v_1, v_2) 的终点 v_2 标以 $(16, 1)$.

(3) 这时 $I = \{v_1, v_2\}$,$J = \{v_3, v_4, v_5, v_6\}$.

弧集合 $\{(v_i, v_j) \mid v_i \in I, v_j \in J\} = \{(v_1, v_3), (v_1, v_4), (v_1, v_5), (v_1, v_6), (v_2, v_3), (v_2, v_4),$ $(v_2, v_5), (v_2, v_6)\}$,并有

$$s_{23} = l_2 + c_{23} = 16 + 16 = 32,$$
$$s_{24} = l_2 + c_{24} = 16 + 22 = 38,$$
$$s_{25} = l_2 + c_{25} = 16 + 30 = 46,$$
$$s_{26} = l_2 + c_{26} = 16 + 41 = 57,$$
$$\min(s_{13}, s_{14}, s_{15}, s_{16}, s_{23}, s_{24}, s_{25}, s_{26}) = s_{13} = 22.$$

给弧 (v_1, v_3) 的终点 v_3 标以 $(22, 1)$.

(4) 这时,$I = \{v_1, v_2, v_3\}$,$J = \{v_4, v_5, v_6\}$.

弧集合 $\{(v_i, v_j) \mid v_i \in I, v_j \in J\} = \{(v_1, v_4), (v_1, v_5), (v_1, v_6), (v_2, v_4), (v_2, v_5), (v_2, v_6),$ $(v_3, v_4), (v_3, v_5), (v_3, v_6)\}$,并有

$$s_{34} = l_3 + c_{34} = 22 + 17 = 39,$$
$$s_{35} = l_3 + c_{35} = 22 + 23 = 45,$$
$$s_{36} = l_3 + c_{36} = 22 + 31 = 53,$$
$$\min(s_{14}, s_{15}, s_{16}, s_{24}, s_{25}, s_{26}, s_{34}, s_{35}, s_{36}) = s_{14} = 30.$$

给弧 (v_1, v_4) 的终点 v_4 标以 $(30, 1)$.

(5) 这时 $I = \{v_1, v_2, v_3, v_4\}$,$J = \{v_5, v_6\}$.

弧集合 $\{(v_i, v_j) \mid v_i \in I, v_j \in J\} = \{(v_1, v_5), (v_1, v_6), (v_2, v_5), (v_2, v_6), (v_3, v_5), (v_3, v_6),$ $(v_4, v_5), (v_4, v_6)\}$,并有

$$s_{45} = l_4 + c_{45} = 30 + 17 = 47,$$
$$s_{46} = l_4 + c_{46} = 30 + 23 = 53,$$
$$\min(s_{15}, s_{16}, s_{25}, s_{26}, s_{35}, s_{36}, s_{45}, s_{46}) = s_{15} = 41.$$

给弧 (v_1, v_5) 的终点 v_5 标以 $(41, 1)$.

(6) 这时 $I = \{v_1, v_2, v_3, v_4, v_5\}$,$J = \{v_6\}$.

弧集合 $\{(v_i, v_j) \mid v_i \in I, v_j \in J\} = \{(v_1, v_6), (v_2, v_6), (v_3, v_6), (v_4, v_6), (v_5, v_6)\}$,并有

$$s_{56} = l_5 + c_{56} = 41 + 18 = 59,$$
$$\min(s_{16}, s_{26}, s_{36}, s_{46}, s_{56}) = s_{36} = s_{46} = 53.$$

给弧(v_3,v_6)和(v_4,v_6)的终点v_6标以$(53,3)$和$(53,4)$,得图 11-10.

从图 11-10,我们可知从v_1到v_6的距离为 53,其最短路径有两条,一条为$v_1\to v_3\to v_6$,另一条为$v_1\to v_4\to v_6$,也就是说一个方案为第 1 年初的购置新设备使用到第 2 年年底(第 3 年年初),第 3 年年初再购置新设备使用到第 5 年年底(第 6 年年初).第二个方案为第 1 年年初购置新设备使用到第 3 年年底(第 4 年年初),第 4 年年初再购置新设备使用到第 5 年年底(第 6 年年初),这两个方案使得总的支付为最小,均为 53.

"管理运筹学"软件有专门的子程序可以解决最短路问题.

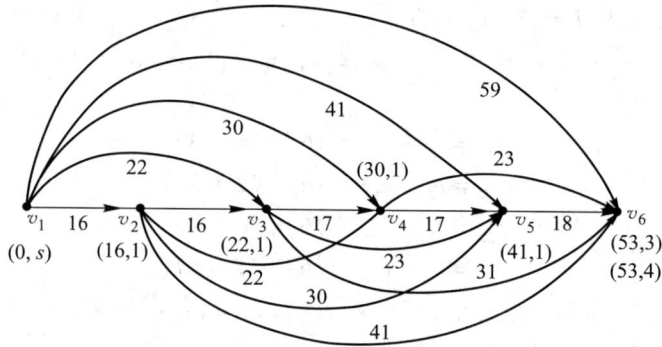

图 11-10

§11.3 最小生成树问题

树是图论中的一个重要概念,所谓树就是一个无圈的连通图,如图 11-11 中的(a)就是一个树,而(b)因为图中有圈(v_3,v_4,v_5,v_3)所以(b)就不是树,(c)因为不连通所以也不是树.

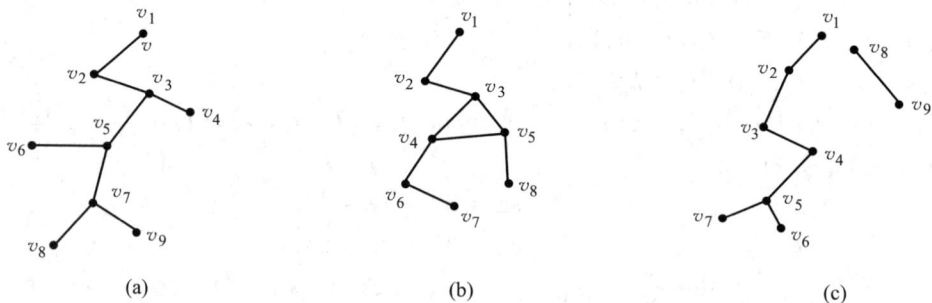

(a)　　　　　(b)　　　　　(c)

图 11-11

给了一个无向图$G=(V,E)$,我们保留G的所有点,而删掉部分G的边或者说保留一部分G的边,所获得图G,称为G的生成子图.在图 11-12 中(b)和(c)都是(a)的生成子图.

如果图G的一个生成子图还是一个树,则称这个生成子图为生成树,在图 11-12中(c)就是

（a）的生成树.

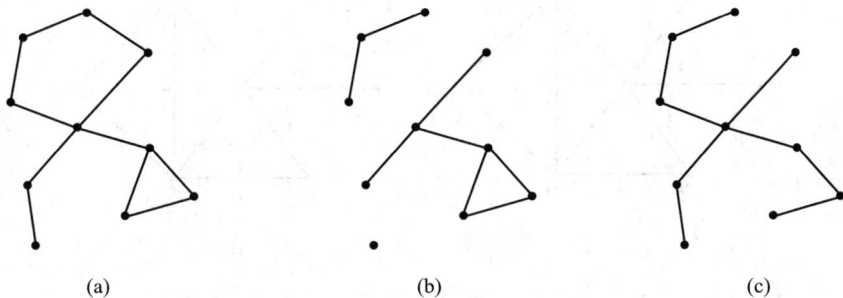

(a)   (b)   (c)

图 11-12

所谓最小生成树的问题就是在一个赋权的连通的无向图 G 找出一个生成树,并使得这个生成树的所有边的权数之和为最小.

一、求解最小生成树的破圈算法

破圈算法的具体步骤如下:

（1）在给定的赋权的连通图上任找一个圈.

（2）在所找的圈中去掉一条权数最大的边（如果有两条或两条以上的边都是权数最大的边,则任意去掉其中一条）.

（3）如果所余下的图已不含圈,则计算结束,所余下的图即为最小生成树.否则返回步骤（1）.

例 4 用破圈算法在图 11-13（a）中,求一个最小生成树.

解 （1）在 G 中找到一个圈 (v_1, v_7, v_6, v_1),并知在此圈上边 $[v_1, v_6]$ 的权数 10 为最大,在 G 中去掉边 $[v_1, v_6]$ 得图 G_1,如图 11-13（b）所示.

（2）在 G_1 中找到一个圈 $(v_3, v_4, v_5, v_7, v_3)$,去掉其中权数最大的边 $[v_4, v_5]$,得图 G_2 如图 11-13（c）所示.

（3）在 G_2 中找到一个圈 $(v_2, v_3, v_5, v_7, v_2)$,去掉其中权数最大的边 $[v_5, v_7]$,得图 G_3 如图 11-13（d）所示.

（4）在 G_3 中找到一个圈 $(v_3, v_5, v_6, v_7, v_3)$,去掉其中权数最大的边 $[v_5, v_6]$（也可以去掉边 $[v_3, v_7]$,这两个边的权数都为最大）,得图 G_4 如图 11-13（e）所示.

（5）在 G_4 中找到一个圈 (v_2, v_3, v_7, v_2),去掉其中权数最大的边 $[v_3, v_7]$,得到 G_5 如图 11-13（f）所示.

（6）在 G_5 中已找不到任何一个圈了,可知 G_5 即为图 G 的最小生成树.这个最小生成树的所有边的总权数为 $3+3+3+1+2+7=19$.

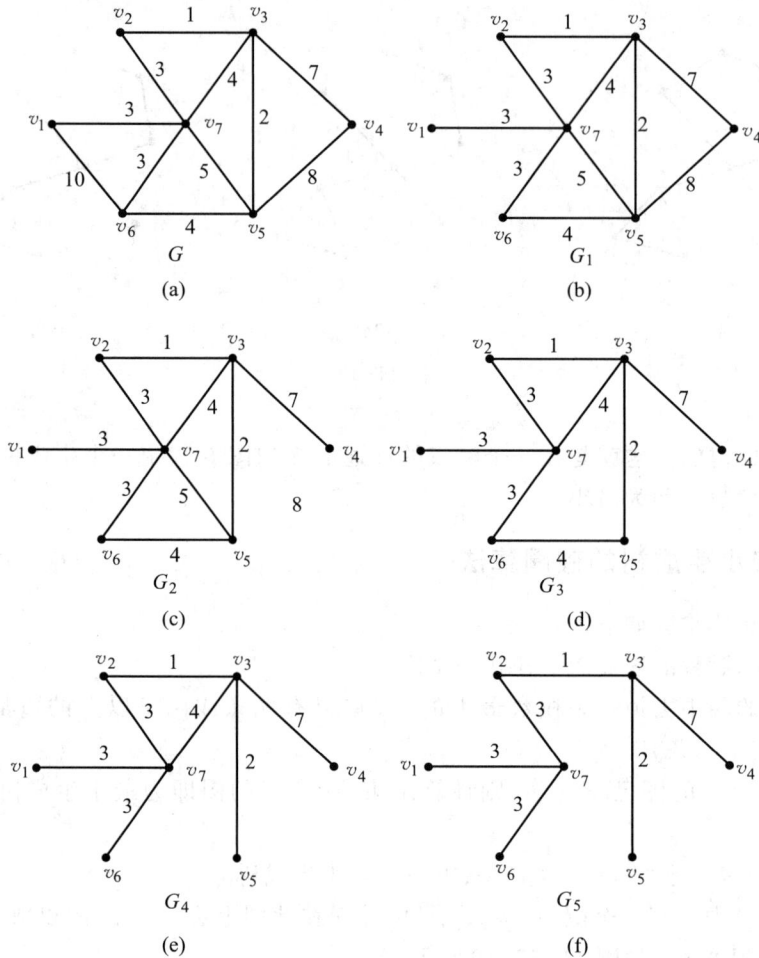

图 11-13

二、应用举例

例 5 某大学准备对其所属的 7 个学院办公室计算机联网,这个网络的可能联通的途径如图 11-14 所示,图中 $v_1, \cdots, v_7$ 表示 7 个学院办公室,图中的边为可能联网的途径,边上的所赋的权数为这条路线的长度,单位为百米.请设计一个网络能联通 7 个学院办公室,并使总的线路长度为最短.

解 此问题实际上是求图 11-14 的最小生成树,这在例 4 中已经求得,也即按照图 11-13 的(f)设计,可使此网络的总的线路长度为最短,为 19 百米.

"管理运筹学"软件有专门的子程序可以解决最小生成树的问题.

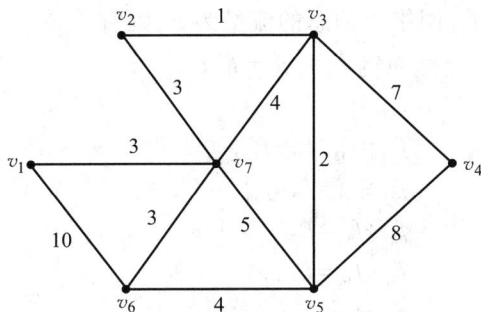

图 11-14

§11.4 最大流问题

许多系统中包含了流量问题,例如,公路系统中有车辆流,控制系统中有信息流,供水系统中有水流,金融系统中有现金流等.对于这样一些包含了流量问题的系统,我们往往要求出其系统的最大流量.例如,某公路系统容许通过的最多车辆数,某供水系统的最大水流量等,以便我们加深对某个系统的认识并加以改造.

所谓的最大流量问题就是:给了一个带收发点的网络,其每条弧的赋权称之为容量,在不超过每条弧的容量的前提下,求出从发点到收点的最大流量.

一、最大流的数学模型

例 6 某石油公司拥有一个管道网络,使用这个网络可以把石油从采地运送到一些销售点,这个网络的一部分如图 11-15 所示.由于管道的直径的变化,它的各段管道(v_i, v_j)的流量(容量)c_{ij}也是不一样的,这在图 11-15 中已标出.c_{ij}的单位为万加仑/小时.如果使用这个网络系统从采地 v_1 向销地 v_7 运送石油,问每小时能运送多少加仑石油?

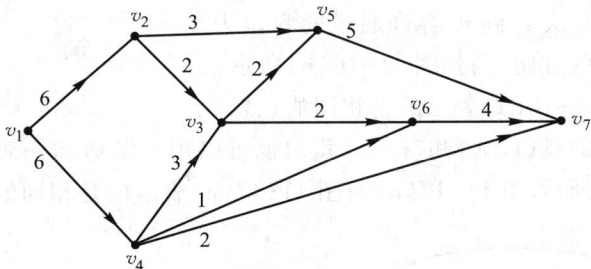

图 11-15

解 这就是一个网络上最大流问题.而网络上最大流问题也是一个线性规划的问题,我们可以为此例题建立数学模型.

设弧(v_i,v_j)上的流量为f_{ij},网络上的总的流量为F,则有

$$\max F = f_{12} + f_{14};$$

约束条件:
$$f_{12} = f_{23} + f_{25},$$
$$f_{14} = f_{43} + f_{46} + f_{47},$$
$$f_{23} + f_{43} = f_{35} + f_{36},$$
$$f_{25} + f_{35} = f_{57},$$
$$f_{36} + f_{46} = f_{67},$$
$$f_{57} + f_{67} + f_{47} = f_{12} + f_{14},$$
$$f_{ij} \leqslant c_{ij}(i=1,2,\cdots,6;j=2,\cdots,7),$$
$$f_{ij} \geqslant 0(i=1,2,\cdots,6;j=2,\cdots,7).$$

在这个线性规划模型中,其约束条件中的前6个方程表示网络中的流量必须满足守恒条件,发点的总流出量必须等于收点的总流入量;其余的点称为中间点,它的总流入量必须等于总流出量.其后面几个约束条件表示对每一条弧(v_i,v_j)的流量f_{ij}要满足流量的可行条件,应小于等于弧(v_i,v_j)的容量c_{ij},并大于等于零,即$0 \leqslant f_{ij} \leqslant c_{ij}$.我们把满足守恒条件及流量可行条件的一组网络流$\{f_{ij}\}$称为可行流(即线性规划模型的可行解),可行流中一组流量最大(即发点总流出量最大)的称为最大流(即线性规划的最优解).

我们把例6的数据c_{ij}代入以上线性规划模型,用"管理运筹学"软件,马上得到以下的结果:$f_{12}=5,f_{14}=5,f_{23}=2,f_{25}=3,f_{43}=2,f_{46}=1,f_{47}=2,f_{35}=2,f_{36}=2,f_{57}=5,f_{67}=3$.最优值(最大流)为10.

二、最大流问题网络图论的解法

上面我们已经介绍了用线性规划的方法来求解最大流问题,现在我们来介绍网络图论的解法,这种解法更为直观.

1. 我们对网络上弧的容量的表示做一些改进.对一条弧(v_i,v_j)的容量我们用一对数$c_{ij},0$标在弧(v_i,v_j)上,c_{ij}靠近v_i点,0靠近v_j点表示从v_i到v_j容许通过的容量为c_{ij},而从v_j到v_i容许通过的容量为0,这样我们可能省去弧的方向了,如图11-16(b)所示.

图 11-16

图11-16(b)与图11-16(a)表示的是相同的意思.

对于存在两条相反的弧(v_i,v_j)和(v_j,v_i)我们也可以用一条边和一对数组c_{ij},c_{ji}来表示它们的容量,如图11-17(b)所示.图11-17(b)与图11-17(a)表示的是相同的意思.

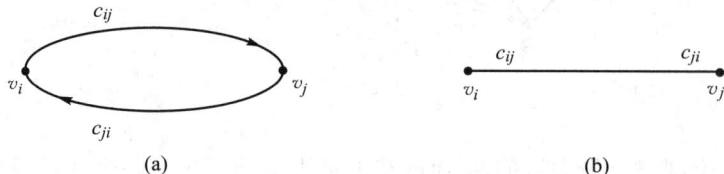

图 11-17

下面我们用网络图论的方法来求解例 6,按上述的方法对例 6 的图 11-15 的容量标号作改进,得到图 11-18 所示.

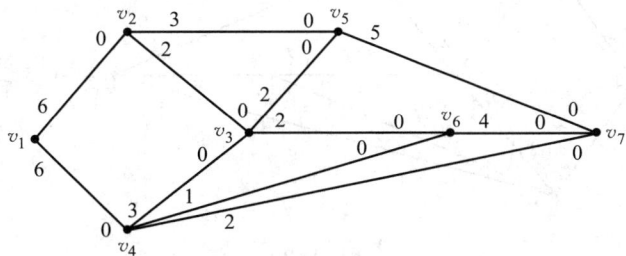

图 11-18

2. 求最大流的基本算法.

在对弧的容量的表示作了改进的网络图上:

(1)找出一条从发点到收点的路,在这条路上的每一条弧顺流方向的容量都大于零.如果不存在这样的路,则已求得最大流.

(2)找出这条路上各条弧的最小的顺流容量 p_f,通过这条路增加网络的流量 p_f.

(3)在这条路上,减少每一条弧的顺流容量 p_f,同时增加这些弧的逆流容量 p_f,返回步骤(1).

当然由于在步骤(1)中所选择的路不一样,计算过程也不一样,但最终所求得的最大流量应该是一样的,为了使算法更快捷有效,我们一般在步骤(1)中尽量选择包含弧数最少的路.

我们用此方法对例 6 求解如下:

第一次迭代:

选择路为 $v_1 \rightarrow v_4 \rightarrow v_7$.弧 (v_4, v_7) 的顺流容量为 2,决定了 $p_f = 2$,改进的网络流量图如图 11-19 所示.

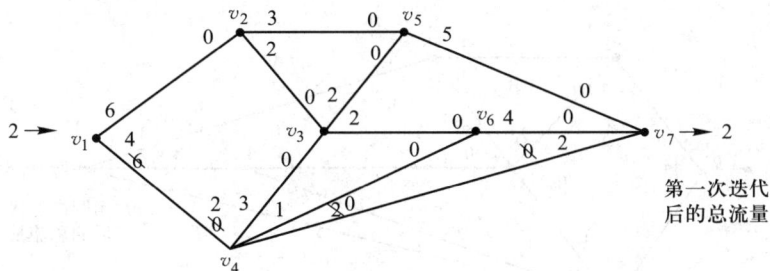

图 11-19

第二次迭代:

选择路为 $v_1 \rightarrow v_2 \rightarrow v_5 \rightarrow v_7$;弧 (v_2, v_5) 的顺流容量 $c_{25} = 3$,决定了 $p_f = 3$,改进的网络流量图如图 11-20 所示.

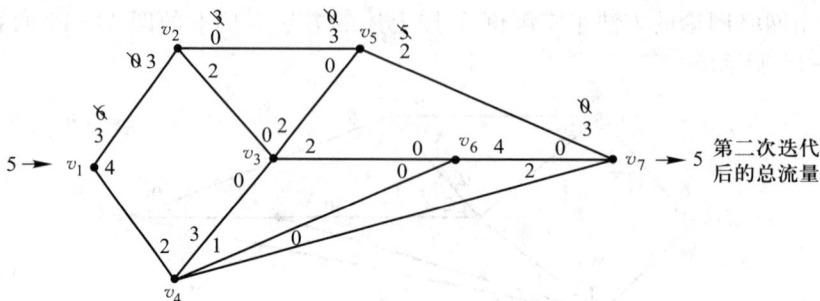

图 11-20

第三次迭代：

选择路为 $v_1 \to v_4 \to v_6 \to v_7$；弧 (v_4, v_6) 的顺流容量 $c_{46} = 1$，决定了 $p_f = 1$，改进的网络流量图如图 11-21 所示.

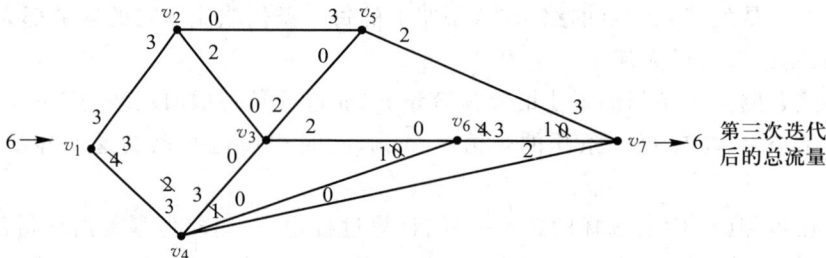

图 11-21

第四次迭代：

选择路为 $v_1 \to v_4 \to v_3 \to v_6 \to v_7$；弧 (v_3, v_6) 的顺流容量 $c_{36} = 2$，决定了 $p_f = 2$，改进的网络流量图如图 11-22 所示.

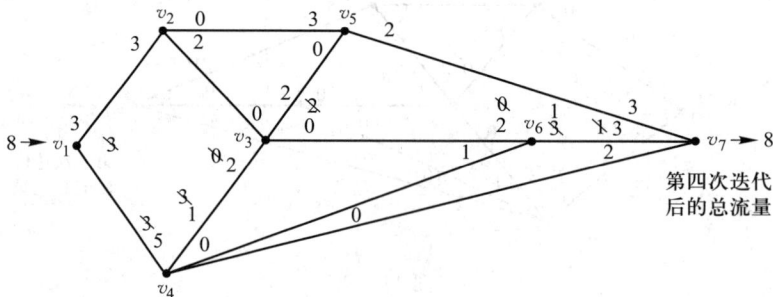

图 11-22

第五次迭代：

选择路为 $v_1 \to v_2 \to v_3 \to v_5 \to v_7$；弧 (v_2,v_3) 的顺流容量 $c_{23}=2$，决定了 $p_f=2$，改进的网络流量图如图 11-23 所示.

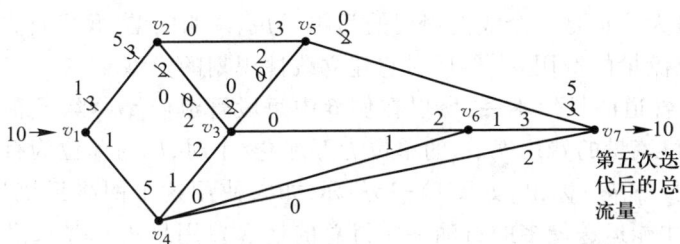

图 11-23

通过第五次迭代后在图 11-23 中已找不到从发点到收点的一条路上的每一条弧顺流容量都大于零，运算停止.我们已得到此网络的从 v_1 到 v_7 的最大流量，最大流量为 10，也就是从采地 v_1 向销地 v_7 每小时可运送 10 万加仑石油.具体的运送方案我们可以通过比较图 11-18 和图 11-23 即可得到.例如，在图 11-18 和图 11-23 中，弧 (v_1,v_2) 的容量分别如图 11-24 中（a）和（b）所示.

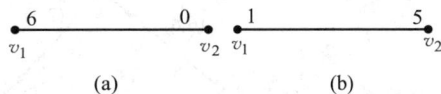

图 11-24

从中可知从 v_1 到 v_2 的顺流容量在第五次迭代后从 6 降为 1，也就是说从 v_1 流向 v_2 的流量为 $6-1=5$，这样我们就得到了例 6 的最大流量图如图 11-25 所示.

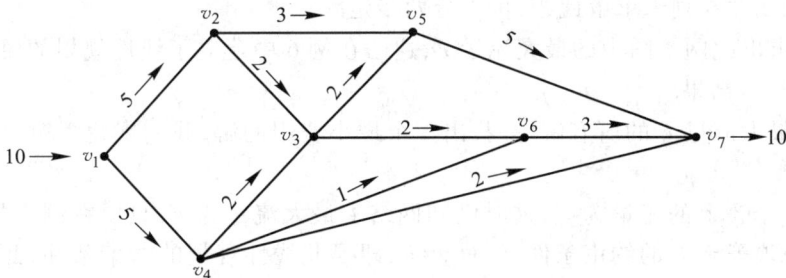

图 11-25

"管理运筹学"软件中还有专门的子程序用于解决最大流问题.

§11.5　最小费用最大流问题

在求解网络中最大流问题的时候，我们常常还考虑"费用"多少的问题.最小费用最大流问题就是这样的问题.

所谓最小费用最大流问题就是：给了一个带收发点的网络，对每一条弧 (v_i,v_j)，除了给出了容量 c_{ij} 外，还给出了这条弧的单位流量的费用 b_{ij}，要求一个最大流 F，并使得总运送费用最小.

一、最小费用最大流的数学模型

这个最小费用最大流也是一个线性规划的问题,为了说明问题,我们首先对例6的每一条弧 (v_i, v_j) 给出一个单位流量的费用 b_{ij},然后对它建立线性规划的模型.

例7 由于输油管道的长短不一,所以在例6中每段管道 (v_i, v_j) 除了有不同的流量限制 c_{ij} 之外,还有不同的单位流量的费用 b_{ij},c_{ij} 的单位为万加仑/小时,b_{ij} 的单位为百元/万加仑,对每段管道 (v_i, v_j) 我们都用 (c_{ij}, b_{ij}) 标出,如图11-26所示.如果使用这个网络系统从采地 v_1 向销地 v_7 运送石油,怎样运送才能运送最多的石油并使得总的运送费用最小?并求出其每小时的最大的流量及每小时的最大流量的最小费用.

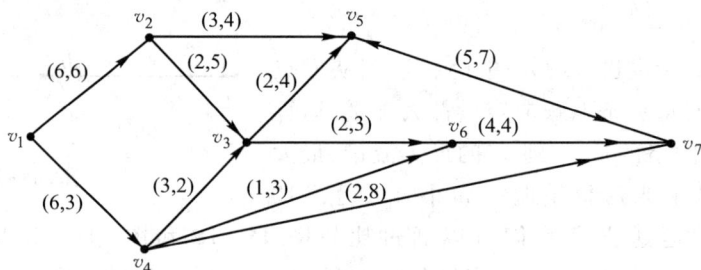

图 11-26

解 我们用线性规划来求解此题,可以分两步走.

第一步:先求出此网络图中的最大流量 F,这已在例6中建立了线性规划的模型,通过"管理运筹学"软件已获得结果.

第二步:在最大流量 F 的所有解中,找出一个最小费用的解,我们来建立第二步中的线性规划的模型.

仍然设弧 (v_i, v_j) 上的流量为 f_{ij},这时已知网络上最大流量为 F,只要在例6的约束条件上,再加上总流量必须等于 F 的约束条件: $f_{12} + f_{14} = F$,即得此线性规划的约束条件,此线性规划的目标显然是求其流量的最小费用 $\sum_{(v_i, v_j) \in A} f_{ij} \cdot b_{ij}$. 我们就得到线性规划模型如下:

$$\min_{(v_i, v_j) \in A} z = f_{ij} \cdot b_{ij} = 6f_{12} + 3f_{14} + 4f_{25} + 5f_{23} + 2f_{43} + 4f_{35} +$$

$$7f_{57} + 3f_{36} + 3f_{46} + 8f_{47} + 4f_{67}.$$

约束条件:

$$f_{12} + f_{14} = F = 10,$$

$$f_{12} = f_{23} + f_{25},$$

$$f_{14} = f_{43} + f_{46} + f_{47},$$

$$f_{23} + f_{43} = f_{35} + f_{36},$$

$$f_{25} + f_{35} = f_{57},$$

$$f_{36} + f_{46} = f_{67},$$
$$f_{57} + f_{67} + f_{47} = f_{12} + f_{14},$$
$$f_{ij} \leqslant c_{ij} (i = 1, 2, \cdots, 6; j = 2, 3, \cdots, 7),$$
$$f_{ij} \geqslant 0 (i = 1, 2, \cdots, 6; j = 2, 3, \cdots, 7).$$

用"管理运筹学"软件,可求得如下结果:$f_{12} = 4, f_{14} = 6, f_{25} = 3, f_{23} = 1, f_{43} = 3, f_{57} = 5, f_{36} = 2, f_{46} = 1, f_{47} = 2, f_{67} = 3, f_{35} = 2$.其最优值(最小费用)为 145.对照前面例 6 的结果,可对最小费用最大流的概念有一个深刻的理解.

如果我们把例 7 的问题改为:每小时运送 6 万加仑的石油从采地 v_1 到销地 v_7 最小的费用是多少? 应怎样运送,这就变成了一个最小费用流的问题.一般来说,所谓最小费用流的问题就是:在给定了收点及发点并对每条弧 (v_i, v_j) 赋权以容量 c_{ij} 及单位费用 b_{ij} 的网络中,求一个给定值 f 的流量的最小费用,这个给定值 f 的流量应小于等于最大流量 F,否则无解.求最小费用流的问题的线性规划的模型只要把最小费用最大流模型中的约束条件中的发点流量 F 改为 f 即可.在例 7 中只要把 $f_{12} + f_{14} = F$ 改为 $f_{12} + f_{14} = f = 6$ 就能得到最小费用流的线性规划的模型了.

二、最小费用最大流的网络图论解法

我们所介绍的网络图论的解法类似于最大流的网络图论的解法.

1. 我们对网络上弧 (v_i, v_j) 的 (c_{ij}, b_{ij}) 的表示作如下的改进,在图 11-27 中我们用(b)来表示(a).

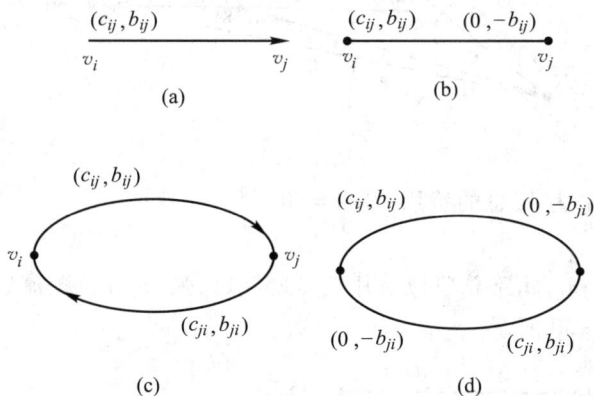

图 11-27

用(d)来表示(c).(b)图中靠近 v_i 点的双标号 (c_{ij}, b_{ij}) 表示从 v_i 到 v_j 的容量为 c_{ij},单位流量的费用为 b_{ij};(b)图中靠近 v_j 点的双标号 $(0, -b_{ij})$ 表示从 v_j 到 v_i 的容量为 0,单位流量的费用为 $-b_{ij}$,在(d)图中我们用两条边来表示(c)图中的两条逆向的弧.用上述的方法对图 11-26 的弧的标号作改进得图 11-28.

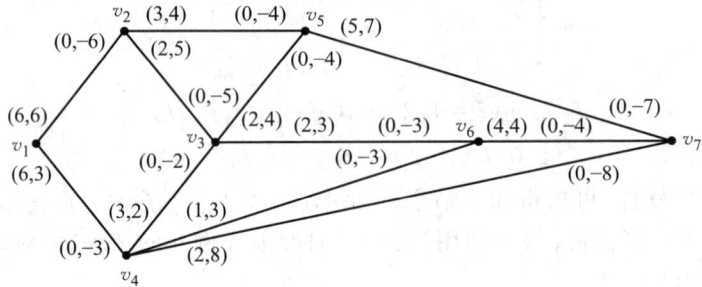

图 11-28

2. 求最小费用最大流的基本算法.

在对弧的标号作了改进的网络图上求最小费用最大流的基本算法与求最大流的基本算法完全一样,不同的只是在步骤(1)中要选择一条总的单位费用最小的路,而不是包含边数最少的路.如果我们把每条弧的单位费用看成弧的长度,也就是要选择一条从发点到收点的最短路.

我们用此方法对例 7 求解如下:

第一次迭代:

找到最短路 $v_1 \rightarrow v_4 \rightarrow v_6 \rightarrow v_7$(找最短路过程省略),此路的总单位费用为 $3+3+4=10$,弧(v_4,v_6)顺流容量为 1,决定了 $p_f = 1$.改进的网络流量图如图 11-29 所示.

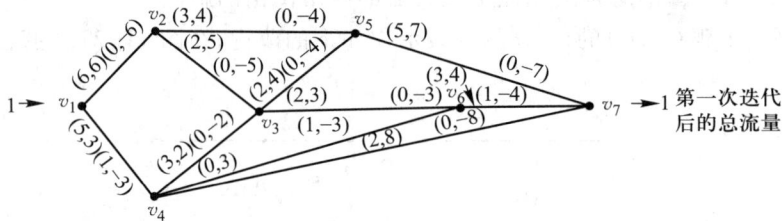

图 11-29

第一次迭代后总流量为 1,总的费用 $10 \times 1 = 10$.

第二次迭代:

找到最短路 $v_1 \rightarrow v_4 \rightarrow v_7$,此路总单位费用为 $3+8=11$,弧(v_4,v_7)顺流容量为 2,决定了 $p_f = 2$,改进的网络流量如图 11-30 所示.

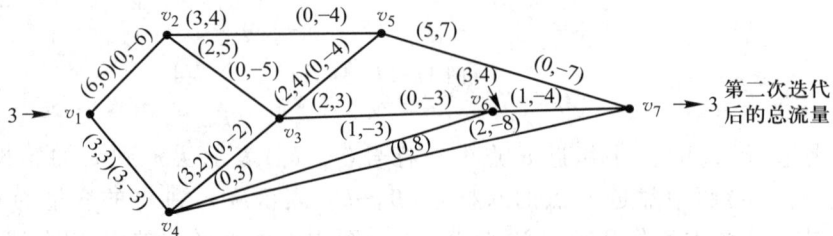

图 11-30

第二次迭代后总流量为 3,总的费用为 $10+11\times2=32$.

第三次迭代:

找到最短路 $v_1\rightarrow v_4\rightarrow v_3\rightarrow v_6\rightarrow v_7$,此路的总的单位费用为 $3+2+3+4=12$,弧 (v_3,v_6) 的顺流容量为 2,决定了 $p_f=2$,改进的网络流量如图 11-31 所示.

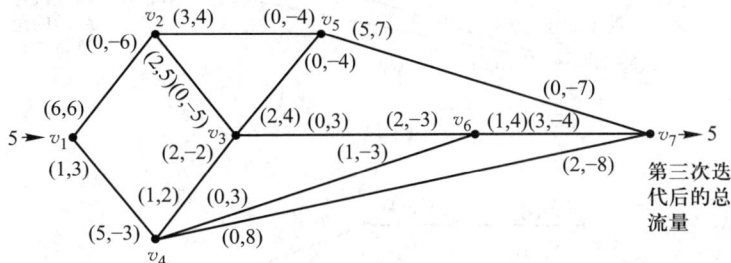

图 11-31

第三次迭代后总流量为 5,总的费用为 $32+12\times2=32+24=56$.

第四次迭代:

找到最短路 $v_1\rightarrow v_4\rightarrow v_3\rightarrow v_5\rightarrow v_7$,此路的总的单位费用为 $3+2+4+7=16$,弧 (v_1,v_4) 的顺流容量为 1,决定了 $p_f=1$,改进的网络流量如图 11-32 所示.

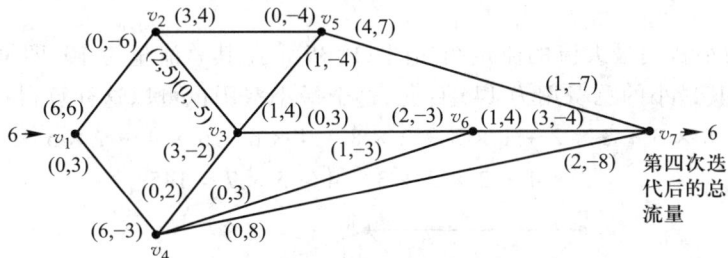

图 11-32

第四次迭代后总流量为 6,总的费用为 $56+16\times1=72$.

第五次迭代:

找到最短路 $v_1\rightarrow v_2\rightarrow v_5\rightarrow v_7$,此路的总的单位费用为 $6+4+7=17$,弧 (v_2,v_5) 的顺流容量为 3,决定了 $p_f=3$,改进的网络流量如图 11-33 所示.

第五次迭代后总流量为 9,总的费用为 $72+3\times17=72+51=123$.

第六次迭代:

找到最短路 $v_1\rightarrow v_2\rightarrow v_3\rightarrow v_5\rightarrow v_7$,此路的总的单位费用为 $6+5+4+7=22$,弧 (v_3,v_5) 的顺流容量为 1,决定了 $p_f=1$,改进了网络流量如图 11-34 所示.

第六次迭代后的总流量为 10,总的费用为 $123+22=145$.因已找不到从 v_1 到 v_7 的每条弧容量都大于零的路了,故已求得最小费用最大流了.就像例 6 的方法一样,比较图 11-28 与图

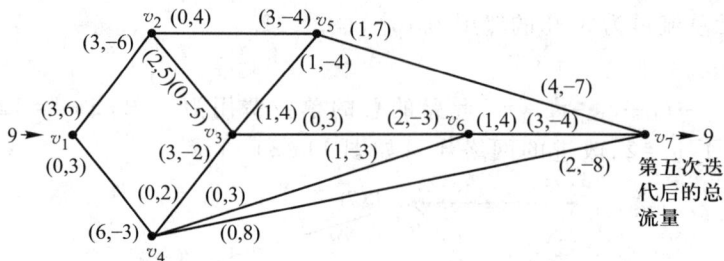

图 11-33

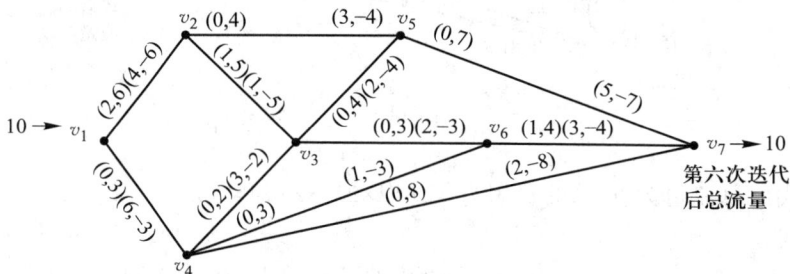

图 11-34

11-34 即得到其最小费用最大流的流量图如图 11-35所示.其总流量为 10,即每小时最多运送 10 万加仑的石油,而其最小的总费用为 145 百元,这个最小费用也可以这样算得

$$6 \times 3 + 3 \times 2 + 1 \times 3 + 2 \times 8 + 4 \times 6 + 3 \times 4 + 1 \times 5 +$$
$$2 \times 4 + 2 \times 3 + 3 \times 4 + 5 \times 7 = 145.$$

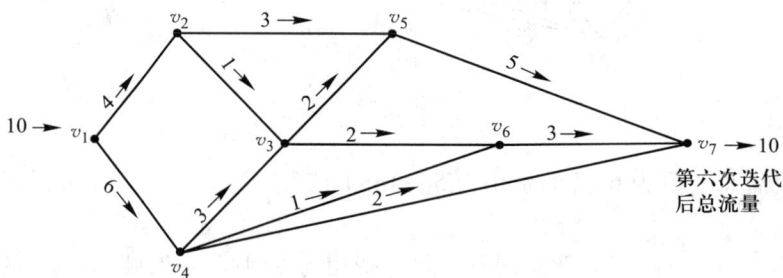

图 11-35

如果对例 7 求一个最小费用流的问题:每小时运送 6 万加仑石油从 v_1 到 v_7 的最小费用是多少,或者每小时运送 7 万加仑呢? 我们可以从第四次迭代及图 11-32 即可得到运送 6 万加仑最小费用为 72 百元,其运送方式通过比较图 11-28 及图 11-32 即得,如图 11-36 所示.

至于每小时送 7 万加仑,我们可以在图 11-36 的基础上,再按第五次迭代所选的最短路运送

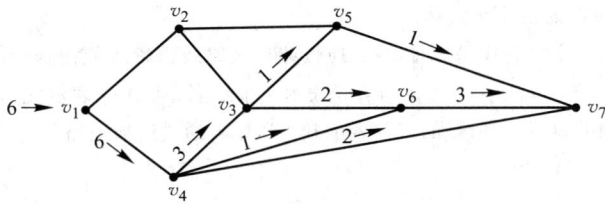

图 11-36

1 万加仑即得最小费用:$72+1\times17=89$(百元),其运送方式如图 11-37 所示.

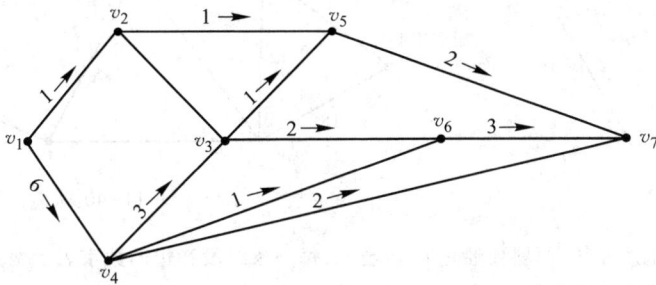

图 11-37

"管理运筹学"软件有专门的子程序用于解决这类问题.

习 题

1. 请判断下列说法是否正确:

（1）树图中,任意两个顶点间有且仅有一条链.

（2）称无圈的连通图为树,若图的顶点数为 P,则边数为 $P-1$.

（3）网络最短路径是指从网络的起点至终点的一条权和最小的路线.

（4）若 G 中不存在流 f 增流链,则 f 为 G 的最大流.

（5）路的第一点和最后一点相同,则称之为回路.

2. 用破圈法求图 11-38 中各图的最小生成树.

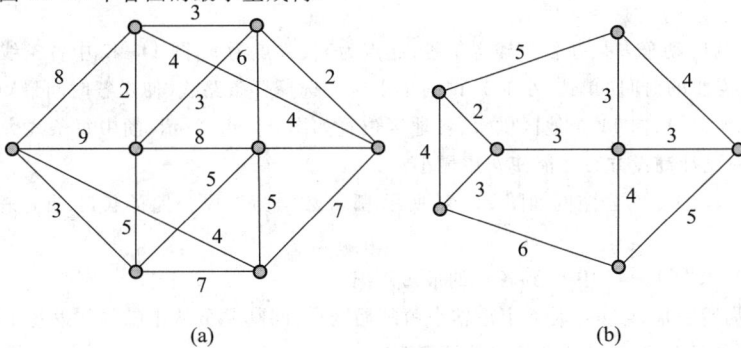

(a)　　　　(b)

图 11-38

3. 应用破圈法求图 11-39 的最小生成树.

4. 某一个配送中心要给一个快餐店送快餐原料,应按照什么路线送货才能使送货时间最短.图 11-40 给出了配送中心到快餐店的交通图,图中 $v_1, v_2, v_3, v_4, v_5, v_6, v_7$ 表示 7 个地名,其中 v_1 表示配送中心,v_7 表示快餐店,点之间的连线(边)表示两地之间的道路,边所赋的权数表示开车送原料通过这段道路所需要的时间(单位:分钟).

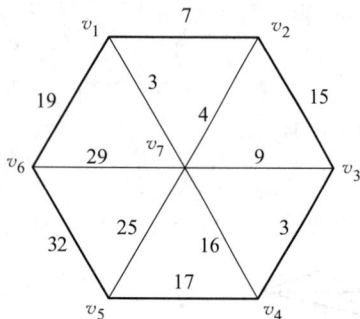

图 11-39

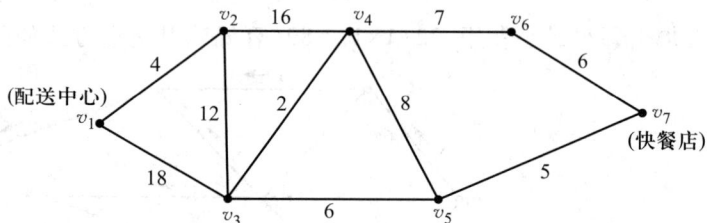

图 11-40

5. 某厂商需要某种生产原料,原料要经过 v_1 运至 v_7,每一条线段旁边的数字表示两点之间的距离,如图 11-41 所示.如何设置路线,才能使路线最短?

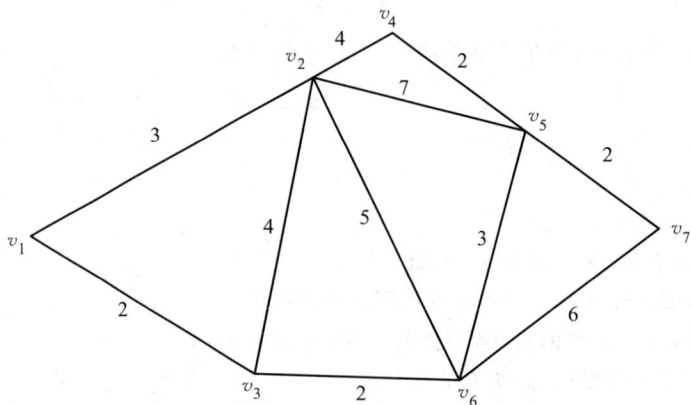

图 11-41

6. 小李每天都要骑电动车去某办公大楼送午餐,起点为 v_1,终点为 v_7.图 11-42 中各条线段旁的数字为他骑电动车经过该路段所需要的时间(单位:小时),试问小李应该选择哪条路线,使送餐时间最短,并求出该值.

7. 某地区有自来水站 A,向 11 个地区供水,各地区位置如图 11-43 所示,图中每条线旁边的数字表示铺设管道所需的费用,如何设计铺设方案才能使费用最小?

8. 有 9 个小镇 $v_1, v_2, \cdots, v_9$,公路网如图 11-44 所示.弧旁数据为该段公路的长度.有运输队欲从 v_1 到 v_9 运货,问走哪条路最短.

9. 用 Dijkstra 方法求图 11-45 中 v_1 到各点的最短距离.

10. v_1 是某市邮局所在地,v_2—v_7 是 6 个市辖小镇邮局网点,问邮递员从市局往返每个镇网点的最短距离是怎样的? 用标号法求图 11-46 中 v_1 到各点的最短距离.

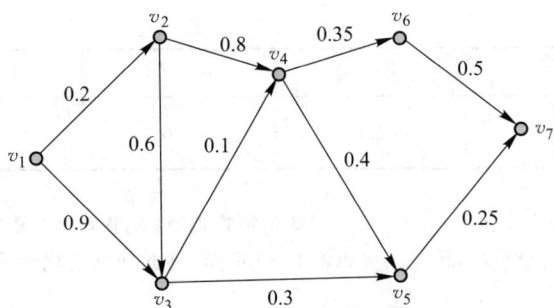

图 11-42

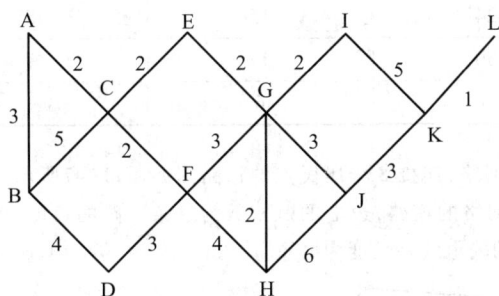

图 11-43

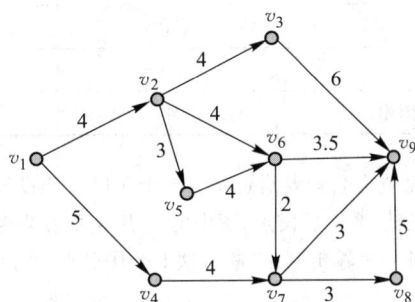

图 11-44

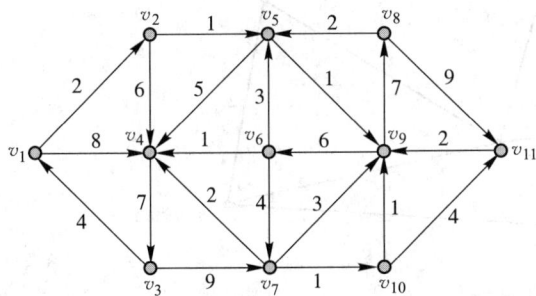

图 11-45

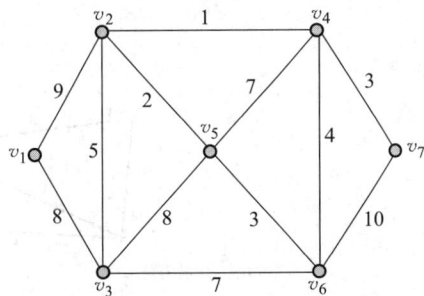

图 11-46

11. 某台机器可连续工作 4 年,也可于每年末卖掉,换一台新的.已知于各年初购置一台新机器的价格及不同役龄机器年末的处理价如表 11-4 所示.又新机器第一年运行及维修费为 0.3 万元,使用 1 至 3 年后的机器每年运行及维修费用分别为 0.8,1.5,2 万元.请确定该机器的最优更新策略,使 4 年内购买、更换、运行维修的总费用为最少.

表 11-4

单位:万元

	第一年	第二年	第三年	第四年
年初购置价	2.5	2.6	2.8	3.1

续表

	第一年	第二年	第三年	第四年
使用 j 年的机器处理价 （即第 j 年末机器处理价）	2.0	1.6	1.3	1.1

12. 某机床生产厂有 A,B 2 个生产地和一,二,三 3 个销售地点,A,B 2 个产地的产量和 3 个销售地点的销量,以及从 2 个产地到各个销售地点的单位运费如表 11-5 所示,将此问题转化为最小费用最大流问题,画出网络图并求解.

表 11-5

	一	二	三	产量
A	10	24	15	8
B	25	30	17	7
销量	4	5	6	

13. 某电力公司要沿道路为 8 个居民点架设输电网络,连接 8 个居民点的道路图如图 11-47 所示,其中 v_1, v_2,…,v_8 表示 8 个居民点,图中的边表示可架设输电网络的道路,边上的赋权数为这条道路的长度,单位为千米,请设计一个输电网络,联通这 8 个居民点,并使总的输电线路长度为最短.

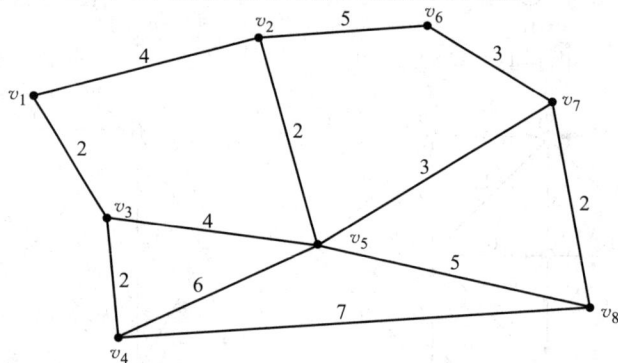

图 11-47

14. 某地区的公路网如图 11-48 所示,图中的 v_1,v_2,…,v_6 为地点,边为公路,边上所赋的权数为该段公路的流量(单位为千辆/小时),请求出 v_1 到 v_6 的最大流量.

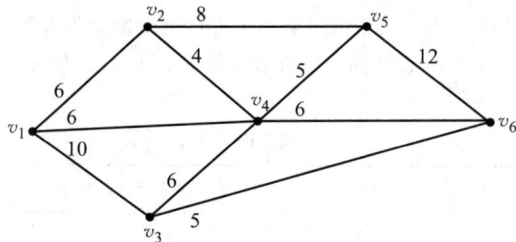

图 11-48

15. 请求下面网络图中的最小费用最大流, 图 11-49 中弧 (v_i, v_j) 的赋权为 (c_{ij}, b_{ij}), 其中 c_{ij} 为从 v_i 到 v_j 的流量, b_{ij} 为从 v_i 到 v_j 的单位流量的费用.

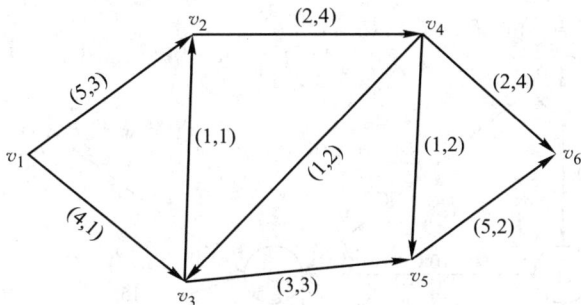

图 11-49

16. 某油田有 1,2,3 三个油井, 4,5,6 三个泵站, 7,8 两个脱水厂, 他们的位置如图 11-50 所示, 图中弧为管道, 管道旁边的数字为通过的最大流量(吨/小时). 求每小时从油井到脱水厂的最大输送量.

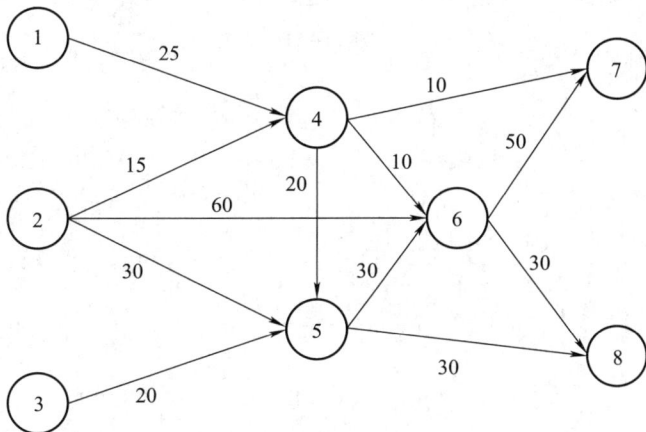

图 11-50

案例

案例 19：某厂运输网络改善方案设计

A,B,C 为某公司下属三个分销商所在地. 已知三个分销商的产品分销量各为 40,20,10 个单位, 产品每天均需运往货仓 T. 现有的运输网络如图 11-51 所示, 箭线边的数字为相应运输线路的日运输能力. 经过一段时间的运行之后发现目前的运输网络不能保证每天将所有的产品及时运送到仓库. 试探讨发生这种情况的原因.

为了改善目前的运输状况,该公司计划新建一个仓库 I,并考虑开通 D→I,D→E,E→D 的单方向行驶运输线路(如图 11-51 中虚线所示).对于新开通的运输线路设计要求能够保证每天将所有的产品及时运送到仓库.试探讨单行道方向如何确定.

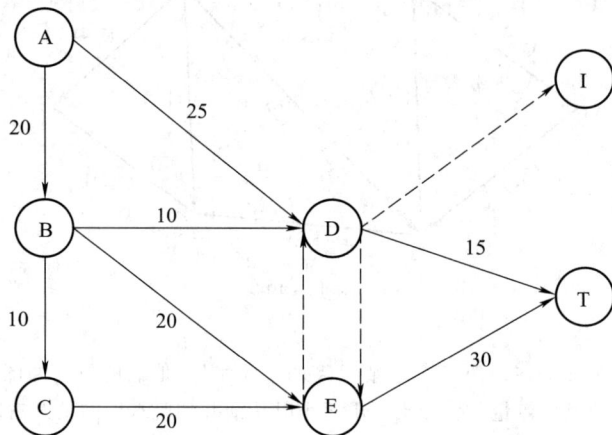

图 11-51

第十二章　排序与统筹方法

在本章中,我们将介绍车间作业计划模型和统筹方法.这两个问题尽管处理的方法有所不同,但当我们面临必须完成若干项不能同时进行的工作时,它们都将帮助我们应该按照怎样的次序、怎样的时间表来做这些工作,使得效果最佳(如完成全部工作所用时间最短或费用最少等).

§12.1　车间作业计划模型

车间作业计划是指一个工厂生产工序的计划和安排.作为一个工厂生产管理者,常常要处理一些各个零件在一些机床上加工的先后次序问题,能否在满足加工工艺流程(即各种机器加工零件的先后关系有具体要求)的前提下,通过各个零件在各台机床加工次序上的合理安排,使得完成这批零件加工任务所需的总时间最少,能最早地将这批零件交付使用,或者使得各加工零件在车间里停留的平均时间最短,在这里,各种零件在每台机器上加工的时间都是已知的.

一、一台机器、n 个零件的排序问题

例1　某车间只有一台高精度的磨床,常常出现很多零件同时要求这台磨床加工的情况,现有六个零件同时要求加工,加工完即送往其他车间,这六个零件加工所需时间如表12–1所示.

表 12–1

零　　件	加工时间/小时	零　　件	加工时间/小时
1	1.8	4	0.9
2	2.0	5	1.3
3	0.5	6	1.5

我们应该按照什么样的加工顺序来加工这六个零件,才能使得这六个零件在车间里停留的平均时间为最少?

解　首先我们知道不管我们按什么顺序来加工这六个零件都需要用 8 个小时才能加工完所有的零件.

其次,我们知道由于各个零件加工时间不同,不同的加工顺序,使得这六个零件在车间里的平均停留时间是不一样的.

按照某个加工顺序加工零件时,某个零件在车间的停留时间应该等于在它前面加工的各零件的加工时间与这一零件本身的加工时间之和.如果我们用 P_i 表示安排在第 i 位加工的零件所需的时间,用 T_j 表示安排在第 j 位加工的零件在车间里总的停留时间,则有

$$T_j = P_1 + P_2 + \cdots + P_{j-1} + P_j = \sum_{i=1}^{j} P_i.$$

这样我们可以计算出以先到先加工的原则按照 1,2,3,4,5,6 顺序加工零件,各零件在车间的停留时间如表 12-2 所示.

表 12-2

零件	加工时间 P_i/小时	停留时间 T_j/小时	零件	加工时间 P_i/小时	停留时间 T_j/小时
1	1.8	1.8	4	0.9	5.2
2	2.0	3.8	5	1.3	6.5
3	0.5	4.3	6	1.5	8

按 1,2,3,4,5,6 顺序加工零件,各个零件平均停留时间为

$$\frac{1.8+3.8+4.3+5.2+6.5+8}{6} \approx 4.93(\text{h}).$$

如果我们按照 3,2,4,5,6,1 顺序来加工零件,我们也可以计算出各零件在车间的停留时间如表 12-3 所示.

表 12-3

零件	加工时间 P_i/小时	停留时间 T_j/小时	零件	加工时间 P_i/小时	停留时间 T_j/小时
3	0.5	0.5	5	1.3	4.7
2	2.0	2.5	6	1.5	6.2
4	0.9	3.4	1	1.8	8

这样各零件平均停留时间为

$$\frac{0.5+2.5+3.4+4.7+6.2+8}{6} \approx 4.22(\text{h}).$$

不同的加工顺序得到不同的各零件的平均停留时间,如何得到一个加工顺序使得各零件的平均停留时间最少呢? 这就是我们最后要解决的优化问题.

我们知道六个零件共有 $6! = 720$ 种不同的加工顺序,我们不能先求出这 720 种不同加工顺序的各零件平均停留时间,然后加以比较,最后选定一个最优顺序,因为这样做工作量太大了.我们得设法找到一种简便的算法.

对于某种加工顺序,我们知道安排在第 j 位加工的零件在车间里总的停留时间为 T_j,

$$T_j = \sum_{i=1}^{j} P_i.$$

可知这六个零件的停留时间为

$$T_1+T_2+T_3+T_4+T_5+T_6$$
$$= P_1+(P_1+P_2)+(P_1+P_2+P_3)+(P_1+P_2+P_3+P_4)+$$
$$(P_1+P_2+P_3+P_4+P_5)+(P_1+P_2+P_3+P_4+P_5+P_6)$$
$$= 6P_1+5P_2+4P_3+3P_4+2P_5+P_6.$$

那么各个零件平均停留时间为

$$\frac{6P_1+5P_2+4P_3+3P_4+2P_5+P_6}{6}.$$

要使各个零件平均停留时间为最少,只要 $6P_1+5P_2+4P_3+3P_4+2P_5+P_6$ 的值为最小即可,从上式可知只要系数越大,配上加工时间越少的 P_i,即按照加工时间排出加工顺序,加工时间越少的零件排在越前面,加工时间越多的零件排在越后面,也就是按照 3,4,5,6,1,2 的顺序来加工零件,可使各个零件的平均停留时间为最少.按 3,4,5,6,1,2 的顺序来加工零件,各个零件的停留时间如表 12-4 所示.

表 12-4

零 件	加工时间 P_i/小时	停留时间 T_i/小时	零 件	加工时间 P_i/小时	停留时间 T_i/小时
3	0.5	0.5	6	1.5	4.2
4	0.9	1.4	1	1.8	6.0
5	1.3	2.7	2	2.0	8

各个零件平均停留时间为

$$\frac{0.5+1.4+2.7+4.2+6.0+8.0}{6}=3.8(\text{h}).$$

这与用"先到先加工"顺序所需平均停留时间 4.93 相比较,有很大的改进.

对于一台机器 n 个零件的排序问题,我们按照加工时间从少到多排出加工零件的顺序就能使各个零件的平均停留时间为最少.

二、两台机器,n 个零件

例 2 某工厂根据合同定做一些零件,这些零件要求先在车床上车削,然后再在磨床上加工,每台机器上各零件加工时间如表 12-5 所示.

表 12-5   单位:小时

零 件	车 床	磨 床	零 件	车 床	磨 床
1	1.5	0.5	4	1.25	2.5
2	2.0	0.25	5	0.75	1.25
3	1.0	1.75			

应该如何安排这五个零件的先后加工顺序才能使完成这五个零件的总的加工时间为最少?

解　由于每个零件必须先进行车床加工,再进行磨床加工,所以在车床上加工零件的顺序与在磨床上加工零件的顺序是一样的.

如果这些零件在车床上和磨床上的加工顺序都为 1,2,3,4,5.我们用图 12-1 中的线条图来表示各零件加工的开始时间与完成时间,这种图是由一根时间轴和车床、磨床在每个时刻的状况的图形所构成.

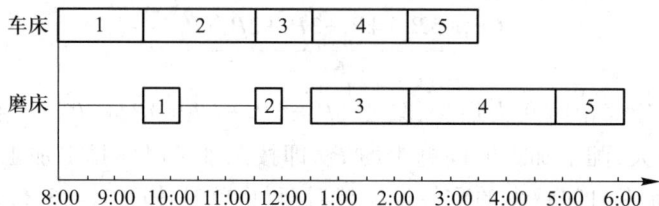

图 12-1

从图中可知车床按 1,2,3,4,5 的顺序加工,零件从上午 8:00 起到 9:30 完成零件 1 的加工,紧接着开始加工零件 2 到 11:30 完成,紧接着加工零件 3 到了 12:30 完成……不间断地工作直至下午 2:30 完成所有零件的车削工作,而磨床只有在 9:30 零件 1 车削完之后才开始对零件 1 加工到 10:00 完成.之后停工待料直至 11:30 零件 2 车削完时又开始对零件 2 的磨床加工,在 11:45 时完成.又是停工待料到 12:30,零件 3 车削完时开始对零件 3 进行磨床加工,下午 2:15 完成,紧接着加工零件 4 于下午 4:45 完成,同时开始加工零件 5 于下午 6:00 完成,这样可知使用顺序 1,2,3,4,5 完成全部加工任务共需要 10 个小时(从上午 8:00 到下午 6:00).

如果我们可知按 5,3,2,1,4 顺序来加工零件,我们也可以画出其对应的线条图如图 12-2 所示.

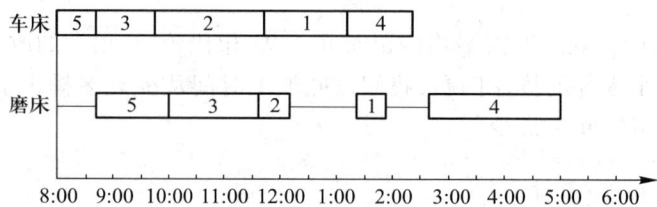

图 12-2

从图 12-2 我们可知按 5,3,2,1,4 顺序加工零件,总加工时间只需要 9 小时,可见当若干零件必须在几台机器上加工时,零件加工的顺序会影响到完成全部零件的加工所需的总时间.

如何来确定一种加工顺序,使得完成全部零件加工任务所需的总时间最少呢?

从上面两种加工顺序的线条图,我们知道加工时间的延长主要是由于第二台机器磨床的停工待料所造成的,只要减少磨床的停工待料的时间就能减少整个加工任务的总时间,为了减少磨床的停工待料,我们应该一方面把在车床上加工时间越短的零件越早加工,减少磨床等待的时间,另一方面把在磨床上加工时间越短的零件越晚加工,也就是说把在磨床上加工时间越长的零件越早加工,以便充分利用前面的时间,这样我们得到了使完成全部零件加工任务所需总时间最少的零件排序方法.

我们在表 12-5 中找到所列出的最短加工时间是 0.25,它是第二道工序磨床加工零件 2 的所需时间,由于这个时间与磨床有关,故我们把零件 2 放在加工顺序的末尾,并在表中划去零件 2 所在行.如表 12-6 所示.

表 12-6

零　件	车床 (第一工序)	磨床 (第二工序)	零　件	车床 (第一工序)	磨床 (第二工序)
1	1.5	0.5	4	1.25	2.5
~~2~~	~~2.0~~	~~0.25~~	5	0.75	1.25
3	1.0	1.75			

零件加工顺序:

第一:

第二:

第三:

第四:

第五:零件 2

接着,我们又找到最短加工时间为 0.5,这一时间与磨床(第二工序)有关,我们把磨床加工时间为 0.5 的零件 1 放到除第五外的加工顺序的末尾,即第四位加工,同时把表中的零件 1 所在行划去.

下一个最短的加工时间为 0.75,这个加工时间是车床(第一工序)加工零件 5 的所需时间,故我们把零件 5 排在加工顺序第一位上,并把零件 5 所在行划去,同样下一个最短加工时间为 1,这是车床加工零件 3 的所用时间,故把零件 3 加工顺序尽早往前排,排到第二位上.并划去零件 3 所在行.如表 12-7 所示.

表 12-7

零　件	车床 (第一工序)	磨床 (第二工序)	零　件	车床 (第一工序)	磨床 (第二工序)
~~1~~	~~1.5~~	~~0.5~~	4	1.25	2.5
~~2~~	~~2.0~~	~~0.25~~	~~5~~	~~0.75~~	~~1.25~~
~~3~~	~~1.0~~	~~1.75~~			

零件加工顺序：

第一：零件 5

第二：零件 3

第三：

第四：零件 1

第五：零件 2

现在只剩下零件 4 没排序了，显然零件 4 只能在第三位加工了．

这样我们得到了最优加工顺序 5,3,4,1,2，线条图 12-3 显示了各零件在车床与磨床的加工时间的安排．

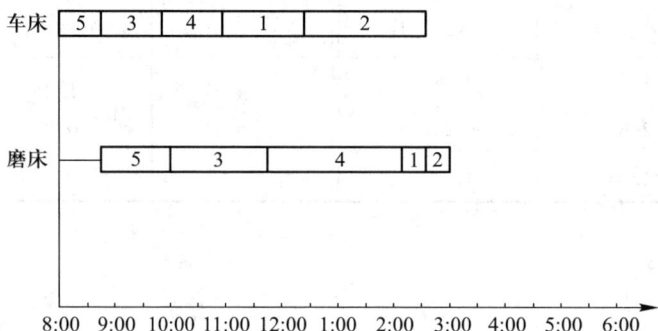

图 12-3

这样一共只需 7 个小时就全部完成了所有零件的加工，比"先到先加工"的顺序 1,2,3,4,5 要提前 3 个小时完成任务．

从例 2 我们可以归纳出关于两台机器 n 个零件的排序问题，使得全部任务的总时间最短的排序算法．

（1）在加工所需时间表上选出最短加工时间 t_{ij}，这是第 i 工序加工 j 零件所需时间．当 $i=1$ 时，将零件 j 的加工顺序尽量靠前；若 $i=2$ 时，将零件 j 的加工顺序尽量靠后．

（2）在表上划去零件 j 的所在行，回到步骤（1）．

以上我们介绍了求解一台机器 n 个零件和二台机器 n 个零件的排序问题的算法．在一般的车间作业计划问题中，有 m 台机器 n 个零件，我们一般找不到类似的有效的求解算法，但我们可以用求解整数规划的方法加以解决，读者可以参考有关文献*，本书不作详细介绍．

§12.2　统筹方法

作为一个管理者，常常面临着一些复杂、大型的工程项目，这些工程项目涉及众多部门和单

---

* L. Cooper,U Narayan Bath Harry J,Le Blane. 运筹学模型概论．魏国华,周仲良,译．上海：上海科技出版社,1987.

位的大量的独立的工作或活动,如何来编制计划、安排进度并进行有力的控制,这是管理的重要内容.

统筹方法是解决这些问题的强有力的工具.这种技术是在 20 世纪 50 年代末发展起来的,1956 年美国杜邦公司为了协调企业不同业务部门的系统规划,应用网络方法制定了第一套网络计划,提出了关键路线方法(缩写为 CPM).1958 年,美国海军武装部在研制"北极星"导弹计划时,针对"北极星"导弹项目中很多工作或活动都是第一次尝试,其完成工作或活动的时间无经验数据可循的特点提出了图解评审法(缩写为 PERT),由于 CPM 与 PERT 既有着相同的目标与应用,又有很多相同的术语,这两个方法已合并为一种方法,在国外称之为 PERT/CPM.60 年代我国开始应用这种方法,根据它统筹安排的特点称之为统筹方法.

统筹方法可以应用在各种不同的项目计划上,特别适用于生产技术复杂,工作项目繁多且联系紧密的一些跨部门的工作计划,例如,新产品的研制开发,工厂、大楼、高速公路等大型工程项目的建设,大型复杂设备的维修以及新系统的设计与安装等计划.

统筹方法包括绘制计划网络图、进度安排、网络优化等环节,下面我们分别讨论这些内容.

一、计划网络图

统筹方法的第一步工作就是绘制计划网络图,也就是将工序(或称为活动)进度表转换为统筹方法的网络图.

下面用一个例题来说明计划网络图的绘制方法.

例 3 某公司研制新产品的部分工序与所需时间以及它们之间的相互关系都显示在其工序进度表如表 12-8 所示,请画出其统筹方法网络图.

表 12-8

工 序 代 号	工 序 内 容	所需时间/天	紧 前 工 序
a	产品设计与工艺设计	60	—
b	外购配套零件	15	a
c	外购生产原料	13	a
d	自制主件	38	c
e	主配件可靠性试验	8	b, d

解 我们用网络图来表示上述的工序进度表.

网络图中的点表示一个事件,是一个或若干个工序的开始或结束,是相邻工序在时间上的分界点,点用圆圈表示,圆圈里面的数字表示点的编号.

弧表示一个工序(或活动),弧的方向是从工序的开始指向工序的结束.在弧的上面,我们标以各工序的代号,在弧的下面我们标上完成此工序所需的时间(或资源)等数据,这也就是对这条弧所赋的权数.

在工序进度表里所说的工序 b 的紧前工序 a,是指工序 a 结束后,紧接要进行的工序是 b,工序 b 也称为工序 a 的紧后工序.从表上可知道由于工序 a 没有紧前工序,工序 a 可以在任何时候开始,然后由于工序 b 的紧前工序为 a,所以只有完成了工序 a,才能紧接着开始工序 b.同样可知,只有完成了工序 a,才能紧接着开始工序 c;只有完成了工序 c,才能紧接着开始工序 d;只有完成了工序 b 和工序 d,才能紧接着开始工序 e.

在网络图中我们用一个点来表示某一个工序的开始和某紧前工序的结束.

这样我们就得到了表示此工序进度表的网络图,如图 12-4 所示.

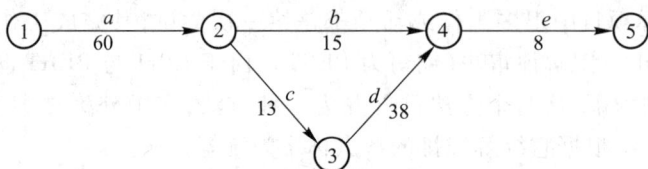

图 12-4

例 4 我们把例 3 的工序进度表做一些扩充,如表 12-9 所示,请画出其统筹方法的网络图.

表 12-9

工序代号	所需时间/天	紧前工序	工序代号	所需时间/天	紧前工序
a	60	—	e	8	b,d
b	15	a	f	10	d
c	13	a	g	16	d
d	38	c	h	5	e,f,g

解 在图 12-4 中我们已经得到了此问题的部分网络图,但是我们把工序 f 扩充到此网络图上时发生了问题,由于 d 是 f 的紧前工序,所以 d 的结束应该是 f 的开始,所以代表 f 的弧的起点应该是④,但这样一来,由于工序 b 的结束也是④,所以工序 b 也成了工序 f 的紧前工序,这和题意不符合了.

为此我们引入虚工序.虚工序是实际上并不存在而虚设的工序,为了用来表示相邻工序之间的衔接关系.虚工序不需要人力、物力等资源与时间,在本例中虚工序所需时间为零.虚工序在图中用虚线表示,在图 12-4 中加入 f 工序我们得图 12-5.

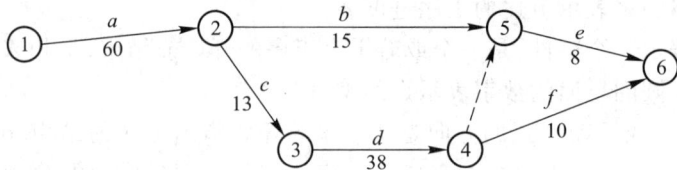

图 12-5

在图 12-5 中,我们把点的编号作了一些调整.我们规定工序从左向右排列,网络图中的各个点都有一个时间(某一个或若干个工序开始或结束的时间),一般按各个点的时间顺序编号,要求各工序的结束点的编号大于开始点的编号.表示了结束点的时间不早于开始点的时间,为了便于修改及调整计划,在编号过程中可以留出一些编号.

在图 12-5 中虚工序④——⑤表示只有当 d 工序结束后, e 工序才能开始.

在网络图上添上 g, h 工序得网络图如图 12-6 所示.

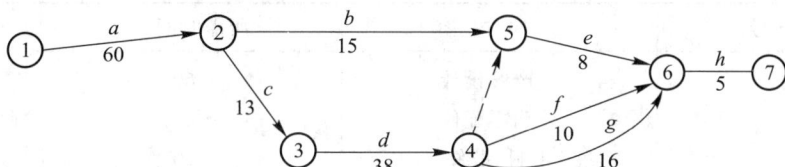

图 12-6

在图 12-6 中工序 f 和工序 g 有相同的开始④和相同结束⑥.由于在统筹方法的网络中计算机程序计算时,相邻两个点之间不管有多少弧(工序),计算机都认为它们是同一条弧(同一个工序),因此在统筹方法的网络图中不允许两个点之间有多于一条弧的情况发生.为此我们增加了一个点和虚工序,同时调整了一些点的编号得图 12-7,这就是例 4 的统筹方法网络图.

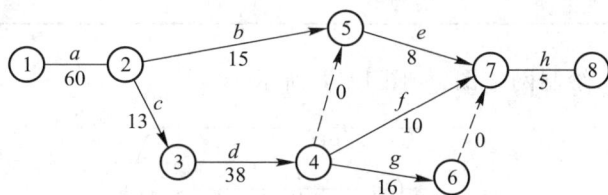

图 12-7

在绘制统筹方法的网络图时,要注意图中不能有缺口和回路.

在网络图中,除发点和收点外,其他各个点的前后都应有弧连接,图中不存在缺口,使网络图从发点经任何路线都可以到达收点,否则使某些工序失去与其紧前工序的应有的联系.必要时可以添加一些虚工序以免出现缺口.

在统筹方法的网络图中不能有回路,否则将使组成的工序永远不能结束.

二、网络时间与关键路线

在绘制出网络图之后,我们可以用网络图求出:

(1)完成此工程项目所需的最少时间.

(2)每个工序的开始时间与结束时间.

(3)关键路线及其相应的关键工序.

(4)非关键工序在不影响工程的完成时间的前提下,其开始时间与结束时间可以推迟多久.

例5 某公司装配一条新的生产线,其装配过程中的各个工序与其所需时间以及它们之间的相互衔接关系如表 12-10 所示,求:完成此工程所需最少时间,关键路线及相应关键工序,各工序的最早开始时间及结束时间和非关键工序在不影响工程完成时间的前提下,其开始时间与结束时间可以推迟多久.

表 12-10

工 序 代 号	工 序 内 容	所需时间/天	紧 前 工 序
a	生产线设计	60	/
b	外购零配件	45	a
c	下料、锻件	10	a
d	工装制造 1	20	a
e	木模、铸件	40	a
f	机械加工 1	18	c
g	工装制造 2	30	d
h	机械加工 2	15	d,e
i	机械加工 3	25	g
j	装配调试	35	b,i,f,h

解 根据表 12-10,绘制网络图,如图 12-8 所示.

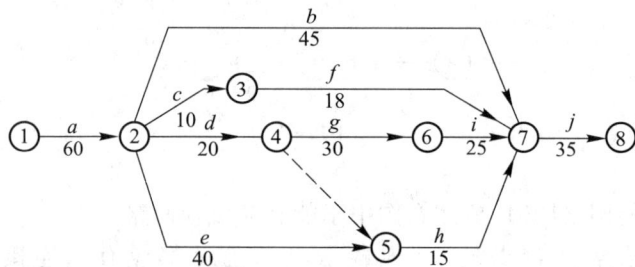

图 12-8

为了求得完成此工程所需的最少时间,我们必须找到一条关键路线.在网络图上从发点开始,沿着弧的方向(即按照各个工序的顺序)连续不断地到达收点的一条路称为路线.如在图 12-8 中,路①→②→③→⑦→⑧就是一条路线,这条路线是由工序 a,c,f,j 组成,要"走"完这条路线,也就是完成 a,c,f,j 四个工序需要的时间为 $60+10+18+35=123$(天).我们要干完所有工序就必须走完所有这样的线路,由于很多工序可以同时进行,所以网络中最长的路线就决定了完成整个工程所需的最少时间,它就等于完成这条路线上的各个工序的时间之和.我们把这条路线称为关键路线,其他的路线称为非关键路线,关键路线之所以关键是因为我们缩短了完成这条路线上的各个工序的时间之和,我们就缩短了整个工程的完成时间;同样如果我们延长了这个时间之和,那么我们就延长了整个工程的完成时间.这个关键路线上的各个工序都称为关键工序,其他的工序就称为非关键工序.

下面我们给出找出关键路线的办法.

首先从网络的发点开始,按顺序计算出每个工序的最早开始时间(缩写为 ES)和最早结束时间(缩写为 EF),我们设一个工序所需时间为 t,则对同一个工序来说,有

$$EF = ES + t.$$

由于工序 a 最早开始时间 $ES=0$,所需时间 $t=60$,可知工序 a 的最早结束时间 $EF=0+60=60$.我们在网络的弧 a 的上面,字母 a 的右边标上这对数据如图12-9所示.

由于任一工序只有当其所有的紧前工序结束之后才能开始,所以任一工序的最早开始时间应该等于其

所有紧前工序最早结束时间中的最后的时间.上述的等量关系我们称之为最早开始时间法则,运用这个法则以及 $EF=ES+t$ 的关系,我们可以依次算出此网络图中的各弧的最早开始时间与最早完成时间,如图 12-10 所示.

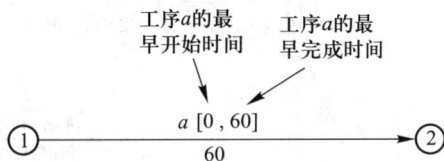

图 12-9

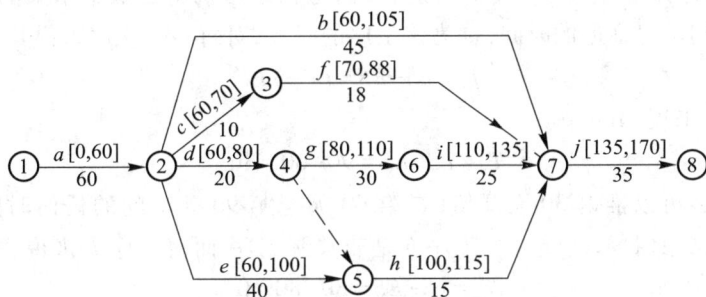

图 12-10

在图 12-10 中,例如工序 h 的最早开始时间应取工序 d 和 e 的最早结束时间中的最后时间,即在 80 与 100 中取最大者 100,而其最早结束时间 $EF=ES+t=100+15=115$.故在弧 h 上标以 $[100,115]$.

其次,我们从网络的收点开始计算出在不影响整个工程最早结束时间的情况下各个工序的最晚开始时间(缩写为 LS)和最晚结束时间(缩写为 LF),显然对同一工序来说,有

$$LS = LF - t.$$

对工序 j,可知其 $LF=170$,$t=35$,可计算出 $LS=170-35=135$.我们把这两个数据标在网络图弧 j 的下面 t 右边的方括号内.

由于任一工序必须在其所有的紧后工序开始之前结束,这样我们得到了最晚时间法则:在不影响整个工程最早结束时间的情况下,任一工序的最晚结束时间等于其所有紧后工序的最晚开始时间中的最早时间.

运用这个法则和 $LS = LF - t$ 的关系式,我们可以从收点开始计算出每个工序的 LF 与 LS 如图 12-11 所示.

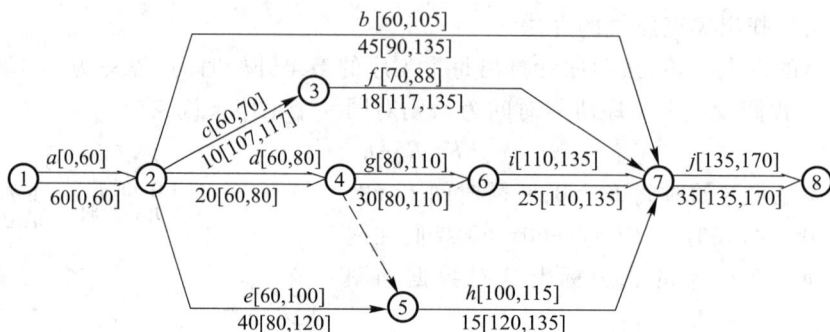

图 12-11

在图 12-11 中,例如工序 b 的 LF 的值是从其紧后工序 j 的 LS 值得到,即工序 b 的 $LF = 135$,而工序 b 的 LS 的值为 $LF - t = 135 - 45 = 90$.故在弧 b 下面 45 的右边标以 $[90, 135]$.

接着,我们可以计算出每一个工序的时差,我们把在不影响工程最早结束的条件下,工序最早开始(或结束)的时间可以推迟的时间,称为该工序的时差,对每一个工序来说其时差记为 T_s 有

$$T_s = LS - ES = LF - EF.$$

例如,对工序 b 来说,其时差

$$T_s = LS - ES = 90 - 60 = 30.$$

这就是说工序 b 至多可以推迟 30 天开始(在第 60 天至第 90 天之间的任何时间开始)不至于影响整个工程的最早结束时间.这样可知工序 b 是非关键工序.而对工序 g 来说,其时差

$$T_s = LS - ES = 80 - 80 = 0.$$

这也就是说工序 g 的提前与推迟开始(或结束)都会使整个工程最早结束时间提前与推迟,这样可知工序 g 是关键工序,一般说关键工序的时差都为零.

最后将各工序的时差,以及其他信息构成工序时间表如表 12-11 所示.

表 12-11

工序	最早开始 时间(ES)	最晚开始 时间(LS)	最早完成 时间(EF)	最晚完成 时间(LF)	时差 ($LS-ES$)	是否为关 键工序
a	0	0	60	60	0	是
b	60	90	105	135	30	否
c	60	107	70	117	47	否
d	60	60	80	80	0	是
e	60	80	100	120	20	否

续表

工序	最早开始 时间(ES)	最晚开始 时间(LS)	最早完成 时间(EF)	最晚完成 时间(LF)	时差 (LS−ES)	是否为关 键工序
f	70	117	88	135	47	否
g	80	80	110	110	0	是
h	100	120	115	135	20	否
i	110	110	135	135	0	是
j	135	135	170	170	0	是

这样我们找到了一条由关键工序 a,d,g,i 和 j 依次连成的从发点到收点的关键路线,我们可以把这条关键路线用双线在网络图 12-11 上表示出来.我们也可以用"管理运筹学"软件很快地求出这些结果,读者不妨试试看.

工序时间表不仅为我们提供了关键路线,还为我们进行网络优化、确定最优计划方案提供了有益的信息.

三、完成工序所需时间不确定时的网络时间与关键路线

上面我们介绍了有确定的完成工序所需时间的情况下求网络时间和关键路线的办法.

那么当完成工序所需时间不确定的情况下怎样来求网络时间和关键路线呢?下面我们结合例题介绍求解办法.

例6 长征研究院培训中心负责组织明年春天的各研究所和各部门领导干部的工商管理的培训,培训中心列出有关培训组织的各项活动(工序)的信息如表 12-12 所示,要求绘制出统筹方法的网络图,设法求出网络时间和关键路线,并确定开始这个组织工作的时间以保证培训工作如期举行.

表 12-12

活动(工序)	活动(工序)内容	紧前活动(工序)
a	制订培训计划	—
b	选聘培训教师	a
c	列出一些可供选择的培训地点	—
d	确定培训地点	c
e	确定培训的日程安排	b,d
f	落实教学设备,器材,资料	e
g	发培训通知并确定学员名单	b,d
h	订旅馆房间	g
i	处理最后的一些事务	f,h

解 根据表 12-12，我们可以绘制出统筹方法的网络图如图 12-12 所示.

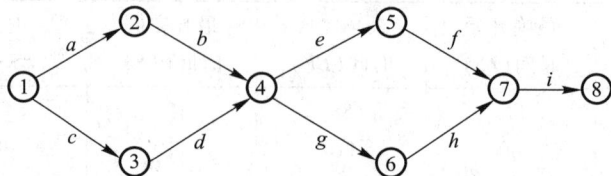

图 12-12

由于这是研究院第一次搞这种类型的培训，缺乏经验和有关统计资料来确定完成每个活动所需时间，但通过调查与研究对完成每个活动的时间作了三种统计：(1) 乐观时间，是指在顺利情况下，完成活动所需最少时间，常用符号 a 表示；(2) 最可能时间，是指在正常情况下，完成活动所需时间，常用符号 m 表示；(3) 悲观时间，是指在不顺利情况下，完成活动所需最多时间，常用符号 b 表示.对每个活动的三种估计时间如表 12-13 所示.

显然这三种完成活动所需时间都具有一定概率，根据经验，我们可以假定这些时间的概率分布近似服从 β 分布.这样我们可以用如下公式计算出完成活动所需的平均时间.

表 12-13   单位：周

活 动	乐 观 时 间	最 可 能 时 间	悲 观 时 间
a	1.5	2.0	2.5
b	2.0	2.5	6.0
c	1.0	2.0	3.0
d	1.5	2.0	2.5
e	0.5	1.0	1.5
f	1.0	2.0	3.0
g	3.0	3.5	7.0
h	3.0	4.0	5.0
i	1.5	2.0	2.5

$$T = \frac{a+4m+b}{6},$$

以及方差

$$\sigma^2 = \left(\frac{b-a}{6}\right)^2.$$

例如，完成活动 g 所需平均时间

$$T_g = \frac{a+4m+b}{6} = \frac{3.0+4\times3.5+7.0}{6} = 4.$$

同时我们可以求出其方差：

$$\sigma_g^2 = \left(\frac{7-3}{6}\right)^2 = \left(\frac{4}{6}\right)^2 = \frac{4}{9}.$$

活动 g 的完成时间的概率分布如图 12-13.

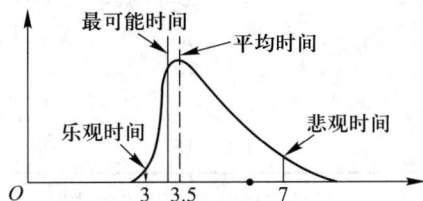

图 12-13

同样我们可以求出每个活动的完成所需平均时间及其方差如表 12-14 所示.

表 12-14

活动	T(平均时间)/周	σ^2(方差)	活动	T(平均时间)/周	σ^2(方差)
a	2	0.028	f	2	0.111
b	3	0.445	g	4	0.445
c	2	0.111	h	4	0.111
d	2	0.028	i	2	0.028
e	1	0.028			

　　下面我们就用完成活动所需平均时间来代替完成活动所需时间,并且在网络图上标上每个活动最早开始时间和最早结束时间,如图 12-14 所示.

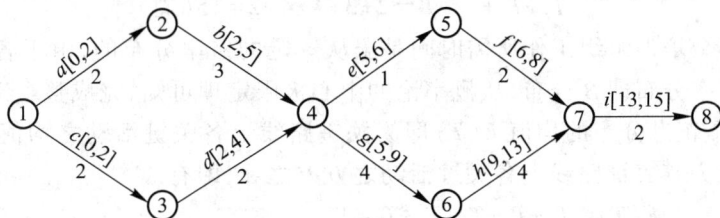

图 12-14

　　同样,我们可以在网络图上标上最晚开始时间与最晚完成时间如图 12-15 所示.
我们还可以求出时差 $T_s = LS - ES$,我们把这些信息都填入工序时间表 12-15 中.

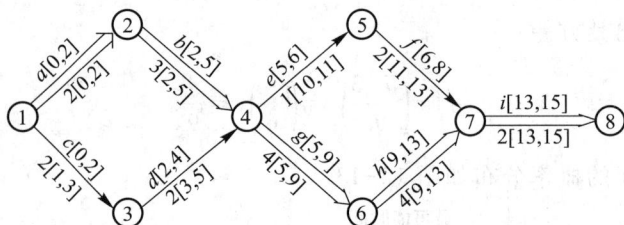

图 12-15

表 12-15

活动	最早开始时间（ES）	最晚开始时间（LS）	最早完成时间（EF）	最晚完成时间（LF）	时差（LS-ES）	是否为关键工序
a	0	0	2	2	0	是
b	2	2	5	5	0	是
c	0	1	2	3	1	否
d	2	3	4	5	1	否
e	5	10	6	11	5	否
f	6	11	8	13	5	否
g	5	5	9	9	0	是
h	9	9	13	13	0	是
i	13	13	15	15	0	是

以上的一些工作，我们都可以用"管理运筹学"软件来完成.

从表 12-15 上我们找到了一条从发点到收点由关键工序 a,b,g,h,i 组成的关键路线，我们用双线在图 12-15 上表示出这条关键路线.从而可知要完成领导干部的工商管理的培训组织工作所需的平均时间为各关键活动的所需平均时间之和，即有

$$T_a + T_b + T_g + T_h + T_i = 2+3+4+4+2 = 15(\text{周}).$$

实际上完成整个培训组织工作所需时间是服从一定的概率分布的，由于各关键工作所需时间都服从相同的概率分布即 β 分布，从概率论的中心极限定理可知，完成整个工作所需时间近似服从正态分布，这个正态分布的均值 $E(T)$ 即为关键路线上各关键活动之均值（平均需要时间）之和，其方差 σ^2 也为其关键路线上各关键活动之方差之和，即有

$$E(T) = T_a + T_b + T_g + T_h + T_i = 15.$$

$$\sigma^2 = \sigma_a^2 + \sigma_b^2 + \sigma_g^2 + \sigma_h^2 + \sigma_i^2$$

$$= 0.028 + 0.445 + 0.445 + 0.111 + 0.028 \approx 1.05.$$

这样我们可以计算出此项培训组织工作不同完工时间的概率，例如这项工作在 16 周内完工的概率.

图 12-16 就是以均值为 15,方差为 1.05 的正态分布图,其中图中的阴影部分就是在 16 周内完工的概率.

为求得在 16 周内完工的概率,我们可以先求 μ 值.

$$\mu = \frac{T - E(T)}{\sigma},$$

式中的 T 为预定完工时间即为 16,$E(T) = 15$.

$$\sigma = \sqrt{\sigma^2} = \sqrt{1.05} = 1.025,$$

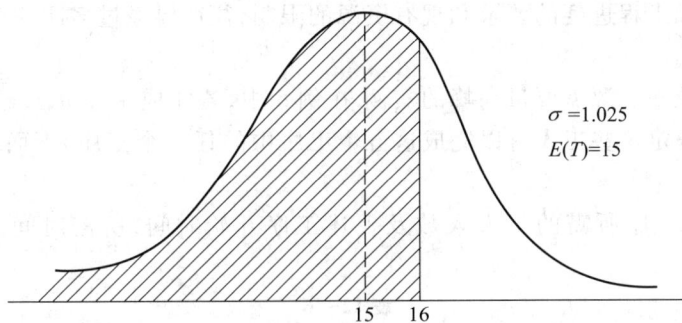

图 12-16

即得

$$\mu = \frac{16 - 15}{1.025} = \frac{1}{1.025} = 0.976.$$

查标准正态分布函数表可知概率 $\Phi(\mu) = \Phi(0.976) = 0.835\,5$,即在 16 周内完工的概率为 83.55%.

如果我们要求以 99% 的概率来保证培训组织工作如期做完,使培训工作如期举行,我们应在培训工作开始前多少周开始做培训组织工作,也就是说,概率为 99% 的完工时间应为多少周.在标准正态分布函数表中可查出 $\Phi(\mu) = 0.99$ 的 μ 值,$\mu = 2.33$,再从公式

$$\mu = \frac{T - E(T)}{\sigma},$$

得

$$2.33 = \frac{T - 15}{1.025}.$$

可求得

$$T = 2.33 \times 1.025 + 15 = 17.39(周).$$

也就是说只要在培训工作开始前 17.39 周开始做培训组织工作就能保证培训工作如期举行.

四、网络优化

绘制网络图,计算网络时间和确定关键路线,得到了一个初始的计划方案,但通常要对初始

方案进行调整与完善.根据计划目标,综合地考虑进度、资源和降低成本等目标,进行网络优化,确定最优的计划方案.

1. 时间—资源优化

在编制网络计划安排工程进度时,我们要合理地利用现有资源,并缩短工程周期.为了使工程进度与资源利用都得到比较合理安排,我们采取以下的做法:

(1) 优先安排关键工序所需要的资源.

(2) 利用非关键工序的时差,错开各工序的开始时间,拉平资源需要量的高峰.

(3) 要统筹兼顾工程进度的要求和现有资源的限制,往往要经过多次综合平衡,才能得到比较合理的计划方案.

下面列举一个拉平资源需要量高峰的实例.在例 5 中,若完成工序 d,f,g,h,i 的机械加工工人人数为 65 人,并假定这些工人可以完成这五个工序中的任一个工序,下面我们来寻求一个时间—资源优化方案.

有关 d,f,g,h,i 工序所需的工人人数及上述工序开始时间,所需时间及时差如表 12−16 所示.

表 12−16

工　　序	需要机械加工工人人数	最早开始时间/天	所需时间/天	时差/天
d	58	60	20	0
f	22	70	18	47
g	42	80	30	0
h	39	100	15	20
i	26	110	25	0

若上述各工序都按最早开始时间安排,那么从第 60 天至第 135 天的 75 天里,所需的机械加工工人的人数如图 12−17 所示.

在图的上半部中,工序代号后括号内的数字是所需机械加工工人数,"—·—"(点划线)表示非关键工序时差长度.图的下半部表示从第 60 天至 135 天内的 75 天里,所需机械加工工人数,这样的图一般称为资源负荷图.

从图 12−17 中可见到:一方面在第 70 天至第 88 天和从第 100 天至第 110 天这两段时间内,需要工人数达到 80 与 81 人,远超过了现有工人人数;另一方面在第 90 天到第 100 天和第 115 天至 135 天所需工人数仅有 42 人和 26 人,远远少于现有工人数,这种安排的资源负荷是不均匀的,不妥当的.

若各工序都按最晚开始时间安排,那么在第 117 天至 135 天时期内需要工人数为 87 人,也大大超过了现有工人数.

我们应该优先安排关键工序所需的工人,再利用非关键工序的时差,错开各工序的开始时间,从而拉平工人需要量的高峰.经过调整,我们让非关键工序 f 从第 80 天开始,工序 h 从第 110

天开始.找到了时间——资源优化的方案,如图 12-18 所示,在不增加工人的情况下保证了工程按期完成.

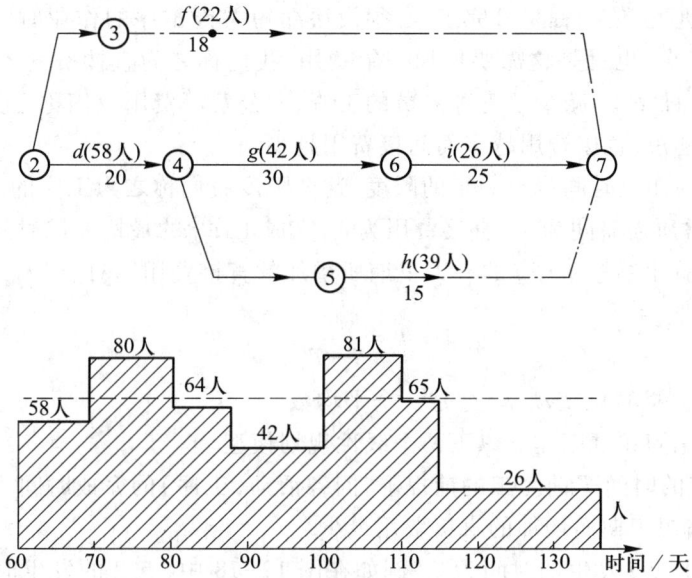

图 12-17

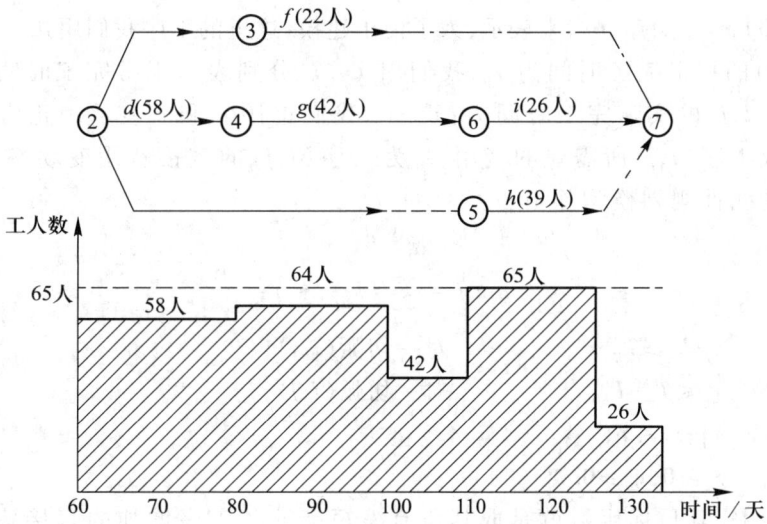

图 12-18

2. 时间—费用优化

在编制网络计划时,我们要考虑这样一些时间与费用的问题:在既定的时间前工程完工的前提下,使得所需要的费用最少,或者在不超过工程预算的条件下,使得工程最早完工.这些就是时间—费用优化要研究和解决的问题.

为了加快工程进度,使工程早日完工,必须设法缩短关键工序的作业时间,这样就需要增加人力、设备和工作班次,也就是这需要增加一笔费用,我们称之为直接费用.但同时,由于加快了工程进度,使工程早日完工,减少了管理人员的工资、办公费等费用我们称之为间接费用.一般来说工序的作业时间越短,直接费用越多而间接费用越少.

我们缩短工序的作业时间也有一定的限度,这个限度我们称之为工序的最快完成时间.我们设完成工序 j 的正常所需时间为 T_j,直接费用为 c_j,完成工序 j 的最快完成时间为 T'_j,直接费用为 c'_j.这样我们可以计算出缩短工序 j 的一天工期所增加的直接费用,我们用 k_j 表示,有

$$k_j = \frac{c'_j - c_j}{T_j - T'_j}.$$

我们也称 k_j 为直接费用变动率,这是一个平均数.

时间—费用优化问题可以建立以下两个线性规划模型.

模型一,在既定的时间 T 前完工的前提下,问各活动(工序)的完成时间为多少(即各项活动如何加速)才使因缩短工期而增加的直接费用最少.

我们设网络图上点 i 发生的时间为 x_i(例如在图 12–18 中,点 2 的发生时间为 60(天),点 6 的发生时间为 110(天),故有 $x_2 = 60$, $x_6 = 110$).

对一个工序,我们既可以用工序的代号(例如 $a, b, \cdots$)来表示,也可以用表示这个工序的弧[例如 $(1,2)(2,3), \cdots, (i,j), \cdots$]来表示,为了便于建模,这里的工序我们用弧 (i,j) 来表示.

设工序 (i,j) 的提前完工时间为 y_{ij},我们用 T_{ij}, T'_{ij} 分别表示正常完工时间与最快完工的时间,则有工序 (i,j) 的实际完工时间为:$T_{ij} - y_{ij}$.我们也用 c_{ij} 和 c'_{ij} 表示用正常完成时间和最快完成时间完成工序 (i,j) 所需要的费用,k_{ij} 为工序 (i,j) 的直接费用变动率.这样我们可以得到这个问题的线性规划模型如下:

$$\min f = \sum_{(i,j)} (k_{ij} \cdot y_{ij});$$

约束条件:
$$x_j - x_i \geq T_{ij} - y_{ij}, \quad \text{对一切弧} (i,j),$$
$$y_{ij} \leq T_{ij} - T'_{ij}, \quad \text{对一切弧} (i,j),$$
$$x_n - x_1 \leq T,$$
$$x_i \geq 0, y_{ij} \geq 0.$$

在这个模型中,其目标函数就是取其所有缩短工期各工序增加的直接费用之和的最小值,其约束条件中,第一个约束不等式右边表示工序 (i,j) 的实际作业时间,左边表示弧 (i,j) 的两个顶点 j 和 i 的发生时间之差,这个不等式表示要有足够的时间间隔让工序 (i,j) 进行实际作业,这个约束不等式要对每个工序都成立;第二个约束不等式的右边表示工序 (i,j) 缩短工序时间的最大允许值,左边表示工序 (i,j) 的实际缩短时间,这个约束不等式表示

工序(i,j)的实际缩短时间不能超过其缩短工期的最大允许值,这个不等式也要对每个工序成立.第三个约束不等式表示整个工程实际完工时间不能超过给定的期限 T.

例 7　例 5 所提供的信息都作为本例的信息,另外还给出了在装配过程中各道工序所需正常完工时间与最快完工时间,以及对应正常完工时间与最快完工时间的所需的直接费用和每缩短一天工期所需增加的直接费用,如表 12-17 所示.

表 12-17

工序	正常情况下		采取措施后		缩短一天工期增加的直接费用(费用变动率 元/天)$k_{ij}=\dfrac{c'_{ij}-c_{ij}}{T_{ij}-T'_{ij}}$
	T_{ij}正常完工时间/天	c_{ij}工序直接费用/元	T'_{ij}最快完工时间/天	c'_{ij}工序直接费用/元	
$a(1,2)$	60	10 000	60	10 000	—
$b(2,7)$	45	4 500	30	6 300	120
$c(2,3)$	10	2 800	5	4 300	300
$d(2,4)$	20	7 000	10	11 000	400
$e(2,5)$	40	10 000	35	12 500	500
$f(3,7)$	18	3 600	10	5 440	230
$g(4,6)$	30	9 000	20	12 500	350
$h(5,7)$	15	3 750	10	5 750	400
$i(6,7)$	25	6 250	15	9 150	290
$j(7,8)$	35	12 000	35	12 000	—

在表 12-17 的第一栏"工序"栏中填入了工序代号及表示此工序的弧.

该工程要求在 150 天内完工,问每个工序应比正常完工时间提前多少天完成,才能使整个工程因缩短工期而增加的直接费用为最少.如果工期要求在 140 天完工呢?

解　本题的网络图,我们已在例 5 中绘制出了如图 12-19 所示,根据此网络图我们来建立数学模型.

设此网络图上第 i 点发生的时间为 x_i,工序(i,j)提前完工的时间为 y_{ij},则

$$\min f = 120y_{27} + 300y_{23} + 400y_{24} + 500y_{25} + 230y_{37} +$$
$$350y_{46} + 400y_{57} + 290y_{67};$$

约束条件:

$$x_2 - x_1 \geqslant 60 - y_{12},$$
$$x_7 - x_2 \geqslant 45 - y_{27},$$
$$x_3 - x_2 \geqslant 10 - y_{23},$$
$$x_4 - x_2 \geqslant 20 - y_{24},$$

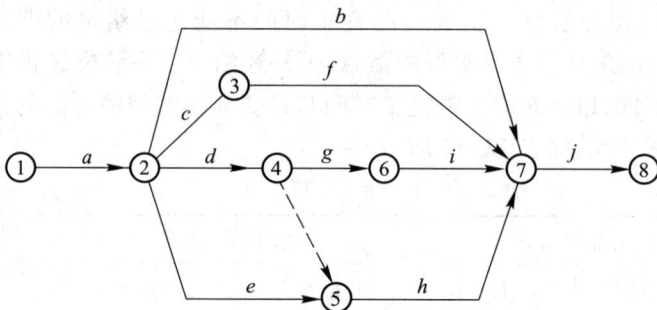

图 12-19

$$x_5 - x_2 \geqslant 40 - y_{25},$$
$$x_7 - x_3 \geqslant 18 - y_{37},$$
$$x_6 - x_4 \geqslant 30 - y_{46},$$
$$x_5 - x_4 \geqslant 0, 虚拟弧(4,5),$$
$$x_7 - x_5 \geqslant 15 - y_{57},$$
$$x_7 - x_6 \geqslant 25 - y_{67},$$
$$x_8 - x_7 \geqslant 35 - y_{78},$$
$$x_1 = 0,$$
$$y_{12} \leqslant 0,$$
$$y_{27} \leqslant 15,$$
$$y_{23} \leqslant 5,$$
$$y_{24} \leqslant 10,$$
$$y_{25} \leqslant 5,$$
$$y_{37} \leqslant 8,$$
$$y_{46} \leqslant 10,$$
$$y_{57} \leqslant 5,$$
$$y_{67} \leqslant 10,$$
$$y_{78} \leqslant 0,$$
$$x_8 \leqslant 150,$$
$$x_i \geqslant 0, y_{ij} \geqslant 0.(对一切可能的 ij)$$

我们用"管理运筹学"软件进行运算,很快得到如下结果:

$$f = 6\ 400,$$

$x_1 = 0,$	$y_{12} = 0,$	$y_{67} = 10,$
$x_2 = 60,$	$y_{27} = 0,$	$y_{78} = 0.$

$$x_3 = 97, \qquad y_{23} = 0,$$
$$x_4 = 80, \qquad y_{24} = 0,$$
$$x_5 = 100, \qquad y_{25} = 0,$$
$$x_6 = 100, \qquad y_{37} = 0,$$
$$x_7 = 115, \qquad y_{46} = 10,$$
$$x_8 = 150. \qquad y_{57} = 0,$$

也就是我们缩短工序 g 的 10 天工期, 缩短工序 i 的 10 天工期, 这样我们可以多付出最少的直接费用 6 400 元, 提前 20 天即在 150 天里完成整个工程.

如果工期要求在 140 天里完成, 那么我们只要在上述的线性规划的模型里把约束条件中的最后一个:

$$x_8 \leqslant 150, \text{改为} \ x_8 \leqslant 140,$$

其余一切不变, 就是这个问题的数学模型.

用"管理运筹学"软件运算, 我们即得到如下结果:

$$f = 14\ 900,$$
$$x_1 = 0, \qquad y_{27} = 0, \qquad y_{12} = 0,$$
$$x_2 = 60, \qquad y_{23} = 0, \qquad y_{78} = 0.$$
$$x_3 = 87, \qquad y_{24} = 10,$$
$$x_4 = 70, \qquad y_{25} = 5,$$
$$x_5 = 95, \qquad y_{37} = 0,$$
$$x_6 = 90, \qquad y_{46} = 10,$$
$$x_7 = 105, \qquad y_{57} = 5,$$
$$x_8 = 140. \qquad y_{67} = 10,$$

也就是说, 为了使整个工程在 140 天里完成, 我们至少要交付出 14 900 元的直接费用. 各个工序的开始时间如 $x_1, x_2, \cdots, x_8$ 的解所表示, 要求缩短工序 d 的 10 天工期, 工序 e 的 5 天工期, 工序 g 的 10 天工期, 工序 h 的 5 天工期, 工序 i 的 10 天工期, 其余的工序按正常所需时间完工.

对于例 7 这样的问题我们也可以用统筹法予以解决. 在绘制了计划网络图、计算了工序的时间、找出了关键路线之后, 由于要求我们在 150 天里完成工程, 缩短了正常工期的 20 天时间. 我们在关键路线上, 找出直接费用变动率最低的关键工序, 最大限度地缩短其完成时间. 从表 12-17 上可知其关键工序 a, d, g, i, j 中, 工序 i 的直接费用变动率最低, 其次是工序 g, 已知这两个工序都至多只能缩短 10 天, 这样我们就缩短工序 i 和 g 各 10 天时间, 而不需经缩短其他的关键工序和非关键工序就能保证在 150 天完成整个工程, 为缩短这 20 天的工期付出的最少的直接费用为 $290 \times 10 + 350 \times 10 = 6\ 400$, 这个答案和线性规划的答案是一样的.

如果我们把工程完成时间缩短为 140 天. 同样我们要在关键工序里找出直接费用变动率最低的工序, 缩短 30 天工期. i, g 至多各缩短 10 天工期, 再缩短 d 的 10 天工期, 但这样一来①→

②→⑤→⑦→⑧变成了关键路线,因为这条路线上工序 a,e,h,j 四个工序正常完成共需要时间为 150 天.这样我们要在这条关键路线上找直接费用变动率最低的工序 $h=400$,其次为 $e=500$,由于 h 至多缩短 5 天,e 也至多缩短 5 天,这样我们把 h,e 这两个工序都缩短 5 天.就可以使得整个工期在 140 天里完成了.这时要多付出的直接费用为

$$290\times10+350\times10+400\times5+400\times10+500\times5=14\ 900(元).$$

这个答案与用线性规划求解的结果也是一样的.

模型二,我们知道直接费用是随着完成时间的缩短而增加,而间接费用却会随着完成时间的缩短而减少,设单位时间的间接费用为 d,计划期的间接费用与总工期成正比,即为 $d(x_n-x_1)$,那么求使包括间接费用与直接费用在内的总费用最少的整个工程最优完成时间 T 和各个工序最优完成时间的模型为

$$\min f=d(x_n-x_1)+\sum_{(i,j)}(k_{ij}\cdot y_{ij});$$

约束条件:
$$x_j-x_i\geqslant T_{ij}-y_{ij},对一切弧(i,j),$$
$$y_{ij}\leqslant T_{ij}-T'_{ij},对一切弧(i,j),$$
$$x_i\geqslant0,y_{ij}\geqslant0.$$

例 8 如果在例 7 中,每天的间接费用为 330 元,求使包括间接费用与直接费用在内的总费用最少的整个工程最优完成时间 T 和各个工序最优完成时间.

解 决策变量 x_i 和 y_{ij} 的含义同例 7.

x_i 表示网络图上第 i 点发生的时间,

y_{ij} 表示工序 (i,j) 提前完工的时间.

此数学模型的目标函数为

$\min f=330(x_8-x_1)+120y_{27}+300y_{23}+400y_{24}+500y_{25}+400y_{57}+$
$\qquad 230y_{37}+350y_{46}+290y_{67}+\sum c_{ij}$

$\sum c_{ij}$ 为正常情况下所有工序直接费用之和,共计:68 900 元.此模型的约束条件与例 7 的约束条件基本相同,只要在例 7 的约束条件中去掉 $x_8\leqslant150$ 就得到了例 8 模型的约束条件了.

用"管理运筹学"软件计算,得到以下结果:

$f=55\ 700+68\ 900=124\ 600$

$x_1=0,$	$y_{12}=0,$	$y_{67}=10,$
$x_2=60,$	$y_{27}=0,$	$y_{78}=0.$
$x_3=107,$	$y_{23}=0,$	
$x_4=80,$	$y_{24}=0,$	
$x_5=110,$	$y_{25}=0,$	
$x_6=110,$	$y_{37}=0,$	
$x_7=125,$	$y_{46}=0,$	
$x_8=160.$	$y_{57}=0,$	

也就是说整个工程工期为 160 天时总费用最少为 $55\,700+\sum c_{ij}=124\,600$ 元,各个工序开始时间如 $x_1,x_2,\cdots,x_8$ 的解所示,工序 i 要提前 10 天完工,其余的工序按正常时间完工.

习 题

1. 请判断下列说法是否正确:

(1) 工程计划网络图中的关键路线上的事项的最早时间和最迟时间往往不相等.

(2) 网络图中,完成一项活动可能需要的最长时间称为悲观时间.

(3) 一个网络图有唯一的关键路径.

(4) 求网络最大流问题可以归结为求一个线性规划问题.

(5) 在网络图中,特殊情况下可以有多于一个的始点(或终点).

2. 在一台车床上要加工 7 个零件,表 12-18 列出它们的加工时间,请确定其加工顺序,以使各零件在车间里停留的平均时间最短.

表 12-18　　　　　　　　　　　　　　　　　单位:分钟

零件	1	2	3	4	5	6	7
p_i	10	11	2	8	14	6	5

3. 有 7 个零件,先要在钻床上钻孔,然后在磨床加工.表 12-19 列出了各个零件的加工时间.确定各零件加工顺序,以使总加工时间最短,并画出相应的线条图.各台机器的停工时间是多少?

表 12-19　　　　　　　　　　　　　　　　　单位:分钟

零件	1	2	3	4	5	6	7
钻床	6.7	2.3	5.1	2.3	9.9	4.7	9.1
磨床	4.9	3.4	8.2	1.2	6.3	3.4	7.4

4. 指出图 12-20,图 12-21 和图 12-22 所绘制的计划网络图中的错误,如能改正,请予改正.

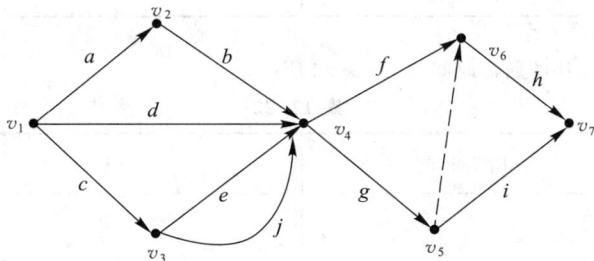

图 12-20

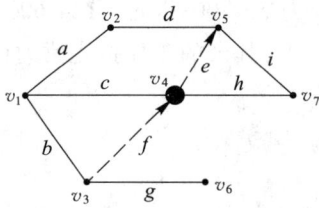

图 12-21

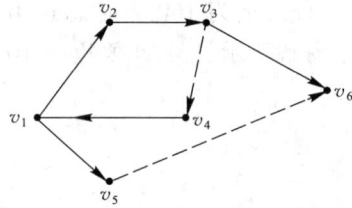

图 12-22

5. 某工厂在生产某种机床前,制定了作业明细表,如表 12-20 所示,请画出其统筹方法网络图.

表 12-20

工序代码	紧前工序	工序代码	紧前工序	工序代码	紧前工序
a	—	g	bc	m	jk
b	a	h	ef	n	il
c	a	i	f	o	n
d	a	j	dg	p	m
e	a	k	h	q	op
f	a	l	jk		

6. 请根据表 12-21 绘制计划网络图.

表 12-21

工 序	紧前工序	工 序	紧前工序
a	—	e	b
b	—	f	c
c	a,b	g	d,e
d	a,b		

7. 对习题 6,给出其各工序的所需时间如表 12-22 所示.

表 12-22

工 序	所需时间/天	工 序	所需时间/天
a	2	e	3
b	4	f	2
c	5	g	4
d	4		

请计算出每个工序的最早开始时间,最晚开始时间,最早完成时间,最晚完成时间;找出关键工序;找出关键路线;并求出完成此工程项目所需最少时间.

8. 对习题 6,通过调查与研究对完成每个活动(工序)的时间作了 3 种统计,其详细资料如表 12-23 所示.

表 12-23

活动(工序)	乐观时间/天	最可能时间/天	悲观时间/天
a	1.5	2	3
b	3	4	6
c	3.5	5	6
d	3	4	5.5
e	2.5	3	4
f	1	2	4
g	2	4	5

请求出每个活动的最早开始时间,最晚开始时间,最早完成时间,最晚完成时间;找出关键工序;找出关键路线;并求出完成此工程项目所需平均时间;如果要求我们以 98% 的概率来保证工作如期完成,我们应该在多少天以前就开始这项工作.

9. 某公司内部新产品开发的安排如表 12-24 所示.

表 12-24

代号	紧前工序	作业时间/天
a	无	6
b	无	12
c	无	13
d	a	3
e	b	6
f	d	4
g	f	2
h	e,g	5
i	c,e,g	12
j	c,h	10
k	c,h	9

续表

代号	紧前工序	作业时间/天
l	j	8
m	k	4
n	i, l, m	11

请绘制网络计划图,并找出关键路线.

10. 某项工程各道工序时间及每天需要的人力资源如图 12-23 所示.图中,箭线上的英文字母表示工序代号,括号内数值是该工序的时差,箭线下左边数为工序工时,括号内数值为该工序每天需要的人力数.若人力资源限制每天只有 15 人,求此条件下工期最短的施工方案.

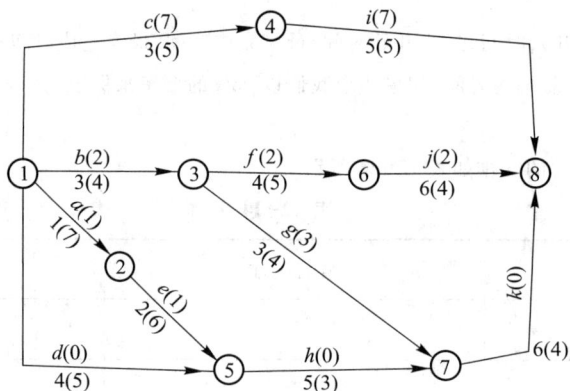

图 12-23

11. 某生产车间需要生产 6 种型号的零件,需要先在 A 机床上加工,后在 B 机床上加工,表 12-25 中给出了各型号的零件在 A,B 两种机床上的加工时间(单位:小时),请问如何确定零件的加工顺序,才能使总的加工时间最短? 并求总时间.

表 12-25

型号	1	2	3	4	5	6
A	7	5	2	3.5	4	6
B	1	7	5	2.5	4.5	3

12. 已知表 12-26 所列的资料,试求该工程项目的最低成本的施工方案.(最低成本是指工程的总直接费用与总间接费用的总和为最少.总直接费用等于各工序的直接费用之和;总间接费用等于每天的间接费用与总施工工期的乘积.)

表 12-26

工序代号	紧前工序	正常进度		赶工进度		每赶一天所需要的费用/(元/天)
		工序时间/天	直接费用/元	工序时间/天	直接费用/元	
a	—	3	10	1	18	4
b	a	7	15	3	19	1
c	a	4	12	2	20	4
d	c	5	8	2	14	2
间接费用为每天 4.5 元						

13. 某工程项目由 7 道工序组成,图 12-24 为工序的网络图,表 12-27 给出了各个工序的时间参数及相关费用,另外,工程的间接费用为 200 元/天,试确定工程的最低成本及工期.

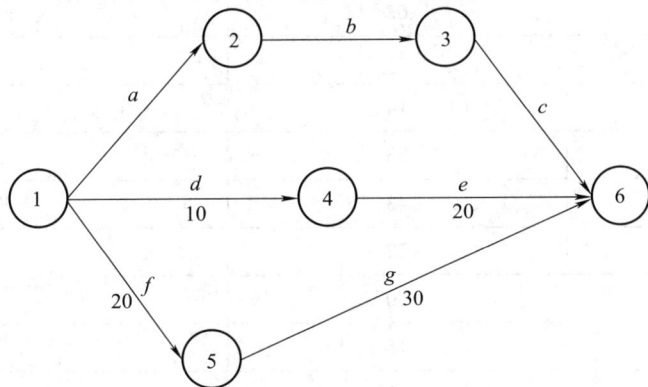

图 12-24

表 12-27

工序	正常完工时间/天	最快完工时间/天	直接费用/元	费用变动率/(元/天)
a	15	15	1 500	—
b	13	10	1 000	180
c	7	5	2 500	120
d	25	15	1 700	60
e	20	20	1 200	—
f	25	25	2 300	—
g	35	20	2 400	150

14. 某汽车公司有两条流水线 A，B，生产流程包含 6 组零件，其每个零件都需要先经过 A 流水线才可在 B 流水线上进行加工，表 12-28 列出了各零件所需的时间，请合理安排零件的加工顺序使得总加工时间最短.

表 12-28

零件 流水线	1	2	3	4	5	6
A	3.5	4.5	1.5	4.0	9.0	5.5
B	2.5	5.5	2.0	7.5	3.0	5.0

15. 假设某生产过程包含 $a, b, c, d, e, f, g, h, i$ 共 9 道工序，各工序所需时间和紧前工序如表 12-29 所示.

表 12-29

工序名称	所需时间/天	紧前工序
a	62	/
b	38	/
c	14	a
d	23	b
e	48	b, c
f	22	d
g	30	f
h	16	e
i	29	g, h

请绘制计划网络图.

16. 根据题 15，给出每个工序的最早开始时间、最晚开始时间、最早完成时间、最晚完成时间，并找出关键路线，求得最少完成时间.

17. 对习题 16，若根据研究发现，各工序的三种统计时间如表 12-30 所示，那么同样求出每个工序的最早开始时间、最晚开始时间、最早完成时间、最晚完成时间，并找出关键路线及最少完成时间，若上级要求至少有九五成的把握按期完成任务，且仅允许提前 3 个月开工，请问以目前的情况能达到上级要求吗？

表 12-30

工序名称	乐观时间/天	最可能时间/天	悲观时间/天
a	50	60	70
b	30	35	45
c	10	15	20

续表

工序名称	乐观时间/天	最可能时间/天	悲观时间/天
d	20	25	35
e	35	40	55
f	15	20	30
g	20	30	35
h	15	20	25
i	20	25	40

18. 对习题 10,请分析调整工序 a,b,d 满足人力资源限制并实现工期最短的可行性.

19. 某建筑公司在进行一项工程时的局部网络图如图 12-25 所示.图中每项程序之后的 3 个数字表示该程序所需的乐观时间、最可能时间和悲观时间,这些时间的概率分布近似 β 分布,求完工概率等于 95.5% 时的工程总工期.

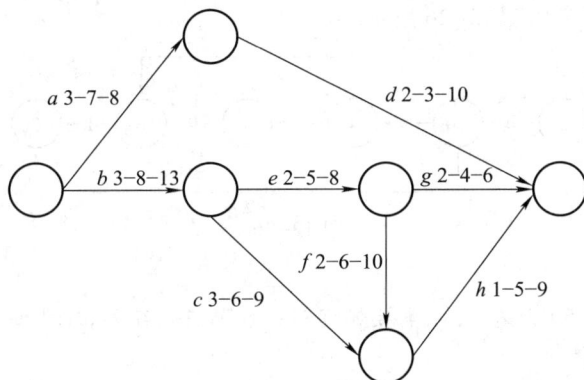

图 12-25

案例

案例 20:某科技公司项目方案设计

虚见科技有限责任公司要开发一款 AR 应用产品.项目部负责估算该项目在正常速度下需花费的时间和成本.由于公司业务发展需要,公司需要尽快启动该项目.因此,要求项目部负责人制定一份关于启动 AR 应用产品项目的时间和成本的估算报告.其中与项目相关的任务如下:

a. 比较现有同类型 AR 应用产品:按照正常速度估算完成这项任务需要花 8 天,成本为 10 000 元.如果使用最多允许的加班工作量,则可在 5 天 15 000 元的条件下完成.

b. 向董事会提交项目计划和项目定义文件：项目团队估算完成这项任务按正常速度为 6 天,成本 4 000 元,如果赶工为 4 天,成本为 4 500 元.

c. 需求分析:项目团队估计需求分析为 16 天,成本 50 000 元,如加班则为 12 天,成本 60 000 元.

d. 宣传与发布平台搭建:为了加强产品投入市场后的影响力,项目需要在开发的同时对该产品进行宣传以及对发布平台进行搭建.预计需要 30 天,成本为 60 000 元.若加班则为 22 天,70 000 元.

e. 美工设计:对应用的 UI 等进行美工设计.在不加班时所需时间和成本分别为 5 天和 5 000 元,加班时可以在 3 天和 7 000 元的情况下完成.

f. 开发该应用的数据库:估计数据库的开发在不加班的时候时间和成本分别为 7 天和 8 000 元,加班时可以在 5 天和 11 000 元的情况下完成.

g. 开发和编写应用代码:项目团队估算在不加班的情况下,开发和编写代码需要 15 天和 20 000 元,加班则可以减少 5 天,成本为 25 000 元.

h. 整合、测试、修改:项目团队估算需要 4 天,成本 3 000 元.如果加班的话,则可以减少 1 天,成本为 4 000 元.

i. 对项目产品进行发布:预计需要 3 天,成本 6 000 元.加班的情况下则为 1 天,成本 10 000 元.

项目各环节的执行顺序如图 12-26 所示.

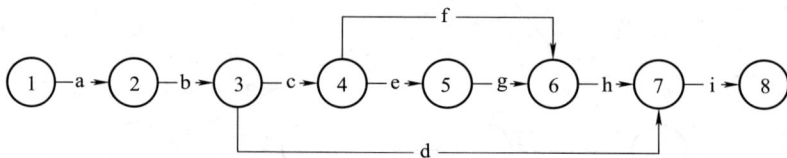

图 12-26

请讨论要想该项目在 50 天内完成,需要如何对各环节进行统筹,才能使总费用变动率(缩短一天时间所增加的直接费用)最小.

第十三章　存储论

存储论是定量方法和技术最早应用的领域之一,是管理运筹学的重要分支.早在 1915 年人们就开始了对存储论的研究.

所谓存储就是将一些物资,例如原材料、外购零件、部件、在制品以及商品等存储起来以备将来的使用和消费.存储是缓解供应与需求之间出现供不应求或供过于求等不协调情况的必要和有效的方法和措施.但是要存储就需要资金和维护,存储的费用在企业经营的成本中占据非常大的部分,它是企业流动资金中的主要部分,因此如何最合理,最经济地解决好存储问题是企业经营管理中的大问题.存储论为我们解决这个问题提供了方法.

存储论主要解决存储策略问题即如下两个问题:

(1) 当我们补充存储物资时,我们每次补充数量是多少?

(2) 我们应该间隔多长时间来补充我们的存储物资?

我们建立不同的存储模型来解决上面两个问题,我们把需求率、生产率等一些数据皆为确定数值的模型称为确定性存储模型,把含有随机变量的模型称为随机性存储模型.

以下我们介绍一些常用的存储模型及其解决办法.

§13.1　经济订购批量存储模型

经济订购批量存储模型有人也称为不允许缺货、生产时间很短存储模型,这是一种最基本的确定性的存储模型.在这种模型里,它的需求率即单位时间从存储中取走物资的数量是常量或近似于常量;当存储降为零时,可以立即得到补充并且所要补充的数量全部同时到位(包括生产时间很短的情况,我们可以把生产时间近似地看成零).这种模型不允许缺货,并要求单位存储费(记为 c_1)、每次订购费(记为 c_3)、每次订货量(记为 Q)都是常量,分别为一些确定的、不变的数值.

下面举例说明经济订购批量存储模型及其解法.

益民食品批发部是个中型的批发公司,它为附近 200 多家食品零售店提供货源,批发部的负责人为了减少存储的成本,他选择了某种品牌的方便面进行调查研究,制定正确的存储策略.

教学视频:经济订购批量存储模型

首先他把过去 12 周的这种品牌方便面的需求数据进行了处理.

过去 12 周的这种品牌的方便面需求数据如表 13-1 所示.

表 13-1

周	需求/箱	周	需求/箱
1	3 000	8	3 000
2	3 080	9	2 980
3	2 960	10	3 030
4	2 950	11	3 000
5	2 990	12	2 990
6	3 000	总　计	36 000
7	3 020	平均每周	3 000

从表 13-1 可见,以往 12 周里每周的需求量并不是一个常量,即使以往 12 周里每周需求量是一个常量,那么在以后的时间里需求也会出现一些变动的,但是由于其方差相对来说很小,为了便于处理,我们可以近似地把它看成一个常量,即需求量为每周 3 000 箱,所以这样的处理是合理的和必要的.

接着批发部负责人计算这种方便面的存储费.显然存储费由每单位商品的存储费以及存储的数量(箱数)所决定的.而每箱的存储费用由两部分组成,第一部分是用于购买一箱方便面所占用资金的利息,如果资金是从银行贷款来的,则贷款利息就是第一部分的成本.如果资金是自己的,则由于存储方便面而不能把资金用于其他的投资,我们把此资金的利息称为机会成本,这一部分的成本也应该等于同期的银行贷款利息.批发部的负责人知道每箱方便面的进价为 30 元,而当时的银行贷款年利息为 12%,则每箱方便面储存一年要支付利息款为 3.6 元.每箱存储费中的第二部分是由储存仓库的费用、保险费用、损耗费用、管理费用等构成,经计算每箱方便面储存一年要支付费用 2.4 元,这个费用为方便面进价 30 元的 8%,把这两部分相加,可知每箱方便面存储一年的存储费为 6 元,即 $c_1 = 6$ 元/年·箱,为每箱方便面进价 30 元的 20%.

批发部负责人也分析计算了订货费,订货费是指订一次货所支付的手续费、电话费、交通费、采购人员的劳务费等,订货费与所订货的数量无关,批发部负责人算得采购人员每订一次货,批发部要支付其劳务费 12 元,要支付手续费、电话费、交通费等约 13 元,即合计订货费 c_3 为 25 元/次.

批发部负责人求得关于需求、订货费、储存费一些数据之后,开始考虑每次订货量 Q 应该等于多少时才能使得总的费用为最少呢? 如果一次订货量 Q 太小,批发部里的方便面的储存量会减少,总的储存费也相应减少,但为了满足需要,就要增加订货次数必然增加订货费,相反如果一次订货量太大,则订货次数会减少,总的订货费会减少,但储存量会增加,总的存储费也就增加了,如何找到最合适的订货量 Q 呢?

假如每次的订货量为 Q,我们知道最大的存储量就为 Q,然后随着方便面不断地售出直到售完,这时的存储量最小等于零,再购进 Q 箱方便面,存储量又达到最大为 Q.又因为需求率是个常量每周需求为 3 000 箱或者一周按 7 个工作日计,每日需求为 429 箱,批发部里均匀地减少存储量,如图 13−1 所示.

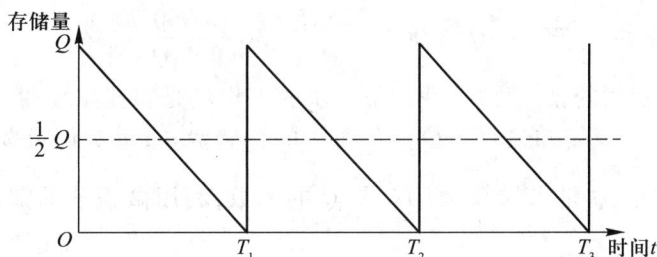

图 13−1

在图 13−1 中横轴表示时间,纵轴表示存储量,图中显示了在 $O \sim T$ 的时间里存储量 Q 降至零的情况,其中 T_n 为第 n 次补充的时间.由于需求率(减少率)为常量.故图中的 QT 呈直线状.这样很容易知道,在 O 至 T 的时间里,平均存储量为 $Q/2$,同样可知从 O 至 T_n 的时间里的平均存储量也为 $Q/2$,其中 n 为任意正整数.

知道了平均存储量和单位存储费用,我们就可以求出一段时间内例如每周、每月、每年的存储费.由于很多工商企业习惯用年作为计算的时间单位,故在本章中以及管理运筹学软件的存储论部分都规定以年为计算的时间单位,这样得到如下公式:

$$一年的存储费 = 每单位商品一年的存储费 \times 平均存储量$$

$$= c_1 \cdot \frac{1}{2}Q = \frac{1}{2}Qc_1.$$

在本例中有

$$一年的存储费 = 每箱方便面一年的存储费 \times 平均存储量$$

$$= 6 \times \frac{1}{2}Q = \frac{6}{2}Q(元).$$

要求出每年的订货费除了要知道每次的订货费 c_3 以外,我们还要求出每年的订货次数.我们设每年的总需求量为 D,则每年的订货次数即为 D/Q,这样我们就得到以下公式:

$$一年的订货费 = 每次的订货费 \times 每年订货次数$$

$$= c_3 \cdot \frac{D}{Q} = \frac{D}{Q}c_3.$$

在本例中因为 $c_3 = 25, D = 3\ 000 \times 52$,故有

$$一年的订货费 = \frac{3\ 000 \times 52}{Q} \times 25.$$

一年总的费用(记为 TC)的公式如下表示:

一年总的费用＝一年存储费＋一年的订货费,

$$TC = \frac{1}{2}Qc_1 + \frac{D}{Q}c_3. \tag{13.1}$$

在本例中一年的总费用

$$TC = \frac{6}{2}Q + 3\ 000 \times \frac{52 \times 25}{Q} = 3Q + \frac{3\ 900\ 000}{Q}.$$

找到了一年总的费用的公式之后,我们下一步的工作就是要找出使得一年总费用最小的订货量 Q.在公式(13.1)中我们知道每单位商品每年的存储费 c_1,每次订货费 c_3 以及每年的总的需求 D 都是已知的常量,Q 是未知数,而 TC 是 Q 的函数,利用微积分的知识知道,当$\frac{\mathrm{d}(TC)}{\mathrm{d}(Q)} = 0$时,$TC$ 取最小值,即当

$$\frac{\mathrm{d}(TC)}{\mathrm{d}(Q)} = \frac{1}{2}c_1 + (-1)\frac{D}{Q^2}c_3 = 0,$$

$$\frac{1}{2}c_1 + (-1)\frac{D}{Q^2}c_3 = 0,$$

$$Q^2 = \frac{2D}{c_1}c_3,$$

$$Q^* = \sqrt{\frac{2Dc_3}{c_1}}. \tag{13.2}$$

时,一年总的费用(TC)取最小值.

公式(13.2)就是求得一年总的费用最小的最优订货量 Q^* 的公式,我们称之为经济订货批量公式.

当我们以最优订货量 Q^* 订货时,可知

$$一年的存储费 = \frac{1}{2}Q^*c_1 = \frac{1}{2}\sqrt{\frac{2Dc_3}{c_1}} \cdot c_1 = \sqrt{\frac{Dc_3c_1}{2}}.$$

同样可知

$$一年的订货费 = \frac{D}{Q^*} \cdot c_3 = \frac{Dc_3}{\sqrt{\frac{2Dc_3}{c_1}}} = \sqrt{\frac{Dc_3c_1}{2}}.$$

可见这时一年的存储费与一年的订货费相等.

这也是最优订货量 Q^* 的一个特征.明确地说,在经济订货批量的模型中,能使得一年存储费与一年订货费相等的订货量 Q 也就是最优订货量 Q^*.

用(13.2)经济订货批量公式,我们可以求得本例中的最优订货量

$$Q^* = \sqrt{\frac{2Dc_3}{c_1}} = \sqrt{\frac{2 \times (3\ 000 \times 52) \times 25}{6}} \approx 1\ 140.18(箱).$$

这时批发部一年的存储费与一年的订货量相等都为

$$\sqrt{\frac{c_1 D c_3}{2}} = \sqrt{\frac{6 \times 3\ 000 \times 52 \times 25}{2}} \approx 3\ 420.53 (元).$$

批发部一年的存储费、一年的订货费、一年总的费用以及最优订货量 Q^* 之间的关系如图 13-2 所示.

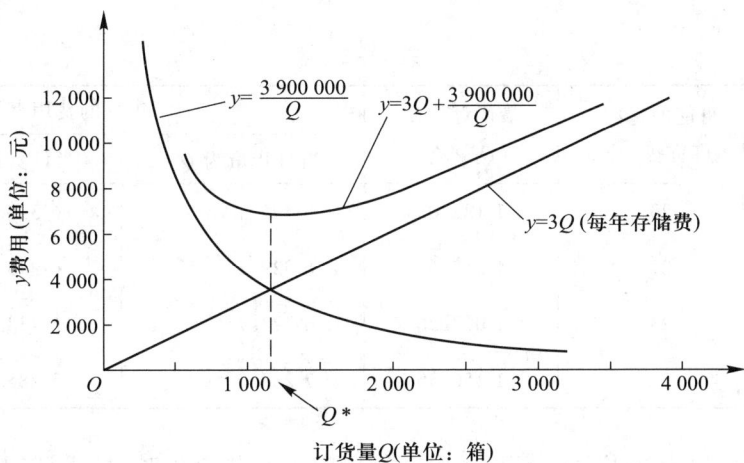

图 13-2

批发部负责人知道了最优订货量 $Q^* = 1\ 140.18$ 箱之后,很容易求出两次补充方便面所间隔的时间 T_0.

$$T_0 = \frac{365}{D/Q^*} (天). \tag{13.3}$$

公式(13.3)的分母表示要订货的次数.用一年的总工作日数 365 除以每年订货的次数,即求得两次订货间隔的时间.如果一年的总工作日为 250 天,则分子应改为 250.在本例中可求得

$$T_0 = \frac{365}{(3\ 000 \times 52)/1\ 140.18} = 2.67 (天).$$

即每 2.67 天订一次货,每次订货量为 1 140.18 箱,这时一年总的费用为最少.

一年总的费用

$$TC = \frac{1}{2} Q^* c_1 + \frac{D}{Q^*} c_3 = 3Q^* + \frac{3\ 900\ 000}{Q^*}$$

$$= 3 \times 1\ 140.18 + \frac{3\ 900\ 000}{1\ 140.18} = 6\ 841.05 (元).$$

(以上的一些求解的过程,包括下面几个存储模型的求解,我们都可以用"管理运筹学"软件来求解).

批发部负责人在得到了最优存储策略之后,他开始考虑这样一个问题:这个最优存储策略是在每次订货费为25元,每年单位存储费6元,或为每箱方便面成本价格30元的20%(称为存储率)的情况下求得的,一旦每次订货费或存储率预测有误差,那么最优存储策略会有多大的变化呢?这就是灵敏度分析,为此我们用"管理运筹学"软件计算了当存储率和订货费发生一些变动时,最优订货量及其最小的一年总费用以及取定订货量为1 140.18箱时相应的一年的总费用,如表13-2所示.

表 13-2

可能的存储率	可能的每次订货费/元	最优订货量（Q^*/箱）	一年总的费用/元	
			当订货量为Q^*	当订货量$Q=1 140.18$
19%	23	1 122.03	6 395	6 396.38
19%	27	1 215.69	6 929.2	6 943.67
21%	23	1 067.26	6 723.75	6 738.427
21%	27	1 156.35	7 285.00	7 285.717

从表13-2中可以看到当存储率和每次订货费起了一些变化时,最优订货量在1 067.26～1 215.69箱之间变化,最少的一年总费用在6 395元～7 285元之间变化.而我们取订货量为1 140.18是一个稳定的很好的存储策略.即使当存储率和每次订货费发生一些变化时,取订货量为1 140.18的一年总费用与取最优订货量为Q^*的一年总费用也相差无几.在相差最大的情况中,存储率为21%,每次订货费为23元,最优订货量$Q^*=1 067.26$箱;最少一年的总费用为6 723.75元,而取订货量为1 140.18箱的一年总费用为6 738.427元,也仅比最少的一年总费用多支出6 738.427-6 723.75≈15(元).

从以上的分析,我们可以得到经济订货批量模型的一个特性:一般来说,对于存储率和每次订货费的一些小的变化或者成本预测中的一些小错误,最优方案比较稳定.

益民批发部负责人在得到了经济订货批量模型的最优方案之后,根据批发部的具体情况进行了一些修改.

(1)在经济订货模型中,最优订货量为1 140.18箱,两次补充方便面所间隔时间为2.67天.2.67天这显然不符合批发部的工作习惯,负责人决定把订货量扩大为1 282箱,以满足方便面的3天需求:$3\times\dfrac{3 000\times52}{365}=1 282$箱,这样把两次补充方便面所间隔的时间改变为3天.

(2)经济订货批量模型是基于需求率为常量这个假设,而现实中需求率是有一些变化的.为了防止有时每周的需求超过3 000箱的情况,批发部负责人决定每天多存储200箱方便面以防万一,这样批发部第一次订货量为1 282+200=1 482(箱),以后每隔3天补充1 282箱.

(3)由于方便面厂要求批发部提前一天订货才能保证厂家按时把方便面送到批发部,也就是说当批发部只剩下一天的需求量 427 箱时(不包括以防万一的 200 箱)就应该向厂家订货以保证第二天能及时得到货物,我们把这 427 箱称为再订货点.如果需要提前两天订货,则再订货点为 427×2＝854(箱).

这样益民批发部在这种方便面的一年总的费用为

$$TC = \frac{1}{2}Qc_1 + \frac{D}{Q}c_3 + 200c_1$$

$$= 0.5 \times 1\ 282 \times 6 + \frac{156\ 000}{1\ 282} \times 25 + 200 \times 6$$

$$= 3\ 846 + 3\ 042.12 + 1\ 200$$

$$= 8\ 088.12(元).$$

§13.2　经济生产批量模型

经济生产批量模型也称为不允许缺货、生产需要一定时间模型,这也是一种确定型的存储模型.这种存储模型与经济订货批量模型一样,它的需求率 d,单位存储费 c_1,每次生产准备费 c_3,以及每次生产量 Q 都是常量,也不允许缺货,到存储量为零时,可以立即得到补充.所不同的是经济订货批量模型全部订货同时到位,而经济生产批量模型当存储量为零时开始生产,单位时间的产量即生产率 p 也是常量,生产的产品一部分满足当时的需求,剩余部分作为存储,存储量是以 $(p-d)$ 的速度增加.当生产了 t 单位时间之后,存储量达到最大为 $(p-d)t$,就停止生产以存储量来满足需求.当存储量降至零时,再开始生产,又开始新的一个周期.经济生产批量的模型如图 13-3 所示,另外在经济生产批量模型中,它的一年的总费用由一年的存储费与一年的生产准备费所构成.每次生产准备费是指为组织一次生产,在准备阶段(例如设备调整)所花费的人力、物力等成本.这与生产的数量无关,这个性质与经济订货批量模型中的订货费 c_3 与订货数量无关的性质是一样的,所以我们用 c_3 表示每次生产准备费.

从上述可知最高存储量为 $(p-d)t$,另一方面,如果设在 t 时间内总共生产 Q 件产品,由于生产率是常量 p,就有 $pt=Q$,我们可用 Q 和 p 来表示 t,

$$t = \frac{Q}{p}. \tag{13.4}$$

这样我们可以把最高存储量表示为

教学视频:经济生产批量模型

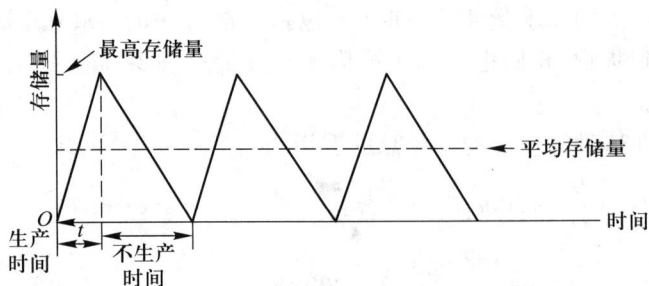

图 13-3

$$(p-d)t = (p-d)\frac{Q}{p} = \left(1-\frac{d}{p}\right)Q. \qquad (13.5)$$

同样平均存储量为最高存储量的一半,可以表示为

$$\frac{1}{2}(p-d)t = \frac{1}{2}(p-d)\frac{Q}{p} = \frac{1}{2}\left(1-\frac{d}{p}\right)Q. \qquad (13.6)$$

这样一年的存储费为平均存储水平与一年的每单位产品的存储费的乘积,即为

$$\frac{1}{2}\left(1-\frac{d}{p}\right)Qc_1. \qquad (13.7)$$

同上节一样,设 D 为产品每年的需求量,则可知一年的生产准备费用为每年生产的次数与每次准备费的乘积,即为

$$\frac{D}{Q}c_3. \qquad (13.8)$$

这样,可知全年的总费用 TC 为

$$TC = \frac{1}{2}\left(1-\frac{d}{p}\right)Qc_1 + \frac{D}{Q}c_3. \qquad (13.9)$$

在上式中除了 Q 以外,c_1, c_3, D, d, p 都是常量,TC 是未知数 Q 的一元函数,当 $\frac{\mathrm{d}(TC)}{\mathrm{d}Q} = 0$ 时,TC 取最小值,即当

$$\frac{\mathrm{d}(TC)}{\mathrm{d}Q} = \frac{1}{2}\left(1-\frac{d}{p}\right)c_1 - \frac{Dc_3}{Q^2} = 0,$$

$$\frac{1}{2}\left(1-\frac{d}{p}\right)c_1 = \frac{Dc_3}{Q^2},$$

$$Q^2 = \frac{2Dc_3}{\left(1-\frac{d}{p}\right)c_1},$$

$$Q^* = \sqrt{\frac{2Dc_3}{\left(1 - \dfrac{d}{p}\right)c_1}}. \tag{13.10}$$

时,TC 取最小值.这就是最优经济批量生产公式.当取生产量为

$$Q^* = \sqrt{\frac{2Dc_3}{\left(1 - \dfrac{d}{p}\right)c_1}}$$

时,每年的存储费 $\dfrac{1}{2}\left(1 - \dfrac{d}{p}\right)Q^*c_1$ 与每年的生产准备 $\dfrac{D}{Q^*}c_3$ 相等,它们都为

$$\sqrt{\frac{Dc_3\left(1 - \dfrac{d}{p}\right)c_1}{2}}. \tag{13.11}$$

这只要把 $\sqrt{\dfrac{2Dc_3}{\left(1 - \dfrac{d}{p}\right)c_1}}$ 代入每年存储费及每年生产准备费中的 Q^* 即可得到:当生产量为 Q^* 时最大的存储量为

$$\left(1 - \frac{d}{p}\right)Q^* = \left(1 - \frac{d}{p}\right)\sqrt{\frac{2Dc_3}{\left(1 - \dfrac{d}{p}\right)c_1}} = \sqrt{\frac{2Dc_3\left(1 - \dfrac{d}{p}\right)}{c_1}}. \tag{13.12}$$

这时每个周期(是指从开始生产到停止生产到存储量为零整个时间)所需时间应为每年的工作日数除以每年生产次数所得的商.如果每年工作日为 250 天,则每个周期所需时间应为

$$\frac{250}{D/Q^*}(\text{天}). \tag{13.13}$$

例 1 有一个生产和销售图书馆设备的公司,经营一种图书馆专用书架,基于以往的销售记录和今后市场的预测,估计今年一年的需求量为 4 900 个,由于占有资金的利息以及存储库房以及其他人力物力的费用,存储一个书架一年要花费 1 000 元,这种书架是该公司自己生产的,每年的生产能力为 9 800 个,而组织一次生产要花费设备调试等生产准备费 500 元,该公司为了把成本降到最低,应如何组织生产呢? 要求求出最优每次的生产量 Q^*,相应的周期,最少的每年的总费用,每年的生产次数.

解 从题中可知 $D = 4\,900$ 个/年,每年的需求率 $d = D = 4\,900$ 个/年,每年的生产率 $p = 9\,800$ 个/年,$c_1 = 1\,000$ 元/个年,$c_3 = 500$ 元/次,即可求得最优每次生产量

$$Q^* = \sqrt{\frac{2Dc_3}{\left(1 - \dfrac{d}{p}\right)c_1}} = \sqrt{\frac{2 \times 4\,900 \times 500}{\left(1 - \dfrac{4\,900}{9\,800}\right) \times 1\,000}}$$

$$= \sqrt{\frac{4\ 900}{1/2}} = \sqrt{9\ 800} \approx 99(\text{个}).$$

每年的生产次数为

$$\frac{D}{Q^*} = \frac{4\ 900}{99} = 49.5 \approx 50.$$

如果每年的工作日计 250 天,则相应的周期为

$$\frac{250}{50} = 5(\text{天}).$$

一年最少的总的费用

$$TC = \frac{1}{2}\left(1 - \frac{d}{p}\right)Q^* c_1 + \frac{D}{Q^*} c_3$$

$$= \frac{1}{2} \times \left(1 - \frac{4\ 900}{9\ 800}\right) \times 99 \times 1\ 000 + 50 \times 500 = 49\ 750(\text{元}).$$

我们也可以用管理运筹学软件来求解.

§13.3 允许缺货的经济订货批量模型

允许缺货是指企业可以在存储降至零后,还可以再等一段时间然后订货,当顾客遇到缺货时不受损失,或损失很小并假设顾客会耐心等待直到新的补充到来.当新的补充一到,企业立即将货物交付给这些顾客,如果允许缺货,对企业来说除了支付少量的缺货费外也无其他的损失,这样企业可以利用"允许缺货"这个宽松条件,少付几次订货的固定费用,少付一些存储费,从经济观点出发这样的允许缺货现象是对企业有利的.

允许缺货的经济订货批量模型的假设条件除了允许缺货外,其余条件皆与经济订货批量模型相同,在本节中所出现的符号 c_1, c_3, D, d, Q 都与第一节相同,另外我们还设 c_2 为缺少一个单位的货物一年所支付的单位缺货费.

允许缺货的经济订货批量模型的存储量与时间的关系、最高存储量、最大缺货量 S 如图13-4所示.

在图 13-4 中,我们设总的周期时间(是指两次订货的间隔时间)为 T,其中 t_1 表示在 T 中不缺货的时间,t_2 表示在 T 中缺货的时间.设 S 为最大缺货量,这时我们可知最高存储量为每次订货量 Q 与最大缺货量 S 的差,即为 $Q-S$,因为每次得到订货量 Q 之后就立即支付给顾客最大缺

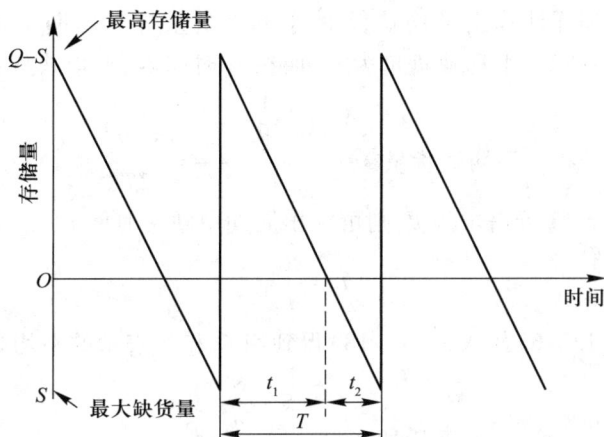

图 13-4

货量 S.

从图 13-4 中,可知在不缺货时期内平均的存储量为 $(Q-S)/2$,而在缺货时期内存储量都为 0,这样我们可以计算出平均存储量,其值等于一个周期的平均存储量:

平均存储量=周期总存储量/周期时间

$\qquad$=(周期内不缺货时总的存储量+同期内缺货时总的存储量)/

$\qquad$周期时间

$$= \frac{\frac{1}{2}(Q-S)t_1 + 0 \cdot t_2}{t_1+t_2}$$

$$= \frac{\frac{1}{2}(Q-S)t_1}{T}. \tag{13.14}$$

因为最大存储为 $Q-S$,每一天的需求为 d,则可求出周期中不缺货的时间 t_1,

$$t_1 = \frac{(Q-S)}{d}. \tag{13.15}$$

又因为每次订货量为 Q,可满足 T 时间的需求即有

$$T = \frac{Q}{d}. \tag{13.16}$$

用式(13.15),式(13.16)代入式(13.14),我们得到 Q、S 表示的平均存储量的公式

$$平均存储量 = \frac{\frac{1}{2}(Q-S) \cdot \frac{(Q-S)}{d}}{\frac{Q}{d}} = \frac{(Q-S)^2}{2Q}. \tag{13.17}$$

像计算平均存储量那样计算出平均缺货量.平均缺货量等于周期 T 内的平均缺货量,从图 13-4 可知在 t_1 时间内不缺货,平均缺货量为零,而在 t_2 时间内,平均缺货量为 $S/2$,即得

$$平均缺货量 = \frac{0 \cdot t_1 + \frac{1}{2}S \cdot t_2}{T} = \frac{S \cdot t_2}{2T}. \tag{13.18}$$

因为最大缺货量为 S,每天需求为 d,则可求出周期中缺货时间 t_2

$$t_2 = \frac{S}{d}. \tag{13.19}$$

把式(13.19)和式(13.16)代入式(13.18)得到用 Q 和 S 表示的平均缺货量公式

$$平均缺货量 = \frac{S \cdot \frac{S}{d}}{2\frac{Q}{d}} = \frac{S^2}{2Q}. \tag{13.20}$$

在允许缺货的情况下,一年总的费用是由一年的存储费、一年的订货费以及一年因缺货而支付的缺货费三个部分组成.c_1, c_2, c_3 正如上面所述分别表示每单位商品存储一年的费用,每单位商品缺货一年所支付的缺货费,订货一次所支付的订货费,则我们可知一年总的费用为

$$TC = \frac{(Q-S)^2}{2Q}c_1 + \frac{D}{Q}c_3 + \frac{S^2}{2Q}c_2. \tag{13.21}$$

在式(13.21)中已知 c_1, c_2, c_3, D 为常量,故 TC 是 Q 和 S 这两个未知数的二元函数,利用微积分的知识知道当 $\frac{\partial(TC)}{\partial Q} = 0, \frac{\partial(TC)}{\partial S} = 0$ 时,TC 取最小值,即有

$$\begin{aligned}
\frac{\partial(TC)}{\partial Q} &= \frac{2(Q-S) \cdot 2Q - 2(Q-S)^2}{4Q^2}c_1 - \frac{D}{Q^2}c_3 - \frac{S^2 c_2}{2Q^2} \\
&= \frac{c_1 Q^2 - (c_1+c_2)S^2 - 2Dc_3}{2Q^2} \\
&= 0.
\end{aligned} \tag{13.22}$$

$$\begin{aligned}
\frac{\partial(TC)}{\partial S} &= \frac{-2(Q-S)}{2Q}c_1 + \frac{2Sc_2}{2Q} \\
&= \frac{1}{Q}[c_2 S - c_1(Q-S)] \\
&= \frac{1}{Q}[(c_1+c_2)S - c_1 Q] = 0.
\end{aligned} \tag{13.23}$$

从式(13.23)我们得到

$$\frac{1}{Q}[(c_1+c_2)S - c_1 Q] = 0,$$

$$(c_1+c_2)S - c_1 Q = 0,$$

$$S = \frac{c_1 Q}{c_1 + c_2}. \tag{13.24}$$

把式(13.24)代入式(13.22)得

$$\frac{c_1 Q^2 - (c_1 + c_2)\dfrac{c_1^2 Q^2}{(c_1+c_2)^2} - 2Dc_3}{2Q^2} = 0,$$

$$c_1 Q^2 - (c_1 + c_2)\frac{c_1^2 Q^2}{(c_1+c_2)^2} - 2Dc_3 = 0,$$

$$\frac{c_1 c_2 Q^2}{c_1 + c_2} - 2Dc_3 = 0,$$

$$\frac{c_1 c_2 Q^2}{c_1 + c_2} = 2Dc_3,$$

$$Q^* = \sqrt{\frac{2Dc_3(c_1 + c_2)}{c_1 c_2}}. \tag{13.25}$$

把式(13.25)代入式(13.24)得

$$S^* = \frac{c_1}{c_1 + c_2} Q^*, \tag{13.26}$$

或

$$S^* = \frac{c_1}{c_1 + c_2}\sqrt{\frac{2Dc_3(c_1+c_2)}{c_1 c_2}} = \sqrt{\frac{2Dc_3 c_1}{c_2(c_1 + c_2)}}. \tag{13.27}$$

式(13.25),式(13.26),式(13.27)就是求出使得一年总费用最少的最优订货量 Q^* 和相应最大缺货量 S^* 的公式.再可以由式(13.15),式(13.16)和式(13.19)可求出相应的周期 T,以及 T 中的不缺货的时间 t_1 和缺货时间 t_2.

例2 假如在例1中的图书馆设备公司只销售书架而不生产书架,其所销售的书架是靠订货来提供的,所订的书架厂家能及时提供.该公司的一年的需求量仍为4 900个,存储一个书架一年的花费仍为1 000元,每次的订货费是500元,每年工作日为250天.

(1) 当不允许缺货时,求出使一年总费用最低的最优每次订货量 Q_1^*,及其相应的周期,每年的订购次数和一年总费用.

(2) 当允许缺货时,设一个书架缺货一年的缺货费为2 000元,求出使一年总费用最低的最优每次订货量 Q_2^*,相应的最大缺货量 S^* 及其相应的周期 T,周期中不缺货的时间 t_1、缺货的时间 t_2、每年订购次数和一年的总费用.

解 (1) 我们可以用经济订货批量模型来求解此,已知 $D = 4\ 900$ 个/年, $c_2 = 1\ 000$ 元/(个·年), $c_3 = 500$ 元/次,用公式(13.2),求得最优订货量

$$Q_1^* = \sqrt{\frac{2Dc_3}{c_1}} = \sqrt{\frac{2 \times 4\ 900 \times 500}{1\ 000}} = 70(\text{个}).$$

用(13.3)公式,求得周期所需时间 T

$$T = \frac{250}{D/Q_1^*} = \frac{250}{4\ 900/70} = \frac{250}{70} = 3.57(\text{天}).$$

同样可求得每年订货次数为

$$\frac{D}{Q_1^*} = \frac{4\ 900}{70} = 70(\text{次}).$$

用公式(13.1)可求得一年总的费用

$$TC = \frac{1}{2}Q_1^* c_1 + \frac{D}{Q_1^*}c_3 = \frac{1}{2} \times 70 \times 1\ 000 + \frac{4\ 900}{70} \times 500$$
$$= 70\ 000(\text{元}).$$

（2）我们用允许缺货的经济订货批量模型来求解.同样有 $D = 4\ 900$ 个/年, $c_1 = 1\ 000$ 元/(个·年), $c_3 = 500$ 元/次, $c_2 = 2\ 000$ 元/(个·年),用公式(13.25)求得最优订货批量

$$Q_2^* = \sqrt{\frac{2Dc_3(c_1+c_2)}{c_1 c_2}}$$
$$= \sqrt{\frac{2 \times 4\ 900 \times 500 \times (1\ 000+2\ 000)}{1\ 000 \times 2\ 000}}$$
$$= 85(\text{个}).$$

用公式(13.26)求得相应的最大缺货量

$$S^* = \frac{c_1}{c_2+c_2}Q_2^* = \frac{1\ 000}{3\ 000} \times 85 \approx 28(\text{个}).$$

用公式(13.16),可求得周期所需时间 T

$$T = \frac{Q_2^*}{d} = \frac{85}{4\ 900/250} \approx 4.34(\text{天}).$$

用公式(13.19)可求得周期中缺货时间 t_2

$$t_2 = \frac{S^*}{d} = \frac{28}{19.6} \approx 1.43(\text{天}).$$

在周期中不缺货的时间为

$$t_1 = T - t_2 = 4.34 - 1.43 = 2.91(\text{天}).$$

每年订购次数为

$$\frac{4\ 900}{85} \approx 57.6(\text{次}).$$

用公式(13.21)求出最少的一年的总费用 TC^*,

$$TC^* = \frac{(Q_2^* - S^*)^2}{2Q_2^*}c_1 + \frac{D}{Q_2^*}c_3 + \frac{(S^*)^2}{2Q_2^*}c_2$$

$$= \frac{(85-28)^2}{2\times85}\times1\,000 + \frac{4\,900}{85}\times500 + \frac{28^2}{2\times85}\times2\,000$$

$$\approx 19\,111.76 + 28\,823.53 + 9\,223.53$$

$$= 57\,158.82(\text{元}).$$

我们也可以用"管理运筹学"软件来求解.

从 1 和 2 两种情况比较可以看出允许缺货一般比不允许缺货有更大的选择余地,一年的总费用也可以有所降低.但如果缺货费太大,尽管允许缺货,管理者也会避免出现缺货,这时允许缺货,也就变成了不允许缺货的情况了.

§13.4　允许缺货的经济生产批量模型

此模型与经济生产批量模型相比,放宽了假设条件:允许缺货.与允许缺货的经济订货批量模型相比,相差的只是:补充不是靠订货,补充数量不可以同时到位,补充是靠生产.开始生产时,一部分产品满足当时需要,剩余产品作为存储;生产停止时,靠存储量来满足需求.

允许缺货的经济生产批量模型的存储量与时间的关系,最高存储量,最大缺货量 S 如图 13-5 所示.

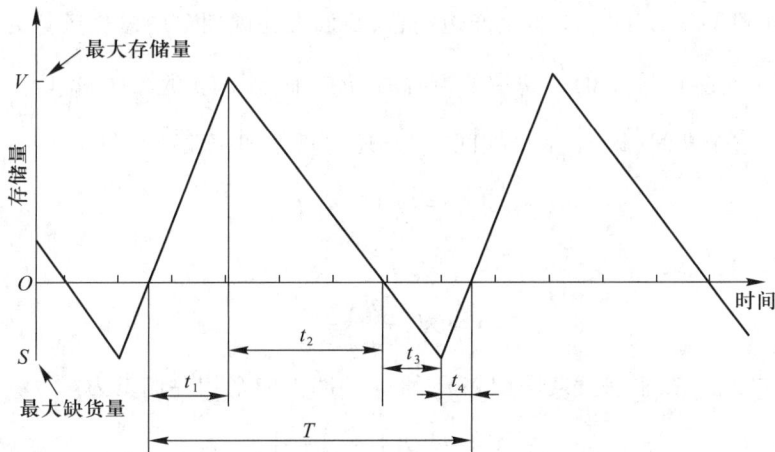

图 13-5

教学视频:允许缺货的经济生产批量模型

在图 13-5 中 t_1 为在周期 T 中存储量增加的时期, t_2 为在周期 T 中存储量减少的时期, t_3 为在周期 T 中缺货量增加的时期, t_4 为在周期 T 中缺货量减少的时期, 显然有周期 $T=t_1+t_2+t_3+t_4$, 其中 t_1+t_2 为不缺货时期, t_3+t_4 为缺货期. 图 13-5 中的 V 表示最大存储量, S 表示最大缺货量.

由于在 t_1 期间每天的存储量为 $p-d$, 这里 p 为每天的生产量(生产率), d 为每天的需要量(需求率), 可知: 最大存储量 $V=(p-d)t_1$, 即得到

$$t_1 = \frac{V}{p-d}. \tag{13.28}$$

同样在 t_2 期间每天的需要量仍为 d, 开始时有库存量 V, 这时不生产, 则有

$$t_2 = \frac{V}{d}. \tag{13.29}$$

在 t_3 期间, 开始时没有库存量, 每天需求量仍为 d, 直到缺货量为 S, 则有

$$S = d \cdot t_3,$$

即

$$t_3 = \frac{S}{d}. \tag{13.30}$$

在 t_4 期间, 每天除了满足当天的需求外, 还有 $p-d$ 的产品可用于减少缺货, 则有

$$t_4 = \frac{S}{p-d}. \tag{13.31}$$

在图 13-5 中可知在 t_4 和 t_1 中边生产边销售, 我们设在同期 T 中总生产量为 Q(都是在 t_4 和 t_1 期间生产), 其中总生产量 Q 的 $\dfrac{d}{p}$ 满足了当时的需求, 而剩下的部分 Q 的 $\left(1-\dfrac{d}{p}\right)$ 用于偿还缺货和存储, 我们知道这个期间(即 t_4 和 t_1 期间)共偿还缺货 S 和存储产品量 V, 即有

$$V+S = Q\left(1-\frac{d}{p}\right),$$

即得最高存储量的表达式

$$V = Q\left(1-\frac{d}{p}\right) - S. \tag{13.32}$$

从图 13-5 中, 可知在不缺货期间即在 t_1 和 t_2 期间内的平均存储量为

$$\frac{1}{2}V = \frac{1}{2}\left[Q\left(1-\frac{d}{p}\right) - S\right], \tag{13.33}$$

而在缺货期内存储量都为零, 这样可以计算出平均存储量, 其值等于一个周期的平均存储量

$$平均存储量 = \frac{周期总存储量}{周期时间}$$

$$= \frac{周期内不缺货时总的存储量 + 周期内缺货时总的存储量}{周期时间}$$

$$= \cfrac{\cfrac{1}{2}\left[Q\left(1-\cfrac{d}{p}\right)-S\right](t_1+t_2)+0\cdot(t_3+t_4)}{t_1+t_2+t_3+t_4}$$

$$= \cfrac{\cfrac{1}{2}\left[Q\left(1-\cfrac{d}{p}\right)-S\right]\left[t_1+t_2\right]}{t_1+t_2+t_3+t_4}.$$

把公式(13.28),(13.29),(13.30),(13.31)代入上式得

$$\text{平均存储量} = \cfrac{\cfrac{1}{2}\left[Q\left(1-\cfrac{d}{p}\right)-S\right]\left[\cfrac{V}{p-d}+\cfrac{V}{d}\right]}{\cfrac{V}{p-d}+\cfrac{V}{d}+\cfrac{S}{d}+\cfrac{S}{p-d}}$$

$$= \cfrac{\cfrac{1}{2}\left[Q\left(1-\cfrac{d}{p}\right)-S\right]\cdot V\left(\cfrac{1}{p-d}+\cfrac{1}{d}\right)}{(V+S)\left(\cfrac{1}{p-d}+\cfrac{1}{d}\right)}$$

$$= \cfrac{\cfrac{1}{2}\left[Q\left(1-\cfrac{d}{p}\right)-S\right]\cdot V}{V+S}.$$

把(13.32)代入上式,得

$$\text{平均存储量} = \cfrac{\cfrac{1}{2}\left[Q\left(1-\cfrac{d}{p}\right)-S\right]\left[Q\left(1-\cfrac{d}{p}\right)-S\right]}{Q\left(1-\cfrac{d}{p}\right)-S+S}$$

$$= \cfrac{\left[Q\left(1-\cfrac{d}{p}\right)-S\right]^2}{2Q\left(1-\cfrac{d}{p}\right)}. \tag{13.34}$$

同样,我们知道在 t_3 和 t_4 期间平均缺货量为 $\frac{1}{2}S$,在 t_1 和 t_2 期间缺货量都为零,可求得

$$\text{平均缺货量} = \text{一个周期的平均缺货量}$$

$$= \cfrac{\text{周期内总缺货量}}{\text{周期时间}}$$

$$= \cfrac{\text{周期内不缺货时总缺货量}+\text{周期内缺货时总缺货量}}{\text{周期时间}}$$

$$= \cfrac{0\cdot(t_1+t_2)+\cfrac{1}{2}S\cdot(t_3+t_4)}{t_1+t_2+t_3+t_4}.$$

把公式(13.28),(13.29),(13.30),(13.31)代入上式得

$$平均缺货量 = \frac{\frac{1}{2}S \cdot \left(\frac{S}{d}+\frac{S}{p-d}\right)}{\frac{V}{p-d}+\frac{V}{d}+\frac{S}{d}+\frac{S}{p-d}}$$

$$= \frac{\frac{1}{2}S^2\left(\frac{1}{d}+\frac{1}{p-d}\right)}{(V+S)\left(\frac{1}{d}+\frac{1}{p-d}\right)}$$

$$= \frac{\frac{1}{2}S^2}{V+S}.$$

把(13.32)代入上式得

$$平均缺货量 = \frac{\frac{1}{2}S^2}{\left[Q\left(1-\frac{d}{p}\right)-S\right]+S} = \frac{S^2}{2Q\left(1-\frac{d}{p}\right)}. \tag{13.35}$$

在本模型中一年总费用

TC =(一年的存储费)+(一年的生产准备费)+(一年的缺货费)

= (平均存储量)×c_1+(一年的生产次数)×c_3+(平均缺货量)×c_2.

式中的 c_1, c_2, c_3 如 §3 中所述那样分别表示每单位商品存储一年的费用、每单位商品缺货一年所支付的缺货费、订货一次所支付的订货费.我们可知一年的生产次数为每年的需求量 D 与每次生产量 Q 之商,即为$\frac{D}{Q}$,把公式(13.34)和(13.35)代入上式得

$$TC = \frac{\left[Q\left(1-\frac{d}{p}\right)-S\right]^2 c_1}{2Q\left(1-\frac{d}{p}\right)} + \frac{Dc_3}{Q} + \frac{S^2 c_2}{2Q\left(1-\frac{d}{p}\right)}. \tag{13.36}$$

在(13.36)中,c_1, c_2, c_3, d, p 都为常量,TC 是 Q 和 S 的函数,同 §3 中所用的方法一样,当

$$\frac{\partial(TC)}{\partial S}=0, \quad \frac{\partial(TC)}{\partial Q}=0$$

时,一年总费用 TC 的值最小.这样我们就可求得使一年总费用 TC 最小的最优生产量 Q^* 和最优缺货量 S^*,有

$$Q^* = \sqrt{\frac{2Dc_3(c_1+c_2)}{c_1 c_2\left(1-\frac{d}{p}\right)}}, \tag{13.37}$$

$$S^* = \frac{c_1\left(1-\dfrac{d}{p}\right)}{c_1+c_2}Q^*,\qquad(13.38)$$

或

$$S^* = \frac{c_1\left(1-\dfrac{d}{p}\right)}{c_1+c_2}\cdot\sqrt{\frac{2Dc_3(c_1+c_2)}{c_1c_2\left(1-\dfrac{d}{p}\right)}}$$

$$=\sqrt{\frac{2Dc_1c_3\left(1-\dfrac{d}{p}\right)}{c_2(c_1+c_2)}}.\qquad(13.39)$$

把(13.37),(13.39)代入(13.36)得一年最少的总费用

$$TC^* = \sqrt{\frac{2Dc_1c_3c_2\left(1-\dfrac{d}{p}\right)}{c_1+c_2}}.\qquad(13.40)$$

例 3 假如例 1 中的生产与销售图书馆专用书架的图书馆设备公司在允许缺货的情况下,其总费用最少的最优经济生产批量 Q^* 和最优缺货量 S^* 应为何值,这时一年的最少总费用应该是多少?在本例中,每年的书架需求量 D 仍为 4 900 个,每年生产能力 p 仍为 9 800 个,每次生产准备费 c_3 为 500 元,每年书架存储一年的费用 $c_1=1\,000$ 元,一个书架缺货一年的缺货费为 2 000 元.

解 已知 $D=4\,900$ 个/年,每年需求率 $d=D=4\,900$ 个/年,每年生产率 $p=9\,800$ 个/年,$c_1=1\,000$ 元/个年,$c_2=2\,000$ 元/个年,$c_3=500$ 元/次,从公式(13.37)得最优每次生产批量 Q^*.

$$Q^* = \sqrt{\frac{2Dc_3(c_1+c_2)}{c_1c_2\left(1-\dfrac{d}{p}\right)}}$$

$$=\sqrt{\frac{2\times4\,900\times500\times(1\,000+2\,000)}{1\,000\times2\,000\times\left(1-\dfrac{4\,900}{9\,800}\right)}}$$

$$=\sqrt{\frac{4\,900\times3\,000}{2\,000\times\left(1-\dfrac{1}{2}\right)}}$$

$$=\sqrt{4\,900\times3}$$

$$\approx121.24.$$

$$Q^*\approx121(\text{个}).$$

最优缺货量 $S^* = \dfrac{c_1\left(1-\dfrac{d}{p}\right)}{c_1+c_2}Q^* = \dfrac{1\,000\times\left(1-\dfrac{4\,900}{9\,800}\right)}{1\,000+2\,000}\times 121.24 \approx 20\,(\text{个})$.

这时一年的最少的总费用

$$TC^* = \sqrt{\frac{2Dc_1c_3c_2\left(1-\dfrac{d}{p}\right)}{c_1+c_2}}$$

$$= \sqrt{\frac{2\times 4\,900\times 1\,000\times 500\times 2\,000\times\left(1-\dfrac{4\,900}{9\,800}\right)}{1\,000+2\,000}}$$

$$\approx 40\,414.52\,(\text{元}).$$

其中一年的生产准备费为

$$\frac{Dc_3}{Q^*} = \frac{4\,900\times 500}{121} \approx 20\,247.93\,(\text{元})$$

其中一年的存储费为

$$\frac{\left[Q^*\left(1-\dfrac{d}{p}\right)-S^*\right]^2 c_1}{2Q^*\left(1-\dfrac{d}{p}\right)}$$

$$= \frac{\left[121\times\left(1-\dfrac{4\,900}{9\,800}\right)-20\right]^2\times 1\,000}{2\times 121\times\left(1-\dfrac{4\,900}{9\,800}\right)} \approx 13\,555.78\,(\text{元})$$

一年的缺货费为

$$\frac{(S^*)^2 c_2}{2Q^*\left(1-\dfrac{d}{p}\right)} = \frac{20^2\times 2\,000}{2\times 121\times\dfrac{1}{2}} \approx 6\,611.57\,(\text{元}).$$

同时我们也可知道周期

$$T = \frac{\text{一年工作日数}}{D/Q} = \frac{365}{4\,900/121} = \frac{365}{40.50} \approx 9\,(\text{天}).$$

在这里我们假设一年的工作日数为 365 天.

我们也可以用"管理运筹学"软件来求解.

我们把例 1 与例 3 加以比较,可知同样的一个经济生产批量的问题,允许缺货一般比不允许缺货在一年的总的费用上可以少花一些.

§13.5 经济订货批量折扣模型

所谓的经济订货批量折扣模型是第一节的经济订货批量模型的一种发展,在第一节的经济订货批量模型中商品的价格是固定的,而在这一节的经济订货批量折扣模型中商品的价格是随订货的数量的变化而变化的.一般情况下购买的数量越多,商品单价就越低,我们常看到的所谓的零售价、批发价和出厂价,就是根据商品的不同数量而订的不同的商品单价.由于不同的订货量,商品的单价不同,所以我们在决定最优订货批量时,不仅要考虑到一年的存储费和一年的订货费,而且还要考虑一年的订购商品的货款,要使得它们的总金额最少,为此在这一节里我们定义一年的总费用是由以上三项所构成,即有

$$TC = \frac{1}{2}Qc_1 + \frac{D}{Q}c_3 + D \cdot c. \tag{13.41}$$

在这里 c 为当订货量为 Q 时商品单价.

例 4 图书馆设备公司准备从生产厂家购进阅览桌用于销售,每个阅览桌的价格为 500 元,每个阅览桌的存储一年的费用为阅览桌价格的 20%,每次的订货费为 200 元,该公司预测这种阅览桌的每年的需求为 300 个.生产厂商为了促进销售规定:如果一次订购量达到或超过 50 个,每个阅览桌将打九六折,每个售价为 480 元;如果一次订购量达到或超过 100 个,每个阅览桌将打九五折,每个售价为 475 元.请决定为使其一年总费用最少的最优订货批量 Q^*,并求出这时一年的总费用为多少?

解 已知 $D=300$ 个/年,$c_3=200$ 元/次,当一次订货量小于 50 个时,每个阅览桌价格 $c'=500$ 元,这时存储费 $c_1'=500 \times 20\% = 100$(元/个·年);当一次订货量大于等于 50 个,且小于 100 个时,每个阅览桌价格 $c''=480$ 元,这时存储费 $c_1''=480 \times 20\% = 96$(元/个·年);当一次订货量大于等于 100 个时,每个阅览桌价格 $c'''=475$ 元,这时存储费 $c_1'''=475 \times 20\% = 95$(元/个·年).我们可以求得这三种情况的最优订货量如下:

当订货量 Q 小于 50 个时,有

$$Q_1^* = \sqrt{\frac{2Dc_3}{c_1'}} = \sqrt{\frac{2 \times 300 \times 200}{100}} = 34.64 \approx 35(个).$$

当订货量 Q 大于等于 50 小于 100 时,有

$$Q_2^* = \sqrt{\frac{2Dc_3}{c_1''}} = \sqrt{\frac{2 \times 300 \times 200}{96}} = 35.36 \approx 35(个).$$

教学视频:经济订货批量折扣模型

当订货量 Q 大于等于 100 时,有

$$Q_3^* = \sqrt{\frac{2Dc_3}{c_1'''}} = \sqrt{\frac{2 \times 300 \times 200}{95}} = 35.54 \approx 36(\text{个}).$$

在以上第二种情况里,我们用订货量大于等于 50 且小于 100 时的阅览桌价格 480 元/个,计算出的最优订货批量 Q_1^* 却小于 50 个,仅为 35 个,为了得到阅览桌的 480 元/个的折扣价格,又使得实际订货批量最接近计算所得的最优订货批量 Q_2^*,我们调整其最优订货批量 Q_2^* 的值,得

$$Q_2^* = 50(\text{个}).$$

同样,我们调整第三种情况最优订货批量 Q_3^* 的值,得

$$Q_3^* = 100(\text{个}).$$

我们用公式(13.41)可求得当 $Q_1^* = 35, Q_2^* = 50, Q_3^* = 100$ 时的每年的总费用如表 13-3 所示.

表 13-3　　　　　　　　　　　　　　　　　　　　　　　单位:元

折扣等级	阅览桌单价	最优订货批量 Q^*	每 年 费 用			
			存储费 $\frac{1}{2}Q^*c_1$	订货费 $\frac{D}{Q^*}c_3$	购货费 DC	总费用
1	500	35	$\frac{1}{2} \times 35 \times 100 = 1\ 750$	$\frac{300}{35} \times 200 \approx 1\ 714$	$300 \times 500 = 150\ 000$	153 464
2	480	50	$\frac{1}{2} \times 50 \times 96 = 2\ 400$	$\frac{300}{50} \times 200 = 1\ 200$	$300 \times 480 = 144\ 000$	147 600
3	475	100	$\frac{1}{2} \times 100 \times 95 = 4\ 750$	$\frac{300}{100} \times 200 = 600$	$300 \times 475 = 142\ 500$	147 850

从表 13-3 可得当 $Q^* = 50$ 时,一年的总费用最少为 147 600 元. $Q^* = 50$,即为最优订货量."管理运筹学"软件能处理这类存储问题.

§13.6　需求为随机的单一周期的存储模型

在前面的一些存储模型中,我们把需求率看成常量,我们把每年、每月、每周、甚至每天的需求都看成是固定不变的已知常量,但在现实的世界中,更多的情况需求却是一个随机变量.

所谓需求为随机变量的单一周期的存储模型,就是解决需求为随机变量的一种存储模型,在这种模型中的需求是服从某种概率分布的.在本节中将介绍需求服从均匀分布和正态分布这两

教学视频:需求为随机的单一周期的存储模型

种情况.模型中单一周期的存储是指在产品订货、生产、存储、销售这一周期的最后阶段或者把产品按正常价格全部销售完毕,或者把按正常价格未能销售出去的产品削价销售出去甚至扔掉.总之要在这一周期内把产品全部处理完毕,而不能把产品放在下一周期里存储和销售.季节性和易变质的产品例如季节性的服装、挂历、麦当劳店里的汉堡包都是按单一周期的方法处理的.而报摊销售报纸是需要每天订货的,今天的报纸今天必须处理完.我们可以把一个时期报纸问题看成一系列的单一周期的存储问题,每天就是一个单一的周期,任何两天(两个周期)都是相互独立的、没有联系的,每天都要做出每天的存储决策.

报童问题:报童每天销售报纸数量是一个随机变量,每日售出 d 份报纸的概率 $P(d)$,根据以往的经验是已知的.报童每售出一份报纸赚 k 元,如报纸未能售出,每份赔 h 元,问报童每日最好准备多少报纸?

这就是一个需求量为随机变量的单一周期的存储问题.在这个模型里就是要解决最优订货量 Q 的问题.如果订货量 Q 选得过大,那么报童就要因不能售出报纸造成损失.如果订货时 Q 选得过小,那么报童因缺货失去了销售机会造成了机会损失.如何适当地选择 Q 值,才能使这两种损失的期望值之和最小呢?

我们已知售出 d 份报纸的概率为 $P(d)$,从概率知识可知 $\sum_{d=0}^{\infty} P(d) = 1$.

(1) 当供大于求时($Q \geq d$),这时因不能售出报纸而承担损失,每份损失为 h 元,其数学期望值为 $\sum_{d=0}^{Q} h(Q-d)P(d)$.

(2) 当供不应求时($Q < d$),这时因缺货而少赚钱造成的机会损失,每份损失为 k 元,其期望值为

$$\sum_{d=Q+1}^{\infty} k(d-Q)P(d).$$

综合(1),(2)两种情况,当订货量为 Q 时,其损失的期望值 $EL(Q)$ 为

$$EL(Q) = h\sum_{d=0}^{Q}(Q-d)P(d) + k\sum_{d=Q+1}^{\infty}(d-Q)P(d).$$

下面我们要求出使 $EL(Q)$ 最小的 Q 的值.

我们设报童订购报纸最优量为 Q^*,这时其损失的期望值为最小,当然就有

(1) $EL(Q^*) \leq EL(Q^*+1)$,

(2) $EL(Q^*) \leq EL(Q^*-1)$.

上式(1)(2)表示了订购 Q^* 份报纸的损失期望值要不大于订购(Q^*+1)份或(Q^*-1)份报纸的损失期望值.

从(1)出发进行推导有

$$h\sum_{d=0}^{Q^*}(Q^*-d)P(d) + k\sum_{d=Q^*+1}^{\infty}(d-Q^*)P(d) \leq h\sum_{d=0}^{Q^*+1}(Q^*+1-$$

$$d)P(d) + k\sum_{d=Q^*+2}^{\infty}(d - Q^* - 1)P(d),$$

经化简后得

$$(k + h)\left[\sum_{d=0}^{Q^*}P(d)\right] - k \geqslant 0,$$

即

$$\sum_{d=0}^{Q^*}P(d) \geqslant \frac{k}{k + h}.$$

从(2)出发进行推导有

$$h\sum_{d=0}^{Q^*}(Q^* - d)P(d) + k\sum_{d=Q^*+1}^{\infty}(d - Q^*)P(d) \leqslant h\sum_{d=0}^{Q^*-1}(Q^* - 1 -$$

$$d)P(d) + k\sum_{d=Q^*}^{\infty}(d - Q^* + 1)P(d),$$

经化简后得

$$(k + h)\left[\sum_{d=0}^{Q^*-1}P(d)\right] - k \leqslant 0,$$

即

$$\sum_{d=0}^{Q^*-1}P(d) \leqslant \frac{k}{k + h}.$$

这样我们可知报童所订购报纸的最优数量 Q^* 份应按下列的不等式确定

$$\sum_{d=0}^{Q^*-1}P(d) \leqslant \frac{k}{k + h} \leqslant \sum_{d=0}^{Q^*}P(d). \tag{13.42}$$

例 5 某报亭出售某种报纸,每售出一百张可获利 15 元,如果当天不能售出,每一百张赔 20 元.每日售出该报纸份数的概率 $P(d)$,根据以往经验如表 13-4 所示.

表 13-4

销售量/百张	5	6	7	8	9	10	11
概率 $P(d)$	0.05	0.10	0.20	0.20	0.25	0.15	0.05

试问报亭每日订购多少张该种报纸能使其赚钱的期望值最大.

解 要使其赚钱的期望值最大,也就是使其因售不出报纸的损失和因缺货失去销售机会的损失的期望值之和为最小,利用(13.42)公式确定 Q^* 值,已知 $k = 15$, $h = 20$ 有

$$\frac{k}{k + h} = \frac{15}{15 + 20} = 0.428\ 6.$$

当 $Q = 8$ 时,有

$$\sum_{d=0}^{7} P(d) = p(5) + p(6) + p(7)$$
$$= 0.05 + 0.10 + 0.20 = 0.35.$$

$$\sum_{d=0}^{8} P(d) = p(5) + p(6) + p(7) + p(8)$$
$$= 0.05 + 0.10 + 0.20 + 0.20 = 0.55.$$

满足
$$\sum_{d=0}^{7} p(d) \leq \frac{k}{k+h} \leq \sum_{d=0}^{8} p(d).$$

故最优的订购量为 800 张报纸,此时其赚钱的期望值最大.

例 6 某书店拟在年前出售一批新年挂历.每售出一本可赢利 20 元,如果在年前不能售出,必须削价处理.由于削价一定可以售完,此时每本挂历要赔 16 元,根据以往的经验,市场的需求近似服从均匀分布,如图 13-6 所示,其最低需求为 550 本,最高需求为 1 100 本,该书店应订购多少本新年挂历,使其损失期望值为最小?

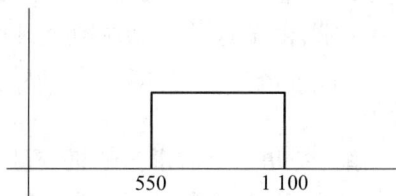

图 13-6

解 首先我们来改写一下公式(13.42).

因为 $\sum_{d=0}^{Q^*} P(d)$ 表示需求量从 0 到 Q^* 的概率的和,也可以理解为需求量小于等于 Q^* 的概率,即可改写为 $P(d \leq Q^*)$,同样 $\sum_{d=0}^{Q^*-1} P(d)$ 也可以改写 $P(d < Q^*)$,这样公式(13.42)可改写为

$$P(d < Q^*) \leq \frac{k}{k+h} \leq P(d \leq Q^*). \tag{13.43}$$

这样就把只适用于离散型随机变量的公式(13.42)改写为对离散型和连续型随机变量都适用的公式(13.43),这正如微积分细分的思想一样,在一定条件下离散型和连续型是可以互相转化的.当仅对连续型随机变量来说,我们可以把公式(13.43)改写为

$$P(d \leq Q^*) = \frac{k}{k+h}. \tag{13.44}$$

我们已知 $k = 20, h = 16$,即有

$$p(d \leq Q^*) = \frac{20}{20+16} = \frac{20}{36} = \frac{5}{9}.$$

而对在 $[550, 1\,100]$ 区间上的均匀分布的需求小于等于 Q^* 的概率

$$p(d \leq Q^*) = \frac{Q^* - 550}{1\,100 - 550} = \frac{Q^* - 550}{550},$$

则从公式(13.44)得

$$\frac{Q^* - 550}{550} = \frac{5}{9}.$$

求得 $Q^* = 856($ 本 $)$,并从 $p(d \leqslant Q^*) = \dfrac{5}{9}$ 可知这时有 $\dfrac{5}{9}$ 的概率挂历有剩余,有 $1 - \dfrac{5}{9} = \dfrac{4}{9}$ 的概率挂历脱销.

例 7 某化工公司与一客户签订了一项供应一种独特的液体化工产品的合同,客户每隔六个月来购买一次,每次购买的数量是一个随机变量,通过对客户以往需求的统计分析,知道这个随机变量服从以均值 $\mu = 1\,000$ 千克,均方差 $\sigma = 100$ 千克的正态分布,化工公司生产一千克此种产品的成本为 15 元,根据合同规定售价为 20 元.合同要求化工公司必须按时提供客户的需求.一旦化工公司由于低估了需求,产量不能满足需要,那么化工公司就到别的公司以每千克 19 元的价格购买更高质量的替代品来满足客户的需要.一旦化工公司由于高估了需求,供大于求,由于这种产品在两个月内要老化,不能存储至六个月后再供应给客户,只能以每千克 5 元的价格处理掉.化工公司应该每次生产多少千克的产品才使该公司获利的期望值最大呢?

解 这是一个需求为随机变量的单一周期的问题,如果我们低估了需求,供小于求,缺少的部分公司从每千克赚 5 元变为仅赚 1 元,也即损失了 4 元利润,即 $k = 4$,反之如果高估了需求供大于求,则多余的部分每千克要赔 $15 - 5 = 10($ 元 $)$,即 $h = 10$,利用公式 (13.44) ,即得

$$P(d \leqslant Q^*) = \frac{k}{k+h} = \frac{4}{10+4} = \frac{4}{14} = 0.29.$$

从概率统计知识可知,由于需求量服从均值 μ 为 $1\,000$ 千克,均方差 σ 为 100 千克的正态分布,上式即为

$$\Phi\left(\frac{Q^* - \mu}{\sigma}\right) = 0.29.$$

通过查阅标准正态表,即得

$$\frac{Q^* - \mu}{\sigma} = -0.55,$$

得

$$Q^* = -0.55\sigma + \mu.$$

把 $\mu = 1\,000, \sigma = 100$ 代入,得

$$Q^* = -0.55 \times 100 + 1\,000 = 945(\text{千克}).$$

并从 $P(d \leqslant Q^*) = 0.29$,可知当产量为 945 千克时,有 0.29 的概率产品有剩余,有 $1 - 0.29 = 0.71$ 的概率产品将不满足需求.图 13-7 显示了这个结果.

"管理运筹学"软件有专门处理这类问题的程序.

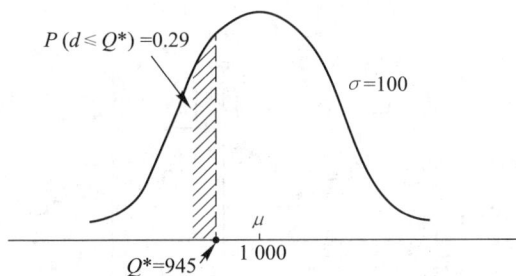

图 13-7

---

§13.7 需求为随机变量的订货批量、再订货点模型

在上一节里,我们讲了需求为随机变量的单一周期的存储模型,在这一节里讲一种需求为随机变量的多周期模型.在这种模型里,由于需求为随机变量,我们无法求得周期(即两次订货时间间隔)的确切时间,也无法求得再订货点确切来到的时间.但在这种多周期的模型里,在上一周期里卖不出去的产品可以放到下一个周期里出售,故不存在像单一周期模型里一个周期里出售不出去的产品就要赔偿的情况,故在这种模型里像经济订货批量模型那样,主要的费用为订货费和存储费.下面我们给出求订货量和再订货点的最优解的近似方法,而精确的数学公式太复杂,我们不作介绍.我们可以根据平均需求像经济订货批量模型那样求出使得全年的订货费和存储费总和最少的最优订货量 Q^*.但在对再订货点的处理上是与经济订货批量模型不同.在经济订货批量模型中,由于需求率是个常量 $d/$天,对于一个需要 m 天前订货的情况,我们可以把再订货点定为 $d \cdot m$,即当仓库里还存有 dm 单位的产品时,就再订货 Q^* 单位的产品,这样当 m 天后 Q^* 单位的产品补充来时,仓库里刚好把剩余的 dm 单位的产品处理完,仓库及时地得到补充.而对需求为随机变量的情况,这种处理显然是不恰当的,正像图 13-8 所示,有时在这 m 天里需求大于 $\overline{d}m$(这里 $\overline{d}$ 为每天平均需求),这样在 m 天里就出现了缺货,而有时需求小于 $\overline{d}m$,这样 m 天后当新的 Q^* 单位的产品补充来时,仓库里还有剩货.

在这种模型里我们要对再订货点进行讨论,而不是简单地定为 $\overline{d}m$,我们不妨设再订货点为 r,即我们随时对仓库的产品库存进行检查,当仓库里产品库存为 r 时就订货,m 天后送来 Q^* 单位的产品,虽然在 m 天里的需求量是随机的,但一般来说当 r 值较大时,在 m 天里出现缺货的概

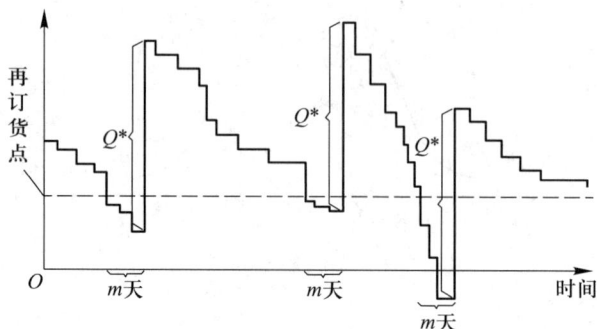

图 13-8

率就小,反之当 r 值较小时,在 m 天里出现缺货的概率就大.这样就需要我们根据具体情况制定出服务水平,即制定在 m 天里出现缺货的概率 α,也即不出现缺货的概率为 $1-\alpha$.即

$$P(m \text{ 天里需求量} \leqslant r) = 1-\alpha.$$

由于每次的订货量 Q^* 我们可以按经济订货批量模型求得,每年的产品平均需求量可以求得,这样就可以求出每年平均的订货次数,我们也可以以每年允许在 m 天里出现缺货的次数作为服务水平.我们可以依据事先制定的服务水平和 m 天里需求量的概率分布来定出相应的 r 值,并把 r 值中超过 $\overline{d}m$ 的部分叫做安全存储.

例 8 某装修材料公司经营某种品牌的地砖,公司直接从厂家购进这种产品,由于公司与厂家距离较远,双方合同规定在公司填写订货单后一个星期厂家把地砖运到公司,公司根据以往的数据统计分析知道在一个星期里此种地砖的需求量服从以均值 $\mu = 850$ 箱,均方差 $\sigma = 120$ 箱的正态分布,又知道每次订货费为 250 元,每箱地砖的成本为 48 元,存储一年的存储费用为成本的 20%,即每箱地砖一年的存储费为 $48 \times 20\% = 9.6$(元),公司规定的服务水平为允许由于存储量不够造成的缺货概率为 5%.公司应如何制定存储策略,使得一年的订货费和存储费的总和为最少?

解 首先我们可以按经济订货批量模型来求出最优订货批量 Q^*,已知每年的平均需求量 $\overline{D} = 850 \times 52 = 44\ 200$ 箱/年,$c_1 = 9.6$ 元/箱年,$c_3 = 250$ 元,得

$$Q^* = \sqrt{\frac{2\overline{D}c_3}{c_1}} = \sqrt{\frac{2 \times 44\ 200 \times 250}{9.6}} \approx 1\ 517(\text{箱}).$$

由于每年平均需求为 44 200 箱,可知每年平均约订货 $\frac{44\ 200}{1\ 517} \approx 29$ 次.

根据服务水平的要求

$$P(\text{一个星期的需求量} \leqslant r) = 1-\alpha = 1-0.05 = 0.95.$$

因为一个星期的需求量服从以均值 $\mu = 850$ 箱,均方差 $\sigma = 120$ 箱的正态分布,故有

$$\Phi\left(\frac{r-\mu}{\sigma}\right) = 0.95.$$

查标准正态分布表,得

$$\frac{r-\mu}{\sigma} = 1.645,$$

即有

$$\frac{r-850}{120} = 1.645.$$

求得

$$r = 850 + 1.645 \times 120 = 850 + 197 \approx 1\,047\,(箱).$$

这就是说当仓库里库存剩下 $r = 1\,047$ 箱时,就应该向厂家订货,每次的订货量为 $1\,517$ 箱,这里的 $r = 1\,047$ 就是再订货点,$Q^* = 1\,517$ 就是最优订货量,而

$$r - \bar{d} \cdot m = 1\,047\,箱 - 850\,箱/周 \times (一周)$$
$$= 1\,047\,箱 - 850\,箱$$
$$= 197\,箱.$$

这 197 箱就是安全存储量,在这样的存储策略下,能有 95% 的概率在订了货而货物还没运到公司的一周(简称订货期)里不会出现缺货.因为一年平均大约订货 29 次,其中平均 $29 \times 95\% = 27.55$(次)的订货期里不会出现缺货,也只有平均 1.45 次的订货期里会出现缺货.图 13-9 显示了这个结果.

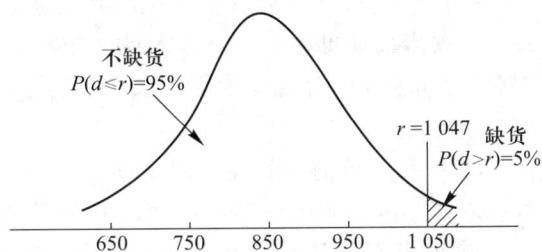

图 13-9

当订货期为零时也就是说一订货就可马上拿到产品,这时显然不需要安全存储,再订货点为零,每次订货量为 $1\,517$ 箱即可.

§13.8 需求为随机变量的定期检查存储量模型

需求为随机变量的定期检查存储量模型是另一种处理多周期的存储问题的模型.在这个模型里管理者要定期例如每隔一周、一个月等检查产品的库存量,根据现有的库存量来确定订货量,在这模型中管理者所要做的决策是:依照规定的服务水平制定出产品的存储补充水平 M.一

旦确定了 M,管理者就很容易确定订货量 Q 如下所示:

$$Q = M - H,$$

式中 H 为在检查中的库存量.

　　这个模型很适合于经营多种产品并进行定期盘点的企业,公司只要制定了各种产品的存储补充水平,根据盘点的各种产品的库存量,马上可以确定各产品的订货量,同时进行各种产品的订货.

　　需求为随机变量的定期检查库存量的存储模型处理存储问题的典型方式如图 13-10 所示.

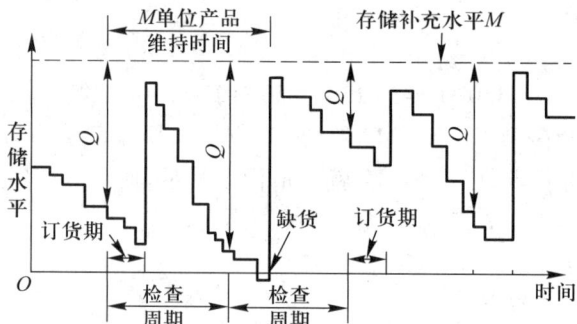

图 13-10

　　从图 13-10 中,我们看到在检查了存储水平 H 之后,我们立即订货 $Q = M - H$,这时库房里的实际库存量加上订货量正好为存储补充水平 M(订货的 Q 单位产品在过了订货期才能到达).从图上可知这 M 单位的产品要维持一个检查周期再加上一个订货期的消耗,所以我们可以从一个检查周期加上一个订货期的需求的概率分布情况结合规定的服务水平来制定存储水平 M,以下我们举例说明.

　　例 9　某百货商店经营几百种商品,该商店每隔两周盘点一次,根据盘点情况同时对几百种商品进行订货,这样便于管理.又因为其中很多商品可以从同一个厂家或批发公司进货,这样也节约了订货费用.现在商店管理者要求对这几百种商品根据各自的需求情况和服务水平制定出各自的存储补充水平.现要求对其中两种商品制定出各自的存储补充水平.

　　商品 A 是一种名牌香烟.一旦商店缺货,顾客不会在商店里购买另一种品牌的烟,而去另外的商店购买,故商店规定其缺货的概率为 2.5%.商品 B 是一种普通品牌的儿童饼干,一旦商店缺货,一般情况下,顾客会在商店里购买其他品牌的饼干或其他儿童食品,故商店规定其缺货的概

率为 15%.根据以往的数据,通过统计分析,商品 A 每 15 天(其中 14 天为盘点周期,1 天为订货期)的需求服从均值 $\mu_A = 550$ 条,均方差 $\sigma_A = 85$(条)的正态分布,商品 B 每 15 天(其中 14 天为盘点周期,1 天为订货期)的需求服从均值 $\mu_B = 5\,300$ 包,均方差 $\sigma_B = 780$ 包的正态分布.

解 设商品 A 的存储补充水平为 M_A,商品 B 的存储补充水平为 M_B,从统计知识可知:

$$P(\text{商品 A 的需求 } d \leqslant M_A) = 1 - \alpha_A,$$

$$\Phi\left(\frac{M_A - \mu_A}{\sigma_A}\right) = 97.5\%.$$

查标准正态分布表,得

$$\frac{M_A - \mu_A}{\sigma_A} = 1.96,$$

$$M_A = \mu_A + 1.96\sigma_A = 550 + 1.96 \times 85 \approx 717(\text{条}).$$

$$P(\text{商品 B 的需求 } d \leqslant M_B) = 1 - \alpha_B,$$

$$\Phi\left(\frac{M_B - \mu_B}{\sigma_B}\right) = 85\%.$$

查标准正态分布表,得

$$\frac{M_B - \mu_B}{\sigma_B} = 1.034,$$

$$M_B = \mu_B + 1.034\sigma_B = 5\,300 + 1.034 \times 780 \approx 6\,107(\text{包}).$$

也就是说,商店在每隔两周的清货盘点时,发现 A 商品还剩 H_A,B 商品还剩 H_B 时,马上向厂家订货:A 商品为 $717 - H_A$ 条,B 商品为 $6\,107 - H_B$ 包,使得当时 A 商品的库存量加上订货量正好达到存储补充水平 717 条,B 商品的库存量加上订货量正好达到存储补充水平 6 107 包.图 13-11(a)显示了缺货概率为 2.5% 时的存储补充水平 M_A,图 13-11(b)显示了缺货概率为 15% 时存储补充水平 M_B.

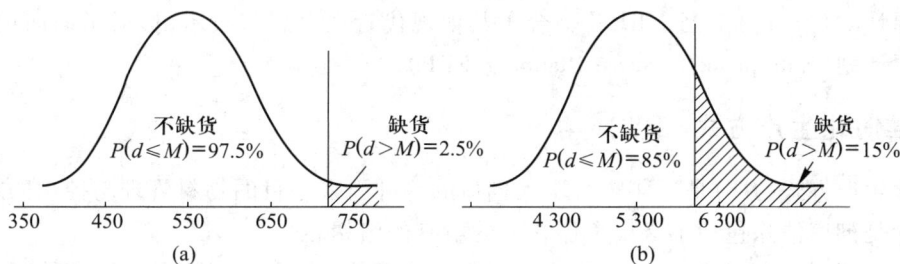

不缺货 $P(d \leqslant M) = 97.5\%$ 缺货 $P(d > M) = 2.5\%$ 350 450 550 650 750 (a)

不缺货 $P(d \leqslant M) = 85\%$ 缺货 $P(d > M) = 15\%$ 4 300 5 300 6 300 (b)

图 13-11

在上述的模型里只考虑了保证一定服务水平的存储补充水平 M 的问题,并没考虑到订货费与存储费之和最小化的问题,要解决这类问题,我们还必须把再订货点 r 作为另一个决策变量,把这称为 (t, r, M) 混合存储模型,每隔 t 时间检查库存量 H,当 $H > r$ 时不补充,当 $H \leqslant r$ 时补充存

储量使之达到 M.这种存储模型需要更多的数学知识,在本书中不作介绍.

§13.9 物料需求计划(MRP)与准时化生产方式(JIT)简介

在存储管理与控制中有两个重要的技术:物料需求计划(MRP)和准时化生产方式(JIT),我们对它们作一个简单介绍.

一、物料需求计划(MRP)

我们在前几节所涉及的一些存储模型中,其产品的需求都描述为独立的,也就是说一些产品的需求互相之间没有关系,但在很多情况中,尤其在制造业的工厂里,原材料的需求、零件的需求和部件的需求之间存在着依赖关系.首先它们都由最终产品的产量所决定,其次它们的生产或订购进度表可以从最终产品的生产进度的安排计算出来.物料需求计划(MRP)就是一种针对需求为依赖关系的产品进行生产与存储的管理和控制技术.

MRP 是基于计算机的生产与存储计划和控制系统,它有三个目标:①确认装配最终产品所需要的原料、零件与部件.②使存储水平最小化.③制定制造、购买和运输的时间表.

MRP 系统需要三个主要输入:①主生产计划,所谓主生产计划是指最终产品的生产计划.②产品结构记录,它包括生产每一件最终产品所需的原材料、零部件的清单和所需的生产(订购)时间等信息.③原材料、零部件的库存记录.MRP 系统通过最终产品结构记录将主生产计划中对最终产品的需求进行分解,进而确定在产品结构各层次上零部件、原材料的净需求量,以及各零件的最优的生产(或订购)与存储计划;也就是确定各种零件的生产(订购)数量,以及何时下达零部件的生产任务,何时交货,并使存储水平最小.

MRP 的技术不断地得到发展.MRP 引入资源计划与保证、安排生产、执行监控与反馈等功能,形成闭环的 MRP 系统.当闭环的 MRP 进一步扩展将经营、财务与生产管理子系统相结合,形成制造资源计划(MRP Ⅱ).当 MRP Ⅱ 融合了其他现代管理思想与技术,形成了面向更广泛市场的企业资源计划(Enterprise Resource Planning,ERP).

二、准时化生产方式(JIT)

准时化生产方式(JIT)是近年来日本人创造的一种引人注目的物料管理与控制的新方法,它的哲学目标是彻底消除包括不必要存储在内的所有的浪费.

它的基本原则是在正确的时间,生产正确数量的零件或产品,即准时生产.存储要极小化,甚至不需要.

为了达到 JIT 的目标,首先要应用 JIT 生产系统设计与计划技术,要进行广义的生产系统设计,包括市场、销售、产品设计、加工工艺、质量工程、工厂布局和生产管理等,设计一条从原材料到最终产品的高效和准时的制造过程中的物流,以便减少存储和降低成本.

JIT 的生产活动是由后续工序来加以协调的,这与传统的生产过程是不一样的,例如 MRP 是按主生产计划的要求,在需要的时间、地点生产需要的零部件,在生产过程中由前道工序向后道工序送货,这是一种"推动式"的生产方式.而 JIT 的零部件仅在后续工序提出要求时才生产,这是一种"拉动式"的生产.协调整个生产活动的关键部分是称为"看板"的信息系统,它动态地提供了各生产过程所需的原材料、零部件的数量、规格.后道工序根据"看板"向前道工序取货,前道工序根据后道工序的需要在正确的时间,生产正确数量的零件或产品,零件或产品一生产出来就被下道工序取走,防止了不必要的存储,达到了库存量最低(零库存),同时也就要求生产的准备时间最短(零准备时间)这样才有可能采用极小批量.

保证质量是 JIT 中的一个关键问题.在 JIT 中,生产的数量和存储水平都是最小化的,没什么安全存储,任何质量问题都将打乱整个计划的物流运行,危及整个 JIT 系统,故要求废品率最低(零废品).

最后,协调好从供应商到制造商的物流是 JIT 中的另一个关键问题.JIT 不允许供应商把原材料、零部件大批量的运给制造商,因为会造成大量的存储从而提高成本.这要求供应商根据制造商的每日需要,每日平稳地、及时地把原材料和零部件送到制造商的手里.JIT 需要制造商与供应商之间有着紧密的伙伴关系,以保证制造商及时地获得无缺陷的所需物资.

执行 JIT 生产方式可以通过减少存储成本和提高质量而获得更多的利润.从存储管理来看,JIT 可以减少存储水平,增加存储流动量,使存储总费用最低.尽管 JIT 在存储管理上有明显的效果,但是由于在文化与行为上的差别,现在还不清楚是否能把这种日本的生产方式成功地推广到中国、美国等其他国家.目前大部分的中国和美国企业仍然使用传统的存储管理方法.

习 题

1. 假设某工厂需要外购某一个部件,年需求为 4 800 件,单价为 40 元.每次的订购费用为 350 元,每个部件存储一年的费用为每个部件的价格的 25%.又假设每年有 250 个工作日.该部件需要提前 5 天订货(即订货后 5 天可送货到厂),不允许缺货,请求出:

(1) 经济订货批量;

(2) 再订货点(即当部件存储量降为多少时,应该再订货);

(3) 两次订货所间隔的时间;

(4) 每年订货与存储的总费用.

2. 某建筑工地每月需求水泥 1 200 吨,每吨定价为 1 500 元,不允许缺货.设每吨每月的存储费为 2%,每次订货为 1 800 元,需要提前 7 天订货,每年的工作日为 365 天,请求出:

(1) 经济订货批量;

(2) 再订货点;

(3) 两次订货所间隔时间;

(4) 每月订货和存储的总费用.

3. 某个食品批发站,用经济订货批量模型处理某种品牌啤酒的存储策略,当存储每箱啤酒一年的费用为每箱啤酒价格的 22%,即每年存储成本率为 22% 时,该批发站确定的经济订货批量 $Q^* = 8\,000$ 箱.由于银行贷款利

息的增长,每年存储成本率增长为 27%,请问:

（1）这时其经济订货批量应为多少？

（2）当每年存储成本率从 i 增长到 i' 时,请推出经济订货批量变化的一般表达式.

4. 某大型百货超市出售某品牌拉杆箱,根据以往销量,每月需求量为 400 个,订货费为 500 元,每个拉杆箱的存储费为 3.6 元/月.试求:

（1）经济订货批量.

（2）该百货超市为少占用流动资金,希望存储量达到最低限度,决定宁可使总费用超过最低费用的 4% 作为存储策略,问这时订购批量为多少？

5. 某牛仔裤生产商预测下一年度的销售量为 12 000 件,准备在全年的 300 个工作日内均衡组织生产.假如为加工制作一件牛仔裤所需的各种原材料成本为 50 元,又知制作一件牛仔裤所需原料的年存储费为其成本的 12%,提出一次订货所需费用为 250 元,订货提前期为零,不允许缺货.

（1）试求经济订货批量.

（2）若工厂一次订购半个月所需的原材料,价格上可享受 9 折优待（存储费也为折价后的 12%）,试问牛仔裤加工厂是否应该接受此优惠条件？

6. 某出版社要出版一本工具书,估计其每年的需求率为常量,每年需求 18 000 套,每套的成本为 150 元,每年的存储成本率为 18%.其每次生产准备费为 1 600 元,印制该书的设备生产率为每年 30 000 套,假设该出版社每年 250 个工作日,要组织一次生产的准备时间为 10 天,请用不允许缺货的经济生产批量的模型,求出:

（1）最优经济生产批量;

（2）每年组织生产次数;

（3）两次生产间隔时间;

（4）每次生产所需时间;

（5）最大存储水平;

（6）生产和存储的全年总成本;

（7）再订货点.

7. 某供应厂商生产某种日常零件,其生产率和需求率都为常量,年生产量为 60 000 个,批发商年平均需要 30 000 个,已知每批零件生产准备费为 1 500 元,每个零件的成本费为 150 元,每年的存储成本率为 15%,假设该厂每年工作日为 250 天,要组织一次生产的准备时间为 8 天.请用不允许缺货的经济生产批量的模型,求出:

（1）最优经济生产批量;

（2）每年组织生产次数;

（3）两次生产间隔时间;

（4）每次生产所需时间;

（5）最大存储水平;

（6）生产和存储的全年总成本;

（7）再订货点.

8. 某公司生产某种商品,其生产率与需求率都为常量,年生产率为 50 000 件.年需求率为 30 000 件;生产准备费用每次为 1 000 元,每件产品的成本为 130 元,而每年的存储成本率为 21%,假设该公司每年工作日为 250 天,要组织一次生产的准备时间为 5 天.请用不允许缺货的经济生产批量的模型,求出:

（1）最优经济生产批量;

(2) 每年组织生产次数;

(3) 两次生产间隔时间;

(4) 每次生产所需时间;

(5) 最大存储水平;

(6) 生产和存储的全年总成本;

(7) 再订货点.

9. 某一生产线如果全部用于生产某型号钢笔时,其生产能力为 6 000 支/年.根据预测,市场对该型号钢笔的年需求量为 2 000 支,因此该生产商在该生产线上组织多品种的轮番生产.已知该型号钢笔的存储费为 3 元/(年·支),不允许缺货,更换生产品种时,需准备结束费 500 元.目前该生产线上每季度安排生产该型号钢笔 500 支,问这样安排是否经济合理? 如不合理,提出你的建议,并计算你建议实施后可能节约的费用.

10. 对于习题 1 所提出的问题,假如允许缺货,并假设每个部件缺货一年的缺货费为 25 元,请求出此问题的:

(1) 最优订货批量;

(2) 再订货点;

(3) 两次订货所间隔的时间;

(4) 每年订货,存储与缺货的总费用;

(5) 请把以上结果与习题 1 的结果比较,哪个结果总费用少? 为什么?

11. 某汽车厂需要某种装配零件,年需求量为 8 000 件,单价为 600 元.每次的订购费为 6 000 元,每个零件存储一年的费用为每个零件价格的 15%,允许缺货,并且每个零件缺货一年的缺货费为 250 元.假设每年的工作日为 365 天,需要提前 10 天订货,请求出:

(1) 最优订货批量;

(2) 再订货点;

(3) 两次订货所间隔的时间;

(4) 每年需要的总费用.

12. 对于习题 8 所提出的问题,假如允许缺货,并假设每件商品缺货一年的缺货费为 30 元,请求出此问题的:

(1) 最优订货批量;

(2) 再订货点;

(3) 两次订货所间隔的时间;

(4) 每年订货,存储与缺货的总费用;

(5) 请把以上结果与习题 8 的结果比较,哪个结果总费用少? 为什么?

13. 某高校食堂对某种食材的需求量为 4 000 斤/年(设一年以 300 工作日计),已知每次订货费为 200 元,该产品的存储费为 15 元/斤·年,缺货时的损失为 50 元/斤·年,订货提前期为 5 天.由于该种食材品质特殊,需用专门车辆运送,在向订货单位发货期间,每天发货量为 20 斤.试求:

(1) 经济订货批量.

(2) 最大缺货量.

(3) 再订货点.

(4) 年最小费用.

14. 某旅游鞋专卖店,出售一种高质量品牌的旅游鞋,根据以往的统计,已知其需求率近似于常量为每年 2 000 双.该专卖店每次订货费为 300 元,其进货价格是根据进货数量而定.如表 13-5 所示.

表 13-5

订货数量	每双价格/元	订货数量	每双价格/元
0~99	360	200~299	300
100~199	320	300 双或更多	280

存储成本率为 20%.请求最小成本的订货批量.该专卖店以前每次订货量为 500 双.这种做法每年要比最小成本的订货批量要多花多少钱?

15. 某电脑制造商根据以往的数据统计,预测下一年对某种零部件的需求量为 10 000 个,已知每次订购费为 250 元,存储费为每年每个 5 元.

(1) 假设该电脑制造商对这种零部件的需求是均匀的,且不允许缺货,问:每次订购多少个零件最佳?

(2) 当订货量在 1~1 999 个时,零件单价为 50 元;订货量在 2 000~3 999 个时,零件单价为 48 元;订货量在 4 000 个或 4 000 个以上时,零件单价为 46 元.问:在此情况下,如何采购最好?

16. 某出版社出售某一经典读物,已知每年平均的需求量为 4 000 本,每次订货费为 330 元,储存成本率为 12%,每年的工作日为 250 天,其进货价格根据进货数量而定.如表 13-6 所示.

表 13-6

订货数量	每本价格/元	订货数量	每本价格/元
0~999	35	2 000~2 999	25
1 000~1 999	32	3 000 或更多	22

求最小成本的订货批量.

17. 某公司经理一贯采用不允许缺货的经济订货批量公式确定订货批量,因为他认为缺货虽然随后补上总不是好事.但由于激烈竞争使他不得不考虑采用允许缺货的策略.已知该公司所销售产品的需求为 $D = 800$ 件/年,每次的订货费用为 150 元.存储费为 3 元/(件·年),发生缺货时的损失为 20 元/(件·年),试分析:

(1) 计算采用允许缺货的策略比以前不允许缺货的策略节约了多少费用.

(2) 该公司为了保持一定的服务水平,规定缺货随后补上的数量不超过总量的 15%,任何一名顾客因供应不及时,需要等下批货到达,补上的时间不得超过 3 周,假设 3 周需求服从 $N(46, 10)$ 的正态分布,在这种情况下,是否应该采用允许缺货的政策?

18. 某商场在夏季出售一种驱蚊剂,每售出一瓶可获利 16 元,但如果在当年夏季不能售出,第二年夏季就失效,每瓶要赔 22 元,每年售出这种驱蚊剂的数量的概率 $P(d)$,根据以往经验如表 13-7 所示.

表 13-7

销售量/千瓶	8	9	10	11	12	13	14	15
概率 $P(d)$	0.08	0.10	0.15	0.20	0.20	0.15	0.07	0.05

试问该商场今年夏季应订购多少驱蚊剂能使其赚钱的期望值最大?

19. 一水泥生产厂出售水泥,每卖出一吨可以获利 150 元,但是由于天气潮湿,水泥出现变质现象,剩下的水泥减价卖出,每吨要赔 30 元,每年出售这种水泥的概率为 $p(d)$,根据以往经验其值如表 13-8 所示.

表 13-8

销售量/t	0~900	1 000~1 900	2 000~2 900	3 000~3 900	4 000~4 900
概率 $p(d)$	0.15	0.25	0.3	0.18	0.12

试问该厂生产的水泥在哪个区间时,可以使得赚钱的期望最大?

20. 某商店,经营一种分体空调,每台进价为 2 800 元,零售价为 4 200 元.该商店每到夏季末就把剩余的空调处理给一个批发商,每台的价格仅为 1 500 元.假设这种空调的需求服从以均值 $\mu = 250$,均方差 $\sigma = 80$ 的正态分布.

(1) 该商店夏季应进多少台空调,才能使该商店获利的期望值为最大?

(2) 这时,商店卖出所有空调的概率是多少?

21. 某食品商场销售一种名牌面包,进价为每只 2.80 元,售价为每只 4.50 元.这种面包如果当天销售不出去,商场只能以每只 1 元的价格赔本处理.根据以往的经验,这种面包的需求近似服从均匀分布,最低需求为 600 只,最高需求为 1 000 只.

(1) 该商场每天应进货多少只面包,才能使该商场获利的期望值为最大?

(2) 这时,该商场缺货的概率为多少?

22. 某木材公司经营长白山红松,公司直接从林业局进货,一般情况下,从签订合同后一个月(30)天收到木材.根据以往统计分析,知道在一个月里此种木材的需求量服从以均值 $\mu = 450$ 立方米,均方差为 70 立方米的正态分布,又知道每次订货费 1 800 元,每立方米红松的成本为 700 元,存储一年的存储费为成本的 25%,公司规定服务水平为允许由于存储量不够造成的缺货情况为 5%.公司应如何制定存储策略,使得一年的存储费和订货费的总和最少?

23. 某公司长期进行家用灯具销售,公司直接从厂家进货,一般情况下,预订后 30 天收到灯具.根据以往经验分析,在这一个月里灯具的需求量服从均值 $\mu = 45$ 件,均方差为 10 的正态分布,每次订货费为 3 000 元,每件灯具的成本为 250 元,存储一年的存储费为成本的 12%,该公司规定服务水平为允许由于存储量不够造成的缺货情况为 10%.请问,该公司应如何制定存储策略,才能使得一年的存储费和订货费的总和最少?

24. 某文具商店每半个月(15 天)对商品进行一次清货盘点,然后根据商品库存的数量向供应商订货,把以往的数据进行统计分析得知这种笔记本在这 15 天里的需求服从均值 $\mu = 280$ 本,均方差 $\sigma = 40$ 本的正态分布,公司规定其服务水平为允许由于存储量不足造成的缺货情况为 10%,请确定其存储补充水平 M.

案例 21：Daynight 电动牙刷头存储问题

Daynight 是一家大型电动牙刷生产商,因为该公司比较注重用户使用体验,并且具有行业领先的电动牙刷制造技术和专利,所以 Daynight 电动牙刷销售得特别好,是市场上最热门的电动牙刷.电动牙刷需要隔几个月就更换一次牙刷头,因此该品牌电动牙刷的畅销带动了同品牌电动牙刷头的销量.

某小区附近的欧博商店是 Daynight 电动牙刷的经销商,经常面临 Daynight 电动牙刷头库存方面的问题.该商店的经理发现,顾客非常忠诚于这个品牌,且因为欧博商店比其他商店的售价低 25%,所以顾客愿意等待 Daynight 电动牙刷头运到欧博商店. 这种需求意味着 Daynight 电动牙刷头在欧博商店中经常被售空. 因为该商店离 Daynight 仓库只有 25 km,所以商店可以在下订单之后的几个小时就收到电动牙刷头. 尽管如此,目前还是存在很多库存问题,比如大量的紧急订单花费了商店很多不必要的人力和物力,而且经常性缺货还会影响顾客满意度和未来销售.

该商店经理打算利用科学的库存管理方法来解决 Daynight 电动牙刷头的库存问题. 他从商店销售系统中找到 Daynight 电动牙刷头过去一年的需求和成本数据,发现牙刷头的需求数据几乎每个月都不变.顾客春夏秋冬都需要刷牙,而且顾客在电动牙刷头用坏之后,总是返回商店购买下一支牙刷头. 需求数据显示欧博商店的顾客平均每月(30 天)购买 300 支 Daynight 电动牙刷头. 因为欧博商店是 Daynight 公司非常好的客户,因此 Daynight 公司收取的费用较低,每支电动牙刷头收取的价格为 25元. 商店的工作人员每次向 Daynight 公司下订单需花费 20 分钟,他每月工资除以工作时间得到其每小时工资为 27 元. 每年的库存成本是 Daynight 电动牙刷头进货成本的 10%.

（1）商店经理认为商品缺货会降低顾客满意度和损失未来的商机,所以不允许缺货. 商店可以在下订单的几个小时后收到货物,所以经理简单假设为立即交货. 在这种情况下什么是最好的存储策略?

（2）Daynight 公司由于经营战略问题出现了财务危机,所以决定关闭距离欧博商店 25 km 的仓库. 现在商店必须与距离其 400 km 外的仓库订货,下订单后需等到 6 天之后才能收到货物. 此时,经理应选择什么样的存储策略?

（3）商店经理想知道,如果他允许缺货的情况,会不会节省成本. 因为 Daynight 公司具有很高的品牌忠诚度,并且该商店的售价较低,所以顾客会等到欧博商店有货时购买. 但顾客也会因为商店缺货需再次返回商店购买变得不高兴,并可能开始寻找另一个提供更好服务的商店.经理估计,每缺货一个产品,安抚不满顾客的成本、失去顾客的诚意和未来销售的成本为 20 元. 已知 6 天的前置时间和允许缺货,该怎样进行存储决策?

（4）Daynight 公司关闭仓库并没有显著改善财务困境,因此公司决定开始实施一项优惠策略以提高销售量. Daynight 对任何一家订购数量未达到 200 支电动牙刷头的客户每支收取 25 元,对订单数量超过 200 但不足 300 支的客户每支收取 23 元,对订单数量超过 300 支以上的客户每支收取 20元. 仍假设 6 天的前置时间,商店经理不希望存在缺货情况. 根据新的优惠策略,他该怎样进行存储决策?

案例 22:华北加气混凝土厂的钢筋存储问题

华北加气混凝土厂从瑞典某公司引进设备和技术,又改造生产线,从德国某公司引进关键设备重新投产,产品为加气混凝土砌块及加气混凝土屋面板,主要用于建筑的墙体及屋面,具有良好的保温、防火性能,且质轻易于运输,利于抗震.

从上面的情况可以知道,混凝土厂的产品前途是光明的,效益也是不错的.但由于种种原因,还有许多不尽如人意的地方,还有许多需要改善的地方.这需要掌握管理技术的人才细心地管理.这里将运筹学中的存储论的有关知识运用于该厂的钢筋存储问题中,是考虑到了能够获得相对较多的信息.

其他的大宗材料或者重要材料,如铝粉、水泥、砂、有机化合物等,由于资料不充分,未予计算.这并不说明这里面没有文章可作,相反,还有许多文章可作.另外成品的存储,积压的资金更是数量巨大,如果把这些全部考虑进来,统筹安排的话,成本会下降,效率会提高,更重要的是,最高管理人员可支配的现金量大,可以搞投资、技改等效益更好的项目.

该厂产品优势在加气混凝土板材上,钢筋是供车间生产板材时用的,如果缺货的话,将导致较大的缺货损失,包括板材相应的利润、大批工人停工的损失,顾客买不到相应的产品引起对企业不满造成的损失等,这些损失远远超过了钢筋的存储成本,所以这里视为不允许缺货的模型.

另外,由于现在是买方市场,交通方便,距离较近,价格稳中有降,视为生产时间很短的模型.

经调查求得

1. 年需求量的计算

（1）计划板材产量:90 000 m³;

（2）钢筋消耗计划:35 kg/m³;

（3）年需求总量:

$$90\ 000\ m^3 \times 35\ kg/m^3 = 3\ 150\ 000\ kg = 3\ 150\ t;$$

（4）由经验预测其中

$\phi6.5$ 的钢筋年需求量:1 300t/年;

$\phi8$ 的钢筋年需求量:1 050t/年;

$\phi10$ 的钢筋年需求量:800t/年.

2. 存储费(= 货物占用资金应付的利息+保管费+货物损坏费)

年利率为 1.24%,钢筋单价为 2 400 元/t;

货物占用资金应付的利息:29.76 元/t;

货物损坏变质的费用:每年总有 1~2 捆钢筋因锈蚀作废物(1 捆钢筋为1.5~2t,此处计为 1.5t.废钢筋为 600~800 元/t,此处计为 800 元/t);

货物损失为:1.5t×(2 400-800) 元/t= 2 400 元;

分摊到每一吨为:2 400 元÷3 150t=0.76 元/t;

其他费用暂视为 0,则存储费用总共为:29.76+0.76 = 30.52 (元/t).

3. 订购费(是固定费用=手续费+电信往来费+委派人员的费用)此费用为估算法.具体值供应部门可搞清楚.现作如下估计:

（1）每次派两人:供应科长及司机;

（2）每次花时间为两个半天(包括洽谈订货、给支票、取发票等);

（3）交往费.

以上三项计为 200 元/次,其他费用(手续费,电信往来费)计为 20 元/次,则定购费为 220 元/次.

4. 生产准备期(为防止订货后,钢筋进厂的时间拖后或者由于板材生产量的突然增加导致缺货而设置的缓冲量).

设为 4 天(即在钢筋用完前 4 天就订货).

请对这三种钢筋存储问题进行决策.

案例 23：船用发动机零部件制造工厂存储决策问题

蓝星工厂是某大型船舶公司下属的一家零部件制造工厂，专门为该船舶公司销售的船用发动机生产零部件．船用发动机由许多坚固的金属零部件制成，这家工厂负责切割、研磨和焊接这些零部件．每当该船舶公司销售部门获得发动机的订单时，订单就会被传递到下属的装配厂．然后，装配厂再向蓝星工厂提交订单，以获取组装发动机所需的零部件．

蓝星工厂总共需要生产 200 多种不同的零部件．不同型号的发动机需要不同零部件，而不同的零部件又需要不同的原材料．因此，工厂车间内有各种各样的原材料，该怎样存储零部件的原材料是一个很大的挑战．经理已经意识到工厂目前面临着很严重的库存问题．比如，工厂中某些原材料的存储量可以用来生产一年的某型号零部件，而某些原材料的量只够生产一周的另一种型号的零部件，浪费了大量的资金来储存不需要的原材料，并且因为延迟交付订单而损失了大量资金．因此，工厂经理迫切地想知道该如何控制库存：需要为每个零部件存储多少原材料？需要隔多长时间订购额外的原材料？以及应该订购多少原材料？

该工厂的库存系统是非常复杂的，工厂经理想从订单量最大的船用发动机入手，分析其零部件的库存控制．已知在过去的一段时间里，BO433 型号的船用发动机的订单数量最多．某月的订单量不受前后几个月订单量的影响，服从正态分布．从公司订单系统得到其过去一段时间的月度订单如表 13-9 所示．

表 13-9

月份	BO433 船用发动机订单数量
三月	27
四月	31
五月	20
六月	23
七月	42
八月	23
九月	40
十月	23
十一月	27
十二月	38
一月	34
二月	33
三月	29

当一台船用发动机订单中的所有零部件都完成时,蓝星工厂才可以向装配厂交付货物.因此,在给定的订单中,花费最长完成时间的零部件决定了订单的交付日期.在 BO433 船用发动机的所有零部件中,零部件 A-7269 是需要最长的时间来完成的,并且该零部件仅用于 BO433.如果生产过程所需的所有原材料都在手边,工厂几乎可以立即生产该零部件.所以零部件完工时间实际上取决于从原材料供应商那里获得这些原材料的时间.在所有的原材料都已经有库存的特殊情况下,零部件的完成时间基本上为零.

数据显示,仅因为零部件 A-7269 未完成,导致 BO433 发动机所有零部件多次延迟一个半月才交付给装配厂.为什么这个零部件没有完成呢?当工厂已经耗尽了这个零部件的原材料时,不得不等待其原材料供应商提供另一批原材料.供应商在收到蓝星工厂订单后生产和交付原材料需要一个半月的时间.一旦订购的原材料到达,工厂就会迅速设置并进行生产.已知向供应商订购原材料不会产生重大的管理成本,几乎可以忽略不计.每年的工厂工作日为 360 天.另外,工厂经理还提供了生产零部件 A-7269 的一些财务信息(见表 13-10).

表 13-10

每次生产的启动成本	2 500 元
存储成本	600 元/个·年
缺货成本(包括外包成本、生产延迟成本和未来订单损失成本)	3 000 元/个·年
允许出现缺货的概率	15%

基于以上情况,探讨以下问题:

(1) BO433 船用发动机月度订单量的样本均值和样本方差为多少?

(2) 蓝星工厂应该为零部件 A-7269 制定什么样的存储策略?

(3) 如果出现缺货的概率减少到 5%,那么存储策略会如何变化?

案例 24:淘宝皇冠卖家某知名零食店分析

随着电商模式的不断发展,与电商相关的经营手段也不断体系化成熟化,更多的经营者通过更加科学的方法制定经营计划.自主经营的淘宝店铺经常会面临着补货和货物存储的问题,不想自己的货卖不出去空占货仓交租金,也不想店铺缺货而放走商机.备货这一过程代表了对流动资金的大量占用,一旦无法卖出去就面临高额的货物存储费用.什么时间补货、补多少货需要进行科学的预测和评估,这对参与电商平台交易的商户来说也是至关重要的.订货或者补货首先需要对产品的真实销售情况进行准确的预测,包括统计真实销量,尤其要考虑促销等活动和季节波动等因素.有了销量预测后,按照现有的库存推测可销售天数,还需要考虑订货周期,在可销售库存完全卖空之前使新增的订货尽量准时到达,以免断货,这需要根据产品和合作供应链的具体情况进行确定.综上所述,网店的经营也是一门学问,系统的决策过程和模型能够帮助店家获得更高的利润.

以淘宝皇冠卖家某知名零食店为例,店铺经营的某款网红零食销量较高且稳定,店家仔细统计了以往第三季度(以每年第三季度为例,不考虑公共节假日或平台大促销等突发性需求)每周该款零食的真实销售量,如表 13-11 所示.

表 13-11

月份	第一周销量(份)	第二周销量(份)	第三周销量(份)	第四周销量(份)
7	8 902	9 361	9 155	9 052
8	9 263	9 171	9 244	8 753
9	8 803	9 243	8 937	8 975

店铺与生产厂商签订合同,在公司确定订单之后 1 个星期厂家把货物送到店铺的货仓.每次订货的费用为 3 000 元,每份零食的成本为 17 元,存储一年的费用为成本的 20%.店铺的现有服务水平允许缺货率为 5%.请问店铺该如何制定订货和存储策略,使得该季度的订货费和存储费总和最少?

第十四章　排队论

　　排队是日常生活中经常遇到的现象,如顾客到商店去买东西,病人到医院去看病,当售货员、医生的数量满足不了顾客或病人及时服务的需要时,就出现了排队的现象.出现这样的排队现象,使人感到厌烦,但由于顾客到达人数(即顾客到达率)和服务时间的随机性,可以说排队现象又是不可避免的,当然增加服务设施(如售货员、医生)能减少排队现象,但这样势必增加投资且因供大于求使设施常常空闲、导致浪费,这通常不是一个最经济的解决问题的办法.作为管理人员来说,就要研究排队问题,把排队时间控制到一定的限度内,在服务质量的提高和成本的降低之间取得平衡,找到最适当的解.

　　排队论就是解决这类问题的一门科学,它被广泛地用于解决诸如电话局的占线问题,车站、码头、机场等交通枢纽的堵塞与疏导,故障机器的停机待修,水库的存储调节等有形无形的排队现象的问题.

　　排队论模型是由一些数学公式和它们相互之间的关系所组成,这些数学公式使我们可以求出排队系统的数量指标,这些数量指标刻画了排队系统运行的优劣情况.其中一些重要的数量指标如下所示:

　　(1) 在系统里没有顾客的概率,即所有服务设施空闲的概率,记为 P_0.

　　(2) 排队的平均长度,即排队的平均顾客数记为 L_q.

　　(3) 在系统里的平均顾客数,它包括排队的顾客数和正在被服务的顾客数,记为 L_s.

　　(4) 一位顾客花在排队上的平均时间,记为 W_q.

　　(5) 一位顾客花在系统里的平均逗留时间,它包括排队时间和被服务的时间,记为 W_s.

　　(6) 顾客到达系统时,得不到及时服务,必须排队等待服务的概率,记为 P_w.

　　(7) 在系统里正好有 n 个顾客的概率,这 n 个顾客包括排队的和正在被服务的顾客,这个概

教学视频:排队论的基本概念　　　　　　　　　教学视频:排队系统的基本组成

教学视频:排队系统的符号表示

率记为 P_n.

§14.1 排队过程的组成部分

排队过程的基本组成部分为:顾客的到达、排队规则和服务机构的服务.图 14-1 显示了排队过程中的这些组成部分.

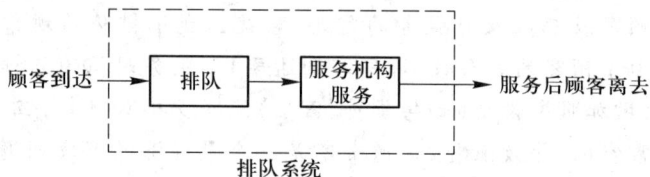

图 14-1

我们举例说明排队过程的这些组成部分,中国工商银行在某居民小区的储蓄所,其主要业务是为居民的定期、活期储蓄提供服务和销售国库券和债券.虽然储蓄所希望当每一位顾客一到马上为其提供服务,但是有时到达的顾客的人数过多,储蓄所不能同时为所有的顾客提供服务,顾客不得不排队等待服务.储蓄所的领导为了减少顾客的等待时间改进服务,开始对储蓄所的排队系统进行了调查研究,首先做了以下的一些调查:

(1) 服务机构的服务台(或通道)的数目.这个储蓄所只设一个服务窗口,所有的业务都由这个窗口来处理,也就是说服务机构只有一个服务台,我们把这样的排队系统称之为单服务台(或单通道)的排队系统.

(2) 顾客到达过程.来储蓄所办理业务的顾客,因为有关各自家庭的财务机密,一般不会相约一起来,故一位顾客的到达相对于另外的顾客的到达是独立的,没有联系的.储蓄所通过调查又了解到顾客到达储蓄所的时间是随机的,有一个顾客到达的概率与某一时刻 t 无关,但与时间的间隔长度有关,即在较长的时间间隔里有一个顾客到达的概率也较大,并且当时间间隔 Δt 充分小时,有一个顾客到达的概率与 Δt 的长度成正比例.并了解到在充分小的时间间隔里有两个顾客同时到的概率极小,可以忽略不计.这些特征正好满足了泊松分布的三个条件,也就是说储蓄所的顾客到达过程形成了泊松流.

运用泊松概率分布函数,知道在单位时间里有 x 个顾客到达的概率

$$P(x) = \frac{\lambda^x \mathrm{e}^{-\lambda}}{x!} \quad (x = 0,1,2,\cdots), \tag{14.1}$$

这里 x 为单位时间到达的顾客数,λ 为单位时间平均到达的顾客数,$\mathrm{e} = 2.718\,28$.

储蓄所通过分析顾客到达的数据,得到如下结论:每小时顾客平均到达的人数为 36,或者说平均每分钟顾客到达人数为 $\frac{36}{60} = 0.6$.如果我们把时间单位定为分钟,则平均到达率 $\lambda = 0.6$,每分钟有 x 个顾客到达的概率

$$P(x) = \frac{\lambda^x e^{-\lambda}}{x!} = \frac{0.6^x e^{-0.6}}{x!}.$$

运用计算器或查表计算,很容易求得

$$P(0) = \frac{(0.6)^0 e^{-0.6}}{0!} \approx 0.548\ 8,$$

$$P(1) = \frac{(0.6)^1 e^{-0.6}}{1!} = 0.6 \times 0.548\ 8 = 0.329\ 3,$$

$$P(2) = \frac{(0.6)^2 e^{-0.6}}{2!} = \frac{0.36 \times 0.548\ 8}{2} = 0.099.$$

以上我们看到在一分钟里没有人到达的概率为 0.548 8,正好有一个人到达的概率为 0.329 3,正好有两个人到达的概率为 0.099.储蓄所把前一个时期到达情况的记录数据的频率分布情况与上述结果比较,认为 $\lambda = 0.6$ 的泊松分布近似地描述了储蓄所到达人数的概率分布情况.

一、服务时间的分布

服务时间是指顾客从开始接受服务到服务完成所花费的时间,由于每位顾客要办的业务都不一样,又存在很多影响服务机构的服务时间的随机因素,服务时间也是一个随机变量,一般说,负指数概率分布能较好地描述一些排队系统里的服务时间的概率分布情况,在负指数概率分布里,服务时间小于或等于时间长度 t 的概率

$$P(\text{服务时间} \leqslant t) = 1 - e^{-\mu t}, \tag{14.2}$$

这里 μ 为在单位时间里被服务完的平均顾客数.

储蓄所认为负指数概率分布能近似地反映储蓄所的服务时间的概率分布情况,并统计出这一个服务窗口平均每小时能处理 48 位顾客的业务,也就是说每分钟平均能处理 $\frac{48}{60} = 0.8$ 位顾客的业务,即平均服务率 $\mu = 0.8$,这样我们可求得

$$P(\text{服务时间} \leqslant 0.5\ \text{分}) = 1 - e^{-(0.8 \times 0.5)} = 1 - e^{-0.4}$$
$$\approx 1 - 0.670\ 3 = 0.329\ 7.$$

$$P(\text{服务时间} \leqslant 1\ \text{分}) = 1 - e^{-0.8 \times 1} \approx 1 - 0.449\ 3$$
$$= 0.550\ 7.$$

$$P(\text{服务时间} \leqslant 2\ \text{分}) = 1 - e^{-0.8 \times 2} = 1 - e^{-1.6}$$
$$\approx 1 - 0.201\ 9 = 0.798\ 1.$$

在求得以上结果之后,储蓄所又收集了关于实际服务时间情况的数据,经分析得到 $\mu = 0.8$ 的负指数概率分布能较好地描述储蓄所的服务时间.

二、排队规则

排队规则也是排队系统的一个重要组成部分.当顾客到达时,所有服务台都正被占用,在有

些排队系统里顾客随即离去,如电话呼唤系统,在另一些排队系统里顾客会排队等待服务,如机场候机排队系统.我们把前者称为损失制,后者称为等待制.对于等待制系统,为顾客进行服务的次序可以采用以下一些规则:先到先服务,这是最常见的情形;后到先服务,如乘用电梯的顾客常是先入后出;随机服务,如邮局分信常常是随机分拣的;有优先权的服务,如医院对于病情严重的患者将给予优先治疗.在这一章排队模型里都是按照先到先服务的规则处理问题的.储蓄所的排队规则显然也是先到先服务的.

三、平稳状态

当储蓄所早上刚开门营业时,顾客很少,一般把这个时间称为过渡时期,过了过渡时期,储蓄所的业务活动才进入正常的平稳状态,排队论的模型是描述排队系统的平稳状态.

§14.2　单服务台泊松到达、负指数服务时间的排队模型

这样排队模型我们记为 $M/M/1/\infty/\infty$,式中第一位的 M 表示顾客到达过程服从泊松流,第二位的 M 表示服务时间服从负指数分布(因为当服务时间服从负指数分布时,单位时间里完成服务的顾客数即服务率就服从泊松分布,故第二位也用 M 来表示),第三位的 1 表示单通道即一个服务台,第四位的 ∞ 表示排队的长度无限制,第五位的 ∞ 表示顾客的来源无限制,我们可以把这个模型简记为 $M/M/1$.在这个模型中排队规则为排单队,先到先服务.

储蓄所的排队系统满足上面的条件,就是一个 $M/M/1$ 模型,储蓄所需要使用这个模型来求得储蓄所排队系统的一些有用的数量指标为改进储蓄所的服务水平提供有益的信息.

在下面我们将给出求得 $M/M/1$ 的数量指标的公式,鉴于这些公式的理论推导比较繁琐,我们省略不讲.

设 λ 为单位时间的平均到达率, μ 为单位时间的平均服务率,则有

(1)在系统中没顾客的概率

$$P_0 = 1 - \frac{\lambda}{\mu}. \tag{14.3}$$

(2)平均排队的顾客数

$$L_q = \frac{\lambda^2}{\mu(\mu - \lambda)}. \tag{14.4}$$

（3）在系统里的平均顾客数

$$L_s = L_q + \frac{\lambda}{\mu}. \tag{14.5}$$

（4）一位顾客花在排队上的平均时间

$$W_q = \frac{L_q}{\lambda}. \tag{14.6}$$

（5）一位顾客在系统里的平均逗留时间

$$W_s = W_q + \frac{1}{\mu}. \tag{14.7}$$

（6）顾客到达系统时，得不到及时服务，必须排队等待服务的概率

$$P_w = \frac{\lambda}{\mu}. \tag{14.8}$$

（7）在系统里正好有 n 个顾客的概率

$$P_n = \left(\frac{\lambda}{\mu}\right)^n P_0. \tag{14.9}$$

在上面的公式中，我们都认定 $\lambda < \mu$，即到达率小于服务率，如果没有这个条件，则排队的长度将无限制地增加，服务机构根本没有能力处理所有到达的顾客. $\lambda < \mu$，也就是 $\frac{\lambda}{\mu} < 1$. 我们称 $\frac{\lambda}{\mu}$ 为服务强度.

储蓄所的平均到达率 $\lambda = 0.6$，平均服务率 $\mu = 0.8$，也就是每分钟平均有 0.6 个顾客到达，每分钟可以为 0.8 个顾客提供服务. 利用上述（14.3）至（14.8）公式，我们可求得

$$P_0 = 1 - \frac{0.6}{0.8} = 1 - \frac{3}{4} = \frac{1}{4} = 0.25.$$

$$L_q = \frac{\lambda^2}{\mu(\mu - \lambda)} = \frac{(0.6)^2}{0.8 \times (0.8 - 0.6)} = 2.25 (\text{个顾客}).$$

$$L_s = L_q + \frac{\lambda}{\mu} = 2.25 + \frac{0.6}{0.8} = 2.25 + 0.75 = 3 (\text{个顾客}).$$

$$W_q = \frac{L_q}{\lambda} = \frac{2.25}{0.6} = 3.75 (\text{分钟}).$$

$$W_s = W_q + \frac{1}{\mu} = 3.75 + 1.25 = 5 (\text{分钟}).$$

$$P_w = \frac{\lambda}{\mu} = \frac{0.6}{0.8} = 0.75.$$

用公式$(14.9)P_n = \left(\dfrac{\lambda}{\mu}\right)^n P_0$,我们可求出在储蓄所里有 n 个顾客(即系统里有 n 个顾客)的概率,计算结果如表 14-1 所示.

表 14-1

系统里的顾客数	概　率	系统里的顾客数	概　　率
0	0.250 0	4	0.079 1
1	0.187 5	5	0.059 3
2	0.140 6	6	0.044 5
3	0.105 5	7 或 7 个以上	0.133 5

从以上的数据,我们知道储蓄所这个排队系统并不尽如人意,到达储蓄所有 75% 的概率要排队等待,排队的长度平均为 2.25 个人,排队的平均时间为 3.75 分钟是平均服务时间 1.25 分钟的 3 倍,而且在储蓄所里有 7 个或更多的顾客的概率为 13.35%,这个概率太高了.在计划经济体制下这种现象司空见惯,但现在是市场经济,除了中国工商银行外,还有中国建设银行、中国农业银行、交通银行、招商银行等,市场竞争日趋激烈,该储蓄所因此必须提高服务水平,必须改进这个排队系统.

要提高服务水平,减少顾客在系统里的平均逗留时间,即减少顾客的平均排队时间和平均服务时间,一般可采用两种措施:第一,减少服务时间,提高服务率;第二,增加服务台即增加服务窗口.储蓄所认为这两种方法都可以考虑,储蓄所对这两种方法作了如下的分析.

如采取第一种方法,不增加服务窗口,而增加新型点钞机,建立储户管理信息系统,可以缩短储蓄所每笔业务的服务时间,使每小时平均服务的顾客数目从原来的 48 人提高到 60 人,即每分钟平均服务的顾客数从 0.8 人提高到 1 人,这时 λ 仍然为 0.6,μ 为 1,我们用(14.3)至(14.9)公式得到结果如表 14-2 所示.

表 14-2

系统里没顾客的概率	$P_0 = 0.4$
平均排队的顾客人数	$L_q = 0.9$(人)
系统里的平均顾客数	$L_s = 1.5$(人)
一位顾客平均排队时间	$W_q = 1.5$(分钟)
一位顾客平均逗留时间	$W_s = 2.5$(分钟)
顾客到达系统必须等待排队的概率	$P_w = 0.6$
系统里有 7 个或更多顾客的概率为	0.027 9

从表 14-2,我们可以看到由于把服务率从 0.8 提高到 1,其排队系统有了很大的改进,顾客

平均排队时间为 3.75 分钟减少到 1.5 分钟,顾客平均逗留时间从 5 分钟减少到 2.5 分钟,在系统里有 7 或超过 7 个人的概率有大幅度的下降,从 13.35% 下降到 2.79%.

如果采用第二个方法,再开设一个服务窗口,排队的规则为每个窗口排一个队,先到先服务,并假设顾客一旦排了一个队,就不能再换到另一个队上去(譬如,当把这个服务台设在另一个地点,上述的假设就成立了).这种处理方法就是把顾客分流,把一个排队系统分成两个排队系统,每个系统中有一个服务台,每个系统的服务率仍然为 0.8,但到达率由于分流,只有原来的一半了,$\lambda = \dfrac{0.6}{2} = 0.3$,这时我们可求得每一个排队系统的数量指标如表 14-3 所示.

表 14-3

系统里没顾客的概率	$P_0 = 0.625\ 0$
平均排队的顾客人数	$L_q = 0.225\ 0$(人)
系统里的平均顾客数	$L_s = 0.6$(人)
一位顾客平均排队时间	$W_q = 0.75$(分钟)
一位顾客平均逗留时间	$W_s = 2.000$(分钟)
顾客到达系统必须等待排队的概率	$P_w = 0.375$
系统里有 5 个或更多顾客的概率为	$0.007\ 4$

与原始结果相比较,我们知道采用第二个方法的服务水平也使得原来的服务水平有了很大的提高,采用第二种方法顾客平均排队时间减少到了 0.75(分钟),顾客平均逗留时间减少到了 2 分钟,第二种方法的排队系统为两个 $M/M/1$ 的排队系统.如果在第二种方法中把排队的规则变一下,在储蓄所里采用排号机排队,这样的排队系统就变成了 $M/M/2$ 排队系统.

§14.3 多服务台泊松到达、负指数服务时间的排队模型

这种排队模型我们记为 $M/M/c/\infty/\infty$,这与第二节单服务台的模型的差别,就在于服务台的数量为 c,我们可以把这个模型简记为 $M/M/c$.储蓄所里有两个服务窗口,其排队的示意图如图 14-2 所示.

在 $M/M/c$ 模型里,其到达过程为泊松流,每个服务台的服务时间分布为同样的负指数分布,

教学视频:多服务台泊松到达、负指数服务时间的排队模型

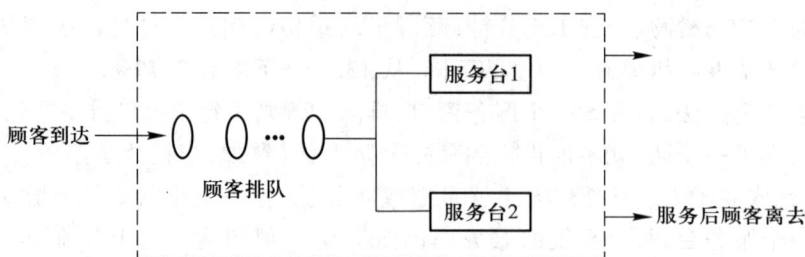

图 14-2

排队的长度与顾客的来源都无限制,其排队规则为只排一个队,先到先服务,当其中一个服务台有空时,排在第一个的顾客就上去接受服务.

我们设系统的平均顾客到达率为 λ,每个服务台的平均服务率都为 μ,有 c 个服务台,这样可知 c 个服务台的总的平均服务率为 $c\mu$,像单服务台的模型那样,我们认定 $c\mu>\lambda$ 时,得到如下的计算数量指标的公式.

(1) 系统里没顾客的概率

$$P_0 = \frac{1}{\sum_{n=0}^{c-1} \frac{(\lambda/\mu)^n}{n!} + \frac{(\lambda/\mu)^c}{c!}\left(\frac{c\mu}{c\mu - \lambda}\right)}. \tag{14.10}$$

(2) 平均的排队顾客数

$$L_q = \frac{(\lambda/\mu)^c \lambda\mu}{(c-1)!\,(c\mu - \lambda)^2} P_0. \tag{14.11}$$

(3) 在系统里的平均顾客数

$$L_s = L_q + \frac{\lambda}{\mu}. \tag{14.12}$$

(4) 一位顾客花在排队上的平均时间

$$W_q = \frac{L_q}{\lambda}. \tag{14.13}$$

(5) 一位顾客在系统里的平均逗留时间

$$W_s = W_q + \frac{1}{\mu}. \tag{14.14}$$

(6) 顾客到达系统时,得不到及时服务,必须排队等待服务的概率

$$P_w = \frac{1}{c!}\left(\frac{\lambda}{\mu}\right)^c \left(\frac{c\mu}{c\mu - \lambda}\right) P_0. \tag{14.15}$$

(7) 在系统里正好有 n 个顾客的概率

$$P_n = \frac{(\lambda/\mu)^n}{n!} P_0, \text{当 } n \leq c \text{ 时}. \tag{14.16}$$

$$P_n = \frac{(\lambda/\mu)^n}{c! \, c^{(n-c)}} P_0, \text{当} \, n > c \text{ 时}. \tag{14.17}$$

我们用以上公式可以计算出储蓄所采用 $M/M/2$ 模型的一些数量指标, 这时 $c=2$, $\lambda=0.6$, $\mu=0.8$, $\frac{\lambda}{\mu} = \frac{0.6}{0.8} = 0.75$, 则有

$$P_0 = \frac{1}{\displaystyle\sum_{n=0}^{1} \frac{0.75^n}{n!} + \frac{0.75^2}{2!} \left(\frac{2 \times 0.8}{2 \times 0.8 - 0.6} \right)}$$

$$= \frac{1}{0.75^0 + 0.75^1 + \dfrac{0.75^2}{2} \times \left(\dfrac{1.6}{1.6 - 0.6} \right)}$$

$$= \frac{1}{1 + 0.75 + 0.281\,3 \times 1.6} \approx 0.454\,5.$$

$$L_q = \frac{0.75^2 \times 0.6 \times 0.8}{(2 \times 0.8 - 0.6)^2} \times 0.454\,5$$

$$= \frac{0.27}{1} \times 0.454\,5 \approx 0.122\,7 (\text{人}).$$

$$L_s = L_q + \frac{\lambda}{\mu} = 0.122\,7 + 0.75 = 0.872\,7 (\text{人}).$$

$$W_q = \frac{L_q}{\lambda} = \frac{0.122\,7}{0.6} = 0.204\,5 (\text{分钟}).$$

$$W_s = W_q + \frac{1}{\mu} = 0.204\,5 + \frac{1}{0.8} = 1.454\,5 (\text{分钟}).$$

$$P_w = \frac{1}{2!} 0.75^2 \times \left(\frac{2 \times 0.8}{2 \times 0.8 - 0.6} \right) \times 0.454\,5$$

$$= 0.204\,5.$$

我们还可用 (14.16), (14.17) 公式求得

系统里有 1 个人的概率 $P_1 = 0.340\,9$.

系统里有 2 个人的概率 $P_2 = 0.127\,8$.

系统里有 3 个人的概率 $P_3 = 0.047\,9$.

系统里有 4 个人的概率 $P_4 = 0.018\,0$.

系统里有 5 个人的概率 $P_5 = 0.006\,7$.

系统里有 6 个人的概率或多于 6 个人的概率为 0.004 0.

在储蓄所里使用 $M/M/2$ 模型与使用两个 $M/M/1$ 模型它们的服务台数都是 2, 服务率和顾客到达率都一样, 只是在 $M/M/2$ 中只排一队, 在 2 个 $M/M/1$ 中排两个队, 结果却不一样. $M/M/2$

使得服务水平有了很大的提高,每个顾客的平均排队时间从 0.75 分钟减少到 0.204 5 分钟,每个顾客在系统里逗留时间从 2 分钟减少到 1.454 5 分钟,平均排队的人数也从 0.225 0 人减少到 0.122 7 人,系统里平均顾客数也从 0.6×2＝1.2 人减少到 0.872 7 人.如果把 $M/M/2$ 与原先一个 $M/M/1$ 比较,那么服务水平之间的差别就更大了.

当然在多服务台的 $M/M/c$ 模型中,计算求得这些数量指标是很繁琐的.管理运筹学软件有排队论的程序,可以由它来帮你作繁琐的计算.

我们在第二节与第三节发现公式(14.5)与公式(14.12)完全相同,公式(14.6)与公式(14.13)完全相同,公式(14.7)与公式(14.14)完全相同,实际上这三个公式表示了任一个排队模型(不仅仅是 $M/M/1$ 或 $M/M/2$)中,L_s, L_q, W_s, W_q 之间的关系,也就是说

$$L_s = L_q + \frac{\lambda}{\mu}. \tag{14.5}$$

$$W_q = \frac{L_q}{\lambda}. \tag{14.6}$$

$$W_s = W_q + \frac{1}{\mu}. \tag{14.7}$$

对任一排队模型成立,这里 L_s, L_q, W_q, W_s, μ 的定义如上所述,而 λ 应为实际进入系统平均到达率,对于排队长度无限制的模型,实际进入系统平均到达率即为到达率 λ,而对排队长度有限制的模型,我们设因排队长度的限制顾客被拒绝的概率为 P_N,则实际进入系统平均到达率应为 $\lambda(1-P_N)$,这时(14.5)和(14.6)中的 λ 应改写为 $\lambda(1-P_N)$.

§14.4　排队系统的经济分析

从以上二节我们看到对于储蓄所来说 $M/M/2$ 系统显然比两个 $M/M/1$ 系统要好,花的一样的成本,服务水平却提高了.但是当我们比较 $M/M/2$ 与一个 $M/M/1$ 时,虽然 $M/M/2$ 的服务水平比 $M/M/1$ 提高了很多,但是是多花了成本的.那么,多花了一些成本,提高了一些服务水平到底值不值得呢? 这就需要进行经济分析.

在进行经济分析时,我们除了计算服务机构的费用外,我们还应计算顾客在排队系统里逗留而付出的费用或损失.当顾客是待修的机器设备时我们很容易理解这一点,由于修理耽误了生产会造成损失,这个损失是可以计算出来的.同样作为储蓄所的顾客,他在储蓄所里所逗留的时间

教学视频:排队系统的经济分析

本来也是可以为他创造价值的,所以他在储蓄所逗留就等于他付出了费用.这样我们把一个排队系统的单位时间的总费用 TC 定义为服务机构的单位时间的费用和顾客在排队系统里逗留单位时间的费用之和,并有

$$TC = c_w L_s + c_s c. \tag{14.18}$$

其中 c_w 为一个顾客在排队系统里逗留一个单位时间所付出的费用;L_s 为在系统里的顾客数;c_s 为每个服务台单位时间的费用;c 为服务台的数目.

储蓄所的每个服务台的费用将包括服务员的工资、津贴以及其他开设这个服务台的直接费用,这个费用估计为每小时 18 元,即 $c_s = 18$ 元.顾客在储蓄所逗留一小时的成本,通过对该地区居民收入数据的分析,估计为 10 元,即 $c_w = 10$ 元.

这样,对储蓄所 $M/M/1$ 模型可知 $L_s = 3, c = 1$,得

$$TC = c_w L_s + c_s c = 10 \times 3 + 18 = 48(元 / 小时).$$

对 $M/M/2$ 模型,可知 $L_s = 0.8727, c = 2$,得

$$TC = c_w L_c + c_s c = 10 \times 0.8727 + 18 \times 2 \approx 44.73(元 / 小时).$$

通过经济分析可知储蓄所里 $M/M/2$ 系统是一个更为经济的模型.

实际上用"管理运筹学"软件可以容易地对排队系统进行经济分析,求出排队系统的总费用,并能求出排队系统的最经济的服务台数.例如在上述的问题中,我们可用软件分别求得当 $c = 1, 2, 3$ 时的总费用 $TC(c = 1) = 48(元/小时)$;$TC(c = 2) = 44.73(元/小时)$;$TC(c = 3) = 61.65(元/小时)$.这样可知 $TC(c = 2) \leq TC(c = 1)$;$TC(c = 2) \leq TC(c = 3)$.用边际分析法可知:$c = 2$ 是该排队系统最经济的服务台数.

当一些顾客和服务机构从属于同一单位,如同一个企业或同一个公司时,经济分析更受欢迎,更为可取.例如在工厂的设备维修部门的排队系统中"顾客"是要检修的设备,"服务机构"是工厂的维修车间,如何确定维修车间的服务水平,使得维修车间的费用和因设备检修造成的工厂损失之总和为最小,这都可以通过经济分析而得到.又如某公司卡车装货的排队系统中,"顾客"为卡车,"服务机构"是装货工人,公司要支付卡车和装货工人的费用,通过经济分析可使公司的费用为最小.

§14.5 单服务台泊松到达、任意服务时间的排队模型

这种模型我们记为 $M/G/1/\infty/\infty$,这个记法中的第二位的字母 G 表示服务时间分布可以是任意的概率分布,当然我们要求得这种服务时间的分布的均值和均方差;第一位中的 M 仍表示

到达过程为泊松流;第三位中的 1 仍表示服务台数为 1;第四位中的 ∞ 仍表示排队长度没限制;第五位中的 ∞ 仍表示顾客的来源无限制,这个模型可简记为 $M/G/1$.

我们仍设 λ 为平均到达率,μ 为平均的服务率,可知平均服务时间变为 $\frac{1}{\mu}$,我们还设服务时间的均方差为 σ,这样我们可用以下的公式来求得数量指标.

（1）系统里没有顾客的概率

$$P_0 = 1 - \frac{\lambda}{\mu}. \tag{14.19}$$

（2）平均排队的顾客数

$$L_q = \frac{\lambda^2 \sigma^2 + (\lambda/\mu)^2}{2(1 - \lambda/\mu)}. \tag{14.20}$$

（3）在系统里的平均顾客数

$$L_s = L_q + \frac{\lambda}{\mu}. \tag{14.21}$$

（4）一位顾客花在排队上的平均时间

$$W_q = \frac{L_q}{\lambda}. \tag{14.22}$$

（5）一位顾客在系统里的平均逗留时间

$$W_s = W_q + \frac{1}{\mu}. \tag{14.23}$$

（6）顾客到达系统时,得不到及时服务,必须排队等待服务的概率

$$P_w = \frac{\lambda}{\mu}. \tag{14.24}$$

例 1　某杂货店只有一名售货员,已知顾客到达过程服从泊松流,已知平均到达率为每小时 20 人,不清楚这个系统的服务时间服从什么分布.但从统计分析知道售货员平均服务一名顾客的时间为 2 分钟,服务时间的均方差为 1.5 分钟,请求这个排队系统的数量指标.P_0, L_q, L_s, W_q, W_s 以及 P_w.

解　这是一个 $M/G/1$ 的排队系统,其中

$$\lambda = \frac{20}{60} = 0.333\ 3(人/\min),\frac{1}{\mu} = 2(\min),\mu = \frac{1}{2} = 0.5(人/\min),\sigma = 1.5(\min).$$

从(14.19)至(14.24)公式可计算得:

$$P_0 = 1 - \frac{0.333\ 3}{0.5} = 0.333\ 4.$$

$$L_q = \frac{0.333\ 3^2 \times 1.5^2 + 0.666\ 6^2}{2 \times (1 - 0.666\ 6)} = 1.041\ 5(人).$$

$$L_s = L_q + \frac{\lambda}{\mu} = 1.041\ 5 + 0.666\ 6 = 1.708\ 1(人).$$

$$W_q = \frac{L_q}{\lambda} = \frac{1.041\ 5}{0.333\ 3} = 3.124\ 8(分钟).$$

$$W_s = W_q + \frac{1}{\mu} = 3.124\ 8 + 2 = 5.124\ 8(分钟).$$

$$P_w = \frac{\lambda}{\mu} = 0.666\ 6.$$

从这些数量指标,可以看到这家杂货店的服务水平不高,经营者可以根据内部和外部的情况的分析来决定是否要再增加一个售货员.

§14.6　单服务台泊松到达、定长服务时间的排队模型

这个模型是 $M/G/1$ 的一种特殊情况,在这个模型中,服务时间是个常量,我们把这个模型记为 $M/D/1$,这种排队模型在一些自动控制的生产设备和装配线常常出现的.因为服务时间是常量,也就是均方差等于零,第五节的公式(14.19)至(14.24)对该模型仍适用,只是在使用(14.20)时把 $\sigma = 0$ 代入即可,有

$$L_q = \frac{\lambda^2 \sigma^2 + (\lambda/\mu)^2}{2(1-\lambda/\mu)} = \frac{(\lambda/\mu)^2}{2(1-\lambda/\mu)}. \tag{14.25}$$

例 2 某汽车冲洗服务营业部,有一套自动冲洗设备,冲洗每辆车所需时间是 6 分钟,到此营业部来洗车的汽车到达过程服从泊松流,每小时平均到达 6 辆,求该排队系统的数量指标 P_0, L_q, L_s, W_q, W_s 以及 P_w.

解 这是一个 $M/D/1$ 排队模型,其中 $\lambda = 6(辆/小时)$, $\mu = \frac{60}{6} = 10(辆/小时)$,得

$$P_0 = 1 - \frac{\lambda}{\mu} = 1 - \frac{6}{10} = 0.4.$$

$$L_q = \frac{(\lambda/\mu)^2}{2(1-\lambda/\mu)} = \frac{0.6^2}{2 \times (1-0.6)} = \frac{0.36}{2 \times 0.4} = \frac{0.36}{0.8} = 0.45(辆).$$

$$L_s = L_q + \frac{\lambda}{\mu} = 0.45 + 0.6 = 1.05(辆).$$

$$W_q = \frac{L_q}{\lambda} = \frac{0.45}{6} = 0.075(小时).$$

$$W_s = W_q + \frac{1}{\mu} = 0.075 + \frac{1}{10} = 0.175(小时).$$

$$P_w = \frac{\lambda}{\mu} = \frac{6}{10} = 0.6.$$

§14.7 多服务台泊松到达、任意服务时间、损失制排队模型

这种排队模型记为 $M/G/c/c/\infty$, 式中第一位 M 表示到达过程服从泊松流, 第二位 G 表示服务时间的概率分布可以是任意的, 第三位 c 表示有 c 个服务台, 第四位的 c 表示系统里至多能容纳 c 个顾客, 顾客排队的长度有限制为 $c-c=0$, 也就是顾客一看服务台都被占了, 就走开, 不会排队等待服务的, 第五位的 ∞ 表示顾客源无限制.

这种模型是一种损失制的模型, 它要解决的主要问题是在服务机构的空闲与顾客的流失之间找到平衡, 找出最合适服务台数, 使得该系统收益最大. 例如民航电话订票系统就是典型的这种排队模型, 如果服务台 (接受订票的电话) 太少, 顾客会常常因为打不通电话而去别的公司订票, 如果服务台太多, 那么公司将为过多服务台的设置付出过多的费用.

下面我们给出计算该模型数量指标的一些公式, 由于是损失制, 故不存在排队顾客的数目, 排队所需时间. 我们只需给出系统里有几个顾客的概率 P_n 以及在系统里的平均顾客数 L_s.

$$P_n = \frac{(\lambda/\mu)^n/n!}{\sum_{i=0}^{c}(\lambda/\mu)^i/i!} \quad (n \leqslant c), \tag{14.26}$$

在式中, λ 仍为平均到达率, μ 为平均服务率, c 为服务台数.

$$L_s = \frac{\lambda}{\mu}(1 - P_c). \tag{14.27}$$

其中 P_c 为系统里正好有 c 个顾客的概率, 也就是系统里 c 个服务台都被顾客占满的概率.

例 3 某电视商场专营店开展了电话订货业务. 据统计分析电话到达过程服从泊松流, 平均到达率为每小时 16 个, 而一个接话员处理订货事宜的时间是随着订货的产品、规格、数量及顾客的不同而变化的, 但平均每个人每小时可以处理 8 个订货电话, 在此电视商场专营店里安装了一台电话自动交换台, 它接到电话后可以接到任一个空闲的接话员的电话上, 试问该公司应安装多少台接话员的电话, 使得订货电话因电话占线而损失的概率不超过 10%.

解 这是一个 $M/G/c/c/\infty$ 模型.

当 $c=3$ 时, 我们来计算 $M/G/3/3/\infty$ 系统中正好有 3 位顾客的概率, 这时 $c=n=3$ 用公式 (13.25) 得

§ 14.8 顾客来源有限制的排队模型

$$P_3 = \frac{(\lambda/\mu)^3/3!}{\sum_{i=0}^{3}(\lambda/\mu)^i/i!}$$

$$= \frac{(16/8)^3/6}{(16/8)^0/1 + (16/8)^1/1 + (16/8)^2/2 + (16/8)^3/6}$$

$$= \frac{1.333\ 3}{6.333\ 3} \approx 0.210\ 5.$$

这也就是说,当设置三个接受订货的电话时,三个电话都被占满的概率为 21.05%,这时别的电话就打不进来损失掉了,也就是在这个系统里因电话占线而损失的概率为 21.05%,超过了 10% 的要求,显然是不合适的,如果我们设置四个接受订货的电话呢? 这时 $c=4$,在 $M/G/4/4/\infty$ 系统中,正好有 4 位顾客的概率为

$$P_4 = \frac{(\lambda/\mu)^4/4!}{\sum_{i=0}^{4}(\lambda/\mu)^i/i!}$$

$$= \frac{(16/8)^4/24}{(16/8)^0/1 + (16/8)^1/1 + (16/8)^2/2 + (16/8)^3/6 + (16/8)^4/24}$$

$$= \frac{0.666\ 7}{7} = 0.095\ 2.$$

可见当设置四个电话时,四个电话都被占满,别的电话打不进来,损失掉的概率为 9.52%,这就符合公司的目标,故公司应设置四个电话,另外我们也可以计算求得,此电话系统里平均顾客数为

$$L_s = \lambda/\mu \times (1-P_4) = 16/8 \times (1-0.095\ 2) \approx 1.81.$$

也就是此电话系统里平均有 1.81 个电话在使用.

这种形式的更一般形式为 $M/G/c/N/\infty$,这个一般形式和 $M/G/c/c/\infty$ 的区别在于这个形式允许排队,但排队长度不超过 $(N-c)$,例如在理发室里安排一些等候理发的顾客的椅子,就属于这种情况.

§ 14.8   顾客来源有限制的排队模型

以上所介绍的排队模型都是顾客来源无限制的情况,这一节我们将介绍顾客来源有限制的

教学视频:顾客来源有限制的排队模型

情况.在实际的管理问题中,有些排队系统是属于这种模型的,如机器设备的维修,某公司有 m 台机器,有 c 个修理工人负责机器的维修.这就是一个顾客源有限制的情况,这里顾客总体(顾客源)为有限数 m.在这种模型中,顾客平均到达率 λ 是指一个顾客在单位时间里平均到达服务机构的次数,这是与其他的排队模型都不一样的,以前几个模型的顾客平均到达率 λ 是指顾客总体到达服务机构的平均人数.在这一节里我们仅介绍 $M/M/1/\infty/m$ 排队模型.

从 $M/M/1/\infty/m$ 这个记号中我们可以知道这个排队模型的顾客到达过程服从泊松流,服务时间服从负指数分布,有一个服务台,在系统中排队的长度没有限制,而顾客的总数为有限数 m,设 λ 为每个顾客在单位时间里到达系统的平均次数,μ 仍然为一个服务台在单位时间里所服务顾客的平均数,m 为顾客总体的人数,我们有如下求该系统数量指标的公式.

(1)系统里没有顾客的概率

$$P_0 = \frac{1}{\sum_{n=0}^{m} \frac{m!}{(m-n)!}\left(\frac{\lambda}{\mu}\right)^n}. \tag{14.28}$$

(2)平均排队的顾客数

$$L_q = m - \frac{\lambda+\mu}{\lambda}(1-P_0). \tag{14.29}$$

(3)在系统里的平均顾客数

$$L_s = L_q + (1-P_0). \tag{14.30}$$

(4)一位顾客在排队上平均花费的时间

$$W_q = \frac{L_q}{(m-L_s)\lambda}. \tag{14.31}$$

(5)一位顾客在系统里平均逗留时间

$$W_s = W_q + \frac{1}{\mu}. \tag{14.32}$$

(6)在系统里有 n 个顾客的概率

$$P_n = \frac{m!}{(m-n)!}\left(\frac{\lambda}{\mu}\right)^n P_0, n=0,1,2,\cdots,m. \tag{14.33}$$

例4 某车间有 5 台机器,每台机器连续运转时间服从负指数分布,平均连续运转时间为 15 分钟.有一个修理工,每次修理时间服从负指数分布,平均每次 12 分钟.假设一个机器停一个小时损失 1 000 元,而一个机修工及其设备运行 1 小时费用为 350 元.求该排队系统的数量指标 P_0,L_q,L_s,W_q,W_s 以及 P_5;并用"管理运筹学"软件进行经济分析,问安排多少个修理工可使公司的运行最经济?

解 因为每台机器的连续运转时间服从负指数分布,故每台机器每小时出故障的平均次数服从泊松分布,故该排队系统为 $M/M/1/\infty/5$ 系统,其中,$m=5,\lambda=1/15,\mu=1/12,\lambda/\mu=0.8$.用公式(14.28)至(14.33)可求得

$$P_0 = \left[\frac{5!}{5!}(0.8)^0 + \frac{5!}{4!}(0.8)^1 + \frac{5!}{3!}(0.8)^2 + \frac{5!}{2!}(0.8)^3 + \frac{5!}{1!}(0.8)^4 + \frac{5!}{0!}(0.8)^5\right]^{-1}$$

$$= \frac{1}{136.8} \approx 0.007\ 3.$$

$$L_q = 5 - \frac{\frac{1}{15} + \frac{1}{12}}{\frac{1}{15}} \times (1 - 0.007\ 3)$$

$$\approx 2.766\,(台).$$

$$L_s = L_q + (1 - P_0)$$
$$= 2.766 + (1 - 0.007\ 3)$$
$$\approx 3.759\,(台).$$

$$W_q = \frac{L_q}{(5 - L_s)\lambda}$$
$$= \frac{2.766}{(5 - 3.759) \times \frac{1}{15}}$$
$$\approx 33.43\,(分钟).$$

$$W_s = W_q + \frac{1}{\mu} = 33.43 + \frac{1}{\frac{1}{12}}$$
$$= 33.43 + 12 = 45.43\,(分钟).$$

$$P_5 = \frac{m!}{(m-5)!}\left(\frac{\lambda}{\mu}\right)^5 P_0$$
$$= \frac{5!}{0!} 0.8^5 \times 0.007\ 3$$
$$\approx 0.287\ 0.$$

从上面可见修理工几乎没有空闲时间,机器排队的时间过长,为了提高服务水平可以提高服务率(如增加一个工人,两个工人为一组同时修一台机器或增添新设备提高服务率),或增加服务台数目(如增加一个工人,两个人自己单独修机器,变成两个服务台).下面就服务台数目进行经济分析.

我们用"管理运筹学"软件对上述问题进行经济分析,当通道数分别输入 1,2,3 和 4 时,求得的单位时间的总成本分别为 4 119.936 元、3 485.85 元、3 401.406 元和 3 645.577 元,可知安排 3 个修理工可使公司的运行最经济.

以上的一些排队论的模型,我们都可以用"管理运筹学"软件求解.

§14.9 单服务台泊松到达、负指数服务时间、系统容量有限制的排队模型

这种模型我们记为 $M/M/1/K/\infty$,这个记法中的第四位字母 K 表示这个系统的最大容量为 K,因为这是一个单服务台的情况,所以排队的顾客服务最多为 $K-1$,在某时刻一顾客到达时,如系统中已有 K 个顾客,那么这个顾客就被拒绝进入系统.这个模型可简写为 $M/M/1/K$.

由于所考虑的排队系统中最多只能容纳 K 个顾客(等待位置只有 $K-1$ 个),因而有

$$\lambda_n = \begin{cases} \lambda, n = 0, 1, 2, \cdots, K-1, \\ 0, n \geq K. \end{cases}$$

令 $\rho = \dfrac{\lambda}{\mu}$.

(1) 系统里没有顾客的概率

$$P_0 = \begin{cases} \dfrac{1-\rho}{1-\rho^{K+1}}, \rho \neq 1, \\ \dfrac{1}{K+1}, \rho = 1. \end{cases} \tag{14.34}$$

(2) 在系统里的平均顾客数

$$L_s = \begin{cases} \dfrac{\rho}{1-\rho} - \dfrac{(K+1)\rho^{K+1}}{1-\rho^{K+1}}, \rho \neq 1, \\ \dfrac{K}{2}, \rho = 1. \end{cases} \tag{14.35}$$

(3) 平均的排队顾客数

$$L_q = \begin{cases} \dfrac{\rho}{1-\rho} - \dfrac{\rho(1+K\rho^K)}{1-\rho^{K+1}}, \rho \neq 1, \\ \dfrac{K(K-1)}{2(K+1)}, \rho = 1. \end{cases} \tag{14.36}$$

(4) 有效到达率

因为当此系统中顾客数小于 K 时,顾客进入系统率为 λ;当系统中顾客数等于 K 时,顾客进入系统的概率为 0,所以单位时间内进入系统的顾客平均数即有效到达率为

$$\lambda_e = \lambda(1 - P_K) + 0 \cdot P_K = \lambda(1 - P_K). \tag{14.37}$$

教学视频:单服务台泊松到达、负指数服务时间、系统容量有限制的排队模型

（5）一位顾客花在排队上的平均时间

$$w_q = \frac{L_q}{\lambda(1 - P_K)} = \frac{L_q}{\lambda_e}. \tag{14.38}$$

（6）一位顾客在系统中平均逗留时间

$$w_s = \frac{L_s}{\lambda(1 - P_K)} = \frac{L_s}{\lambda_e}. \tag{14.39}$$

（7）在系统里正好有 n 个顾客的概率

$$P_n = \rho^n P_0, n = 1, 2, \cdots, K. \tag{14.40}$$

例5　某理发店只有一个理发师，且店里最多可容纳 4 名顾客，设顾客按泊松流到达，平均每小时 5 人，理发时间服从负指数分布，平均每 15 分钟可为 1 名顾客理发，试求该系统的有关指标.

解　该系统可以看成一个 $M/M/1/4$ 排队系统，其中

$$\lambda = 5(人/小时),$$

$$\mu = \frac{60}{15} = 4(人/小时), \rho = \frac{\lambda}{\mu} = \frac{5}{4} > 1, K = 4.$$

所以由（14.34）式，得

$$P_0 = \frac{1 - \frac{5}{4}}{1 - \left(\frac{5}{4}\right)^5} = \frac{1}{4} \times \frac{1}{1.25^5 - 1} \approx 0.122.$$

顾客的损失率为

$$P_4 = \rho^4 \cdot P_0 = 1.25^4 \times 0.122 \approx 0.298.$$

有效到达率为

$$\lambda_e = \lambda(1 - P_4) = 5 \times (1 - 0.298) = 3.51(人/小时).$$

系统里平均顾客数

$$L_s = \frac{\rho}{1 - \rho} - \frac{(K + 1)\rho^{K+1}}{1 - \rho^{K+1}}$$

$$= \frac{1.25}{1 - 1.25} - \frac{(4 + 1) \times 1.25^5}{1 - 1.25^5} = 2.44(人).$$

平均的排队顾客数

$$L_q = \frac{\rho}{1 - \rho} - \frac{\rho(1 + K\rho^K)}{1 - \rho^{K+1}}$$

$$= \frac{1.25}{1 - 1.25} - \frac{1.25 \times (1 + 4 \times 1.25^4)}{1 - 1.25^5} = 1.56(人).$$

平均逗留时间

$$w_s = \frac{L_s}{\lambda_e} = \frac{2.44}{3.51} = 0.696(小时).$$

平均排队时间

$$w_q = \frac{L_q}{\lambda_e} = \frac{1.56}{3.51} = 0.44 (小时).$$

§14.10 多服务台泊松到达、负指数服务时间、系统容量有限制的排队模型

这种排队模型我们记为 $M/M/c/K/\infty$，这与第 9 节单服务台模型的区别，就在于服务台的数量为 c，我们可以把这个模型简记为 $M/M/c/K$.

在此系统中到达率与服务率分别为

$$\lambda_n = \begin{cases} \lambda, n = 0,1,\cdots,K-1, \\ 0, n = K. \end{cases}$$

$$\mu_n = \begin{cases} n\mu, 0 \leqslant n < c, \\ c\mu, c \leqslant n \leqslant K. \end{cases}$$

令 $\rho = \dfrac{\lambda}{c\mu}$，则对任意 $n \geqslant K$，令 $\lambda_n = 0, \mu_n = c\mu$，有

（1）系统里没有顾客的概率

$$P_0 = \begin{cases} \left[\displaystyle\sum_{n=0}^{c-1} \frac{(c\rho)^n}{n!} + \frac{c^c}{c!} \frac{(\rho^c - \rho^{K+1})}{1-\rho} \right]^{-1}, & \rho \neq 1, \\ \left[\displaystyle\sum_{n=0}^{c-1} \frac{(c\rho)^n}{n!} + \frac{(c\rho)^c}{c!}(K-c+1) \right]^{-1}, & \rho = 1. \end{cases} \tag{14.41}$$

（2）子系统里正好有 n 个顾客的概率

$$P_n = \begin{cases} \dfrac{(c\rho)^n}{n!}P_0, & n = 1,2,\cdots,c-1, \\ \dfrac{c^c}{c!}\rho^n P_0, & n = c,c+1,\cdots,K. \end{cases} \tag{14.42}$$

（3）平均的排队顾客数

$$L_q = \sum_{n=c}^{K} (n-c)P_n. \tag{14.43}$$

教学视频：多服务台泊松到达、负指数服务时间、系统容量有限制的排队模型

$$L_q = \begin{cases} \dfrac{P_0(c\rho)^c\rho}{c!\ (1-\rho)^2}[\,1-\rho^{K-c+1}-(1-\rho)(K-c+1)\rho^{K-c}\,], & \rho \neq 1, \\[3mm] \dfrac{P_0(c\rho)^c}{2c!}(K-c)(K-c+1), & \rho = 1. \end{cases} \tag{14.44}$$

（4）系统里平均顾客数

$$L_s = L_q + c\rho(1-P_K). \tag{14.45}$$

（5）有效到达率

在此系统中当系统中的顾客小于 K 时,顾客进入系统率为 λ;当系统中的顾客数等于 K 时,顾客进入系统率为 0,所以在单位时间里进入系统的平均顾客数即有效到达率为

$$\lambda_e = \lambda(1-P_K) + 0 \cdot P_K = \lambda(1-P_K). \tag{14.46}$$

（6）顾客花在排队上的平均时间

$$W_q = \frac{L_q}{\lambda(1-P_K)} = \frac{L_q}{\lambda_e}. \tag{14.47}$$

（7）顾客在系统里平均逗留时间

$$W_s = \frac{L_s}{\lambda(1-P_K)} = \frac{L_s}{\lambda_e}. \tag{14.48}$$

特别地,当 $K=c$ 时即为第七节的 $M/M/c/c/\infty$ 的模型.

例 6　某公司维修服务中心有两名维修工,中心内至多可以停放 6 台机器(包括正在维修的两台机器).假设待修机器按泊松过程到达此中心,平均每小时 3 台,维修每台机器平均需要 20 分钟,试求该系统的各项性能指数.

解　该子系统可看成一个 $M/M/2/6$ 排队系统,其中 $\lambda = 3$(台/时)$,\mu = \dfrac{60}{20} = 3$(台/时)$,\rho = \dfrac{\lambda}{2\mu}$

$= \dfrac{1}{2},$则由(14.41)式

得

$$P_0 = \left[\sum_{n=0}^{1}\frac{1}{n!} + \frac{1-0.5^5}{2!\ (1-0.5)}\right]^{-1} \approx 0.34.$$

$$L_q = \frac{0.34 \times 0.5}{2!\ \times (1-0.5)^2} \times [\,1-0.5^5-(1-0.5)\times 5\times 0.5^4\,] \approx 0.28\text{(台)}.$$

$$L_s = L_q + 2\times\frac{1}{2}\left(1-\frac{1}{2\times 2^4}P_0\right) = 1.27\text{(台)}.$$

在维护中心的机器平均逗留时间为

$$W_s = \frac{L_s}{\lambda(1-P_6)} \approx 0.43\text{(小时)}.$$

平均维修时间

$$W_q = \frac{L_q}{3(1 - P_6)} \approx 0.09 \, (\text{小时}).$$

*§14.11　生灭过程及生灭过程排队系统

有一群细菌,每个细菌在$(t, \Delta t)$时间区间内分裂成两个的概率为$\lambda \Delta t + O(\Delta t)$,死亡的概率为$\mu \Delta t + O(\Delta t)$,既不分裂也不死亡保持不变的概率为$1 - (\lambda + \mu) \Delta t + O(\Delta t)$,且这一切的发生都与这个细菌在时刻$t$之前已经活了多长时间没有关系.各个细菌在任何时段的分裂和死亡都是相互独立的.如果将细菌的分裂和死亡都看成一个事件的话,那么可知,在Δt内发生两个或两个以上的事件概率为$O(\Delta t)$.假定初始时刻细菌的个数是已知的,那么在任意时刻t时细菌的总数$X(t)$为多少呢? 这就是典型的生灭过程的例子.生灭过程是非常简单且具有广泛应用的一类随机过程,很多排队模型中都假设其状态过程为生灭过程.这样的排队系统如:$M/M/C$ 和 $M/M/C/R$,我们也称之为生灭过程的排队系统.在这样的排队系统中,一个新顾客的到达看做"生",一个顾客服务完之后离开系统看做是"死",设$N(t)$为任意时刻t排队系统的状态(即排队系统中的总顾客数),则对$M/M/C/K$来说,$N(t)$具有有限个状态$0, 1, \cdots, K$;对$M/M/C$来说$N(t)$具有可列个状态$0, 1, 2, \cdots$.一般来说,随机过程$\{N(t)\}_{t \geq 0}$满足以下条件,称为生灭过程:

(1) 假设$N(t) = n$,则从时刻t起到下一个顾客到达时刻为止的时间服从参数为λ_n的负指数分布,$n = 0, 1, 2, \cdots$.

(2) 假设$N(t) = n$,则从时刻t起到下一个顾客离去时刻为止的时间服从参数为μ_n的负指数分布,$n = 0, 1, 2, \cdots$.

(3) 同一时刻时只有一个顾客到达或离去.

一般来说,得到$N(t)$的分布$P_n(t) = P\{N(t) = n\}$,$n = 0, 1, 2, \cdots$是比较困难的,因此通常是求当系统运行一段时间达到平稳状态后的状态分布,记为P_n.

当系统运行长时间达到平稳状态后,对于任一个状态n,单位时间内进入该状态的平均次数和单位时间离开该状态的平均次数应该相等,这就是系统的统计平衡下的"流入 = 流出"原理.

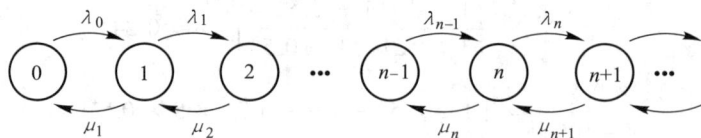

图 14-3

我们用"流入 = 流出"的原理在生灭过程状态转移图(图14-3)上导出任意状态的平衡方程.对状态0来说,因为在Δt内发生两个或两个以上事件的概率为$O(\Delta t)$,所以系统中只有状态1进入状态0,在系统状态处于1的条件下,进入状态0的平均进入率为μ_1.这样系统从任意状态进入状态0的平均进入为$\mu_1 P_1$,同样,系统离开状态0的平均离开为$\lambda_0 P_0$,则得到状态0的平衡方程:

$$\mu_1 P_1 = \lambda_0 P_0.$$

对状态 $n(n \geq 1)$ 来说,因为系统只能从状态 $n-1, n+1$ 分别以 λ_{n-1} 和 μ_{n+1} 为平均进入率进入状态 n,即流入状态 n 为 $(\lambda_{n-1}P_{n-1} + \mu_{n+1}P_{n+1})$.另一方面,系统只能从状态 n 分别以 λ_n 和 μ_n 为平均速率进入状态 $n+1$ 和状态 $n-1$,即流出状态 n 为 $(\lambda_n + \mu_n)P_n$,即将任意状态 n 的平衡方程为

$$\begin{cases} \mu_1 p_1 = \lambda_0 p_0, \\ \lambda_{n-1}p_{n-1} + \mu_{n+1}p_{n+1} = (\lambda_n + \mu_n)p_n, \quad n \geq 1. \end{cases}$$

由此可求得生灭过程的平稳状态的分布:

$$\begin{cases} P_1 = \dfrac{\lambda_0}{\mu_1}P_0, \\ P_n = \dfrac{\lambda_{n-1}\cdots\lambda_0}{\mu_n\cdots\mu_1}P_0, \quad n \geq 1. \end{cases}$$

由于 $\sum\limits_{n=0}^{\infty} P_n = 1$,即有

$$P_0 + P_1 + \cdots + P_n + \cdots = 1,\text{即有}$$

$$P_0 + \dfrac{\lambda_0}{\mu_1}P_0 + \dfrac{\lambda_1\lambda_0}{\mu_2\mu_1}P_0 + \cdots + \dfrac{\lambda_{n-1}\cdots\lambda_0}{\mu_n\cdots\mu_1}P_0 = 1,$$

即有

$$P_0 = \left(1 + \sum_{n=1}^{\infty} \dfrac{\lambda_{n-1}\cdots\lambda_0}{\mu_n\cdots\mu_1}\right)^{-1},$$

即当

$$\sum_{n=1}^{\infty} \dfrac{\lambda_{n-1}\lambda_{n-2}\cdots\lambda_0}{\mu_n\mu_{n-1}\cdots\mu_1} < \infty \text{ 时,此生灭过程存在平稳状态分布:}$$

$$\begin{cases} P_0 = \left(1 + \sum\limits_{n=1}^{\infty} \dfrac{\lambda_{n-1}\lambda_{n-2}\cdots\lambda_0}{\mu_n\mu_{n-1}\cdots\mu_1}\right)^{-1}, \\ P_n = \dfrac{\lambda_{n-1}\lambda_{n-2}\cdots\lambda_0}{\mu_n\mu_{n-1}\cdots\mu_1}P_0, \quad n = 1, 2, \cdots. \end{cases} \qquad (14.49)$$

$M/M/c$ 和 $M/M/c/K$ 排队系统,顾客到达间隔服从 $\lambda(\lambda>0)$ 为参数的负指数分布,顾客在系统中服务时间服从参数为 $\mu(\mu>0)$ 为参数的负指数分布,并满足生灭过程的其他条件.它们都是生灭过程的排队系统,我们都可以从生灭过程的平衡方程来推导出这些排队公式.

我们以 $M/M/1$ 系统为例进行推导.在这个系统中,

$$\lambda_n = \lambda, \quad n = 0, 1, 2, \cdots,$$
$$\mu_n = \mu, \quad n = 0, 1, 2, \cdots.$$

令 $\rho = \dfrac{\lambda}{\mu}$ 则从 (14-49) 式可知

$$P_0 = \left[1 + \sum_{n=1}^{\infty} \rho^n\right]^{-1} = \frac{1}{1 + \sum_{n=1}^{\infty} \rho^n} = \frac{1}{1 + \dfrac{\rho}{1-\rho}} = 1 - \rho.$$

当 $\rho = \dfrac{\lambda}{\mu} < 1$ 时,

$$P_n = \rho^n(1-\rho).$$

同时也可计算出此系统的其他性能指标.

（1）在系统中的平均顾客数

$$L_s = \sum_{n=0}^{\infty} nP_n$$

$$= \sum_{n=1}^{\infty} n(1-\rho)\rho^n = (\rho + 2\rho^2 + 3\rho^3 + \cdots) - (\rho^2 + 2\rho^3 + 3\rho^4 \cdots)$$

$$= \rho + \rho^2 + \rho^3 \cdots = \frac{\rho}{1-\rho}, \quad 0 < \rho < 1$$

或
$$L_s = \frac{\lambda}{\mu - \lambda}.$$

（2）排队平均顾客数 L_q

$$L_q = \sum_{n=1}^{\infty}(n-1)P_n = \sum_{n=1}^{\infty} nP_n - \sum_{n=1}^{\infty} P_n$$

$$= L_s - \rho = \frac{\rho^2}{1-\rho} = \frac{\rho\lambda}{\mu - \lambda}.$$

关于顾客在系统中逗留时间 w（随机变量）在 $M/M/1$ 情况下,它服从参数为 $\mu - \lambda$ 的负指数分布,即

分布函数 $\qquad F(w) = 1 - e^{-(\mu - \lambda)w}, \quad w \geqslant 0.$

概率密度 $\qquad f(w) = (\mu - \lambda) e^{-(\mu - \lambda)w}.$

于是得

（3）在系统中顾客平均逗留时间 w_s

$$w_s = E[w] = \int_0^{\infty} w(\mu - \lambda) e^{-(\mu - \lambda)w} dw = \frac{1}{\mu - \lambda}.$$

（4）在系统中顾客花在排队上的平均时间 w_q

$$w_q = w_s - \frac{1}{\mu} = \frac{1}{\mu - \lambda} - \frac{1}{\mu} = \frac{\rho}{\mu - \lambda}.$$

同样我们也可用生灭过程的平衡方程推导出 $M/M/1/K$ 系统的公式

在这个系统中

$$\lambda_n = \begin{cases} \lambda, & n = 0, 1, 2, \cdots, k-1, \\ 0, & n = k, \end{cases}$$

$$\mu_n = \mu, \quad n = 1, 2, \cdots, k.$$

令 $\rho = \dfrac{\lambda}{\mu}$，则由（14-49）式，对任意 $n \geqslant k$，令 $\lambda_n = 0, \mu_n = \mu$，

得

$$P_0 = \left[1 + \sum_{j=1}^{k} \rho^j\right]^{-1} = \begin{cases} \dfrac{1-\rho}{1-\rho^{k+1}}, & \rho \neq 1, \\ \dfrac{1}{k+1}, & \rho = 1. \end{cases}$$

$$P_n = \rho^n P_0, \quad n = 1, 2, \cdots, k.$$

于是当 $\rho \neq 1$ 时，该系统的状态分布为

$$\begin{cases} P_0 = \dfrac{1-\rho}{1-\rho^{k+1}}, \\ P_n = \rho^n P_0, & n = 1, 2, \cdots, k. \end{cases}$$

当 $\rho = 1$ 时，该系统的状态分布为

$$\begin{cases} P_0 = \dfrac{1}{k+1}, \\ P_n = \rho^n P_0, & n = 1, 2, \cdots, k. \end{cases}$$

利用上面给出的平稳状态的分布，即可推出此系统的其他性能指标.这些指标我们已经在前面告诉大家了（计算过程从略）.

习 题

1. 来某大学图书馆的一个借书柜台的顾客流服从泊松流，平均每小时 50 人，为顾客服务的时间服从负指数分布，平均每小时可服务 80 人，求

（1）顾客来借书不必等待的概率.

（2）柜台前平均顾客数.

（3）顾客在柜台前平均逗留时间.

（4）顾客在柜台前平均等候时间.

2. 一个新开张的理发店准备雇佣一名理发师，有两名理发师应聘，由于水平不同，理发师甲平均每小时可服务 3 人，雇佣理发师甲的工资为每小时 14 元，理发师乙平均每小时可服务 4 人，雇佣理发师乙的工资为每小时 20 元，假设两名理发师的服务时间都服从负指数分布，另外假设顾客到达服从泊松分布，平均每小时 2 人.

（1）如果理发师甲应聘，请计算其排队系统的一些数量指标 P_0, L_q, L_s, W_q, W_s.

（2）如果理发师乙应聘，请计算其排队系统的一些数量指标 P_0, L_q, L_s, W_q, W_s.

（3）假设来此理发店理发的顾客等候一小时的成本为 30 元,请进行经济分析,选出一位使排队系统更为经济的理发师.

3. 一个小型的平价自选市场只有一个收款出口,假设到达收款出口的顾客流为泊松流,平均每小时为 30 人,收款员的服务时间服从负指数分布,平均每小时可服务 40 人.

（1）计算这个排队系统的数量指标 P_0, L_q, L_s, W_q, W_s.

（2）顾客对这个排队系统抱怨花费的时间太多,商店为了改进服务准备对以下两个方案进行选择.

① 在收款出口,除了收款员外还专雇一名装包员,这样可使每小时的服务率从 40 人提高到 60 人.

② 增加一个收款出口,使排队系统变成 $M/M/2$ 系统,每个收款出口的服务率仍为 40 人.请对这两个排队系统进行评价,并做出选择.

4. 暑假期间某高校校医院财务报销部只有一个值班老师,需办理报销业务的同学到达过程为泊松流,平均到达时间间隔为 20 分钟,报销业务处理时间服从负指数分布,平均需 12 分钟,求:

（1）办理报销业务的同学到来不用等待的概率;

（2）财务部室内办理报销业务的同学的平均数;

（3）办理报销业务的同学在财务部的平均逗留时间;

（4）若办理报销业务的同学在财务部室内的平均逗留时间超过 1 小时,则学校校医院将考虑增加值班老师.问办理报销业务的同学平均到达率为多少时,校医院才会增加值班老师?

5. 某工厂有一个工具检测部门,里面有 4 个工作人员,需要检测的工具按泊松分布到达,平均每小时到达 20 件.4 个工作人员服务时间服从负指数分布,每个工作人员平均每小时可检测 10 件工具.求:

（1）前来检测的工具平均等待的时间;

（2）工具被拿来检测时,4 个工作人员都在工作,这时工具的平均等待时间.

6. 一个小汽车冲洗服务站,只有一套冲洗设备,假设要冲洗的汽车到达服从泊松分布,平均每 12 分钟一辆,但不清楚这个系统的服务时间服从什么分布,从统计分析知道冲洗一辆汽车平均需要花费 5 分钟,服务时间的均方值为 2 分钟,求该排队系统的数量指标 P_0, L_q, L_s, W_q, W_s 以及 P_w.

7. 由于换季原因,某寄宿制学校患感冒的学生很多,所以学校为学生设立了昼夜 24 小时都能看病的急诊室(设只有一个医生).学生到达服从泊松流,平均到达时间为每小时 20 人,看病时间服从分布不明,但平均看病时间为 2 分钟,看病时间的均方差为 1.5 分钟,问学生到达急诊室,不能得到及时救治,必须排队的概率为多少?

8. 光明公司下属医院为职工体检,职工到达医院服从泊松分布,每小时平均到达 50 人,若职工不能按时得到体检,造成的损失为每小时每人平均 100 元.体检所花时间服从负指数分布,平均每小时服务率为 μ,μ 值每提高一人的费用为 50 元,试确定使公司总支出最少的医院服务率参数 μ.

9. 某街道口有一电话亭,在步行距离为 4 分钟的拐弯处有另一个电话亭,已知每次电话的平均通话时间为 $1/\mu = 3$ 分钟的负指数分布,又已知到达这两个电话亭的顾客流均为 $\lambda = 10$ 个/小时的泊松流,假如有名顾客去其中一个电话亭打电话,到达时正好有人通话,并且还有一个人在等候,问该顾客应在原地等候,还是转去另一个电话亭打电话?

10. 某快递公司中转站平均每天有 20 车快递入库,物流运输车到达服从泊松分布,卸货率服从负指数分布,平均每人每天卸货 5 车,每个装卸工每天总费用 200 元,由于人手不够而影响当天装卸货物,进而影响快递到达准时率,会给公司带来损失.运输车逗留一天的平均费用为 100 元,试问,该快递中转站应安排几名装卸工才最节省开支?

11. 某大型游乐园售票处开展网上人工订票业务.据统计分析,顾客在网上平台咨询购票到达过程服从泊松分布,平均到达率为每小时 20 个,平均每个业务员每小时可以处理 10 笔网上订票业务.请问该游乐园应该聘请多少业务员才能使因网络占线而造成损失的概率小于 10%?

12. 习题 6 问题中,如果冲洗一辆汽车的时间是一定的,都为 5 分钟,请求该系统的数量指标 P_0,L_q,L_s,W_q,W_s 以及 P_w.

13. 某汽车生产厂商有 5 条生产线,1 个专职负责诊断生产线损坏情况的工人,每条生产线的到达诊断时间服从泊松流,平均到达时间为每分钟 0.3 条,每条生产线的诊断时间服从负指数分布,平均为 1.5 分钟,问生产线不能得到及时诊断,必须排队的概率为多少?

14. 某单位电话交换台有一部 300 门内线的总机,已知上班时间,有 30% 的内线分机平均每 30 分钟要一次外线电话,70% 的分机在平均每隔 1 小时要一次外线电话,又知从外单位打来的电话的呼唤率平均 30 秒一次,设通话平均时间为 2 分钟,又以上时间都属负指数分布.如果要求外线电话接通率为 95% 以上,问该交换台应设置多少条外线?

15. 某理发店有 5 名理发师,顾客到达服从泊松流,平均每小时到达 10 个,不知道服务时间服从什么分布,但平均每位理发师每小时可以给 4 名顾客理发,假设顾客看到 5 位理发师都有客人则离开,即不等待,则理发店内的平均顾客数为多少?

16. 一个车间内有 10 台相同的机器,每台机器运行时每小时能创造 60 元的利润,且平均每小时损坏一次.而一个修理工修复一台机器需 $\frac{1}{4}$ 小时,以上时间均服从负指数分布.设一名修理工每小时的工资为 90 元,求:

(1) 该车间应设多少修理工,使总费用为最少?

(2) 若要求损坏的机器等待修理的时间不超过 $\frac{1}{2}$ 小时,应设多少名修理工.

此题请用"管理运筹学"软件做.

17. 某家 KTV 打算开设分店,准备在该分店内设 8 个包房,顾客到达每个包房都服从泊松流,平均每小时到达 6 人,顾客平均唱歌时间服从负指数分布,平均唱歌时间为 2 小时.当包房被占满时,不再接受新来顾客.问 8 个包房全部被占满的概率为多少?

18. 有一名理发员的某理发店,除理发椅外,尚有一把等待用椅.顾客按泊松流到达,平均 3 人/小时,理发员为顾客服务时间服从负指数分布,平均每人 12 分钟.当顾客到达时,若理发椅及等待椅均有人,将自动离去不再进入;否则进入该理发店.请求 λ_e,L_s,L_q,W_s 及 W_q;又假如该理发店有两个等待用椅,请求 λ_e,L_s,L_q,W_s 及 W_q.

19. 某食品厂有 5 台加工机器,每台机器的连续运转时间服从负指数分布,平均连续运转时间为 10 分钟,有一个专职修理机器的员工,每次修理时间服从负指数分布,平均每次 8 分钟,求:

(1) 修理工无加工机器可修理的概率.

(2) 5 台加工机器都无法运转的概率.

(3) 无法运转的机器的平均台数.

(4) 加工机器等待修理的平均台数.

(5) 加工机器等待修理的平均时间.

案 例

案例 25：减少在制品库存

前进机械设备制造厂负责制造的副厂长在生产线巡查中发现，7 块金属板在等待形成设备模具时，隔壁的检查站却已经积存了 10 个设备模具. 检查员正在检查其中一个，其他 9 个只是放在一旁. 每个设备模具均价值几十万元，所以在冲床和检验站之间，有价值数百万元的资金滞留.

该厂的生产主管以及相关分析人员试图解决这一问题. 生产过程描述如下：10 台相同的冲床中的每台都被用来用经过特殊加工的大金属板形成模具. 这些板材以平均每小时 6 个的速度随机送到冲床组. 冲床从金属板中形成模具所需的时间具有负指数分布，平均为 0.5 小时. 完成后，模具以与金属板到达冲床相同的平均速度随机到达检查站（每小时 6 个）. 公司配有一个全职检查员检查这些模具，以确保它们符合规范. 每次检查需要 7.5 分钟，因此每小时可以检查 10 个模具. 除了已经发现的情况外，这种检查率已经导致检查站的在制品库存量达到了相当大的平均值（即等待完成检查的模具的平均数量相当大）.

每个金属板在冲床进行锻造或各个模具在检查站检查的在制品库存成本估计为每小时 7 元. 因此，生产主管提出了两个备选方案，以降低在制品库存的平均水平.

方案 1 是稍微减少冲床的功率（这将使冲床形成模具的平均时间增加到 0.8 小时），以便检查员更好地跟上其输出. 这也将使每台机器的运行成本从每小时 7.5 元降低到 7 元.

方案 2 是启用一个年轻的检查员来完成检查工作. 年轻员工动作快（尽管由于经验不足，检查时间会有些变化），可以更好地跟上输出（其检查时间的平均值为 7 分钟）. 检查员工作的标准薪酬（包括福利）为每小时 15 元，而当前检查员的级别较低，薪酬为每小时 13 元（每个检查员的检查时间是同一类工作中的典型时间）.

你作为工厂的 OR 分析师，被要求分析这个问题. 工厂希望你使用最新的 OR 技术来了解每个提案将削减多少在制品库存，然后提出建议.

（1）为了进行比较，可以从评估现状开始，确定冲床以及检验站的期望在制品库存量. 然后，在考虑以下所有因素时，计算每小时的期望总成本. 因素包括：在制品库存成本、运行冲床的电源成本和检查员成本.

（2）方案 1 的效果如何？ 为什么？ 与原有结果进行具体比较，并解释.

（3）确定方案 2 的效果. 与方案 1 的结果进行具体比较，并解释.

案例 26：技术支持遇到窘境

长辉荣聚是一家制造计算机外设的公司. 该公司的客服中心为全国约 40 个经销商提供在线技术支持服务. 由于客服中心的超负荷需求，客户表示出了普遍的不满. 准确预测客服中心的需求成了解决问题的关键.

公司聘请某咨询公司对客服中心的需求进行了预测,并使用历史数据和预测结果计算了中心每周的平均需求. 计算将每周平均需求量除以每周工作时间转化为每小时的平均需求量. 然后,公司通过考虑每小时能够处理的平均接入数,为该中心配备人员,以满足平均每小时的需求. 但是,运营数据记录显示,仍有超过 30% 的客户等待超过 5 分钟才能接通客服.

通过与专业人员的讨论发现,关键问题在于,由于需求的随机性以及咨询类型的不同,在一个小时内接到的咨询数量可能比平均值要大得多(或少得多). 此外,每小时能够处理的接入数可能比平均数少得多(或大得多). 这个问题可以用排队论解决,并帮助公司确定合适的人员配置水平.

(1)描述需求和服务率. 客服中心随机接收技术咨询,平均每小时接收 6 个. 由于技术咨询的类型是随机的,因此处理的时间是随机的,在这种情况下,时间通常很短,但有时可能很长. 平均来说,每小时可以处理 5 个咨询. 那么基于以上条件,哪种排队模型适合这种情况? 考虑到超过 15% 的客户在接通电话前等待超过 5 分钟,使用此模型来估计公司目前雇用的人数.

(2)公司要求 95% 的客户只需等待 1 分钟或更短时间接通客服才算达标. 鉴于此客户服务水平和(1)中的平均到达率和服务率,公司应雇用多少员工?

(3)每位员工的时薪为 13 元,公司没有足够的资金来雇用达到第 2 部分客户服务水平所需的员工. 现要求做敏感度分析. 公司需要雇用多少员工才能确保 85% 的客户等待 4 分钟或更短时间? 需要雇用多少人来确保 95% 的客户等待 90 秒或更短的时间? 选择哪种客户服务级别为佳?

(4)公司对实现高品质客户服务水平所需的员工人数不满意,因此,希望探索其他替代方案,而不仅仅是雇用更多的员工. 另一种选择是建立一个培训计划,教员工更有效地使用计算机工具. 这一替代方案将使一位员工每小时能够处理的平均次数从 5 次增加到 8 次. 由于员工的知识必须每年更新,因此培训计划每小时为每位员工花费 8 元. 为达到(2)中所要求的客户服务水平,需要雇用和培训多少员工?

案例 27:工商银行某储蓄所排队问题

问题的提出

俗话说,"钱不是万能的,但没钱是万万不能的". 目前中国的老百姓,一旦手中有了闲钱,做得最多的事恐怕就算是储蓄了. 再加上职工的工资越来越多地发在了存折上,生活缴费、保险缴费也可以从银行划转,于是,银行的人气越发旺盛了起来. 但随着人们生活节奏的加快,排老长老长的队又成了一件令人苦恼却无可奈何的事情.

对此,银行提出了自己的解决方案,即增加窗口,推出自动存、取款机等. 对于自动存、取款机的使用情况,我们走访了北京海淀某工商银行,在这里只有两个人工服务窗口,自动存、取款机有十部. 然而人工窗口前排起长队,自动存、取款机却闲置,很少有人使用. 经了解,推出自动存取款机所需要的投入和维护费用较高,机器操作仍不够简便,不易被中、老年人接受,再加上机器出错的可能依然存在,这使得人工服务窗口更受欢迎,解决排队问题提高系统服务效率才是重中之重.

为此,我们选择一家储蓄所——工商银行某储蓄所进行了调研.

该储蓄所业务范围仅限于储蓄、生活缴费. 每逢月底月初,这里人满为患,主要原因是场地狭小,有效面积只有大约 30 平方米(如图 14-4),此外该地区就业人员众多.

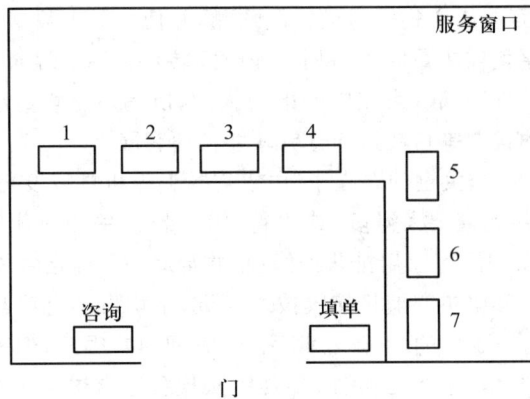

图 14-4

我们于 3 月中旬的一个下午来到这里进行了数据采集,结果如下:

平均到达率:132 人/小时　　　　　服从泊松分布

每个窗口平均服务率:约 35 人/小时　　　　　服从负指数分布

服务台个数:3　　　　　13:30 左右,顾客较少,但很快大量增加

　　　　　4　　　　　13:50 左右,增加一个服务窗口

　　　　　5　　　　　14:10 左右,又增加一个服务窗口

服务时间数据(表 14-4):

表 14-4

被服务人序号	1	2	3	4	5	6	7	8	9	10	11	12	13	14
时间/秒	40	90	55	70	115	65	275	90	110	70	61	108	36	68
被服务人序号	15	16	17	18	19	20	21	22	23	24	25	26	27	
时间/秒	86	64	93	133	195	33	245	56	202	77	145	136	94	

均值为 104 秒.

　　每个窗口排一行队,请对该储蓄所的排队系统进行评价,并对该排队系统进行优化.

第十五章　对策论

竞争性质的活动是人类生活中常见的现象,如下棋、打牌、体育比赛、军事斗争中双方兵力的对抗,各公司企业之间的经济谈判以及为争夺市场而进行的竞争等.在竞争过程的各方为了达到自己的目标和利益,必须考虑对手的各种可能的行动方案,并力图选取对自己最为有利或最为合理的方案,也就是说要研究采取对抗其他竞争者的策略,这就是对策问题,对策就是决策者在竞争场合下作出的决策.对策论是研究对策的理论与方法,它既是现代数学的一个新分支,也是管理运筹学的一个重要学科,对策论也叫博弈论.

在我国古代,"齐王赛马"就是一个典型的对策论研究的例子.

战国时期,有一次齐王要与他的大将田忌赛马,双方约定,比赛三局,每局各出赛马一匹,负者要付胜者千金,双方都有上、中、下三个等级的马,已知在同等级的马中,田忌的马不如齐王的马,但如果田忌的马比齐王的马高一等级,则田忌的马就能取胜,如果田忌与齐王的同等级的马比赛,则田忌要连输三局而输掉三千金,当时田忌手下的一位谋士出了一个好对策,每局比赛时先让齐王牵出他的马,然后用下马对齐王的上马,用中马对齐王的下马,以上马对齐王的中马,结果田忌二胜一负,得了千金,这个例子也就说明了对策的重要性.

§15.1　对策论的基本概念

对策论西方将其翻译为 Game Theory,直译过来是游戏理论,我们不妨分析一下游戏的几个特征.首先是规则,这是游戏中的规则,无论是玩纸牌还是打比赛,都会先设定规则,比如 2 人打牌还是 4 人打牌? 游戏中什么牌是大牌,什么牌是小牌? 在游戏中的对峙关系如何? 其次,我们还会关注游戏中的策略,这是游戏制胜的关键,以下象棋为例,怎么谋划移动棋子的顺序? 怎样引诱或牵制对手? 如何统筹布局赢得游戏? 还有就是策略的依存性,这一点即游戏的动态特征,也正因此,游戏才会生动而不重复,因为对手不同,出牌的习惯、下棋的套路也不同,要想取胜必须要了解对手的特征,所谓兵来将挡,水来土掩就是这个意思.最后,是比赛的结果,也就是谁赢谁输的问题,尽管这可能并非游戏中最重要的,但大家可能会关注结果如何,是平局、输局还是胜局?

教学视频:对策论的基本概念

让我们举个例子来加以说明.这出自普林斯顿大学 1981 年"博弈论"课程中的一道习题,模拟诺曼底登陆.给你两个师的兵力,由你来当司令,任务是攻克敌方占据的一座城市,而敌军的守备力量是三个师,规定双方的兵力只能整师调动.通往城市的道路只有甲乙两条.当你发起攻击的时候,你的兵力超过敌人,你就获胜;你的兵力比敌人的守备兵力少或者相等,你就失败,那么,你将如何制定攻城方案?

		敌方(守城方)			
		3甲	2甲1乙	1甲2乙	3乙
我方(进攻方)	2甲	−, +	−, +	+, −	+, −
	1甲1乙	+, −	−, +	−, +	+, −
	2乙	+, −	+, −	−, +	−, +

图 15-1

接到这个任务,恐怕你会觉得吃亏吧? 但如果用博弈论的理论来分析一下,便可轻松发现这是个 50% 对 50% 的较量.我们从图 15-1 可看出原委.

图 15-1 中,我方作为进攻方,可以有 3 种策略集合,2 个师攻打甲路,记为 2 甲,或者一个师攻占甲路,一个师攻占乙路,记为 1 甲 1 乙,也可 2 个师均攻占乙路,记为 2 乙.对于敌方(守城方),他们有 3 个师的兵力,因此可以有 4 种策略集合,可以 3 个师均守甲路,或 2 甲 1 乙布局,或 1 甲 2 乙布局,或者 3 个师均守乙路.通过矩阵可以得到每一种策略组合下双方的收益情况,正号代表赢,负号代表输.左侧数据为我方收益,右侧数据为敌方的收益.根据前述规则,我们可以制作出每个格的收益情况.从对战结果看,显然在 12 种可能的策略的组合中,我方胜出 6 场,敌方胜出 6 场,因此,双方获胜的概率各为 50%.

我们重新回到"齐王赛马"例子中,根据上面游戏的分析,可以归纳出作为对策模型必须包含的三个基本要素:

1. 局中人

是指参与对抗的各方,如在"齐王赛马"例子中有两个局中人,一位是齐王,一位是田忌.局中人的数目不一定是 2 位,也可以多位,如有 n 个局中人.在这里局中人的"人"的概念是广义的,可以是个人,也可以是某个集体,如球队、交战国、企业、公司等,还可以把大自然作为局中人.

2. 策略集

我们把可供局中人选择对付其他局中人的行动方案称为一个策略,把一个局中人拥有的策略全体称之为该局中人的策略集.例如,在"齐王赛马"的例子中,田忌上、中、下三匹马出赛的次序就是一个策略,田忌的策略集里有 6 个策略:(上,中,下)、(上,下,中)、(中,上,下)、(中,下,上)、(下,上,中)、(下,中,上),这 6 个策略的全体就是田忌的策略集,同样齐王的策略集里也有这样的 6 个策略.

3. 每一局势对策的益损值

各局中人使用一定的对策时形成了一个局势,一个局势就决定了各局中人的对策的结果也称为对策的益损值.如在"齐王赛马"中,若齐王使用(上,中,下)对策,田忌使用(上,下,中)对策,这样就形成了一个局势,在这个局势中,齐王胜了第一,第二局比赛,田忌胜了第三局比赛,这样齐王二胜一负,得 1 千金,齐王在这一局势的益损值为 1(千金).同样,我们也可计算得出田忌在这一局势的益损值为 -1(千金).我们可以把齐王在各个局势中的益损值都计算出来,列在表 15-1 中.

表 15-1 单位:千金

齐王 益损值 S_1 $\diagdown$ S_2	β_1 (上,中,下)	β_2 (上,下,中)	β_3 (中,上,下)	β_4 (中,下,上)	β_5 (下,上,中)	β_6 (下,中,上)
α_1(上中下)	3	1	1	1	-1	1
α_2(上下中)	1	3	1	1	1	-1
α_3(中上下)	1	-1	3	1	1	1
α_4(中下上)	-1	1	1	3	1	1
α_5(下上中)	1	1	1	-1	3	1
α_6(下中上)	1	1	-1	1	1	3

在表 15-1 中,局中人甲方齐王的策略集为

$$S_1 = \{\alpha_1, \alpha_2, \cdots, \alpha_6\},$$

局中人乙方田忌的集略集为

$$S_2 = \{\beta_1, \beta_2, \cdots, \beta_6\},$$

我们把表 15-1 中的数值矩阵

$$A = \begin{bmatrix} 3 & 1 & 1 & 1 & -1 & 1 \\ 1 & 3 & 1 & 1 & 1 & -1 \\ 1 & -1 & 3 & 1 & 1 & 1 \\ -1 & 1 & 1 & 3 & 1 & 1 \\ 1 & 1 & 1 & -1 & 3 & 1 \\ 1 & 1 & -1 & 1 & 1 & 3 \end{bmatrix}$$

称为局中人甲方齐王的赢得矩阵.

一般而言,当以上三个基本因素确定后一个对策模型也就确定了.

在众多对策模型中,占有重要地位的是二人有限零和对策.所谓二人有限零和对策是指有 2 个局中人;每个局中人的策略集的策略数目都是有限的;每一局势的对策都有确定的益损值,并且对同一局势的两个局中人的益损值之和为零.二人有限零和对策也称为矩阵策略,如"齐王赛马"就是一个矩阵策略问题;局中人为两人:齐王和田忌;齐王和田忌的策略集的策略数目都是有限的,都为 6;每一个局势的对策都有确定的益损值如表 15-1 所示,并且对同一局势的两个局中人的益损值之和都为零,例如当齐王益损值为 3 时即齐王赢得 3 千金时,田忌的益损值为 -3,

即田忌就输 3 千金,有 3+(−3) = 0.

在这一章里,我们研究的对策论的模型主要为矩阵对策.通常将矩阵对策记为

$$G = \{S_1, S_2, A\},$$

表示局中人为甲,乙两人,各自的策略集分别为 S_1、S_2,以及局中人甲的赢得矩阵为 A.

§15.2 矩阵对策的最优纯策略

每个对策模型都有三个基本要素,对于矩阵对策模型来说,只要确定了甲方赢得矩阵,也就确定了其矩阵对策模型.赢得矩阵每一行代表了局中人甲的一个策略,每一列代表了局中人乙的一个策略;行的数目表示了甲的策略集的策略数目,列的数目表示了乙的策略集的策略数目;赢得矩阵的第 i 行第 j 列的数值表示了甲出第 i 个策略,乙出第 j 个策略时,甲所得的益损值(乙所得的益损值应为该数值的相反数).

例1 甲乙乒乓球队进行团体对抗赛,每队由三名球员组成,双方都可排成三种不同的阵容,每一种阵容可以看成一种策略,双方各选一种策略参赛.比赛共赛三局,规定每局胜者得 1 分,输者得 −1 分,可知三赛三胜得 3 分,三赛二胜得 1 分,三赛一胜得 −1 分,三赛三负得 −3 分.甲队的策略集为 $S_1 = \{\alpha_1, \alpha_2, \alpha_3\}$,乙队的策略集为 $S_2 = \{\beta_1, \beta_2, \beta_3\}$.根据以往比赛得分资料,可得甲队的赢得矩阵为 A,如下所示:

$$A = \begin{bmatrix} 1 & 1 & 1 \\ 1 & -1 & -3 \\ 3 & -1 & 3 \end{bmatrix}.$$

试问这次比赛各队应采用哪种阵容上场最为稳妥.

解 由 A 可看出,局中人甲队的最大赢得为 3,要得到这个赢得,他就应该选择策略 α_3.由于假定局中人乙队也是理智的,他考虑到甲队打算出 α_3 的心理,于是准备用 β_2 来对付甲队,这样使得甲队反而失掉 1 分……双方都考虑到对方为使自己尽可能地少得分而所做的努力,所以双方都不存在侥幸心理,而是从各自可能出现的最不利的情形中选择一种最为有利的情况作为决策的依据,这就是所谓"理智行为",也就是对策双方实际上都能接受的一种稳妥方法.

甲队(局中人甲方)的 $\alpha_1, \alpha_2, \alpha_3$ 三种策略可能带来的最少赢得,即矩阵 A 中每行的最小元素分别为:

$$1, \quad -3, \quad -1,$$

教学视频:矩阵对策的最优纯策略

在这些最少赢得中最好的结果是 1，即甲队应采取策略 α_1，无论对手采用什么策略，甲队至少得 1 分．而对乙队来说，策略 β_1,β_2,β_3 可能带来的最少赢得，即矩阵 A 中每列的最大元素（因为两人零和对策，甲队得分越多，就使得乙队得分越少），分别为

$$3,1,3,$$

其中乙队最好的结果为甲队得 1 分，这时乙队采取 β_2 策略，不管甲队采用什么策略甲队的得分不会超过 1 分（即乙队的失分不会超过 1）．这样可知甲队应采用 α_1 策略，乙队应采用 β_2 策略，这时甲队的赢得值和乙队的损失值都是 1，我们把 α_1,β_2 分别称为局中人甲队、乙队的最优策略．由于甲队无论乙队采用什么策略都采用一种策略 α_1，而乙队也无论甲队采用什么策略都采用一种策略 β_2，我们把这种最优策略 α_1 和 β_2 分别称为局中人甲队、乙队的最优纯策略，这种最优纯策略只有当赢得矩阵 $A=(a_{ij})$ 中等式

$$\max_i \min_j a_{ij} = \min_j \max_i a_{ij}$$

成立时，局中人甲、乙两方才有最优纯策略，并把 (α_1,β_2) 称为对策 G 在纯策略下的解，又称 (α_1,β_2) 为对策 G 的鞍点．把其值 V 称为对策 $G=\{S_1,S_2,A\}$ 的值．在此例中 $V=1$．

上面例子是有实际背景支持的，就如同世乒赛的男子团体赛．以斯韦思林杯为例，比赛赛制为 5 局 3 胜，赛前各队伍先要抽签确定主队、客队，然后双方各派 3 名选手参赛，并确定第 1、2、3 号队员的名单，对战场次分别是第 1 场，主队 1 号对战客队 2 号，第 2 场主队 2 号对战客队 1 号，第 3 场主队 3 号对战客队 3 号，第 4 场主队 1 号对战客队 1 号，第 5 场主队 2 号对战客队 2 号，如图 15-2 所示．要想取胜对方，除了自身队员具有很强的实力，还要考虑对手排兵布阵的可能，便于避其锋芒，择优安排，进而可以做到未雨绸缪，心中有数．

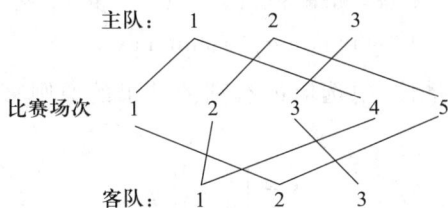

图 15-2

例 2 某单位采购员在秋天决定冬季取暖用煤的储量问题，已知在正常的冬季气温条件下要消耗 15 吨煤，在较暖与较冷的气温条件下分别要消耗 10 吨和 20 吨．假定冬季的煤价随天气寒冷程度而有所变化，在较暖、正常、较冷的气候条件下每吨煤价分别为 10 元，15 元和 20 元，又设秋季时煤价为每吨 10 元．在没有关于当年冬季准确的气象预报的条件下，秋季储煤多少吨能使单位的支出量最少？

解 我们可以把这一储量问题看成一个对策问题．局中人 I 为采购员，局中人 II 为大自然，采购员有三个策略，在秋季买 10 吨，15 吨与 20 吨，分别记为 $\alpha_1,\alpha_2,\alpha_3$．大自然也有三个策略，分别为冬季气候较暖，正常与较冷，分别记为 β_1,β_2,β_3．

通过计算冬季取暖用煤实际费用（为秋季购煤费用和冬季不够时再补购的费用总和），作为

局中人 I 采购员的赢得,得赢得矩阵如下所示.

	β_1(较暖)	β_2(正常)	β_3(较冷)
α_1(10 吨)	-100	-175	-300
α_2(15 吨)	-150	-150	-250
α_3(20 吨)	-200	-200	-200

并在此赢得表上计算,有

$$\begin{array}{c} & \beta_1 & \beta_2 & \beta_3 & \min \\ \alpha_1 & \begin{bmatrix} -100 & -175 & -300 \\ -150 & -150 & -250 \\ -200 & -200 & -200 \end{bmatrix} & & & \begin{array}{c} -300 \\ -250 \\ -200* \end{array} \\ \max & -100 & -150 & -200 \end{array}$$

得
$$\max_i \min_j a_{ij} = \min_j \max_i a_{ij} = a_{32} = -200,$$

故 (α_3,β_3) 为对策 G 的解,$V_G=-200$,即秋季储煤 20 吨为最优纯策略,这时支付冬季取暖用煤实际费用为 200 元.

§15.3 矩阵对策的混合策略

对矩阵对策 $G=\{S_1,S_2,A\}$ 来说,如果
$$\max_i \min_j a_{ij} \neq \min_j \max_i a_{ij},$$
那么是否还可以按照从最不利情况中选取最有利的结果的原则来选择纯策略呢? 为了说明问题,不妨设赢得矩阵

$$A = \begin{bmatrix} 5 & 9 \\ 8 & 6 \end{bmatrix},$$

这时我们可求得

$$\begin{array}{c} & & & \min \\ & \begin{bmatrix} 5 & 9 \\ 8 & 6 \end{bmatrix} & & \begin{array}{c} 5 \\ 6 \end{array} \\ \max & 8 & 9 \end{array},$$

教学视频:矩阵对策的混合策略 1　　教学视频:矩阵对策的混合策略 2

即

$$\min_{j} \max_{i} a_{ij} = 8, \max_{i} \min_{j} a_{ij} = 6,$$
$$\min_{j} \max_{i} a_{ij} \neq \max_{i} \min_{j} a_{ij}.$$

按上述原则甲应该选取 α_2，乙应该选取 β_1，此时甲将赢得 8，比其预期赢得 $\max_{i} \min_{j} a_{ij} = 6$ 更多. 其问题就出在乙选择了 β_1，使得他的对手甲多得了本来不该得的赢得，这也就是说 β_1 对乙并不是最优策略，因此乙会考虑出 β_2. 这时甲将赢得 6，也即乙损失为 6 比乙预期的损失 $\min_{j} \max_{i} a_{ij} = 8$ 要少，这对甲是不利的，甲也会考虑采用 α_1 的策略. 作为乙就要考虑用其 β_1 来对付甲的 α_1 了. 这样甲出 α_1 和 α_2 的可能性和乙出 β_1 和 β_2 的可能性都不能排除. 对两个局中人甲、乙来说，不存在一个双方都可接受的平衡局势，其主要的原因就是甲和乙没有执行上述原则的共同基础，即 $\max_{i} \min_{j} a_{ij} \neq \min_{j} \max_{i} a_{ij}$. 在这种情况下矩阵对策不存在纯策略意义下的解，即不存在其最优纯策略. 局中人不能单独的使用某个策略，以不变应万变. 一个比较自然且合乎实际的想法是：是否可以对甲（乙）给出一个选取不同策略的概率分布以使得局中人甲（乙）在各种情况下的平均赢得（损失）最多（少）. 我们把这种策略称之为混合策略. 解一个混合策略问题就是求两个局中人各自选取不同策略的概率分布. 求解一个最优纯策略问题可以被看成求解混合策略问题的一个特例，它的答案是两个局中人各自以 100% 的概率选取其某一个策略，而其他的策略选取的概率皆为零.

求解混合策略的问题有图解法、迭代法、线性方程组法和线性规划法等，考虑到我们学习了线性规划并在"管理运筹学"软件包里拥有求解线性规划的程序，故在这里我们介绍线性规划解法.

以下我们仍以赢得矩阵

$$A = \begin{bmatrix} 5 & 9 \\ 8 & 6 \end{bmatrix}$$

为例来建立此混合策略的线性规划模型.

首先设甲使用 α_1 的概率为 x_1'，使用 α_2 的概率为 x_2'，并设在最坏的情况下（即为乙出对其最有利的策略情况下），甲的赢得的平均值等于 V. 这样我们建立了以下的数学关系：

1. 甲使用 α_1 的概率 x_1' 和使用 α_2 的概率 x_2' 的和为 1，并知概率值具有非负性，即
$$x_1' + x_2' = 1, \text{且有 } x_1' \geq 0, x_2' \geq 0.$$

2. 当乙使用 β_1 策略时，甲的平均赢得为：$5x_1' + 8x_2'$，此平均赢得应大于等于 V，即
$$5x_1' + 8x_2' \geq V.$$

3. 当乙使用 β_2 策略时，甲的平均赢得为 $9x_1' + 6x_2'$，此平均赢得应大于等于 V，即
$$9x_1' + 6x_2' \geq V.$$

第二步，我们来考虑 V 的值，V 的值与赢得矩阵 A 的各元素的值是有关的，如果 A 的各元素的值都大于零，即不管甲采用什么策略，乙采用什么策略，甲的赢得都是正的. 这时的 V 值即在乙出对其最有利的策略时甲的平均赢得也显然是正的. 在本例子中，因为 A 的所有元素都取正值，

所以可知 $V>0$.

第三步,作变量替换,令

$$x_i = \frac{x_i'}{V} \quad (i = 1, 2).$$

考虑到 $V>0$,这样把以上 5 个数量关系式变为

$$x_1 + x_2 = \frac{1}{V}, x_1 \geqslant 0, x_2 \geqslant 0,$$

$$5x_1 + 8x_2 \geqslant 1,$$

$$9x_1 + 6x_2 \geqslant 1.$$

对甲来说,希望 V 值越大越好,也就是希望 $1/V$ 的值越小越好,最后,我们就建立起求甲的最优混合策略的线性规划的模型如下:

$$\min x_1 + x_2;$$

约束条件:
$$5x_1 + 8x_2 \geqslant 1,$$
$$9x_1 + 6x_2 \geqslant 1,$$
$$x_1 \geqslant 0, x_2 \geqslant 0.$$

用"管理运筹学"软件,我们求得

$$x_1 = 0.048,$$
$$x_2 = 0.095.$$

从 $\frac{1}{V} = x_1 + x_2$,我们可求得 $V = \frac{1}{0.048 + 0.095} \approx 6.993$.

再从 $x_i' = V \cdot x_i$,可得

$$X_1' = 0.048 \times 6.993 \approx 0.336,$$
$$X_2' = 0.095 \times 6.993 \approx 0.664.$$

这样,我们知道甲的最优混合策略是以 0.336 的概率出 α_1 策略,以 0.664 的概率出 α_2 策略,简记为 $X^* = (0.0336, 0.664)^T$,$V = 6.993$ 也就是对策 G 的值,记为 $V_G = 6.993$.

同样我们可以求出乙最优混合策略.

设 y_1', y_2' 分别为乙出策略 β_1, β_2 的概率,V 为甲出对其最有利的策略的情况下,乙的损失的平均值.同样我们可以得到:

$$y_1' + y_2' = 1,$$
$$5y_1' + 9y_2' \leqslant V,$$
$$8y_1' + 6y_2' \leqslant V,$$
$$y_1' \geqslant 0, y_2' \geqslant 0.$$

注意在第二、第三个关系式里我们用了"$\leqslant$"符号,这是因为乙希望损失的越少越好.乙的损失就是甲的赢得,故有 $V>0$.

同样作变量替换,令

$$y_i = \frac{y_i'}{V} \quad (i = 1, 2),$$

得关系式

$$y_1 + y_2 = 1/V,$$
$$5y_1 + 9y_2 \leqslant 1,$$
$$8y_1 + 6y_2 \leqslant 1,$$
$$y_1 \geqslant 0, y_2 \geqslant 0.$$

乙希望损失的越少越好,即 V 越小越好而 $1/V$ 越大越好,这样我们也建立了求乙的最优混合策略的线性规划模型如下:

$$\max\ y_1 + y_2;$$

约束条件:
$$5y_1 + 9y_2 \leqslant 1,$$
$$8y_1 + 6y_2 \leqslant 1,$$
$$y_1 \geqslant 0, y_2 \geqslant 0.$$

用"管理运筹学"软件,我们求得 $y_1 = 0.071\ 5, y_2 = 0.071\ 5$.

从 $\dfrac{1}{V} = y_1 + y_2$,求得 $V = \dfrac{1}{y_1 + y_2} = \dfrac{1}{0.071\ 5 + 0.071\ 5} \approx 6.993$.

再从 $y_i' = V \cdot y_i$,得

$$y_1' = 6.993 \times 0.071\ 5 \approx 0.5,$$
$$y_2' = 6.993 \times 0.071\ 5 \approx 0.5.$$

即乙的最优混合策略为以 0.5 的概率出 β_1,以 0.5 的概率出 β_2. $V = 6.993$ 也同样是对策 G 的值,即 $V_G = 6.993$.

在解上述例题时的第二步中,我们从 A 的元素都大于零这一事实判断了 V 大于零.但是在更多的问题中 A 的元素不一定都大于零,我们就无法判断出 V 大于零这个条件,或者在一些问题中 V 本来就小于零或者等于零,这时我们可以把 A 中的每一个元素都加上同样的一个足够大的正数 k 使得所得的新的赢得矩阵 A' 的每一个元素都大于零.有定理保证这两个矩阵对策

$$G = \{S_1, S_2, A\},$$
$$G' = \{S_1, S_2, A'\}$$

的最优混合策略是相同的.这样我们求出了 $G' = \{S_1, S_2, A'\}$ 的最优混合策略,也就求出了 $G = \{S_1, S_2, A\}$ 的最优混合策略,而且有 $V_G = V_{G'} - k$.

下面我们来求田忌赛马的最优策略,已知齐王的赢得矩阵

$$A = \begin{bmatrix} 3 & 1 & 1 & 1 & -1 & 1 \\ 1 & 3 & 1 & 1 & 1 & -1 \\ 1 & -1 & 3 & 1 & 1 & 1 \\ -1 & 1 & 1 & 3 & 1 & 1 \\ 1 & 1 & 1 & -1 & 3 & 1 \\ 1 & 1 & -1 & 1 & 1 & 3 \end{bmatrix}.$$

求得　$\max_i \min_j a_{ij} = -1, \min_j \max_i a_{ij} = 3,$

可知　$\max_i \min_j a_{ij} \neq \min_j \max_i a_{ij}.$

故此问题不存在纯策略意义下的解.我们可求其混合策略,因为 A 中有负元素,我们可以取 $k=2$,即在 A 的每个元素上加 2 得 A' 如下所示:

$$A' = \begin{bmatrix} 5 & 3 & 3 & 3 & 1 & 3 \\ 3 & 5 & 3 & 3 & 3 & 1 \\ 3 & 1 & 5 & 3 & 3 & 3 \\ 1 & 3 & 3 & 5 & 3 & 3 \\ 3 & 3 & 3 & 1 & 5 & 3 \\ 3 & 3 & 1 & 3 & 3 & 5 \end{bmatrix}.$$

我们建立对 $G' = \{S_1, S_2, A'\}$ 的求甲方最优策略的线性规划模型如下所示:

$$\min x_1 + x_2 + x_3 + x_4 + x_5 + x_6;$$

约束条件:
$$5x_1 + 3x_2 + 3x_3 + x_4 + 3x_5 + 3x_6 \geq 1,$$
$$3x_1 + 5x_2 + x_3 + 3x_4 + 3x_5 + 3x_6 \geq 1,$$
$$3x_1 + 3x_2 + 5x_3 + 3x_4 + 3x_5 + x_6 \geq 1,$$
$$3x_1 + 3x_2 + 3x_3 + 5x_4 + x_5 + 3x_6 \geq 1,$$
$$x_1 + 3x_2 + 3x_3 + 3x_4 + 5x_5 + 3x_6 \geq 1,$$
$$3x_1 + x_2 + 3x_3 + 3x_4 + 3x_5 + 5x_6 \geq 1,$$
$$x_i \geq 0 \quad (i = 1, 2, \cdots, 6).$$

用"管理运筹学"软件,我们求得此线性规划问题的解为:
$$x_1 = x_4 = x_5 = 0,$$
$$x_2 = x_3 = x_6 = 0.111.$$

求得
$$V' = \frac{1}{x_1 + x_2 + x_3 + x_4 + x_5 + x_6} = 3,$$
$$x_1' = x_4' = x_5' = 0 \times 3 = 0,$$
$$x_2' = x_3' = x_6' = 0.111 \times 3 = 0.333 = \frac{1}{3}.$$

即　　　$X'^* = (0, 1/3, 1/3, 0, 0, 1/3)^T,$

所以甲的最优混合策略为出策略 α_2、α_3、α_6 的概率都为 0.333(即为 1/3),而出 α_1、α_4、α_5 的概率为零,此时 $V_G' = V' = 3$.

请注意,上述的线性规划的解不是唯一的,其有无穷组解,例如 $x_1 = x_2 = x_3 = x_4 = x_5 = x_6 = 0.0556$ 也是其中一个解,对应可求得

$$x_1' = x_2' = x_3' = x_4' = x_5' = x_6' = V \times 0.0556$$

$$= 3 \times 0.055\ 6$$
$$= 0.166\ 8\,(\text{即为}\ 1/6),$$

也即甲的最优混合策略为出 $\alpha_1, \alpha_2, \alpha_3, \alpha_4, \alpha_5, \alpha_6$ 的概率都为 $1/6$,

$$V'_G = V' = 1/(6 \times 0.055\ 6) = 3.$$

如上面所指出的那样,

$$G = \{S_1, S_2, \boldsymbol{A}\} \quad \text{与} \quad G' = \{S_1, S_2, \boldsymbol{A}'\}$$

有相同的矩阵策略的解,即原问题齐王赛马齐王的最优混合策略也为出 $\alpha_2, \alpha_3, \alpha_6$ 的概率都为 $\dfrac{1}{3}$,而出 $\alpha_1, \alpha_4, \alpha_5$ 的概率都为零. 对应的另一解也有齐王的最优混合策略为出 $\alpha_1, \alpha_2, \alpha_3, \alpha_4, \alpha_5, \alpha_6$ 的概率都为 $1/6$. 这时 $V_G = V'_G - k = 3 - 2 = 1$,即齐王的平均赢得为 1.

同样可以建立对策 $G' = \{S_1, S_2, \boldsymbol{A}'\}$ 的求乙方最优策略的线性模型如下所示:

$$\max\ y_1 + y_2 + y_3 + y_4 + y_5 + y_6;$$

约束条件:
$$5y_1 + 3y_2 + 3y_3 + 3y_4 + y_5 + 3y_6 \leqslant 1,$$
$$3y_1 + 5y_2 + 3y_3 + 3y_4 + 3y_5 + y_6 \leqslant 1,$$
$$3y_1 + y_2 + 5y_3 + 3y_4 + 3y_5 + 3y_6 \leqslant 1,$$
$$y_1 + 3y_2 + 3y_3 + 5y_4 + 3y_5 + 3y_6 \leqslant 1,$$
$$3y_1 + 3y_2 + 3y_3 + y_4 + 5y_5 + 3y_6 \leqslant 1,$$
$$3y_1 + 3y_2 + y_3 + 3y_4 + 3y_5 + 5y_6 \leqslant 1,$$
$$y_i \geqslant 0 \quad (i = 1, 2, \cdots, 6).$$

用"管理运筹学"软件解得

$$y_1 = y_4 = y_5 = 0.111,$$
$$y_2 = y_3 = y_6 = 0.$$

求得
$$V' = \frac{1}{y_1 + y_2 + y_3 + y_4 + y_5 + y_6} = \frac{1}{0.333} \approx 3, \text{得到}$$

$$y'_1 = y'_4 = y'_5 = V' \times 0.111 = 3 \times 0.111 = 0.333 = 1/3,$$
$$y'_2 = y'_3 = y'_6 = V' \times 0 = 0, \text{即}\ \boldsymbol{Y}^* = (1/3, 0, 0, 1/3, 1/3, 0).$$

类似地,我们可以知道在齐王赛马问题中田忌的最优混合策略为田忌出 $\beta_1, \beta_4, \beta_5$ 的概率都为 $1/3$,而出 $\beta_2, \beta_3, \beta_6$ 的概率都为零,同样田忌的最优混合策略也不是唯一的,例如田忌出 $\beta_1, \beta_2, \beta_3, \beta_4, \beta_5, \beta_6$ 的概率都为 $1/6$,也是一个最优混合策略,这时

$$V_G = V'_G - k = V' - k = 3 - 2 = 1.$$

即田忌的平均损失为 1.

齐王赛马问题的对策最优解我们可简记为 $\boldsymbol{X}^* = (0, 1/3, 1/3, 0, 0, 1/3)^{\mathrm{T}}$(或 $\boldsymbol{X}^* = (1/6, 1/6, 1/6, 1/6, 1/6, 1/6)$),$\boldsymbol{Y}^* = (1/3, 0, 0, 1/3, 1/3, 0)^{\mathrm{T}}$(或 $\boldsymbol{Y}^* = (1/6, 1/6, 1/6, 1/6, 1/6, 1/6)$),其对策值 $V_G = 1$.

其实,在"管理运筹学"软件中,为了读者的方便,专门设计了一个处理矩阵对策的混

合策略问题的子程序,只要输入赢得矩阵,就得到其对策的最优解.

例3 两个局中人进行对策,规则是两人互相独立地各自从 1、2、3 这三个数字中任意选写一个数字.如果两人所写的数字之和为偶数,则局中人乙付给局中人甲以数量为此和数的报酬;如果两人所写数字之和为奇数,则局中人甲付给局中人乙以数量为此和数的报酬.试求出其最优策略.

解 首先我们可计算出局中人甲的赢得表如表 15-2 所示.

表 15-2

甲的赢得 ＼ 乙的策略 甲的策略	β_1(写1)	β_2(写2)	β_3(写3)
α_1(写1)	2	-3	4
α_2(写2)	-3	4	-5
α_3(写3)	4	-5	6

即甲的赢得矩阵

$$A = \begin{bmatrix} 2 & -3 & 4 \\ -3 & 4 & -5 \\ 4 & -5 & 6 \end{bmatrix},$$

因为

$$\max_i \min_j a_{ij} = -3, \min_j \max_i a_{ij} = 4,$$

即

$$\max_j \min_j a_{ij} \neq \min_j \max_i a_{ij}.$$

所以此对策问题无在纯策略意义下的解,我们可以求其在混合策略意义下的解,即可求出甲和乙的最优混合策略.为了求解方便,使 V 值大于零,取 k 等于 6,即 A 的各元素都加上 6,得到新矩阵如下

$$A' = \begin{bmatrix} 8 & 3 & 10 \\ 3 & 10 & 1 \\ 10 & 1 & 12 \end{bmatrix},$$

并建立其相应的两个互为对偶的线性规划模型如下:

$$\min x_1 + x_2 + x_3;$$

约束条件:

$$8x_1 + 3x_2 + 10x_3 \geq 1,$$
$$3x_1 + 10x_2 + x_3 \geq 1,$$
$$10x_1 + x_2 + 12x_3 \geq 1,$$

$$x_1 \geqslant 0, x_2 \geqslant 0, x_3 \geqslant 0.$$

$$\max\ y_1 + y_2 + y_3 ;$$

约束条件：
$$8y_1 + 3y_2 + 10y_3 \leqslant 1,$$
$$3y_1 + 10y_2 + y_3 \leqslant 1,$$
$$10y_1 + y_2 + 12y_3 \leqslant 1,$$
$$y_1 \geqslant 0, y_2 \geqslant 0, y_3 \geqslant 0.$$

用"管理运筹学"软件，分别求得

$$x_1 = 0.042, x_2 = 0.083, x_3 = 0.042,$$
$$y_1 = 0.042, y_2 = 0.083, y_3 = 0.042.$$

我们可以求得

$$V = \frac{1}{x_1 + x_2 + x_3} = \frac{1}{0.167} = 5.988.$$

并得到
$$x_1' = Vx_1 = 5.988 \times 0.042 \approx 0.25,$$
$$x_2' = Vx_2 = 5.988 \times 0.083 \approx 0.50,$$
$$x_3' = Vx_3 = 5.988 \times 0.042 \approx 0.25,$$
$$y_1' = Vy_1 = 5.988 \times 0.042 \approx 0.25,$$
$$y_2' = Vy_2 = 5.988 \times 0.083 \approx 0.50,$$
$$y_3' = Vy_3 = 5.988 \times 0.042 \approx 0.25.$$

即此对策的解为
$$\boldsymbol{X}^* = (0.25, 0.50, 0.25)^T, \boldsymbol{Y}^* = (0.25, 0.50, 0.25)^T,$$

且 $V_G = V_G' - k = 5.988 - 6 \approx 0$.

这也就是说甲出 $\alpha_1, \alpha_2, \alpha_3$ 的概率分别为 0.25，0.50，0.25. 这是甲的最优混合策略，而乙的最优混合策略为出 $\beta_1, \beta_2, \beta_3$ 的概率为 0.25，0.50，0.25，并知道甲的平均赢得（赢得的期望值）为零，乙的平均损失也为零.

例4 甲乙两个企业生产同一种电子产品，两个企业都想在经营管理上采取措施而获得更多的市场销售份额，甲企业可以采用的策略措施有：① 降低产品价格；② 提高产品质量；③ 推出新产品. 乙企业考虑采取的策略措施有：① 增加广告费用；② 增设维修网点，加强售后服务；③ 改进产品性能. 由于甲、乙两企业财力有限，都只能采取一个措施. 假定这两个企业所占的市场总份额一定，由于各自采取的措施不同，通过预测今后两个企业的市场占有份额变动情况如表15-3所示（正值为甲企业所增加的市场占有份额，负值为甲企业所减少的市场份额），试求这两个企业各自的最优策略.

表 15-3

乙企业策略 甲的赢得 甲企业策略	β_1(措施 1)	β_2(措施 2)	β_3(措施 3)
α_1(措施 1)	10	−6	3
α_2(措施 2)	8	5	−5
α_3(措施 3)	−12	10	8

解 易见此对策无纯策略意义下的解. 因为甲的赢得矩阵 A 中有负元素,令 $k=12$,把 12 加到 A 中的每一个元素上得 A'.

$$A' = \begin{bmatrix} 22 & 6 & 15 \\ 20 & 17 & 7 \\ 0 & 22 & 20 \end{bmatrix}.$$

建立相应的两个互为对偶的线性规划模型如下:

$$\min \ x_1 + x_2 + x_3;$$

约束条件:

$$22x_1 + 20x_2 \geqslant 1,$$
$$6x_1 + 17x_2 + 22x_3 \geqslant 1,$$
$$15x_1 + 7x_2 + 20x_3 \geqslant 1,$$
$$x_1 \geqslant 0, x_2 \geqslant 0, x_3 \geqslant 0$$

以及

$$\max \ y_1 + y_2 + y_3;$$

约束条件:

$$22y_1 + 6y_2 + 15y_3 \leqslant 1,$$
$$20y_1 + 17y_2 + 7y_3 \leqslant 1,$$
$$22y_2 + 20y_3 \leqslant 1,$$
$$y_1 \geqslant 0, y_2 \geqslant 0, y_3 \geqslant 0.$$

用"管理运筹学"软件计算得

$$x_1 = 0.027, \qquad x_2 = 0.020, \qquad x_3 = 0.023;$$
$$y_1 = 0.0225, \qquad y_2 = 0.0225, \qquad y_3 = 0.025.$$
$$V = \frac{1}{x_1 + x_2 + x_3} = \frac{1}{0.027 + 0.020 + 0.023} = \frac{1}{0.07} = 14.29,$$

并可计算得

$$x_1' = Vx_1 = 14.29 \times 0.027 = 0.3858,$$
$$x_2' = Vx_2 = 14.29 \times 0.020 = 0.2858,$$
$$x_3' = Vx_3 = 14.29 \times 0.023 \approx 0.3287;$$

$$y_1' = Vy_1 = 14.29 \times 0.022\ 5 \approx 0.321\ 5,$$

$$y_2' = Vy_2 = 14.29 \times 0.022\ 5 \approx 0.321\ 5,$$

$$y_3' = Vy_3 = 14.29 \times 0.025 \approx 0.357\ 3.$$

即此对策的解为:

$$\boldsymbol{X}^* = (0.385\ 8, 0.285\ 8, 0.328\ 7)^{\mathrm{T}},$$

$$\boldsymbol{Y}^* = (0.321\ 5, 0.321\ 5, 0.357\ 3)^{\mathrm{T}},$$

且

$$V_G = V_G' - k = 14.29 - 12 = 2.29.$$

即甲的最优混合策略为出措施 1,2,3 的概率分别为 0.385 8,0.285 8,0.328 7;乙最优混合策略为出措施 1,2,3 的概率分别为 0.321 5,0.321 5,0.357 3. 并知道甲的平均赢得即是乙的平均损失为 2.29. 这将为企业决策提供参考.

在这一节的最后,我们将介绍一下优超原则.

设 $\boldsymbol{A} = (a_{ij})$ 为局中人甲的赢得矩阵,如果在矩阵 $\boldsymbol{A}$ 中存在两行 s 行与 t 行, s 行的元素均不小于 t 行的元素,即对一切 $j = 1, 2, \cdots, n$ 都有

$$a_{tj} \leqslant a_{sj},$$

则称局中人甲的策略 α_s 优超于 α_t,同样如果在矩阵 $\boldsymbol{A}$ 中存在两列, k 列与 l 列, k 列的元素都不小于 l 列的元素,即对一切 $i = 1, 2, \cdots, m$ 都有

$$a_{il} \leqslant a_{ik},$$

则称局中人乙的策略 α_l 优超于 α_k.

优超原则:当局中人甲的某策略 α_i 被其他策略之一所优超时,可在 $\boldsymbol{A}$ 中划去第 i 行,同样对局中人乙来说,可从在 $\boldsymbol{A}$ 中划去被其他策略之一所优超的那些列,所得的阶数较小的矩阵 $\boldsymbol{A}'$,它所对应的对策 G' 与原对策 G 等价,即它们有相同的矩阵对策的解.

利用优超原则,我们可以简化对策问题,下面举例说明优超原则的应用.

例 5 设对策问题局中人甲的赢得矩阵为

$$\boldsymbol{A} = \begin{bmatrix} 3 & 2 & 0 & 3 & 0 \\ 5 & 0 & 2 & 5 & 9 \\ 7 & 3 & 9 & 5 & 9 \\ 4 & 6 & 8 & 7 & 5.5 \\ 6 & 0 & 8 & 8 & 3 \end{bmatrix},$$

求解这个矩阵对策.

解 由于第 4 行优超于第 1 行,第 3 行优超于第 2 行,故可以划去第 1 行和第 2 行得到新的赢得矩阵 $\boldsymbol{A}_1$,为了能记住新矩阵行与列在原矩阵的位置,我们将标上其在原矩阵的位置.

$$\boldsymbol{A}_1 = \begin{matrix} & \begin{matrix} \beta_1 & \beta_2 & \beta_3 & \beta_4 & \beta_5 \end{matrix} \\ \begin{matrix} \alpha_3 \\ \alpha_4 \\ \alpha_5 \end{matrix} & \begin{bmatrix} 7 & 3 & 9 & 5 & 9 \\ 4 & 6 & 8 & 7 & 5.5 \\ 6 & 0 & 8 & 8 & 3 \end{bmatrix} \end{matrix}.$$

对于 A_1，第 1 列优超于第 3 列，第 2 列优超于第 4 列，因此去掉第 3 列、第 4 列，得到

$$A_2 = \begin{array}{c} \\ \alpha_3 \\ \alpha_4 \\ \alpha_5 \end{array} \begin{array}{ccc} \beta_1 & \beta_2 & \beta_5 \\ \left[\begin{array}{ccc} 7 & 3 & 9 \\ 4 & 6 & 5.5 \\ 6 & 0 & 3 \end{array} \right] \end{array}.$$

这时第 1 行又优超于第 3 行，故在 A_2 中划去第 3 行，得到

$$A_3 = \begin{array}{c} \\ \alpha_3 \\ \alpha_4 \end{array} \begin{array}{ccc} \beta_1 & \beta_2 & \beta_5 \\ \left[\begin{array}{ccc} 7 & 3 & 9 \\ 4 & 6 & 5.5 \end{array} \right] \end{array}.$$

在 A_3 中可见第 1 列优超于第 3 列，把第 3 列划去，得到

$$A_4 = \begin{array}{c} \\ \alpha_3 \\ \alpha_4 \end{array} \begin{array}{cc} \beta_1 & \beta_2 \\ \left[\begin{array}{cc} 7 & 3 \\ 4 & 6 \end{array} \right] \end{array}.$$

对于 A_4，易知无最优纯策略，我们可以用线性规划的方法求其解，其相应的相互对偶的线性规划模型如下：

$$\min x_3 + x_4;$$

约束条件：
$$7x_3 + 4x_4 \geqslant 1,$$
$$3x_3 + 6x_4 \geqslant 1,$$
$$x_3 \geqslant 0, x_4 \geqslant 0.$$

$$\max y_1 + y_2;$$

约束条件：
$$7y_1 + 3y_2 \leqslant 1,$$
$$4y_1 + 6y_2 \leqslant 1,$$
$$y_1 \geqslant 0, y_2 \geqslant 0.$$

用"管理运筹学"软件求解得

$$x_3 = 0.067, x_4 = 0.133;$$
$$y_1 = 0.1, y_2 = 0.1.$$

计算
$$V = \frac{1}{x_3 + x_4} = \frac{1}{0.067 + 0.133} = 5.$$

这样可求得

$$x_3' = Vx_3 = 5 \times 0.067 = 0.335,$$
$$x_4' = Vx_4 = 5 \times 0.133 = 0.665,$$

$$y'_1 = Vy_1 = 5 \times 0.1 = 0.5,$$

$$y'_2 = Vy_2 = 5 \times 0.1 = 0.5,$$

$$V_G = V = 5.$$

于是原矩阵对策的一个解为

$$\boldsymbol{X}^* = (0, 0, 0.335, 0.665, 0)^{\mathrm{T}},$$

$$\boldsymbol{Y}^* = (0.5, 0.5, 0, 0, 0)^{\mathrm{T}}.$$

读者也可以不用优超原则化简,而直接用线性规划问题求解,所得结果是一样的. 在这我们要提及两个事实:

1. 利用优超原则化简赢得矩阵时,有可能将原矩阵对策的解也划去一些.

2. 用线性规划求解矩阵对策时,只能求得一个解,而矩阵对策可能有无数多个解. 但它们的对策的值 V_G 都是一样的. 在本书的第三章里我们已经介绍了如何从计算机输出中判断线性规划是否有无穷多组解.

所以本书建议当"管理运筹学"软件能处理某些对策问题时,就不必用优超原则化简,这样我们可以从输出中判断该对策是否有无穷多组解,而当对策问题的赢得矩阵的阶太大以至于超出"管理运筹学"软件所能处理的范围时,可用优超原则化简.

当然,如果我们用"管理运筹学"软件中的矩阵对策的混合策略的子程序来解决这类问题,那是再方便不过的了,但它不能得到用线性规划子程序求解时所得到的更多的信息.

§15.4 其他类型的对策论简介

在对策论中可以根据不同方式对对策问题进行分类,通常分类的方式为:

(1) 根据局中人的个数,可分为单人博弈和双人博弈.图 15-3 是一个单人迷宫的例子,局中人只有 1 个,这也是退化的博弈.只要它能够顺利一次性选对方向,走到出口就可以获得 M 单位的奖金,否则什么也得不到.举例说明,当这个人从入口进入,到达 A 口,他可以做出向左走还是向右走的决定,如果选择向右走,势必会走到死胡同,所以此时他的收益为 0,如果向左走,将会到达 B 口,此时如果选对了向右走,就可以走到出口进而拿到奖金 M,反之选择向左走,收益依旧为 0.如何表示这个单人博弈呢? 可以用动态博弈的表达方法扩展型来表示,如图 15-4 所示.

教学视频:单人对策、二人对策和多人对策

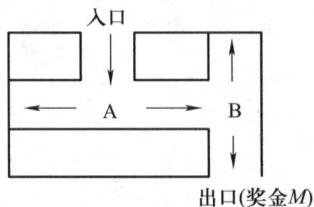

图 15-3

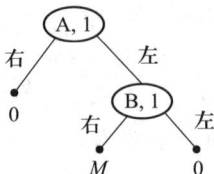

图 15-4

二人对策也称双人博弈,即有两个局中人的对策,这也是博弈论研究最多、最基本和有用的对策类型.二人对策有多种可能性,局中人的利益方向可能一致,也可能不一致,如齐王赛马、猜拳游戏、囚徒困境等都属于二人对策.

本节重点介绍囚徒困境(Prisoner's Dilemma).这是美国普林斯顿大学数学家阿尔伯特·塔克(Albert Tucker)教授 1950 年提出来的,该对策是对策论最经典、最著名的对策,也可以扩展到许多经济问题以及社会问题,如双寡头垄断、价格战、军备竞赛等.

例 6　囚徒困境讲的是两个犯罪嫌疑人的故事.两个犯罪嫌疑人(称为囚徒 1 和囚徒 2)作案后被警察抓住,将他们隔离审讯,警方的政策是"坦白从宽,抗拒从严",如果两人都坦白则各判 5年;如果一人坦白另一人不坦白,坦白者当场释放,不坦白者判 8 年;如果都不坦白则因证据不足各判 1 年.这个问题最终可能的均衡是什么呢? 如图 15-5 所示.

		囚徒1	
		坦白	不坦白
囚徒2	坦白	−5, −5	0, −8
	不坦白	−8, 0	−1, −1

图 15-5

从对策模型的三要素来看,局中人即为囚徒 1 和囚徒 2,每个人的策略集合为"坦白"或"不坦白",对应的收益矩阵如图 15-5 所示,每个格中逗号左侧为左面博弈方(囚徒 2)的收益,逗号右侧为上面博弈方(囚徒 1)的收益.举例说明,以左上格为例,当囚徒 1 选择坦白囚徒 2 也选择坦白时,双方各判 5 年,所以大家的收益为负数−5,而当囚徒 1 选择坦白,囚徒 2 选择不坦白时,囚徒 1 被无罪释放,即为 0,而对应的囚徒 2 却要承受 8 年的重罪.显然,从表格上看,双方的最优选择是均不坦白,各判 1 年.而事实上的均衡会怎样呢?

假定囚徒 1 选择坦白,我们分析囚徒 2 的选择,当他选择坦白时收益为−5,而不坦白时收益为−8,对比−5 与−8,囚徒 2 一定会选择有利于自己的策略,即坦白,此时收益为−5;而当囚徒 1选择不坦白时,我们再来分析囚徒 2 的选择,当他选择坦白时收益为 0,不坦白时收益为−1,相比之下,0 优于−1,因此坦白仍是囚徒 2 的最优选择.综上,无论囚徒 1 选择什么样的策略,坦白都是囚徒 2 的最优选择.由于这个损益矩阵是对称的,因此,对于囚徒 1 而言,无论囚徒 2 怎么选择,坦白也是他的最优策略,因此,最终的结果是双方都会选择坦白的策略,(坦白,坦白)成了本例中的均衡解.

囚徒困境反映了个人理性和集体理性的矛盾.尽管(不坦白,不坦白)的结果是最好的,但因为每个囚徒都是理性人,他们追求自身效应的最大化,结果就变成了(坦白,坦白).个人理性导致了集体不理性,这也是为什么称之为囚徒"困境"的原因.为什么会造成这样的结果呢?

这要从均衡的概念出发进行讨论,因为上述问题的均衡(坦白,坦白)是所有局中人的最优策略组合.所谓均衡,就是一种稳定状态,符合系统工程中关于稳定性的要求,即系统受到扰动后其运动能恢复到原平衡状态的性能——即系统抗击扰动的特性.在当前的(坦白,坦白)状态下,如果单方面变动会使自己陷入更糟的境地,则不会有人愿意变动.那为什么(不坦白,不坦白)不是均衡或稳态呢,因为这个组合并不稳定,一旦一方不能信守承诺,选择了坦白,他可以获得当场释放的好处,而恪守承诺的一方,即选择不坦白的一方则要蒙受巨大损失,获得8年的牢狱之灾,谁都不愿意冒这个风险,因此,大家都有偏离(不坦白,不坦白)的动机,所以这并不是均衡解.

纵观我们的现实社会,囚徒困境依然存在.以中学补课为例,如果大家都选择不补课,孩子们学业压力小,双方都可以学得轻松自然,然而如果都补课,大家要承受更多压力,学得辛苦,具体收益如图15-6所示.然而在当前状态下,没有学生愿意冒不补课的风险,因为那样会导致自己学习成绩掉队造成更大的损失,因此,(补课,补课)是该问题的均衡组合,囚徒困境再次出现.

学生2

		补课	不补课
学生1	补课	$-5,-5$	$0,-8$
	不补课	$-8,0$	$-1,-1$

图 15-6

如何破解囚徒困境呢,恐怕需要社会制度的约束和观念的转换,这留待感兴趣的同学后续进行探索.

最后我们看一下三人或多人的对策.

有三个或三个以上对策方参加的对策就是"多人对策".多人对策同样也是对策方在意识到其他对策方的存在,意识到其他对策方对自己决策的反应和反作用存在的情况下寻求自身最大利益的决策活动.因而,它们的基本性质和特征与两人对策是相似的,我们常常可以用研究两人对策同样的思路和方法来研究它们,或将两人对策的结论推广到多人对策.不过,毕竟多人对策中出现了更多的追求各自利益的独立决策者,因此,策略的相互依存关系也就更为复杂,对任一对策方的决策引起的反应也就要比两人对策复杂得多.并且,在多人对策中还有一个与两人对策有本质区别的特点,即可能存在"破坏者".所谓破坏者即一个对策中具有下列特征的对策方:其策略选择对自身的得益没有任何影响,但却会影响其他对策方的得益,有时这种影响甚至有决定性的作用.以1993年9月23日北京申办第27届2000年奥运会为例,共有5个城市参加角逐,中国的北京在前二轮的得票分别是32和37.进入到第三轮,剩下北京、悉尼和曼彻斯特三个城市,他们的得票分别是40、37和11票,此时的曼彻斯特落选.进入第四轮时,只剩下北京和悉尼两个候选城市,假定原来支持北京和悉尼的投票意向不变,此时剩下的11票将重新分配,不妨将其设为第三方,此时第三方已经落选,但是在第四轮的投票中,他们却可以决定北京和悉尼的命运.最终,北京以 2 票之差,43 票对 45 票惜败悉尼,未能承办 2000 年的奥运会,但 2008 年的奥运会却是依然精彩.可见,对于多人对策,如三人对策,每一方的策略都将影响博弈的最终均衡,比如上面的第三方就属于前述的"破坏者",尽管在第四轮投票中,其策略选择对自身的利益并没有影响,但却会对其他参与方的利益产生很大的,有时甚至是决定性的影响.因此,如果我们将申办奥运会的决策活动看做是一个三人对策,每个局中人都可以做出自己的决策,则前面所述的第三方很可能成为这个问题的"破坏者".

多人对策可以分为合作的和非合作的.非合作对策顾名思义,就是局中人之间不存在合作,即各局中人在采取行动之前,没有事前的交流和约定,在其行为发生相互作用时,也不会达成任何有约束力的协议.每个局中人都选择于己最有利的策略以使效用水平最大化.然而,在非合作对策中,双方的利益也并非是完全冲突的,即对一个局中人有利的局势并不一定对其他局中人不利.

如同矩阵对策中纯策略意义下的解有时不存在一样,有些非合作对策也不存在纯策略纳什均衡.在这种情况下,局中人就必须考虑混合策略.

(2)根据对策中的策略数量划分,可分为有限对策和无限对策.有限对策,即每个局中人的策略数都是有限的,如囚徒困境模型,策略是有限的;而对于无限对策,至少有某些局中人有无限多个策略,如下文介绍的连续产量古诺模型.

例 7 设一市场有两个厂商供应同样的产品.厂商 1 产量为 q_1,厂商 2 产量为 q_2,市场总供给 $Q=q_1+q_2$.市场出清价格 P(可以将产品全部都卖出去的价格)是市场总供给的函数 $P=P(Q)=8-Q$.再设两个厂商生产都无固定成本,每增加一单位产量的边际成本 $c_1=c_2=2$,最后强调两个厂商同时决策,即决策之前都不知道另一方产量.

该博弈中,两博弈方的策略空间是他们可以选择的产量.假设产量是连续可分的,即使由于受生产能力限制等原因产量是有上限的,两厂商也都有无限多种可选策略.两博弈方的得益是两个厂商各自的利润,即各自的销售收入减去各自的成本,根据设定情况分别为

$$u_1=q_1P(Q)-c_1q_1=q_1[8-(q_1+q_2)]-2q_1=6q_1-q_1q_2-q_1{}^2$$
$$u_2=q_2P(Q)-c_2q_2=q_2[8-(q_1+q_2)]-2q_2=6q_2-q_1q_2-q_2{}^2$$

容易看出,两博弈方的得益都取决于双方策略(产量).正是由于双方都有无限多种可选策略,因而博弈无法用得益矩阵表示,但纳什均衡概念还是适用的,只要策略组合 (q_1^*,q_2^*) 满足 q_1^* 和 q_2^* 相互都是对方的最佳对策,即可构成纳什均衡.如果可以证实它是该博弈的唯一纳什均衡,即理性博弈的结果,可以预言两个理性的厂商将分别选择这两个产量.

教学视频:古诺的寡头模型和寡头产量竞争

在此,可直接根据纳什均衡的定义求解该博弈的纳什均衡.根据定义,纳什均衡就是相互为最优对策的各博弈方策略组合,因此如果策略组合(q_1^*,q_2^*)是本博弈的纳什均衡,就必须是最大值问题

$$\begin{cases} \max\limits_{q_1}(6q_1-q_1q_2^*-q_1^2) \\ \max\limits_{q_2}(6q_2-q_2q_1^*-q_2^2) \end{cases}$$

的解.

上述两个求最大值的式子都是各自变量的二次式,且二次项系数都小于0,因此只要q_1^*、q_2^*能使两式各自对q_1,q_2的导数为0,就能实现两式的最大值.令

$$\begin{cases} 6-q_2^*-2q_1^*=0 \\ 6-q_1^*-2q_2^*=0 \end{cases}$$

解之得该方程组的唯一解$q_1^*=q_2^*=2$.因此策略组合$(2,2)$是本博弈的唯一的纳什均衡.可预测两个厂商都会生产2单位产量,市场总供给为$2+2=4$,市场价格为$8-4=4$,双方各自得益(利润)为$2×(8-4)-2×2=4$,两个厂商利润总和为$4+4=8$.

如果从两个厂商总体利益最大化角度出发进行统一的产量选择,就要求实现使两个厂商利润总和最大的总产量.设总产量为Q,则总利润为

$$U=P\cdot Q-cQ=Q(8-Q)-2Q=6Q-Q^2$$

容易求得使总得益最大的总产量$Q^*=3$,最大总得益$u^*=9$.将此结果与两个厂商独立决策,追求各自利润最大化时的博弈结果相比,不难发现这里的总产量较小,而总利润却较高.因此从两个厂商的总体来看,根据总体利益最大化决策效率更高.换言之,如果两个厂商联合起来决定产量,先定出使总利益最大的产量(3单位)后各自生产其中的一半(1.5单位),则各自可分享到4.5单位利润,比各自独立决策得到的要高.

然而,这也同样面临因徒困境问题,$(1.5,1.5)$单位的产量为什么不能成为纳什均衡的组合策略呢?是因为当一方生产1.5单位的产量时,另一方如果突破了1.5单位产量的限制,比如生产古诺产量2个单位,则可以获得超高的利润5,而恪守承诺生产1.5单位产量的博弈方只能得到3.75的收益,如图15-7所示.

	厂商1	
	不突破1.5	突破2
厂商2 不突破1.5	4.5,4.5	3.75,5
突破2	5,3.75	4,4

图 15-7

因此$(1.5,1.5)$的组合策略不具有稳定型,而古诺模型中的$(2,2)$才是真正稳定的纳什均衡.

(3)根据对策中的得益可以将其分为零和、常和和非零和对策.得益即参加对策的各个对策方从对策中所获得的利益,它是各对策方追求的根本目标,也是他们行为和判断的主要依据.

在两人或多人对策中,每个对策方在每种结果(策略组合)下都有各自相应的得益,我们可将每个对策方在同一种结果中各自的得益相加计算出各对策方得益的总和. 不同对策问题中,总得益的情况会有所不同. 根据总得益是否为零可以将对策分为"零和对策"和"非零和对策".

所谓零和对策,就是一方的收益必定是另一方的损失. 这种对策的特点是不管各对策方如何决策,最后各对策方得益之和总是为零. 有某些对策中,每种结果之下各对策方的得益之和不等于0,但总是等于一个非零常数,就称为"常和对策". 当然,可以将零和对策本身看作是常和对策的特例.

"零和对策"和"常和对策"之外的所有对策都可被称为"非零和对策". 非零和对策即意味着在不同策略组合(结果)下各对策方的得益之和一般是不相同的. 如前述囚徒困境就是典型的非零和对策. 应该说,非零和对策是最一般的对策类型,而常和对策和零和对策都是它的特例.在非零和对策中,存在着总得益较大的策略组合和总得益较小的策略组合之间的区别,这也就意味着在对策方之间存在着互相配合,争取较大的总得益和个人得益的可能性.

两人零和对策是完全对抗性的,总得益为0,其解法可能性根据矩阵对策予以求解,但在非零和对策下,矩阵对策求解法已经不适用了,下面用例子予以说明.

例 8 甲乙两公司生产同一产品,均想以登广告扩大产品销售,每家公司都有"登"与"不登"两种策略,双方的得益矩阵如图 15-8 所示.

我们根据得益矩阵来分析. 从甲公司立场上看,登有利,不管乙公司如何,保证赢利至少是 3,最多是 9. 如果不登,可能要蒙受损失 2. 从乙公司的立场上看,同样理由,还是登广告好. 但是,这是从理智行为出发的策略,是以彼此不能合作为前提的. 上述两公司均采取登广告的策略是稳定的结局.

		乙	
		登	不登
甲	登	3, 2	9, -3
	不登	-2, 8	6, 5

图 15-8

可是,如果彼此能够合作,而都不登广告,免了广告费,反而各自的赢利要多. 在彼此不能合作的情况下,如果甲不登,恰好乙登,甲只好出现败局,这是非理智的策略,带有危险性. 因此,非零和对策常常不易获得最理想的答案. 对于三个以上的多人非零和对策,互相利害关系更加复杂,局中人之间还有相互结盟的可能性,也有不结盟的对策,还有连续对策,要想研究这些对策,请阅读相关专门书籍.

(4)根据对策的过程,可以分为静态对策、动态对策、重复对策.根据局中人行动的先后顺序,可以将博弈划分为静态对策和动态对策.所谓静态对策,指所有局中人同时选择或虽非同时但后行动者并不知道前行动者采取了什么具体行动,即可看作同时选择策略的对策,如齐王赛马、囚徒困境、乒乓团体赛等;动态对策,指各局中人的选择和行动有先后次序且后选择、后行动的局中人在自己选择、行动之前可以看到其他局中人的选择和行动,如弈棋、市场进入、领导—追随型市场结构,行动顺序有时也会对结果产生影响,有时有先发优势或后发优势,比如后面我们将举例的斯坦克博格模型就是有先发优势的例子.重复对策,指同一个对策反复进行所构成的对策,通过有效的机制设计,可以实现更高效的合作,进而达到新的均衡,现实生活中如长期客户、长期合同、信誉问题等,都属于多次的重复博弈,重复博弈可以分为有限次重复和无限次重复.

（5）根据对策的信息结构分类.所谓知己知彼,百战不殆,战争也罢,商业的较量也罢,往往信息掌握不同,局中人的收益情况也会大不相同.因此,信息对博弈结果有着至关重要的作用.根据局中人掌握信息的情况分为:完全信息对策,即各局中人都完全了解所有局中人各种情况下的得益.如囚徒困境中,每个囚徒既对自己的得益情况完全清楚,对另外一名囚徒的得益也很清楚.然而,并非所有的对策局中人都了解对策所需的全部信息,当至少部分局中人不完全了解其他局中人得益情况时,这类对策称为不完全信息对策,也称为非对称信息对策.比如二手车市场是一个信息极其不对称的市场,买卖双方对车辆好坏的信息掌握不同,信息不对称会对博弈的效率产生影响,因此,很多时候克服信息不对称往往是提高效率的关键因素,比如市场监管中很重要的一部分就是完善监督,进而降低信息不对称产生的负面影响.

（6）对策的分类及对应均衡.根据行动顺序(静态、动态)和掌握信息(完全信息、不完全信息)的情况,可以将博弈划分为以下 4 种不同类型的博弈,即完全信息静态博弈,完全信息动态博弈,不完全信息静态博弈和不完全信息动态博弈.与此对应的四个均衡概念分别是,纳什均衡(Nash Equilibrium),子博弈精炼纳什均衡(Subgame Perfect Nash Equilibrium),贝叶斯纳什均衡(Bayesian Nash Equilibrium)及精炼贝叶斯纳什均衡(Perfect Bayesian Nash Equilibrium).表 15-4 概括了以上四种博弈及对应的均衡概念,也大致反映了三位诺贝尔经济学奖得主在非合作博弈中的地位.

表 15-4

信息 ＼ 行动顺序	静态	动态
完全信息	完全信息静态对策 纳什均衡 纳什(1950—1951)	完全信息动态对策 子博弈精炼纳什均衡 泽尔腾(1965)
不完全信息	不完全信息静态对策 贝叶斯纳什均衡 海萨尼(1967—1968)	不完全信息动态对策 精炼贝叶斯纳什均衡 泽尔腾(1975) Kreps 和 Wilson(1982) Fudenberg 和 Tirole(1991)等

① 完全信息静态对策.该对策是指掌握了局中人的特征、策略空间、支付函数等知识和信息并且局中人同时选择行动方案或虽非同时但后行动者并不知道前行动者采取了什么行动方案.纳什

教学视频:完全信息静态对策和完全信息动态对策

均衡是一个重要概念.在一个策略组合中,给定其他参与者策略的情况下,任何参与者都不愿意脱离这个组合,或者说打破这个僵局,这种均衡就称为纳什均衡,如前文提到的"囚徒困境".

② 完全信息动态对策.如果各方行动存在先后顺序,后行动的一方会参考先行者的策略而采取行动,而先行者也会知道后行者会根据他的行动采取何种行动,因此先行者会考虑自己的行动对后行者的影响后选择行动.这类问题称为完全信息动态对策问题,如弈棋问题.

例 9　某行业中只有一个垄断企业 A,有一个潜在进入者企业 B.B 可以选择进入或不进入该行业这两种行动,而 A 当 B 进入时,可以选择默认或者报复两种行动.如果 B 进入后 A 企业报复,将造成两败俱伤的结果,但如果 A 默认 B 进入,必然对 A 的收益造成损失.如果 B 不进入,则 B 无收益而 A 不受损.把此关系用图 15-9 表示.

假设 B 进入,A 只能选择默许,因为可以得到 100 的收益,而报复后只得到 0.假设 A 选择报复,B 只能选择不进入,因为进入损失更大.因此,(B 选择不进入,A 选择报复)和(B 选择进入,A 选择默许)都是纳什均衡解,都能达到均衡.

		A	
		默许	报复
B	进入	50, 100	−20, 0
	不进入	0, 200	0, 200

图 15-9

但在实际中,(B 选择不进入,A 选择报复)这种情况是不可能出现的.因为 B 知道他如果进入,A 只能默许,所以只有(B 选择进入,A 选择默许)会发生.或者说,A 选择报复行动是不可置信的威胁.对策论的术语中,称(A 选择默许,B 选择进入)为精炼纳什均衡.当只当参与人的战略在每一个子对策中都构成纳什均衡,那么,这个纳什均衡才称为精炼纳什均衡.

当然,如果 A 下定决心一定要报复 B,即使自己暂时损失.这时威胁就变成了可置信的,B 就会选择不进入,(B 选择不进入,A 选择报复)就成为精炼纳什均衡.

军事交战时,"破釜沉舟"讲的就是一种可置信威胁.项羽与秦军作战时,率兵过河后就砸锅沉船,把自己后路给封死了,就是为了展示背水一战的姿态,自然军心大振.

实际企业经营中有很多类似的例子.比如,和例 9 情形类似,行业中的领导企业通常会想方设法增大报复的威胁.比如新建一些平常根本不用的生产线,对外宣称如果其他企业进入该行业,这些空闲的生产线就马上生产,提高产量,从而对新进入者造成打击.这种威胁显然是很有威慑力的.

其实,除了用矩阵以外,动态博弈通常用扩展型来表示,如图 15-10 所示.末端叶子节点下的括号为博弈双方的收益情况,第一个数据指最先出现的博弈方的收益,逗号后面为依次出现的博弈方的收益.本例中 B 首先行动,因此,收益中最先出现的是 B 的收益,然后是 A 的收益.动态博弈中要想找到精炼纳什均衡,或者排除不可置信的威胁,可以用动态博弈求解的基本方法即逆推归纳法.本例中,从最后一个阶段开始,A 此时的选择一

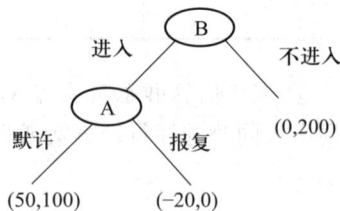

图 15-10

定是默许,因为默许带来的收益 100 大于报复带来的收益 0,继续回溯到第一阶段,此时 B 的选择一定是进入,可以带来 50 的收益,而不进入的收益为 0.因此该博弈的精炼纳什均衡为(B 进

入,A 默许).

例 10 寡占的斯塔克博格模型

动态的寡头市场产量博弈,称为斯塔克博格(Stacklberg)模型,与古诺模型很类似,只是该模型是两个厂商先后选择产量的产量竞争博弈.由于两厂商中,一方较强,一方较弱,较强的一方先选择产量,较弱的一方后选择产量,且后选择厂商在选择时知道前者的选择,因此是一个动态博弈问题.假设博弈结构的策略空间、得益函数等与两寡头连续产量静态博弈的古诺模型一致.

斯塔克博格模型中,两博弈方的决策内容是产量(q_1, q_2),可以选择的产量水平理论上无限多,因此是有无限多种可选策略的无限策略动态博弈.设两个寡头为厂商 1 和厂商 2,厂商 1 先选择,厂商 2 后选择;策略空间都是$[0, Q_{max})$中的所有实数,其中Q_{max}可看作不至于使价格降到亏本的最大限度产量,或者厂商生产能力限度;价格函数为$P = P(Q) = 8 - Q$(其中$Q = q_1 + q_2$),两个厂商的边际生产成本为$c_1 = c_2 = 2$,且没有固定成本.

根据上述假设,得出两个厂商的得益函数分别为

$$u_1 = q_1 P(Q) - c_1 q_1 = q_1[8 - (q_1 + q_2)] - 2q_1 = 6q_1 - q_1 q_2 - q_1^2;$$
$$u_2 = q_2 P(Q) - c_2 q_2 = q_2[8 - (q_1 + q_2)] - 2q_2 = 6q_2 - q_1 q_2 - q_2^2.$$

它们和古诺模型的得益函数完全相同.

直接用逆推归纳法求子博弈精炼纳什均衡.先分析第二阶段厂商 2 的决策,此时厂商 1 的q_1已经决定,且厂商 2 知道,因此对厂商 2 来说是在给定q_1的情况下求使u_2最大的q_2. q_2必须满足一阶条件,即

$$6 - q_1 - 2q_2 = 0.$$

求得

$$q_2 = \frac{1}{2}(6 - q_1) = 3 - \frac{q_1}{2}. \tag{15.1}$$

这就是厂商 2 对厂商 1 产量的反应函数.

厂商 1 知道厂商 2 的决策思路,在选择q_1时就知道厂商 2 的产量会根据(15.1)式确定,所以可以直接将式(15.1)代入自己的得益函数,这样厂商 1 的得益函数转化成自己产量的一元函数,即

$$u_1 = 6q_1 - q_1 q_2 - q_1^2 = 6q_1 - q_1\left(3 - \frac{q_1}{2}\right) - q_1^2 = 3q_1 - \frac{q_1^2}{2} = u_1(q_1). \tag{15.2}$$

(15.2)式表明当把厂商 2 的反应方式考虑进来以后,厂商 1 的得益完全是由自己控制的.厂商 1 可以根据(15.2)式直接求得致自己得益最大的q_1^*.令$q_1 = q_1^*$时式(15.2)对q_1的导数等于 0,得

$$3 - q_1^* = 0,$$
$$q_1^* = 3,$$

即厂商 1 的最佳产量是生产 3 单位.代入式(15.1),得厂商 2 的最佳产量$q_2^* = 3 - \frac{q_1}{2} = 3 - 1.5 = 1.5$

单位.此时市场价格为 3.5,双方的得益(利润)分别为 4.5 和 2.25 单位.

厂商 1 第一阶段选择 3 单位产量,厂商 2 第二阶段选择 1.5 单位产量,是运用逆推归纳法分析得出的策略组合,是这个斯塔克博格动态产量博弈唯一的子博弈精炼纳什均衡.

将上述结果与两寡头同时选择产量的古诺模型进行比较,不难发现斯塔克博格模型的产量大于古诺模型,价格低于古诺模型,总利润(两厂商得益之和)小于古诺模型,但厂商 1 的得益大于古诺模型两个厂商的得益.这反映了两个厂商之间地位不对称性的影响.此处厂商 1 作为强势的一方,具有先发优势.

以上所谈的对策都是假设所有参与者都知道其他参与者的行动集以及收益等,所有人都是"透明"的,这种对策称为完全信息对策.更复杂的对策是信息不完全时的对策,称为不完全信息对策,这类对策本书就不再介绍了.

习　题

1. 设有参加对策的局中人 A 和 B,A 的损益矩阵如下,求最优纯策略和对策值.

$$\begin{array}{c}\\ \alpha_1 \\ \alpha_2 \\ \alpha_3 \end{array}\begin{array}{ccc}\beta_1 & \beta_2 & \beta_3 \\ \begin{bmatrix} -500 & -100 & 700 \\ 100 & 0 & 200 \\ 500 & -200 & -700 \end{bmatrix}\end{array}$$

2. 甲、乙两学校组织羽毛球团体赛,每学校由两个人组成一个队参加比赛.甲学校根据不同组合可组成 3 个队,乙学校的人员可组成 4 个队,根据以往比赛的记录,已知各种组队法相遇后甲学校的得分如表 15-5 所示.

表 15-5

乙学校 甲学校	1 队	2 队	3 队	4 队
1 队	-5	2	-9	-4
2 队	5	2	4	3
3 队	7	-3	-7	6

问双方应各派哪个队上场是最优决策?

3. 设有参加对策的局中人甲和乙,甲的损益矩阵为 A.当 A 为下列矩阵时,试求 p 和 q 的取值范围,使得该矩阵在元素 a_{22} 处存在鞍点.

$$(1)\ \begin{array}{c}\alpha_1 \\ \alpha_2 \\ \alpha_3\end{array}\begin{array}{ccc}\beta_1 & \beta_2 & \beta_3 \\ \begin{bmatrix} 1 & q & 6 \\ p & 5 & 10 \\ 6 & 2 & 3 \end{bmatrix}\end{array}\qquad (2)\ \begin{array}{c}\alpha_1 \\ \alpha_2 \\ \alpha_3\end{array}\begin{array}{ccc}\beta_1 & \beta_2 & \beta_3 \\ \begin{bmatrix} 2 & 4 & 5 \\ 10 & 7 & q \\ 4 & p & 6 \end{bmatrix}\end{array}$$

4. 二指莫拉问题:甲、乙二人游戏,每人出一个或两个手指,同时又把猜测对方所出的指数叫出来,如果只有一人猜测正确,则他所应得的数目为二人所出指数之和,否则重新开始,写出该对策中各局中人的策略集合及甲的赢得矩阵,试问该问题存在最优纯策略吗?

5. 用线性规划法求下列矩阵对策,其中 A 为

$$(1)\begin{bmatrix} 8 & 2 & 4 \\ 2 & 6 & 6 \\ 6 & 4 & 4 \end{bmatrix} \qquad (2)\begin{bmatrix} 2 & 0 & 2 \\ 0 & 3 & 1 \\ 1 & 2 & 1 \end{bmatrix}$$

6. 请判断下列说法是否正确:

(1) 矩阵对策的对策值,相当于进行若干次对策后,局中人 I 的平均赢得或局中人 II 的平均损失值.

(2) 对任一矩阵对策 $G=\{S_1,S_2,A\}$,一定存在混合策略解.

(3) 矩阵对策中,如果最优解要求一个局中人采用纯策略,则另一局中人也必须采取纯策略.

(4) 设矩阵对策 $G_1=\{S_1,S_2,A\}$ 和 $G_2=\{S_1,S_2,B\}$,其中 $A=(a_{ij})_{m\times n}$,$B=(b_{ij})_{m\times n}$.如果 $b_{ij}=ka_{ij}(i=1,2,\cdots,m;j=1,2,\cdots,n;k>0)$,则 G_1 和 G_2 具有相同的最优策略且它们的对策值 V_1 和 V_2 之间有关系:$V_2=kV_1$.

7. 甲乙双方争夺 A 城.乙方用三个师守城,有两条公路通入 A 城;甲方用两个师攻城,可能各走一条公路,也可能从一条公路进攻.乙方可用三个师守一条公路,或者两个师守一条公路,第三个师守另一条公路.假设哪方的军队数量多,哪方就能控制该公路;若双方在同一条公路上的数量相同,则双方取胜的概率各占一半.试把这个问题构成对策模型,并求甲乙双方的最优策略以及甲方攻城的可能性.

8. 某大学城有 A,B,C 三个学校,分别居住着该大学城 40%,30%,30% 的学生.甲和乙两个公司都计划在大学城内建造大型书店,公司甲计划建两个书店,公司乙计划建一个.两公司都明白如果在某个学校内设有两个书店,那么这两个书店将平分该学校的消费,如果在某个学校只有一个书店,则该书店将独揽这个学校的消费.如果在一个学校没有书店,则该学校的消费将平分给三个书店.每个公司都想使自己的营业额尽可能地多.试把这个问题表示成一个对策问题,写出公司甲的赢得矩阵,并求两个公司的最优策略以及各占有多大的市场份额.

9. 甲乙两个企业生产同一种电子产品,甲企业可以采取的策略措施有:(1)降低产品价格;(2)提高产品质量;(3)推出新产品.乙企业考虑采取的策略措施有:(1)增加广告费用;(2)增设维修网点,加强售后服务;(3)改进产品性能.由于甲乙两个企业财力有限,都只能采取一个措施.假定这两个企业所占有的市场总份额一定,由于各自采取的措施不同,通过预测今后两个企业的市场占有份额变动情况如表 15-6 所示,试求出这两个企业各自的最优策略.

表 15-6

甲策略 ＼ 乙策略（甲的赢得）	β_1 措施1	β_2 措施2	β_3 措施3
α_1　措施1	10	-6	3
α_2　措施2	8	5	-5
α_3　措施3	-12	10	8

10. A,B 两家公司各控制市场的 50%,最近两家公司都改进了各自的产品,准备发动新的广告宣传.如果这两家公司都不做广告,那么平分市场的局面将保持不变,但如果一家公司发动强大广告宣传,那么另一家公司将按比例失去其一定数量的顾客,市场调查表明,潜在顾客的 50%,可以通过电视广告争取到,30% 通过报纸,其

余的 20% 可通过无线电广播争取到．现每一家公司的目标是选择最有利的广告手段．

（1）把这个问题表达成一个矩阵的对策,求出局中人 A 的损益矩阵．

（2）这个对策有鞍点吗？A,B 两公司的最优策略各是什么？对策值为多少？

（提示：每个公司有 8 个策略,如不做广告、做电视广告、做电视报纸广告……）

11. 某小区两家超市相互竞争,超市 A 有 4 个广告策略,超市 B 也有 4 个广告策略．已经算出当双方采取不同的广告策略时,A 方所占的市场份额增加的百分数如下：

$$
\begin{array}{ccccc}
 & \beta_1 & \beta_2 & \beta_3 & \beta_4 \\
\alpha_1 & 3 & 0 & 4 & -2 \\
\alpha_2 & 0 & 6 & -1 & -3 \\
\alpha_3 & 4 & -2 & 3 & 5 \\
\alpha_4 & -5 & -1 & 8 & 7
\end{array}
$$

请把此对策问题表示成一个线性规划模型,并求出最优策略．

12. 有甲、乙两支游泳队举行包括三个项目的对抗赛．这两支游泳队各有一名健将运动员（甲队为李,乙队为王）在三个项目中成绩很突出,但规则准许他们每人只能参加两项比赛,每队的其他两名运动员可以参加全部的三项比赛．已知各运动员的平时成绩（秒）见表 15-7.

表 15-7

	甲　队			乙　队		
	A_1	A_2	李	王	B_1	B_2
100 米蝶泳	59.7	63.2	57.1	58.6	61.4	64.8
100 米仰泳	67.2	68.4	63.2	61.5	64.7	66.5
100 米蛙泳	74.1	75.5	70.3	72.6	73.4	76.9

假定各运动员在比赛中都发挥正常水平,又比赛第一名得 5 分,第二名得 3 分,第 3 名得 1 分,问教练员应决定让自己的健将参加哪两项比赛,使本队得分最多？（各队参加比赛的名单互相保密,一旦确定不准变动．）

13. A,B 两人分别有 1 角、5 分和 1 分的硬币各一枚,在双方互不知道的情况下,各出一枚硬币,并规定当和为奇数时,A 赢得 B 所出的硬币；当和为偶数时,B 赢得 A 所出硬币.试据此列出两人零和对策的模型,并说明该项游戏对双方是否公平合理.

14. A,B 为作战双方,A 方拟派两架轰炸机 I 和 II 去轰炸 B 方的指挥部,轰炸机 I 在前面飞行,II 随后.两架轰炸机中只有一架带有炸弹,而另一架仅为护航.轰炸机飞至 B 方上空,受到 B 方战斗机的阻击.若战斗机阻击后面的轰炸机 II,它仅受 II 的射击,被击中的概率为 0.3（I 来不及返回攻击它）.若战斗机阻击 I,它将同时受到两架轰炸机的射击,被击中的概率为 0.7.一旦战斗机未被击中,它将以 0.6 的概率击毁其选中的轰炸机.请为 A,B 双方各选择一个最优策略,即：对于 A 方应选择哪一架轰炸机装载炸弹？对于 B 方战斗机应阻击哪一架轰炸机？B 方指挥部被轰炸的概率值为多大？

15. 某厂用三种不同的设备 $\alpha_1,\alpha_2,\alpha_3$ 加工三种不同的产品 β_1,β_2,β_3,已知三种设备分别加工三种产品时,单位时间内创造的价值由表 15-8 给出.出现负值是由于设备的消耗大于创造出的价值.在上述条件下,求合理的加工方案.

表 15-8

		被加工产品		
		β_1	β_2	β_3
使用设备	α_1	3	-2	4
	α_2	-1	4	2
	α_3	2	2	6

16. 我们重新考虑齐王赛马的问题,假如齐王和田忌拥有马匹的情况仍如上所述:各有上、中、下三个等级的马,同等级的马中,田忌的马不如齐王的马,但如果田忌的马比齐王的马高一等级,则田忌的马能取胜. 只是比赛规则有些变化,假如双方约定:第一局比赛,胜者可以从负者处赢得三千金;第二局比赛,胜者可以从负者处赢得两千金;第三局比赛,胜者可以从负者处赢得一千金,仍然一共比赛三局,这时齐王和田忌的最优比赛对策是什么?

案 例

案例 28:沃尔玛 VS 克林斯吉

1962 年 7 月 2 日,第一家沃尔玛折扣百货店在罗杰斯城开业,店名为沃尔玛.第一家沃尔玛折扣店在第一年的营业额就达到 70 万美元,两年后,山姆将这家店扩大了近 400 平方米.1968 年、1969 年,又经两次扩大,总面积达到了 3 300 平方米,在这期间该店营业额以每年 30% 的速度递增.随后,第一家沃尔玛店被重新安置在一栋 5 500 平方米的新建筑里,销售额达到了 540 万美元.

然而,在沃尔玛的经营过程中,竞争是不可避免的,甚至可以说万分激烈.实际上,1962 年,可以说是美国廉价销售业大发展的一年,在那一年里至少有三家大公司开设了廉价销售连锁商店,一家是克林斯吉公司,是拥有 800 个店铺的杂货连锁店,在密歇根州的加登城开了一家廉价商店,称为凯马特商店;另一家是伍尔沃斯公司,也是一家从事廉价零售业的公司,开设了伍尔科连锁商店;还有一家是从明尼阿波利斯发展起来的戴顿-赫德森公司,开设了它的第一家塔吉特折扣商店.

这些大公司拥有很强实力,沃尔玛最初的发展势头是无法与之匹敌的.假设此时克林斯吉公司决定进驻罗杰斯城,在这场竞争中假设双方考虑和采用的市场策略均为三种:广告、降价、完善售后服务,且双方用于营销的资金相同,根据市场预测,二者采取不同决策对应的沃尔玛的市场占有率如表 15-9 所示.试计算二者的最优决策(在这里假设沃尔玛和克林斯吉两者的市场占有率之和为 100%).

表 15-9

沃尔玛	策略	克林斯吉		
		广告 β_1	降价 β_2	售后服务 β_3
	广告 α_1	0.55	0.60	0.62
	降价 α_2	0.75	0.66	0.75
	售后服务 α_3	0.72	0.75	0.80

第十六章　决策分析

决策分析是人们生活和工作中普遍存在的一种活动,是为处理当前或未来可能发生的问题,选择最佳方案的一种过程.比如,一个企业对某种新产品的市场需求情况不十分清楚,即可能有好、中、差三种情况,情况好就能获利,中等情况就不赔不赚,如果情况差就要亏本,到底投不投产,这就需要进行决策分析.

一项设计或计划通常总会面对几种不同的情况(决策分析中称为自然状态),有几种不同的方案(决策分析中称为行动方案)可供选择,决策的好坏,小则关系到能否达到预期目的,大则决定企业的成败,关系到部门、地区以至全国经济的盛衰.决策是管理过程的核心.管理者必须要有科学的作风,掌握科学的决策原理和方法.

决策问题通常分为三类:确定型、风险型、不确定型.

其中确定型决策是在决策环境完全确定的条件下进行的,因而其所作的选择的结果也是确定的,譬如前面所讲的线性规划的问题就属于确定情况下的决策问题.

所谓风险型情况下的决策和不确定情况下的决策,它们都是在决策环境不是完全确定的情况下进行决策,它们之间的区别在于:前者对于各自然状态发生的概率,决策者是可以预先估计或计算出来的;而后者对于各自然状态发生的概率,决策者是一无所知的,只能靠决策者的主观倾向进行决策了.

在这一章里我们先介绍不确定情况下的几个决策准则,接着介绍在风险情况下的决策准则和方法,然后介绍效用理论在决策中的应用,最后将介绍层次分析法.

§16.1　不确定情况下的决策

在不确定的情况下,决策者知道将面对一些自然状态,并知道将采用的几种行动方案在各个不同的自然状态下所获得的相应的收益值.但决策者不能预先估计或计算出各种自然状态出现的概率.

以下介绍不确定情况下的几个准则,决策者可以根据其具体情况,选择一个最合适的准则进

教学视频:决策的概念、分类和模型

教学视频:不确定情况下的决策

行决策.

一、最大最小准则

决策者从最不利的角度去考虑问题,先选出每个方案在不同自然状态的最小收益值,再从这些最小收益值中选取一个最大值,从而确定最优行动方案,故此准则又称悲观准则.

例 1 某公司现需对某新产品生产批量作出决策,现有三种备选行动方案. S_1:大批量生产;S_2:中批量生产;S_3:小批量生产. 未来市场对这种产品的需求情况有两种可能发生的自然状态:N_1:需求量大;N_2:需求量小. 经估计,采用某一行动方案而实际发生某一自然状态时,公司的收益如表 16-1 所示,也称此收益表为收益矩阵,请用最大最小准则作出决策.

表 16-1

公司收益值/万元　　　自然状态　　　行动方案	N_1(需求量大)	N_2(需求量小)
S_1(大批量生产)	30	-6
S_2(中批量生产)	20	-2
S_3(小批量生产)	10	5

解 我们用 $\alpha(S_i, N_j)$ 表示采用方案 S_i 而发生的自然状态为 N_j 时公司的收益值,这样可知采用 S_1 时在各种不同自然状态下的最小收益为-6,即

$$\min_{1 \leqslant j \leqslant 2} [\alpha(S_1, N_j)] = \min\{30, -6\} = -6.$$

同样有

$$\min_{1 \leqslant j \leqslant 2} [\alpha(S_2, N_j)] = \min\{20, -2\} = -2,$$

$$\min_{1 \leqslant j \leqslant 2} [\alpha(S_3, N_j)] = \min\{10, 5\} = 5.$$

再从这些最小收益中选取一个最大值 5,即

$$\max_{1 \leqslant i \leqslant 3} \{\min_{1 \leqslant j \leqslant 2} [\alpha(S_i, N_j)]\} = \max\{-6, -2, 5\} = 5.$$

在此准则下,方案 S_3 即小批量生产为最优,我们用表格方式求解此题如表 16-2 所示.

从表 16-2 可知在最大最小准则下,方案 S_3 为最优.

表 16-2

公司收益值/万元 自然状态 行动方案	N_1（需求量大）	N_2（需求量小）	$\min_{1 \leqslant j \leqslant 2}[\alpha(S_i, N_j)]$
S_1（大批量生产）	30	-6	-6
S_2（中批量生产）	20	-2	-2
S_3（小批量生产）	10	5	5（max）

二、最大最大准则

根据此准则,决策者从最有利的结果去考虑问题,先找出每个方案在不同自然状态下最大的收益值,再从这些最大收益值中选取一个最大值,相应方案为最优方案. 故此准则也称乐观准则.

用例 1 说明,见表 16-3.

表 16-3

公司收益值/万元 自然状态 行动方案	N_1（需求量大）	N_2（需求量小）	$\max_{1 \leqslant j \leqslant 2}[\alpha(S_i, N_j)]$
S_1（大批量生产）	30	-6	30（max）
S_2（中批量生产）	20	-2	20
S_3（小批量生产）	10	5	10

很容易得到

$$\max_{1 \leqslant j \leqslant 2}[\alpha(S_1, N_j)] = \max\{30, -6\} = 30,$$

$$\max_{1 \leqslant j \leqslant 2}[\alpha(S_2, N_j)] = \max\{20, -2\} = 20,$$

$$\max_{1 \leqslant j \leqslant 2}[\alpha(S_3, N_j)] = \max\{10, 5\} = 10.$$

最后得到
$$\max_{1 \leqslant i \leqslant 3}\left\{\max_{1 \leqslant j \leqslant 2}[\alpha(S_i, N_j)]\right\} = \max\{30, 20, 10\} = 30.$$

可见在此准则下,方案 S_1 最优.

三、等可能性准则

根据此准则,决策者把各自然状态发生的可能性看成是相同的,即每个自然状态发生的概率都是 $\dfrac{1}{\text{事件数}}$. 这样决策者可以计算各行动方案的收益期望值. 然后在所有这些期望值中选择最大者,以它对应的行动方案为最优方案.

用例 1 说明,见表 16-4.

表 16-4

公司收益值/万元 行动方案	自然状态 概率	N_1(需求量大) 1/2	N_2(需求量小) 1/2	收益期望值/万元 $E(S_i)$
S_1(大批量生产)		30	−6	12(max)
S_2(中批量生产)		20	−2	9
S_3(小批量生产)		10	5	7.5

可得

$$E(S_1) = 0.5 \times 30 + 0.5 \times (-6) = 15 - 3 = 12,$$

$$E(S_2) = 9,$$

$$E(S_3) = 7.5.$$

其中 $E(S_1)$ 最大,根据等可能性准则方案 S_1 为最优.

四、乐观系数准则

此准则为乐观准则和悲观准则之间的折中,故也称折中准则. 决策者根据以往经验,确定了一个乐观系数 $\alpha(0 \leqslant \alpha \leqslant 1)$. 利用公式

$$CV_i = \alpha \cdot \max_j [\alpha(S_i, N_j)] + (1 - \alpha) \cdot \min_j [\alpha(S_i, N_j)]$$

计算出方案 S_i 在折中准则下的收益值 CV_i,然后在 $CV_i(i = 1, 2, 3, \cdots, m)$ 中选出最大值,相应的方案确定为最优方案.

很容易看到当 $\alpha = 1$,乐观系数准则即为乐观准则;当 $\alpha = 0$ 时,乐观系数准则即为悲观准则.

用例 1 说明,取 $\alpha = 0.7$,见表 16-5.

表 16-5

公司收益值/万元　　自然状态　行动方案	N_1（需求量大）	N_2（需求量小）	CV_i
S_1	30	-6	19.2(max)
S_2	20	-2	13.4
S_3	10	5	8.5

可得

$$CV_1 = 0.7 \times 30 + 0.3 \times (-6) = 19.2,$$
$$CV_2 = 0.7 \times 20 + 0.3 \times (-2) = 13.4,$$
$$CV_3 = 0.7 \times 10 + 0.3 \times 5 = 8.5.$$

即得 $\max\limits_{1 \leqslant i \leqslant 3}[CV_i] = 19.2$，故方案 S_1 为最优方案.

五、后悔值准则

后悔值准则是由经济学家沙万奇(Savage)提出的,故又称沙万奇准则. 决策者制定决策之后,若情况未能符合理想,必将后悔. 这个方法是将各自然状态下的最大收益值定为理想目标,并将该状态中的其他值与最高值之差称为未达到理想目标的后悔值,然后从各方案中的最大后悔值中取一个最小的. 相应的方案为最优方案.

要用"后悔值"决策时,先画出后悔矩阵,例 1 的后悔矩阵情况如表 16-6 所示.

表 16-6

公司后悔值/万元　　自然状态　行动方案	N_1（需求量大）	N_2（需求量小）	$\max\limits_{1 \leqslant j \leqslant 2} a'_{ij}$
S_1(大批量生产)	0	11	11
S_2(中批量生产)	10	7	10(min)
S_3(小批量生产)	20	0	20

在后悔矩阵 $(a'_{ij})_{m \times n}$ 中,元素 a'_{ij} 表示的后悔值.

$$a'_{ij} = \left\{ \max\limits_s (a_{sj}) - a_{ij} \right\}.$$

例如

$$a'_{11} = \{\max_s(a_{s1}) - a_{11}\}$$
$$= \{\max(30, 20, 10) - 30\}$$
$$= 30 - 30 = 0.$$
$$a'_{22} = \{\max_s(a_{s2}) - a_{22}\}$$
$$= \{\max(-6, -2, 5) - (-2)\}$$
$$= 5 - (-2) = 7.$$

再从后悔矩阵中,找出各方案的最大后悔值,方案 S_1 的最大后悔值为 11;S_2 的最大后悔值为 10;S_3 的最大后悔值为 20. 填入表 16-6 的最后一列. 最后从这些最大后悔值中找出最小值. $\min_i \max_j a'_{ij} = \min\{11, 10, 20\} = 10$,故在后悔值准则下取方案 S_2.

在不确定性决策中是因人因地因时选择准则的. 在实际中决策者面临不确定性决策问题时,往往首先设法获取有关自然状态的信息,把不确定性决策问题转化为风险决策.

§16.2 风险型情况下的决策

如果决策者不仅知道所面临的一些自然状态,以及将采用的一些行动方案在各个不同的自然状态下所得的相应的收益值,而且还知道这些自然状态的概率分布,这就是风险型情况下的决策问题.

一、最大可能准则

由概率论知识可知,一个事件其概率越大,则其发生的可能性就越大.在风险型决策中选择一个概率最大的自然状态进行决策,置其他自然状态于不顾,这就叫做最大可能准则. 利用这个准则,实际上把风险型决策问题变成确定型决策问题.

例 2 在例 1 的基础上,根据以往的经验,估计出需求量大(N_1)这个自然状态出现的概率为 0.3,需求量小(N_2)这个自然状态出现的概率为 0.7. 用最大可能准则进行决策.

解 由于需求量小(N_2)出现的概率 0.7 为最大,我们用最大可能准则进行决策时,就按此自然状态进行决策,已知在此自然状态下采用 S_1 方案,收益为 -6 万元;采用 S_2 方案收益为 -2 万元;采用 S_3 方案收益为 5 万元,可知公司采用 S_3 方案采用小批量生产最佳,获利最多.

此决策应用较广,例如我们打桥牌时常常采用此决策准则,但当在一组自然状态中,它们发生的概率相差不大,则不宜采用此准则.

教学视频:风险型情况下的决策 1

教学视频:风险型情况下的决策 2

二、期望值准则

期望值准则就是把每个方案在各种自然状态下的收益值看成离散型的随机变量,我们求出每个方案的收益值的数学期望,加以比较,选取一个收益值的数学期望最大的行动方案为最优方案.

现用期望值准则对例 2 进行决策,我们可算出每一个行动方案的收益的期望.

$$E(S_1) = 0.3 \times 30 + 0.7 \times (-6) = 4.8,$$
$$E(S_2) = 0.3 \times 20 + 0.7 \times (-2) = 4.6,$$
$$E(S_3) = 0.3 \times 10 + 0.7 \times 5 = 6.5.$$

可知 $E(S_3) = 6.5$ 为最大收益期望值,故应采用 S_3(小批量生产)的行动方案. 如表 16-7 所示.

表 16-7

自然状态 收益值/万元　概率 行动方案	N_1	N_2	$E(S_i)$
	$P(N_1) = 0.3$	$P(N_2) = 0.7$	——
S_1	30	-6	4.8
S_2	20	-2	4.6
S_3	10	5	6.5(max)

三、决策树法

在用期望值准则决策时,对于一些较为复杂的风险型决策问题,例如多级决策问题,光用表格是难以表达和分析的. 为此我们引入了决策树法,决策树法同样是使用期望值准则进行决策,但它具有形象直观、思路清晰等优点.

由前面表 16-7 的数据作出的决策树如图 16-1 所示.

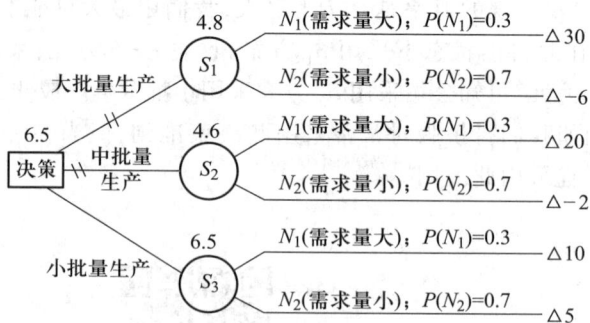

图 16-1

图中符号说明:

□——表示决策点,从它引出的分支叫方案分支,分支数反映可能的行动方案数.

○——表示方案节点,其上方数字表示该方案的收益的期望值(例如方案 S_1 的收益期望值 $=30×0.3+(-6)×0.7=4.8$ 写在 S_1 的上方),从它引出的分支叫概率分支,每条分支的上面写明了自然状态及其出现的概率,分支数反映可能的自然状态数.

△——表示结果节点(或称"末梢"),它旁边的数字是每一个方案在相应状态下的收益值.

这个决策树显示了一个随着时间发展的自然过程.首先,公司必须做出它的决策(S_1,S_2 或 S_3),然后执行它的行动方案,某种自然状态(N_1 或 N_2)将出现,结果节点旁的数字就是这个执行方案在这种自然状态下的收益值.

我们将各方案节点上的期望值加以比较,选取最大的收益期望值 6.5 写在决策点的上方,说明选定了方案 S_3,方案分支中打有——记号的表示该方案删除掉,或称剪枝方案.

为了掌握和运用决策树方法进行决策,需要掌握几个关键步骤:

(1)绘制决策树.

(2)自右到左计算各个方案的期望值,并将结果写在相应的方案节点处.

(3)选取收益期望值最大(或损失期望值最小)的方案作为最优方案.

以上的例子只包括一级决策,叫单级决策问题.有些决策问题包括两级以上的决策,叫多级决策问题.在后面我们使用决策树方法时,会涉及多级决策的问题.

四、灵敏度分析

在用期望值准则进行决策的过程中,依赖于各自然状态的发生概率及各方案在各自然状态下的收益值,而这些值都是估算或预测所得,不可能十分精确.所以我们用期望值准则求出最优策略后,有必要像线性规划那样进行最优化后的分析——灵敏度分析.灵敏度分析就是分析决策所用的数据在什么范围内变化时,原最优决策方案仍然有效.在这里我们对自然状态发生概率进行灵敏度分析,也就是考虑自然状态发生概率的变化如何影响最优方案的决策.

如果我们把例 2 中自然状态发生的概率作一个变化,不妨设 $P(N_1)=0.6,P(N_2)=0.4$,这时我们用数学期望准则进行决策,有

$$E(S_1)=0.6×30+0.4×(-6)=15.6,$$
$$E(S_2)=0.6×20+0.4×(-2)=11.2,$$
$$E(S_3)=0.6×10+0.4×5=8.$$

这样,易见随着自然状态概率的变化,最优行动方案也由 S_3 变成 S_1 了,这时最大的数学期望值也由 6.5 万元变成 15.6 万元了.

为了进一步对自然状态发生的概率进行灵敏度分析,我们设自然状态 N_1 发生的概率为 p,则自然状态 N_2 的发生概率为 $1-p$,即

$$P(N_1)=p,$$
$$P(N_2)=1-P(N_1)=1-p.$$

这样我们可计算得到各行动方案的数学期望值

$$E(S_1) = p \times (30) + (1 - p) \cdot (-6) = 36p - 6,$$

$$E(S_2) = p \times (20) + (1 - p) \cdot (-2) = 22p - 2,$$

$$E(S_3) = p \times (10) + (1 - p) \cdot (5) = 5p + 5.$$

为了说明问题,我们作一个直角坐标系,横轴表示 p 的取值,从 0 到 1;纵轴表示数学期望值,这样我们就可以把以上三个直线方程在这个直角坐标系中表示出来,如图 16-2 所示.

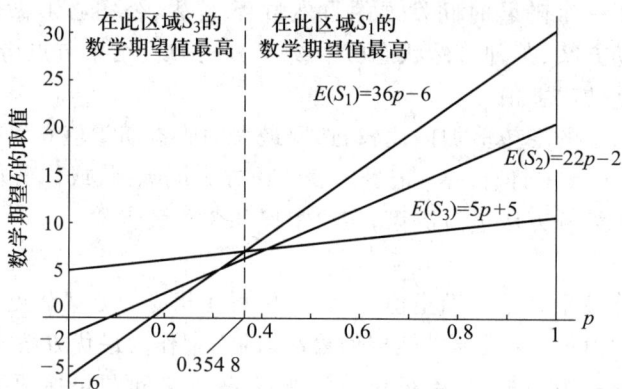

图 16-2

在图 16-2 上,我们可以求出直线 $E(S_1) = 36p-6$ 与直线 $E(S_3) = 5p+5$ 的交点,此时 $E(S_1) = E(S_3)$,即

$$36p - 6 = 5p + 5,$$

$$31p = 11,$$

$$p = 11/31 \approx 0.354\ 8.$$

可见当 $p = 0.354\ 8$ 时 $E(S_1) = E(S_3)$.而当 $p < 0.354\ 8$ 时从图 16-2 上可见到 $E(S_1)$,$E(S_2)$,$E(S_3)$ 中 $E(S_3)$ 取值为最大,这时行动方案 S_3 为最优行动方案,当 $p > 0.354\ 8$ 时从图 16-2 上可见在 $E(S_1)$,$E(S_2)$,$E(S_3)$ 中 $E(S_1)$ 取值为最大,这时行动方案 S_1 为最优行动方案.我们称 $p = 0.345\ 8$ 为转折概率.

在实际工作中,如果状态概率、收益值在其可能发生的变化的范围内变化时,最优方案保持不变,则这个方案是比较稳定的.反之如果参数稍有变化时,最优方案就有变化,则这个方案就不稳定,需要我们作进一步的分析.就自然状态 N_1 的概率而言,当其概率值越远离转折概率,则其相应的最优方案就越稳定;反之,就越不稳定.

五、全情报的价值($EVPI$)

所谓的全情报就是关于自然状态的确切的信息.为了获得更多的收益,有必要计算全情报的价值,记为 $EVPI$,即全情报所带来的额外的收益.计算出全情报的价值将有利于作出决策,如果获得全情报的成本小于全情报的价值,决策者就应该投资获得全情报,反之,决策者就不应该投资获得全情报.

我们仍从例 2 来说明问题,当我们不掌握全情报用期望值准则来决策时,我们知道 S_3(小批量生产)是最优行动方案,此时其数学期望值最大

$$0.3 \times 10 + 0.7 \times 5 = 6.5(万元).$$

我们称之为没有全情报的期望收益,记为 $EV_{wo}PI$.

如果决策者获得了全情报即知道了自然状态的确切信息,那么决策者的收益的期望值应为多少呢?显然,当全情报告诉决策者自然状态是 N_1 即产品需求量大时,决策者一定采取 S_1 行动方案;当全情报告诉决策者自然状态是 N_2 即产品需求量小时,决策者一定采取 S_3 行动方案.决策者根据确切情报"随机应变"而获得最大收益.这样决策者收益的平均值是多少呢?因为 N_1 发生的概率为 0.3,N_2 发生的概率为 0.7.也就是说决策者有 0.3 的概率采用 S_1 而获得 30 万元;有 0.7 的概率采用 S_3 而获得 5 万元.故有

$$0.3 \times 30 + 0.7 \times 5 = 9 + 3.5 = 12.5.$$

我们称之为全情报的期望收益,记为 EV_wPI.

显然全情报的期望收益超过没有全情报的期望收益部分即为全情报的价值,记为 $EVPI$即有

$$
\begin{aligned}
EVPI &= EV_wPI - EV_{wo}PI \\
&= 12.5 - 6.5 \\
&= 6.
\end{aligned}
$$

对此例来说当投资研究或购买以获得全情报的成本小于全情报的价值 6 万元时,决策者应该投资于全情报的获得,否则就不应该投资于全情报的获得.

一般说来,研究或购买并不能得到真正的"全"情报.然而一些"部分"情报的价值也应该是部分的全情报的价值,下面我们解决"部分"情报的决策分析.

六、具有样本情报的决策分析

在例 2 中,我们提到根据以往的经验,估计 N_1 发生的概率为 0.3,N_2 发生的概率为 0.7.我们把这样由过去经验或专家估计所获得的将发生事件的概率称为先验概率.为了做出可能的最好决策,除了先验概率外,决策者要追求关于自然状态的另外信息用于修正先验概率以得到对自然状态更好的概率估计.

这种另外的信息一般是通过调查或试验提供的关于自然状态的样本信息或称样本情报.当然这种样本情报不是"全"情报只是"部分"情报.以下仍以例 2 为例,说明如何用样本情报来修正先验概率,这种修正了的概率我们称之为后验概率.

在例 2 中,我们知道 N_1 发生的先验概率为 0.3,N_2 发生的概率为 0.7.用期望值准则求得最优行动方案为 S_3(小批量生产),所获得的期望收益为 6.5 万元.并且我们也已求得了该全情报的价值为 6 万元.

在例 2 的基础上我们推出了例 3,来了解具有样本情报的决策分析.

例3 某公司现有三种备选行动方案.S_1:大批量生产;S_2:中批量生产;S_3 小批量生产.未来市场对这种产品需求情况有两种可能发生的自然状态——N_1:需求量大,N_2:需求量小,且 N_1 的发生概率即$P(N_1)=0.3$,N_2 的发生概率即$P(N_2)=0.7$.经估计,在采用不同行动方案下发生不同自然状态时,公司的收益如表 16-7 所示.

该公司为了得到关于对新产品需求量这个自然状态的更多的信息,委托一个咨询公司做市场调查.咨询公司调查的结果也有两种:(1)市场需求量大;(2)市场需求量小.我们用 I_1 表示咨询公司结论为市场需求量大;用 I_2 表示咨询公司结论为市场需求量小.根据该咨询公司积累的资料统计得知,当市场需求量大时,该咨询公司调查结论也为市场需求量大的条件概率$P(I_1/N_1)=0.8$;而调查结论却为市场需求量小的条件概率 $P(I_2/N_1)=0.2$.当市场需求量小时,咨询公司调查结论也为市场需求量小的某种概率 $P(I_2/N_2)=0.9$;结论为市场需求量大的条件概率 $P(I_1/N_2)=0.1$.

我们应该如何用样本情报进行决策呢?用样本情报决策其期望收益应该是多少呢?样本情报的价值是多少呢?如果样本情报要价 3 万元,决策者是否要使用样本情报呢?

为了解决这些问题我们首先画出该问题的决策树如图 16-3 所示.

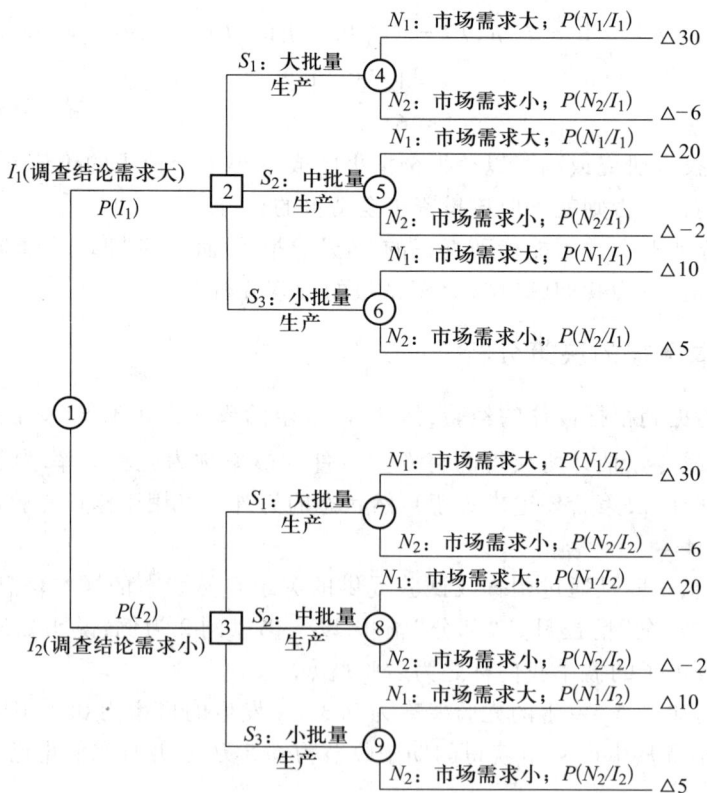

图 16-3

在图 16-3 中,点 1 是一个方案节点表示要进行市场调查,点 1 引出的两个概率分支分别表示调查结论为需求大和调查结论为需求小.点 2 是一个决策点,它表示在调查结论为需求大时,对生产批量进行决策,点 2 引出三个方案分支分别表示它们采用的大批量,中批量,小批量三个行动方案.同样点 3 为决策点,它表示在调查结论为需求小时,对生产批量进行决策,它同样引出了三个方案分枝.点 4,点 5 和点 6 为方案中节点分别表示采用大、中、小批量三个方案,它们分别引出了市场需求大和小的两个概率分枝.对应市场需求的大、小,要求我们在每条分枝上写上其在调查结论为需求大的条件下的条件概率.同样对方案节点 7,8,9 每点的两个概率分枝上也要求分别写上在调查结论为需求小的条件下发生市场需求大或小的条件概率.在结果节点旁,我们都写上了采用的方案在相应的状态下的收益值.

为了求解这个决策树,我们必须求出 $P(I_1)$,$P(I_2)$,$P(N_2/I_1)$,$P(N_1/I_1)$,$P(N_1/I_2)$ 以及 $P(N_2/I_2)$.

我们已经知道 $P(I_1/N_1) = 0.8$,$P(I_2/N_1) = 0.2$,$P(I_1/N_2) = 0.1$,$P(I_2/N_2) = 0.9$ 以及 $P(N_1) = 0.3$,$P(N_2) = 0.7$.由全概率公式,可知:

$$
\begin{aligned}
P(I_1) &= P(N_1) \cdot P(I_1/N_1) + P(N_2) \cdot P(I_1/N_2) \\
&= 0.3 \times 0.8 + 0.7 \times 0.1 \\
&= 0.24 + 0.07 = 0.31. \\
P(I_2) &= P(N_1) \cdot P(I_2/N_1) + P(N_2) \cdot P(I_2/N_2) \\
&= 0.3 \times 0.2 + 0.7 \times 0.9 \\
&= 0.06 + 0.63 \\
&= 0.69.
\end{aligned}
$$

由贝叶斯公式,我们可求得

$$
\begin{aligned}
P(N_1/I_1) &= \frac{P(N_1) \cdot P(I_1/N_1)}{P(I_1)} = \frac{0.3 \times 0.8}{0.31} \\
&= 0.3 \times 0.8/0.31 \\
&\approx 0.774\ 2. \\
P(N_2/I_1) &= \frac{P(N_2) \cdot P(I_1/N_2)}{P(I_1)} = \frac{0.7 \times 0.1}{0.31} \\
&= 0.7 \times 0.1/0.31 \\
&\approx 0.225\ 8. \\
P(N_1/I_2) &= \frac{P(N_1) \cdot P(I_2/N_1)}{P(I_2)} = \frac{0.3 \times 0.2}{0.69} \\
&= 0.3 \times 0.2/0.69 \\
&\approx 0.087\ 0. \\
P(N_2/I_2) &= \frac{P(N_2) \cdot P(I_2/N_2)}{P(I_2)} = \frac{0.7 \times 0.9}{0.69}
\end{aligned}
$$

$$= 0.7 \times 0.9/0.69$$
$$\approx 0.913\ 0.$$

我们把所计算的结果填入决策树上,然后自右到左计算各个方案的期望值.

方案节点 4 的期望值为:

$$E(点\ 4) = P(N_1/I_1) \times 30 + P(N_2/I_1) \times (-6)$$
$$= 0.774\ 2 \times 30 + 0.225\ 8 \times (-6)$$
$$= 21.871\ 2.$$

同样可求得:

$$E(点\ 5) = 0.774\ 2 \times 20 + 0.225\ 8 \times (-2) = 15.032\ 4,$$
$$E(点\ 6) = 0.774\ 2 \times 10 + 0.225\ 8 \times 5 = 8.871,$$
$$E(点\ 7) = 0.087\ 0 \times 30 + 0.913\ 0 \times (-6) = -2.868,$$
$$E(点\ 8) = 0.087\ 0 \times 20 + 0.913\ 0 \times (-2) = -0.086,$$
$$E(点\ 9) = 0.087\ 0 \times 10 + 0.913\ 0 \times 5 = 5.435.$$

比较 $E(点\ 4)$,$E(点\ 5)$,$E(点\ 6)$ 的值可知 $E(点\ 4)$ 的值最大,故我们在决策点 2 的上方填上 $E(点\ 4)$ 的值 21.871 2,并把 S_2 和 S_3 这两个方案分枝打上 ——— 记号,表示把这两个方案删除掉,这也就是说,当咨询公司市场调查结论为市场需求量大时,就采用 S_1 方案,而不采用 S_2,S_3 方案,这时决策者在点 2 的收益期望为 21.871 2.

同样我们比较 $E(点\ 7)$,$E(点\ 8)$,$E(点\ 9)$ 的值,可知 $E(点\ 9)$ 的值最大,故在决策点 3 的上方填上 $E(点\ 9)$ 的值 5.435,并把由决策点 3 引出的 S_1 和 S_2 两个方案分枝删除掉,这告诉我们,当咨询公司市场调查结论为市场需求量小时,就采用 S_3 方案,而不采用 S_1,S_2 方案.这时决策者在点 3 的收益期望为 5.435.

因为咨询公司调查结论为市场需求大的概率为 $P(I_1) = 0.31$,而调查结论为市场需求小的概率为 $P(I_2) = 0.69$,在方案节点 1 的收益期望值为

$$E(点\ 1) = 0.31 \times 21.871\ 2 + 0.69 \times 5.435 \approx 10.530\ 2.$$

我们把 10.530 2 写在方案点 1 的上面,这也就是说当我们采用请咨询公司做市场调查的方案时,在考虑了调查结论为需求大和需求小的两种情况下,其收益期望为 10.530 2 万元.我们具体采取的行动方案为:当调查结论为需求大时,采用大批量生产(S_1),当调查结论为需求小时,采用小批量生产(S_3).图 16-4 显示了用决策树求解此问题的全过程.

从上面可知当委托咨询公司进行市场调查即具有样本情报时,公司的收益期望可达到 10.530 2 万元,比不进行市场调查的公司收益 6.5 万元要高,其差额

$$10.530\ 2 - 6.5 = 4.030\ 2(万元).$$

就是这样本情报的价值记为 EVSI.一般有

$$EVSI = \begin{bmatrix} 用样本情报 \\ 进行决策的 \\ 收益期望值 \end{bmatrix} - \begin{bmatrix} 不用样本情报 \\ 进行决策的 \\ 收益期望值 \end{bmatrix}.$$

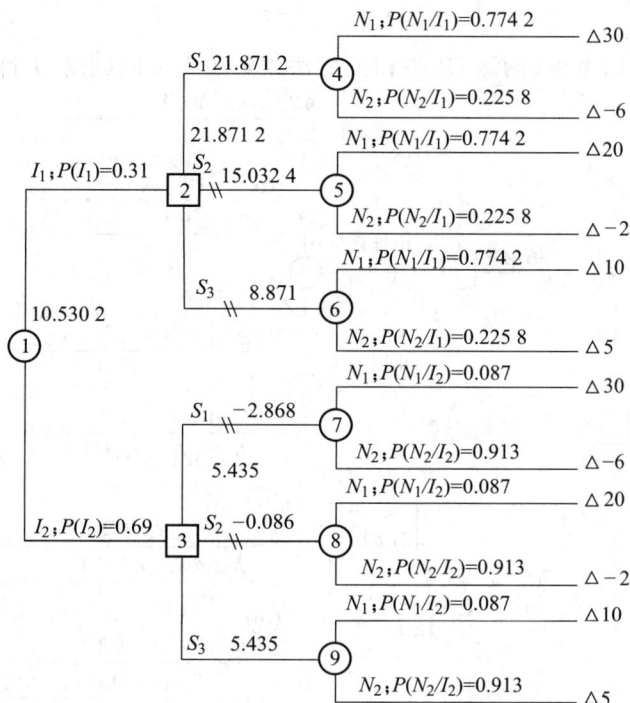

图 16-4 决策树:

- $I_1; P(I_1)=0.31$ （节点 2，21.871 2）
  - S_1 21.871 2（节点 4）
    - $N_1; P(N_1/I_1)=0.774\,2$ △30
    - $N_2; P(N_2/I_1)=0.225\,8$ △-6
  - S_2 15.032 4（节点 5）
    - $N_1; P(N_1/I_1)=0.774\,2$ △20
    - $N_2; P(N_2/I_1)=0.225\,8$ △-2
  - S_3 8.871（节点 6）
    - $N_1; P(N_1/I_1)=0.774\,2$ △10
    - $N_2; P(N_2/I_1)=0.225\,8$ △5
- （节点 1，10.530 2）
- $I_2; P(I_2)=0.69$ （节点 3，5.435）
  - S_1 -2.868（节点 7）
    - $N_1; P(N_1/I_2)=0.087$ △30
    - $N_2; P(N_2/I_2)=0.913$ △-6
  - S_2 -0.086（节点 8）
    - $N_1; P(N_1/I_2)=0.087$ △20
    - $N_2; P(N_2/I_2)=0.913$ △-2
  - S_3 5.435（节点 9）
    - $N_1; P(N_1/I_2)=0.087$ △10
    - $N_2; P(N_2/I_2)=0.913$ △5

图 16-4

这样可知当咨询公司市场调查的要价低于 4.030 2 万元时,公司可考虑委托其进行市场调查,否则就不宜委托其进行市场调查.因为咨询公司要价 3 万元,所以应该委托其进行市场调查.

在前面我们定义了全情报的价值($EVPI$),在这里我们用样本情报的效率作为样本情况的度量标准.

$$样本情报的效率 = \frac{EVSI}{EVPI} \times 100\%.$$

例如,在此例题中进行市场调查的这个样本情报的效率为

$$\frac{EVSI}{EVPI} \times 100\% = \frac{4.030\,2}{6} \times 100\% = 67.17\%.$$

这也就是说这个样本情报相当于全情报效果的 67.17%.

样本情报的效率越高,则这个样本情报越好.当样本情报的效率为 100% 的时候,则样本情报就成了全情报.如果某个样本情报效率太低,那么我们就没有必要花人力、物力去获取它,而应该去寻找更高效率的其他的样本情报.

在"管理运筹学"软件包里有关于决策分析的程序,我们可以用它来做不确定型的决策问题,也可以用它来做风险型的决策问题,可以用它来求出全情报的价值($EVPI$),样本情报的价值($EVSI$)以及样本情报的效率.用"管理运筹学"软件的决策分析的程序,很容易得到上述例题

结果.

在这一节的最后,用多级(两级)决策树的方法来解决上面问题.解决过程如图 16-5 所示.

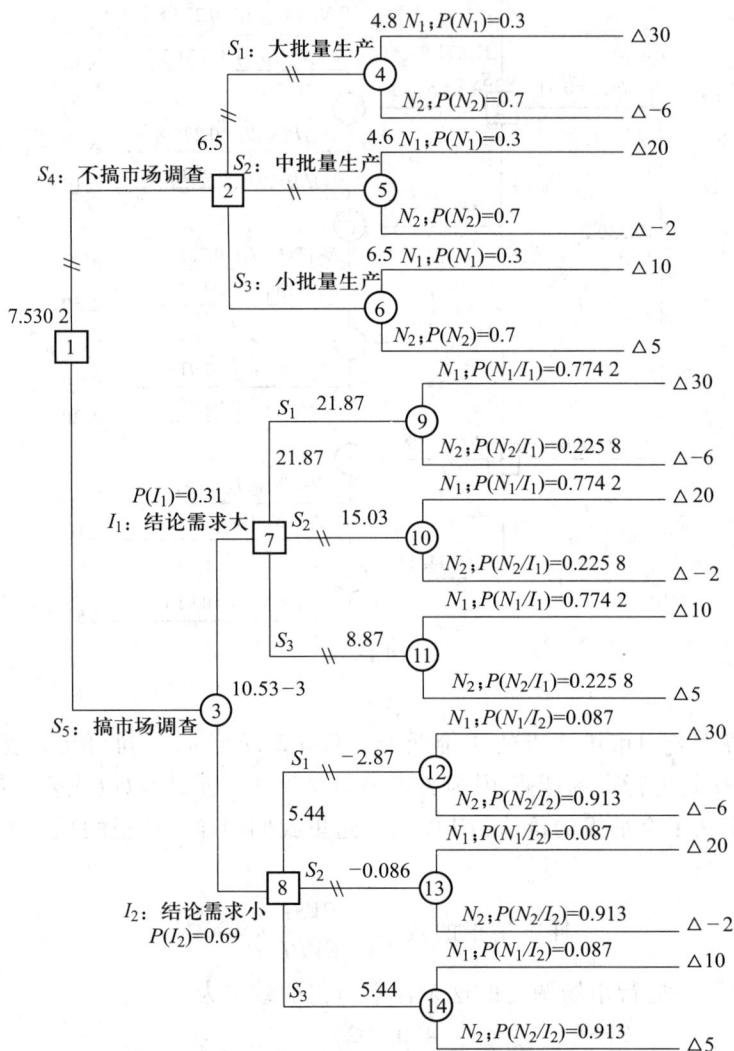

图 16-5

图 16-5 中的两级决策树,实际上用一个决策点 1 把图 16-1 的不做市场调查的决策树和图 16-4 的做市场调查的决策树合并而成的.首先,决策点 1 要求我们决策做不做市场调查.做市场调查要付 3 万元,故在方案节点 3 上的收益期望要减去 3 万元,但能做出更好的决策而获得更多的收益期望;不做市场调查不用付钱,但决策的方案所获得的收益期望要少一点.如果不做市场调查,那么在决策点 2 进行第二个决策,决定采用 S_1(大批量),S_2(中

批量),S_3(小批量)中的哪个方案,在决策树中可见要采用 S_3 方案.如果做市场调查,从决策树中可见在决策点 7,也就当调查结论为需求大时采用大批量生产;在决策点 8,也就当调查结论为需求小时采用小批量生产.这样可知方案节点 3 的收益期望为 10.530 2 - 3 = 7.530 2 万元(3 万元是调查成本).因为 7.530 2 万元大于 6.5 万元,所以删除不做市场调查的方案分枝,这个决策树告诉我们的两个决策是:

(1)要做市场调查.

(2)根据调查的结果组织生产:当调查结论为需求大时做大批量,当结论为需求小时做小批量.这样收益期值最大,为 7.530 2 万元.

§16.3 效用理论在决策中的应用

在前两节里,我们都是用金额作为收益指标.在风险型的决策问题中,我们也是把能获得最高金额的收益期望的行动方案选为最优方案.然而在很多情况下,能获得最高金额的收益期望的行动方案并不是对决策者最有利的方案.决策者认为最有利的方案并不是单由金额来决定的,还有很多其他因素,例如决策者风险承受程度的影响.有很多这样的例子,例如买财产保险的人并不比不买财产保险的人得到更高的金额收益期望,否则保险公司将由于无力支付工作经费和不能创造利润而破产.又例如尽管人们都了解各种彩票的金额收益期望都是负的,但是还是有非常多的人踊跃购买彩票.

这些行为我们可以用效用概念来加以解释.效用是衡量一个决策方案的总体指标,它反映了决策者对决策问题的诸如利润、损失、风险等各种因素的总体的看法.

使用效用值进行决策,首先把要考虑的因素折合成效用值,然后用决策准则,选出效用值最大的方案为最优方案.例如在风险型决策问题中,我们把效用值为指标,用期望值准则进行决策,把效用期望值最大的方案选为最优方案.

下面我们用例子加以说明.

例 4 某公司是一个小型的进出口公司,目前它面临着两笔进口生意可做,项目 A 和项目 B,这两笔生意都需要现金支付.鉴于公司财务状况,公司至多做 A、B 中的一笔生意,根据以往的经验,各自然状态商品需求量大、中、小的发生概率以及在各自然状况下做项目 A 或项目 B 以及不做任何项目的收益都如表 16-8 所示.

表 16-8

收益值/万元 自然状态 概率 行动方案	N_1(需求量大)	N_2(需求量中)	N_3(需求量小)
	0.3	0.5	0.2
S_1(做项目 A)	60	40	-100
S_2(做项目 B)	100	-40	-60
S_3(不做任何项目)	0	0	0

对这个问题如果我们用收益期望值法,我们容易算得

$$E(S_1) = 0.3 \times 60 + 0.5 \times 40 + 0.2 \times (-100) = 18(万元).$$

$$E(S_2) = 0.3 \times 100 + 0.5 \times (-40) + 0.2 \times (-60) = -2(万元).$$

$$E(S_3) = 0.3 \times 0 + 0.5 \times 0 + 0.2 \times 0 = 0(万元).$$

用收益期望准则来决策,S_1 是最优方案,其收益期望值最高,为 18 万元.

但是该公司的经理不是这样考虑的.他看到目前公司的财务状况不佳,已经不起较大风险,如果采用 S_1 方案,一旦出现市场需求量小的自然状态,公司就要亏损 100 万元,风险太大.实际上,公司经理看到,如果公司近期经营亏损额达到 50 万元以上,公司就可能一蹶不振,被挤出该行业,这样看来 S_2 也不是最优方案,公司经理决定用 S_3 方案:不做 A,B 中的任一项目.

对公司经理的决策,我们用效用理论加以说明.

首先,我们对表 16-8 中的每一个收益值赋予一个效用值,表示了公司经理对这个收益值的相对评价.我们把表 16-8 中的最高收益 100 万元的效用定为 10,记为 $U(100) = 10$,把最低收益值(-100)万元的效用定为 0,记为 $U(-100) = 0$,然后在此基础上请公司经理根据公司情况结合收益、风险等因素对表 16-8 中的每一个收益值都定出相应的效用值.

对表 16-8 中的收益值 60 万元,我们可按如下的方法来确定其效用值.请公司经理在下面两项中做出一个选择.

(1) 得到确定的收益 60 万元.

(2) 以概率 p 得到 100 万元,而以概率 $(1-p)$ 损失 100 万元.

显然当 p 非常靠近 1 时,经理愿意选择 2,因为这样实际上可得 100 万元,而当 p 靠近 0 时,经理愿意选择 1.这样随着 p 值从 1 不断地下降到 0 的过程中,经理从选择 2 而变为选择 1,也就是说在 1 与 0 之间,存在一个数值,当 p 取其值时,经理认为 1 和 2 是等值的.我们假设这时 $p = 0.95$,得到了 p 值我们就可以计算出 60 万元的效用值如下所示:

$$\begin{aligned}
U(60) &= p \cdot U(100) + (1 - p)U(-100) \\
&= 0.95 \times 10 + 0.05 \times 0 \\
&= 9.5.
\end{aligned}$$

这样我们用 100 万元和 -100 万元的效用值,确定了 60 万元的效用值 $U(60) = 9.5$.

同样我们可以用 100 万元和 -100 万元的效用值按如上的方法来确定 40 万元的效用值,因为经理认为得到确定的 40 万元,与当 $p = 0.90$ 时,以概率 p 得 100 万元,而以概率 $(1-p)$ 损失 100 万元是等值的,即

$$U(40) = p \cdot U(100) + (1 - p) \cdot U(-100)$$
$$= 0.9 \times 10 + 0.1 \times 0$$
$$= 9.0.$$

因为经理认为得到确定的 0 万元与当 $p = 0.75$ 时,以概率 p 得 100 万元,以概率 $(1-p)$ 损失 100 万元是等值的.可计算得到

$$U(0) = p \cdot U(100) + (1 - p) \cdot U(-100)$$
$$= 0.75 \times 10 + 0.25 \times 0$$
$$= 7.5.$$

这样我们也可以一一求得 (-40) 万元、(-60) 万元的效用值.

因为经理认为得到确定的 (-40) 万元等值于当 $p = 0.55$ 时以 p 的概率得 100 万元,而以概率 $(1-p)$ 损失 100 万元;而得到确定的 (-60) 万元等值于当 $p = 0.40$ 时,以概率 p 得 100 万元,而以概率 $(1-p)$ 损失 100 万元.即得

$$U(-40) = p \cdot U(100) + (1 - p) \cdot U(-100)$$
$$= 0.55 \times 10 + 0.45 \times 0$$
$$= 5.5.$$
$$U(-60) = p \cdot U(100) + (1 - p) \cdot U(-100)$$
$$= 0.40 \times 10 + 0.60 \times 0$$
$$= 4.0.$$

这样我们求得了表 16-8 中所有收益值的效用值如下所示:

$$U(100) = 10,$$
$$U(60) = 9.5,$$
$$U(40) = 9.0,$$
$$U(0) = 7.5,$$
$$U(-40) = 5.5,$$
$$U(-60) = 4.0,$$
$$U(-100) = 0.$$

把表 16-8 中的收益值用其效用值来代替,并计算得各方案的效用期望值,如表 16-9 所示.

表 16-9

自然状态 效用值 概率 行动方案	N_1(需求量大)	N_2(需求量中)	N_3(需求量小)	$E[U(S_i)]$
	0.3	0.5	0.2	
S_1(做项目 A)	9.5	9.0	0	7.35
S_2(做项目 B)	10	5.5	4.0	6.55
S_3(不做任何项目)	7.5	7.5	7.5	7.5(max)

表 16-9 中

$$E[U(S_1)] = 0.3 \times 9.5 + 0.5 \times 9.0 + 0.2 \times 0 = 7.35,$$

$$E[U(S_2)] = 0.3 \times 10 + 0.5 \times 5.5 + 0.2 \times 4.0 = 6.55,$$

$$E[U(S_3)] = 0.3 \times 7.5 + 0.5 \times 7.5 + 0.2 \times 7.5 = 7.5.$$

易见 S_3 的效用期望值为最大,故 S_3 即不做任何项目为该公司的最优方案.在用效用期望值决策时,我们也可使用决策树的方法,不过这时要把决策树中的所用收益值用其效用值来代替.

一般来说,如果收益期望值能合理地反映决策者的看法和偏好,那么我们就可以用收益期望值进行决策,否则,我们应该进行效用分析.

实际上收益期望值决策是效用期望值决策的一种特殊情况.如果我们用收益值与效用值作为直角坐标系的 x 轴与 y 轴,并用 A、B 两点作一直线,其中 A 的坐标为 $x_A=$ 最大收益值;$y_A = 10$;B 的坐标 $x_B=$ 最小收益值;$y_B = 0$;如果某问题的所有的收益值与其对应的效用值组成的点都在此直线上,那么用这样的效用值进行期望值决策和用收益值进行期望值决策的结果完全一样的.我们可以用上面的例子来加以说明如图 16-6 所示.

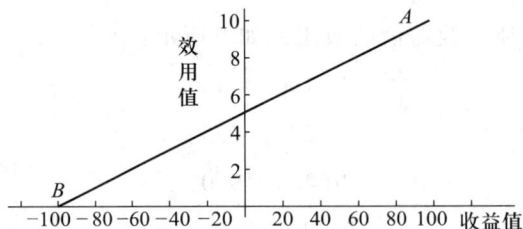

图 16-6

在图 16-6 的直线坐标中,其 A 的坐标为:$x_A = 100, y_A = U(100) = 10; x_B = -100, y_B = U(-100) = 0$.用这条直线我们可以确定其他收益值的效用.这条直线方程为 $y = \dfrac{5}{100}x + 5$,求得

$$U(-60) = y = \frac{5}{100} \times (-60) + 5 = 2,$$

$$U(-40) = y = \frac{5}{100} \times (-40) + 5 = 3,$$

$$U(0) = y = \frac{5}{100} \times 0 + 5 = 5,$$

$$U(40) = y = \frac{5}{100} \times 40 + 5 = 7,$$

$$U(60) = y = \frac{5}{100} \times 60 + 5 = 8.$$

用这样的效用值,进行期望值决策,见表 16-10 所示.

表 16-10

自然状态 / 效用值 概率 / 行动方案	N_1(需求量大)	N_2(需求量中)	N_3(需求量小)	$E[U(S_i)]$
	0.3	0.5	0.2	
S_1(做项目 A)	8	7	0	5.9(max)
S_2(做项目 B)	10	3	2	4.9
S_3(不做任何项目)	5	5	5	5

回顾一下,当我们对收益值进行期望值决策时,知

$E(S_1) = 18, E(S_2) = -2, E(S_3) = 0$,而 $E[U(S_1)] = 5.9, E[U(S_2)] = 4.9, E[U(S_3)] = 5$,实际上后面的值也是由直线方程:

$$E[U(S_i)] = \frac{5}{100}[E(S_i)] + 5$$

所决定的,即有

$$E[U(S_1)] = \frac{5}{100}[E(S_1)] + 5 = \frac{5}{100} \times 18 + 5 = 5.9,$$

$$E[U(S_2)] = \frac{5}{100}[E(S_2)] + 5 = \frac{5}{100} \times (-2) + 5 = 4.9,$$

$$E[U(S_3)] = \frac{5}{100}[E(S_3)] + 5 = \frac{5}{100} \times 0 + 5 = 5.$$

显然一个有序的数组中的每一个数同乘一个正数再同加一个数,则这数组中的各数之间的大小关系是不会改变的.故用这两种方法决策是同解的.

§16.4 层次分析法

层次分析法是由美国运筹学家 T. L. 沙旦于 20 世纪 70 年代提出的,是一种解决多目标的复杂问题的定性与定量相结合的决策分析方法.层次分析法用决策者的经验判断各衡量目标能否实现的标准之间的相对重要程度,并合理地给出每个决策方案的每个标准的权数,利用权数求出各方案的优劣次序.

一、问题提出

下面我们就用例子来说明如何用层次分析法解决多目标复杂问题.

一位顾客决定要购买一套新住宅,经过初步调查研究确定了三套候选的房子 A,B,C,问题是如何在这三套房子里选择一套较为满意的房子呢? 顾客从房地产公司得到了有关这三套房子的资料,各套资料都给出了下面有关的数据和资料:

(1) 住房的地理位置.

(2) 住房的交通情况.

(3) 住房附近的商业、卫生、教育资源情况.

(4) 住房小区的绿化、清洁、安静等自然环境.

(5) 建筑结构.

(6) 建筑材料.

(7) 房子布局.

(8) 房子设备.

(9) 房子面积.

(10) 房子每平方米建筑面积的单价.

实际上这 10 方面也就给出了评判房子满意程度的 10 个标准.为了简化问题,我们把这 10 个标准归纳 4 个标准:

(1) 房子的地理位置与交通(包括前面的第 1,2 项).

(2) 房子的居住环境(包括前面的第 3,4 项).

(3) 房子结构、布局与设施(包括前面的第 5,6,7,8,9 项).

(4) 房子的每平方米建筑面积的单价(包括前面的第 10 项).

这样,我们就用这 4 个标准来评判房子的满意程度,以便选出较满意的房子.

二、层次结构图

为了解决这个问题,我们首先画出其层次结构图,此结构图分三个层次:目标层、标准层和决策方案层,如图 16-7 所示.

从图 16-7 可知,一个满意的房子是用地理位置及交通情况、居住环境、结构布局设施、每平

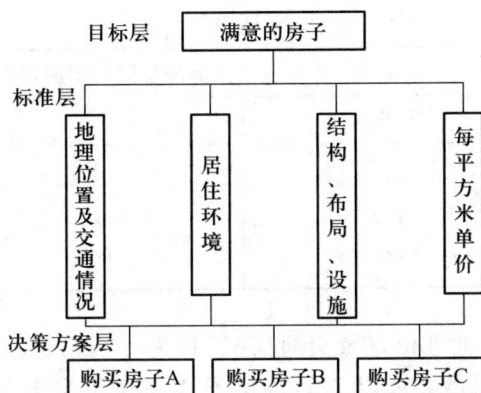

图 16-7

方米单价四个标准综合衡量的.这就需要我们求出每个标准的相对权重,也就是把每个标准相对于总目标满意的房子的重要程度予以量化.另外,我们还需要分别用这四个标准中的单一标准对三个方案进行评估,求得每一个标准下,每个方案的相对的权重.

三、标度及两两比较矩阵

为了使各个标准,或在某一标准下各方案两两比较以求得其相对权重,我们引入了相对重要性的标度,如表 16-11 所示.

表 16-11

标度 a_{ij}	定义
1	i 因素与 j 因素相同重要
3	i 因素比 j 因素略重要
5	i 因素比 j 因素较重要
7	i 因素比 j 因素非常重要
9	i 因素比 j 因素绝对重要
2,4,6,8	为以上两判断之间的中间状态对应的标度值
倒数	若 j 因素与 i 因素比较,得到的判断值为 $a_{ji}=1/a_{ij}$

表 16-11 中的两个因素 i 和 j 分别表示两个进行比较的标准或在某一标准下比较的两个方案.由标度 a_{ij} 为元素构成的矩阵称为两两比较矩阵.

下面我们用单一标准房子的"地理位置及交通情况"来评估三个方案,从两两比较的方法得出两两比较矩阵,如表 16-12 所示.

表 16-12

	地理位置及交通情况		
	房子 A	房子 B	房子 C
房子 A	1	2	8
房子 B	1/2	1	6
房子 C	1/8	1/6	1

在表 16-12 中,我们用"地理位置及交通情况"作为评估三个方案的标准,通过分析认为在这方面房子 A 比房子 B 略好,故定 $a_{12}=2$;认为房子 A 比房子 C 非常好有余,绝对好不足,故定 $a_{13}=8$;认为房子 B 比房子 C 较好有余,非常好不足,故定 $a_{23}=6$;由标度倒数的定义,可得 $a_{21}=\dfrac{1}{a_{12}}=\dfrac{1}{2}$;$a_{31}=\dfrac{1}{a_{13}}=\dfrac{1}{8}$;$a_{32}=\dfrac{1}{a_{23}}=\dfrac{1}{6}$;又显然每个房子与自己比都同等重要,可得 $a_{11}=a_{22}=a_{33}=1$.

四、求各因素权重的过程

下面我们用两两比较矩阵来求出房子 A,房子 B,房子 C 在地理位置及交通情况的得分(权重).

第一步,先求出两两比较矩阵每一列的总和.如表 16-13 所示.

表 16-13

	地理位置及交通情况		
	房子 A	房子 B	房子 C
房子 A	1	2	8
房子 B	1/2	1	6
房子 C	1/8	1/6	1
列总和	13/8	19/6	15

第二步,把两两比较矩阵的每一元素除以其相应列的总和,所得商所组成的新的矩阵称为标准两两比较矩阵,如表 16-14 所示.

表 16-14

	地理位置及交通情况		
	房子 A	房子 B	房子 C
房子 A	8/13	12/19	8/15
房子 B	4/13	6/19	6/15
房子 C	1/13	1/19	1/15

第三步,计算标准两两比较矩阵的每一行的平均值,这些平均值就是各方案在地理位置及交通方面的权重,如表 16-15 所示.

表 16-15

	地理位置及交通情况			
	房子 A	房子 B	房子 C	行平均值
房子 A	0.615	0.631	0.533	0.593
房子 B	0.308	0.316	0.400	0.341
房子 C	0.077	0.053	0.067	0.066

总和　1.000

这种求各因素的权重的方法叫做规范列平均法,是一种求权重的近似计算法,其他的方法如方根法、幂乘法在本书中不作介绍.

从表 16-14 可见标准两两比较矩阵的每列和为 1.

从表 16-15 可见房子 A,B,C 三个方案在地理位置及交通情况的得分(权重)分别为 0.593, 0.341,0.066,其权重之和也为 1.我们称 $\begin{bmatrix} 0.593 \\ 0.341 \\ 0.066 \end{bmatrix}$ 为房子选择问题中地理位置及交通方面的特征向量.

同样,我们可以求得在居住环境、结构布局设施、每平方米单价等方面的两两比较矩阵,如表 16-16 所示.

表 16-16

	居住环境				结构、布局、设施				每平方米单价		
	房子 A	房子 B	房子 C		房子 A	房子 B	房子 C		房子 A	房子 B	房子 C
房子 A	1	1/3	1/4	房子 A	1	1/4	1/6	房子 A	1	1/3	4
房子 B	3	1	1/2	房子 B	4	1	1/3	房子 B	3	1	7
房子 C	4	2	1	房子 C	6	3	1	房子 C	1/4	1/7	1

同样我们可以从表 16-16 的两两比较矩阵求得房子 A,B,C 三个方案在居住环境、结构布局设施、每平方米单价等方面得分(权重),即这三方面的特征向量如表 16-17 所示.

表 16-17

	居住环境	结构、布局、设施	每平方米单价
房子 A 房子 B 房子 C	$\begin{bmatrix} 0.123 \\ 0.320 \\ 0.557 \end{bmatrix}$	$\begin{bmatrix} 0.087 \\ 0.274 \\ 0.639 \end{bmatrix}$	$\begin{bmatrix} 0.265 \\ 0.655 \\ 0.080 \end{bmatrix}$

另外,我们还必须取得每个标准在总目标满意的房子里相对重要的程度,即要取得每个标准相对的权重,即标准的特征向量.我们就需要把这四个标准两两比较,得到两两比较矩阵,如表 16-18所示.

表 16-18

	标准			
	地理位置及交通情况	居住环境	结构、布局、设施	每平方米单价
地理位置及交通情况	1	2	3	2
居住环境	1/2	1	4	1/2
结构、布局、设施	1/3	1/4	1	1/4
每平方米单价	1/2	2	4	1

通过这两两比较矩阵,我们同样可求出标准的特征向量,如下所示:

$$\begin{bmatrix} 0.398 \\ 0.218 \\ 0.085 \\ 0.299 \end{bmatrix},$$

即地理位置及交通情况相对权重为 0.398,居住环境相对权重为 0.218,结构布局设施相对权重为 0.085,每平方米单价相对权重为 0.299.

五、两两比较矩阵的一致性检验

两两比较矩阵的元素是通过两个因素两两比较得到的,而在很多这样的比较中,往往可能得到一些不一致性的结论.例如当因素 i,j,k 的重要性很接近时,我们在两两比较时,可能得出 i 比 j 重要,j 比 k 重要,而 k 又比 i 重要等矛盾的结论,这在因素的数目多的时候更容易发生.要完全达到判断一致性是非常困难的,我们允许在一致性上有一定的偏离,在这里我们将引入检验一致性的指标并介绍检验一致性的方法.

以下我们仍以购买房子的例子加以说明,现在我们来检验表 16-12 中由"地理位置及交通

情况"这一标准来评估房子 A,B,C 三个方案所得的两两比较矩阵.通过上面的计算我们已求得其特征向量为

$$\begin{bmatrix} 0.593 \\ 0.341 \\ 0.066 \end{bmatrix}.$$

检验一致性由五个步骤组成.

第一步:由被检验的两两比较矩阵乘以其特征向量,所得的向量称为赋权和向量,在此例中即

$$\begin{pmatrix} 1 & 2 & 8 \\ 1/2 & 1 & 6 \\ 1/8 & 1/6 & 1 \end{pmatrix} \begin{pmatrix} 0.593 \\ 0.341 \\ 0.066 \end{pmatrix} = \begin{bmatrix} 1.803 \\ 1.034 \\ 0.197 \end{bmatrix}$$

第二步:每个赋权和向量的分量分别除以对应的特征向量的分量,即第 i 个赋权和向量的分量除以第 i 个特征向量的分量,在本例中有:

$$\frac{1.803}{0.593} \approx 3.040,$$

$$\frac{1.034}{0.341} \approx 3.032,$$

$$\frac{0.197}{0.066} \approx 2.985.$$

第三步:计算出第二步结果中的平均值,记为 $\lambda_{\max}$,在本例中有

$$\lambda_{\max} = \frac{3.040 + 3.032 + 2.985}{3} = 3.019.$$

第四步:计算一致性指标 CI:

$$CI = \frac{\lambda_{\max} - n}{n - 1}.$$

在这里 n 为比较因素的数目,在本例中也就是买房子方案的数目,即为 3. 在本例中,我们得到

$$CI = \frac{3.019 - 3}{3 - 1} \approx 0.010.$$

第五步:计算出一致性率 CR:

$$CR = \frac{CI}{RI}.$$

在这里 RI 是自由度指标,上面我们已经指出当比较的因素越多也就是两两比较矩阵维数越大时,判断的一致性就越差,故应放宽对高维两两比较矩阵一致性的要求,于是就引入修正值 RI,见表 16-19.

表 16-19

维数(n)	1	2	3	4	5	6	7	8	9
RI	0.00	0.00	0.58	0.96	1.12	1.24	1.32	1.41	1.45

在本例中可算得

$$CR = \frac{0.01}{0.58} \approx 0.017.$$

一致性规定当 $CR \leqslant 0.1$ 时,认为两两比较矩阵的一致性可以接受,否则就认为两两比较矩阵一致性太差,必须重新进行两两比较判断. 在本例中,$CR = 0.017 \leqslant 0.1$,所以"地理位置及交通情况"两两比较矩阵满足一致性要求,其相应求得的特征向量有效.

同样,我们可以通过计算"居住环境","结构布局设施","每平方米单价"以及"四个标准"的两两比较矩阵的一致性 CR 值,可知它们都小于等于 0.10,这些比较矩阵都满足一致性要求,即其相应求得的特征向量都有效.

六、利用权数或特征向量求出各方案的优劣次序

在上面我们已求出了四个标准的特征向量,以及四个在单一标准下的三个购房方案的特征向量,如表 16-20 所示.

表 16-20

四个标准特征向量		单一标准下的三个购房方案的特征向量			
地理位置及交通情况	0.398	地理位置及交通情况	居住环境	结构、布局、设施	每平方米单价
居住环境	0.218	房子 A	0.593	0.123	0.087	0.265
结构、布局、设施	0.085	房子 B	0.341	0.320	0.274	0.655
每平方米单价	0.299	房子 C	0.066	0.557	0.639	0.080

我们可以利用这些权数或向量来计算出每个方案总的得分(权数).

房子 A 方案在"地理位置及交通情况"中得分(权数)为 0.593,而"地理位置和交通"在满意房子的总目标中所占的重要性(权数)为 0.398,故房子 A 方案由于其地理位置和交通情况在总目标中的得分为 0.398×0.593.同样可知房子 A 方案由于其居住环境的情况在总目标中的得分为 0.218×0.123;由于其结构布局及设施方面的情况在总目标中的得分为 0.085×0.087;由于其每平方米的价格的情况在总目标中的得分为 0.299×0.265,故房子 A 方案在总目标中的总得分为

$$0.398 \times 0.593 + 0.218 \times 0.123 + 0.085 \times 0.087 + 0.299 \times 0.265 \approx 0.349.$$

同样可得到房子 B 方案在总目标中的总得分为

$0.398 \times 0.341 + 0.218 \times 0.320 + 0.085 \times 0.274 + 0.299 \times 0.655 \approx 0.425.$

房子 C 方案在总目标中的总得分为

$0.398 \times 0.066 + 0.218 \times 0.557 + 0.085 \times 0.639 + 0.299 \times 0.080 \approx 0.226.$

通过比较可知房子 B 的得分(权重)最高,房子 A 的得分次之,而房子 C 的得分最少.故应该购买房子 B,通过权衡知道这是最优方案.

"管理运筹学"软件可以解决此类层次分析法的问题.

习　题

1. 已知面对四种自然状态的三种备选行动方案的公司收益如表 16-21 所示.

表 16-21

自然状态 方案	N_1	N_2	N_3	N_4
S_1	15	8	0	-6
S_2	4	14	8	3
S_3	1	4	10	12

假定不知道各种自然状态出现的概率,请分别用以下五种方法求最优行动方案:

(1) 最大最小准则.

(2) 最大最大准则.

(3) 等可能性准则.

(4) 乐观系数准则(取 $\alpha = 0.6$).

(5) 后悔值准则.

2. 根据以往的资料,一家面包店所需要的面包数(即面包当天的需求量)可能为下面各个数量中的一个:

$$120, 180, 240, 300, 360.$$

但不知其分布概率.如果一个面包当天没销售掉,则在当天结束时以 0.10 元处理给饲养场,新面包的售价为每个 1.20 元,每个面包的成本为 0.50 元,假设进货量限定为需求量中的某一个,求:

(1) 作出面包进货问题的收益矩阵.

(2) 分别用最大最小准则、最大最大准则,后悔值法以及乐观系数法($\alpha = 0.7$)进行决策.

3. 某服装企业计划通过旗下网店销售一批特价 T 恤,每件售价 10 元.生产此类服装有三种方案:

方案 1　固定成本为 10 万元,变动成本为一件 5 元;

方案 2　固定成本为 16 万元,变动成本为一件 4 元;

方案 3　固定成本为 25 万元,变动成本为一件 3 元.

对此类服装的需求量有以下三种可能,分别为 30 000 件、120 000 件、200 000 件,概率未知.

求:

(1) 建立收益矩阵;

（2）分别用最大最小、最大最大、等可能性和后悔值准则决定该企业的最优方案.

4. 假如习题 2 中根据以往的经验，每天的需求量的分布概率，如表 16-22 所示：

表 16-22

需求量	120	180	240	300	360
概率	0.1	0.3	0.3	0.2	0.1

请用期望值法求出面包店的最优进货方案.

5. 某汽车制造厂需要 10 000 个轮胎.轮胎来源有两种选择，一是用设备费 12 000 元及每个成本 650 元进行制造；二是以每个 700 元的价格购买成品.外购成品可保证全部是正品，而自行制造则有一定次品，次品率的分布如表 16-23 所示.

表 16-23

次品率	0	0.1	0.2	0.3	0.4
概率	0.15	0.25	0.20	0.25	0.15

若次品被组装后，在检验时发现，则每件需花费 120 元的修理费，问该厂应如何决策？两种决策方案效果的差别是多少？

6. 某制造厂加工制造一批鼠标共 10 000 个，如加工后逐个进行检验，则全部可以合格，但每批需检验费 300 元，如不进行检验则可能产生次品，据以往统计数据，次品率情况如表 16-24 所示.

表 16-24

次品率	0.02	0.04	0.06	0.08	0.10
概率	0.20	0.40	0.25	0.10	0.05

一旦使用中发现次品，则每个次品需花修理费 0.50 元，要求：

（1）用期望值法确定是否对每个鼠标进行检验；

（2）如果在刚加工完成的一批 10 000 个鼠标中，随机抽取 130 个样品，经检验后发现其中有 9 个次品，试求后验概率，并重新确定是否对每个鼠标进行检验.

7. 某制造厂加工了 150 个机器零件，经验表明由于加工设备的原因，这一批零件不合格率 p 不是 0.05 就是 0.25，且所加工的这批量中 p 等于 0.05 的概率是 0.8，这些零件将被用来组装部件.制造厂可以在组装前按每个零件 10 元的费用来检验这批零件的每个零件，发现不合格立即更换，也可以不予检验就直接组装，但发现一个不合格品进行返工的费用是 100 元.

（1）写出这个问题的收益矩阵.

（2）用期望值法求出该厂的最优检验方案.

（3）对此问题进行灵敏度分析，求出转折概率.

8. 用决策树方法解习题 7.

9. 习题 3 中，若已知三种需求量的概率如表 16-25 所示.

表 16-25

需求量	30 000	120 000	300 000
概率	0.15	0.75	0.10

求：

（1）请用期望值准则决定该企业最优方案.

（2）若该企业能确切掌握市场需求信息,求全情报的期望收益值(EV_wPI).

（3）求其全情报价值($EVPI$).

10. 某公司有 50 000 元多余资金,如用于某项开发事业估计成功率为 96%,成功时一年可获利 20%,但一旦失败,有丧失全部资金的危险,如把资金存放银行中,则可稳得年利 6%.

（1）用期望值准则进行决策,应采用哪个方案?（并求 $EV_{wo}PI$.）

（2）请求出这个问题的全情报的期望收益(EV_wPI),并求此全情报价值($EVPI$).

（3）假如为了获取更多情报,该公司求助咨询服务,但咨询意见只是提供参考,帮助下决心,据过去咨询公司类似 200 例咨询意见,统计结果表明,当咨询项目确定应开发时,咨询意见也为应该开发的条件概率为 90%,而咨询意见为不应开发的条件概率为 10%;当咨询项目不应开发时,咨询意见也为不应开发的条件概率为 60%,而咨询意见为应该开发的条件概率为 40%,请求出此样本情报的价值($EVSI$)以及样本情报效率.如果该咨询服务费用为 800 元是否值得?

11. 某著名食品公司为了扩大新产品的市场,想在近期举办一个大型的室外展销会,现考虑该展销会的举办时间计划.假定影响展销会举办时间的唯一因素是天气情况.如果能按计划顺利举办完展销会,可获利润 5 万元;但如果遇天气不好而拖延展销会举办时间,则由于一些食品不能久放而亏损 1 万元.根据以往气象资料,估计最近安排举办展销会后天气晴朗的概率是 0.20,举办展销会后遇到阴雨天气的概率为 0.80.又如果最近不安排举办展销会,则将负担推迟举办展销会损失费 1000 元.有关数据如表 16-26 所示.

表 16-26

自然状态 损益值/元 行动方案	天气好 $P_1=0.2$	天气不好 $P_2=0.8$	期望值/元
举办展销会 S_1	50 000	-10 000	2 000
不举办展销会 S_2	-1 000	-1 000	-1 000

为了进一步确定天气情况,该公司还可从气象咨询事务所购买气象情报,但需要花 1 000 元咨询费.过去资料表明,该事务所在天气好时预报天气的可靠性为 0.7,在天气坏时预报天气的可靠性是 0.8.

（1）不购买气象情报时应如何决策?

（2）画出购买气象情报的风险决策树.

（3）该公司是否应该购买气象情报,以期获得最多的利润?

12. 某汽车制造商考虑推出一款新能源汽车,在决策以前预见到三种结果,即需求情况高、一般、低,三种结果的概率及相应的条件收益如表 16-27 所示.

表 16-27

需求情况(θ)	概率 $P(\theta)$	条件收益/万元
θ_1(高)	0.25	1 500
θ_2(一般)	0.30	100
θ_3(低)	0.45	−600

制造商有可能要花 60 万元做市场需求调查进行预测.虽然不知道这一预测的准确性,但有过去实践的记录如表 16-28 所示.

表 16-28

调查结论(S)	实践结果		
	θ_1(高)	θ_2(一般)	θ_3(低)
S_1(高)	0.65	0.25	0.10
S_2(一般)	0.25	0.45	0.30
S_3(低)	0.10	0.30	0.60

问该制造商要不要做市场需求调查进行预测？若需要,根据预测结果应如何做决策？其期望收益为多少？

13. 某企业为增强其市场竞争力,欲引进先进技术,提升产品的附加值.如今有三个方案可供选择,分别为 d_1,d_2,d_3.改进后的产品面临三种不同的市场需求状态,分别为高需求、一般需求和低需求.这三种自然状态的概率分别为 $\theta_1 = 0.5$,$\theta_2 = 0.3$,$\theta_3 = 0.2$.收益矩阵如表 16-29 所示.

表 16-29

收益 方案 \ 自然状态	θ_1	θ_2	θ_3
d_1	40	20	10
d_2	70	30	0
d_3	110	10	−50

求：

（1）用期望值准则进行决策.

（2）用决策树方法进行决策.

（3）求其全情报价值（$EVPI$）.

14. 某投资者想在光明区加盟一家咖啡馆.加盟咖啡馆有两个方案,一个是开设大咖啡馆,另一个是开设小咖啡馆.根据市场对该品牌咖啡的需求调查,需求高的概率是 0.5,需求一般的概率为 0.3,需求低的概率是 0.2,

而每年的收入情况如表 16-30 所示(单位:万元).

表 16-30

方案	状态	E_1(高)	E_2(一般)	E_3(低)
	概率	$P(E_1)=0.5$	$P(E_2)=0.3$	$P(E_3)=0.2$
S_1(大咖啡馆)		100	60	−20
S_2(小咖啡馆)		25	45	55

(1) 按利润期望值准则,应采取哪一种方案?

(2) 投资者认为按利润期望值准则进行决策风险太大,改用效用值准则进行决策.在对决策者进行了一系列询问后,得到以下结果:

损失 20 万元的效用值为 0;获得 100 万元的效用值为 100;且对以下事件效用值无差别:

① 肯定得到 25 万元或 0.5 的概率得到 100 万元和 0.5 的概率损失 20 万元;

② 肯定得到 60 万元或 0.75 的概率得到 100 万元和 0.25 的概率损失 20 万元;

③ 肯定得到 45 万元或 0.6 的概率得到 100 万元和 0.4 的概率损失 20 万元;

④ 肯定得到 55 万元或 0.7 的概率得到 100 万元和 0.3 的概率损失 20 万元;

要求用效用值期望值法确定最优策略.

15. 某工厂正在考虑是现在还是明年扩大生产规模问题.由于可能出现的市场需求情况不一样,预期利润也不一样.已知市场需求为高(N_1)、中(N_2)、低(N_3)的概率及不同方案时的预期利润(单位:万元)如表 16-31 所示:

表 16-31

自然状态 概率 方案	N_1	N_2	N_3
	$P(N_1)=0.2$	$P(N_2)=0.5$	$P(N_3)=0.3$
S_1(现在扩大)	100	80	−10
S_2(明年扩大)	80	60	10

对该厂来说获得 100 万元的效用值 $U(100)=10$,损失 10 万元的效用值 $U(-10)=0$,对该厂领导进行了一系列询问,现集询问的结果归纳如下:

(1) 该厂领导认为:"以 90% 的概率得 100 万元和以 10% 的概率损失 10 万元"和"稳获 80 万元"二者对他来说没有差别.

(2) 该厂领导认为:"以 80% 的概率得 100 万元和以 20% 的概率失去 10 万元"和"稳获 60 万元"二者对他来说没有差别.

(3) 该厂领导认为:"以 25% 的概率得 100 万元和以 75% 的概率失去 10 万元"和"稳获 10 万元"二者对他来

说没有差别.要求:

① 建立效用值矩阵.

② 分别根据实际盈利和效用值按期望值法确定最优决策.

16. 某银行要进行投资,连续投资两期,投资本金 1 000 万.每期投资都从以下两个方案中进行选择:

方案 1 该期期末有 0.4 的概率失去全部资金,有 0.6 的概率回收该期投资额的 200%.

方案 2 该期期末有 0.9 的概率收回本金(即不盈不亏),有 0.1 的概率能够收回该期投资额的 200%.

要求:

每期投资只允许选择一种方案,试用决策树法求最优投资方案.

17. 某消费者摇号中签后要买车,有三种车型进行选择.选择标准有 5 个,分别为价格、外形、内饰、油耗、操控性能(见图 16-8).判断矩阵如下(见表 16-32):(B_1 到 B_5 分别为价格、外形、内饰、油耗、操控性能 5 个选择标准;C_1 到 C_3 分别为三款不同型号的汽车)

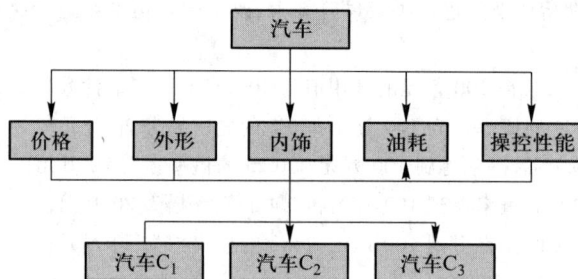

图 16-8

表 16-32

	B_1	B_2	B_3	B_4	B_5
B_1	1	2	7	5	5
B_2	1/2	1	4	3	4
B_3	1/7	1/4	1	1/2	1/3
B_4	1/5	1/3	2	1	1
B_5	1/5	1/3	3	1	1

B_1	C_1	C_2	C_3
C_1	1	1/5	1/8
C_2	5	1	1/3
C_3	8	3	1

B_2	C_1	C_2	C_3
C_1	1	2	5
C_2	1/2	1	2
C_3	1/5	1/2	1

B_3	C_1	C_2	C_3
C_1	1	1	3
C_2	1	1	3
C_3	1/3	1/3	1

B_4	C_1	C_2	C_3
C_1	1	3	4
C_2	1/3	1	1
C_3	1/4	1	1

B_5	C_1	C_2	C_3
C_1	1	1	1/4
C_2	1	1	1/4
C_3	4	4	1

根据层次分析法求对于该消费者的最优选择.

18. 试用层次分析法对自己碰到的问题进行决策.

案 例

案例 29:对风险决策原则的反思——从一个投资案例说起*

翻开运筹学的教科书,在风险决策一章都会有决策的评判原则."期望收益最大"或"期望后悔值最小"是被多次强调的.在许多教科书上,仅列举了这两项原则,而且这两项原则在本质上是一致的.

仔细想来,这里有一个问题:通常说期望收益与风险是正相关的,为什么在风险决策时把风险忘了? 难道人们在决策时真的为了期望的利益就不考虑风险?

一个多次投资的案例

为了仔细探讨这一问题,我们从 Morton Davis 的 *The Art of Decision-Making*(1986)书中举的一个案例讲起.

案例原文的缩写如下:

You know of a venture that succeeds half the time. For each invested $1,you make $1. 60 when the venture succeeds;you lose $1. 00 when the venture fails. You may invest as often as you like;you may risk as much as you please. To avoid that you lose all your money, you adopt the following rule:Always invest exactly half the money in your possession. Suppose your starting capital were $1 000 000.

What is the effect of combining such an attractive investment with this capital-preserving strategy? In particular,do you gain or lose money on average? If you invested in 10 000 ventures like this how much money would you have on average? How likely is it that you will have less than the $1 000 000 with which you started when your 10 000th investment is completed?

中文大意如下(为方便理解,单位用元):

有一风险投资机会,成功和失败的概率都是 0.5.你每投资 1 元,若成功,可以得到 1.6 元的利润(注:原投资本金仍归还给你);若失败,则损失 1 元(注:仅失去投资额).投资次数和投资额不限.你为了不把钱亏光,采取了如下策略:总是拿你所持有的钱的一半去投资(注:若钱是可以无限可分的,你可以一直投资下去,不会破产).你开始的资金是 1 000 000 元.

---

* 此案例由北京大学光华管理学院王其文教授提供,特此感谢.

在如此吸引人的投资环境中运用此资本保护的投资策略的结果如何呢？具体说,平均说来你是盈还是亏?如果你投资了 10 000 次,平均说来,你最后有多少钱?你有多大的可能在最后拥有的钱少于开始的 1 000 000 元?

争论不休的课堂

此案例曾在北京大学硕士生(包括 MBA)运筹学课上用过多次,引起同学的热烈争论.

大部分学生认为这是一个绝好的投资机会,投资者会发大财.一部分同学找出的依据如下:

设投资者初始资本为 a 元,经依次投资后的资本有两种可能:

(1)若成功,资本为 $a_1 = a + 1.6(a/2) = 1.8a$.

(2)若失败,资本变为 $a_1 = 0.5a$.

一期投资后的资本期望值为 $E_1 = 0.5(1.8a + 0.5a) = 1.15a$.

可以证明,第二次投资后的期望资本值为 $E_2 = 1.15^2 a$,第三次投资后的期望资本值为 $E_3 = 1.15^3 a$……以此类推,投资 10 000 次后的资本期望值为 $E_{10\ 000} = 1.15^{10\ 000} a$ 元.这可是个天文数值,只要看 $1.15^{100} = 1\ 174\ 313 > 1\ 000\ 000$,即投资 100 次后期望资本就大于 10 000 亿元.若投资 10 000 次,期望资本值将大于 10^{606} 元.即使太阳系的每个分子都变成 100 元的人民币,恐怕也不能凑够这么多钱.

在列举了以上理由后,更多的同学赞成这一派的意见,真希望有这样的投资机会一显身手.

另有一部分同学持怀疑态度.有的是反向思维,觉得老师提出此案例,一定设下了陷阱.也有的想寻找其中的道理.经启发,几个"悲观派"得出如下论据:

由于投资的胜率为 0.5,在 10 000 次投资中赢和输的次数很可能都接近 5 000.由于在赢时,资本值会由 a 变为 $1.8a$;在输时,资本会从 a 变为 $0.5a$.根据乘法的交换律和结合律,在胜负次数确定的情况下,投资胜负的顺序如何是没有关系的.

若假设总投资次数为 N,胜负次数各半,投资 N 次后的资本额变为 $a(1.8)^{N/2}(0.5)^{N/2} = a(0.9)^{N/2}$.为了说明这一数值的大小,我们假设投资次数 $N = 360$, $a = 1\ 000\ 000$.则可以得出:

$$a_{360} = a(1.8)^{180}(0.5)^{180} = a(0.9)^{180} = 0.005\ 8(元).$$

只剩下不到 1 分钱.讨论到这里,"乐观派"的多数人心凉了半截.但有些人还在各执一词地争论.

以下是在老师引导下的深入分析:

设 N 次中有 n 次赢, $N-n$ 次输,开始有 a 元,最后有

$$a_N = a(1.8)^n(0.5)^{N-n}.$$

我们先考虑要使投资者不输,需要赢的次数:

要使

$$a_N = a(1.8)^n(0.5)^{N-n} \geq a,$$

只需

$$(1.8)^n(0.5)^{N-n} \geq 1,$$
$$(1.8)^n \geq (2)^{N-n},$$
$$n\ln 1.8 \geq (N-n)\ln 2,$$
$$n \geq N\ln 2/(\ln 3.6),$$

即
$$n \geqslant 0.541\,1N,$$

若 $N=10\,000$,需要 $n \geqslant 5\,411$ 才能保本或获利.然而,其概率微乎其微.在试验次数充分大时,我们可以用正态分布作为伯努利试验概率分布的近似估计.由于 $p=q=0.5$,可知
$$\sigma \approx \sqrt{Npq} = 50.$$

成功次数大于 $5\,411$ 的概率为:
$$P(n > 5\,411) = P(x > 8\sigma \mid x \sim N(0,\sigma)) \approx 10^{-15}.$$

为了理解此概率有多么小,我们可以设想全世界有 100 亿人(10^{10}),每人有 10 万根头发,合计有 10^{15}.如果在某一个人的头上选一根头发,刻上记号,然后把所有人的头发剃下来,放在太平洋里均匀搅拌,再让一个人随机地抓一根头发.抓到的头发正好是预先做记号的那一根的概率就是你投资能保本或盈利的概率.换句话说,抓不到那根头发的概率就是你会赔本的概率.

"乐观派"和"悲观派"都有理

"乐观派"和"悲观派"都有依据,而且数理推导都没有问题,如何解释这一看似矛盾的结论呢?

"乐观派"的观点是:投资者在 10 000 次投资后的资本期望值几乎是无穷大.这一结论是对的.也可以说,平均说来,投资者会赢.可以用英文表述为:"You will gain money on average","If you invested in 10 000 ventures, the money that you will have on average will be infinite".

"悲观派"的观点也是对的.他们说的不是期望值,而是多次投资后所持有的实际资本,两者所说的对象不同.其结论是:如果投资 10 000 次,投资者赢的概率微乎其微.或者换句话说,几乎必定要输.但没有说资本期望值微乎其微.

既然都有道理,为什么还争论不休呢? 因为大家时常混淆期望和可能性这两个概念.经常强调期望收益,而不注意期望值实现的可能性有多大.既然我们的教科书上都把期望收益最大列为唯一决策原则,学生们的认识误区也就很自然了.

何必投资一万次

有些同学仍然不满足以上的解释,总想深思其中的奥妙.这一投资环境无疑是很好的.在现实中,这样的机会是太难得了,简直是天赐良机,怎么就几乎要输光呢?

投资机会确实是很好,问题出在投资策略上.

你何必投资 1 万次呢.投资次数有时少些倒好.虽然,投资次数越多,期望收益越大,但成功的概率却会降低.继续以上的讨论,看减少投资次数的结果如何.

若 $N=1\,000$,$P(n>541)=P[x>2.6\sigma \mid x \sim N(0,\sigma)] \approx 0.005$;

若 $N=100$,$P(n>54)=P[x>0.8\sigma \mid x \sim N(0,\sigma)] \approx 0.21$;

若 $N=10$,$P(n>5.4)=P(n>5) \approx 0.38$,这就是一个很可观的数值了.

最极端的是投资一次,$N=1$,$P=0.5$.但按这种类型的投资策略,赢的概率至多为 0.5.

投资比例的优化

投资者选择投资现有资金的一半进行投资,看似很聪明,因为这样一来不会全部输光.其实,为达

到能多次投资的目的,也可以每次拿出 1/3 或其他比例的资本去投资,不一定是一半.一般说来,可设现有资金为 a,投资数所占当前资金的比例为 $\alpha(0<\alpha<1)$.仍设赢率为 0.5.若赢,资金变为 $a(1+1.6\alpha)$,若输变为 $a(1-\alpha)$.一次投资后的期望资本为

$$E_1 = 0.5a(1+1.6\alpha)+0.5a(1-\alpha)=a(1+0.3\alpha)>a.$$

仍设在 N 次投资中赢得 n 次,N 次投资后所有的资金为

$$a_N = a(1+1.6\alpha)^n(1-\alpha)^{(N-n)}.$$

由于 n 的取值在 $N/2$ 附近的概率比较大,我们可以考虑 $n=N/2$ 时的最优的投资比例 α,即求 $[(1+1.6\alpha)(1-\alpha)]^n$ 的极大值,也即 $(1+1.6\alpha)(1-\alpha)=-1.6\alpha^2+0.6\alpha+1$ 的极大值.

这是一个二次函数的极值问题.利用中学的知识可以得出:

当 $\alpha=3/16\approx0.1875$ 时,此函数的极大值为 $(1+1.6\alpha)(1-\alpha)=1.056>1$.

若初始资本为 1 000 000 元,投资 10 000 次,赢 5 000 次,最后的资金为

$$a_N = 1\,000\,000[(1+1.6\alpha)(1-\alpha)]^{5\,000} > 10^{110},$$

这同样是一个天文数字.至于获胜的概率,由于 $P(n\geqslant 5\,000)>P(n<5\,000)$,至少赢 10^{110} 元的概率大于 0.5.

其实,使用此种投资策略输的概率很小.要解出盈亏平衡点,需要令 $(1+1.6\alpha)^n(1-\alpha)^{(N-n)}=1$, $n=-N\log(1-\alpha)/[\log(1+1.6\alpha)-\log(1-\alpha)]$,将 $\alpha=3/16$ 代入,得 $n=4\,418$.投资者输的概率为

$$P(n\leqslant 4\,418) < P(x>11\sigma \mid x\sim N(0,\sigma))\approx 0.$$

此概率比前面用头发比喻的概率还要小.

如果用一般的符号表示投资收益,比如,获胜时得到投资额的 β 倍(β 相当例题中的 1.6).按比例投资的最优比例 $\alpha=(\beta-1)/(2\beta)=0.5-1/(2\beta)$.仅当 $\beta>1$ 时有意义.当 $\beta\to\infty$ 时,$\alpha\to 0.5$.此案例中的投资者把 α 定为 0.5,不是因为没有学好数学,就是没有动脑筋.

等量投资的策略

要投资 10 000 次,不一定按比例进行投资,还有其他的投资策略.等量投资就是其中之一.若初始资本为 1 000 000 元,可等分为 10 000 份,每份 100 元.分别进行投资.

一般说来,若投资环境如上所述并沿用上面的记号.将初始资本 a 等分为 N 份,每份为 a/N.任意一份投资后,若成功,资金变为 $(1+\beta)a/N$,若失败,资金变为 0.其期望值为 $0.5(1+\beta)a/N$.N 份投资的总和的期望为 $E=0.5(1+\beta)a$.当 $\beta=1.6$, $a=1\,000\,000$ 时,$E=0.5(1+\beta)a=1\,300\,000$.若按期望值算收益率只是 30% 而已.

假设 N 次里有 n 次成功,投资后的资金为

$$a_N = (1+\beta)(a/N)n.$$

下面我们计算投资者亏损的概率:

$$P(a_N < a)=P(n<N/(1+\beta)).$$

若代入 $\beta=1.6$,得

$$P(a_N < a)=P(n<N/2.6)=P(n<0.384\,6N).$$

若 $N=10\,000$,

$$P(a_N < a) = P(x < -23\sigma \mid x \sim N(0, \sigma)) \approx 1.$$

值得一提的是,当 N 由大变小时,亏损的概率会变大,但期望值不变.

此案例的讨论给同学的印象深刻,也让我们对风险决策的原则进行了比较全面的反思.

参考文献:

Morton Davis. The Art of Decision-Making. London:Springer-Verlag,1986

案例 30:东华化肥厂租赁方案决策分析

东华化肥公司拟以租赁方式接管某化肥厂,现对租赁方案作出分析,以资决策参考(因是否接管主动权掌握在该公司手中,故仅从该公司利益出发考虑方案的可行性).

一、该厂现状

生产能力:合成氨 4 万吨/年,尿素 4 万~6 万吨/年,尿素完全成本 1 750 元/吨,生产装置基本完好,因亏损现已停产.主要亏损原因:一是规模偏小,生产能力处于盈亏平衡点以下;二是技改投入严重不足,消耗大、成本高;三是管理不善,效率低下;四是银行债务负担过重.

二、租赁条件

租期内,该公司每年付租综合费 400 万元,此项费用可进入成本.该厂经营管理由我公司全权负责.按当地政府的优惠政策,经与债权人协商,银行债务可作挂账处理.

三、市场预测

1997 年下半年起,尿素市场需求下降,价格低迷.造成这种状况的主要原因有:粮食市场不景气,粮价低,卖粮难,农民种粮积极性受挫,农业投入减少;近年来化肥工业发展迅速,国内氮肥生产能力已基本能够满足农业需求,但由于利益驱动,多家竞相进口,导致大量进口氮肥涌入国内,对市场形成了较大的冲击.如此内外夹击,化肥生产企业陷入了空前的困境.然而物极必反,一部分规模太小,管理混乱,产品质量低,经济效益差的企业被淘汰出局;同时,国家及时采取措施,明令停止了氮肥的进口,市场供大于求的状况得到缓解,恶性竞争有所减少.另外,粮食流通体制改革逐步施行并初见成效,也使农民的种粮积极性得到恢复.当然,最根本的一点是我国还处于经济发展的起步阶段,农业作为经济发展的基础仍将不断得到加强,在相当长的一个时期内,粮食问题仍将是我国的头等大事.因此,有理由相信农业投入将会不断加大,化肥需求将继续增长,化肥市场必将好转.

从微观上来看,即使处于目前的不太景气的市场中,也有相当一部分具备一定的规模,技术先进,管理好,效率高的化肥生产企业取得了较好的经济效益,其中尿素生产能力达到 10 万~12 万吨/年的企业,年利润可达 3 000 万元.

根据统计资料,尿素出厂价一般在 1 100~1 400 元之间波动,目前的平均价格约为 1 250 元.假设市场好时出厂价为 1 400 元,市场较好时出厂价为 1 200 元,市场差时出厂价为 1 100 元.

四、经营设想

东华公司租该厂后,只要投入一定的资金,进行设备大修与技术改造,就能使生产能力达到合成氨 5 万~6 万吨/年,相应尿素能力 8 万~10 万吨/年,同时依靠本公司技术与管理上的优势,将使尿素的完全成本降至 1 100~1 200 元/吨,按目前的市场水平计,平均每年利润将达 400 万~1 000万元.

五、具体方案(以 10 年租赁期计)

方案一:

投入 2 500 万元,生产能力达到合成氨 5 万吨/年,相应尿素 8 万吨/年,每吨尿素工厂成本 1 080 元.租赁费用 400 万元,合每吨尿素 50 元;贷款分 5 年还清本息(以 3 000 万元计),平均每年 600 万元,合每吨尿素 75 元,则尿素完全成本为 1 205 元(前 5 年)/1 130 元(后 5 年).

方案二:

投入 4 000 万元,生产能力达到合成氨 6 万吨/年,相应尿素 10 万吨/年,每吨尿素工厂成本降为 950 元.租赁费用 400 万元,合每吨尿素 40 元;贷款分 5 年还清本息(以 4 800 万元计),平均每年 960 万元,合每吨尿素 96 元,则尿素完全成本为 1 086 元(前 5 年)/990 元(后 5 年).

方案三:

先期投入 2 500 万元,生产能力达到合成氨 5 万吨/年,相应尿素 8 万吨/年,每吨尿素工厂成本 1 080 元.租赁费用 400 万元,合每吨尿素 50 元;贷款分 5 年还清本息(以 3 000 万元计),平均每年 600 万元,合每吨尿素 75 元,则尿素完全成本 1 205 元.5 年后再投入 1 500 万元,生产能力达到合成氨 6 万吨,相应尿素 10 万吨,每吨尿素工厂成本 950 元.租赁费用 400 万元,合每吨尿素 40 元;贷款分 5 年还清本息(以 1 800 万元计),平均每年 360 万元,合每吨尿素 36 元,则尿素完全成本为 1 026 元.

请在这三个方案中作出决策.

案例 31:"联智上学"产品的推出

联智软行是第一批在互联网上销售软件的公司之一,并且开发了基于 PC 以及移动端的 App. 公司的两种产品创造了 80% 的收入:"联智出行"和"联智就医". 去年每种产品的销售量都超过了 10 万个单位. 业务是在网上进行的:顾客可以下载软件的试用版,在试用后如果顾客表示满意,可以购买产品. 这两种产品的售价都为 12 元.

在网上销售软件消除了许多消费品的传统成本:包装、存储、分销、销售等. 潜在顾客可以下载试用版,先试用部分功能以后,再决定是否购买. 此外,联智软行总是能够提供给顾客最新的版本,免去软件使用过程中产生的问题.

目前,公司正在考虑新产品"联智上学"的上线问题. "联智上学"可能会成为焦点并热销,但也存在一定的风险. 是否应当继续推进,组织营销攻势? 或者放弃这个产品? 或者在决定推出产品前从一个当地的市场调查公司购买更多的市场调查信息? 董事会必须尽快地做出决策.

在线营销总监指出,公司应当推出"联智上学". 从过去 2 年公司推出产品的有关数据可以得到市场对新产品反应的可靠估计. 数据显示,在一个时期里公司总共推出了 10 种新产品,其中 3 种产品的销售量在头 6 个月就超过了 2 万个单位. 推出的最后 2 种产品的销售量在头 2 个季度超过了 3 万个单位. 但是,在过去 3 年里公司快速发展,财务能力已经相当有限. 如果"联智上学"失败,公司会损失大量的资金,就目前的资金现状而言,这样的损失是公司无法承担的.

市场总监指出这个项目的成功与 3 个主要因素有关:竞争、销售量、成本. 基于董事会提出的 3 种定价方案(以 40 元的价格销售,使收入最大化;以 20 元的价格销售,使市场份额最大化;以 30 元销售,使二者兼得),他认为以 30 元的价格销售的选择是最好的. 考虑到成本,公司必须在销售中分摊

"联智上学"的开发费用. 到目前为止,研发已经花费 40 万元,预计每年还需花费 3 万元用于为顾客提供完善的线上后台服务. 目前该行业的数据如表 16-33、表 16-34、表 16-35 所示,每一个表格用于一种定价战略. 每一个表格显示了在其他公司的竞争影响下(激烈、中等、温和)不同的销售量对应的概率.

表 16-33　高价格下(40 元)销售量的概率分布

销售量	竞争水平		
	激烈	中等	温和
6 万个单位	0.20	0.25	0.30
4 万个单位	0.25	0.30	0.35
3 万个单位	0.55	0.45	0.35

表 16-34　中等价格下(30 元)销售量的概率分布

销售量	竞争水平		
	激烈	中等	温和
6 万个单位	0.25	0.30	0.40
4 万个单位	0.35	0.40	0.50
3 万个单位	0.40	0.30	0.10

表 16-35　低价格下(20 元)销售量的概率分布

销售量	竞争水平		
	激烈	中等	温和
6 万个单位	0.35	0.40	0.50
4 万个单位	0.40	0.50	0.45
3 万个单位	0.25	0.10	0.05

如果要雇用营销调查公司,可在一星期内得到推出"联智上学"面临的竞争状况和销售结果的研究报告,成本为 1.5 万元. 营销调查公司的预测具有以下特征:激烈竞争的情况下,调查结果同样为激烈竞争的概率为 0.80,结果为中等竞争水平的概率为 0.15,温和竞争的概率为 0.05. 对于中等竞争水平的情况,调查结果同样为中等竞争水平的概率为 0.80,结果为激烈竞争的概率为 0.15,温和竞争的概率为 0.05. 对于温和竞争的情况,调查结果同样为温和竞争的概率为 0.90,有 0.07 的概率预测为中等竞争水平,有 0.03 的概率预测为激烈竞争.

先验概率方面,从过去的经验来看,面对激烈竞争的可能性是 0.15,0.75 的可能性是中等水平的竞争,0.10 的可能性是温和竞争.

那么：

（1）在不考虑雇用营销调查公司获得更多信息的情况下，明确备选方案和自然状态，构建收益表，然后用一个决策树将这个决策问题表示出来．明确区分决策节点和事件节点并包含所有的相关数据．

（2）如果公司使用最大可能准则，决策是什么？如果使用最大最小准则呢？

（3）考虑进行市场调查的可能性，做出相应的决策树，计算相关的概率并分析决策树．公司是否应当花 1.5 万元进行营销调查？最优策略是什么？

案例 32：DJK 公司投资决策分析

DJK 公司为一家新兴的地产投资公司，以地产开发和自持运营为双轮，以股权投资、资产管理为纽带，以"4C、融社区、金融集、特色小镇"四大服务体系为支撑，持续提升房地产全产业链的价值创造能力．现打算以 1 000 万元来进行投资，最终决定在 A，B，C 三种方案中选取收益可能最高的方案作为最终选择，投资的收益与经济形势有关，决策如表 16-36 所示（单位：万元）．

表 16-36

	收益/万元		
	经济形势好	经济形势一般	经济形势差
概率（P）	0.3	0.5	0.2
投资方案 A	88	50	32
投资方案 B	56	60	54
投资方案 C	24	42	100

公司目前无法获得有关经济形势的完全情报，但可以通过某些经济指标预测未来的经济形势．根据历史经验，如果未来的经济形势向好，则预测的结果为好的概率为 0.75；如果未来的经济形势一般，预测结果为好的概率为 0.2；如果未来的经济形势差，预测结果为好的概率为 0.05．现已知预测的结果为好，请你利用贝叶斯方法帮助 DJK 公司进行决策．

第十七章 预测

预测在决策中占有不可替代的重要位置,一个好的决策都基于一个好的预测.一个公司对今后一年的经营做计划时,它首先要对市场需求做好预测,在这个基础上才能做出切合实际的、有利公司发展的生产计划、原材料采购计划、存储策略、销售计划.股市上的投资者对预测的重要性是深有体会的,如果能对股市的行情或某种股票的股价能做出一个准确的预测,然后进行投资,那么他能赢得利益和避免损失.

如何进行预测呢?光凭管理者的感觉进行预测是不行的.我们要进行科学的预测,科学的预测方法分成两类:一类叫定量预测,另一类叫定性预测.

定量的预测方法是基于对历史数据以及其他相关数据的分析而对将来做出预测的方法,其可以分为因果关系预测和时间序列预测.在本章中介绍的因果关系预测方法是回归分析方法,而介绍的时间序列预测方法有:平滑法(包括移动平滑法和指数平滑法)趋势预测和调整季节影响的趋势预测.

定性预测方法主要是利用专家的判断来预测将来,如德尔斐(Delphi)法就是综合专家意见,以技术专家预测为主的一种定性预测方法.在本章中对定性预测方法将不予介绍.

§17.1 时间序列预测法

时间序列是指在一些连续的时间点或时间区间上测量到的一系列的数据,例如我们把过去12个月某百货公司服装部每个月的营业额按时间先后列出来或在图表上表示出来,这就是时间序列.时间序列预测法就是只利用这些历史数据来预测未来的数据值(譬如第13个月,第14个月的营业额)的方法.为了掌握时间序列预测法,我们首先要了解时间序列的数据值是由哪些因素所决定的,我们把决定时间序列数据值的那些因素称之为时间序列的成分.

一、时间序列的成分

一般认为时间序列数据值由趋势、季节性、周期和不规则等四个因素所决定,即时间序列的因素为趋势、季节性、周期和不规则.

时间序列的数据可以每隔一小时、一天、一周、一月、一年或其他任何等间隔的时间采集.显然这些数据具有随意的波动性,但是在较长的时间段里,这些数据值会相对平滑地即逐渐地变大或变小.这种时间序列的长时间的逐渐变化被称为时间序列的趋势,这种时间序列的趋势通常是由于长期的因素诸如人口、人口结构、技术、顾客的喜好的变化所引起的.

在某一个特别时间段里如在一个特别的月份里时间序列的数据值很可能受到季节性因素的影响,而与趋势所期望的数据值不同.例如一个公司的空调的销售情况很能说明季节因素,由于夏天空调销售明显高于冬天,所以每年的空调销售随着季节变化而呈现了某些规律的变化,这种变化的规律我们可以用季节指数来表示.

另外,还存在一个使得时间序列的数据值偏离趋势的因素就是周期.例如社会的经济活动具有周期性,经济萧条、经济复苏、经济扩张反复地更迭.像这种有一定周期性的变化反映在时间序列上就是时间序列的周期因素.

时间序列除了受到趋势、季节和周期因素的影响外,还受到了不规则因素的影响.不规则因素解释了时间序列里的随机的变化,不规则因素是由影响时间序列的短期性、不可预测性以及非线性的原因所构成的.显然不规则因素是不可预测的,所以我们也不能利用历史数据来预测不规则因素对未来的影响.

二、用平滑法进行预测

对于没有明显的趋势、季节、周期影响的相对平稳的时间序列,我们可以用平滑法进行预测.平滑法就是通过平均过程来去掉时间序列中不规则的因素,在这里我们将介绍三种平滑方法.

1. 移动平均法

移动平均法就是用时间序列中最近的 n 个数据的平均值来作为下个时期的数据的预测值,计算的数学公式为

$$移动平均数 = \frac{\sum(\text{最近 } n \text{ 个数据值})}{n}. \tag{17.1}$$

所谓移动就是不断地用最近几个数据来代替老数据,随着预测时期的推进,预测值也不断变化.

下面我们用例 1 来说明如何用移动平均法进行预测.

例 1 某粮油食品公司最近 10 周的大米销售数量如表 17-1 所示,请预测第 11 周的大米销售数量.

表 17-1

周　　期	大米销售量/吨
1	62
2	51
3	72
4	64
5	50
6	48

周　　期	大米销售量/吨
7	67
8	54
9	63
10	73

解　大米是顾客的日常生活必需品,一般来说,它不受季节,周期的影响,又因为记录数据的单位时间为周,时间间隔比较短,很少受到趋势的长时期因素的影响,所以我们可用平滑方法进行预测,在这里我们可以用移动平均法预测.

用移动平均法预测,我们必须选定 n 的取值,一般来说 n 值越大越平滑,在这里我们不妨取 n 值为 3,我们可以把离第 11 周最近的 3 周数据的平均值,即第 8、第 9、第 10 周的数据平均值作为第 11 周的预测值即:

第 11 周销售量预测值为: $\dfrac{54+63+73}{3} \approx 63.33$（吨）.

求得了第 11 周的销售量的预测值之后,我们还要利用时间序列的数据来估计预测的偏差.我们可以用移动平均法来预测第 4 周,第 5 周,…,第 10 周的销售量,然后再求出这些预测量与实际销售量的偏差,再求出偏差平方值,我们可以把这些偏差平方值的平均值作为第 11 周预测值 63.63 的偏差的平方的估计值.下面我们列表 17-2 来计算该偏差平方的估计值.

从表 17-2 可见,我们把第 1,2,3 周的时间序列值的平均数 61.67 作为第 4 周的预测值,同时也求出预测值与实际值 64 偏差为 $64 - 61.67 = 2.33$.最后一栏填上偏差的平方值即 $2.33^2 = 5.43$.同样我们可以把第 5 周至第 10 周的预测值,预测偏差以及预测偏差平方值求出填入表 17-2 中.我们还可以求出其 7 个预测偏差之和以及其 7 个预测偏差平方值之和如表所示.我们很容易理解,由于预测偏差之和中存在正负值互相抵消的问题,故其预测偏差之和不能反映预测方法的精确度,就不能用于第 11 周预测的偏差估计;而把预测偏差平方值之和用于第 11 周的预测偏差估计,我们把预测平方值之和的平均数作为衡量预测方法精度的指标,也作为第 11 周预测的偏差平方值的估计.在本例中

表 17-2

周数	时间序列值	$n=3$ 时移动平均法预测值	预测偏差	预测偏差平方值
1	62			
2	51			
3	72			

周数	时间序列值	$n=3$ 时移动平均法预测值	预测偏差	预测偏差平方值
4	64	61.67	2.33	5.43
5	50	62.33	-12.33	152.03
6	48	62.00	-14.00	196.00
7	67	54.00	13.00	169.00
8	54	55.00	-1.00	1.00
9	63	56.33	6.67	44.49
10	73	61.33	11.67	136.19
			合计:6.34	合计:704.14

$$预测偏差平方值之和的平均数 = \frac{704.14}{7} \approx 100.59.$$

即第 11 周预测为 63.30 时,其预测偏差平方值的估计为 100.59,或者说其预测偏差的估计为 $\pm\sqrt{100.59} \approx \pm 10.03$.

我们会注意到不同的 n 的取值会得到不同的预测值,也会得到不同的预测精度,我们可以求得当 $n=2, n=4, n=5$ 时其第 11 周的预测值分别为 68.00, 64.25, 61.00. 其预测偏差的平方值估计分别为 150.53, 108.75, 118.84. 或者说其预测偏差的估计分别为 $\pm\sqrt{150.53}, \pm\sqrt{108.75}, \pm\sqrt{118.84}$,即分别为 $\pm 12.27, \pm 10.43, \pm 10.90$.

我们可以从不同的 n 值来找到一个 n 值使得其预测偏差估计值为最小,即精度为最高. 实际上,当 $n=7$ 时,第 11 周的预测值为 59.86,其预测偏差估计值为 $\pm\sqrt{75.99} = \pm 8.72$,此时预测精度为最高,为了减少大家的计算工作量,我们在"管理运筹学软件"里也编了有关的程序,运用此程序,我们很快就能得到这结果. 但同时我们也应注意到当 n 越大时,丢失的信息就越多,而且 n 越大曲线更趋于平滑,很可能掩盖时间序列的某些变动特征,如果仅仅为了消除其不规则性,一般取 $n=3,4,5$ 较为恰当.

图 17-1 显示了表 17-1 中的时间序列,以及表 17-2 中的 $n=3$ 时移动平均的预测.

2. 加权移动平均法

加权移动平均法是移动平均法的一个改进,它根据 n 个最近的数据的不同位置,赋予不同的权数. 然后把 n 个加了权的数据之和作为下一时期的预测值. 移动平均法是加权移动平均法的一个特例,它对 n 个最近的数据都赋予相同的权数. 在大多数情况下,对越近的数据赋予越大的权数,对越远的数据赋予越小的权数. 例如在对某种股票的股价进行预测的时候,由于越近的股票

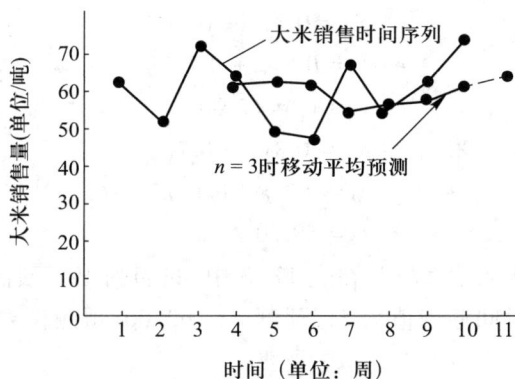

图 17-1

的价格对未来股票价格的影响越大,所以要赋予较大的权数,相反较远时候的股价对未来股票的价格影响就小多了,就赋予相对小的权数.权数的确定要根据历史的数据、我们的经验以及对具体情况的具体分析.合适的权数可减少预测的偏差.

如果我们在例 1 中对 $n=3$ 的移动平均法根据时间的远近,设其三个数据的权数比关系为 $1:3:5$,则可知这三个数据的权数分别为 $\frac{1}{1+3+5}=\frac{1}{9}, \frac{3}{1+3+5}=\frac{3}{9}, \frac{5}{1+3+5}=\frac{5}{9}$.如果我们用这种加权移动平均法来预测第四周的数据值应计算如下:

第 4 周大米销售量预测值 $=\frac{1}{9} \times 62+\frac{3}{9} \times 51+\frac{5}{9} \times 72 \approx 63.89$(吨).

3. 指数平滑法

指数平滑法是用过去的时间序列的实际值和预测值加权平均来进行预测.其基本的模型如下所示:

$$F_{t+1} = \alpha \cdot y_t + (1-\alpha)F_t, \tag{17.2}$$

其中:

F_{t+1} 为第 $t+1$ 时期的时间序列的预测值;

y_t 为第 t 时间的时间序列的实际值;

F_t 为第 t 时间的时间序列的预测值;

α 为平滑系数($0 \leqslant \alpha \leqslant 1$).

我们仍以例 1 来说明这种预测法的使用方法,我们不妨先取定 $\alpha=0.3$.

从公式(17.2)可知我们要预测下一时期的值必须知道上一时期的实际值和预测值,为了预测第 11 周的大米销售量,我们除了要知道前 10 周的实际销售量之外,我们还必须知道第 10 周的预测值.而要知道第 10 周的预测值又必须知道第 9 周的预测值.以此类推我们必须知道第 8 周,第 7 周,直至第 1 周的预测值.故我们从 $t=1$ 算起.由于 $t=1$ 是个起始点,我们规定 $F_1=y_1$,之后我们就用(17.2)公式来依次计算 $F_2, F_3, \cdots, F_{11}$.显然有

$$F_2 = 0.3y_1 + 0.7F_1$$
$$= 0.3y_1 + 0.7y_1$$
$$= y_1 = 62.00.$$
$$F_3 = 0.3y_2 + 0.7F_2$$
$$= 0.3 \times 51 + 0.7 \times 62$$
$$= 58.70.$$

我们把所有计算结果列入表 17-3,在表 17-3 中,我们列出了预测偏差与预测偏差平方值,如在第 2 周那一行里可知时间序列值为 51,预测 $F_2 = 62.00$,预测偏差为 51-62 = -11,而偏差平方为 $(-11)^2 = 121$.

表 17-3

周　　数	时间序列值	$\alpha = 0.3$ 时指数平滑法预测值	预 测 偏 差	预测偏差平方值
1	62			
2	51	62.00	-11.00	121.00
3	72	58.70	13.30	176.89
4	64	62.69	1.31	1.72
5	50	63.08	-13.08	171.09
6	48	59.16	-11.16	124.55
7	67	55.81	11.19	125.22
8	54	59.17	-5.17	26.73
9	63	57.62	5.38	28.94
10	73	59.23	13.77	189.61
				合计:965.75

从表 17-3 中的数据,可以计算

$$F_{11} = 0.3Y_{10} + 0.7F_{10}$$
$$= 0.3 \times 73 + 0.7 \times 59.23$$
$$= 63.36.$$

我们也可求出从第 2 周到第 10 周的预测偏差平方值的平均数为 $\frac{965.75}{9} = 107.30$,并把此作为第 11 周预测偏差的平方值.

对于不同的 α 的取值($0 \leqslant \alpha \leqslant 1$),可以得到不同的第 11 周的预测值并具有不同的预测偏差的平方值.为了使预测精度最高即预测偏差的平方值最小,我们要选定合适的 α 的值.首先我们把公式(17.2)改写如下:

$$
\begin{aligned}
F_{t+1} &= \alpha y_t + (1 - \alpha) F_t \\
&= \alpha y_t + F_t - \alpha F_t \\
&= F_t + \alpha (y_t - F_t).
\end{aligned} \tag{17.3}
$$

从公式(17.3)可知第 $(t+1)$ 时期的预测值等于第 t 时期的预测值加上一个修正量,这个修正量为平滑系数与第 t 时期预测偏差的乘积.一般来说当时间序列数据随机变化很大时,为提高预测精度,我们不希望过快地过多地作修正,这时 α 的取值以取小为宜,反之当时间序列数据值随机变化相对小时,为了提高预测精度,要求更快地修正以前预测的偏差,这时 α 的取值以取大为宜.

为了找到合适的 α 的取值,我们可以用"管理运算学软件"用不同的 α 的取值对第 11 周销售量进行预测和偏差平方值的计算,通过比较,找到最为合适的 α 值.对一些不同的 α 取值,计算所得的第 11 周预测值以及预测偏差平方估计值列在表 17-4 中.

表 17-4

α 取值	第 11 周预测值	第 11 周预测偏差平方估计值
0.0	62.00	86.22
0.1	61.39	93.04
0.2	62.07	100.30
0.3	63.36	107.30
0.4	64.90	114.24
0.5	66.47	121.50
0.6	67.99	129.40
0.7	69.40	138.16
0.8	70.72	147.93
0.9	71.92	158.76
1.0	73.00	170.78

从表 17-4,可见对本例题来说,当 α 取 0 时,用指数平滑法求得第 11 周的预测值为 62.00,其预测偏差平方估计值最小,为 86.22.即 0 为 α 的最合适取值,62.00 为第 11 周最精确的预测值.

三、用时间序列趋势进行预测

对于显示了长期趋势的时间序列,我们可以用时间序列的趋势进行预测.这种长期趋势可以呈现为线性的与非线性的.在这里我们只介绍时间序列趋势呈现为线性的情况.

为了说明这种预测法,我们用下面的例子加以说明.

例 2 某种品牌的冰箱最近十年的销售数量如表 17-5 所示:

表 17-5

年(t)	销售量(y_t)/万台	年(t)	销售量(y_t)/万台
1	40.3	6	54.8
2	44.2	7	64.1
3	50.4	8	59.2
4	43.3	9	56.4
5	47.3	10	63.1

我们可以用图 17-2 来表示.

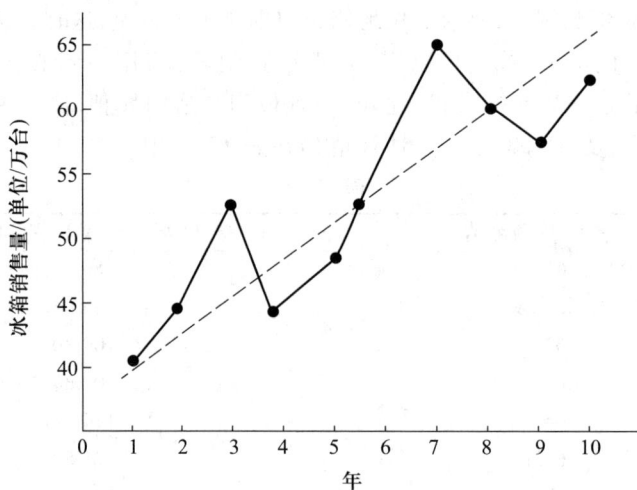

图 17-2

从表 17-5 和图 17-2,我们都可以看到尽管每一年的冰箱销售量有忽上忽下的变化,但这 10 年里销售量的趋势是增长的.这种趋势与图 17-2 中直线(虚线)较好地吻合,我们就称这种趋势为线性趋势.这条直线我们可以用如下线性方程来表示

$$T_t = b_0 + b_1 t. \tag{17.4}$$

其中:

T_t 为在第 t 时期(年)冰箱的销售量;

b_0 为趋势直线在纵轴上的截距;

b_1 为趋势直线的斜率.

下面的事情就要找出这条趋势直线或者说要确定直线方程中参数 b_0 和 b_1 的值.我们可以用回归分析的思想找到一条直线,使得直线上所有的预测值与时间序列的实际值偏差平方之和为最小.即这条直线与这时间序列的趋势最为吻合,这就是我们要找的趋势直线. b_1 和 b_0 可由以下公式所确定.

$$b_1 = \frac{\sum t \cdot Y_t - (\sum t \cdot \sum Y_t)/n}{\sum t^2 - (\sum t)^2/n}, \tag{17.5}$$

$$b_0 = \overline{Y} - b_1 \overline{t}. \tag{17.6}$$

其中:

Y_t 为第 t 时期时间序列的实际值;

n 为时期的数目;

$\overline{Y}$ 为时间序列的平均值, 即 $\overline{Y} = \dfrac{\sum Y_t}{n}$;

$\overline{t}$ 为 t 的平均值, 即 $\overline{t} = \dfrac{\sum t}{n}$.

我们进行如下计算:

t	Y_t	$t \cdot Y_t$	t^2
1	40.3	40.3	1
2	44.2	88.4	4
3	50.4	151.2	9
4	43.3	173.2	16
5	47.3	236.5	25
6	54.8	328.8	36
7	64.1	448.7	49
8	59.2	473.6	64
9	56.4	507.6	81
10	63.1	631.0	100
合计	55	523.1	3 079.3	385

并求得

$$\overline{t} = \frac{55}{10} = 5.5,$$

$$\overline{Y} = \frac{523.1}{10} = 52.31,$$

$$b_1 = \frac{\sum t \cdot Y_t - (\sum t \cdot \sum Y_t)/n}{\sum t^2 - (\sum t)^2/n}$$

$$= \frac{3\,079.3 - (55 \times 523.1)/10}{385 - (55)^2/10} = 2.45.$$

$$b_0 = \overline{Y} - b_1 \overline{t}$$

$$= 52.31 - 2.45 \times 5.5$$
$$\approx 38.84.$$

所以趋势直线为

$$T_t = 38.84 + 2.45t. \tag{17.7}$$

这样我们就可用 (17.7) 来计算下一年即第 11 年的趋势值, 即有

$$T_{11} = 38.84 + 2.45 \times 11 = 65.79.$$

并把这个趋势值作为下一年冰箱销售量的预测值.

四、体现时间序列的趋势和季节因素的预测方法

在上面我们讲述了对具有趋势的时间序列进行预测的方法, 在这里我们要对同时具有趋势和季节因素的时间序列进行预测, 具体的做法如下所示:

（1）首先把具有趋势和季节因素的时间序列中的季节的成分从时间序列中分离出来.

（2）然后对这个具有趋势的时间序列求出它的趋势预测.

（3）最后, 用季节指数来修正趋势预测, 使预测体现出趋势因素和季节因素.

对这样的时间序列 t 时期的数据 Y_t, 它受到 t 时期的趋势因素 T_t 和季节因素 S_t 的影响, 当然它也受到 t 时期有不规则因素的影响. 因此 Y_t 可用如下的时间序列的乘积模型来表示

$$Y_t = T_t \times S_t \times I_t. \tag{17.8}$$

在这个模型里趋势因素 T_t 是用预测单位值来表示. 例如在 t 时期冰箱的销售量趋势为 T_t 台, 而季节因素 S_t 和不规则因素 I_t 是以指数的形式来表示的. 当指数值大于 1 时表示受季节因素 S_t 或不规则因素 I_t 的影响, 预测值将高于趋势预测值. 当指数小于 1 时同样表示受季节因素 S_t 或不规则因素 I_t 的影响, 预测值将低于趋势预测值.

为了说明这种预测方法, 我们举下面的例子:

例 3　某运动鞋厂近四年销售的运动鞋数量按季节统计的数据如表 17-6 和图 17-3 所示.

表 17-6

年	季度	销售量/万双
1	1	12.2
	2	18.1
	3	20.3
	4	13.8
2	1	16.0
	2	21.4
	3	23.1
	4	17.7
3	1	16.8
	2	23.8
	3	24.2
	4	18.3

续表

年	季度	销售量/万双
4	1	18.0
	2	24.1
	3	26.0
	4	19.2

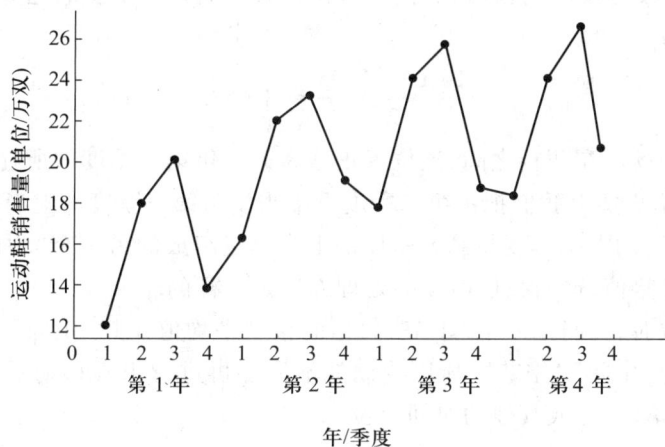

图 17-3

从表 17-6 和图 17-3,我们可以看到该厂的运动鞋销售有明显的上升趋势以及受季节影响,当然也受到不规则因素的影响,所以(17.8)的时间序列的乘积模型适用于这个问题.

为了解决预测问题,我们首先求出季节指数.

1. 季节指数的算法

我们先用移动平均法来消除时间序列中季节因素和不规则因素的影响.在这里,考虑到一年有四个季度,故取 $n=4$,把四个季度的平均值作为某一季度的值,以达到消除季节和不规则因素影响的目的,与一般移动平均法的做法不同的是,我们不是把四个季度的平均值作为下一季度的预测值,而是把它作为四个季度中的"中间"那个季度消除季节和不规则因素影响之后受趋势因素影响的数值.显然这个数值来表示"中间"那个季度的趋势值比用来表示"开头"或"结束"那个季度的趋势值更为合理.因为趋势值是在较长时期里相对平滑地即逐渐变大或变小的,譬如趋势值在四个季度里逐渐变大,这四季度的平均值较好地反映了"中间"季度的趋势,而比"开头"的季度的趋势值要大,比"结束"的季度的趋势值要小.但四个季度中哪个季度是"中间"的季度?第一季度、第四季度显然不是"中间"季度,第二、第三季度也不是中间季度.这四个季度中由第二季度的下半季度与第三季度的上半季度组成的季度为"中间"季度.同样第一年第二季度至第二年第一季度这四个季度同样包含一、二、三、四四个季度,它们时间序列数据的平均值作为这四个季度的"中间"季度的趋势值,即为第一年第三季度的下半季度与第四季度的上半季度所组成的季度的趋势值.如此进行下去.

我们把例子中所求得的四个季度的平均值填入表 17-7 中适当的位置,例如第一年四个季度的平均值 16.1,我们填在第一年第二与第三季度的两行中间,它表示第二季度的下半季度与第三季度的上半季度所组成"中间"季度的趋势值.把第一年第二季度与第二年第一季度的平均值 17.05 填在第一年第三与第四季度的两行中间……在填完了四个季度的移动平均值这一列数之后,我们还要填写中心移动平均值这栏数值.它是用两个邻近的四季度移动平均值作为其数值填在这两个邻近四季度移动平均值所在行之间,作为其对应行的季度的趋势值.例如第一个中心移动平均值的数值为

$$\frac{16.1 + 17.05}{2} \approx 16.58.$$

把它填在 16.1 与 17.05 所在两行之间,这位置正好为第一年第三季度的所在行,故 16.58 为第一年第三季度的趋势值.事实上我们把由第二季度下半季度与第三季度的上半季度组成的一个"中间"季度和由第三季度的下半季度与第四季度的上半季度组成的另一个"中间"季度的趋势平均值作为第三季度的趋势值,这与我们前面的处理方法是一样的.

如果当 n 为奇数时,我们把 n 个"季节"数据的移动平均值作其"中间""季节"的趋势值时,因为确实存在这样的"中间""季节",所以我们就不需要再进行中心移动平均了.这里的"季节"是广义的,它可以是季度,月或其他的时间单位.

表 17-7

年	季度	运动鞋销售量/万双	四个季度移动平均值	中心移动平均值
1	1	12.2		
	2	18.1		
	3	20.3	16.100	16.575
	4	13.8	17.050	17.463
2	1	16.0	17.875	18.225
	2	21.4	18.575	19.063
	3	23.1	19.550	19.650
	4	17.7	19.750	20.050
3	1	16.8	20.350	20.488
	2	23.8	20.625	20.700
	3	24.2	20.775	20.925
	4	18.3	21.075	21.113
4	1	18.0	21.150	21.375
	2	24.1	21.600	21.713
	3	26.0	21.825	
	4	19.2		

表 17-7 中的某一季度的中心移动平均值表示了如果不受季节与不规则因素的影响该季节的时间序列的值.

我们把时间序列的值与其相应的中心移动平均值之比称之为季节与不规则因素的指标,它度量了季节与不规则因素造成的影响程度.例如第一年的第三季度的季节与不规则因素的指标为 $\frac{20.3}{16.575} \approx 1.225$,我们把所有的季节与不规则因素的指标都列于表 17-8 之中.

从表 17-8 中可见有 12 个季度的季节与不规则因素的指标,其中第一、二、三、四季度各有三个季度与不规则因素的指标,且这三个同季度的指标值各不相同,例如第一年、第二年、第三年的第三季度的指标值分别为 1.225,1.176,1.157.它们的各不相同主要是由不规则因素所造成的.我们可以用平滑法即求平均值法去掉指标值中不规则因素,例如我们把这三个数的平均值

$$\frac{1.225 + 1.176 + 1.157}{3} \approx 1.19.$$

表 17-8

年	季度	运动鞋销售量/万双	中心移动平均值	季节与不规则因素的指标值
1	1	12.2		
	2	18.1		
	3	20.3	16.575	1.225
	4	13.8	17.463	0.790
2	1	16.0	18.225	0.878
	2	21.4	19.063	1.123
	3	23.1	19.650	1.176
	4	17.7	20.050	0.883
3	1	16.8	20.488	0.820
	2	23.8	20.700	1.150
	3	24.2	20.925	1.157
	4	18.3	21.113	0.867
4	1	18.0	21.375	0.842
	2	24.1	21.713	1.110
	3	26.0		
	4	19.2		

作为第三季度的季节指数,它度量了第三季度的季节因素的影响,类似地,我们可以求出第四、第一、第二季度的季节指数,如表 17-9 所示.

表 17-9

季节	季节与不规则因素指标值	季节指数	调整后的季节指数
1	0.878;0.820;0.842	0.85	0.85
2	1.123;1.150;1.110	1.13	1.12
3	1.225;1.176;1.157	1.19	1.18
4	0.790;0.883;0.867	0.85	0.85

从表 17-9,我们知道,由于季节因素的影响,使得第一季度销售量平均值下降了 15%,因为第一季度的季节指数为 0.85,1−0.85=0.15.同样可知由于季节因素的影响,使得第二季度销售量平均值上升了 13%,第三季度上升了 19%,第四季度下降了 15%.

最后我们还要对季节指数进行一些调整.在这乘积模型里要求季节指数的平均值为 1.因为在这个例子里有四个季度.有四个季节指数,所以这四个季节指数的和应该等于 4.但是我们通过计算知道这四个季节指数和为

$$0.85 + 1.13 + 1.19 + 0.85 = 4.02.$$

所以我们把季节指数乘以 4/4.02,这样所得到的四个调整后的季节指数之和为 4,满足了要求.这四个调整后的季节指数分别为

$$0.85 \times \frac{4}{4.02} = 0.85.$$

$$1.13 \times \frac{4}{4.02} = 1.12.$$

$$1.19 \times \frac{4}{4.02} = 1.18.$$

$$0.85 \times \frac{4}{4.02} = 0.85.$$

我们把调整后的季节指数分别填入表 17-9 中.当然如果季节指数的平均值正好为 1 时,就不需要调整了.

2. 在时间序列中去掉季节因素

在求得了时间序列的季节因素之后,我们要在时间序列中去掉季节因素,具体的做法把原来的时间序列的每一个数据值除以相应的季节指数,所得到的新的时间序列就消除了季节因素,使得原来的乘积模型

$$Y_t = T_t \times S_t \times I_t$$

变成了

$$Y_t/S_t = T_t \times I_t.$$

此例子消除季节因素之后的时间序列如表 17-10 最后一列所示.

3. 使用消除季节因素后的时间序列确定时间序列的趋势

我们看到表 17-10 中消除季节因素后的时间序列呈现一种向上的线性趋势,为了找出这条趋势直线,我们采用前面所介绍的求趋势直线的方法,设这条直线方程为

$$T_t = b_0 + b_1 t.$$

表 17-10

年	季度	运动鞋销售量 (Y_t)/万双	季节指数 (S_t)	消除季节因素后销售量 $(Y_t/S_t) = T_t I_t$
1	1	12.2	0.85	14.35
	2	18.1	1.12	16.16
	3	20.3	1.18	17.20
	4	13.8	0.85	16.24
2	1	16.0	0.85	18.82
	2	21.4	1.12	19.11
	3	23.1	1.18	19.58
	4	17.7	0.85	20.82
3	1	16.8	0.85	19.76
	2	23.8	1.12	21.25
	3	24.2	1.18	20.51
	4	18.3	0.85	21.53
4	1	18.0	0.85	21.18
	2	24.1	1.12	21.52
	3	26.0	1.18	22.03
	4	19.2	0.85	22.59

其中:

T_t 为求第 t 时期运动鞋的销售量;

b_0 为趋势直线纵轴上的截距;

b_1 为趋势直线的斜率.

在这里的 b_0, b_1 可由公式(17.5),(17.6)求出.我们也可以用"管理运筹学"软件来求得.我们求得

$$T_t = 15.518 + 0.473 t.$$

用这个公式可预测未来季度的运动鞋的销售量趋势,例如下一个季度的销售量的趋势值为

$$T_{17} = 15.518 + 0.473 \times 17$$
$$= 23.559(万双).$$

4. 季节调整

由于该运动鞋的销售受到季节的影响,故我们要在趋势预测值的基础上进行季节因素的调整.下一个季节,即第 17 个季度是第五年的第一季度,而第一季度的季节指数为 0.85(见表 17-9)其预测值应为趋势预测值与季节指数的乘积,可得第 17 季度的销售量预测值应为 23.559 × 0.85 = 20.025(万双).

同样我们可得到第 17 至 20 季度的经季节调整后的销售预测值,如表 17-11 所示.

如果销售量的数据按月提供,那么我们就应该首先取 $n = 12$,进行移动平均法,然后计算这 12 个月的季节指数,再求出消除季节因素的时间序列并得到其趋势直线,最后进行季节调整得到其预测值.

表 17-11

年	季度	趋势预测值	季节指数 (见表 17-9)	季度预测值
5	1	23.559	0.85	23.559×0.85 = 20.025
	2	24.032	1.12	24.032×1.12 = 26.916
	3	24.505	1.18	24.505×1.18 = 28.916
	4	24.978	0.85	24.978×0.85 = 21.231

在"管理运筹学"软件里有专门的程序来解决体现时间序列的趋势和季节因素的预测问题.

如果考虑到周期因素 C_t 的影响,我们可以把(17.8)的时间序列模型扩充为如下的模型:

$$Y_t = T_t \times C_t \times S_t \times I_t.$$

其中周期因素 C_t 也和季节因素 S_t 一样都是以指数的形式来表示的.解决周期因素 C_t 的影响已超过了本教科书的范围,在这里不予以介绍.

§17.2 用回归分析方法进行预测

回归分析是用于处理变量间相关关系的一种数理统计方法.

在回归分析里我们把要预测的变量称之为因变量,而把与因变量相关的变量称之为自变量,例如在时间序列中我们把要预测的时间序列的值 T_t 称之为因变量,而把与时间序列值相关的时期 t 称为自变量.对只含一个自变量和一个应变量的回归分析叫做一元回归分析,而含有多个自变量的回归分析叫做多元回归分析.在一元回归分析中,自变量与因变量的次数都为一次的称为一元线性回归,否则称为一元非线性回归.

回归分析就是通过对自变量及其因变量的对应数据的统计分析而建立变量间因果关系模型的方法,用回归分析方法进行预测就是通过求得的因果关系的模型对因变量进行预测.

一、对时间序列的数据,用回归分析方法进行预测

在例 2 中,我们对某种品牌的冰箱进行预测时已经运用了回归分析的方法,在这里自变量是年份 t,因变量是销售量 Y_t,而建立的变量间因果关系的模型即为:

$$\hat{Y}_t = T_t = b_0 + b_1 t = 38.84 + 2.45t.$$

在这里 $\hat{Y}_t$ 为 Y_t 估计值.这是一个一元线性回归模型,我们用这个模型预测了第 11 年的销售量

$$\hat{Y}_{11} = T_{11} = 38.84 + 2.45 \times 11 = 65.79(万台).$$

但在实际问题中往往包含了更多的自变量.以下我们来看如何对时间序列的数据,用多元回归分析的方法进行预测.

我们设:时间序列有 n 个时期的数据,并设

Y_t 为时期 t 的时间序列的实际值;

$\hat{Y}_t$ 为时期 t 的时间序列的估计值;

X_{1t} 为时期 t 自变量 1 的值;

X_{2t} 为时期 t 自变量 2 的值;

……

X_{kt} 为时期 t 自变量 k 的值.

则这多元回归的模型为

$$\hat{Y}_t = b_0 + b_1 X_{1t} + b_2 X_{2t} + b_3 X_{3t} + \cdots + b_k X_{kt}.$$

在这里 $b_0, b_1, \cdots, b_k$ 为估计的回归系数,这些回归系数是通过求

$$(y_1 - \hat{y}_1)^2 + (y_2 - \hat{y}_2)^2 + \cdots + (y_n - \hat{y}_n)^2$$

的最小值来确定的.换句话来说这里的 $b_0, b_1, \cdots, b_k$ 的取值使得几个时间序列的实际值与对应的估计值差的平方之和为最小.

求 $b_0, b_1, \cdots, b_k$ 的方法,很多统计书有介绍,我们就不做详细的阐述,实际上我们可以使用统计软件很容易求得,Microsoft Excel 软件也具有这个功能,我们不妨自己试试.

求得了多元回归模型,我们只要代入相应的自变量值,就可以得到预测结果了.

在时间序列中,我们可以把时间 t 的 i 次幂 t^i 看成自变量 x_{it},把一元非线性回归看成多元回归,例如我们取 $k = 3$ 时,此多元回归模型为

$$\hat{Y}_t = b_0 + b_1 X_{1t} + b_2 X_{2t} + b_3 X_{3t}$$
$$= b_0 + b_1 t + b_2 t^2 + b_3 t^3.$$

一般此模型要比一元线性回归模型提供更为精确的预测.

在例 2 和例 3 的趋势预测中,我们都可以用多元回归分析.

有时,我们把时间序列的前些时期的值看成自变量.例如我们设 $X_{kt} = \hat{Y}_{t-k}$,当我们取 $k = 3$ 时,就有

$$\hat{Y}_t = b_0 + b_1 Y_{t-1} + b_2 Y_{t-2} + b_3 Y_{t-3}.$$

像这样的回归模型称为自动回归模型.

我们还常常把一些经济和人口统计方面的因素看成自变量,例如对金银珠宝首饰的销售额的预测中,我们可以选择如下的自变量:

X_{1t}为时期 t 的价格;

X_{2t}为时期 t 的国民经济生产总值;

X_{3t}为时期 t 的预测人口数;

X_{4t}为时期 t 的平均工资收入;

X_{5t}为时期 t 的广告预算.

当然我们也可以在选择的自变量中既有表示时期 t 的 i 次幂的自变量,又有表示前些时期值的自变量,同时还有表示经济和人口统计学方面因素的自变量.

用回归分析方法预测的好坏很大程度上取决于自变量的选择.我们要认真分析并找出与时间序列值密切相关的自变量.

二、没有可用的时间序列数据时,用回归分析进行预测

有时,当我们进行预测时,没有合适的时间序列数据可用,例如一个高档餐厅打算在一个街区开设一个新分店,需要对这个新店的当年的年营业额进行预测,显然对这个新店的年营业额没有任何的时间序列数据.那么,应该怎样用回归分析进行预测呢? 这个高档餐厅的经理认为,餐厅的营业额与餐厅所在地区的公司企业的数量有着因果关系.为了对这个新店的年营业额进行预测,他调查了他的餐厅十个分店的年营业额与这些分店所在地区的公司企业的数量,如表17-12所示.

表 17-12

分店	$Y=$年营业额/万元	$X=$所在地公司企业的数量
1	58	20
2	105	60
3	88	80
4	118	80
5	117	120
6	137	160
7	157	200
8	169	200
9	149	220
10	202	260

该餐厅的经理对上面的数据(不是时间序列数据)进行回归分析,求出该问题估计值的一元线性回归方程,找到所在地公司数量与餐厅年营业额之间的关系.

该问题的一元线性回归方程为

$$\hat{Y} = b_0 + b_1 X.$$

这里:

$\hat{Y}$为因变量(年营业额)的估计值;

b_0为此回归方程的截距;

b_1为此回归方程的斜率;

X为自变量的值(所在地公司企业的数量).

这个一元线性回归方程的求法是和前面所介绍的方法完全一样,只不过自变量不再是时间段 t,而因变量也不再是依赖时间段 t 的变量了.

我们可以容易地求出此一元线性回归方程为

$$\hat{Y} = 60 + 0.5X.$$

这样餐厅经理只要对新分店所在地的公司企业数进行调查,得到正确数字,就可以对新店的年营业额进行预测.经调查在该地区的公司企业数为150家,于是得到新分店年营业额的预测值为 $\hat{Y}=60+0.5\times150=135$(万元).

理论上还应进行回归方程的显著性检验,有关方法可参见相关统计书籍.

习 题

1. 表 17-13 是过去 12 个月某种产品的销售量的数据.

表 17-13

月	销售量	月	销售量
1	105	7	140
2	135	8	135
3	115	9	100
4	100	10	85
5	95	11	100
6	120	12	105

(1)分别取 $n=3$ 和 $n=4$ 用移动平均法对第 13 个月的销售量进行预测.并进行比较.

(2)分别用 $\alpha=0.3$ 和 $\alpha=0.5$ 的指数平滑法对第 13 个月的销售量进行预测,并进行比较.

2. 下面是过去 10 周的某种股票的价格:

9.5,9.3,9.2,9.6,9.8,10.5,9.9,9.7,9.6,9.4.

请用加权移动平均法对第 11 周的该股票价格进行预测.

（1）取 $n=3$,根据时间的远近其三个数据的权数比关系为 $1:2:4$.

（2）取 $n=3$,根据时间的远近其三个数据的权数比关系为 $1:3:5$.

（3）对 a,b 两个结果进行比较.

3. 请根据以下对于某商品过去 8 周价格（单位:万元）的统计回答问题:

5.5,6.0,5.1,5.4,6.6,6.2,5.5,5.8

请用加权移动平均法对第 9 周的商品价格进行预测.

（1）取 $n=3$ 根据时间的远近三个数据的权数比关系为 $1:3:4$.

（2）取 $n=3$ 根据时间的远近三个数据的权数比关系为 $1:2:6$.

4. 已知过去 6 个月某地区商品房销售价格如表 17-14 所示.

表 17-14

月数	1	2	3	4	5	6
商品房售价（万元/平方米）	4.2	4.8	5.1	5.4	6.6	5.8

请用加权移动平均法对第 7 个月的商品房价格进行预测.

（1）取 $n=4$,根据时间的远近 3 个数据的权数比关系为 $1:3:5:7$;

（2）取 $n=3$,根据时间的远近 3 个数据的权数比关系为 $2:3:5$.

5. 某长途汽车司机为均衡预算,欲分析每天的加油情况,得 12 天的汽油添加情况如表 17-15 所示.

表 17-15

天数	1	2	3	4	5	6	7	8	9	10	11	12
加油量/升	17	23	19	23	18	16	20	18	22	20	15	22

求:

（1）$n=3$ 时,用移动平均法对第 13 天的加油量进行预测.

（2）用 $\alpha=0.2$ 的指数平滑法对第 13 天的加油量进行预测.

（3）求趋势曲线.

6. 某互联网公司欲分析其门户网站每天的用户访问量,得 7 个月的访问情况如表 17-16 所示.

表 17-16

天数	1	2	3	4	5	6	7
访问量/十万人	2.4	2.3	1.9	1.8	2.7	3.1	3.5

求:

（1）$n=4$ 时,用移动平均法对第 8 个月的用户访问量进行预测;

（2）用 $\alpha=0.3$ 的指数平滑法对第 8 个月的用户访问量进行预测;

（3）求趋势曲线.

7. 某种品牌的电视机最近 10 年的销售量如表 17-17 所示.

表 17-17

年(t)	销售量(y_t)/万台	年(t)	销售量(y_t)/万台
1	20.0	6	30.0
2	24.5	7	31.0
3	28.2	8	36.0
4	27.5	9	35.2
5	26.6	10	37.4

（1）请画图表示这时间序列,该时间序列是否有线性趋势?

（2）求出此趋势直线,并对第 11 年后的销售量进行预测.

8. 某大学欲对居民运动习惯以及发展趋势进行调查分析,过去 8 个月某地区居民人均运动时间如表 17-18 所示.

表 17-18

月数	1	2	3	4	5	6	7	8
人均运动时间/小时	10	13	15	14	19	20	18	22

（1）分别取 $n=2$ 和 $n=4$,用移动平均法对第 9 个月的人均运动时间进行预测,并比较;

（2）分别取 $\alpha=0.3$ 和 $\alpha=0.8$,用指数平滑法对第 9 个月的人均运动时间进行预测,并比较.

9. 表 17-19 为过去 10 天某冷饮店某品牌汽水的销售量.

表 17-19

天数	1	2	3	4	5	6	7	8	9	10
销售量/瓶	100	150	142	151	145	160	180	172	170	182

（1）分别取 $n=3$ 和 $n=4$,用移动平均法对第 11 天的销售量进行预测,并比较结果.

（2）分别取 $\alpha=0.2$ 和 $\alpha=0.5$,用指数平滑法对第 11 天的销售量进行预测,并比较结果.

10. 某宾馆记录了过去 9 年的旅客入住情况(如表 17-20 所示),欲预测将来的入住人数,以决定是否扩建. 假设有如下时间序列数据,请建立一个一元线性回归模型,预测第 11 年的入住人数.

表 17-20

年(X)	入住人数(Y)/百人	X^2	XY
1	17	1	17
2	16	4	32

续表

年(X)	入住人数(Y)/百人	X^2	XY
3	16	9	48
4	21	16	84
5	20	25	100
6	20	36	120
7	23	49	161
8	25	64	200
9	24	81	216
$\sum X = 45$	$\sum Y = 182$	$\sum X^2 = 285$	$\sum XY = 978$

11. 某景区管理部门想要预测未来该景区游客访问量的情况以及趋势,已有过去 5 年的游客访问数据(见表 17-21).假设有如下时间序列数据,请建立一个一元线性回归模型,预测第 6 年的游客访问量.

表 17-21

年(X)	游客访问量(Y)/万人	X^2	XY
1	2.4	1	2.4
2	2.1	4	4.2
3	2.3	9	6.9
4	2.6	16	10.4
5	3.2	25	16
$\sum X = 15$	$\sum Y = 12.6$	$\sum X^2 = 55$	$\sum XY = 39.9$

12. 某面馆连续 6 天特色面食的销售情况与气温关系如表 17-22 所示.

表 17-22

日期	4 月 23 日	4 月 24 日	4 月 25 日	4 月 26 日	4 月 27 日	4 月 28 日
气温/℃	29	26	21	23	25	28
热汤面/碗	12	24	30	28	23	14
冷面/碗	23	15	1	2	16	28

求:

(1)判断哪种商品的销售情况与气温间呈近似线性关系,并求线性回归方程.

(2)若已知 4 月 29 日的气温为 27 ℃,问两种面的可能销售量为多少?

13. 某地区连续 7 个月汽车的销售量与汽油平均价格(以 95 号汽油为例)的关系如表 17-23 所示.

表 17-23

月份	1	2	3	4	5	6	7
95 号汽油价格(元/升)	6.73	7.04	7.27	7.48	7.23	7.37	7.64
传统能源汽车/万辆	5.5	5.2	5.3	5.3	5.8	6.3	6.2
新能源汽车/万辆	0.2	0.5	0.6	0.5	0.4	0.6	0.7

求:

(1) 判断哪种汽车的销售情况与油价间呈近似线性关系,并求线性回归方程;

(2) 若已知 8 月的油价为 7.8 元/升,两种汽车的可能销售量为多少?

14. 某毛衣厂过去 3 年的销售量数据如表 17-24 所示.

表 17-24

季度	第 1 年	第 2 年	第 3 年
1	1 650	1 800	1 850
2	900	840	1 040
3	2 580	2 850	2 880
4	2 460	2 300	2 560

(1) 该时间序列体现趋势和季节因素吗?

(2) 计算 4 个季度的季节指数.

(3) 用体现时间序列的趋势和季节因素的预测方法,预测第 4 年 4 个季度的销售量.并说明这种预测方法是否合理.

15. 某空调专卖点的一种品牌的空调最近 7 年的销量(单位:百台)数据如表 17-25 所示.

表 17-25

年	第 1 季度	第 2 季度	第 3 季度	第 4 季度	全年
1	6	15	10	4	35
2	10	18	15	7	50
3	14	26	23	12	75
4	19	28	25	18	90
5	22	34	28	21	105
6	24	36	30	20	110
7	28	40	35	27	130

(1) 该时间序列体现趋势和季节因素吗?为什么?

(2) 计算 4 个季度的季节指数.

（3）用体现时间序列的趋势和季节因素的预测方法,预测第 8 年 4 个季度的销售量.

案例

案例 33：爱华生空调销量预测分析

爱华生集团是全球技术领先企业,在全球设有 85 家公司,致力于创建将人、物与信息互联的智能电器新时代. 爱华生(中国)有限公司成立于 2000 年,总部设在深圳,负责爱华生在中国的投资和业务拓展. 其目前在中国开展的业务主要有空调、洗衣机、热水器等产品业务,并以卓越的品质和节能环保的特点,赢得了中国消费者的青睐.

公司在中国共有 10 家生产工厂,其中位于青岛的工厂主要负责生产在中国销售的 AHS50007 型号空调. AHS50007 空调中的部分零部件是由国外工厂生产,并运到中国来进行组装. 爱华生集团一直非常重视 AHS50007 空调的软硬件更新以及营销,使得该空调在中国的销售数量不断增长,成为该集团最近几年在中国销售数量最大的产品. 目前,青岛工厂的一处仓库面临拆迁,而且暂时未找到其他合适的仓库. 因此,生产经理在安排生产计划时遇到了很大的挑战:如何安排生产计划,既满足中国市场需求又尽可能少地占用库存? 预测的销售量成为生产经理制定生产计划的重要参考指标. 已知 AHS50007 空调在中国过去三年的销售数据如表 17-26 所示.

表 17-26

月份	2016 年销量/万台	2017 年销量/万台	2018 年销量/万台
1	18.7	22.2	25.4
2	15.4	17.6	20.4
3	14.2	17.1	20.3
4	16.4	19.9	22.5
5	19.0	22.1	25.8
6	23.3	27.1	31.0
7	25.0	29.6	32.0
8	27.7	30.6	33.9
9	29.4	32.8	35.0
10	24.9	28.3	30.9
11	25.2	29.3	33.2
12	20.5	22.8	26.4

请帮助生产经理完成以下分析:

（1）请决定用何种时间序列的方法对 2019 年 1 月至 12 月 AHS50007 空调销售量进行预测并解

释原因.

（2）2019 年 1 月至 12 月 AHS50007 空调销售量的预测值为多少？

（3）如果 2019 年 7 月的实际销售量为 50 万台,此时预测的误差为多少？如果这个预测误差太大,为了解决时间序列中的不确定性,在预测过程中可以做哪些处理？

案例 34：中国充电桩与新能源汽车销售预测分析

在低碳环保、能源安全及产业扶植等因素的驱动下,全球新能源汽车市场发展迅速,全球汽车电动化趋势已十分明朗,产业格局正在加速形成.国内新能源市场中,国家对新能源的管控政策已从补贴、引导向以市场管理为主、提高产品竞争力的方向转变,双积分制将代替补贴成为行业长期发展的管理基础.充电设施布局的逐渐完善,在一定程度上刺激了市场上对新能源汽车的消费.

在这样的背景下,平安汽车公司试图通过全国充电桩的累计安装数量以及以往该公司的新能源汽车销量来探究充电桩数量与新能源汽车销量之间的关系,并试图通过该关系预测市场并制定销售目标.自 2016 年 1 月起的全国充电桩累计安装数量以及该公司新能源汽车销量的月度数据如表 17-27 所示.

表 17-27

时间	全国充电桩累计安装量/个	新能源汽车销量/辆	时间	全国充电桩累计安装量/个	新能源汽车销量/辆
2016 年 1 月	58 758	1 112	2017 年 4 月	161 193	2 812
2016 年 2 月	60 023	812	2017 年 5 月	166 946	4 038
2016 年 3 月	65 109	700	2017 年 6 月	171 609	4 288
2016 年 4 月	72 296	2 048	2017 年 7 月	180 684	5 020
2016 年 5 月	77 634	2 021	2017 年 8 月	185 990	6 081
2016 年 6 月	81 780	2 941	2017 年 9 月	190 559	6 192
2016 年 7 月	85 537	1 316	2017 年 10 月	194 594	7 510
2016 年 8 月	92 500	1 020	2017 年 11 月	204 729	6 849
2016 年 9 月	102 375	1 610	2017 年 12 月	213 903	11 805
2016 年 10 月	107 098	1 798	2018 年 1 月	225 071	2 873
2016 年 11 月	115 792	3 301	2018 年 2 月	244 023	2 822
2016 年 12 月	141 254	3 701	2018 年 3 月	253 074	3 850
2017 年 1 月	148 236	1 582	2018 年 4 月	262 058	5 671
2017 年 2 月	151 062	2 164	2018 年 5 月	266 231	7 050
2017 年 3 月	156 192	2 896	2018 年 6 月	271 751	8 908

（1）请选择一种方法预测 2018 年 7 月到 12 月的全国充电桩安装数量并解释原因.

（2）根据全国充电桩安装数量用线性回归的方式估计 2018 年 7 月到 12 月平安汽车公司的新能源汽车销量.

（3）如果实际值与预测值相比误差较大，可能的影响因素有哪些？

附录 "管理运筹学"软件 3.5 版使用说明

1. "管理运筹学"软件 3.5 版简介

"管理运筹学"软件 3.5 版是 3.0 版的升级版,是《管理运筹学》(第五版)(高等教育出版社出版/韩伯棠主编)的随书软件(如附图 1 所示).

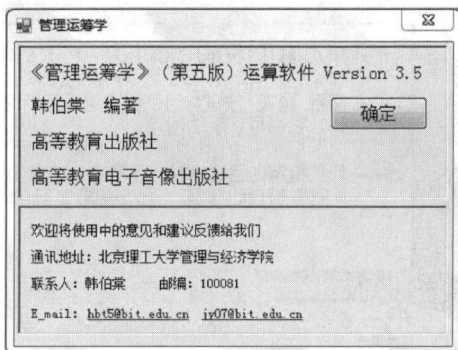

附图 1

该软件的模块有:线性规划、运输问题、整数规划(0-1 整数规划、混合整数规划、纯整数规划和指派问题)、目标规划、最短路径、最小生成树、最大流量、最小费用最大流、关键路径、存储论、排队论、决策分析、预测问题、对策论和层次分析法,共 15 个子模块.

该软件只可以作为学习和研究使用,请勿用作其他用途.

由于作者水平和时间有限,软件中问题和错误难免,欢迎您将使用中的意见和建议反馈给作者.

2. 安装和卸载

2.1 安装配置要求和注意事项

2.1.1 配置要求

操作系统:WINDOWS XP/Vista/7/8/8.1/10

内存:2GB RAM

存储空间:需要 32MB 可用空间

2.1.2 注意事项

(1)本软件适用于 WINDOWS XP/Vista/7/8/8.1/10 等操作系统.

(2)如果您安装了旧版"管理运筹学"软件,请您务必在卸载旧版软件之后,再对新版软件进行安装.

（3）安装软件过程中出现无法写入或更新使用中的文件时,请先关闭所有打开的软件.

（4）安装软件后,部分文件可能会被杀毒软件误认为木马病毒,并对程序文件进行隔离.若出现此类情况,请将杀毒软件设置为免打扰模式或将程序文件设置为可信任文件.

（5）安装时,若出现是否替代旧文件选项,请视情况尽量选择保留新文件.

（6）若无法运行软件,请安装文件中附带的.NET 程序包.

2.2 "管理运筹学"软件 3.5 版的安装

双击"管理运筹学 v3.5.exe"文件即可进行本软件的安装,出现如附图 2 所示界面.

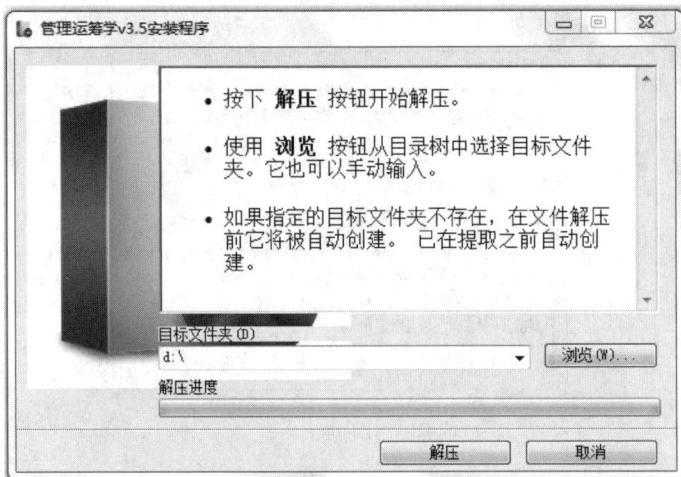

附图 2

点击"浏览",选择安装路径,如附图 3 所示.

附图 3

点击"解压",进行软件的安装(如附图 4 所示).点击"取消",则退出安装.

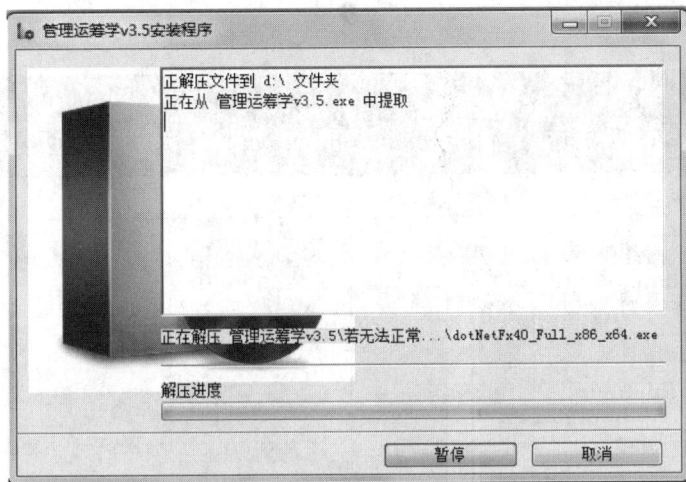

附图 4

进度条满后,安装结束.

2.3 "管理运筹学"软件 3.5 版运行

系统安装成功以后,在桌面上会生成快捷方式"管理运筹学 v3.5",双击可打开软件,如附图 5 所示.

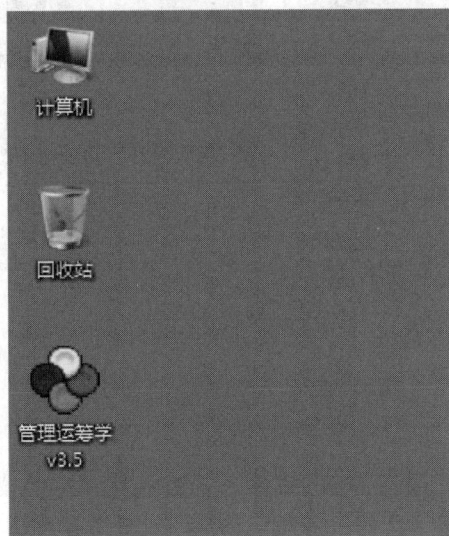

附图 5

然后就会出现"管理运筹学"软件 3.5 版的界面(见附图 6).例如,如果需要解决存储论的问题,只需点击"存储论"按钮即可.

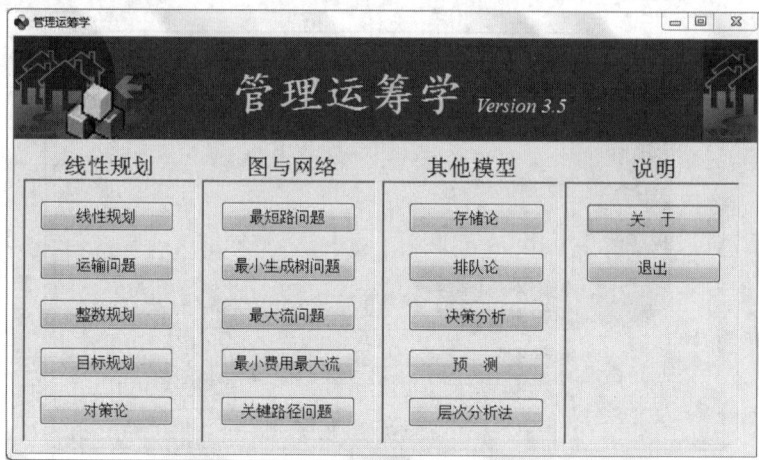

附图 6

2.4 "管理运筹学"3.5 版卸载

打开软件安装路径,右击"管理运筹学 v3.5"文件夹,点击"删除"即可顺利卸载"管理运筹学"软件 3.5 版,如附图 7 所示.(请注意,在卸载之前请您先停止"管理运筹学"软件 3.5 版的运行.)

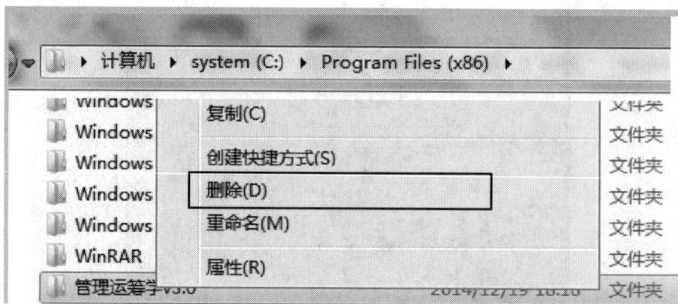

附图 7

3. 软件许可协议

"管理运筹学"软件 3.5 版软件许可协议

本协议是您(个人或单一实体)与北京理工大学管理与经济学院韩伯棠教授(下面简称为"韩伯棠")之间关于"管理运筹学"软件 3.5 版产品的法律协议,其中包含软件开发人韩伯棠对用户的承诺和技术支持的说明,请认真阅读。

"管理运筹学"软件 3.0 版包括计算机软件,并可能包括与之相关的媒体和任何的印刷材料,以及联机的电子文档(下称"软件产品"或"软件")。一旦安装、复制或以其他方式使用本软件产品,即表示同意接受协议各项条件的约束。如果您不同意协议的条件,则不能获得使用本软件产品的权利。

1. 本软件产品受中华人民共和国版权法及国际版权条约和其他知识产权法及条约的保护。用户获得的只是本软件产品的使用权。

2. 本软件产品的版权归韩伯棠所有,受到版权法及其他知识产权法及条约的保护。

3. 您不得:

* 删除本软件及其他副本上一切关于版权的信息;

* 销售、出租此软件产品的任何部分;

* 私自复制此软件产品的任何部分;

* 对本软件进行反向工程,如反汇编、反编译等。

4. 如果您未遵守本协议的任一条款,韩伯棠有权立即终止本协议,且您必须立即终止使用本软件并销毁本软件产品的所有副本。

这项要求对各种拷贝形式有效。

5. 使用风险:

使用本软件产品由您自己承担风险。在适用法律允许的最大范围内,韩伯棠在任何情况下不为因使用或不能使用本软件产品所发生的特殊的、意外的、直接或间接的损失承担赔偿责任。即使已事先被告知该损害发生的可能性。因此,用户在使用本软件时由于意外事故、操作不当或使用错误所引起的故障甚至损坏,韩伯棠均不承担任何责任。

但是,正版用户在使用本软件时由于意外事故、操作不当或使用错误所引起的故障,可由韩伯棠通过电子邮件帮助正版用户进行恢复、修复等处理。(备注:来信中若未注明软件获取渠道,恕不回复。)

6. 盗版用户:使用盗版的本软件产品的一切后果由使用者自己承担。对于使用盗版的该软件产品对使用者操作系统造成的故障及损害,软件作者不承担任何责任。

7. 补充:若您对本协议内容有任何疑问,可与韩伯棠联系。

联系方式:

联系地址:北京理工大学管理与经济学院

联系人:韩伯棠(教授)   邮编:100081

E-mail:hbt5@bit.edu.cn,jy07@bit.edu.cn

至此,您肯定已详细阅读、理解本协议,并同意严格遵守各项条款和条件。

4. 使用指南

(1) 系统不识别分数,输入数据前请将数据化成小数,输入的数据尽可能化成同一量级;

(2) 线性规划、整数规划、目标规划的多变量多约束问题计算的时间可能会较长,请耐心等待；

（3）最小费用最大流、最小生成树子程序只解决单向网络问题；

（4）最大流量和最短路径子程序可解决双向网络问题；

（5）层次分析法（AHP）子程序只解决三层的问题；

（6）层次分析法（AHP）中的分数请严格参照下表对应数据；

分数转换为小数参照表

1/2	1/3	1/4	1/5	1/6	1/7	1/8	1/9
0.5	0.3333	0.25	0.2	0.1667	0.1429	0.125	0.1111

（7）表格中若出现无须数据填入的空白格，请手动填入"0"；

（8）表格中的光标位置可以通过方向键及回车键进行控制.

如果您想退出"管理运筹学"软件 3.5 版，只需要用鼠标单击主窗口的"退出"按钮或者右上角的关闭按钮即可.

4.1 线性规划

点击"线性规划"按钮出现附图 8 所示界面.

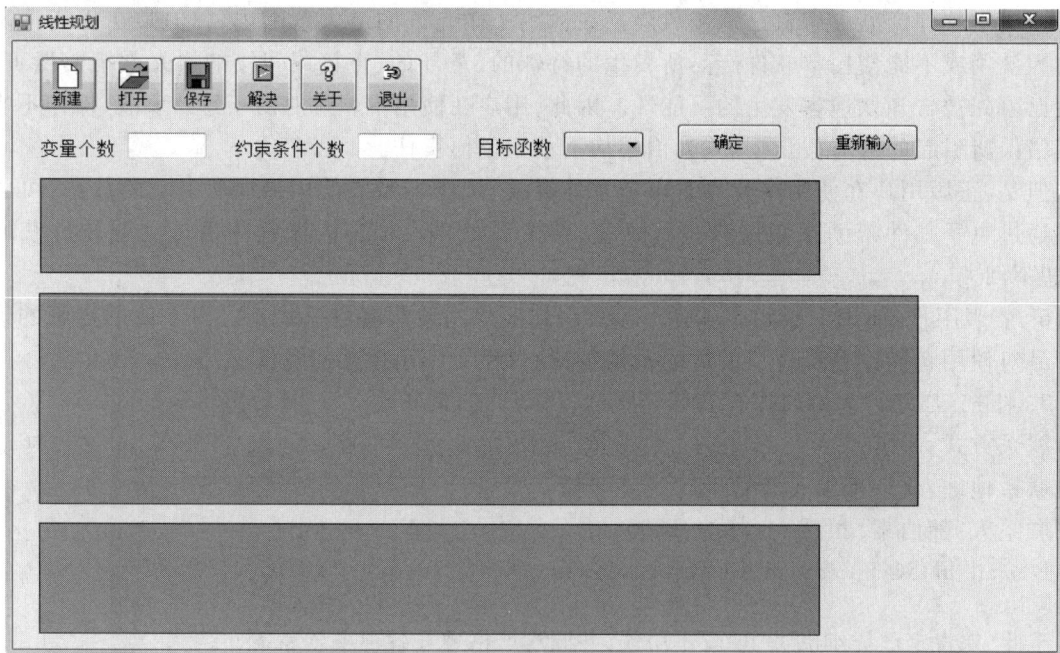

附图 8

你可以根据具体问题来输入变量个数、约束条件个数，求目标函数的极大（MAX）或者极小

(MIN)值,然后点击"确定"按钮.在价值系数一行填入相应的数字,填写完价值系数,根据问题填写约束条件,然后根据需要来选择变量的正负号(如果变量非负,就从下拉框中选择"大于等于0";如果变量为负,就从下拉框中选择"小于0";如果变量无正负号要求,就选择"无约束"),如附图 9 所示.

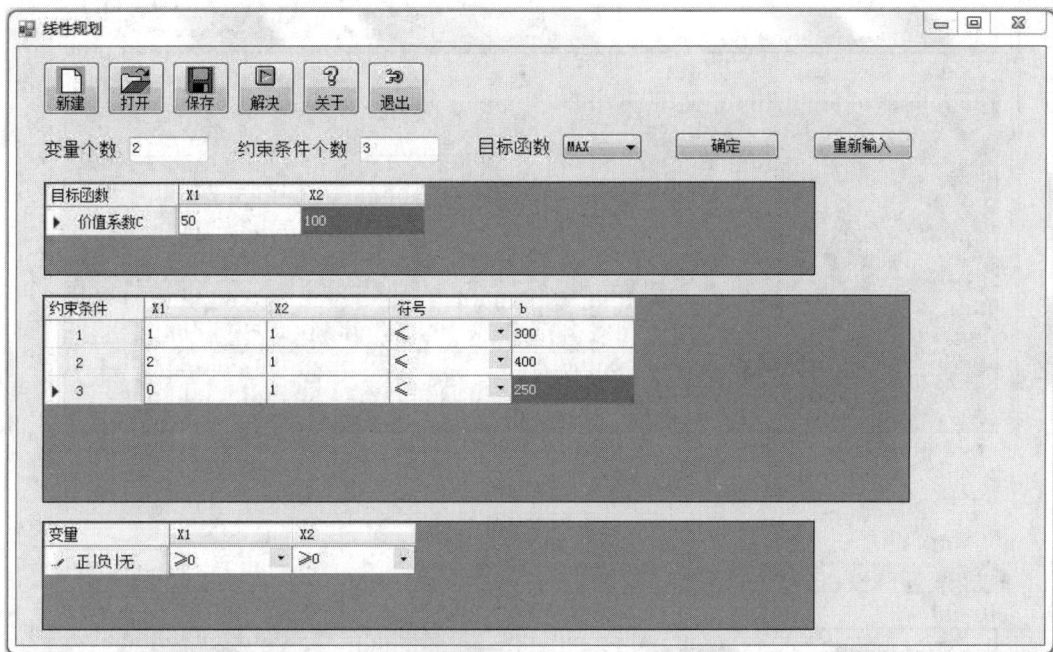

附图 9

将所有数据填写好,点击"解决"按钮,出现附图 10 所示界面.点击"开始"→"下一步"→"上一步",可以查看具体计算过程,如附图 11 所示.点击右上角关闭按钮,弹出计算结果,如附图 12 所示.

然后,将窗口关闭,就回到了填写数据的主窗口(见附图 9),您可以进行其他问题的操作.例如,您想将刚才的问题保存起来,点击"保存"按钮,选择保存路径和文件名就可以了,如附图 13 所示.

假如您需要将已经保存的线性规划文件重新打开,请单击"打开"按钮,选择刚才的文件名字即可,如附图 14 所示.

如果想退出线性规划主窗口,点击"退出"按钮或者点击线性规划主窗口右上角的关闭按钮即可.

4.2 运输问题

点击"运输问题"按钮,出现附图 15 所示界面.输入条件后,点击"确定",并输入数据,出现附图 16 所示界面.

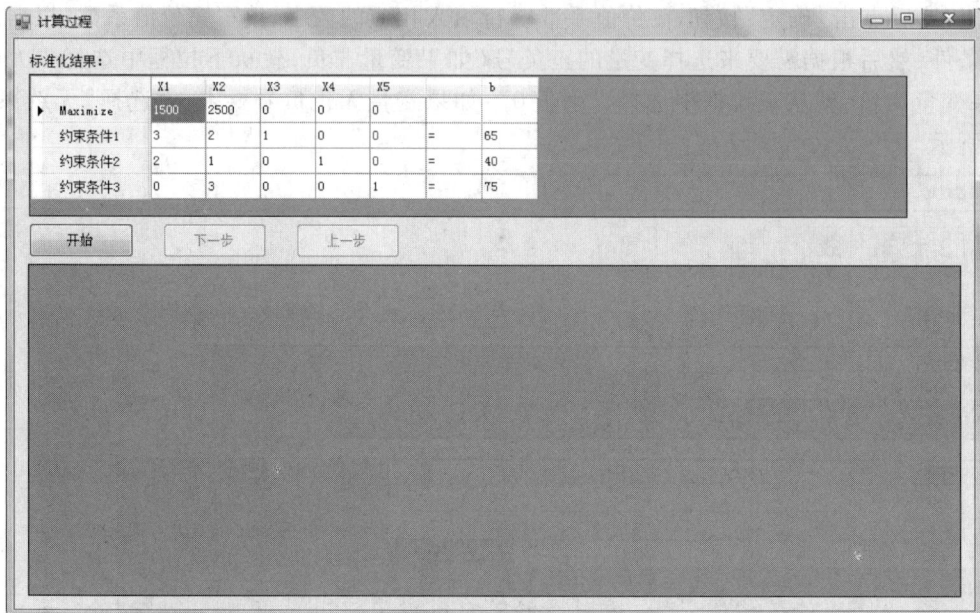

附图 10

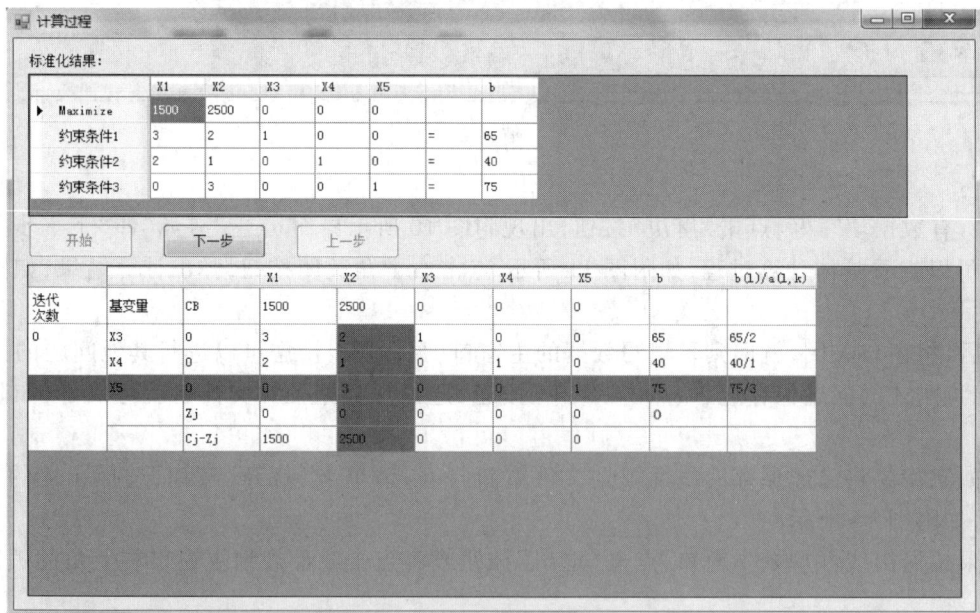

附图 11

```
结果输出

********** 最优解如下 **********
目标函数最优值为: 70000
变  量       最优解        相差值
------       ------        ------
  X1          5.00          0.00
  X2         25.00          0.00

约  束    松弛/剩余变量    对偶价格
------    ------------    --------
  1          0.00          500.00
  2          5.00            0.00
  3          0.00          500.00

目标函数系数范围:
变  量      下  限      当前值     上  限
------      ----        ------     ------
  X1         0.00       1500.00    3750.00
  X2      1000.00       2500.00     无上限

常数项范围:
约  束      下  限      当前值     上  限
------      ----        ------     ------
  1         50.00        65.00      72.50
  2         35.00        40.00      无上限
  3         30.00        75.00      97.50
```

附图 12

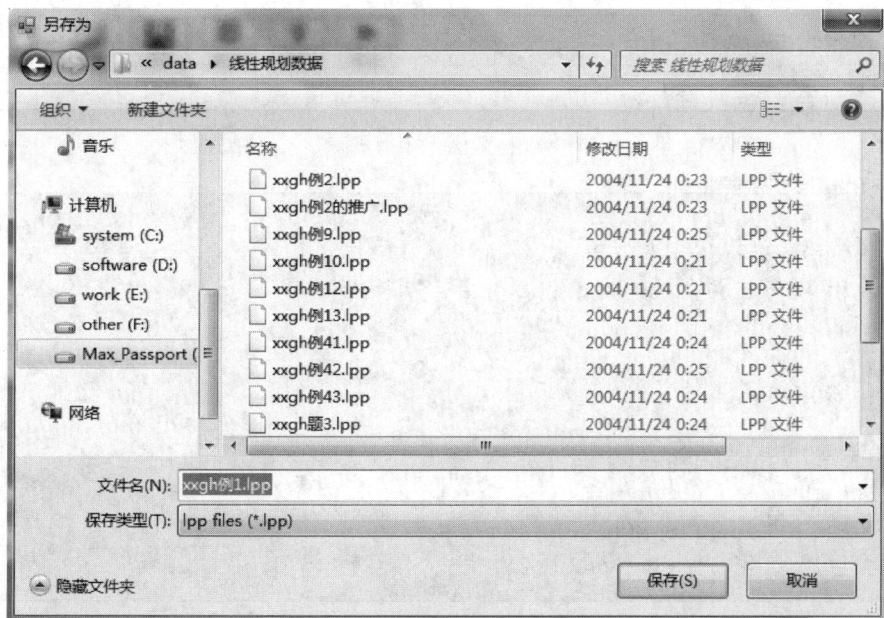

附图 13

附图 14

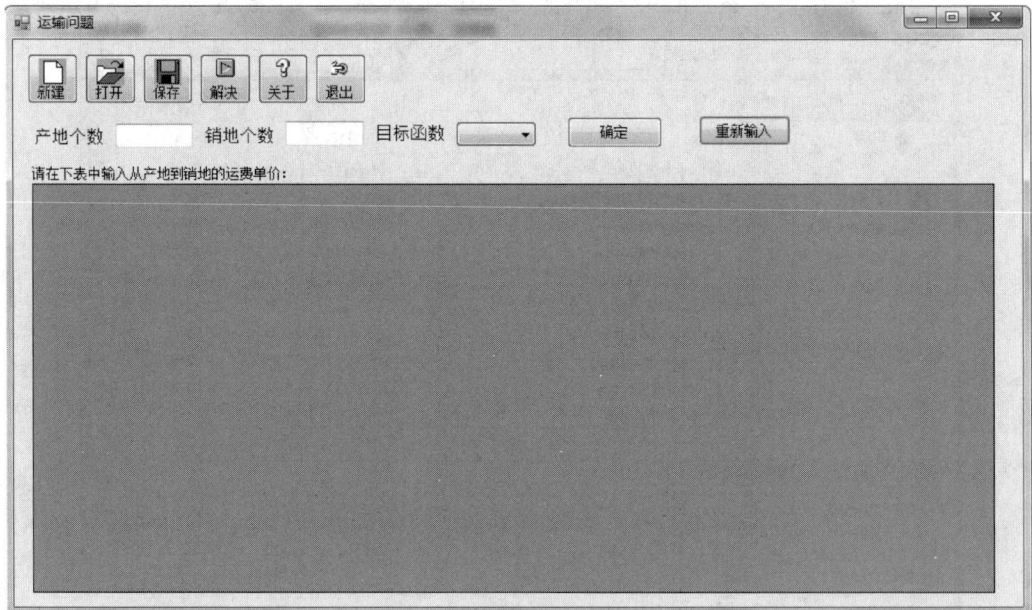

附图 15

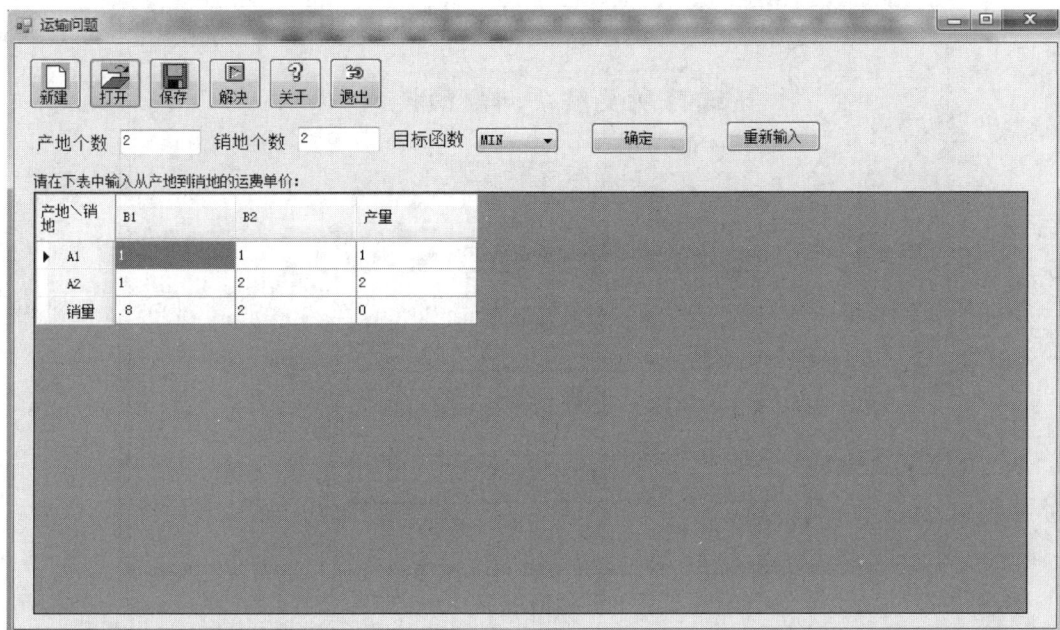

附图 16

"运输问题"的新建、打开、保存、解决和退出与"线性规划"类似.
注意(见附图 17):

此处的"0"无意义,可填写
任意数字,但不能不填。

附图 17

4.3 整数规划

点击"整数规划"按钮,出现附图 18 所示界面.您可以根据问题的类型,选择"0-1 整数规划问题""纯整数规划问题""混合整数规划问题"和"指派问题",或者"返回主菜单".

4.3.1 0-1 整数规划问题

点击"0-1 整数规划问题"按钮,出现附图 19 所示界面.

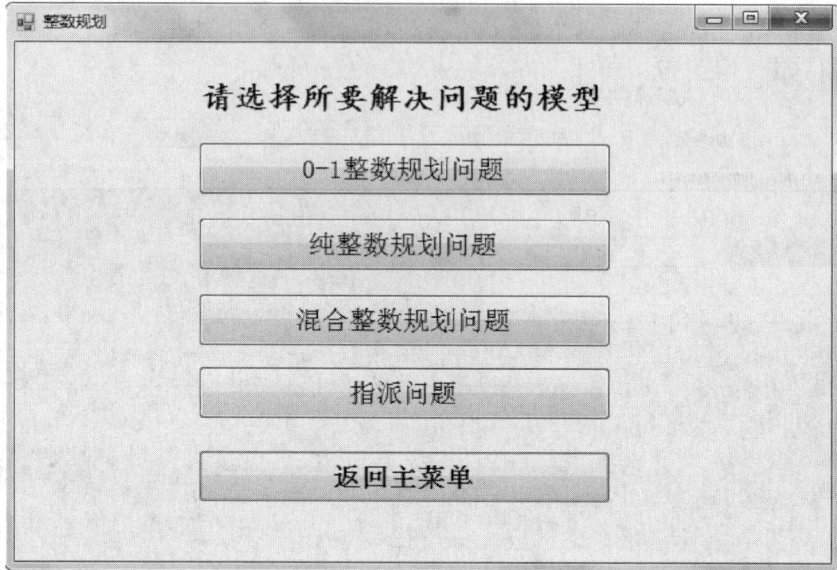

附图 18

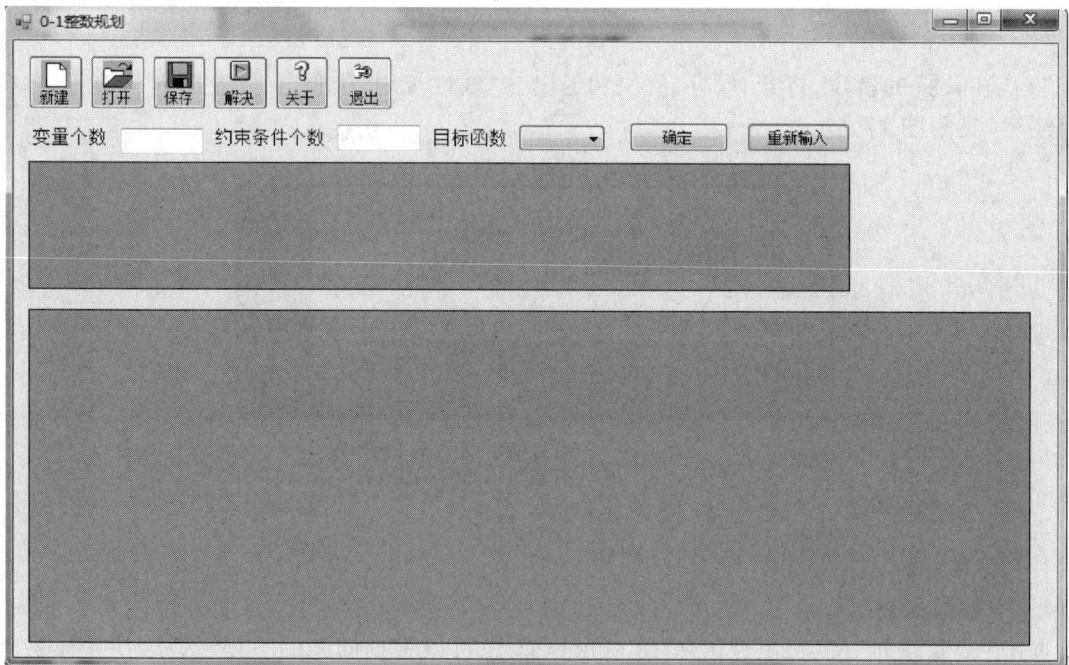

附图 19

"0-1 整数规划问题"的新建、打开、保存、解决和退出与"线性规划"类似.

4.3.2 纯整数规划问题

"纯整数规划问题"的新建、打开、保存、解决和退出与"0-1 整数规划问题"类似.

4.3.3 混合整数规划问题

"混合整数规划问题"与"纯整数规划问题"类似.

注意:在点击"解决"按钮之后,会出现附图 20 所示提示信息.

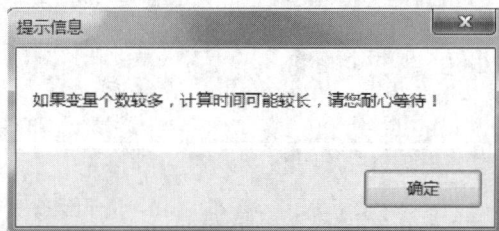

附图 20

4.3.4 指派问题

"指派问题"的新建、打开、保存、解决和退出与"运输问题"类似(附图 21).

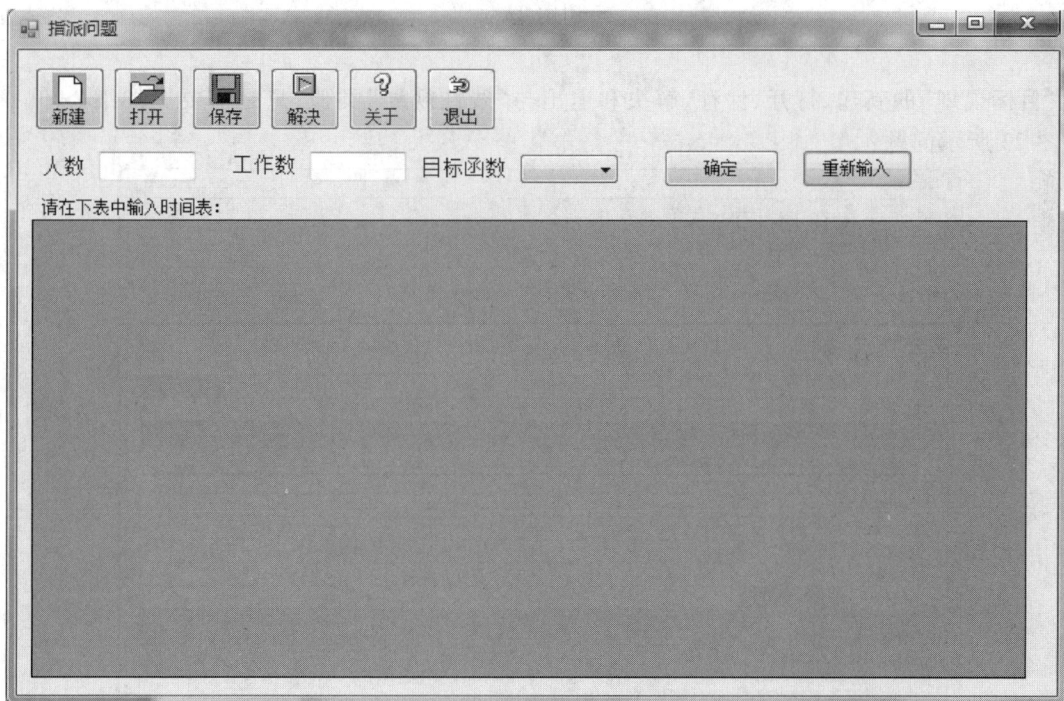

附图 21

4.4 目标规划

点击"目标规划"按钮将会出现附图 22 所示界面.

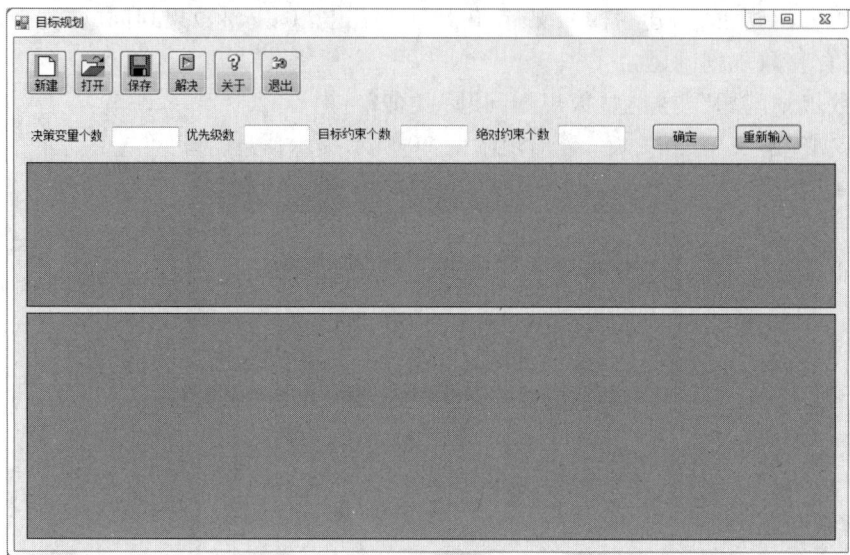

附图 22

"目标规划"的新建、打开、保存、解决和退出与"线性规划"类似,只是需要更加细心.例如解决附图 23 所示问题:

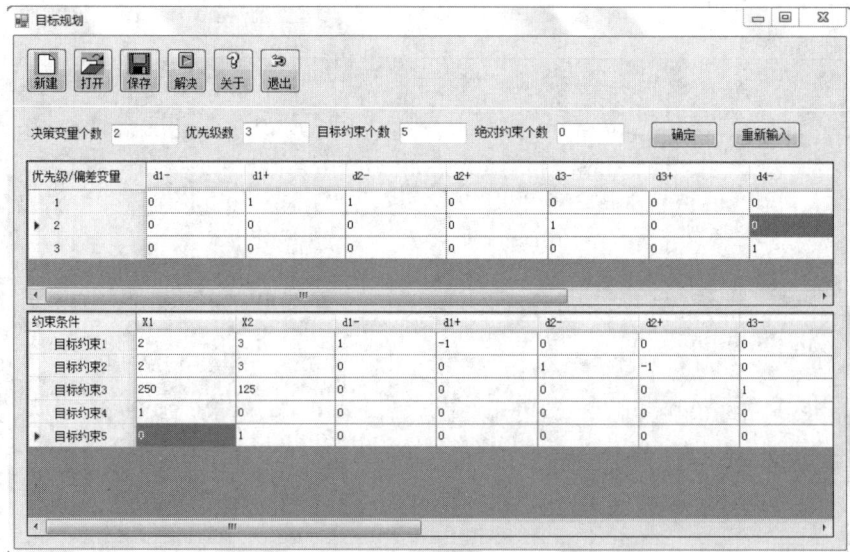

附图 23

点击"解决"按钮,出现附图 24 所示界面.

附图 24

4.5 对策论

点击"对策论"按钮将会出现附图 25 所示界面.

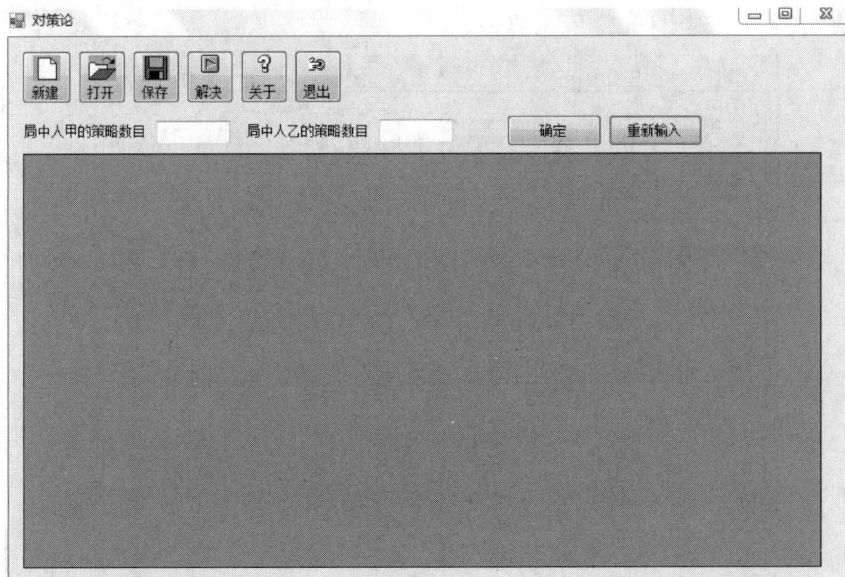

附图 25

"对策论"的新建、打开、保存、解决和退出与"线性规划"类似.例如解决附图 26 所示问题.

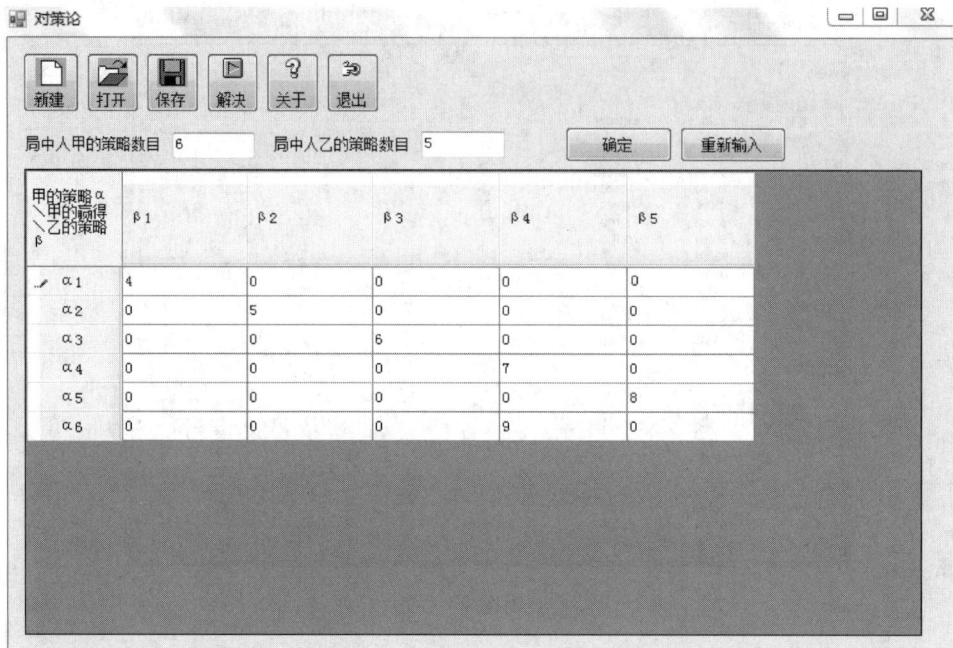

附图 26

点击"解决"按钮,出现附图 27 所示界面.

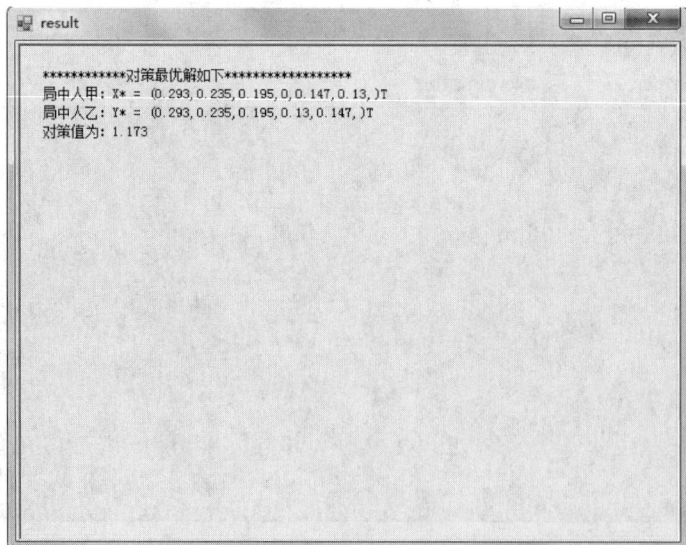

附图 27

4.6 图与网络

"图与网络"包括"最短路问题""最小生成树问题""最大流问题""最小费用最大流问题"和"关键路径问题".其中,"最短路问题""最小生成树问题""最大流问题""最小费用最大流问题"的主界面类似,所以只介绍"最短路问题"和"关键路径问题"的使用.

4.6.1 最短路问题

点击"最短路问题"按钮,出现附图 28 所示界面.

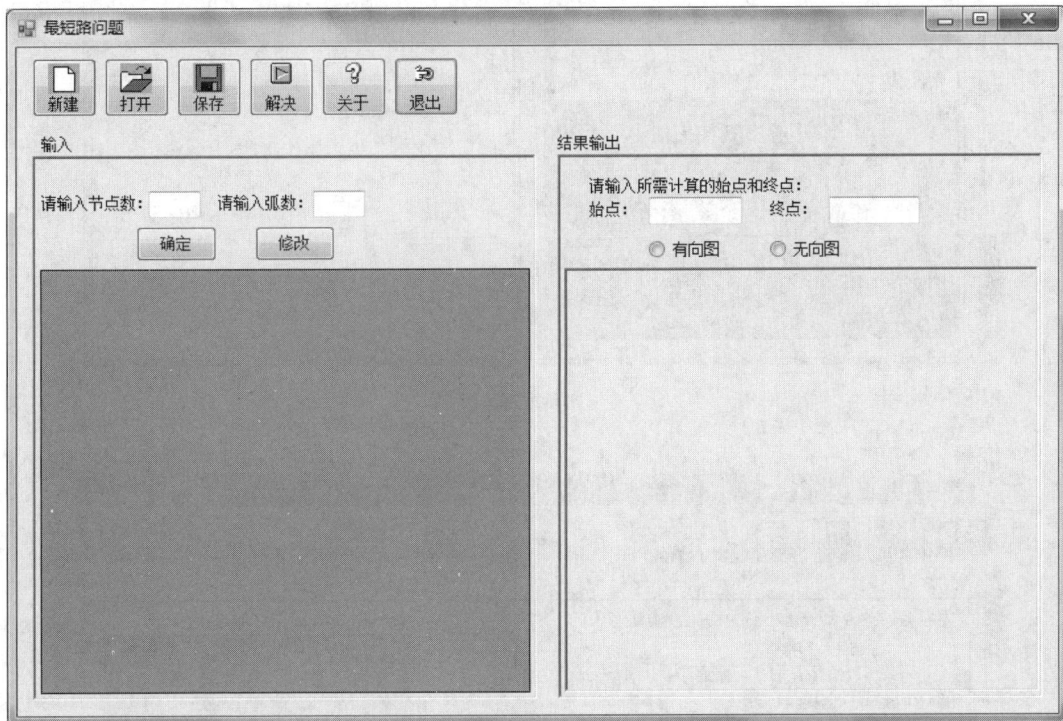

附图 28

依次填入节点数、弧数,点击"确定"按钮,然后依次填入始点、终点和权数,用户在结果输出栏填入始点和终点,选择是有向图还是无向图,所有数据填写完毕,点击"解决"按钮,数据通过校验后,就可以输出结果(见附图 29).

4.6.2 关键路径问题

点击"关键路径问题"按钮,出现附图 30 所示界面.

按照图示,依次填入数据即可.注意,在输入 2 中,紧前工序要输入字母 A—Z(如附图 31 所示).

点击"解决"按钮,出现结果(如附图 32 所示).

又如(附图 33):

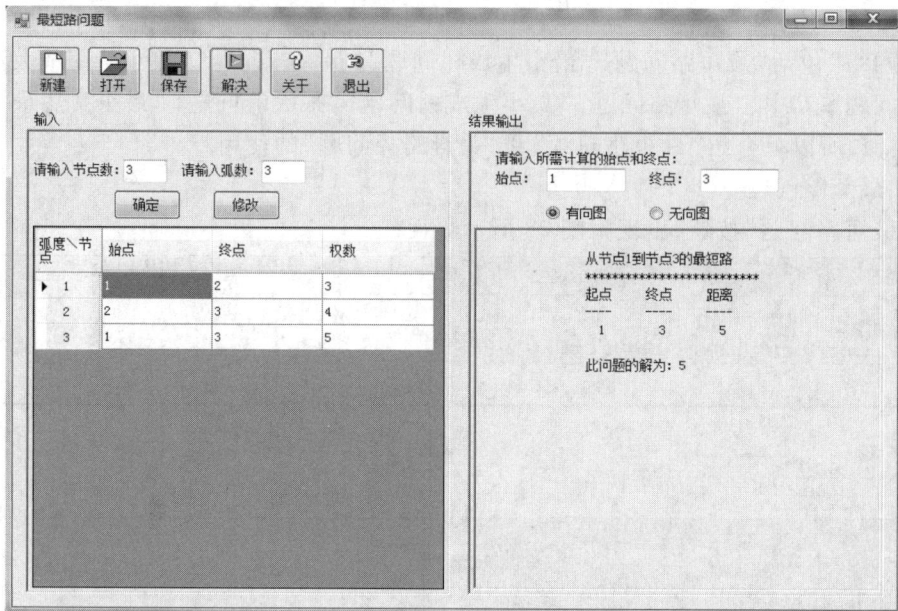

附图 29

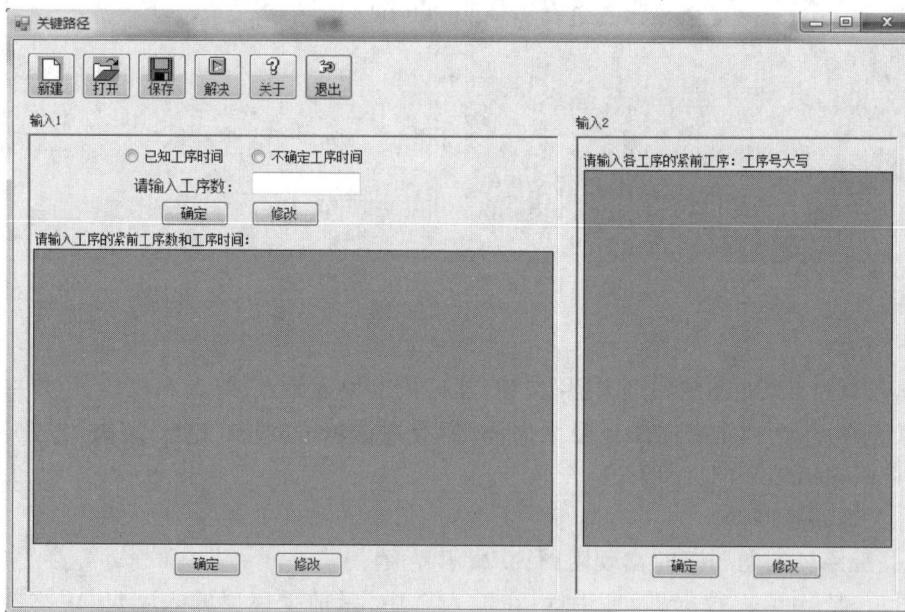

附图 30

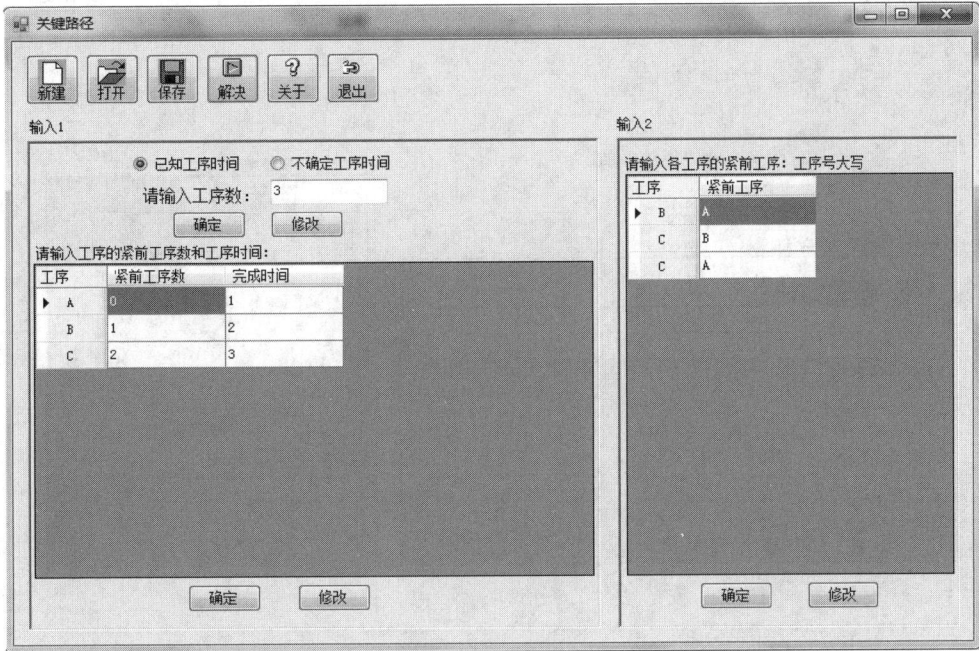

附图 31

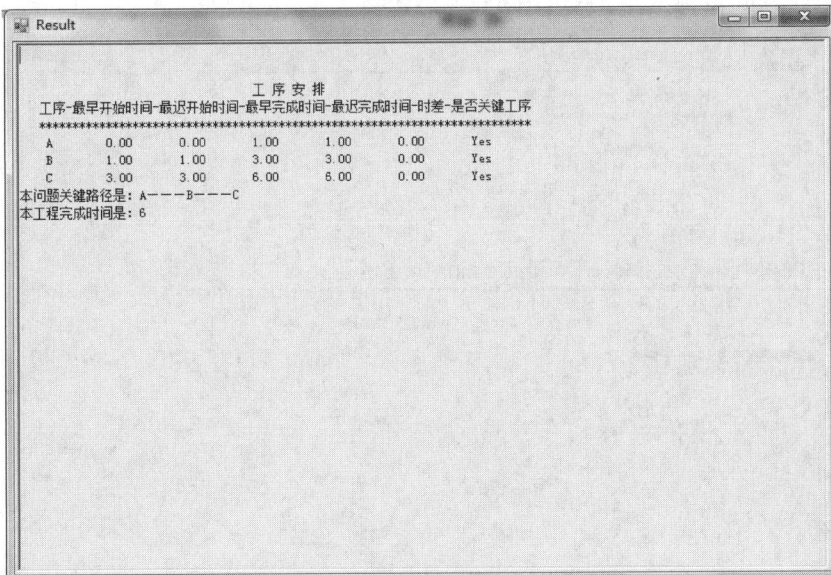

附图 32

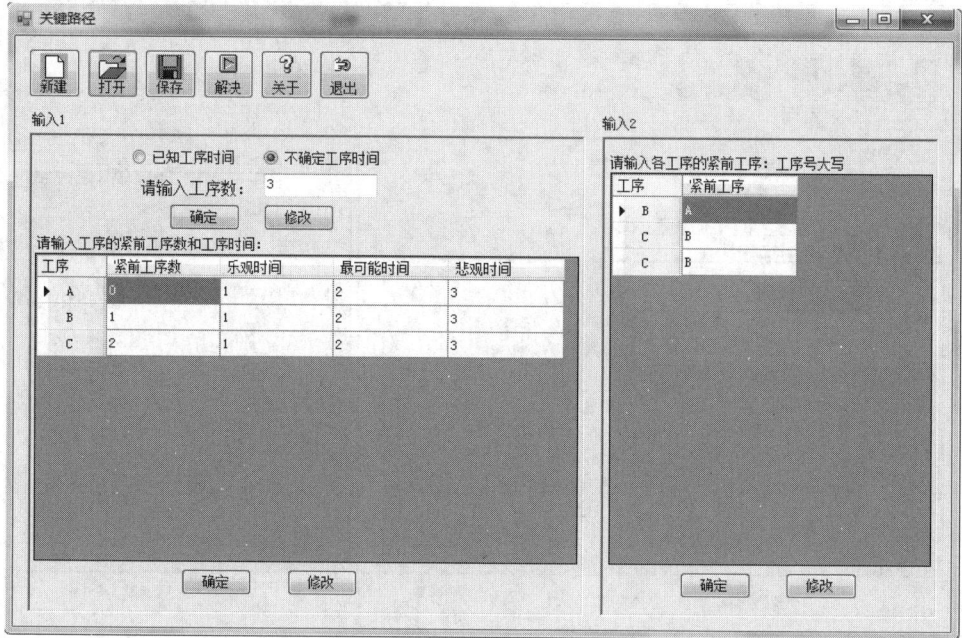

附图 33

点击"解决"按钮,出现结果(如附图 34 所示).

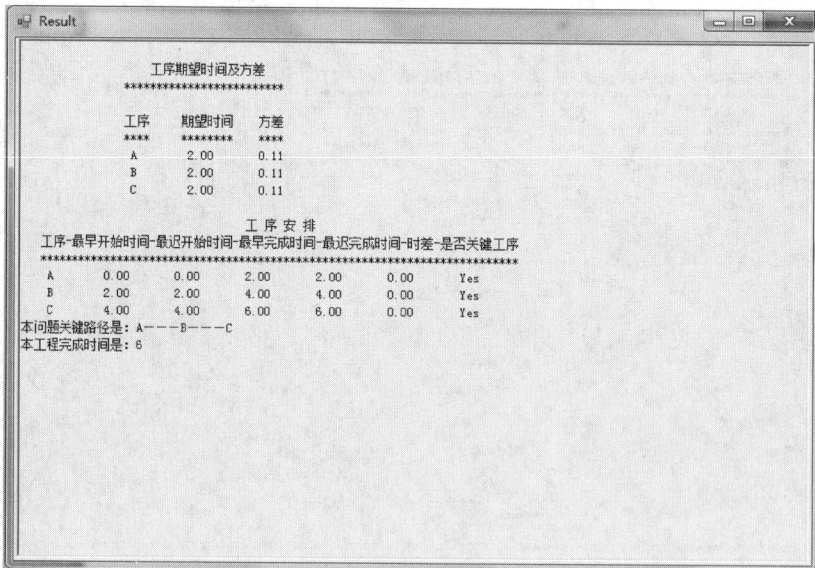

附图 34

4.7 存储论

存储论包括"经济订货批量模型""经济生产批量模型""允许缺货的经济订货批量模型""允许缺货的经济生产批量模型""经济订货批量折扣模型""随机需求的单一周期存储模型""随机需求的订货批量——再订货点模型""随机需求的定期检查存储量模型"8 个模型(见附图 35).

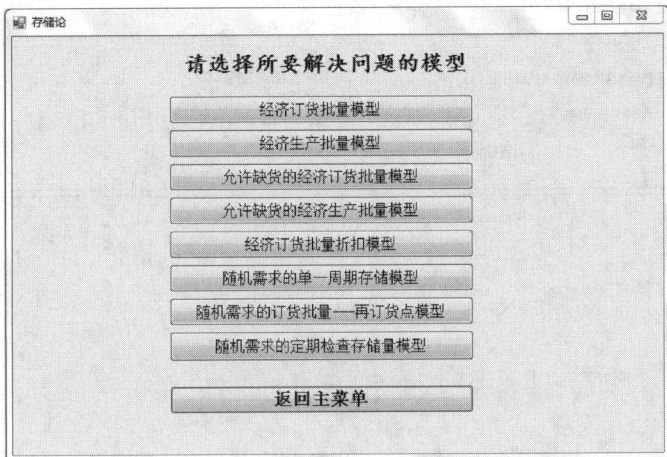

附图 35

这 8 个模型的主界面基本类似,这里以"经济订货批量模型"为代表进行介绍.
点击"经济订货批量模型",进入界面(如附图 36 所示).

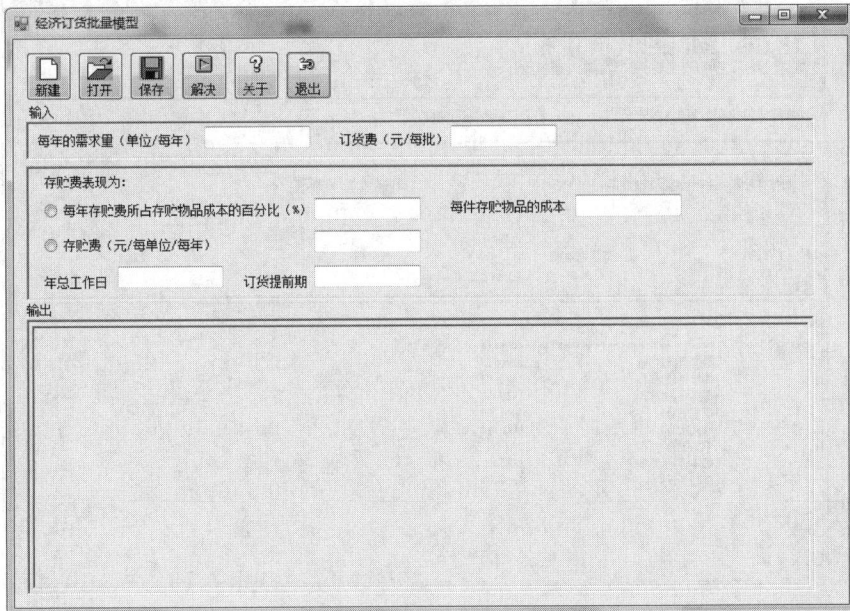

附图 36

按照图示,依次填入数据,例如(附图 37):

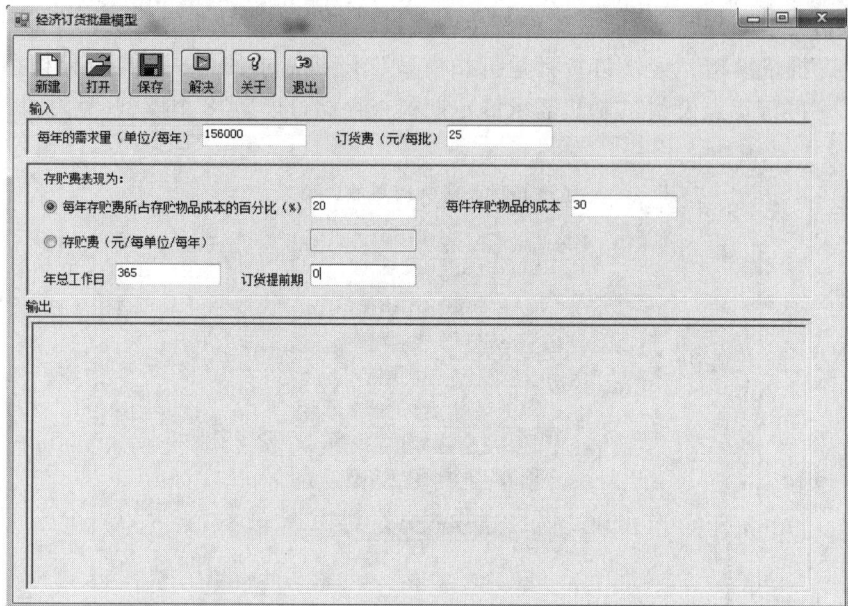

附图 37

点击"解决"按钮,出现结果(如附图 38 所示).

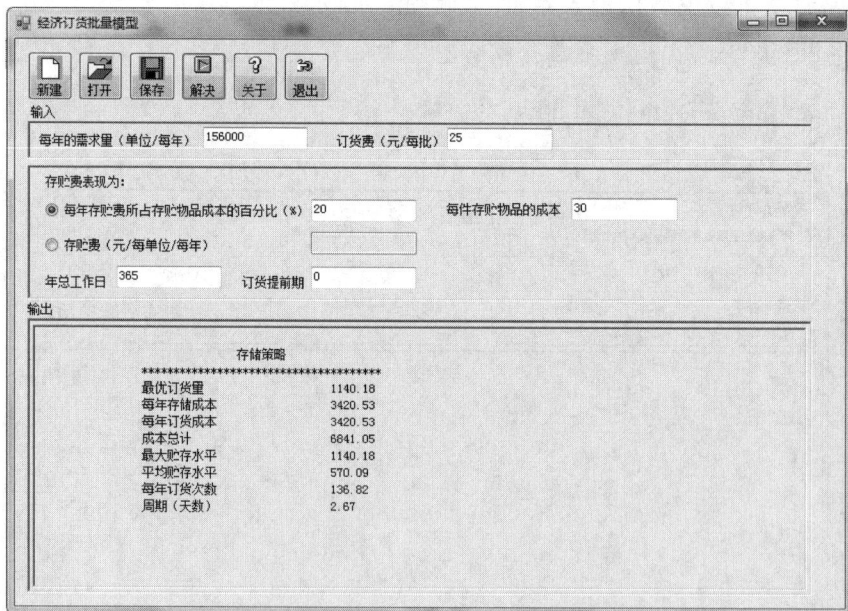

附图 38

4.8 排队论

点击"排队论"按钮,出现附图 39 所示界面.

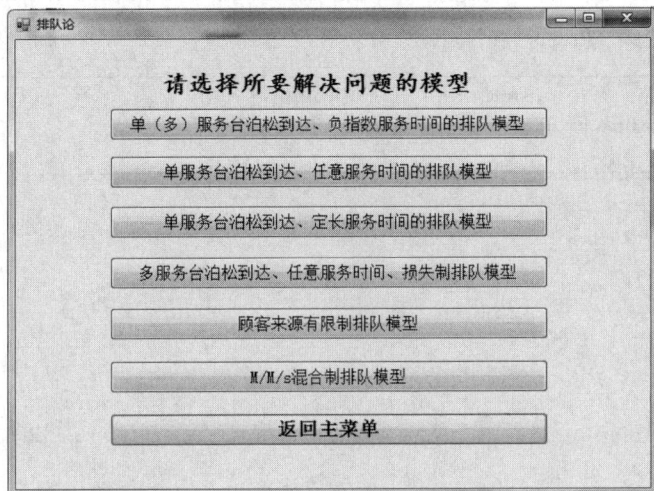

附图 39

这 6 个模型的主界面基本类似,所以以"单(多)服务台泊松到达、负指数服务时间的排队模型"为例进行介绍.

点击"单(多)服务台泊松到达、负指数服务时间的排队模型"按钮,出现附图 40 所示界面.

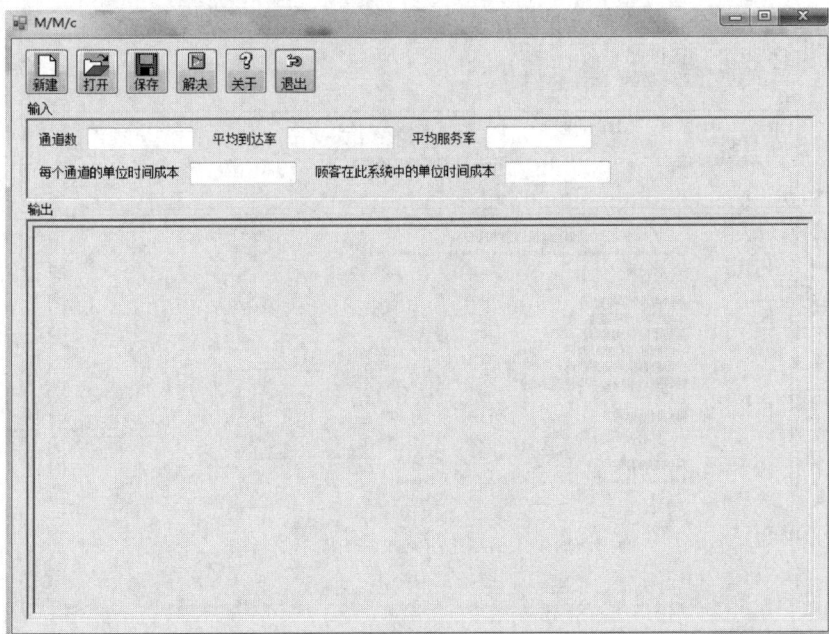

附图 40

依次填写图示数据,例如(附图 41):

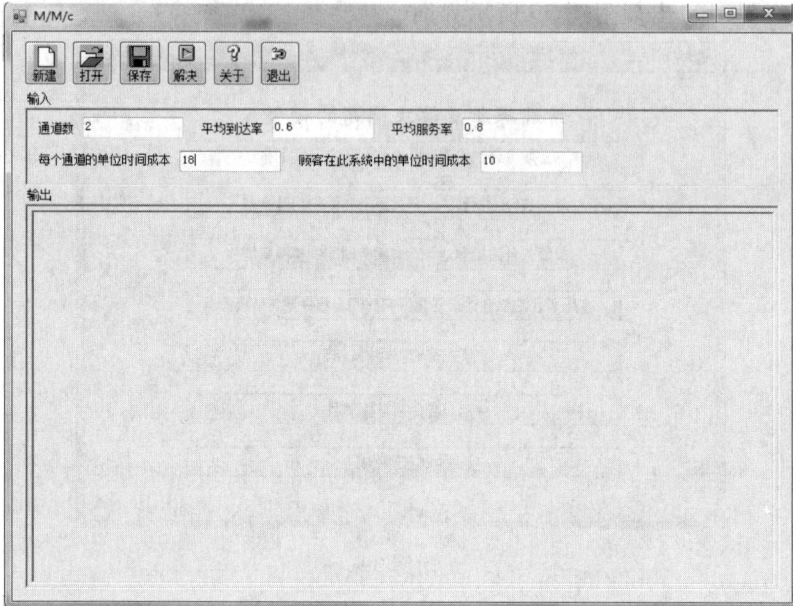

附图 41

点击"解决"按钮,很好地解决了此排队论问题,结果如附图 42 所示.

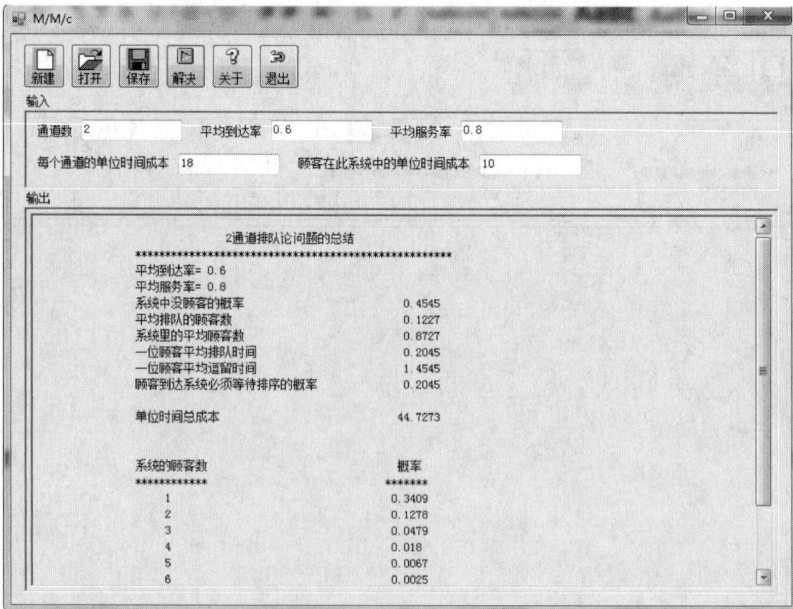

附图 42

4.9 决策分析

点击"决策分析"按钮,出现附图 43 所示界面.

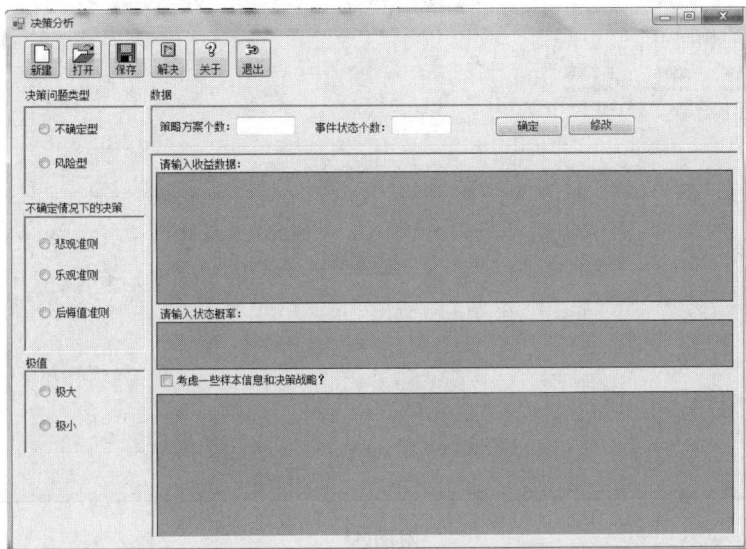

附图 43

可以根据问题,依次选择决策问题的类型,如果是"不确定情况下的决策",则选择悲观、乐观、后悔值等准则情况,选择求极大值还是极小值,然后在"数据"栏中,根据问题类型,输入正确的数据进行求解.例如(附图 44):

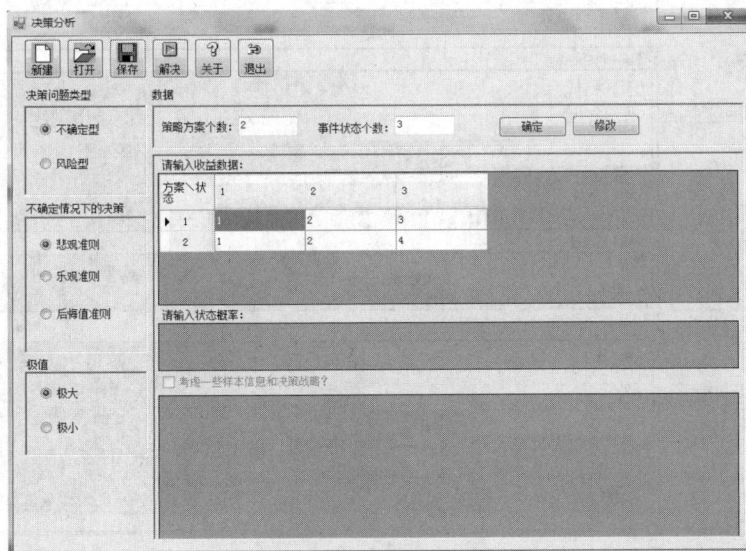

附图 44

点击"解决"按钮,结果如附图 45 所示.

附图 45

又如(附图 46):

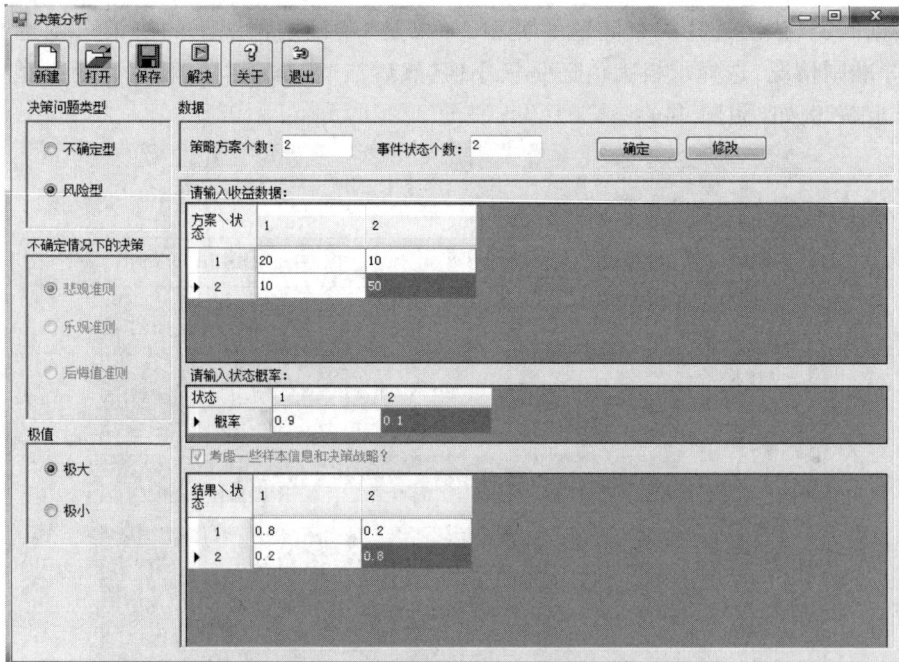

附图 46

点击"解决"按钮,结果如附图 47 所示.

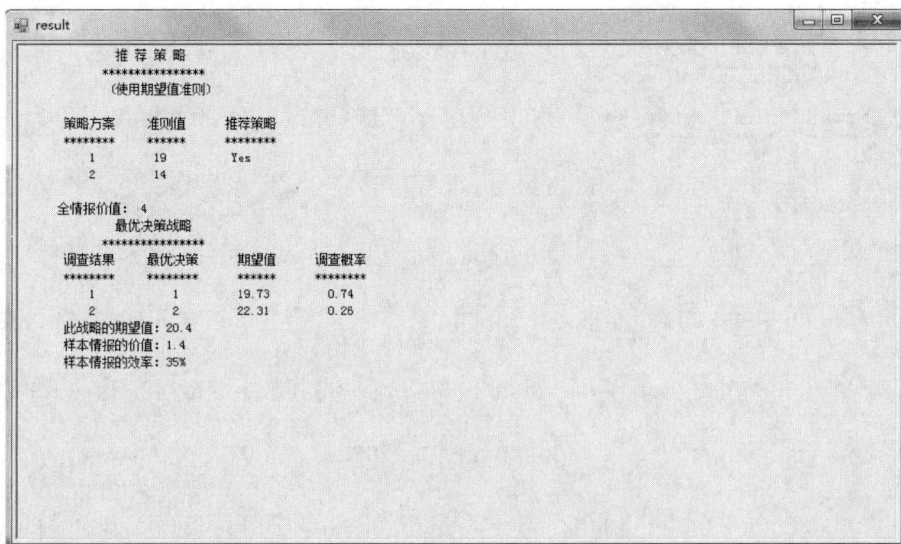

附图 47

再如(附图 48):

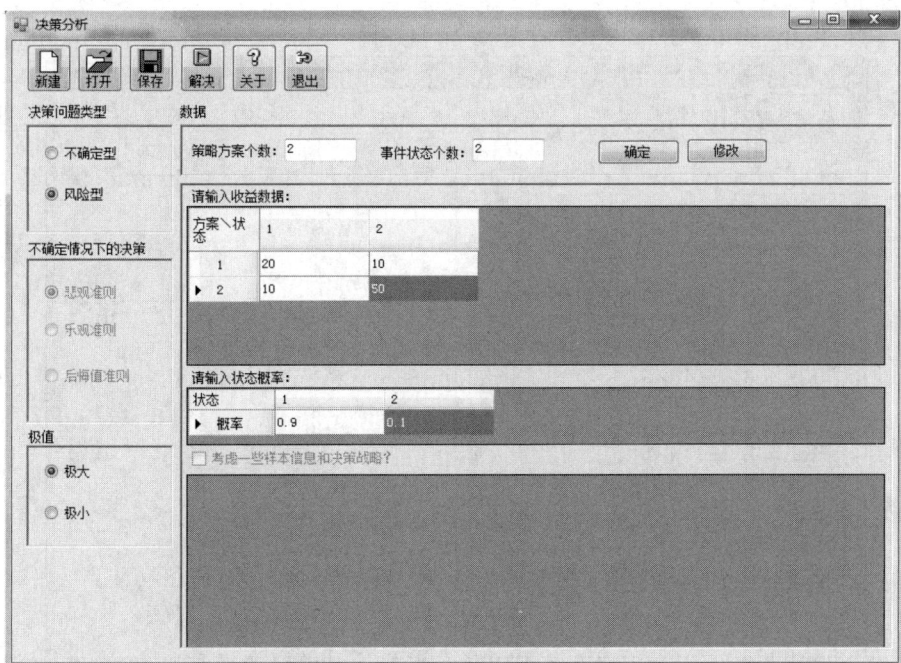

附图 48

点击"解决"按钮,结果如附图 49 所示.

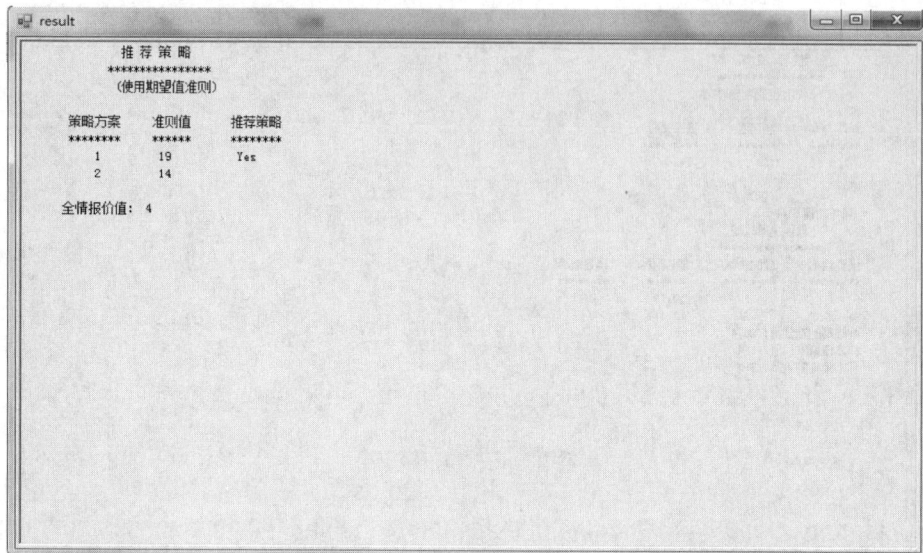

附图 49

4.10 预测

点击"预测"按钮,出现附图 50 所示界面.

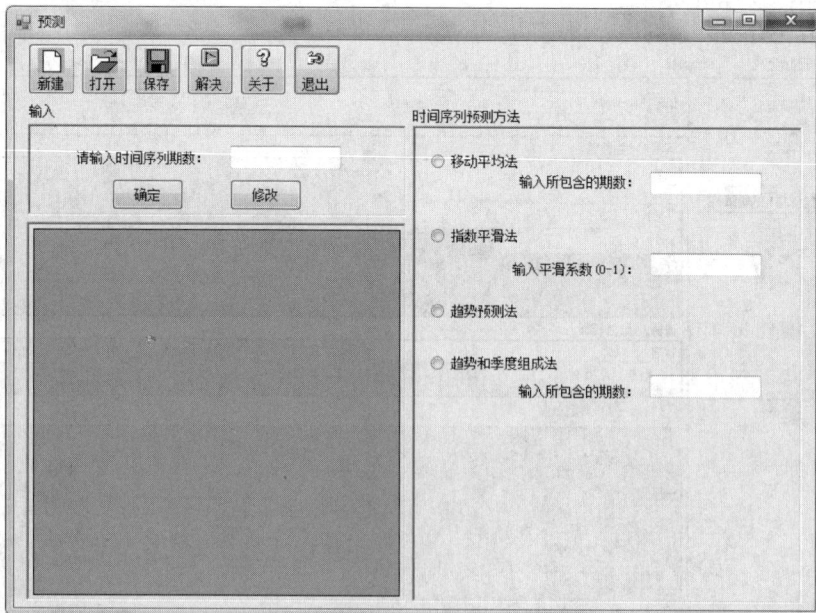

附图 50

4.10.1 移动平均法

根据问题,依次填入数据即可(如附图 51 所示).

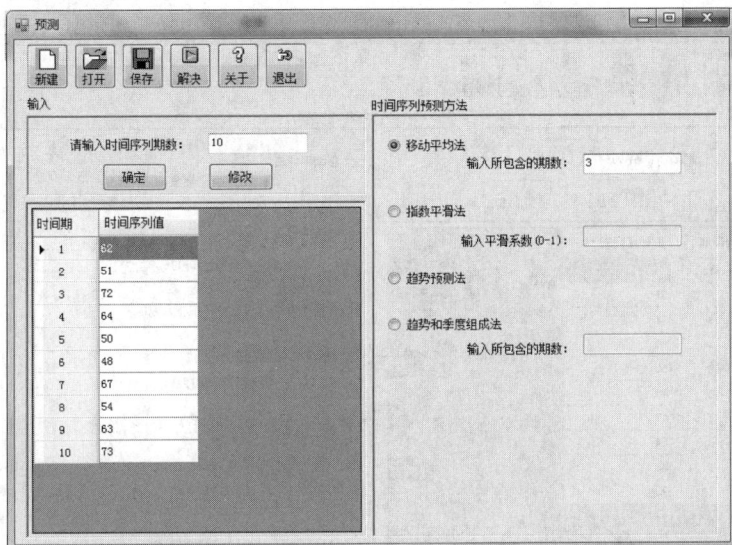

附图 51

点击"解决"按钮,结果如附图 52 所示.

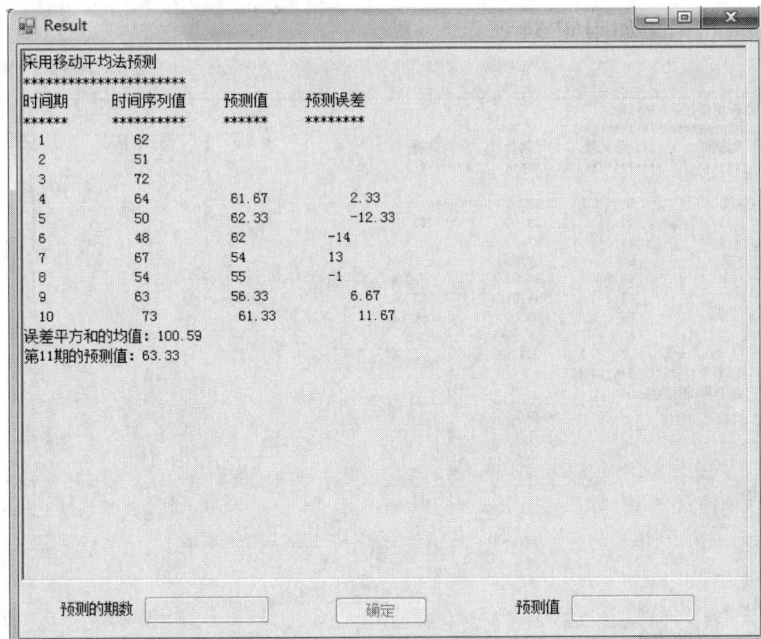

附图 52

4.10.2 指数平滑法

依次填入数据,如附图 53 所示.

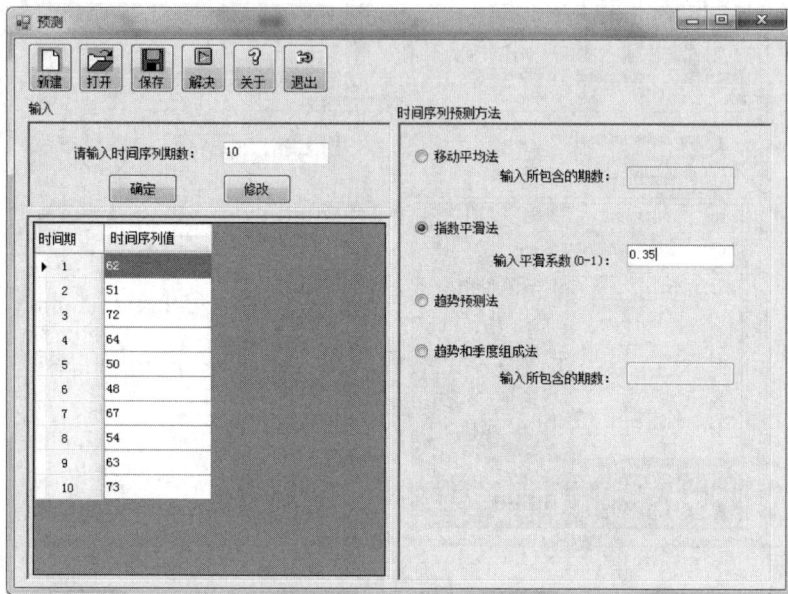

附图 53

点击"解决"按钮,结果如附图 54 所示.

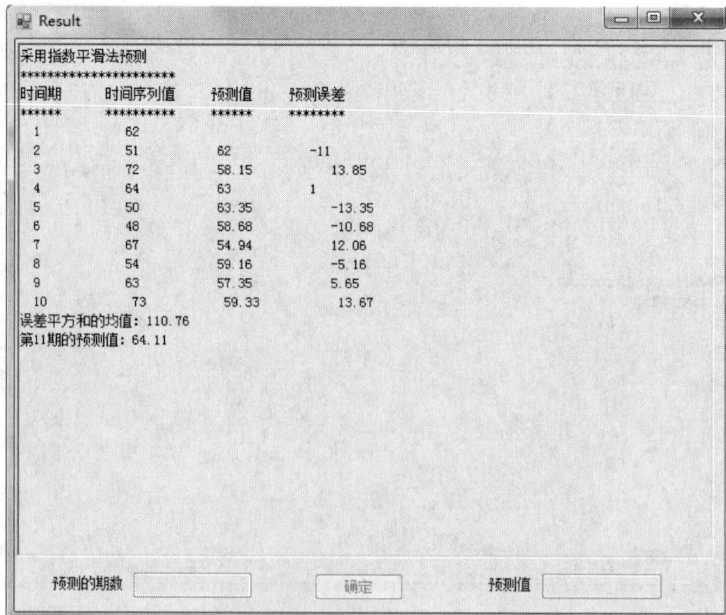

附图 54

4.10.3　趋势预测法

依次填入数据,如附图 55 所示.

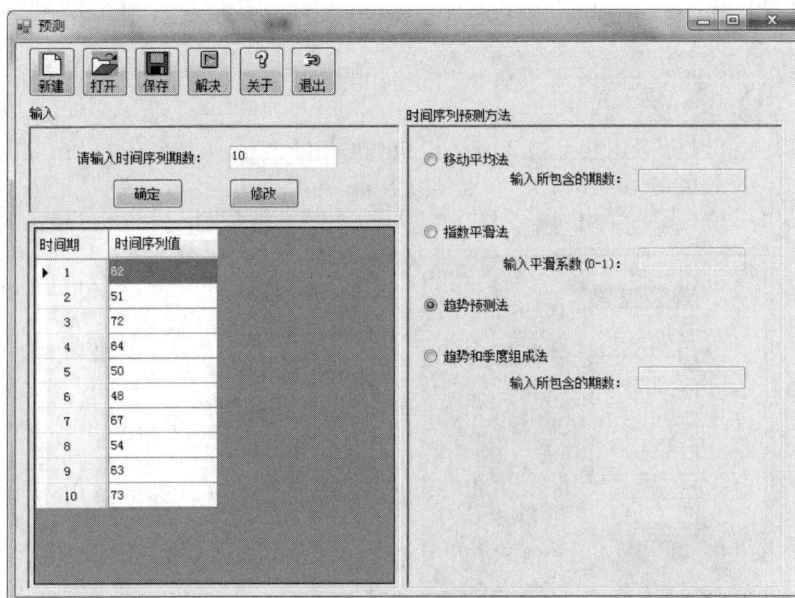

附图 55

点击"解决"按钮,结果如附图 56 所示.

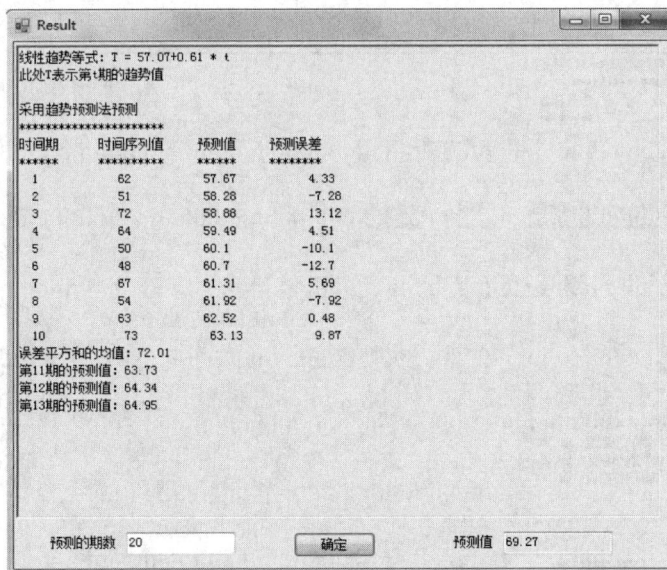

附图 56

注意:可以在"预测的期数"中填写正确的期数,点击"确定",就可以得到预测值.

4.10.4 趋势和季度组成法

依次填入数据,如附图 57 所示.

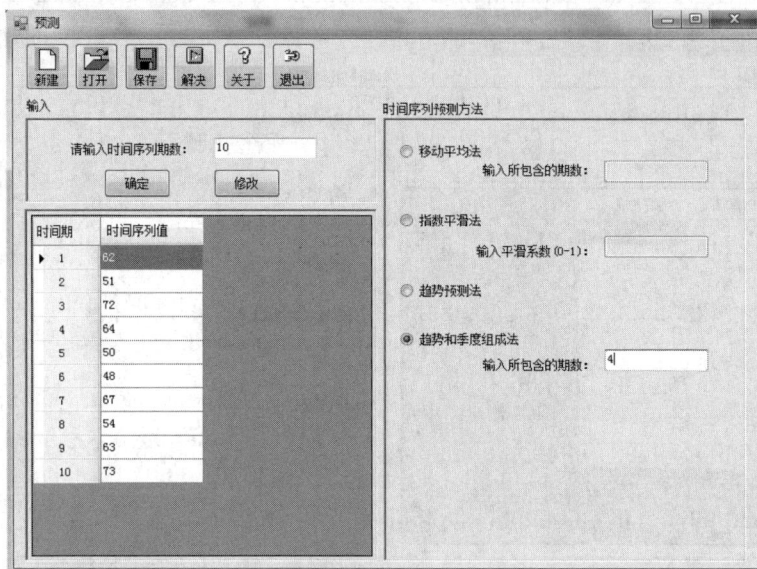

附图 57

点击"解决"按钮,结果如附图 58 所示.

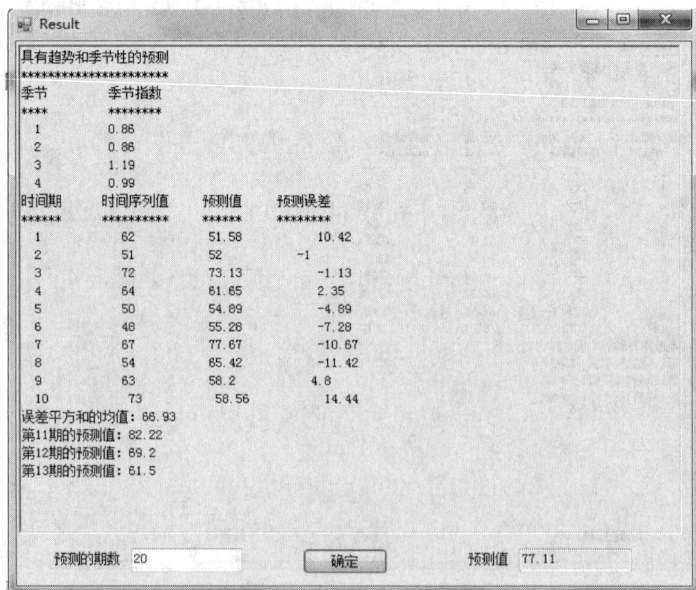

附图 58

注意:可以在"预测的期数"中填写正确的期数,点击"确定",就可以得到预测值.

4.11 层次分析法

点击"层次分析法"按钮,出现附图 59 所示界面.

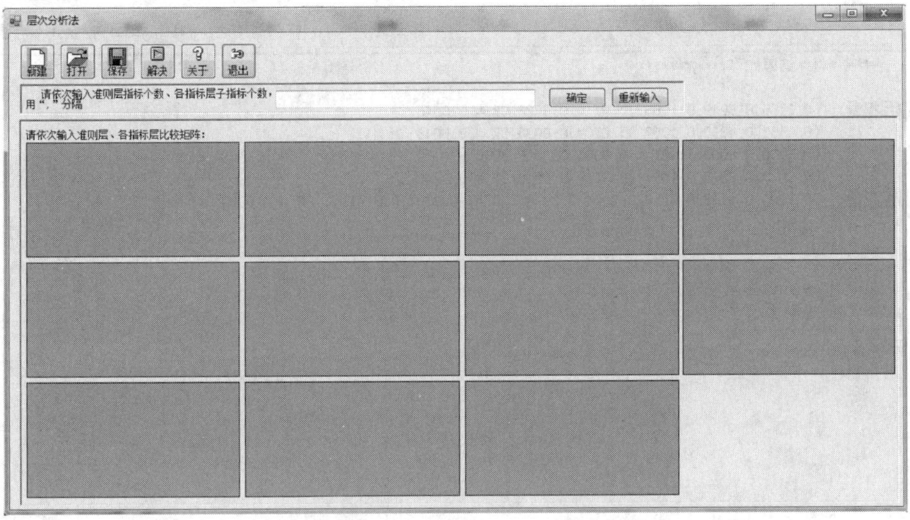

附图 59

"层次分析法"的新建、打开、保存、解决和退出与"线性规划"类似.需要注意的是输入数据的格式和分数的小数表示形式(很重要,严格要求).请参照本说明第 4 部分"使用指南"第 6 条中的"分数转换为小数参照表".两两比较矩阵输入后,在"保存"和"解决"时,软件会自动根据"下三角"的数据调整两两比较矩阵.例如解决附图 60 所示问题:

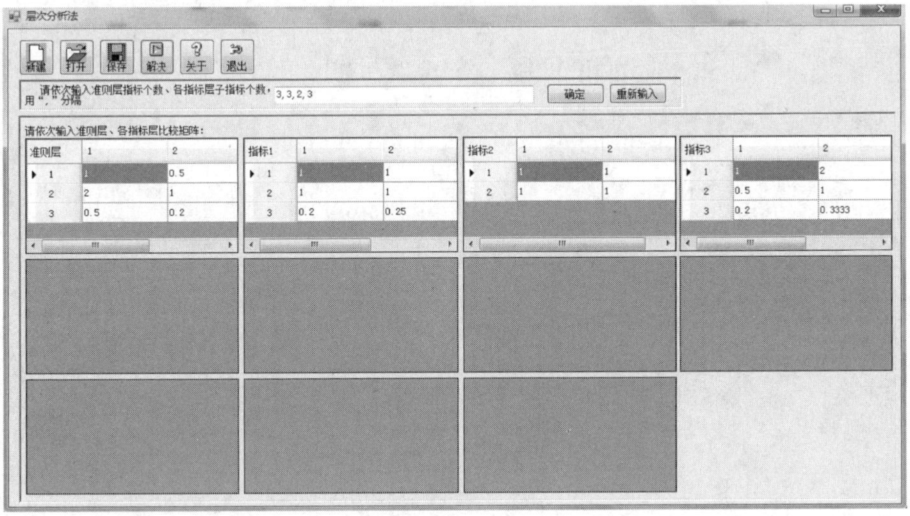

附图 60

"3，3，2，3"表示准则层有 3 个指标,第 1 个指标有 3 个子指标,第 2 个指标有 2 个子指标,第 3 个指标有 3 个子指标.(注意:数字间用","分隔,并要严格按照此格式.)

点击"解决"按钮,结果如附图 61 所示.

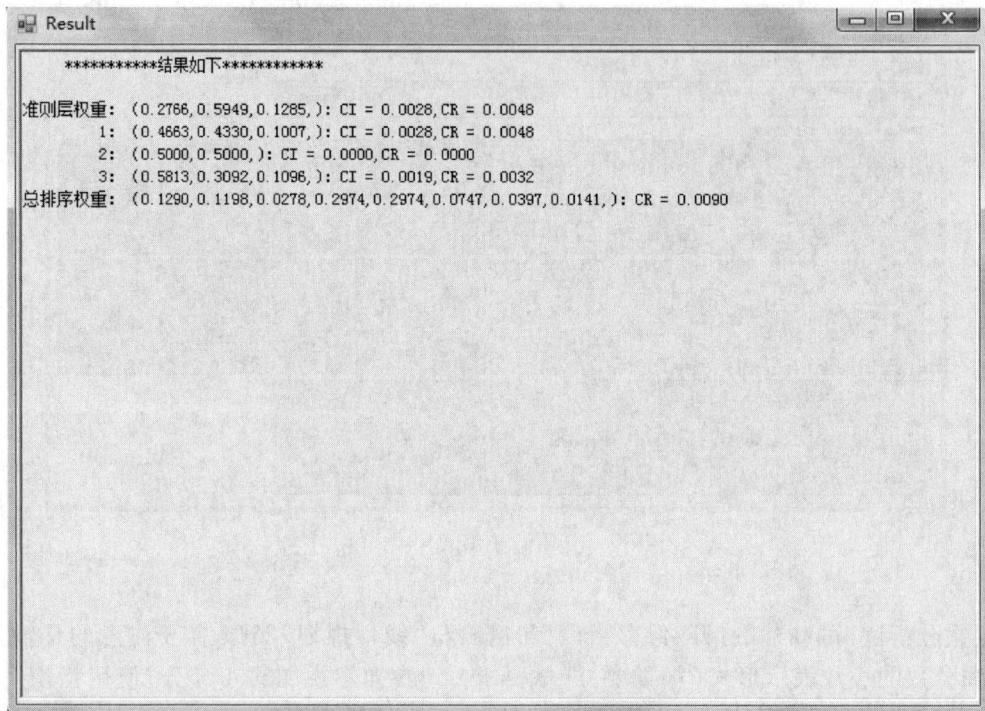

```
🖳 Result                                                          □ X

        **********结果如下**********

准则层权重: (0.2766, 0.5949, 0.1285, ): CI = 0.0028, CR = 0.0048
        1: (0.4663, 0.4330, 0.1007, ): CI = 0.0028, CR = 0.0048
        2: (0.5000, 0.5000, ): CI = 0.0000, CR = 0.0000
        3: (0.5813, 0.3092, 0.1096, ): CI = 0.0019, CR = 0.0032
总排序权重: (0.1290, 0.1198, 0.0278, 0.2974, 0.2974, 0.0747, 0.0397, 0.0141, ): CR = 0.0090
```

附图 61

参考文献

[1] David R. Anderson, Dennis J. Sweeney, Thomas A. Williams, Jeffrey D. Camm, James J. Cochran. An Introduction to Management Science: Quantitative Approach. 15th edition. Cengage Learning, 2018.

[2] Lieberman, Nag, Basu Hillier. Introduction To Operations Research. 10th edition. Mc Graw Hill India, 2017.

[3] Roger G Schroeder, M. Johnny Rungtusanatham, Susan Meyer Goldstein. Operations Management In The Supply Chain: Decisions & Cases (Mcgraw-hill Series Operations and Decision Sciences). 7th edition. McGraw-Hill Education, 2017.

[4] David R. Anderson, Dennis J. Sweeney, Thomas A. Williams, Jeffrey D. Camm, James J. Cochran. Quantitative Methods for Business. 13th edition. Cengage Learning, 2015.

[5] Saul I. Gass, Carl M. Harris Encyclopedia of Operations Research and Management Science. Springer, 2011.

[6] 钱颂迪. 运筹学. 4版. 北京:清华大学出版社,2012.

[7] 胡运权,郭耀煌. 运筹学教程. 5版. 北京:清华大学出版社,2018.

[8] 张莹. 运筹学基础. 2版. 北京:清华大学出版社,2010.

[9] 胡运权,等. 运筹学基础及应用. 6版. 北京:高等教育出版社, 2014.

[10] 胡运权. 运筹学习题集.4版. 北京:清华大学出版社,2010.

[11] 田丰,张运清. 图与网络流理论.2版. 北京:科学出版社,2015.

[12] 卓新建,苏永美. 图论及其应用. 北京:北京邮电大学出版社,2018.

[13] 郝英奇,等. 实用运筹学. 北京:机械工业出版社,2016.

[14] 徐俊明. 运筹与管理科学丛书:图论基础教程(A First Course in Graph Theory). 北京:科学出版社,2015.

[15] 哈姆迪·塔哈.运筹学基础.10版.刘德刚,朱建明,韩继业,译.北京:中国人民大学出版社,2018.

[16] Douglas B. West.图论导引(Introduction to Graph Theory). 2版.骆吉洲,李建中,译.北京:电子工业出版社,2014.

[17] 谢识予. 经济博弈论. 4版. 上海:复旦大学出版社,2017.

[18] 张维迎. 博弈论与信息经济学.上海:上海人民出版社,1996.

"管理运筹学"3.5版软件下载说明

　　考虑到目前很多笔记本电脑不再配置光驱的现实情况,《管理运筹学》教材从第五版开始,不再随书附送光盘,光盘中的"管理运筹学"软件将放置于高等教育出版社网站供读者下载,网址是:http://2d.hep.cn/52723/90。我们将根据教学需要随时更新软件内容。该软件版权为韩伯棠老师所有,未经许可,不得复制、出版,违者必究!

《管理运筹学》(第五版)习题解答及案例解析使用说明

　　《管理运筹学》(第五版)将通过网络为读者提供每章习题解答及案例解析,请读者用微信扫描以下二维码,支付后即可使用。如有问题请联系:yangshj@ hep.com.cn。

教学支持说明

　　建设立体化精品教材,向高校师生提供整体教学解决方案和教学资源,是高等教育出版社"服务教育"的重要方式。为支持相应课程教学,我们专门为本书研发了配套教学课件及相关教学资源,并向采用本书作为教材的教师免费提供。

　　为保证该课件及相关教学资源仅为教师获得,烦请授课教师清晰填写如下开课证明并拍照后,发送至邮箱:yangshj@hep.com.cn,也可加入 QQ 群:184315320 索取。

　　编辑电话:010-58556042。

证　　明

　　兹证明＿＿＿＿＿＿＿＿＿＿＿＿大学＿＿＿＿＿＿＿＿学院/系第＿＿＿＿＿＿＿＿学年开设的
＿＿＿＿＿＿＿＿＿＿＿＿＿＿＿＿课程,采用高等教育出版社出版的《＿＿＿＿＿＿＿＿＿＿》
(＿＿＿＿＿＿主编)作为本课程教材,授课教师为＿＿＿＿＿＿＿＿＿＿,学生＿＿＿＿＿＿个班,
共＿＿＿＿人。授课教师需要与本书配套的课件及相关资源用于教学使用。

　　授课教师联系电话:＿＿＿＿＿＿＿＿＿＿＿＿E-mail:＿＿＿＿＿＿＿＿＿＿＿＿＿

学院/系主任:＿＿＿＿＿＿＿(签字)
(学院/系办公室盖章)
20＿＿＿年＿＿＿月＿＿＿日